대서양

바다와 인간의 역사

이 역서는 2008년 정부(교육부)의 재원으로 한국연구재단의 지원을
받아 수행된 연구임(NRF-2008-361-B00001)

대서양 바다와 인간의 역사

초판 1쇄 발행   2017년 6월 20일

지은이   폴 뷔텔
옮긴이   현재열
펴낸이   윤관백
펴낸곳   도서출판 **선인**

등록   제5-77호(1998.11.4)
주소   서울시 마포구 마포대로 4다길 4(마포동 324-1) 곳마루빌딩 1층
전화   02)718-6252 / 6257
팩스   02)718-6253
E-mail   sunin72@chol.com

정가   48,000원
ISBN   979-11-6068-107-9   93300

· 잘못된 책은 바꾸어 드립니다.

대서양

바다와 인간의 역사

폴 뷔텔 지음

현재열 옮김

도서출판 선인

저자 _ 폴 뷔텔(Paul Butel: 1931~2015)

보르도 3대학(Université de Bordeaux III) 근대사 교수였으며, 대서양공간사연구센터(Centre d'histoire des espaces atlantiques)를 세우고 그 소장을 역임했다. 프랑스 대학학술원 회원이기도 했다. 1973년에 받은 박사학위논문의 주제 '18세기 후반 보르도의 상업사'가 보여주듯이, 처음에는 프랑스 대서양 연안의 대표적 해항도시 보르도의 무역 및 경제사를 주로 연구했으나, 점차 영역을 확대해 16세기에서 18세기에 이르는 대서양 식민지의 경제적 양상들을 다루었다. 대서양 역사의 최고 전문가로 국제적 인정을 받은 본 저서 외에도, 중요저서로 보르도의 상업사를 다룬『보르도의 상인들(Les négociants bordelais)』(1974), 프랑스령 앤틸리스 제도의 역사를 총정리한 4권으로 된 『프랑스령 앤틸리스 제도의 역사, 17세기-20세기(Histoire des Antilles françaises, XVIIe-XXe siècle)』(2008)가 있다. 그리고 대중적 역사서로서『해적시대의 카리브 해(Les Caraïbes au temps des flibustiers)』,『차의 역사(L'histoire du thé)』,『아편, 매혹의 역사(L'opium, histoire d'une fascination)』같은 여러 저서들이 있다.

역자 _ 현재열

한국해양대학교 국제해양문제연구소 HK교수

로즐린에게

일러두기

1. 본서는 Paul Butel, *The Atlantic*, Abingdon, London and New York: Routledge, 1999를 번역한 것이다. 단, 본문 내용의 보다 정확한 이해를 위해 프랑스어 판인 *Histoire de l'Atlantique: De l'Antiquité à nos jours*, Paris: Perrin, 1997, 2012를 참조하였다. 하지만 본서의 편제와 구성은 전적으로 영어판을 따랐다.

2. 본서에 나오는 지명과 인명, 작품명 등은 기본적으로 국립국어원의 외래어 표기법을 따랐지만, 관례로 굳어진 경우는 예외로 두었고 일부 한국에서 확인할 수 없는 지명 및 인명은 가급적 원어에 가깝게 옮기고자 노력했다.

3. 본문의 각주[1] [2] [3]는 본문 이해를 돕고자 붙인 옮긴이의 주이며, 원저자의 주는 영어판의 편제에 따라 미주[1] [2] [3]로 붙였다.

4. 본문에 무수히 많은 지명이 나오는 관계로, 이에 대한 이해를 돕고자 찾아보기 앞에 지명일람을 두어 대서양의 역사와 관련된 중요한 지명들을 모았다.

5. 지명일람을 두었기에, 찾아보기는 인명으로만 구성했다.

총서편집자 서문

    지구 표면의 대략 3분의 2를 바다와 대양이 덮고 있다. 아득한 옛날부터 바다와 대양은 인류에게 식량을 제공했다. 최근에는 바다에 아주 풍부한 자원이 있음이 알려졌고, 그 이용을 둘러싸고 다툼이 계속되고 있다. 그러나 세계의 바다는 자연의 풍부함을 알려주기 위해 으레 드는 실례이거나 문명을 거부하기 위해 드는 손쉬운 핑계거리에 그칠 수가 없다. 바다는 그것을 건널 의지나 수단이 없는 사회들에게는 가공할 만한 장애일 수도 있다. 마찬가지로 바다는 어떤 이유에서든 바다를 이용해 보고자 하는 이들에게 기술개발을 위한 강력한 자극제와 도전일 수도 있다. 바다는 넓게 퍼져있고 근본적으로 다른 사람들의 문화와 경제들을 결합시켜 지식과 사상과 신념이 자유롭게 전달될 수 있게 할 수도 있다. 바다의 연안지역을 따라 발전한 항구들은 종종 그 항구들이 속한 국가나 공동체의 배후지보다, 서로 간에 더 많은 공통점을 갖고 있다.

    그렇지만 바다는 그 자체로 너무나 풍부하고 여러 세기 동안 바다만이 멀리 떨어진 여러 지역의 부에 접근할 통로를 제공했기에, 육지의 강대국들은 바다에 대한 권위를 행사하겠다는 야심찬 주장을 제기해 왔다. 유럽에서는 콜럼버스와 바스쿠 다가마의 시기 이래 그런 권위행사의 정당화나 거부가 사상가와 옹호론자들의 관심을 끌었다. 현실적이든 상상된 것이든 근대국가는 경제적이거나 정치적이거나 전략적인 필요성에서 자신의 힘의 가공할 표현인 해군의 성장을 추진해 왔다. 해상교역은 어떻게 추진되든 간에, 오랫동안 당대 경제들의 가장 값 비싸고 기술적으로 선진적인 산물에 속했던 선박의 건조를 수반했다. 세계 해운업은 세계 전역에 걸쳐 근본적으로 다른 사회조직과 생활방식을 가진 노동력을 뒷받침했다.

그러나 바다의 역사에는 여러 가지 요소들에 대한 인간의 승리, 즉 전투를 벌이고 화물을 싣고 배를 진수하는 인간의 인상적인 연대기를 넘어서는 무엇인가가 있다. 어디에서나 바다와 대양은 그에 인접해 있는 문명에 중요한 문화적 영향을 끼쳐왔다.

폴 뷔텔(Paul Butel)은 대서양에 대한 이 연구서에서 이러한 테마들과 그 밖의 다른 여러 테마들을 검토한다. 카리브 해의 해적 활동과 근대 초기 프랑스의 해양 경제, 그리고 아편의 역사와 같은 다양한 분야의 연구로 국제적으로 찬사를 받아 온 이 학자는 이제 약 2,000년을 포괄하는 시간과 공간으로 훨씬 더 범위를 넓혔다. 그 결과로, 그는 인류 역사에서 결정적인 역할을 해왔고 지금도 하고 있는 한 경이적인 대양의 믿음직하고 매력적이며 자극적인 역사를 제시한다.

제프리 스캠멀

차 례

표·그림차례

감사의 글

이 책은 여러 동료와 학자들의 도움 덕분에 완성될 수 있었다.

마리 엘렌 베르토(Marie-Hélène Berthault), 장 피에르 보스트(Jean-Pierre Bost), 크리스티앙 뷔쉐(Christian Buchet), 프랑수아 크루제(François Crouzet), 알렝 외츠 드 랑(Alain Huetz de Lemps), 베르나르 라발(Bernard Lavalle), 크리스티앙 르라(Christian Lerat), 이자벨 르상(Isabelle Lescent)에게 무한한 감사의 마음을 바친다.

하지만 무엇보다도 나는 아내에게 고마움을 전해야 한다. 아내의 애정과 도움으로 힘든 시기를 이겨낼 수 있었기에 누구보다 고맙다는 인사를 받을 자격이 있으며, 그러하기에 이 책은 아내에게 보내는 경의의 표시이다.

대서양

서 론

포르투갈의 상비상티(São Vicente) 곶에서 바다 너머로 지는 해를 보는 이
는 누구나 다른 곳에서 보는 것보다 100배는 더 큰 해를 보게 된다는 전설이
있다. 마치 파도가 거대한 별을 식히는 듯 엄청난 증기와 쉬익 거리는 소리
도 듣게 될 것이다. 햇빛 속에서 그리고 이 전설의 환상 속에서 팽창하는 바
다와 물러나는 지평선은 언제나 사람들을 사로잡는다. 이를 본 사람들은 그
것에 매혹되는 동시에 뒷걸음치게 된다. 카르타고인 한노(Hanno)[1]나 마실리
아인 피테아스(Pytheas)[2] — 둘 다 상인이자 용감한 탐험가였다 — 는 괴물이 있
을까 겁내면서도 이 미답의 광활한 바다로 용감하게 뛰어들었다. 넵튠과 머
큐리[3]는 대서양에서 힘을 합쳐, 헤라클레스의 기둥과 알려진 세계의 끝을
지나 영원한 어둠의 바다 위로 선원들을 이끌었다.

다른 한편 대서양의 역사는 점차 신비와 경이로 가득 찬 공간의 이야기로
부터 떼 놓을 수 없게 되었다. 그 중 가장 알려진 것은 헤스페리데스
(Hesperides)가 황금사과를 지키고 있던 극락도(Fortunate Isles)일 텐데, 거기

----

1 항해자 한노라고 불리며 기원전 500년경에 활동한 카르타고의 탐험가.
2 기원전 4세기경의 그리스 지리학자, 천문학자. 기원전 325년 북서부 유럽을 항해하
  며 탐험했고, 지구가 둥글다는 사실을 확인했다.
3 Neptune은 해왕성이며 Mercury는 수성이다. 여기서는 고대 이래 천체에 의지해 뱃
  사람들이 대서양을 항해했음을 가리킴과 동시에, 넵튠이 바다의 신 포세이돈의 로
  마식 표기에서 유래했고 머큐리가 로마신화의 상업과 교역의 신 메르쿠리우스의
  영어식 표기임에 착안하여 바다로 나간 사람들의 동기까지도 비유하고 있다.

서 헤라클레스가 그 사과를 훔쳐내었다. 까다롭고 사납고 난폭한 너울과 끊임없이 이어지는 엄청난 파도는 너무나 큰 장애여서 가장 큰 공포를 불러일으켰다. 이 바다에 무모하게 맞서고자 했던 사람은 이렇게 외치곤 했다. "이 회색 파도를 피할 방법을 찾을 수 없고, 이 회색 바다에서 벗어날 길이 없다."[1]

실제로 유럽에서 바라본 대서양은 서쪽으로 가고자 하는 어떤 시도도 가로 막는 가공할 장애물이었다. 북반구 온대지대에 지배적인 서풍은 구대륙에서 항해에 나서는 것을 애초부터 방해한다. 서쪽으로 움직이는 것을 가능케 하는 동쪽에서 부는 바람과 보다 유리한 조류를 찾으려면 노르웨이에 이르는 보다 높은 위도로 올라가야 한다. 그를 통해 아일랜드 수도사들과 바이킹이 택한 항로가 가능했다. 멀리 떨어진 그린란드에 래브라도 한류(cold current of Labrador)가 있어 배를 뉴펀들랜드로 이끌기 때문이다. 15세기에 브리스틀(Bristol) 사람들이 교역과 어로 행위를 수행하는 데 이용한 동풍이 3월과 5월 사이에 잉글랜드 위도 상에서도 불곤 했지만, 남쪽 아열대 위도에서는 더 강하게 불었다. 그래서 마데이라(Madeira) 제도와 카나리아(Canary) 제도의 위도권에 이르면 범선은 서쪽으로 항해하기에 가장 유리한 바람을 탈 수 있었다. 이것이 콜럼버스와 그 이전의 다른 이들이 이용한 무역풍이었다.

아주 이른 시기부터 사람들은 넓게 펼쳐진 바다를 통해 풍요로운 해양 생활을 누릴 수 있는 지역을 찾아왔다. 대서양 해역은 훨씬 더 큰 인도양 및 태평양과 따로 떨어져 북에서 남으로 뻗어 있었다. 대서양이 나누고 있는 두 대륙, 아프리카와 아메리카의 거리는 서아프리카의 북쪽 끝과 브라질에서 가장 가까워서 이 선을 기준으로 대서양을 남북으로 둘로 나누며, 각각은 적도에서 양쪽 끝에 있는 극지로 이어지고 있다. 북쪽으로 아프리카의 팔마스(Palmas) 곶에서 남쪽으로 브라질의 상로케(São Roque) 곶 사이의 거리는 3,000킬로미터 남짓이다. 남반구 대서양에 걸쳐 뻗어있는 가장 큰 해양 공간에는 북쪽으로 그 가운데쯤에 어센션(Ascension) 섬이 있고 남쪽에 세인트헬레나(St. Helena) 섬과 트리스탄다쿠나(Tristan da Cunha) 섬이 있는 외에는 별다른 섬이 없이 깨끗하다. 이런 섬들이 선원들에게 기항지를 얼마간 제공하지만, 트리스탄다쿠나 남쪽으로는 '노호하는 40도대'(roaring forties)[4]가 항해를 어렵게 만들고 있다. 남극대륙 쪽으로 16도선에서 대서양의 크기는 가장 큰데, 거의 6,500킬로미터에 이른다.

북반구에서는 대양이 그만큼 뚜렷하게 험하게 보이지는 않는다. 심지어 대양이 따뜻하게 보일 수도 있다. 실제로 그곳에는 보다 쉽게 건널 수 있도록 섬과 연해들이 곳곳에 자리하고 있다.

그래서 북쪽으로 뉴펀들랜드와 아일랜드 사이의 3,800킬로미터 바다에는 잠시 들릴 수 있는 곳이 몇 군데 있으며, 그 바다를 건너는 중에 안개와 폭풍을 만나게 되지만 또한 어로 행위에 적합한 곳이기도 하다. 잉글랜드 사람과 콘월 사람들만큼이나 바스크 사람과 브르타뉴 사람들도 금방 대구 낚시를 익혔고 대구를 낚느라 그들은 점점 더 서쪽으로 나아갔다. 패로(Faroe) 제도에서 그린란드까지 뱃사람은 600킬로미터도 채 떨어지지 않은 섬들 사이를 항해할 수 있다.

열대 지대에서는 대서양 동부와 서부 모두에서 항해자는 건너는 중에 여러 군도들의 섬들을 지나야 하는데, 이런 섬들은 수많은 기항지들을 제공한다. 포르투갈에서 800킬로미터도 떨어져 있지 않은 가장 가까운 섬은 마데이라이다. 카나리아 제도는 1,200킬로미터 떨어져 있고, 아조레스(Azores) 제도는 1,300킬로미터 떨어져 있다. 그래서 이베리아의 탐험가들은 오고 가는 중에 언제나 그 섬들에서 풍부한 보급을 받았고, 그곳에서 선원들은 "원기를 회복하고" 배를 수리했다. 마데이라와 카나리아 제도 이후에는 무역풍이 꾸준히 불어 배를 '신세계'로 실어 갔지만, 돌아올 때는 서풍이 크게 불어 그들을 아조레스 제도로 데려왔다. 유럽에서 마데이라까지는 비교적 항해 속도

---

4 남위 40도와 50도 사이에 코리올리 효과로 인해 발생한 편서풍이 아주 세차게 지속적으로 부는 지대를 말한다. 이 지역에는 바람을 가로막을 대륙이 없기 때문에 특히 바람이 거세게 불며 바람을 이용하는 범선은 표류하는 일이 자주 있었다.

가 느리지만, 일단 마데이라를 지나면 항해 속도가 놀랄 정도로 빨라졌다. 18세기에는 영국 해군 선박이 마데이라와 소앤틸리스(Lesser Antilles) 제도 사이를 하루에 191킬로미터 이상의 속도로 주파했다. 이는 뒤에서 부는 바람이 배를 지속적으로 전진할 수 있게 했기 때문인데, 반면 플리머스 (Plymouth)에서 마데이라까지 가는 데는 보통 하루 148킬로미터를 넘긴 적이 없었다.[2] 플리머스에서 마데이라까지 2,300킬로미터를 가는 데 18일이 걸렸고, 마데이라에서 앤틸리스 제도까지 5,000킬로미터를 가는 데 27일이 걸렸다.

대서양의 다른 쪽에는 앤틸리스 열도가 트리니다드(Trinidad)에서 플로리다까지 2,200킬로미터에 걸쳐서 포물선을 그리며 뻗어있다. 콜럼버스와 그의 선원들이 처음으로 '신세계'에 발을 디딘 해변을 간직한 그 섬들은 훨씬 더 넓은 대서양의 지중해와 접하고 있는데, 여기에는 카리브 해가 북쪽으로 멕시코 만까지 펼쳐져 있고 200만 평방킬로미터 이상에 걸쳐서 퍼져있다.

그 섬들과 더불어 연안역(沿岸域)들은 대서양에서 가장 풍부한 물자를 제공한다. 동쪽이든 서쪽이든 훌륭한 어장과 그 물자들을 다른 대륙으로 연결해주는 황금 같은 운송 기회를 제공해 준다. 대양의 이런 지류들은 사람들 간의 관계를 용이하게 하고 그럼으로써 대서양의 역사가 가진 가장 놀라운 성격 중 일부를 제공해 왔다. 대서양의 동쪽 편에 있는 영국해협과 북해는 안개가 빈번하고 얕은 여울과 종종 거친 바다가 주는 위험을 안고 있어 항해가 쉽지 않음에도 고대 이래 사람들이 너무나도 자주 왕래하였다. 오늘날 하루 1,000척이 넘는 선박의 명단이 피카딜리 원형광장(Piccadilly Circus)[5]에 게시되며, 도버(Dover) 연안과 파드칼레(Pas-de-Calais)를 잇는 바다는 북서유럽의 주요 상공업 축에 속한다.

유럽 대서양의 연해와 함께, 또 다른 결정적 요소가 있다. 엘베 강이나 라

---

5 런던 웨스트 엔드(West End)에 있는 핵심 교통 교차로이자 원형 광장. 화려한 광고 네온사인으로 유명하다.

인 강, 스헬더(the Schelde) 강, 센 강과 같은 큰 강들이 북해와 영국해협으로 흘러드는데, 이런 강들에 힘입어 그곳의 항구들은 아주 풍요로운 배후지, 즉 대서양에 대한 통제력을 확보하였다. 보다 일반적으로 본다면, 세계에서 가장 큰 강들 중 대다수가 대서양으로 흘러든다. 아메리카 대륙에서는 미시시피 강, 세인트로렌스(Saint Lawrence) 강, 아마존 강, 오리노코(Orinoco) 강, 라플라타(La Plata) 강이 그러하며, 유럽과 아프리카 쪽에서는 위에서 든 강들 외에 니제르(Niger) 강과 콩고(Congo) 강이 그러하다. 그러므로 대서양은 인접한 대륙들에게 이루 말할 수 없는 도움을 주어왔다. 예컨대, 북미의 세인트로렌스 해로와 오대호는 이를 뚜렷하게 보여준다. 1959년 교통이 개시된 이 현대적인 수로는 그 이래 토론토에서 시카고에 이르는 풍요로운 산업을 위한 주요 교역 축 중 하나가 되었다. 한편 멕시코 만과 미시시피 강은 아메리카 산 곡물의 수출과 여타 상품의 수입을 위한 교역 축으로 기능하고 있다.

알려진 바대로 20세기에 대서양이 가장 활발하게 기능할 수 있었지만, 한편으로 그 이전 여러 세기 동안 대서양은 인간과 상품의 흐름에 줄곧 열려 있었다. 따라서 콜럼버스의 '발견'부터 제1차세계대전까지 대서양은 잇달아 부를 발생시키면서 무역의 리듬에 따라 생을 이어왔다. 먼저 '신세계'의 금과 은을 가득 실은 이베리아인들의 갤리언 선들(galleons)이 있었다. 그리고 네덜란드와 영국, 프랑스의 부유한 상선대들이 이어졌는데, 이들의 활동은 유럽에게 이국적이고 유행을 쫓는 상품들을 제공하면서 뒤에 여러 경쟁관계들도 낳았다. 이러한 격렬한 해상 대립에서 결국 영국이 승리하게 되었다. 대서양에서의 대립이 영국 패권의 확립으로 정점에 이르면서, 19세기 유럽은 대양 건너편에 태어난 지 얼마 안 된 미국이 새로운 강대국으로 되는 데 필요한 자원들을 제공하였다. 다음 세기 동안에는 미국 해군의 압도적인 우월함이 영국의 패권에 종지부를 찍었지만, 그렇다고 그 때문에 구 유럽이 전후 대서양에서 활동을 재개하지 못했던 것은 아니었다.

20세기 말 이제 대서양은 한때 그랬듯이 해안을 만나려면 끝없이 가야 하는 대양이 아니다. 그러나 이것이 우리가 대서양을 좀 더 명확히 보게 되었음을 의미하는가? 물론 휴가지의 햇살을 찾아 도시 거주자들이 갑자기 해변에 모습을 나타낸다. 점점 더 많은 관광객들이 열대나 북유럽의 바다에서 크루즈의 즐거움을 만끽한다. 하지만 전설은 사라지고, 대서양은 뱃사람과 '신세계'의 식민지 개척자들이 즐기곤 했던 많은 매력을 상실하였다. 무엇보다도 대서양의 이미지가 이제는 한결 같지 않다. 여객기들이 장거리 정기여객선들을 사라지게 한 지금 바다의 큰 너울을 꿈꾸는 여행자의 백일몽은 더 이상 존재하지 않는다. 허먼 멜빌(Herman Melville)[6]이 처음으로 대서양을 가로지르며 들었던 감정을 오늘날 같이 느끼며 그가 그린 영웅에 공감할 수 있는 이는 거의 없다.

> 처음으로 승객이 되어 대서양을 항해하면서 당신과 당신의 배가 이제 육지에서 멀어졌다는 얘길 처음 들었을 때 당신 자신이 왜 그런 신화적인 전율을 느꼈던가? 고대 페르시아인들은 왜 바다를 신성시 했던가? 그리스인들은 왜 바다에 별개의 신을 부여했던가?[3)]

하지만 대서양은 가장 먼 과거 속에서 다시 발견될 수 있다. 그 역사가 손짓하는 여러 세기들을 가로질러 길게 헤쳐 나가다 보면, 우리는 '대서양(Atlantic)'이란 이름에 값 하는 서구 문명의 발전을 자극한 꿈과 현실을 보다 생생하게 이해하게 될 것이다.

---

6 Herman Melville. 1819~1891년. 해양소설 『모비 딕』의 미국인 작가.

1장 유럽인의 '지리적 팽창' 이전 대서양의 전설과 실재

§ 대서양의 전설

오랜 세월이 지나 한 시대가 열릴 것이다. 그때 대양을 통해 사물은 속박에서 벗어나고 드넓은 세상이 모두 모습을 드러낼 것이며, 테티스(Tethys)[1]가 새로운 세계를 드러내고 슐리(Thule)[2]는 더 이상 세상 끝이 아니게 될 것이다.[1]

위 글은 세네카(Seneca)[3]의 『메데이아(*Medea*)』에 나오는 영웅이 예언한 것이다. 이 예언은 아일랜드 수도사들과 바이킹들이 북대서양을 탐험하고 그 뒤 여러 해 지나 콜럼버스가 카리브 해에 도착하면서 실현될 터였다. 그것은 고대인들의 세계 속에서 쓴 것인데, 그들에게 대서양이란 관념은 여전히 전설에 싸여있었다. '대서양(Atlantic)'이란 말 자체가 실재 대양 아래 가라앉

---

1 그리스 신화에서 우라노스와 가이아의 딸로 티탄족 여신 중 하나이며 바다를 관장하는 여신이다.
2 '극북(極北)의 땅'. 고대 유럽인들이 세상 끝에 있다고 믿은 나라. 아이슬란드나 스칸디나비아의 나라를 가리켰다.
3 Lucius Annaeus Seneca, 기원전 4년-65년. 고대 로마 제국 시대의 정치인, 사상가, 문학자. 로마 제국의 네로 황제의 스승으로도 유명하다. 아버지인 대 세네카와 구분하여 소 세네카라고도 한다.

은 아틀란티스 대륙의 이름에서 유래한 것일 수 있기 때문에 더 이런 느낌이 들게 된다. 아틀라스(Atlas)와 그의 아우인 금성의 정령 헤스페루스(Hesperus)의 전설도 가라앉은 대륙 아틀란티스에 대한 믿음을 지속시키는데 도움을 주었다. 헤스페루스는 지평선을 살펴보기 위해 형의 어깨 위로 기어올랐지만, 바다로 거꾸로 떨어져 버렸고 이때 형의 살점 한 조각을 떼어내었다. 이 살점이 아틀란티스였던 것이다.

헤스페리데스의 아버지인 거인 아틀라스는 타이탄족과 신들의 싸움에서 타이탄족 편을 들었고 그로 인해 제우스로부터 어깨에 하늘을 지고 있으라는 형벌을 받았다. 호메로스(Homer)[4]가 보건데, "바다를 그 깊은 곳까지 알고 있고 자신의 어깨로 지구와 하늘을 따로 떼어놓고 있는 거대한 기둥들을 지탱하는 이는 고약한 아틀라스"였으며, "강력한 님프"인 그의 딸 칼립소(Calypso)는 불행한 율리시즈(Ulysses)를 고향으로 돌아가지 못하게 했다.[2]

이와 같은 이상하고 낯선 대서양의 이미지는 베르길리우스(Vergil)[5]에게서도 발견된다. 대양의 가장자리, 해가 지는 곳에 에티오피아인들의 고향이 있다. 지구의 가장 멀리 떨어진 곳에 세상에서 가장 힘센 아틀라스가 불타는 별들이 점점이 박힌 하늘의 축을 어깨 위에 지고서 돌리고 있다. 지중해 쪽에선 이런 경계들을 지브롤터 해협의 입구를 알리는 북쪽의 칼페 산(Mount Calpe)과 남쪽의 아빌라 바위(rock of Abylla)를 가리키는 헤라클레스의 기둥으로 표현할 수도 있다. 여기가 소위 말하는 헤라클레스의 12과업[6]

---

4 기원전 8세기경 고대 그리스의 시인. 고대 그리스의 대 서사시 『일리아스』와 『오디세이아』의 작가로 알려져 있지만, 사실은 이 시들은 당시 고대 그리스에서 구전으로 전해 내려오던 것들인데, 호메로스가 그것들을 모아 하나로 묶었다고 보는 것이 옳다. Homer는 호메로스의 영어식 표현이다.

5 Publius Vergilius Maro, 기원전 70~19년. 로마의 시인으로 로마 건국 서사시인 『아이네이스』를 썼다.

6 헤라클레스의 12과업은 헤라가 내린 광기로 자신의 아이들을 죽인 헤라클레스가 죗값을 치르기 위해 에우리스테우스 밑에서 노역을 하게 된 것을 말한다. 12과업은 이러하다. 1. 네메아의 사자를 퇴치할 것, 2. 레르나의 독사 히드라를 퇴치할 것, 3. 케리네이아의 암사슴을 생포할 것, 4. 에리만토스의 멧돼지를 생포할 것, 5.

의 결과라는 곳, 그가 알려진 세상의 경계를 정한 곳이다. 헤라클레스의 전설은 아틀라스의 전설에 더해져, '오이쿠메네(oekumen)', 즉 문명 세계 너머에 있는 미지 세계의 매력과 거부감을 동시에 부각시킨다. 서쪽 하늘의 님프들인 헤스페리데스는 헤라가 제우스와 결혼할 때 가이아가 준 황금 사과를 지키던 세 자매였다. 그들의 도움 덕분에 헤라클레스는 환상의 사과를 얻을 수 있었고 그리하여 불멸을 얻을 수 있었다. 고대인들은 헤스페리데스의 정원이 헤라클레스의 기둥 너머 저 멀리 서쪽 세계 끝에 있는 것으로 그렸다. 올림피아 신전에 있는 것 같은 조각은 아틀라스가 헤라클레스를 돕는 모습을 보여준다. 매일 해야 했던 힘든 일에서 아틀라스를 벗어나게 한 헤라클레스는 그 대가로 아틀라스에게서 황금 사과를 받았다. 헤스페리데스는 다름 아닌 아틀라스의 딸들이며 그래서 아틀란티데스(Atlantides)라고 불리는 경우도 종종 있다. 그들은 '서쪽의 섬들(Isles of the West)', 즉 극락도를 가리킬지도 모르며, 이 극락도는 카보베르데(Cape Verde) 군도나 카나리아 제도로 확인된다. 대양의 한 가운데 솟아있는 이 섬들은 대서양을 항해한 최초의 페니키아인 모험가들의 이야기가 담고 있는 실재에 대한 상상의 결과물일 텐데, 플라톤의 『티마이오스(Timaeus)』에서는 아틀란티스라는 이름의 강력하고 경이로운 제국으로 바뀐다. 이 제국이 바다 속으로 가라앉으면서 대양에 그 이름을 제공했다. "아틀란티스 섬에서 왕들은 강력하고 경이로운 제국을 세웠다. 이 제국은 대륙의 많은 다른 부분들과 함께 섬 전체의 주인이었다." 이 섬에 도달하기 위해선, 다른 많은 큰 섬들을 지니고 있는 실제 바다와 그것을 둘러싸고 있는 "대륙이라 불릴 수도 있는" 육지를 건너야 했다.[3]

이 대륙의 붕괴는 전설을 만들어 낸다. "아틀란티스 섬은 깊은 바다 속으

아우게이아스의 외양간을 청소할 것, 6. 스팀팔로스의 새를 퇴치할 것, 7. 크레타의 황소를 생포할 것, 8. 디오메데스의 야생마를 생포할 것, 9. 히폴리테의 허리띠를 훔칠 것, 10. 게리온의 황소 떼를 데려올 것, 11. 헤스페리데스의 황금 사과를 따올 것, 12. 하데스의 수문장 케르베로스를 생포할 것.

로 사라졌다. 그리하여 오늘날까지 이 대양을 탐험하는 것은 섬을 삼키고 대신 자리 잡은 깊은 토사층 때문에 몹시 고되고 거의 불가능한 일이다." 플라톤이 이미 제시한 지상낙원 아틀란티스의 이미지는 고대의 수많은 위대한 작가들에게서 다시 등장했다. 디오도로스 시켈로스(Diodorus of Sicily)[7]의 경우, 서쪽 공해상에 자리 잡은 섬에는

> 아주 아름다운 평야지대와 함께 산이 많은 비옥한 땅이 있다. 항해 가능한 강들이 있어 섬에 물을 제공하며, 그 강들에서 온갖 종류의 나무와 과수(果樹)를 심은 수많은 정원들을 볼 수 있는데, 그 정원들에는 좋은 물이 솟는 샘이 있고 격자 형태를 갖추고 있다. 산들은 빽빽한 숲들로 덮여 있고 공기조차 너무나 온화해서 여기서는 한 해 동안 거의 내내 과일과 다른 산물이 풍부하게 자란다.[4)]

중세 때도 비슷한 이미지가 아랍 지리학자들에게서 전해졌다. 그들은 전설을 진실이라 믿고서 그것을 서쪽 바다의 섬들에 대한 전승과 합쳤다. 마실리아인 피테아스가 북쪽의 안개 속에서 언뜻 본 섬인 슐리와 포르투갈인들이 얘기하는 안틸리아(Antilia), 즉 일곱 도시의 섬(Island of the Seven Cities),[8] 그리고 성 브렌단(St. Brendan)[9]과 그의 아일랜드인 동료들의 섬이 그런 전승 속의 섬들이다. 이들 각각은 그들 나름의 전설을 만들어냈다. 안틸리아는 아랍인의 침략을 피해 무리를 이끌고 달아난 포르투갈 주교들이 8세기에 대

---

7 그리스의 역사가로, 기원전 60년과 30년 사이의 역사를 저술한 세계사 『비블리오테카 히스토리카』로 알려져 있다.

8 8세기 이슬람의 스페인 정복 시기 서고트의 주교 7명이 이슬람을 피해 대서양으로 달아나 각각 7개의 도시를 세웠다는 전설의 섬. 15세기 '대항해 시대'가 시작되면서 전설이 마치 사실처럼 받아들여져, 15세기의 포르투갈과 스페인의 수많은 해도 속에 등장했다가, 그 이후 보다 정확한 해도 작성을 통해 점차 사라졌다.

9 Saint Brendan of Clonfort, 484-577년경. 초기 켈트계 기독교 성자 중 한 명으로 아일랜드의 12사제 중 한 명이다. "항해자", "여행가"라는 별칭으로 불리며 뱃사람과 여행자의 수호성인이다. 특히 극락도 탐험 전설로 유명하다.

서양 상에 세운 일곱 도시의 섬이었다. 그 섬은 마지막 이교도가 격파되고 그라나다(Granada)가 정복된 후 1492년 콜럼버스가 탐험 길에 오를 때에야 다시 나타났다. 대중들 사이에는 켈트 전설이 아마도 가장 널리 퍼졌을 것이다. 성 브렌단의 긴 여정과 신자들에게 맞는 도피처를 찾아 외로이 대서양을 찾아 헤맨 그의 첫 여행, 그리고 고래 등 위에서 그가 올린 부활절 미사 외에도, 브르타뉴에는 수많은 전설이 있었다. 예컨대, 100명의 성직자들이 "대양의 무수한 경이로움을 제대로 맞이하기 위해" 항해에 나섰다는 전설도 있었다. 3년의 표류 끝에 성모 마리아의 형상을 한 조각상이 두 번 나타나 그들에게 오른 편을 가리켰다. 세 번째 발현에서는 모세의 형상을 했는데, 이번에는 그들에게 황금 산과 역시 완전히 황금으로 이루어진 도시가 있는 섬을 보여주었다. 이것은 "벽옥의 크리스털 같은 가장 값비싼 보물 중 하나만큼이나 눈부시게 빛나는" 천국의 예루살렘이었다.5) 성직자들은 천사의 음식으로 식사를 한 후 섬을 떠나 며칠 뒤 브르타뉴로 돌아왔다. 도착해서 그들은 세상이 완전히 변한 것을 알았다. 그들은 바다에서 3년을 보냈지만 육지에선 300년이 흐른 것이다.

"그리고 바다가 그 가운데서 죽은 자들을 내주고 또 사망과 음부도 그 가운데서 죽은 자들을 내주매"(요한계시록, 20절 13절). 켈트 신화는 대서양이 동쪽 메소포타미아에 있는 성경의 에덴동산에 이르기 전 죽은 자들의 영혼이 머무르는 죽은 자들의 땅이라고 전하고 있다. 대서양을 가리키는 이 죽은 자들의 땅에서 이런 낙원 같은 만족의 섬들은 또한 바로 천국에 오르기 이전의 한 단계를 제공하는 금욕적인 연옥 사상을 뜻할 수도 있다.6) 하지만 이런 이미지에는 일정한 모호함이 언제나 있어왔다. '극락도'는 햇빛을 받아 금이 생기고 자연이 모든 것을 제공하기에 쉽고 고통 없이 일하지 않는 삶을 누릴 수 있는 쾌락적인 낙원일 수도 있기 때문이다. 이러한 섬들은 대서양의 꿈에 불을 지펴온 경이로움들을, 즉 '기적(mirabilia)'을 제공한다.

여기에 다시 또 애매한 부분이 있다. 그것은 매혹적인 환영의 형태를 띠는데, 이런 환영이 바다에 감히 뛰어드는 사람들의 기를 꺾는 험악한 위험들을 드러나지 않게 할 수도 있었다. 고대로부터 내려온 사이렌(siren)[10]이라는 테마는 포르투갈의 도루(Douro) 강과 미뉴(Migno) 강 사이에 있는 교회들의 기둥머리에 반복해서 등장한다. 거기서 그 테마는 위험을 물리치는 일종의 퇴마의식이다.

14세기와 15세기부터 그려진 해도에는 이런 섬들이 모두 나타나 있었다. 1306년의 마리노 사누토(Marino Sanuto)[11]의 지도에서 아일랜드 서쪽에 있는 것으로 그린 '극락도'는 350개나 되었고, 수많은 항해들이 이런 섬들을 발견하려는 목적으로 이루어졌다. 18세기에도 여전히 사람들은 성 브렌단의 섬이 실재한다고 추정하였다. 서구인들의 기억은 그런 섬들을 잊을 수 없었다. 1853년에 제작된 영국의 지도들에서는 여전히 잃어버린 암초섬(a lost rock) 같은 초록 섬을 볼 수 있는데, 그것은 북위 44도 48분, 서경 26도 10분에 위치했다.[7] 하지만 르네상스 이후 신화를 합리적으로 설명하고자 하는 노력이 이루어졌다. 물론 대서양의 전설을 몽테뉴(Montaigne)와 뷔퐁(Buffon),[12] 볼테르(Voltaire)는 여전히 인정하였다. 그러나 그들은 진실을 밝히고자 하였다. 아틀란티스 대륙은 아메리카와 스칸디나비아, 그리고 특히 카나리아 제도와 동일시되었다. 스페인인이나 바스크인, 혹은 고대 이탈리아인들이 도착하기 전에 카나리아 제도에 살았던 관체인(Guanches)[13]의 조

10 그리스 신화에서 비롯된 바다의 님프로, 노래를 불러 뱃사람을 유혹해 바다에 빠뜨려 죽이는 힘을 가진 것으로 알려져 있다. 오디세우스가 돛대에 몸을 묶어 이를 이겨낸 이야기로 유명하다. 바다에서의 위험을 상징하는 의미를 가지고 있다.

11 c.1260~1338년. 베네치아의 정치가이자 지리학자. 십자군 운동을 부활시키고자 애쓴 것으로 유명한데, 그가 쓴 『세크레타(Secreta)』에는 당대의 항로에 대한 설명과 여러 지도들이 포함되어 있어, 지도제작술의 발전에서도 중요한 인물로 여겨진다. 15~16세기에 활동한 동명의 베네치아 역사가와 구분하여 대(the Elder)를 붙여 부른다.

12 Comte de Buffon, 1707~1788년. 본명은 Georges-Louis Leclerc. 프랑스의 백과전서학파로서 박물학자이자 수학자.

13 카나리아 제도의 토착 민족. 유럽인 도래 이전에 카나리아 제도에 오랫동안 살고 있었으며, 그들의 언어가 베르베르어와 비슷한 점으로 미루어, 북아프리카 베르베르인과 동계 종족이 기원전에 카나리아 제도에 들어간 것으로 생각된다. 스페인에

상들인 에트루리아인(Etruscans)[14]은 아틀란티스의 주민들과 동일시되었다.

대서양의 실재로 돌아가려는 이런 노력은 그 이전, 심지어 고대에도 있었다. 그래서 베르길리우스는 놀랍게도 대양의 조류 자체에 주목하기도 했다.

> 파도가 칠 때마다 바다는 앞으로 나아가 이제는 육지로 밀려들어 바위 위에 거품을 토하고 만의 모래 가장자리를 적신다. 그리고 이제는 서둘러 뒤돌아 돌멩이들을 휘감아서 그 저류(低流)를 따라 구르게 한다. 그 사이 여울이 물러나고 해변이 마른다.[8]

스트라본(Strabo)[15]은 자신이 보기에 근거가 없다고 생각되는 전설을 비판하기까지 한다.

> 그들[킴브리(Cimbri)족]이 매일 되풀이 되는 흔한 현상인 평범한 파도가 싫어 자기 땅을 떠났다고 믿는 것은 터무니없는 일이다. 또한 보기 드물게 큰 파도에 관련해 하고 있는 말도 (그건 순 거짓말이기 때문에) 믿을 필요가 없다. 사실 대양은 이런 유형의 현상 속에서 일정한 규칙에 따라 그리고 언제 그럴지를 예측할 수 있게끔 다소의 차이를 보여준다.[9]

스트라본은 또한 "슐리에 대한 이야기를 한 사람"인 피테아스를 주저 없이 "새빨간 거짓말쟁이"라고 부른다.[10]

하지만 심지어 아틸란티스 대륙의 전설에 대해서도 그에 대한 회의론이

의한 정복으로 민족 정체성이 와해되어 카나리아 스페인인으로 흡수되었다. 유럽 국가의 무력에 의한 팽창으로 말미암아 절멸되어 버린 최초의 비유럽인이다.

14 기원전 700년경부터 이탈리아 북부를 중심으로 지중해 일원에 퍼져 있던 사람들과 그 문명을 가리킨다.

15 기원전 63/64년~기원후 24년경. 고대 그리스의 지리학자, 역사가, 철학자. 프톨레마이오스와 함께 고대 그리스에서 가장 뛰어난 지리학자로 여겨진다. 소아시아에서 태어나 유럽과 이집트, 리비아, 아시아 등 여러 곳을 다니면서 지형·지구대·땅 위의 동물과 식물을 관찰하여 모두 17권으로 된『지리학(Geographica)』을 썼다.

훨씬 뒤에 나타난 것은 분명하다. 19세기 초에야 독일의 탐험가이자 과학자인 알렉산데르 폰 훔볼트(Alexander von Humbolt)[16]는 아틀란티스 대륙이 지리적 사실의 영역이 아니라 순전히 상상의 영역에 속한다고 생각한다. 훔볼트가 보건데, 플라톤의 『크리티아스(Critias)』[17]에 나오는 이상국가의 환상적 이미지는 낡은 아테네 국가의 대응물이었다.

켈트의 이미지만큼이나 억제되지 않은 이미지로 가득 찬 아랍 지리학자들은 당대인들이 겪은 실재에 기초하여 자기 이야기를 전개하고자 한다. 12세기에 알 이드리시(Al-Idrisi)[18]라는 사람은 성 브렌단의 항해 이야기나 포앵트 드 생 마티외(Pointe de Saint-Mathieu) 수도원 출신의 브르타뉴 성직자들 이야기만큼이나 전설적인 이야기를 되새긴다. 그는 "리스본의 모험가들"을 묘사하면서, 10세기에 8명의 무슬림 뱃사람들이 조직한 항해를 이야기한다.[11] 그가 그리는 영웅들은 자신들이 잘 아는 해변가를 떠나 헤라클레스의 기둥을 지나 '끊임없는 어두움의 바다'를 향해 나아갔다. 세계의 가장자리에 있는 미지의 그 바다에는 사람을 잡아먹는 괴물이 있고 금과 은으로 덮인 환상의 섬들이 3만 개나 있었다. 그 여행의 환상적인 모습은 "모험가"라는 말에서, 그리고 엄청난 파도와 그 끝을 헤아리기 어려운 깊이, 흐린 불빛으로 겨우 찾아내는 수많은 암초들 때문에 대양이 불러일으키는 공포를 적은 몇몇 구절들에서 명백하게 나타난다. 하지만 의심할 바 없이 진짜 사실들도 남아있다. 뱃사람들은 아마도 양의 섬(Isalnd of Sheep)이라 부른 마데이라와

---

16 1769~1859년. 독일의 지리학자, 자연과학자, 박물학자, 탐험가. 형은 프로이센의 교육부 장관, 내무장관이며 언어학자인 빌헬름 폰 훔볼트이다. 근대 지리학의 금자탑, 대작 『코스모스』를 썼으며 칼 리터와 함께 근대 지리학의 시조가 되었다. 또한 괴테와 쉴러, 유럽 체류 중이던 시몬 볼리바르 등과 친분이 있던 것으로도 알려져 있다.

17 플라톤의 후기 대화편 중 하나로 아틀란티스 왕국과 그것이 아테네를 정복하려 했지만 규율 바른 아테네 사회로 인해 실패했다는 이야기를 담고 있다. 원래 삼부작으로 계획된 대화편의 두 번째 책으로 미완성으로 남았다.

18 1100~1166년. 중세 아랍의 지도학자이자 지리학자. 그가 1154년에 그린 '세계지도(Tabula Rogeriana)'는 고대 세계지도 중 가장 뛰어난 것으로 평가받는다.

카나리아 제도에 상륙한 것 같다. 그리고 그 후 37일간을 바다에서 보낸 후 모로코 연안에 도착했다. 사피(Safi)는 당시 마그레브(the Maghrib)의 대서양 연안에서 팽창의 절정기를 맞고 있던 항구였다. 이 아랍 지리학자의 실재 항해에 대한 설명은, 후대 유럽인들의 발견을 미리 보여주기에 선구적인 성격을 갖고 있다. 그 항해는 물론 여전히 두려움에 차서 미지의 바다로 향했지만, 종종 이베리아와 아프리카 연안지역들에 들렀다. 지리학자들은 또한 고대의 유산을 한데 모을 수도 있었다.

§ 고대인들의 실재 대서양

페니키아인과 카르타고인의 대서양 연근해 항해

카르타고의 한노나 마실리아의 피테아스의 항해 같은 탐험 항해와 고대 해양패권세력들(Thalassocracies)이 세운 해상관계망을 구분하는 것이 유용할 것이다. 기원전 16세기에서 4세기까지 페니키아는 티레(Tyre)를 자신의 선봉항으로 내세우면서 동부 지중해를 지배했는데, 기원전 1000년의 시작 무렵에 눈에 띄게 팽창하기 시작했다. 페니키아인들이 건설한 카르타고는 서지중해의 남쪽 편에 무역 권역을 확고하게 구축했다. 같은 시기 그리스인들이에게 해의 흑해와 만나는 지점에서 자신들의 교역망을 크게 확장하였다. 시칠리아의 양쪽 편에서는 마르세유인과 에트루리아인들이 풍요로운 상업 권역을 세울 수 있었고, 그 후 지중해는 로마의 '우리의 바다(Mare Nostrum)'가 되었다. 하지만 로마의 제국적 팽창은 느리게 진행되었다. 기원전 4세기에 카르타고는 로마와 조약을 체결해 서지중해의 교역을 분담하고 뒤에는 로마를 벌벌 떨게 할 만한 힘을 갖고 있었다. 그 후 카르타고는 기원전 146년에 멸망했지만 말이다.

페니키아인들의 무역 사업과 항해들은 곧 헤라클레스의 기둥 너머 대양에서 구체화되기 시작했다. 기원전 2000년기의 말 무렵부터 페니키아인이 자리 잡은 곳 중 가장 서쪽에 있는 것은 가데스(Gades)였다. 티레 사람들은 십중팔구 청동의 생산에 필요한 주석 광산을 찾으려는 목적으로 그곳에 정착하여 통치하였다. 이들은 비스케이(Biscay) 만을 가로질러 루아르(Loire) 분지와 모르비앙(Morbihan) 만으로 나아갔고 멀리 브리튼 섬의 콘월(Cornwall)까지 진출했다. 스트라본은 페니키아 시대에 포르투갈과 안달루시아가 수행한 기항지 역할을 보여주었는데, 이곳에서 이베리아 산 소금을 카시테르드 섬들(Cassiterides)[19]이나 콘월, 또는 프랑스의 브르타뉴 연안에서 나온 납 및 주석과 교환했다고 한다.[12] 하지만 디오도로스 시켈로스는 페니키아 무역상의 최고 한계를 대서양 더 멀리로 정하는데, 그곳은 아마도 훨씬 더 뒤에 포르투갈인들이 정복한 마데이라인 듯하다. 폭풍이 페니키아인들을 풍요로운 땅과 풍성한 초목, 관개가 잘 된 정원을 갖춘 이 매혹적인 섬으로 데려갔었을 수도 있다. 피에르 루야르(Pierre Rouillard)에 따르면, 마데이라에 페니키아인들이 자리 잡은 것은 페니키아인과 에트루리아인 사이의 경쟁관계라는 맥락에서 이해되어야 한다. 그 섬의 발견을 알게 된 에트루리아인도 거기에 정착하고 싶어 했다. 그 사건은 기원전 7세기 에트루리아인의 거대한 활력기에 일어난 것으로 이해될 수 있지만, 이 항해의 공은 사실 페니키아인에게로 돌려야 한다.

실제로 고고학적 유물에 의거하면, 과달레테(Guadalete) 강 하구에 있는 가데스의 정주지는 멜카르트(Melquart)[20] 신전이 있기에 페니키아인들인들의 것으로 널리 알려졌다. 전통적으로 이 정주지가 세워지는 연대로 추정되는 기원전 12세기는 티레인들이 더 멀리 서쪽으로 항해한 첫 번째 사례와

---

19 그리스어로 주석 섬(tin islands)이라는 뜻이다. 이 섬들은 특히 스트라본의 주장에 힘입어 유럽 서쪽 연안 어디엔가 위치한다고 여겨졌다.

20 티레의 수호신. 티레 왕가의 선조로 여겨졌다. 페니키아인들의 팽창과 함께 레바논에서 스페인까지 지중해 전역에 그 흔적을 남겼다.

일치할 수도 있다. 페니키아의 교역은 이미 완전히 확장되었으며, 성경은 서지중해에서, 심지어 헤라클레스의 기둥을 넘어서 항해하는 데 페니키아인들이 가진 중요성을 증언한다. "타르쉬시(Tarshish)[21]는 각종 보화가 풍부하므로 너와 거래하였음이여 은과 철과 주석과 납을 네 물품과 바꾸어 갔도다."[13] "셀 수 없이 많은 섬들 사이에서 사람들을 중개한" 티레는 스페인의 대서양 연안에 있는 타르테수스(Tartessus)[22](성경에 나오는 타르쉬시)를 서쪽과의 교역을 위한 주된 중계지로 삼을 수 있었다. '타르테수스'라는 이름 자체가 바로 "경이로움의 땅", 광산과 항구와 강의 왕국을 상기시킨다. 이베리아 반도의 대서양 연안 가데스, 즉 카디스의 서쪽에 있는 우엘바(Huelva)는 바로 타르쉬시를 페니키아인의 가장 훌륭한 무역항으로 만드는 데 도움을 준 광부와 야금공을 아주 뚜렷하게 증언하고 있다.

기원전 7세기부터 소아시아에서는 가장 훌륭한 뱃사람들이 지중해 전체를 단 한 번의 항해로 가로지르고 퍼져나가, 지브롤터 해협을 지나 아프리카 연안을 700킬로미터 이상을 따라 내려가서 마침내 아틀라스(이때는 모로코 연안지역을 가리킨다)에 면한 모가도르(Mogador) 섬에 이르렀다. 타르테수스-우엘바를 주요 무역 축으로 갖게 된 지중해의 뱃사람들은 그 이후 저 멀리 떨어진 콘월까지 항해하면서 리비아(아프리카)와 이베리아 반도의 해안가에 들리지 않게 되었다.

대서양 연안이 가장 큰 팽창을 겪게 되는 것은 거의 2세기 뒤 카르타고인의 지배 하에서였던 것 같다. 이 팽창은 탐험 항해(카르타고의 집정관 한노

---

21 성경의 몇몇 구절에 나오는 이스라엘과 페니키아인들에게 중요한 금속들을 공급해 준 대도시 또는 나라. 이스라엘에서 아주 멀리 떨어진 바다 건너에 위치한 것으로 알려져 있다. 학자에 따라서, 카르타고를 가리킨다고도 하고 스페인 대서양 연안에 위치했던 타르테수스를 가리킨다고도 한다.

22 이베리아반도 남쪽 연안(현재의 안달루시아 지방)에 위치한 반쯤은 신화적인 항구도시. 기원전 10세기경부터 그리스와 근동의 여러 자료에 등장하는데, 예컨대 헤로도투스는 그곳이 헤라클레스의 기둥 너머에 있다고 적고 있다. 이곳에서는 금속이 풍부하게 산출되었던 것으로 알려져 있다.

핀손의 항해)와 상업 개발이 결합하여 진행되었다. 기원전 2세기에 폴리비우스(Polybius)[23]가 로마를 대표하여 수행한 항해는 대서양에서 거래되는 카르타고의 상품을 조사하기 위한 것이었는데, 아주 정확하였다. 실제로 대(大) 플리니우스(Pliny the Elder)[24]는 이렇게 보고하고 있다.

> 폴리비우스는 케르네(Cerne)가 아틀라스 산 맞은편 모리타니아 끝에 그리고 육지로부터 8스타디움(stadia)[25] 거리에 있다고 한다. 한편 코르넬리우스 네포스(Cornelius Nepos)[26]는 그것이 카르타고와 같은 자오선 가까이에 육지로부터 10마일 떨어진 거리에 있으며 그 둘레는 2마일을 넘지 않는다고 한다. 또한 아틀라스 산 맞은편에 위치한 또 다른 섬이 있다고도 얘기된다. 그것은 아틀란티스라는 이름으로 알려져 있다.[14]

앙드레 조댕(André Jodin)은, 이 저자들이 제시한 거리들이 1500미터에 가깝다는 것을 고려하여 케르네를 연안에서 같은 거리로 떨어져 있는 모가도르 섬으로 확인한다. 페니키아인들과 뒤의 카르타고인들은 모로코의 대서양 연안에서 나는 가장 유명한 자연자원 중 하나인 자줏빛 염료(purple)를 개발하였다. 이 개발은 아우구스투스 시기의 유바(Juba) 2세[27] 치세 때 가장 활발하였고, 모가도르 섬의 조개들에서 추출한 자줏빛 염료는 로마의 엘리트에

---

23 기원전 200~118년경. 그리스 출신의 로마 역사가. 3차포에니 전쟁에 참여했고 카르타고 멸망 후 스페인과 아프리카의 대서양 연안을 탐험하였다.

24 Gailus Plinius Secundus, 서기 23-79년. 로마의 관리, 군인, 학자. 백과사전처럼 박학다식한 지식을 지닌 사람으로, 사상가라기보다는 근면하고 지식욕이 왕성한 수집가이다. 현존하는 저작 『자연사(*Naturalis Historia*)』 37권은 자연·인문 등 각 방면에 걸친 지식을 담고 있으며 오류가 많으나 자료로서 충분한 가치를 인정받고 있다.

25 stadium은 고대 그리스의 길이 단위로 1 stadium은 약 200미터이다. 복수형은 stadia 이다.

26 기원전 100-24년. 로마의 역사가로 많은 저작을 썼지만 지금은 명사들의 전기만 일부 남아있다.

27 기원전 52/50-서기 23년. 고대 북아프리카의 베르베르족 왕국인 나미비아의 왕.

게 크게 환영받았다. 하지만 페니키아인과 카르타고인의 식민화 과정에서 케르네, 즉 모가도르는 이미 교역로의 가장 끝에 있는 경계였다.

기원전 5세기에 카르타고인 한노는 자신의 유명한 항해를 완수했는데, 이는 헤라클레스의 기둥 너머에 티레의 몰락 이래 잠들어 있는 고대 페니키아인들의 정주지를 부활시키기 위한 것이었다. 가장 번성한 페니키아인의 무역 거점 중 하나인 릭수스(Lixus)는 지브롤터 해협 남쪽 모로코 연안에 탕헤르(Tangier)로부터 100킬로미터 떨어진 곳에 위치했는데, 그곳은 다른 정주지들처럼 사라지지 않았기 때문에 한노는 이 식민지에서 도움을 얻을 수 있었다. 그리고 릭수스 사람들은 가장 먼 바다를 항해할 수 있어, 한노는 특별히 여기서 케르네, 즉 모가도르로 인도할 수 있는 뱃길 안내인을 구했다. 한노는 이 케르네를 자신의 식민지의 경계로 삼는 것이 타당하다고 생각했다.15)

한노가 이끈 식민지 정착민들은 알메리아(Almeria)와 지브롤터 사이의 안달루시아 연안에서 충원된 리비아-페니키아인들(Libyphoenicians)28이었다.16) 그들의 도시 중 하나인 알무네카르(Almunecar)는 한노의 시대까지 2세기 동안 존재하였다. 탐험 항해의 출발점은 카르타고가 아니라 바로 이 도시였을 것이다. 한노의 성공적인 탐험 항해는 기원전 475년과 450년 사이에 카르타고가 매우 활발한 식민활동을 벌이기로 했을 때 수행되었다. 하지만 같은 시기에 한노는 모로코 연안에서 700킬로미터 떨어진 대서양의 카나리아 제도와 아프리카 연안을 더 남쪽으로 내려가 저 멀리 세네갈과 심지어 기니까지도 계속 탐험할 생각이었다. 멀리 떨어진 카나리아 제도는 선택받은 이의 영혼이 머문다는 전설상의 '극락도'로 적합한 곳이었고, 이 제도는 오랫동안 그 이름으로 불렸다. 한노는 항해를 통해 과거에 카르타고인 선원들이 이 제도와 맺었던 관계를 재개할 수 있었다.17) 모가도르의 자줏빛 염료 개발에 이용한 조류를 따라감으로써 카르타고의 배들은 이미 저 멀리 카나리아 제

---

28 페니키아인과 리비아인(아프리카인) 사이에 난 혼혈 종족으로, 카르타고 군의 중갑보병대의 중심을 이루었다.

도까지 항해해 나갈 수 있었던 것이다.

대(大) 플리니우스가 보건데, 한노의 항해 이야기는 근거 없는 이야기들로 가득 차 있었다. 카르타고 선원들의 상상력을 카메룬 산 정상의 화산이 부추겼을 것이며, 이 화산의 높이와 분화를 보고 그들은 마치 신의 전차(戰車) 같다고 생각했을 것이다. 분출하는 화산을 보고 카르타고인들은 지중해의 에트나(Etna) 산의 분화 광경에 익숙했음에도 말문이 막혔을 것이다. "털로 덮인 몸을 가진 여자들"[한노의 해석자들이 "고릴라"라고 부르는]은 암컷 원숭이가 아니라 그저 피그미족 여성이었을 수도 있다. 제롬 카르코피노(Jérôme Carcopino)에 따르면, 그럼에도 한노가 수단의 금에 대한 통제력을 확보하려는 타당한 이유로 탐험을 수행했다고 생각할 수도 있을 것이다.[18] 릭수스에서의 경험으로 힘을 얻은 한노는 그 사이에 자신의 여행 범위를 릭수스 교역의 목적지인 리오데우로(Rio de Ouro)의 금 매장지를 훨씬 넘어서 멀리 시에라리온(Sierra Leone)까지, 사실상 카메룬까지 넓혔다.[29] 하지만 케르네, 즉 마가도르를 지난 한노는 정착민을 전혀 남기지 않고서 연안 탐험으로 항해를 수행했고, 릭수스의 뱃사람들에게 익숙하지 않은 항로를 따라 팔마스 곶을 회항(回航)한 후 동쪽으로 돌아왔다. 한노는 멀리 세네갈(Senegal) 분지에서까지 카르타고의 용병 정책을 펼쳤고, 육지로 더 나아가 금을 찾아서 여행하였다.

헤로도투스(Herodotus)[30]는 한노의 항해를 기록하면서 서아프리카에서 카르타고의 교역이 가진 중요성을 강조했고 그 절차를 이렇게 설명했다.

카르타고인들은 또한 우리에게 자신들이 헤라클레스의 기둥 너머 리비아

---

29 시에라리온은 서아프리카 대서양 연안 중간쯤에 위치하는데 기니 만보다 위쪽에 있다. 카메룬은 그 아래 기니 만을 끼고 위치한다.

30 기원전 480-420년경. 서양에서 "역사학의 아버지"로 불리는 그리스의 역사가. 그의 『역사』에 자신이 지중해와 흑해 주변의 여러 지역을 널리 여행하면서 접한 여러 장소와 사람들에 대한 기록을 남겼다. 그의 기록이 완전히 정확한 것은 아니지만 그는 자신이 보고 들은 것만 기록했다고 주장했다.

에 속한 곳에 사는 사람들과도 교역한다고 말한다. 이 나라에 도착하면 그들은 상품을 하역하여 해변을 따라 정돈해 두고 배로 돌아와 연기를 피운다. 연기를 보고서 현지인들이 해변으로 내려와 상품과 교환하여 일정량의 금을 땅에 두고 다시 먼 곳으로 돌아간다. 그러면 카르타고인들이 해변으로 와서 금을 살펴본다. 그리고 금이 물건 값에 합당하다고 생각되면 그들은 금을 모아 떠난다. 반면 금이 너무 적다고 생각되면 그들은 돌아가 기다린다. 그러면 현지인들이 와서 카르타고인들이 만족할 때까지 금을 더한다. 양쪽이 모두 완벽하게 정직하다. 카르타고인들은 자신들이 판매하려고 제공한 것과 가치상 동등할 때까지 금을 절대 건드리지 않는다. 그리고 현지인들은 {카르타고인들이} 금을 가지고 떠날 때까지 상품을 절대 건드리지 않는다.[19]

제롬 카르코피노가 보건데, 의심할 바 없이 한노의 탐험으로 인해 릭수스가 흑인 금 생산자들과의 이 무역에서 계속해서 중요성을 갖게 되었다. 강력한 카르타고 함대가 리오데우로와 케르네 간의 연결을 위해 필요한 물류 수단을 확보해 주었다. 하지만 상업 개발이 세네갈 분지를 지나 서쪽으로 기니만에까지 이른 적은 결코 없었고, 탐험은 여전히 탐사 형태일 뿐이었다. 뒤에 기원전 147년 봄 스키피오 아이밀리아누스(Scipio Aemilianus)[31]가 카르타고를 멸망시킨 후 이 교역로들은 파괴되거나 다소간 바뀌었다. "제국 정치의 후원을 받는 통상적 상업과 선주들의 시대를 불법 사업과 해적의 시대가 계승하였다."[20]

헤로도투스의 설명이 진실한 것인지는 의문시되어 왔다. 고대 시기 대서양 연안 아프리카의 연안 항해 조건이 그런 항해를 가능하게 했을 것 같지 않기 때문이다.[21] 한노의 항해는 기술적으로 보아 불가능했으리라고 보는 것이다. 뱃사람이 지중해에서 출발하여 사하라 이남 아프리카(black Africa)

---

31 기원전 185~129년. Scipio Africanus라고도 한다. 고대 로마의 장군, 정치가. 3차 포에니 전쟁에서 카르타고를 정복하여 파괴한 것으로 유명하다.

에 이르렀다하더라도, 그는 다시 북쪽으로 돌아갈 수 없었을 것이다. 실제로 이 아프리카 연안 지역에 부는 바람은 그 무엇도 북쪽으로 올라가지 못하게 한다. 거의 매년 되풀이해서 북동쪽에서 남서쪽으로 변함없이 부는 바람은 배를 남쪽으로 모는 것은 용이하게 했을 것이다. 반면에 케이프 주비(Cape Juby)와 케이프 블랑(Cape Blanc) 사이의 해역에서는 북쪽으로의 항해를 가능케 할 바람이 전혀 불지 않는다. 북쪽으로 이동하는 열대전선에서 비롯된 계절풍이 7월에서 10월까지 남서쪽에서 불어와 북쪽으로 돌아가는 것을 가능케 하지만, 그것은 케이프 블랑까지만 그렇다. 이 지점을 넘어 케이프 블랑과 케이프 주비 사이의 850킬로미터에 걸쳐서는 북쪽으로의 항해를 막는 북풍만이 불고 북풍에 맞설 남풍은 전혀 불지 않는다. 또한 이 해역에서는 도움이 되는 바람이 전혀 없어 노(櫓)도 소용이 없다. 노를 저어가면 느린데다가 역풍을 받으며 젓는 것은 보통 어려운 일이 아니다. 게다가 연안을 따라 북에서 남으로 흐르는 아주 강력한 조류가 존재한다. 음용수 공급지가 드문 것을 고려하면, 노잡이를 공급받는 일도 아주 어려웠을 것이다.

결국 바람을 거슬러 북쪽으로 귀항하려면, 배를 해안가 가까이에 유지하면서 가능한 많이 바람을 안도록 지그재그로 운행해야 했을 것이다. 하지만 고대의 항해 기술은 그 정도가 되지 못했다. 카르타고의 배는 정사각형이나 직사각형 돛을 단 중앙 돛대 하나만을 갖고 있어 선미 쪽에서 부는 바람만 이용했기 때문이다.

라울 로니(Raoul Lonis)는 이런 주장에 이의를 제기했다. 최소한 그는 기술적으로 사각 돛이나 삼각돛을 사용할 수 없었을 것이라는 견해를 반박했다. 그런 돛들은 고대부터 알려져 있었다. 맞바람을 받으며 지그재그로 운행하는 것은 아테네와 로마인들도 잘 알고 있었으며, 카르타고가 이런 기술을 몰랐을 리가 없을 터였다. 굴대를 중심으로 회전하는 카르타고 선박의 조타기는 이미 고도로 발전된 것이었다. 루크레티우스(Lucretius)[32]는 한 조타수

---

32 기원전 99-55년. 고대 로마의 시인, 철학자. 일생에 관해 알려진 바가 별로 없으며

가 "거대한 배"를 조종하는 것을 보여준다. "아무리 많이 싣고 있더라도 한 손으로 그것을 조종한다—키 손잡이 하나로 그것을 이리저리 방향을 돌려 나아가게 한다." 세네카도 『메디아』에서 배의 조종 능력을 이렇게 증언한다. "티피스(Tiphys)는" 노련한 조정으로 "과감하게 … 바람을 맞으며 새로운 기술을 쓰고 있다." 그리고 베르길리우스도 아이네아스(Aeneas)의 동료들이 갑자기 그리고 종종 격심하게 변하는 바람을 어떻게 이겨낼 수 있었는지를 이렇게 그리고 있다.

> 그들 모두는 일사불란하게 처음엔 좌현으로 그 뒤엔 우현으로 시간에 맞춰 돛을 풀면서 출항하였다. 그들은 일사불란하게 가로 돛의 활대 양쪽 끝을 돌리고, 도중에 순풍이 선단을 실어 나르면 다시 활대 양쪽 끝을 돌렸다.[22]

그러므로 케이프 주비와 케이프 블랑을 넘어 남쪽으로 항해한 뱃사람들이 정반대 방향으로 두 곳 사이의 어려운 항로를 다시 거슬러 항해하는 것이 가능했을 것이다. 결국 아프리카의 대서양 연안을 따라 북쪽으로 올라가는 일이 일어났을 수도 있었다. 한노의 이야기는 지어낸 것이 아니었을 수도 있는 것이다.

적어도 기원전 7세기 이래 페니키아인들은 케르네, 즉 모가도르에 정착했다. 나중에 그 뒤를 이어 카르타고인들이 거기에 정착했을 것이다. 3월에서 9월까지 여름철 동안 '공해(mare apertum)'를 남쪽으로 항해한 뱃사람들은 겨울철이 시작될 때 그다지 심하지 않은 바람을 이용해 북쪽으로 귀항할 수 있었다. 뱃사람들은 릭수스와 같은 대서양 연안 모로코의 항구들에 기항했다가 다음해 봄에 지중해로 떠났을 것이다. 고된 여정으로 기력이 쇠한 한노는 다음해 봄을 기다리기 위해 항로 위에 세워진 식민지들 중 하나에 기

서사시 『사물의 본성에 관하여(*De rerum natura*)』 6권만이 남아있다.

항했다가 뒤에 다시 항해에 나설 수 있었을 것이다.

또 다른 가설은 한노가 뒤에 포르투갈인들이 했던 것처럼, 여행을 시작하면서 필요하다면 아조레스 제도를 경유해 공해를 뚫고 돌아오려 했으리라는 것이다. 그리고 코르부(Corvo) 섬에서 발견된 페니키아 동전이 입증하듯이,[23] 오래 전에 이미 페니키아인들이 이 제도의 일부 섬들을 발견하지 않았을까?

물론 이런 얘기는 몇몇 항해에만 해당되는 것이며, 유럽에서 바다를 통해 기니(Guinea)를 정기적으로 방문하는 모습을 보려면 15세기를, 즉 포르투갈의 항해왕자 엔히크(Henry the Navigator)[33]를 기다려야 했다.

§ 그리스·로마인에서 아랍인까지의 대서양 항해

카르타고인들은 상업 목적의 항해와 탐사 항해를 모두 완수하였고, 이후 헤라클레스의 기둥 너머로의 항해와 거기서 얻는 부와 관련해 그들에게 필적할 만한 세력을 만들고 싶어 하지 않았다. 이를 위해 그들은 여러 전설들과 뱃사람들이 지브롤터를 지나자마자 만나게 되는 과장된 어려움들이 자리 잡는 데 공헌하였다. 콘월 산 주석을 찾아 외스트리미니(œstrymnides)의 섬들, 즉 웨상(Ushant) 섬과 그 주위의 작은 섬들[34]로 항해한 후 귀환한 카르타고인 히밀코(Himilco)[35]는 자신이 만난 위험들에 대해 끊임없이 얘기했다.

---

33 1394~1460년. Henrique, o Navegador. 포르투갈 아비스 왕가의 왕자(Infante)이며 포르투갈 제국 초창기의 주요 인물이다. 아프리카를 돌아 아시아로 나가는 항로 개척을 후원한 것으로 유명하다.

34 '외스트리미니'라는 말은 "땅끝"이란 뜻으로 보통 오늘날의 포르투갈에 해당하는 곳을 가리키는 그리스어로 여겨진다. 하지만 로마 작가 아비에누스(Avienus)가 『해안(Ora Maritima)』에서 히밀코의 항해를 설명하며 거론한 외스트리미니의 섬들은 오늘날 영국해협의 남서쪽 끝에 있는 브르타뉴 앞바다의 웨상 섬과 그 주변 작은 섬들을 가리키는 것으로 추정되고 있다.

자칫하면 좌초할 수밖에 없는 얕은 여울, 풀려나기가 너무나 힘든 해초의 위험, 앞을 전혀 보지 못한 채 나아가야 했던 짙은 안개, 갑자기 배를 오도 가도 못하게 만든 무풍상태, 등등. 고대 작가들에 따르면, 정말로 카르타고 인들은 지브롤터 해협에 일종의 장벽을 세웠던 것 같으며, 이는 경쟁자가 될 가능성이 있는 모든 이들에 대한 그들의 적대감을 보여주는 것이다. 스트라본은 에라토스테네스(Eratosthenes)[36]의 말에 근거해, 카르타고인들이 사르디니아(Sardinia)와 헤라클레스의 기둥 쪽으로 연안을 따라 항해하는 배들을 공격하곤 했다고 한다.[24] 핀다로스(Pindar)[37]가 보기에, "우리는 가데이라 (Gadeira)[38]를 넘어 어둠을 향해 지나가선 안 된다. … 더욱이 헤라클레스의 기둥 너머 인적 없는 바다를 가로질러 항해하는 것은 … 절대 쉬운 일이 아니다." 대서양에 대해 그리스인들이 지녔던 것과 같은 그런 두려움에 찬 시선들 때문에 우리는 그들이 대양에 관해 무지했다고 생각할 수도 있다. 하지만 일상생활의 세세한 모습은 이런 견해를 뒷받침하지 않는다. 일부 희극들은 가데스 산 염장 생선이 아테네에서 잘 팔렸음을 보여주며, 아리스토파네스(Aristophanes)[39]는 『개구리(*The Frogs*)』에서 "타르테수스 산 칠성장어"를 언급한다.[25]

사실 마실리아인 피테아스의 예가 보여주듯이, 그리스인들의 활동 역량

---

35 기원전 5세기의 카르타고인 탐험가로서 지중해에서 유럽의 북서 연안으로 나간 최초의 인물로 알려져 있다. 그의 항해에 대한 기록은 주로 로마 작가들이 전달하고 있는데, 최초로 그의 항해를 언급한 작가는 대(大) 플리니우스이지만, 그의 항해를 비교적 상세히 설명한 것은 서기 4세기의 로마 작가 아비에누스이다.

36 기원전 276~194년. 고대 그리스의 수학자이자 천문학자, 지리학자. 헬레니즘 시대 알렉산드리아에서 활약했으며, 문헌학 및 지리학을 비롯해 다방면에 걸쳐 업적을 남겼지만, 특히 수학과 천문학에서 후세에 큰 업적을 남겼다. 지구의 둘레를 처음 계산한 것으로 유명하다.

37 기원전 522-443년경. 테베 출신의 고대 그리스의 합창시 작가. 고대 그리스 4대제전에 바친 '축승가'로 유명하다.

38 카디스(Cádiz)를 가리킨다.

39 기원전 446-385년. 고대 그리스 아테네의 대표적 희극 작가.

은 충분하였다. 기원전 300년경에 피테아스는 끊임없이 모험에 나섰다. 마실리아(마르세유)를 출발한 피테아스는 지브롤터 해협을 가뿐히 통과했고 북쪽으로 향해 브르타뉴를 돌아서 '슐리의 섬(Island of Thule)'(아이슬란드 혹은 노르웨이 서쪽 연안)에 이르렀다. 상업적 목적이나 군사적 관심사에서만 움직인 고대의 수많은 탐험가들에 비교할 때, 피테아스는 중요한 지리학적 업적을 남겼다. 그는 달의 모습 변화에 따른 파도의 진폭상의 차이를 기록하며 조수간만 현상을 주의 깊게 관찰하여 마살리아의 위도를 알아내었다. 이 위도 실험에서 그는 북극성의 고도에 관한 정확한 견해를 끌어내었다. 하지만 알렉산더 대왕이 그에게 호박(琥珀)과 주석을 찾으라는 임무를 맡긴 것도 사실이다. 구리와 주석을 합금하여 청동을 제조하는 기술은 그리스인들만이 아니라 페니키아인과 카르타고인들도 추구한 것이었다. 피테아스의 탐험으로 브리튼 섬과 북해 연안들을 조사할 수 있게 되었고 위도상으로 멀리 노르웨이의 베르겐(Bergen) 지역에까지 이르렀다. 북위 약 66도인 슐리 근처에서 발견했다는 얼어붙은 바다는 확실히 유빙이 아니라 바다에 성에가 낀 것이었다. 하지만 그것은 와인과 소금이 풍부한 햇빛이 찬란한 남서부 해안가에 익숙한 뱃사람들을 당황하게 만드는 광경이었다. 그 위도는 저 마실리아인이 슐리에 도착하는 데 걸렸다고 하는 브리튼 섬에서 북쪽으로 6일간의 항해에 비하면 너무 멀다. 브리튼 섬에서 북쪽으로 6일간의 항해라면 겨우 스코틀랜드의 셰틀랜드(Shetland)에 해당할 것이다.[26]

하지만 마실리아인의 항해는 다른 그리스 도시들과 마찬가지로 아주 일찍부터 탐험이 아니라 상업을 유일한 목적으로 삼았다. 기원전 630년에 사모스 섬 출신의 콜라이오스(Colaios)는 안성맞춤인 바람을 타고서 헤라클레스의 기둥을 통과해 그리스 도자기를 대서양 연안 모로코 지방으로 실어 날랐다. 그리스인들은 페니키아인들과 뒤에는 카르타고인들이 만들어 낸 교역을 수행하였다. 가데스 산 소금과 해조(海藻)류, 카시테르드 산 주석, 모가도르 산 자주색 염료가 도자기 및 직물과 교환되었다. 분명 페니키아인들보다는 드물지만, 그래도 그리스인의 영향은 지브롤터 서쪽 안달루시아 여러 곳에서 키프로스 및 시리아 산 꽃병들과 함께 나타나는 아티카 및 이오니아[40] 풍 항아리가 증명하고 있다. 로마 제국 하에서 바에티카(Baetica) 및 루시타니아(Lusitania)[41] 교역로로 전개될 세 도시 ―타르테수스, 카디스, 세비야(Seville)― 간의 연결망은 육지와 바다를 아우르는 연결로들을 통해 이익을 거두었고 아주 활발하게 작동하였다. 최근 코린트 풍의 멋진 투구 2개가 우엘바 강과 헤레스데라프로테라(Jerez de la Frontera) 근처 과달레테 강에서 각각 발견되었는데, 이 투구들은 그리스인들이 이곳에 이르렀음을 입증하며, 그들이 페니키아인들이나 심지어 카르타고인들로부터도 그렇게 크게 적대시되지 않았음을 보여준다.[27]

하지만 헤라클레스의 기둥을 넘어 모로코 서부지역 쪽만큼이나 브리튼 섬과 북해 쪽으로도 대서양 상업 활동이 더욱 활발해지는 것은 로마 제국 하에서였다.

로마군은 북쪽으로 전진하면서 브리튼 섬과 독일 지역에서 식량을 조달해야 했다.[28] 지중해-론(Rhône) 강 운송로는 적어도 브리튼 섬 방면으로는 대서양 항로보다 분명 더 오래 걸렸지만, 그보다 더 안전하였다. 비록 대서양 항로를 취함으로써 시간을 벌고 거리를 좁혀 얻는 효율성이 상당했지만 말이다. 이 운송로는 갈수록 더 지중해와 연결하는 것이 유리한 라인(Rhine) 강 상류 지역의 로마군 주둔지에 이르는 통로가 되었다.[42] 그러므로 우리는 대양이 제국의 한계였다는 데 동의할 수 없다. 게다가 카이사르(Caesar)[43]를

---

40 아티카(Attica)는 고대 그리스 동남부 아테네를 중심으로 한 지역이며, 이오니아(Ionia)는 고대 그리스 시기 현재 소아시아의 에게 해 연안 지역을 가리킨다.

41 둘 다 이베리아 반도에 있던 로마제국의 주(provinces)로, 바에티카는 현재 스페인의 안달루시아에 해당하며, 루시타니아는 로마제국 서쪽 끝에 있는 주로 현재 포르투갈에 대략 해당한다.

42 라인 강 상류지역(Upper Rhine)은 독일 동남부 지역에 해당하며 로잔 호수에서 지금의 스위스를 통과하면 도착할 수 있다.

43 기원전 100~44년. 로마의 정치가, 장군. 로마 공화정 말기 로마의 영토 확장에 중요한 역할을 했으며 제국으로 이행하는 계기를 제공했다. 기원전 58~51년에 지금의 프랑스인 갈리아를 정복하고 기원전 55년에는 처음으로 브리튼 섬 정복을 시도

들지 않더라도 다른 유명한 로마인들-예를 들면, 아그리콜라(Agricola)[44]-이 브리튼 섬 원정을 수행했다. 실제로 디오 카시우스(Dion Cassius)[45]는 클라우디우스(Claudius) 황제[46]가 브리튼 섬을 정복하기로 결심하면서 로마 병사들이 파드칼레에서 해협을 건너야 한다는 생각에 얼마나 공포에 떨었는지를 보여준다. 그들은 "마치 사람이 사는 땅 너머에서 싸워야 하는 것처럼" 반란을 일으켜 진군을 거부할 정도였다고 한다.[29] 하지만 카이사르는 『갈리아 전기(Commentaries)』[47]에서 기원전 54년과 55년의 원정을 다루며 그런 얘기를 전혀 하지 않는다. 기원전 1세기부터 브리튼 섬과 유럽 대륙과의 관계는 아주 가까웠다. 제국 시기 브리튼 섬에서 로마군이 긴요하게 구한 것은 적어도 서기 2세기까지는 식량과 직물이었는데, 이것들은 흔히 바에티카에서 대서양을 경유하여 이루어진 원정들로 충족되었다. 이렇게 하여 한 해의 군용 식량의 주요 구성 요소인 기름이 마련되었다. 프랑스의 브르타뉴와 노르망디 연안에서 발견된 기름 항아리들은 이런 교역이 어느 정도였는지를 보여준다.

로마 제국이 시작될 무렵 유바 2세 지배 하에서 케르네, 즉 모가도르를 향해 모로코 남쪽 방향으로 이어졌던 교역로들은 더욱 번잡해졌다. 정확하게 말해 모가도르에선 페니키아와 카르타고 시기와 같은 단순한 주기적인 기항이 아니라 영구적인 정착이 이루어졌다. 이런 활동은 자주색 염료의 개발

했다.

44 Gnaeus Julius Agricola, 서기 40~93년. 로마의 장군으로 브리튼 섬 정복의 상당 부분을 책임졌다.

45 서기 155~235년경. 그리스 출신의 로마 집정관, 역사가. 로마의 설립부터 서기 229년에 이르는 로마의 역사를 80권의 역사서로 남겼다.

46 기원전 10~서기 54년. 서기 41~54년에 로마 황제였다. 로마제국 성립 이후 처음으로 본격적인 대외 영토 확장을 시작했으며 서기 43년에 브리튼 섬 정복을 명령하였다.

47 Commentarii de Bello Gallico. 카이사르가 기원전 58년에서 51년까지 수행한 갈리아 원정을 기록한 책. 모두 8권으로 이루어져 있는데, 이 중 4권과 5권이 55년과 54년의 브리튼 섬 침공을 다루고 있다.

과 연결되었고, 그 개발은 가장 크게 확장되었다. 대(大) 플리니우스는 아프리카 대서양의 게투리아(Getullia) 연안에서 이루어진 염료 개발에서 기원한 이 산업의 중요성을 거론한다. 그는 그 염료가 아주 유명했음을 강조하지만 그것을 이용해 로마의 사치를 비판한다. "그러면 자주색 염료에 대한 이런 미친듯한 열정의 핑계거리를 마련해 두자. … 그것은 윤기를 내뿜으며, 승리 제의(祭衣)의 경우 황금과 뒤섞여 있는 듯이 보인다."[30] 유바 2세는 이 대서양 연안을 방문했고 아마도 멀리 카나리아 제도까지 들렀을 것이다. 그는 오늘날의 모가도르를 가리키는 푸르푸라르라이(Purpurarlae)(퍼플 섬)에 공업 정착촌을 세워 로마에서 높은 평가를 받는 게투리아 자주색 염료를 제조케 하였다. 자주색 염료를 제조하는 염장용 그릇이 모가도르와 릭수스 모두에서 발견되었다. 볼루빌리스(Volubilis)와 같은 도시의 팽창으로 알 수 있는 유바 왕국의 부를 노리고 칼리굴라(Caligula)[48]는 유바의 아들 프톨레마이오스(Ptolemy)[49]에게서 왕국을 빼앗았다. 이후 다음 2세기에 걸쳐 가끔씩 사람들이 드나들던 모가도르 섬은 세베루스(Severus) 왕조[50] 시기에 다시 한 번 활발한 무역거점이 되었고, 비잔틴제국도 그곳에서의 무역을 얼마간 촉진하였다.

페니키아인 및 카르타고인들이 지브롤터 해협을 넘어서 나아간 항해와 로마인들이 수행한 항해 사이에는 어떤 연속성도 없었다. 비잔틴제국 시대 이후, 그리고 서고트족의 침입에서 8세기 아랍인 정주의 첫 번째 시기까지 지속된 해상활동의 거의 완전한 정지 국면 이후, 9세기 초부터 모로코 및 이베리아 반도 연안 대서양에서 아랍인이 수행한 항해는 대서양의 역사에서

---

48 서기 12~41년. 로마제국의 3대 황제. 로마제국의 서쪽으로의 확장을 추구하여 후견왕국이었던 모리타니아를 병합하였고 브리튼 섬 정복을 시도했다.
49 기원전 13/9~서기 40년. 모리타니아 왕국의 마지막 왕.
50 서기 193년과 235년 사이에 로마 제국을 지배한 왕조. 내란에서 권력을 쥔 로마 장군 셉티미우스 세베루스에서 시작하여 24대 로마황제 알렉산데르 세베루스로 끝이 났다.

주된 한 단계를 이루었다. 안달루시아와 마그레브(북아프리카) 연안 전역에 걸쳐 해상활동이 연속해서 재개되었고 이는 그 이후 이베리아인의 항해와 발견 붐에 유리한 조건을 만들어내었다. 카탈루냐인과 제노바인 그리고 포르투갈인의 대담한 해상활동들은 "마그레브 상업의 확장"으로 여겨져야 한다. 피에르 쇼뉘(Pierre Chaunu)가 쓰고 있듯이, "8세기의 단절은 너무나 부자연스러웠고, 지중해 북부와 남부 그리고 서부의 경제들은 상업적 연계를 유지할 수밖에 없을 만큼 서로를 보완하고 있음이 너무나도 자명했다."[31] 9세기부터 12세기까지 무슬림의 항해는 이베리아 및 아프리카 연안에서 지브롤터 해협을 넘어선 해상활동의 고대적 전통을 유지하면서도 동시에 대항해시대 이베리아인들의 결정적 주도를 앞서 이끌었다.

하지만 고대의 상황과 비교하면 해상활동상에 새로운 요소들이 나타났음을 알 수 있다. 정치적 수준에서 안달루시아와 마그레브 사이의 치열한 대립 관계는 지브롤터 해협의 통행을 통제할 중요한 함대가 존재함을 뜻했다. 바이킹의 침략으로 처음으로 그리고 그 뒤 포르투갈 함대의 등장과 함께 곧바로 대서양의 순찰 활동이 지속적으로 필요하다는 것이 명백하게 되었다. 하지만 상업적 동기도 그만큼 강력한 것 같이 보였다. 안달루시아에서는 모로코 연안 평원에서 나는 곡물에 대한 수요가 훨씬 더 강해진 반면, 세비야인과 포르투갈의 알가르브(Algarve) 사람들은 그들의 특화된 생산물, 특히 로마 시기 바에티카 때처럼 기름에서 더욱 더 많은 이익을 얻었다. 대서양 해안지대의 상업적 부활은 몇 차례 침략으로 중단되면서도 확고하게 되었다.

9세기 초 마그레브의 대서양 연안이 부활했는데, 이를 보여주는 가장 놀랄 만한 예는 우마이야 왕조(the Umayyadin)[51]가 라바트(Rabat)를 세운 것이었다. 우마이야 왕조의 세 수도인 마라케시(Marrakesh), 라바트, 세비야는 모두 제국의 대서양 쪽에 위치했다. 이 왕조 하에서 모로코의 대서양 연안 평

---

51 661년부터 750년에 걸쳐 아랍 제국을 다스린 이슬람 칼리프 왕조로, 중앙아시아, 북아프리카, 이베리아 반도에 이르는 넓은 영토를 장악했다.

원에서 나는 곡물에 대한 안달루시아의 수요가 적어도 해로 운송과 관련하여 사하라에서 나오는 금이나 여타 산물보다 훨씬 더 중요하게 되었다.[32]

안달루시아에 이슬람 제국이 들어서면서 페니키아인과 카르타고인 그리고 로마인으로부터 물려받은 대서양의 상업 전통이 재개되었고, 교역로들이 부활했다. 물론 무슬림의 대양 활동이 한계가 있었고 고대의 활동과 거의 같았음을 잊어선 안 된다. 무엇보다 지리적 측면에서 한계가 있었다. 교역 관계는 남쪽으로 와디 드라(Wadi Draa)를 넘어서지 못했다. 그곳에 있는 눈람카(Nun Ramca) 항구가 최종 경계였다. 그 너머로는 육로로 화물을 운송했다. 해류와 역풍이 케이프 주비를 넘어서는 정기 항해를 방해했던 것이다. 교역 활동을 제한하는 계절적인 요인들도 있었다. 유명한 아랍 지리학자 알 이드리시는 사피 항구에 기항하는 배들과 관련해 이를 지적했는데, 그는 이렇게 말한다. "배들은 화물을 부린 뒤에 항해에 맞는 계절이 될 때까지 다시 항해에 나서지 못한다. 그때가 되면 바로 날씨가 온화해지고 '끊임없는 어두움의 바다'가 평온해진다." 즉 이는 동풍이 배를 북쪽으로 몰아가는 4월에서 9월까지의 우기를 말한다. 마지막으로 심리적인 한계도 지적해야 한다. 주위의 바다는 두터운 구름과 높은 파도, 빈번한 폭풍, 세찬 바람 그리고 수많은 가상의 동물들로 인해 공포의 대상이 된 '끊임없는 어두움의 바다(al-bahr-al-Mughim)'이다. 그러나 몇 개의 섬밖에 없기에 사람들은 그 대양의 무한한 성격을 의식하고, 뱃사람들은 해안으로부터 너무 멀리 떨어지지 않고자 애쓴다.[33]

하지만 아랍 지리학자들은 어디서부터 완전히 낯선 곳을 항해하게 되는지나 어부들이 절대 이를 수 없는 곳이 어디인지 등, 이 '끊임없는 어두움의 바다'에 대한 일정 정도의 지식을 갖고 있었다. 대서양 바다에는 여러 섬들이 있는데, 카나리아 제도는 사람에게 익숙한 바다의 경계를 뜻했다. 그 외에 다른 섬들이 공해상에 있었는데 모험가들이 추진한 탐험이나 해안가에서 멀리 떨어져서 일어난 조난을 통해 간간히 언급되었다. 그래서 혹자는 '양의 섬'을 마데이라와 혼동하곤 한다. 아마도 유틀란트(Jutland)에 있었을 바이킹의 왕에게 파견된 사절 알 가잘(Al-Ghazal)[52]의 이야기는 미지의 바다에 대한 공포를 보여주지만 또한 관례적으로 설정된 한계를 넘어 항해할 가능성도 보여준다.

이슬람의 일상적 항해 속에서는 일정한 기항지들이 분명 눈에 띈다. 10세기까지는 그들은 지브롤터 해협에서 약 300킬로미터 떨어진 살레(Salé) 항을 넘어서지 않았다. 살레 근처 남쪽 편의 한 야만인 부족은 바르가와타(Barghwâta)53라고 불렀는데, 이들은 대서양 가장자리에 살았다. 바르가와타는 이슬람 제국으로부터 독립을 유지하며, 11세기 무라비트 왕조(Almoravid)54가 정복할 때까지 오랫동안 이슬람의 남쪽 연안 경계였다. 그래서 이들 지역과의 일상적 관계가 불가능했다. 무라비트 왕조가 수스(Sous) 지역을 병합하면서, 사하라의 대서양 연안지역과 이베리아 반도, 그리고 지중해 전역 간에 해상 교역이 가능하게 되었다.34) 여름철에는 배들이 모가도르와 아가디르(Agadir)에 이르렀고 멀리 남쪽으로 와디 수스(Wadi Sous)와 눈(Nun)55까지 내려갔다. 연안을 따라 수많은 정박지들이 있었고 그 연안을 따라 항해하려면 3일 내지 5일 이상이 걸렸다. 눈은 지브롤터 해협에서 거의 1,300킬로미터 그리고 리스본에서는 거의 2,000킬로미터 떨어져 있다. 알 이드리시는 "고대의 마지막 기항지"인 살레를 일단 지나면 모가도르와 눈에 이르는 데 4일 이상이 걸렸다고 적고 있다. 그에 따르면, 살레와 페달라(Fedala)(현재 카사블랑카의 북쪽)에서 배들은 기름과 온갖 종류의 식품을 싣고 안달루시아 연안으로 향했다. 안달루시아와 마그레브 지방은 서로를 보완하는 관계

---

52 서기 9세기 말 아일랜드의 바이킹 왕 투르게니우스(Turgenius)에게 파견된 이베리아 이슬람의 사절. 이 책의 저자는 투르게니우스가 독일 북부의 유틀란트 반도에 있었을 것으로 추정한다.

53 8~11세기 오늘날의 모로코의 대서양 연안에 존재했던 베르베르인 부족들의 연맹 왕국. 이슬람 제국의 가장자리에 위치했고 모로코의 라바트와 사피 사이에 있는 타메스나(Tamesna) 지역에 해당한다.

54 1040~1147년에 이베리아 반도 남부와 모로코 지역을 지배한 베르베르 족 이슬람 왕조.

55 와디 수스와 눈은 현재 모로코의 최남단 지역에 해당한다. 눈에 있는 챠우나르 곶(Cape Chaunar)은 사하라 사막의 북쪽 연안 경계이다.

였다. 안달루시아를 출발한 배들은 눈으로 가서 농산물과 금을 가득 채워 돌아왔는데, 그 농산물과 금은 니제르와 세네갈에서 대상들이 싣고 온 것이었다.

무슬림 해운업의 역동적인 발전은 13세기 중반 제1차 '레콘키스타(recon-quista)'가 대서양 연안에 이르렀을 때 확인되었다.56 비록 1260년에 이미 기독교도의 배들이 살레에 보이기 시작했지만 말이다.35) 제노바인들은 마그레브의 대서양 연안을 따라 항해해 내려가는 버릇을 무슬림으로부터 넘겨받았다. 1세기 반 뒤에야 포르투갈인들이 보자도르 곶(Cape Bojador)에 첫발을 내딛지만, 무슬림 수로안내인들은 이베리아인들이 나타나기 전에 서쪽을 향해 큰 야망을 품었던 이탈리아 상인과 뱃사람들의 안내자 역할을 하였다. 실제로 처음으로 제노바인이 살레로 항해한 것은 13세기 전반으로 거슬러 올라가며, 대략 1232년부터 세우타(Ceuta)는 기독교도에게 문을 열었다. 점점 더 남쪽으로 항구를 찾아 나선 '탐색'을 통해 제노바인들은 13세기에 수스에서 사탕수수를 얻어 플랑드르와 베네치아 쪽으로 운송하게 되었다.

이탈리아인들이 무슬림의 대서양 항해에서 엄청난 교훈을 얻었다고 생각할 수는 없다. 사용한 배들은 지중해에서 사용하는 것과 같았다. 그러나 그들이 익히게 된 항해 조건은 전혀 달랐다. 모로코 연안의 위험한 조류와 너울, 모래톱, 변화무쌍한 해류와 바람 등이 그런 조건이었다. 약 2세기 뒤에 포르투갈인들이 아프리카를 돌아 항해하는 데 성공한 것은, 10세기 이래 안달루시아의 항구들에 뿌리를 두었던 대서양 연안 항해의 전통과 직접 관련된 것이었다.

---

56 '레콘키스타'는 718년부터 1492년까지, 약 7세기 반에 걸쳐서 이베리아 반도 북부의 로마 가톨릭 왕국들이 이베리아 반도 남부의 이슬람 국가를 축출하고 이베리아 반도를 회복하는 일련의 과정을 말한다. 13세기 중반 무렵 그라나다를 제외한 모든 영역에서 이슬람 세력을 물리친 것을 1차 레콘키스타가 완료된 시기로 본다.

§ 북대서양의 아일랜드인과 바이킹

아일랜드 쿠라크(curach) 선과 성직자들의 항해

기원전 10세기 무렵의 페니키아인과 카르타고인의 항해는 지중해의 해상 운송을 유럽 대서양 연안으로 확장시켰다. 여기에 투입된 배는 비교적 컸으며 돛을 장착하였고 아주 무거운 화물을 운송할 수 있었다.

북유럽에서는 처음에 제작한 배의 유형이 스칸디나비아의 강이나 호수, 피오르드 해안의 잔잔한 바다를 항해하는 데 적합한 노로 젓는 작은 배였다. 이와는 전혀 다른 유형의 배는 '공해', 즉 북해를 가로지를 수 있었는데, 이런 배들이 유럽 대륙과 브리튼 섬이나 아일랜드, 또는 그보다 훨씬 북쪽에 있는 루프턴(Lofoten) 제도 같은 섬들을 연결하였다. 이런 유형의 배에 속하는 아일랜드 서쪽에서 제작된 쿠라크 선은 동물 가죽을 한데 꿰매어 만들었는데, 아주 일찍이 카르타고의 한노와 히밀코가 활동한 시기인 기원전 5세기에 등장했다. 쿠라크 선의 항해와 관련해 작가 페스투스 아비에누스(Festus Avienus)[57]는 이 배가 대양을 헤쳐 나갈 수 있음을 보여주었다. 대(大)플리니우스는 『자연사』에서 브르타뉴인들이 이 배를 이용했다고 한다. 로마제국 말 무렵 쿠라크 선단은 아일랜드인들이 로마령 브리타니아를 습격할 때 활용되기도 했다. 5세기에 성 패트릭(St. Patrick)[58]은 16세 때 고향인 브리튼 섬에서 쿠라크 선을 타고 온 픽트족과 스코트족[59] 해적들에게 붙잡

---

57 서기 4세기의 로마 작가. 고대 항해에 대해 기술한 『해안(*Ora Maritima*)』으로 유명하다.

58 387?~461?년. 라틴어로는 성 파트리치오라고 하며 잉글랜드와 아일랜드에서 활동한 선교사이자 주교이다. 아일랜드의 "수호성인"이라 불린다.

59 픽트족(Picts)은 철기시대 말부터 중세 초기까지 스코틀랜드 북동쪽에 살던 고대 민족으로, 화려한 색채의 문신을 한 것으로 알려져 있으며 11세기 경 스코트족에 동화된 것으로 여겨진다. 스코트족(Scots)은 6세기경 아일랜드에서 스코틀랜드로 이주한 게일족(Gales)의 일파이며 9세기 스코틀랜드 왕국을 세웠다.

혔는데, 432년에는 복음 전도 활동을 잉글랜드 서쪽 해안을 넘어 훨씬 확장하기 위해 쿠라크 선을 타고 아일랜드에 도착했다.

쿠라크 선은 빠르고 약탈을 위한 습격에 적합했다. 동시에 그 배는 도니골(Donegal), 콘메이라(Connemara), 클래어(Clare)60를 따라 펼쳐진 아일랜드 서쪽의 암석 해안에도 아주 잘 맞았다. 기독교 신앙을 북쪽으로 아주 멀리 떨어진 헤브리디스 제도(Hebrides)와 페로 제도(Faeroes)로 가져 간 것도 아일랜드의 쿠라크 선이었다. 대형 쿠라크 선에는 돛대 하나와 사각 돛 하나가 있었다. 그런 배들은 아일랜드 해(the Irish Sea)와 세인트 조지 해협(St. George's Channel), 그리고 아일랜드 및 스코틀랜드의 연안을 따라 자주 나타났다. 종종 노를 사용했지만, 추진력을 얻는 주요 수단은 돛이었다. 쿠라크는 용골의 균형이 잘 맞았기 때문에 바다에서 조종하기가 쉬웠으며, 그런 용골 덕분에 돛대와 돛을 사용할 수 있었다.36)

경이로운 대서양의 가장 아름다운 전설들을 낳은 『성 브렌단의 항해(*Navigatio Sacti Brendani Abbatis*)』에는 9세기 후반 쿠라크 선의 건조에 대한 상세한 설명이 들어있다. 소나무로 제작한 선체는 소가죽으로 덮었고 접합 부분에는 타르를 사용했으며 배 중앙에 돛대와 돛을 세웠다. 선원은 17명으로 구성되었고 식량을 가득 채우면 40일 이상 항해할 수 있었다. 그런데 성 브렌단은 대중적으로 인기와 신망이 높았기에 그 뒤를 이어 많은 다른 은자와 수도승들이 그의 예를 따랐고, 그래서 많은 이들이 아일랜드에서 대륙으로, 프랑스와 독일로, 심지어 멀리 롬바르디아까지 파견되었다. 위대한 아일랜드 수도승 성 브렌단은 580년을 전후해 죽었는데, 적어도 아일랜드에서 스코틀랜드까지 그리고 훨씬 북쪽의 헤브리디스 제도까지 항해한 이였다. 그러나 그가 이루었다고 하는 발견들은 모두 실제로는 아일랜드 뱃사람들의 몇 세대에 걸친 집단적 해양 경험의 산물이다. 6년간에 걸쳐 17명의 수도승들과 함께 대양을 종횡으로 가로지른 뱃사람 주교는 스코틀랜드와 셰틀

---

60 세 곳 모두 아일랜드 서쪽의 연안 지역들이다.

랜드 사이의 경이로운 해안들에 상륙했다. 환상적인 전설은 그가 섬으로 오인한 고래 등에서 부활절 미사를 올렸다고 전한다. 하지만 아일랜드인들의 이런 발견에 담긴 실체를 잊어선 안 된다.

6세기 후반 아일랜드 선교사들은 오크니(Orkney) 제도에 도착했고 그 뒤 700년경에 훨씬 멀리 떨어진 페로 제도에 이르렀다. 무엇보다 중요한 것은 아일랜드 수도승들이 아이슬란드(Iceland)에 이르렀다는 것이다. 마실리아인 피테아스가 슐리 얘기를 했을 때, 그가 말하려 한 것은 아이슬란드였는가, 아니면 그리스 지리학자들이 묘사한 것과 유사한 기후 조건을 가진 노르웨이 연안 앞바다의 유인도(有人島) 중 하나였는가? 아이슬란드의 동남쪽 연안에서 발견되는 로마제국 시기 아우렐리아누스(Aurelianus)와 프로부스(Probus), 디오클레티아누스(Diocletianus) 치세[61] 때 제작된 구리 조각들에 기초해, 혹자는 로마제국의 배들이 아이슬란드에 오곤 했다고 주장하기까지 한다. 하지만 서기 3세기 말 무렵에 그런 항해는 전혀 가능했을 것 같지 않다.[37) 로마령 브리타니아의 배들은 대서양을 장시간 항해해 아이슬란드에 이를 만한 장비를 갖추고 있지 않았다.

다른 한편 중세 초기의 아일랜드인들은 대서양 항해에 아주 적합한 항해용 배에 가까운 쿠라크 선을 갖고 있었다. 상당한 경험이 축적되어 이미 아일랜드 수도승들은 쿠라크 선을 타고 페로 제도에 이를 수 있었다. 좀 뒤에 마찬가지로 스칸디나비아인들도 크나르(knarr) 선[62]을 이용해 북 대서양을 항해할 수 있었다.

아일랜드인들의 오크니 제도와 셰틀랜드 제도 그리고 페로 제도의 발견에 이은 아이슬란드의 발견은 대서양으로의 꾸준한 팽창이 끝났음을 뜻했다. 아이슬란드를 발견한 항해의 가장 이른 연대는 795년이지만, 우리는 이 빙하와 화산의 섬을 찾은 연대를 그보다 더 이른 시기로 올릴 수도 있을 것

---

61 서기 275년에서 305년까지 로마를 지배한 황제들이다.
62 8세기경 바이킹이 타고 항해한 배. 주로 상업적 목적에 이용되었다.

이다. 그보다 조금 뒤에 (페로 제도의) 쉽(Sheep) 섬으로의 항해가 있었을 것이다. 『성 콜럼바의 생애(*The Life of Saint Columba*)』와 같은 고대 켈트 문헌들은 아이슬란드가 무한한 대양의 끝에 있음을 보여준다. "거대한 은 기둥"이란 말도 나오는데, 이는 필시 빙산을 뜻할 것이다. 이런 말들은 아이슬란드 서쪽으로의 항해도 수행했음을 입증한다. 왜냐하면 동쪽 편에서는 빙산을 볼 수 없기 때문이다.[38]

아일랜드인들이 아이슬란드를 발견한 것을 어떻게 설명할 수 있는가? 우리는 '북극해의 신기루'를 거론할 수도 있을 것이다.

> 때때로[특히 중세 초기에 통상적인 항해 시즌이었던 여름에] 공기가 그보다 찬 해수면에 머물면 관측된 상은 시각적으로 그 원래 위치에서 세로 방향으로 옮겨질 수도 있다. … 그것은 가끔씩 섬과 산 같은 대상이 통상 거리를 훨씬 너머 수평선상에 위치한 것으로 보이게 할 수도 있다.

해가 뜰 때 이런 현상에 가장 적합한 조건이 만들어진다.[39] 다른 한편 아일랜드의 쿠라크 선들이 스코틀랜드 서쪽이나 페로 제도에서 날아오는 철새들이 취한 경로를 따라서 아이슬란드를 향해 출발했다고 설명할 수도 있다. 페로 제도로부터의 경로는 강력한 동풍을 동반하여 배를 아이슬란드의 남서쪽 연안으로 밀고 가기에 가장 가능성이 많은 것 같다. 디쿠일(Dicuil)[63]의 연대기에 따르면, 795년 일단의 아일랜드인 성직자들이 1월에 아일랜드를 떠나 2월 1일 아이슬란드에 도착했다. 거기서 그들은 8월 초까지 머물렀다. 수도승들은 하지(夏至) 기간에는 해가 수평선 아래로 서서히 져서 사람이 "셔츠에 붙은 이를 찾는" 것 같은 일을 할 수 있을 정도로 충분히 빛이 남아

---

63 8세기 후반에서 9세기 초 카롤링 르네상스 시기에 프랑크 왕국의 궁정에서 활동한 아일랜드인 성직자이자 지리학자. 825년경에 편찬한 『지구를 재다(*De mensura Orbis terrae*)』는 아이슬란드라고 여겨지는 최북단의 섬에 대한 가장 오래된 기록으로 알려져 있다.

있다는 것을 알았다. 디쿠일은 비록 "틸레(Thile)"가 얼음으로 덮여있고 겨울에는 늘 어둠 속에 잠겨있다고 주장하지만, 이런 주장이 수도승들의 경험과 완전히 상충된다는 것을 확인할 수 있다. 왜냐하면 그들은 추운 계절에 얼음을 전혀 만나지 않고 섬의 연안에 도착할 수 있었으며, 또 하지 기간을 제외하면 언제나 밤과 낮이 바뀐다는 것도 보았기 때문이다. 이런 이야기들이 가리키는 것들은 바이킹의 전설과 일치하기에, 디쿠일의 "틸레"는 사실상 아이슬란드이다.[40] 마커스(G.J. Marcus)가 보기에, 디쿠일의 이야기에서 가장 흥미로운 점은 그것이 이 항해를 특별하거나 하나의 "발견"을 뜻하는 것으로 전혀 제시하지 않는다는 것이다.

의심할 바 없이 다른 항해들이 795년의 탐험에 앞서 있었고, 그 뒤에도 또다른 항해들이 있었다. 그런 항해들에 대한 이야기들은 아일랜드 수도원들의 서고들이 바이킹의 습격으로 파괴되어 소실되었다. 하지만 아일랜드와 아이슬란드 간의 연결은 유지되었고, 9세기에 스칸디나비아인들이 아이슬란드에 도착했을 때도 여전히 아일랜드인 은자(隱者)들이 그 화산의 섬에서 살고 있었다. 당시 아일랜드인 은자들, 즉 파파르(papar)는 분명 소수였지만, 대부분 섬의 동남쪽에 정착해 있었다.

혹자는 아이슬란드 자체가 서쪽 대양에 대한 아일랜드인의 발견의 한계를 뜻했는지 아니면 그들이 대서양을 가로질러 그린란드(Greenland)와 같은 "대서양 반대쪽의" 섬들이나 심지어 훨씬 더 서쪽에 있는 땅들에까지 도착했을 수도 있었는지에 관해 가늠해 보려했다. 이에 대한 어떤 증거도 존재하지 않지만, 그럼에도 그랬을 가능성은 일정 부분 제기할 수 있을 것이다. 그래서 디쿠일은 795년의 항해에 관해 이야기하면서, 틸레 북쪽으로 하루를 항해하면 "얼어붙은 바다"를 만난다고 하고 있는 것이다. 아일랜드인의 배는 아이슬란드 주위 전역을 헤집었고 얼음을 만날 때까지 용감하게 나아갔다. 북극해의 신기루를 고려하면, 섬 주위를 완전히 다 항해하다 보면 이런 뱃사람들이 아주 멀리 떨어진 그린란드의 산들을 볼 수 있는 범위에까지 갔을 수도 있다. 성 브렌단의 전설이 가진 여러 요소들은 가장 서쪽에 있는 땅을 알고 있었음을 시사한다. 그가 말한 '수정의 기둥(Pillar of Crystal)'은 그린란드 근처의 대서양 권역에서만 발견되는 빙산이었을지도 모른다. 그가 말한 거대한 물고기 떼와 짙은 안개는 뉴펀들랜드의 모래톱 가까이에 갔음을 시사한다. 그가 말한 얼굴이 검게 탄 난장이들은 그린란드의 에스키모였을 수도 있다. 그의 책에 나오는 야생돼지의 엄니를 가진 무서운 괴물은 북대서양 바다코끼리일지도 모른다.

아일랜드인들이 빈번하게 다닌 것이 분명한 땅들에 그들이 정착한 기간은 무시해도 될 정도가 전혀 아니었다. 페로 제도에는 700년과 800년 사이에 1세기 간 정착했고 아이슬란드에는 적어도 80년 동안 살았다. 이런 탐험 방식은 후대 스칸디나비아인들의 탐험 방식을 떠올리게 한다. 쿠라크 선이 바다에서 발휘한 훌륭한 성능은 바이킹의 크나르 선이 보여준 탁월한 해상 능력에 이를 수 있는 길을 제시했을 수도 있다. 아일랜드 성직자들은 별을 이용해 항해했고, 페로 제도의 한 전승은 그들이 안개와 고위도에서는 별을 볼 수 없는 달이 밝은 계절(5월에서 8월 초까지)을 피하기 위해 연초에 아이슬란드를 향해 항해했음을 전한다. 광대한 대양을 건너기 위해 그들은 해와 별에 의존했다. 바이킹의 배와 마찬가지로 그들의 배는, 약 500년 뒤에야 북대서양에서 사용되는 자기 나침반이나 자이로스코프 나침반에 의존하지 않고도 공해를 수백 마일 운항할 수 있었다. 그들은 전체 대서양 횡단거리의 적어도 반에 해당하는 대양 북쪽을 건넌 최초의 진정한 횡단자들이었다. 그들의 탐험들은 그 이후 얼마 안 되어 이어진 바이킹의 대양 항해를 위한 "시험대"였을 수도 있다.

하지만 그럼에도 아일랜드 수도승들의 항해 목적은 바이킹과는 전혀 달랐다. 다른 켈트 은자들과 마찬가지로 성 브렌단과 같이 항해한 사람들에게, 그것은 대서양의 고독 속에서 종교적 성스러움을 찾는 문제였다. 스칸디나비아인들의 항해는 약탈과 상업과 새로운 땅의 식민화에 대한 욕망이 지배했다.

바이킹의 대서양 항해와 식민화

오! 주여, 우리를 노르만의 분노로부터 자유롭게 하소서![64]

8세기 말부터 속도가 빠른 드레카르 선(drekars; drakkars)[65]를 탄 스칸디나비아인들이 연안 지역만이 아니라 내륙 깊숙이까지 몰고 온 공포가 서쪽으로 확산되었다.

그들은 방어시설을 전혀 갖추지 않았던 서유럽의 항구와 연안 지역을 노리고 습격해왔다. 바다를 2, 3일만 건너면 그들은 바로 전리품과 보물, 수도원과 교회에 접근할 수 있었고 공포에 사로잡힌 주민들을 노예로 사로잡을 수 있었다. 820년과 830년 사이에 신앙심 깊은 아일랜드는 완전히 황폐화되었다. 연대기들은 "한 명의 성자, 수도원 하나, 고귀한 교회나 은자의 동굴도 죄다 남지 않았고, 한 섬 전체가 약탈을 면치 못했다"고 한다. 중요한 보물들이 많았기에 수도원들이 줄곧 가장 탐내는 대상이 되었고, 수도승들은 습격이 잠시 멈추곤 했던 겨울의 거대한 폭풍 시즌만 기다렸다. 9세기 중반이 되자 이번에는 프랑크 제국이 유린당했다. 845년 120척의 드레카르 선이 센(Seine) 강을 타고 올라와 파리를 습격했던 것이다. 6년 뒤에는 350척의 바이킹 선들이 템스(Thames) 강에 나타나 런던을 공포에 떨게 했다. 리스본과 타호(Tagus) 강 유역은 이미 습격당했으며, 859년에는 바이킹이 이탈리아에도 나타났다. 그들의 약탈은 저 멀리 러시아에까지 이르렀는데, 865년에 노브고로드(Novgorod)와 키에프(Kiev)를 습격한 이들은 이제 데인인(Danes)이나 노르웨이인(Norwegians)이 아니라 스웨덴인(Swedes)이었다. 이들은 콘스탄티노플까지 밀고 내려왔다.

---

64 원어는 이러하다. Ab ira Normannorum libera nos, Domine!
65 오늘날 바이킹이라고 하면 떠올리는 전형적인 바이킹의 배. 균형 잡힌 용골을 갖추어 유연하고 속도가 빠른 긴 배이다. 드레카르의 최고 속도는 시속 15노트 정도였다.

적어도 서구에 알려진 바이킹의 최초의 항해는 실제로 약탈을 위한 것이지만, 곧 바로 상업과 이주 식민화가 그에 더해졌다.

바이킹의 습격과 이주의 원인을 이루는 요소 중에서는 인구 요인이 첫 번째로 중요할 것이다. 스칸디나비아, 특히 남부 노르웨이 인구의 순성장이 발생했고, 이로 인해 여러 집단의 농부들이 새로운 땅을 찾아 나설 수밖에 없었다. 이런 요인에 아마도 독일 북부 지역에 대한 샤를마뉴(Charlemagne)의 공격과 같은 정치적 요소들을 더할 수 있을 것이다. 그런 공격은 덴마크와 같은 스칸디나비아 나라에게 위협거리였다. 마치 카롤링 왕조 시기 프랑크 왕국이 프리슬란트(Friesland)를 복속시킨 것이 북구의 해양 및 상인 세력 내에 불균형을 야기했듯이 말이다. 물론 일부 바이킹 부족장들의 개인적 야심과 모험심도 중요한 요소로 고려되어야 할 것이다.

바이킹의 항해술

바이킹의 침략 행위에 가장 크게 기여한 것은 북구에서 이루어진 조선 및 해양 기술상의 발전이다. 조선기술의 발전을 이해하려면 특히 두 가지 요소를 눈 여겨 보아야 한다. 첫째, 노르웨이 제철업의 이례적인 발전으로 키 손잡이 축을 철로 제작하게 되었고, 또한 다른 여러 큰 도구들도 철로 제작하였다. 둘째, 스칸디나비아의 산림은 항해에 아주 적합한 목재를 풍부하게 공급하였고, 사실상 무한정으로 공급할 만큼 풍부했다.

8세기 이래 중앙에 돛대와 사각 돛을 가진 '곡스타트(gokstad)' 선66이 이용되었다. 그 배는 드레카르 선의 크기를 엄청나게 늘려놓은 것이었다. 길이는 24미터 이상이었고, 폭은 5미터 이상, 중앙 돛대의 높이는 2.13미터였다.[41] 자재는 떡갈나무를 사용했고, 떡갈나무 판자를 포개어서 서로를 덮게

---

66 곡스타트 선은 바이킹의 배 중 가장 발달한 형태로 크고 주로 전선(戰船)으로 이용되었다. 1880년 노르웨이의 곡스타트 근처 무덤에서 발견된 곡스타트 선이 복원되어 오슬로 바이킹 박물관에 전시되어 있다. 이 배의 길이는 23.8미터, 폭은 5.10미터이다.

하여 바닥 판자를 구성하였다. 용골이 깊고 이물이 높아서 안정성이 보장되었다. 배의 후미에는 선미루 갑판이 설치되었다. 이 배의 가장 독창적인 특징은 특출한 부력과 유연성이다. 배의 건조과정을 고려하면 균열의 위험이 거의 없었고, 추진력은 때로는 노로 때로는 돛으로 얻었다. 양편에 각각 약 5.5미터 길이의 노가 16개씩 있었다. 이 노들로 안전하고 정확하게 천천히 조종할 수 있었고, 수직 축으로 돌아가고 제2 용골 기능을 한 측면 키가 있어 정확도는 배가되었다. 세심한 조종이 필요할 때는 돛대와 돛의 활대 양쪽 끝을 낮추고 바로 노를 사용하였다.

8세기 말에는 하프스킵(hafskip) 선을 사용하게 되면서 훌륭한 항해도구인 이 배를 더 마음대로 조종할 수 있게 되었다. 하프스킵 선은 드레카르 선이나 곡스타트 선보다 길이는 짧지만 상품 운송에 더 적합했다. 그래도 뛰어난 부력을 가진 이 배도 동시에 이루어진 항해기술의 숙달이 없었다면 무용지물이었을 것이다. 일부 학자들은 바이킹 항해술이 이룬 업적, 그리고 무엇보다 여타 대서양 발견자들의 선구자인 뱃사람들의 대담함을 설명하면서 조수와 바람, 해류의 영향과 새의 이동경로를 완전히 파악한 육감의 존재를 인정해왔다. 폴 아담(Paul Adam)의 경우, 바이킹 항해자들이 그들 눈앞에 보이는 지리적 실재를 면밀히 관찰해야 했다고 본다.[42] 노르웨이와 아이슬란드, 그리고 그린란드 사이의 고위도에 있는 북대서양에서의 거리는 메르카도르 도법 상에서 보이는 것보다 훨씬 더 짧았다. 메라카도르 도법으로 그린 지도는 북위도 상의 거리를 실재보다 더 멀게 보이게 한다.[67] 실제 지도 상에서 베르겐에서 셰틀랜드까지 그리고 이어서 페로 제도 및 아이슬란드에 이르는 경로는 지중해 상의 미노르카(Minorca)와 사르디니아, 크레타, 그

---

67 1569년 네덜란드의 메르카도르가 발명한 지도 투영법으로, 원통 속에 지구의를 적도에 맞추어 넣어 그대로 펼친 형태로 그렸다. 따라서 적도에서 멀어질수록 축척 및 면적이 크게 확대되기 때문에 위도 80'~85' 이상의 지역에 대해선 사용하지 않는다. 이 도법의 가장 큰 특징은 지도 상 임의의 두 지점을 직선으로 연결하면 항정선과 같아진다는 것이다. 따라서 항해용 지도로 많이 사용되어 왔다. 또 방향 및 각도관계가 정확하기 때문에 해류나 풍향 등을 나타내는 지도에도 많이 쓰인다.

리고 알렉산드리아 사이의 기항지들보다 그다지 멀지 않은 −320킬로미터에서 500킬로미터 − 기항지들로 이루어져 있다. 해와 별을 관찰하면서 계속 북위 62도를 유지하면, 아이슬란드의 산과 빙하를 보지 않고도 아이슬란드 남쪽을 멀리 지나갈 수 있을 터였다. 그 섬 위에 뜬 구름들과 아이슬란드의 대지 남쪽의 물고기와 고래 떼들은 바이킹에게 너무나 잘 알려진 참고사항들이었다. 그 뒤 그들은 그린란드의 산이 보일 때까지 계속 똑바로 나아가야 했다.

하지만 배가 우수했다는 것이 강조되어야 한다. 견고한 용골 덕분에 극히 안정되었던 하프스킵 선은 사각 돛을 달고 강풍에도 잘 달렸다. 날씨가 나쁘면 활대 양쪽 끝을 이용해 돛을 내릴 수 있었고, 축범부를 이용해 돛을 줄여 바람의 작용을 제한할 수도 있었다. 이런 배를 이용하면 베르겐에서 아이슬란드에 이르는 데 3주 정도 걸렸다. 이 배는 바이킹의 항해 기술을 확고히 하였다. 하프스킵 선은 전혀 유명하지 않았고, 마찬가지로 이물에 위협적인 용의 머리를 단 긴 전선(戰船)인 곡스타트 선이나 드레카르 선처럼 공포를 불러일으킨 적도 결코 없었다. 이 전선들은 배의 긴 측면 전체에 방패를 장착하고 유럽 해안들을 습격하여 파괴하곤 했다. 하지만 드레카르 선은 서쪽 대양을 가로지른 적이 결코 없었다. 용감한 스칸디나비아 뱃사람들이 페로 제도에서 페어웰 곶(Cape Farewell)으로부터 약 60마일 떨어진 그린란드 동쪽 연안의 한 지점까지 1,000해리에 이르는 방대한 대양을 가로지르기 시작할 수 있었던 것은 바로 하프스킵 선이나 크나르 선을 이용해서였다. 이 횡단은 스칸디나비아인의 해양기술이 이룬 업적이 얼마나 높았는지를 보여주며, 우리는 바이킹이 이용한 배들이 그 자신들에게 파괴적 습격이 아니라 그리스인들에게 신전이 가졌던 것과 같은 의미를 가졌다고 말할 수 있을 것이다.[43]

그린란드의 발견

바이킹 에이리크 라우디(Erik the Red)[68]에게, 그린란드로 향하는 것은 자신의 살인 행위로 인한 추적을 피할 기회였지만 또한 자신과 함께 한 사람들과 식민지를 세울 기회이기도 했다. 바이킹의 항해는 오래 전부터 이주를 통한 식민지 건설의 시도들이었는데, 초기에는 여기에 약탈 행위가 수반되었다. 8세기 말에는 호르달란(Hordaland)에서 온 노르웨이인들이 793년에 노섬벌랜드(Northumberland)를 습격하였고(린디스판[Lindisfarne]의 약탈), 795년에는 아일랜드를 습격하였다(더블린 근처 램베이[Lambay]의 수도원 약탈). 몇 년 뒤 9세기 초 노르웨이 남부 베르겐의 남서쪽에 있는 아그데르(Agder)와 로갈란(Rgaland) 출신의 농민들은 조그만 충돌도 없이 스코틀랜드 북쪽의 오크니 제도를 차지할 수 있었다. 같은 9세기 중반에는 셰틀랜드와 페로 제도에 바이킹이 도착했고 874년에는 아이슬란드를 식민화하기 시작했다.

모험심과 동풍에 이끌린 스웨덴인 가다르 스바바르손(Gardar Svávarsson)[69]은 자신이 가르다르(Gardarr)라고 부른 섬의 북쪽에 상륙한 최초의 사람이었다. 그 직후 노르웨이인 프로키 빌게르즈손(Flok Vilgerdarsson)[70]이 아이슬란드 서쪽의 브레이다피오르뒤르(Breidhafjörd)에 배를 정박시켰다. 그곳에 도착하기 전에 그는 까마귀를 풀어 육지가 있음을 확인했다. 높은 산에 올라 지형을 살펴보고 얼음 덩어리들만 본 그는 섬을 얼음 덩어리의 섬이라는 뜻으로 아이슬란드라고 불렀다. 870년대 중반 경에 바이킹의 아이슬란드 식민화 시대가 시작되었다. 이때의 진짜 탐험대는 가족들로 이루어졌고, 여자와 아이들이 전사들을 따라서 무기와 가축을 싣고서 노르웨이를 떠났다. 이는

---

68 950~1003년. 그린란드에 최초의 노르드인 식민지를 건설한 바이킹. '그린란드'라는 이름을 지은 것으로 알려져 있다.

69 많은 학자들이 아이슬란드에 산 최초의 스칸디나비아인이라고 여기는 인물이다. 비록 겨울 한 철만 살았지만, 그와 그의 가족은 아이슬란드의 전통 영웅 전설에 자주 등장한다.

70 의식적으로 아이슬란드를 목표로 삼고 항해한 최초의 노르웨이인.

아마도 "아름다운 머리의" 하랄드(Harald)[71]가 펼친 전제정을 피해서 이루어 진 것이리라.[44] 탐험대는 섬 남서쪽의 작은 섬들 옆에 정박했다. 그 수장(首長)인 프라이호프 아르나손(Frijhof Arnason)은 하선에 앞서 잊지 않고 신들에게 제를 올렸다. 해안이 보이는 곳에서 그는 자신의 높은 직책을 새긴 말뚝들을 바다에 던져 넣기 시작했다. 그러면서 그는 자신들이 정착할 장소를 정해주기를 신들에게 간청했다. 신들은 레이캬비크(Reykjavik)를 선택했다. 이 말은 "증기의 만(Bay of Steam)"이라는 뜻으로, 그곳에 뜨거운 온천이 많이 나왔기 때문에 그렇게 불리었다.

9세기 말에 식민지는 가장 크게 확장되었다. 900년을 전후해 이주가 정점에 이르면서 2,000명에 이르는 이주민이 이미 정착했다. 하프스킵 선단이 이주민과 화물들을 그곳으로 실어 날랐는데, 화물 중에는 가축 및 식량과 함께 집을 짓는 데 사용할 목재도 있었다. 대부분 노르웨이 남서부 연안지역인 베르겐 주변 지역 출신이었던 스칸디나비아인들이 아이슬란드 인구의 대다수를 차지했다. 하지만 그들 외에 아일랜드와 스코틀랜드, 셰틀랜드, 오크니 제도에서 온 켈트 족들도 있었다. 가장 귀하게 여긴 것은 바이킹 수장들의 첩들이었는데, 이들은 아이슬란드로 오기 전 행한 습격에서 납치하거나 아이슬란드로 오는 항해 중에 기항지에서 사로잡은 노예들이었다. 이 노예들은 이후 해방되었다. 바이킹의 탐험을 주도한 여자들도 일부 있었다. 사려 깊은 아우드(Aud the Wise)가 그런 경우인데, 그녀는 헤브리디스 제도 출신으로 "바다의 위대한 왕"과 결혼했으며 그 아들이 스코틀랜드의 바이킹 왕이 되었다. 그녀는 20명 정도의 노예와 자유민과 함께 아이슬란드로 향하는 배에 올랐다. 앞서 아일랜드와 스코틀랜드에서 바이킹들이 수행한 식민화 실험들로 인해 그보다 더 거리가 먼 원정에 대한 노동력 공급이 가능했

---

71 Haraldr Hárfagr, 850년경-933년경. 노르웨이 세습왕국의 건국자이자 첫 왕(872-930년)으로 알려져 있다. "하르파그리"는 "아름다운 머리카락"이라는 뜻으로 미발 왕 하랄드(Harald Fairhair)라고 의역하기도 하며, 하랄드를 노르웨이의 창립군주로 인정할 경우 하랄 1세라 한다.

기에 그런 식민화 작업은 아주 소중한 역할을 했다.

10세기 말 그린란드의 발견과 식민화는 바이킹 항해의 가장 먼 경계가 어디였는지를 확실하게 알려준다.

아이슬란드의 한 전승은 이런 내용을 전해준다. 10세기 초에 군비외른 울프손(Gunnbjörn Ulfsson)[72]이라는 이름의 뱃사람이 악천후 속에 헤매며 서쪽으로 가다 일군의 섬들에 이르렀다. 그는 거기서 서쪽 정면에 알 수 없는 해변이 있는 것을 보았다. 하지만 그는 그 해변으로 갈 생각을 하지 않고 아이슬란드로 돌아왔다. 따라서 이 전승은 그린란드를 처음 본 사람이 아이슬란드인이라고 하고 있다. 그렇지만 우리는 여기서 다시 북극해의 신기루를 떠올릴 수도 있다.

군비외른의 자식들이 아이슬란드의 이잘피오르뒤르(Jsalfjörd) 근처에 계속 살고 있는 사이에, 노르웨이에서 새로운 정착민이 가족과 함께 도착했다. 토마스 아스발드손(Thomas Asvaldsson)은 스타방에르(Stavanger) 지역 출신이었다. 그는 살인으로 고발당해 아이슬란드로 떠났다. 이미 좋은 땅은 남들이 다 차지했기 때문에 그들은 처음에 사람이 살기 힘든 곳에 자리 잡았다. 아버지가 죽은 후 아들인 에이리크(Eirik)는 목축을 하기 좋은 목초지가 펼쳐진 호카다뤼르(Haukadalur)로 옮겼지만, 거기서 그는 이웃과의 분쟁에 휘말려 살인을 저지르고 추방당했다. 그는 반스피오르뒤르(Hvansfjörd) 입구에 있는 한 섬으로 피했다가, 다시 쫓겨나 3년 동안 추방되었다. 에이리크 라우디가 서쪽에 있는 미지의 땅에 관한 군비외른의 이야기를 알았고, 이 때문에 그가 그린란드 동쪽 연안으로 그를 데려간 첫 번째 항해에 나설 생각을 하게 되었을 수도 있다. 그곳에는 높은 산들과 가파른 절벽들이 있었고 곳곳에 빙하로 둘러싸인 깊은 피오르드들이 자리했다. 페어웰 곶을 지나 남쪽으로 가니 보다 적합한 곳을 찾을 수 있었고, 거기에는 훌륭한 목초지

---

72 10세기경 아이슬랜드의 노르웨이인 정착자로, 그린란드를 본 최초의 유럽인으로 알려져 있다. 그래서 그린란드 여러 곳의 지명을 그의 이름을 따서 지었다.

가 펼쳐져 있었다. 985년 또는 986년에 에이리크 라우디가 진정으로 식민화를 위해 항해한 곳은 바로 이곳이었다. 동료들을 끌어 모으기 위해 그는 이 새로운 땅을 푸른 나라(the Green country)라고 불렀다. 14척이나 되는 배와 400명이나 되는 사람들로 이루어진 탐험대가 비슷한 수의 가축과 도구들을 싣고서 바닷길로만 800킬로미터 정도 떨어진 곳을 향해 아이슬란드를 떠났다.

그 이후 에이리크피오르뒤르(Eiriksfjörd)에서 베스트리뷔그드(Vestribygd)에 이르는 그린란드 남서쪽 전역에 걸쳐 식민화가 이루어져, 사람들은 양과 약간의 소를 키우고 물고기를 낚으면서 살아갔다.[73] 특히 가르다르의 비옥한 협곡은 훌륭한 목초지를 제공했고 기후가 오늘날보다 더 온화했다. 이곳에서는 농장마다 10 내지 20마리의 소와 많은 양떼를 키울 수 있었다.[45]

노르웨이에서 그린란드로 바로 가는 진정한 대서양횡단 항해는 에이리크 라우디의 아들인 레이브 에이릭손(Lief Eiriksson)[74]이 999~1000년 시기에 처음으로 수행하였다. 마커스(Marcus)는 레이브 에이릭손이 아메리카를 발견했다고 오래전부터 말해 온 것은 잘못되었고, 이 항해야말로 에이릭손이 이룬 주된 공적이라고 한다. 에이릭손이 따라 간 항로는 베르겐에서 48킬로미터 떨어진 노르웨이 연안 앞바다의 섬인 헤르나르(Hernar)에서 위도선을 따라 가는 항로였다. 그는 아이슬란드의 위험한 남쪽 연안을 피해서 그 섬에서 남쪽으로 멀리 떨어진 곳으로 지나갔다.[75] 북대서양에서 가장 긴 항해거리(1,800킬로미터가 넘는다)로 대양을 건넜다는 것은 바이킹 선박의 우수성과 그들의 뛰어난 항해능력을 입증했다.

---

73 노르웨이인들은 처음 그린란드 남서쪽에 정착지를 세웠는데, 에위스트리뷔그드
  (Eystribygd)와 베스트리뷔그드가 대표적인 곳들이다. 전자는 "동쪽 정착지", 후자
  는 "서쪽 정착지"라는 뜻인데, 실제로는 베스트리뷔그드가 더 동쪽에 있다. 에위스
  트리뷔그드는 가장 큰 정착지로 전성기에는 4,000명 정도가 살았다고 하며 15세기
  초까지 존속되었다고 한다.
74 970년경~1020년경. 아이슬란드 태생으로 1000년경 북아메리카를 최초로 발견한 유
  럽인으로 인정받고 있다.
75 노르웨이 베르겐의 남쪽 바다에서 북위 60도 선을 유지하며 서쪽으로 직항하면 아
  이슬란드를 남쪽으로 멀리 떨어져 지나 그린란드의 페어웰 곶에 이른다.

바이킹과 빈란드(Vinland)

하지만 레이브 에이릭손은 바이킹을 저 멀리 북아메리카 연안의 빈란드76
로 이끌었다는 공적 때문에 유명해졌다.

만약 "행운아" 레이브77와 다른 이들이 1000년경에 뉴잉글랜드와 같은 위
도에 있고 허드슨(the Hudson) 강보다 약간 더 남쪽에 있던 포도나무의 땅,
즉 빈란드에 분명히 상륙한 적이 없다고 하더라도, 적어도 아메리카 연안,
즉 뉴펀들랜드와 래브라도를 실제로 발견했다는 데는 의심의 여지가 없다.
『그린란드인의 영웅전설(Groenlendinga Saga)』은 우리에게 최초의 아메리카
발견을 전하면서, 그것을 레이브 에이릭손이 아니라 아이슬랜드인 비야르니
헤리욀프손(Bjarni Herjölfsson)78의 공으로 돌리고 있다. 그러나 그 전설도 무
엇보다 발견한 땅의 지리적 위치에 대해서는 불확실성을 남겨둔다. 실제로
아이슬랜드를 떠나 그린란드로 향한 비야르니와 그의 동료들은 그린란드처
럼 산이 많지 않고 빽빽한 숲으로 덮인 낮은 언덕으로 이루어진 땅을 보았
다.46) 그린란드에 이르고자 하는 원래 목적에 충실했던 비야르니는 상륙할
마음은 없었다. 하지만 그는 이미 바이킹이 잘 알고 있던 그린란드의 훨씬
너머에 있던 미지의 땅을 처음으로 발견한 사람이었을지도 모르며, 그 이후
다른 기회에 그곳에 이르렀을 수도 있다.

비야르니의 항해에 대한 얘기를 들은 에이리크 라우디의 아들 레이브는
비야르니의 배를 구입하고 34명의 선원을 고용했다. 그 뒤 그는 그의 아버지
의 땅 브라타흘리드(Brattahlid)79를 떠나 비야르니가 이미 거친 항로를 따라

---

76 레이브 에이릭손이 이끄는 바이킹이 1000년경 도착했다고 하는 북미의 지역. 북미
  동부 캐나다의 뉴펀들랜드와 미국 버지니아 사이의 어느 곳이라 여기는데, 정확한
  위치는 여전히 논란이 있다.

77 전승에 따르면, 레이브 에이릭손은 발견한 북아메리카 빈란드에서 겨울을 보내고
  봄에 그린란드로 돌아오는 길에 아이슬랜드 조난선과 선원들을 구조했다. 이 때문
  에 "행운아 레이브"라는 별명을 얻게 되었다고 한다.

78 986년 아메리카 본토를 최초로 발견했다고 알려진 아이슬랜드 바이킹.

79 10세기 말 그린란드 서남쪽 바이킹 식민지 에위스트리뷔그드에 있었다고 하는 에

남서쪽으로 향해 갔다. 그가 처음 만난 땅은 완전히 평탄하고 돌이 많으며 황량한 곳이었다. 레이브는 그곳을 평탄한 돌의 땅, 즉 헬루란드(Helluland)[80]라고 불렀다. 다시 항해에 나선 그는 전혀 다른 모습의 아주 낮은 섬에 이르렀다. 그 섬의 해변은 한없이 넓은 하얀 모래사장으로 이루어졌고 육지는 빽빽한 숲으로 덮여 바다를 향해 부드럽게 경사지고 있었다. 레이브는 뒤덮고 있는 숲 때문에 그곳을 숲의 땅, 즉 마크란드(Markland)[81]라고 하였다. 이 땅은 비야르니가 본 땅과 아주 유사한 모습이었다. 다시 항해에 나선지 이틀 뒤 그들은 세 번째 섬을 발견했는데, 그곳은 또 완전히 다른 모습이었다. 배가 그곳의 강을 따라 거슬러 올라갈 수 있었고, 한 호수에 도착한 그들은 거기서 하선했다. 이 매력적인 땅을 탐험하면서 그들은 포도를 발견했고 힘들이지 않고 그것을 딸 수 있었다. 안개도 전혀 없고 강에는 연어가 넘쳤다. 레이브와 그의 동료들이 볼 때, 이곳은 낙원 같은 땅, 빈란드였다.

우리는 그린란드인들이 온갖 위험을 무릅쓰고 서쪽으로 계속 가고자 했다는 것을 실감한다. 그 이후 몇 차례 더 빈란드로 항해하면서 그들은 원주민들을 만났고 목재와 동물가죽, 거기에 포도도 싣고서 돌아왔다.

마크란드와 빈란드는, 성 브렌단의 섬들처럼 전설적인 섬들이 아니다. 1075년에 브레멘의 아담(Adam von Bremen)[82]이 쓴 『함부르크 주교들의 사적(Gesta Hammaburgensis Ecclesiae Pontificum)』에 나오는 정확한 이야기는 덴마크 왕 스베인 아스트리다르손(Svein Estridsson)[83]에게서 얻은 정보를 이렇게 전하고 있다.

이리크 라우디의 영지. 현재는 카시아르수크에 그 모습을 복원해 두었다.

80 오늘날 캐나다에서 가장 큰 섬인 배핀(Baffin) 섬이라고 추정된다.

81 오늘날 캐나다의 래브라도 연안지역의 어느 곳이라고 추정된다.

82 독일 중세의 연대기 작가로 생몰연대는 불확실하다. 1066년 이래 브레멘 및 함부르크 교회에서 활동하면서 독일 북부의 역사와 지리에 정보를 모았고, 덴마크 궁정에 체재하는 중에 덴마크 및 스칸디나비아의 역사에 대한 정보를 얻어 『함부르크 주교들의 사적』을 적었다.

83 1019~1074. 1047년에서 1074년까지 덴마크의 왕. 스바인 2세라고도 한다.

거대한 바다에는 아이슬란드 외에 다른 수많은 섬들이 있다. 그 중 그린 란드가 가장 작은 것이 아니다. 그것은 대양 저 멀리에 있다. … 게다가 그 [덴마크 왕]는 이 바다에서 많은 이들이 빈란드라고 하는 섬을 찾았는데, 거 기에는 큰 포도가 열리는 포도나무가 야생으로 자라고 있기 때문에 그렇게 부른다고 하였다. 게다가 … 그곳에는 자생 씨앗도 풍부하다.47)

하지만 영웅 전설의 이야기를 뒷받침하는 고고학적 증거는 전혀 없다. 특히 빈란드와 관련해서 그러하다. 미국 로드아일랜드(Rhode Island) 주의 뉴포트타 워(Newport Tower)84는 미네소타(Minnesota) 주에 있는 켄싱턴 룬돌(Kensington Stone)85과 마찬가지로 19세기에 제작된 위작(僞作)으로 여겨지며, 1966년에 예일 대학교가 발견한 빈란드 지도도 그에 못지않게 가치가 없다.86 진짜 유 적은 유일하게 뉴펀들랜드의 랑스오메도즈(L'Anse aux Meadows)87에 있는 데, 거기에는 대장간 및 배 창고가 딸린 8채의 바이킹 집의 유적이 남아있 다. 이는 10세기 마지막 시기나 11세기 초로 거슬러 올라가는 스칸디나비아 인 정착지의 존재를 입증하고 있다.48)

특히 중세 말기에는 정말로 그린란드인들이 간간히 마크란드로 항해를 시도했음직하다. 그러나 빈란드에 그들이 출현했는지는 훨씬 더 확실치 않

---

84 로드아일랜드 주 뉴포트에 있는 둥근 돌탑이다. 17세기 풍차의 흔적이라고 여겨진 다. 한때 스칸디나비아인의 유적이라는 설도 있었지만, 탄소연대측정의 결과 그렇 지 않다는 것이 밝혀졌다.

85 19세기 말 미네소타 주 더글라스 카운티의 작은 시골마을에서 스웨덴인 이민자가 발견한 양 면에 룬 문자를 새긴 돌판. 14세기 스칸디나비아 정착민들이 남긴 기록 이라고 주장되었지만, 20세기 초 이래 면밀한 조사를 통해 현재는 발견자인 스웨 덴인의 의도적인 위작임이 입증되었다.

86 예일대학교에서 발견하여 대영박물관의 힘을 빌려, 스칸디나비아인들의 북미 탐 험에 대한 정보를 담고 있는 15세기 세계지도라고 주장되었지만, 역사가와 지리학 자, 중세문헌학자들은 위작으로 여기고 있으며 사용된 잉크에 대한 화학 분석 결 과 그 잉크가 20세기에 제조된 것으로 나타났다.

87 1960년에 발견된 뉴펀들랜드 최북단에 위치한 고고학 유적지. 그린랜드 외에 북아 메리카에서 유일하게 바이킹의 정착지로 확인된 유적이다.

다. 무엇보다 노르웨이나 아이슬란드로부터 이루어진 항해와 같은 그런 식민화를 위한 항해가 전혀 없었다. 아이슬란드의 해운 능력과 인적 자원은 그린란드를 식민화하기에는 충분했지만, 그린란드에는 빈란드를 식민화할 만큼의 그런 능력과 인적 자원이 없었다.

레이브와 그의 동료들이 뉴펀들랜드에서 훨씬 남쪽으로 코드 곶(Cape Cod)과 그 너머까지 항해했다는 얘기가 근거를 가진 사실이 아니라 상상에서 나왔다는 것은 의심할 여지가 없다. 발견의 과정이 진짜 스칸디나비아인의 정착으로 귀결되기에는 너무나 많은 장애들이 있었다. 뉴펀들랜드의 바다는 해와 별에 의존한 항해를 방해하는 짙은 안개가 자주 끼어 항해하기 힘든 곳이다. 당시의 방향을 잡는 기술은 까다로웠고 시간이 많이 걸렸는데, 바이킹들에게는 분명 그럴 시간이 충분치 않았다.[49] 빈란드 탐험은 그린란드의 식민화 직후에 이어졌고, "행운아" 레이브가 속한 한 세대 동안만 지속되었다. 그린란드의 정착민들이 자취를 감출 때까지 꿈꾸었던 빈란드 "정복"을 실현하려면 바이킹의 전통적인 서쪽 항로에 너무 많은 수정이 필요했다. 그러려면 한 동안 계속해서 북위 60도 선을 유지하는 항로를 따라야 했고 그 뒤 위도를 몇 개나 지나서야 코드 곶에 이를 수 있었다. 기껏해야 한 번 정도 서툴게 조직된 탐험이 있었을 것이라고 생각하는 게 당연할 것이다.

영웅전설에 나오는 낙원 같은 빈란드의 발견 이야기에는 훨씬 더 가늠하기 어려운 실제로 있었던 일이 감추어져 있다. 하지만 이것은 바이킹의 항해 기량을 좀 더 선명하게 부각시켜야만 가늠할 수가 있다. 비록 그러다 보면 대서양에서 어로 행위와 교역에 초점을 두었던 바이킹의 삶이 가진 일상적 현실을 가리게 될 수도 있지만 말이다. 바이킹은 이미 유럽의 바다에서 해적질로부터 얻은 노획물에다 상업을 통해 이익을 얻고 있었다. 그리고 그들은 북대서양에서도 계속해서 이런 활동을 수행했다.

어로 행위와 교역에는 언제나 대담함과 항해의 현실감이 모두 묻어나 있었다. 그렇더라도 우리가 이 "바다의 왕들"의 업적을 마구잡이로 기리고자 한다면 경솔한 일이 될 것이다. 왜냐하면 바이킹은 언제나 항해하기 쉽지 않은 조건 속에서 자신들에게 닥치는 수많은 제약들을 고민해야 했고, 그럼에도 그들이 언제나 성공만 한 것은 아니었기 때문이다.

바이킹의 교역로

놀랍게도 11세기 이래 노르웨이와 페로제도, 아이슬란드 사이만이 아니라 노르웨이와 훨씬 멀리 떨어진 그린란드 사이에도 정기적인 관계가 확립되었다. 그린란드에 이르려면, 브레멘의 아담이 베르겐에서 아이슬란드까지 가는 데 걸렸다고 제시한 3주나 페로 제도에까지 가는 데 걸린 8일보다 훨씬 더 긴 시간이 걸렸음에 틀림없다. 드레카르 선보다 작지만 훨씬 조종하기 쉬웠던 크나르 선이 항해할 때 내던 속도가 충분히 빠르지 않았던 것은 아니다. 물론 19세기의 클리퍼(clipper) 선[88]이 낸 속도에 비할 수는 절대 없다. 클리퍼 선은 9노트로 순항하다가 최대 16노트까지 속도를 올릴 수 있었다. 크나르 선의 속도는 평균 5 내지 6노트로 볼 수 있으며 최대 속도를 내면 8.5노트 내지 10노트까지 갔다. 비록 최대 속도가 상당했지만, 낮이 긴 7월에는 항해 거리가 훨씬 더 늘어날 수도 있었다. 폴 아담(Paul Adam)은 비교적 화물이 없는 바이킹 배는 큰 너울에도 뜰 수 있었고, 화물을 초과해서 싣지 않고 충분히 긴 거리에 걸쳐 순풍을 안고 달리면 분명 최대 속도 10노트에 이를 수 있었다고 추정한다. 한 영웅전설은 그린란드에서 노르웨이로 오는 데 아주 강한 서풍을 맞으면 평균 8노트로, 즉 하루 192마일의 속도로 달렸다고 한다.[50] 정상적인 날씨라면 공해상에서는 5 내지 6노트의 속도로 달렸을 가능성이 더 많다. 그린란드를 오고 가는 항해는 필요할 경우 여름철에도 이루어졌지만, 겨울철에 항해에 나서는 것이 더 나았을 것이다.

연안을 살피면서 항해하는 것은 여전히 아주 힘든 일이었다. 특히 그린란

---

88 19세기 중반 유럽의 쾌속 범선. 3개의 돛대와 사각 범장을 갖춘 요트처럼 생긴 좁고 긴 배였다. 전성기는 1843년 중국 차의 대량 수송에 투입되면서 시작되어 1869년 수에즈 운하의 개통으로 끝이 났다.

드에서 그러했지만, 아이슬란드에서도 마찬가지여서 남쪽 연안이 아주 위험했고 서쪽 연안으로만 접근이 용이했다. 실제로 연안 앞바다의 얕은 여울에서는 경도를 정확하게 재지 못해서 조난이 빈번했다. 영웅전설은 많은 뱃사람들이 방향을 혼동하거나 방향 감각을 완전히 상실해서 큰 고초를 겪은 얘기들을 들려준다. 그들은 더 이상 자신의 위치를 정확하게 알지 못하게 되었을 때면 '하프빌라(hafvilla)'라는 재난이 바다를 사로잡았다고 생각했다. 전설은 의지할 만한 바람이 불지 않으면 배는 돛을 내리고 더 이상 나아가지 않은 채 바람을 기다려야 했다고 전한다. 그런데 그 기다림은 며칠이 걸릴 수도 있었다.[51] 한 전설에는 이런 상태에서 2주 동안 기다려야 했던 뱃사람들의 이야기가 나온다. "그해 여름 그들은 엄청나게 나쁜 날씨와 아주 짙은 안개에 마주쳐야 했는데, 바람도 약하고 불규칙했다. 그들은 망망대해 저 멀리로 떠내려갔다." 항로를 계산하는 것은 불가능했다. 비야르니 헤리윌프손과 그의 선원들의 사례가 바로 이런 경우였다. 그들은 빈란드를 본 최초의 사람들이지만, 그때 그들은 북쪽에서 불어오는 역풍과 너무나도 짙은 안개를 만났었다. "이제 그들은 자신들이 어디로 가고 있는지를 전혀 알 수가 없었다." 이렇게 너무나도 짙은 안개를 언급한 것은 그들이 '하프빌라' 상태에 들어가고 있음을 가리킨다. 안개는 며칠 동안 걷히지 않으며, 바이킹 항해기술의 주된 자산인 정확한 계산을 할 수 없게 만든다. '하프빌라' 상태가 반드시 조난으로 결과하진 않지만, 그 때문에 언제나 항해기간이 크게 길어지고, 무엇보다 목적지를 상실하여 아이슬란드 대신에 그린란드에 이를 수도 있다.

이런 현실적 어려움에도 교역로는 비교적 정기적으로 유지되었다. 그린란드에서는 14세기 말까지 교역로가 끊긴 적이 없었다. 하지만 14세기가 경과하면 이미 기온이 하락하면서 항해가 훨씬 더 힘들게 되었다. 동쪽 연안에는 빙판이 바다까지 덮으면서 항해가 점점 더 위험하게 되었다. 거기에다 빙산도 자주 나타났고 떠다니는 부빙(浮氷)에 배가 갇힌 사례도 전해지고 있다.

그린란드와 노르웨이 간의 정기적 관계를 잘 알 수 있는 지표는 그린란드의 가르다르 주교관구에 임명된 주교의 명단을 통해 제공된다. 이 주교들은 노르웨이 트론헤임(Trondheim) 대주교관구에서 서임된 이들이다. 이 명단은 12, 13, 14세기 대부분 동안 이어진다. 첫 번째 주교의 임명 연도는 1126년이고, 마지막은 1368년이다.

아이슬란드와 노르웨이 모두에게, 처음에는 트론헤임이 주요 교역항이었다. 그 뒤 13세기부터 베르겐이 그보다 더 중요해졌다. 베르겐은 아이슬란드와 영국(노르웨이와 아이슬란드는 14세기에 잉글랜드 동부 연안의 항구들, 특히 킹스린[King's Lynn]과 긴밀한 관계를 가졌다), 독일, 덴마크, 스웨덴에서 상인들이 모여드는 국제항이었다. 베르겐의 교역을 장악한 것은 한자동맹의 상인들이었고, 그 도시는 스칸디나비아 반도에 있는 한자동맹의 주요한 교역항이었다. 이 상인들은 또한 발트 해와 북해 상의 노르웨이의 교역도 장악하였다.

아이슬란드의 해양 교역로와 관련해 근거로 삼을 만한 약간의 데이터가 있다. 1340년대에는 베르겐에서 꽤 정기적으로 배가 출항하였다. 1340년에는 11척이 출항했고, 1341년에는 겨우 6척만이 스트랄피오르뒤르(Stralfjörd) 항으로 출항했다. 1345년에는 11척이, 1346년에는 12척이, 1347년에는 18척이 출항했다. 배의 선주들은 노르웨이 왕과, 니다로스(Nidaros) 대성당[89]의 대주교, 사제단들, 그리고 트론헤임과 베르겐의 상인들이었다. 1350년에 두드러지게 나타나는 격심한 교역량 하락은 노르웨이를 습격한 흑사병 탓일 수도 있다.[52] 14세기가 끝나기 전에 교역량은 다시 얼마간 회복되었다. 1381년에 10척의 배가 베르겐에서 흐발피오르뒤르(Hvalfjörd)를 향해 화물을 싣고 떠났다. 1389년에는 11척의 배가 아이슬란드로 떠났고, 1390년에는 7척, 1391년에는 11척이 떠났다. 하지만 1394년에 아이슬란드로 출발한 배는 겨우 2척에 불과했다. 북대서양 교역로에서 노르웨이의 쇠퇴를 결정지은 것은

---

89 노르웨이 트론헤임에 있는 대성당으로 대주교좌였다.

영국 상인들이었는데, 상당수의 영국 상인들이 아이슬란드에 나타나기 시작한 것이다.

그린란드의 교역은 해상의 움직임을 알려주는 믿을 만한 지표가 없어서 평가하기가 더 어렵다. 하지만 서쪽에서 노르웨이와 유럽으로 수입된 물품을 보여주는 기록을 이용할 수 있다. 그 품목은 바다표범과 특히 바다코끼리의 가죽, 그와 아울러 바다코끼리의 아주 값비싼 어금니였다. 1327년 교황특사는 가르다르 교구에서 250개의 바다코끼리 어금니를 받았는데, 이는 십자군 십일조와 교황청 연공(Peter's Penny)으로 바친 것이었다. 쾰른 정기시에서는 이 어금니의 수요가 가죽만큼이나 높았다. 바다코끼리 가죽은 내구성이 좋은 것으로 알려져 있어 사람들은 그것으로 아주 튼튼한 삭구(索具)를 만들었다. 서쪽에서 들여온 것 중 가장 높게 평가된 또 다른 수입품은 그린란드 산 흰색 매였다. 그것은 대공들에게 주는 선물이나 몸값으로 도입되었다(1396년 부르고뉴 공의 아들이 사라센 인들에게 사로잡혔을 때 12마리의 그린란드 산 흰색 매를 몸값으로 주고 그를 되찾았다).[53]

아이슬란드에서 수입하는 품목 중에는 건어물, 즉 말린 생선이 가장 중요했다. 특히 대구가 노르웨이로 대량으로 수입되어 유럽 전역으로 재수출되었다. 바다코끼리 가죽과 바다표범 가죽과 함께 그 털도 중요한 상품이었다. 14세기에 이러한 상품들은 러시아 산 가죽과, 특히 한자동맹 및 영국 상인들이 수입한 모피들과 격렬한 경쟁을 벌였다. 아이슬란드 산 매는 그린란드 산 매만큼이나 유명했다. 1262년에는 튀니스(Tunis)의 술탄이 아이슬란드 산 매를 선물로 받을 정도였다.[54]

아이슬란드와 유럽 간의 상업관계를 뒷받침한 것은 인적 관계였다. 즉, 아이슬란드 상인이 노르웨이로 가서 머물고 그 자식들을 유럽으로 보내 교육시켰으며, 주교들은 아이슬란드의 스칼홀트(Skálholt)와 홀라르(Hólar)에서 노르웨이로 오고갔던 것이다. 대양을 가로지르는 일이 거의 일상이 되었다. 이런 교역은 14세기 중반 직전에 정점에 이르렀지만, 14세기 말 노르웨이의 쇠퇴와 함께 쇠락하였다. 마커스는 "천우신조로 잉글랜드에서 한 번씩 오는 영국 상인들"만이 "그린란드의 북유럽인 식민지들이 겪은 것과 같은 운명에서 아이슬란드인들을 구하였다"고 한다.[55]

아이슬란드인들에 이어 스칸디나비아인들이 북대서양 항로를 열 수 있었지만, 중세 말 무렵이 되면 스칸디나비아 지역은 그 항로를 잊어버리게 되었다. 새로운 땅의 발견과 새로운 상업 활동을 위한 주도권은 지중해와 북서유럽의 뱃사람과 상인들의 수중으로 넘어갔다.

2장 새로운 대서양: 15세기에서 16세기 초까지

　최초의 대서양에서 페니키아인과 카르타고인들은 모로코 연안의 풍부한 곡물과 더불어 모가도르 산 자주색 염료 및 아프리카 산 금과 같은 진기한 상품을 개척하였다. 로마인과 알 안달루스(Al Andalus)[1]의 아랍인들이 이런 번영을 이어받았다. 15세기부터 새로운 대서양이 발전했는데, 그것은 바다의 가장 먼 곳까지 그 영역을 넓혀나가 결국 '신세계'를 열어젖혔다.

　14세기 초부터 이탈리아의, 특히 제노바의 뱃사람과 자금이 투입되어 지중해권 대서양(Mediterranean Atlantic)의 여러 군도들을 다시 발견할 수 있게 되었다. 카나리아 제도와 마데이라 제도 그리고 아조레스 제도가 그런 곳들이다. 대서양 항로에 대한 지식을 후원한 것은 항해왕자 엔히크의 권위였다. 그는 당대의 가장 훌륭한 뱃사람들을 끌어 모을 수 있었던 것이다. 1434년 이후에는 모로코 남쪽에 있는 보자도르 곶은 더 이상 넘을 수 없는 장애물이 아니었고, 기니 만으로 항해하는 것이 가능하게 되었다. 포르투갈인들은 마데이라와 카나리아 제도 그리고 상투메(São Tomé)에서 나오는 설탕 외에도 금과 노예를 통해 더 많은 부를 획득하였다. 포르투갈인들은 남쪽으로 가는 이 항로를 선택함으로써 여러 해 동안 이점을 누렸다. 이 항로를 통해

---

1 중세 시기 유럽 내 이슬람 지배 영역 및 영향권을 가리키는 말. 한때는 이베리아 반도 전체와 남부 프랑스 일부를 포함할 정도로 큰 영역이었으나 8세기부터 15세기 말까지 그 영역이 크게 변동하였다.

그들은 인도와 이어지는 향신료 항로에 접근할 수 있었기 때문이다. 그 뒤 콜럼버스의 시대가 도래했고 아메리카가 발견되었다. 스페인의 가톨릭 왕들의 지배권이 서쪽으로 뻗어나갔고, 대양은 더 이상 '끊임없는 어두움의 바다'도, 두려운 장벽도 아니었다. 생이 다할 때까지 자신이 인도에 도착했다고 믿었던 콜럼버스는 지중해 세계의 경계를 영원히 축소시켰다. 그럼에도 '신세계'와 '구세계'를 나누는 대서양의 이미지는 실제로 콜럼버스의 발견이 있은 지 20년도 더 넘어서야 등장했다. 그때 1513년 바스코 누네스 데 발보아(Vasco Nuñez de Balboa)[2]가 '남쪽 바다(South Sea)'에 도착하면서 콜럼버스의 근본적 오류를 수정하게 되었고, 7년 뒤 마젤란(Magellan)은 그 '남쪽 바다'를 태평양이라고 불렀다.

§ 새로운 지중해권 대서양

지브롤터를 벗어나: 대서양 연안 항해의 유지와 확대

유럽과 북아프리카를 따라가는 대규모 대서양 연안 항해는 결코 멈춘 적이 없었다. 고대에 이미 중요했던 대서양 연안 항해를 10세기에서 13세기까지 추동하는 데 큰 역할을 한 이들은 안달루시아와 마그레브의 부를 상업적으로 이용한 알 안달루스의 뱃사람들이었다. 하지만 대서양 연안에서 그들은 이미 갈리시아(Galicia)와 포르투갈의 뱃사람 및 어부들과 경쟁을 벌였다. 13세기 초와 특히 14세기에는 새로운 야심찬 뱃사람과 상인들이 끼어들어 이런 역할을 맡았다. 미셸 몰라(Michel Mollat)가 아주 잘 묘사하고 있듯이, "발트 해에서 지브롤터까지 서서히 등대불이 늘어났다."[1]

---

2 1475~1519년. 스페인의 탐험가이자 정복자. 태평양을 발견한 최초의 유럽인.

중세의 가장 규모가 큰 해군들이었던 한자 해군과 제노바 해군은 대서양 항해에 새로운 차원을 열었다. 1150년과 1250년 사이에 뤼베크(Lübeck)의 주도 하에 발트 해에 면한 게르만 공동체들은 하나의 상업 동맹을, 즉 한자동맹을 조직했다. 바로 그때는 연안 지역의 여러 나라들이 절인 청어와 목재, 광물을 제공하고 있던 시기였다. 한자동맹은 작센의 브라운슈바이크(Braunschweig)와 베스트팔렌의 쾰른 같은 배후지에 광범위한 연결망을 확립할 수 있었다. 지중해에서는 제노바인들이 자신의 상업망을 훨씬 더 크게 확장하였다. "그래서 많은 제노바인들이 세계 전역에 흩어졌고, 그들이 가는 어디에서든 새로운 제노바들이 뿌리를 내렸다."[2]

제노바인들은 원래 흑해를 거쳐 지중해 해분(海盆)의 북쪽까지 내달리는 이슬람 교역로를 따라 갈 수 있었지만, 13 · 14세기에 콘스탄티노플과 터키 시장을 상실한 후 서쪽으로 눈을 돌렸다. 그들은 플랑드르 시장으로 이어지던 로마의 명반(明礬)과 같은 상품의 교역로를 지배하고자 한 것이다. 같은 시기에 그들은 이베리아인들과 협력하여 아조레스 제도에서 카나리아 제도에 이르는 '지중해권 대서양'으로도 눈을 돌렸다.

바이킹의 스칸디나비아인들을 북쪽으로 멀리 베르겐까지 몰아낸 게르만인의 한자동맹은 발트 해를 한자 선박으로 가득 채우면서 발트 해와 북해를 잇는 해협(the sound)[3]을 처음으로 열어젖히고, 북해에서 영국인들과의 경쟁에 돌입했다. 그 뒤 그들의 배는 온갖 어려움을 이겨내고 바다로 돌출된 브르타뉴의 암석 해안을 넘어서 스페인 연안에 이르렀다. 서유럽 연안에서 전개된 이런 장애제거 과정에서 한자 상인들은 브르타뉴와 바스크 뱃사람들의 도움을 받았다. 바스크 뱃사람들은 자질구레한 물건이나 만드는 '땜장이 같은 사람(bricoleur)'으로 여겨져 온 것과는 전혀 다르게 노련한 항해 전문가임을 보여주었다.[3] 한자동맹은 브뤼헤(Bruges)에 자리 잡으며 접하게 된 유

---

3 Sund. 발트 해와 북해를 잇는 세 개의 좁은 해협을 지칭하지만, 흔히 그 중에서도 덴마크와 스웨덴의 경계를 이루고 있는 외레순드 해협을 지칭하기도 한다.

럽 남쪽으로부터의 이윤에 관심을 갖기 시작했고, 거기서 이탈리아 상인들을 만나게 된다. 1277년 이후 매년 제노바 갤리[4] 선단은 런던과 브뤼헤를 향해 서쪽으로 떠났다. 그곳에서 그들은 한자동맹에 속한 게르만 지역 출신의 뱃사람과 슬라브인, 스칸디나비아인들을 만났다. 14세기 초에 한자 상인들은 멀리 리스본까지 진출했고, 거의 100년 뒤인 1415년에는 게르만인의 배 한 척이 포르투갈의 세우타 점령에 참여했다.

대서양에서 얻은 프랑스 및 이베리아 산 소금이 북쪽으로 갔는데, 1300년 경 북해 어업에서 소금의 필요성이 늘어나면서 이에 대처해 한자 선박들이 소금을 실어 날랐다.[4] 매년 소금 수송선단은 루아르 강 남쪽의 부르뇌프(Bourgneuf) 만에서 귀환하였다. 소금 외에도 포도주와 명반, 대청(大靑)[5]도 운반했다. 아키텐(Aquitaine)에서 시작되는 포도주 수송로는, 1152년 아키텐의 알리에노르(Aliénor d'Aquitaine)와 영국 왕자 헨리 플랜태저넷(Henry Plantagenet)이 결혼하고 2년 뒤 헨리가 영국 왕위에 올라 헨리 2세가 되어 아키텐 공국을 소유하게 되자 영국인들에게 알려지게 되었다. 이 공국은 이후 3세기 동안 영국령으로 유지되었다. 14세기 초에는 포도 수확기 뒤의 가을에 기옌(Guyenne)과 무아옌 가론(Moyenne-Garonne) 산 포도주들이 보르도(Bordeaux)에서 100 내지 200척의 선단에 선적되어 봄에 브리스틀(Bristol)이나 사우샘프턴(Southampton), 런던에 도착하기 위해 출발하였다. 이 배들의 화물 중 일부는 이런 영국 항구도시들에서 저지 지방(the Low Countries)까지 전달되었다. 1308~1309년에는 이런 식으로 9,000만 리터의 포도주가 수출되었다. 포도주를 운송한 배의 거의 반은 영국 배였지만, 5척 중 한 척은 브르타뉴의 배였고 10척 중 한 척은 베욘(Bayonne)의 배였다.[5] 하지만 바스크인과 아울러 브르타뉴인들도 북서유럽의 직물업에 필요한 이탈리아산 명반을 운송하

---

4 돛도 있었지만 주로 노로 추진력을 얻는 지중해에서 발달한 배의 유형. 길고 가드 다란 몸체에 흘수선이 낮았다. 기원전 1000년경부터 지중해에서 발원하여 19세기 초까지 다양한 형태가 전쟁이나 교역, 해적행위에 이용되었다.

5 pastel. 대청 잎에서 채취한 청남색 염료.

였다. 장 들뤼모(Jean Delumeau)는 치비타베키아(Civitavecchia)에서 나온 이런 물품 운송의 주요 부분을 바스크인들이 맡았다고 한다.[6] 같은 시기 동안 플랑드르로 향하는 선단에는 카스티야(Castile)산 양모도 가득 실려 있었다.

대서양 섬들과의 교섭 재개와 제노바인들의 주도

누구보다도 그들은 아프리카만큼이나 대서양에서도 많은 경험을 쌓았다[7]

제노바인들에게 모로코는 안달루시아만큼이나 핵심적인 시장이었다. 그곳에서 제노바 상인들은 밀과 기름, 밀랍, 어류를 얻었다. 이 때문에 알 안달루스 교역로가 재개되었지만, 교역의 규모는 이전보다 훨씬 더 커졌다. 13세기 이래로 제노바인들은 점점 더 많이 몰려들어 왔다. 흑해에서 활동을 축소할 수밖에 없었던 그들은 대신에 지브롤터 서쪽에서 그에 대한 방대한 대체지역을 발견했다. 그 사이 베네치아인들은 동지중해의 입지를 방어하느라 여념이 없었다. 제노바인들이 볼 때, 마그레브의 항구들은 런던이나 브뤼헤에서 돌아오는 귀환 항해 중에 들릴 수 있는 중간 기항지였다. 그들은 모로코 산 밀을 기독교도와 이슬람 교도가 지배하는 이베리아의 도시들로 수입하였다. 하지만 여러 나라들이 남부 교역로에 거는 기대에는 전통적인 곡물 교역 외에 금과 노예도 있었다. 이를 제노바인들은 곧 알게 되었다. 13세기 말 제노바 겔리 선들은 런던에 모습을 나타내었고 그보다 약 20년 전에는 브뤼헤에도 들어갔다. 1291년 제노바의 비발디(Vivaldi) 형제는 새로운 대서양 항로를 찾으러 도시를 출발했다. 실제로 그들은 카르타고의 한노가 항해했던 경로를 따라 아프리카 연안을 내려 가 기니 만에까지 이르렀다. 거기서 그들은 실종되었는데, 의심할 바 없이 얕은 여울에 배가 좌초되었을 것이다.

비토리노 고디뉴(Vitorino Magalhaes Godhiño)가 명확히 하듯이, 아프리카 연안을 따라 남쪽으로 가는 대서양 항로를 탐색한 동기는 경제적인 것이었다.[8] 금에 대한 갈망, 이베리아 지역의 곡물 부족, 설탕과 그것을 생산하는 노예에 대한 수요, 탄성수지(gum)("용의 피") 및 직물용 염료에 대한 수요, 바스크인 및 브르타뉴인과의 경쟁으로 인해 보다 넓은 어로 권역의 필요, 이런 모든 것들 때문에 이베리아아인과 그들과 협력한 제노바인들은 전설적인 장애들에 맞서며 나아갈 수밖에 없었다.

1만 2,000제곱킬로미터에 달하는 대서양의 군도들(마데이라 제도, 카나리아 제도, 아조레스 제도)은 한정된 크기를 가졌음에도, 이베리아아인과 제노바인들의 발견과 탐험에 필요한 항해 시도들에 그리고 아울러 경제적 수요를 충족시킬 수 있는 그들의 역량에 결정적으로 중요함을 보여주었다. 게다가 적어도 마데이라와 카나리아 제도들은 낙원과 같은 경관을 제공했는데, 이 때문에 그 제도들은 고대의 상상력에서 물려받은 극락도라는 이름을 얻었다. 온화한 기후와 비옥한 땅은 곡물 경작과 아울러 사탕수수 경작에 적합했고, 카나리아 및 아조레스보다 마데이라가 더 그러했다. 왜냐하면 마데이라 제도는 사탕수수 경작의 기후상의 한계선에 위치했기 때문이다. 카나리아 제도는, 관체인들이 살고 있어 통제하는 데 오랜 시간이 걸렸지만 포르투갈의 사탕수수 플랜테이션에 노예 노동력을 제공하고 플랜테이션 산업에 도움을 주었다.

아조레스 제도에 처음으로 도착한 이들은 제노바인들이었다. 중세의 지도제작 덕분에, 우리는 대서양의 가장 북쪽에 있는 군도 주위의 바다에서 그들이 수행한 항해에 관해 얼마간의 정보를 얻을 수 있다. 리스본과 위도상으로 같은 아조레스 제도의 가장 동쪽에 있는 산미구엘(San Miguel) 섬은 항해자들이 출발했던 항구인 라구스(Lagos)에서 거의 1,400킬로미터 떨어져 있다. 1339년에 그려진 제노바인들의 지도에는 아조레스 제도에 섬이 2개 그려져 있다. 이 시기에 이미 파싸냐(Passagna) 가문과 같은 일부 제노바인들은 포르투갈 왕에게 봉사하고 있었다. 1351년에 그린 제노바의 한 포르톨라노 해도[6]에 나오는 아조레스 제도는 4개의 섬을 갖고 있다. 그 이후 지리

조사를 통해 수정이 이루어졌다. 그래서 1370년의 메디치 가의 세계지도(Medici Atlas)에는 7개의 섬이 있고, 1385년의 솔러(Soler) 지도에는 8개가 있다. 제노바인들은 추측항법(推測航法)[7]으로 아조레스 제도로 항해하여 도착했고, 이런 항해 경험을 통해 확인한 것이 다시 또 전설과 합쳐졌다. 1375년에는 바르셀로나의 크레스크(Cresques) 가문이 제작한 카탈루냐 세계지도(Catalan Atlas)에 10개의 섬으로 이루어진 아조레스 제도가 그려져 있다. 그럼에도 그 지도는 의심할 바 없이 이 섬들이 바로 플리니우스에 이어 세비야의 이시도르(Isidore)[8]가 거론한 전설의 극락도임을 시사하고 있다.[9]

1339년에 안젤리노 둘체르트(Angelino Dulcert)[9]는 카나리아 제도의 정확한 윤곽을 담은 최초의 지도를 그렸다. 제노바인들은 거의 사반세기 전인 1312년에 카나라아 제도에 도착했으며, 1339년의 평면구형도에는 그 섬 중 하나에 제노바인 란자로토 마로첼로(Lanzaroto Malocello)의 이름이 붙어있는데, 그 섬은 지금도 그렇게 불린다. 즉 란사로테(Lanzarote) 섬이다. 1341년 포르투갈 왕의 후원을 받은 다른 제노바인들이 카나리아 제도를 탐험하러 나섰다. 푸에르테벤투라(Fuerteventura) 섬은 케이프 주비에서 겨우 115킬로미터 떨어져 있어 아프리카 연안에서 가장 가까우며, 따라서 릭수스의 식민지에서 모가도르의 자주색 염료를 개발했던 카르타고인과 페니키아인들은 카나리아제도를 아마 알고 있었을 것이다. 하지만 풍부한 자원을 가진 모가

6 Portolan chart. 나침반의 방향과 바다에서 수로 항해인들이 눈으로 측정한 거리에 기초해 그린 해도. 13세기 이탈리아에서 처음 제작되었으며 뒤에는 포르투갈과 스페인에서도 제작되었다. 유럽의 대양 팽창 시기에는 '국가비밀'로 취급될 정도로 중요시되었다. 포르톨라노(portolano)는 "항구에 관한"이란 뜻의 이탈리아어이다.
7 항해나 항공시 자기 위치를, 항해나 비행 노선, 속도로부터 추정할 수 있는 거리, 이미 알고 있는 출발점, 알고 있거나 추정된 편류 등의 기록을 통해 결정하는 항법. 사실상 모든 항법장치는 이 추측항법을 이용한다.
8 560년경~636년. 30여 년간 세비야 대주교를 지냈으며 마지막 교부(敎父)로 여겨진다. 19세기 역사가 몽달랑베르는 그를 "고대 세계의 마지막 학자"라고 불렀다.
9 이탈리아 마조르카 섬의 지도제작자로 1325년과 1339년에 그린 해도로 유명하며, 20세기 들어 1340년에 그린 런던 지도가 발견되기도 했다.

도르 섬은 위도 상으로 카나리아 제도보다 훨씬 북쪽에 위치한다. 한노는 분명 자신의 항해 동안 카나리아 제도에서 중요한 기항지를 발견했다. 그 섬들은 이베리아 반도 연안에서 1,150킬로미터 정도 떨어져 있었고, 바람이 부는 방향의 변화에 따라 귀항을 가능하게 하는 정기 항해의 경계선에 있었다.[10] 이것은 가장 의지할 만한 바람을 찾기 위해선 그리고 배를 남쪽으로 끌어당기게 될 연안 조류에 휘말리지 않기 위해선, 서-북-서로 운항하여 공해에 이르는 것이 십중팔구 필수적이었음을 뜻했다. 포르투갈 항해자들은 그들이 발견한 곳들로 가서 돌아오기 위해서는 아조레스 제도 쪽으로 '선회(volta)'해야 한다는 원칙이 얼마나 중요한지를 이미 잘 알고 있었다. 결국 카나리아 제도와 다른 제도들의 발견은 동시에 일어났다. 왜냐하면 마데이라 제도는 카나리아 제도에서 대략 600킬로미터 떨어진 아조레스 제도로 가는 경로 상에 있기 때문이다.

14세기 전설과 정치가 저 멀리 떨어진 카나리아 제도의 역사를 창출하는 데는 긴 시간이 걸렸다. 1344년 카나리아 제도의 왕위가 탐이 난 카스티야의 한 왕자는 교황에게서 '극락 대공(the Prince of Fortune)'이란 직함을 얻었고, 자신을 플루비아리아(Pluviaria)(란사로테)와 아틀란티카(Atlantica), 헤스페리다(Hesperida)라는 섬들의 주인이라고 하였다. 실제로 교황 클레멘트(Clement) 6세[10]는 카나리아 제도의 왕위를 카스티야의 왕자 루이스 데 라 세르다(Luis de la Cerda)[11]에게 부여한 칙서에서 전설의 섬들—일곱 도시의 섬, 성 브렌단의 섬, 산타나(Santana) 등—을 죄다 혼동하였다. 카나리아 제도에 대한 카스티야의 이런 주권 주장에 포르투갈 왕은 즉각 반발했다. 그는 이미 카나리아 제도를 탐험했고 자신에게 그곳을 정복할 권리가 있다고 생각했다. 이

---

10 1342~1352년에 걸쳐 재위한 프랑스 출신의 교황. 1344년에 칙서를 발표하여 모든 교회와 공직자들의 성직록이 교황청의 성직록에 속함을 밝혔다.

11 1291~1348년. 카스티야 왕국의 추방된 왕자로서 프랑스 왕국에서 살면서 프랑스에 봉사했다. 1344년 교황칙서에서 카나리아 제도의 주권 통치자로 인정받았지만, 실제로 그가 그 제도에 발을 들인 적은 없었다.

후 여러 해에 걸쳐서 15세기가 되기 전까지 이베리아의 두 왕국은 이 제도를 두고 다투었다.

발견한 것을 이용할 시기는 아직 오지 않았다. 야심찬 제노바인들조차 그러했다. 거의 한 세기가 지나서야 그들은 처음에는 마데이라에 그리고 뒤에는 카나리아 제도에 설탕 경제를 세우는 데 관심을 가졌다. 그 사이에 이 섬들에는 노르망디의 장 드 베탕쿠르(Norman Béthencourt)[12]가 잠시 동안이지만 몇 차례 탐험을 와 방문하였다.[11] 더욱이 중요한 것으로, 그들은 필요한 자금을 제공한 카스티야의 왕에게 카나리아 제도의 소유권을 돌려주었다. 1420년에서 1434년까지 포르투갈은 카나리아 제도를 다시 얻고자 애썼지만 실패했다. 1431년에 베네치아인 교황 에우제니오(Eugene) 4세[13]가 제도에 대한 카스티야의 권리를 인정했다.

마데이라의 설탕 시대 개막(1452~1498년)

제노바인들은 아조레스 제도와 마찬가지로 마데이라도 분명 알고 있었을 것이다. 그들은 1312년부터 자신들을 카나리아 제도와 아프리카 연안으로 돌아가게 해 줄 서풍, 즉 '편서풍'을 발견하여 카나리아 제도에 이르렀기 때문이다. 그 사이 포르투갈인들에게는 맞바람을 받고 항해할 수 있는 선박이 없었기 때문에, 그들은 제노바인들의 해양 및 금융 서비스를 이용하면서도 14세기 전체에 걸쳐 동쪽으로 아프리카 연안에서 서쪽으로 카나리아 제도, 마데이라, 아조레스 제도까지로 이루어진 지중해권 대서양과 산발적인 관계를 유지했을 뿐이었다. 15세기 초에 서유럽에서 창출된 새로운 경제적 조건

---

12 Jean de Béthencourt, 1362~1425년. 프랑스인 탐험가로서 1402년 카나리아 제도의 여러 섬들을 정복하여 카나리아 제도의 왕이라는 칭호를 받았지만, 자신의 원정을 후원한 카스티야의 왕을 자신의 주군으로 인정하였다.

13 1431~1447년에 재위한 이탈리아 출신의 207대 교황.

으로 그와 다른 지평이 열렸던 것으로 보인다. 즉 14세기에 인구가 하락하고 인구 하락이 물가와 임금에 영향을 미친 이후 최종적으로 새로운 경제적 모험을 시도할 수 있을 만큼 경제가 회복되었던 것이다.12)

　1420년 포르투갈인 주앙 곤살베스 자르코(João Gonçalves Zarco)와 트리스탄 바스 테이세이라(Tristão Vaz Teixeira)14는 당시 사람이 살지 않던 마데이라 섬에 상륙하였다. 1351년에 제작된 베네치아의 포르톨라노 해도에는 레냐메 섬(Isla de Lagname)이라는 이름으로 마데이라 섬과 포르투산투(Porto Santo) 섬, 살바젱스(Salvagens) 제도, 데제르타스(Desertas) 제도의 위치가 표시되어 있었다. 마데이라 섬은 1430년대 초에 항해왕자 엔히크의 해상 진출과 포르투갈인들의 카나리아 제도 정착 그리고 아프리카 연안 탐험을 위해 신선한 식량을 얻을 수 있는 기항지를 제공했다. 마데이라 섬에 포르투갈인이 지속적으로 살게 된 것은 1425년에 시작되었지만,13) 1450년대까지는 섬의 개발이 아주 느리게 진행되었다. 1450년대에 사탕수수 경작이 시작된 것이다. 그 섬에 부를 가져다 준 것은 밀과 사탕수수, 포도나무였는데, 이 세 작물을 키우는 데는 제노바 자본의 도입이 중요했다.

　15세기 초 제노바인들은 포르투갈의 알가르브 지방으로 사탕수수를 들여왔다.14) 그 뒤 제노바인들은 흑해에 있는 자신들의 무역거점에 대한 투르크의 위협이 점점 거세지자 동쪽에서 자본을 빼서 발렌시아(Valencia), 말라가(Malaga), 알가르브의 사탕수수 플랜테이션에 투자하기 시작했다. 피렌체와 베네치아 자본도 지중해권 대서양에 곧 새로운 생산지대를 갖추게 될 사탕수수 플랜테이션 산업을 선호했다.

　그렇다고 지중해권 대서양의 섬들에서 설탕 경제가 순식간에 이루어졌다고

---

14 두 사람 모두 15세기 전반에 활동한 포르투갈의 항해자이자 탐험가들로, 항해왕자 엔히크 휘하에서 탐험을 수행하였다. 1419년 마데이라에서 북동쪽으로 50킬로미터 떨어진 곳에 있는 포르투산투 섬을 발견하고 1420년에는 마데이라에 도달했다. 두 사람은 그 공으로 마데이라의 상당한 영토를 영지로 얻었으며 마데이라의 포르투갈 식민화를 이루었다. 현재 마데이라에 사는 포르투갈계 주민 중에는 이 두 사람의 후손들이 많다.

생각해선 안 된다. 15세기 중반 마데이라의 경제는 여전히 곡물에 중점을 두고 있는 상태였다. 섬의 주인인 항해왕자 엔히크의 허락을 받고 들어온 포르투갈인과 외국인들—이탈리아인, 스페인인, 플랑드르인, 프랑스인—이 모두 이 땅에서 처음 수확한 작물은 밀이었다. 밀은 식량을 제공하는 작물인 동시에 곡물이 부족한 대도시로 보내는 수출 작물이기도 했다. 1455년 베네치아인 카다모스토(Ca'da Mosto)[15]가 마데이라에서 본 자원들 중에서 밀은 높은 지위를 차지했는데, 실제로 마데이라의 밀 생산은 1450년과 1460년 사이에 정점에 있었다.

하지만 카다모스토는 이미 사탕수수가 수출을 통해 원래 마데이라라는 이름의 유래인 목재보다 더 많은 가치를 가져다주는 그 섬의 중요한 자원이 되었다고 하고 있다. 사탕수수의 생산량은 400칸타르(cantars), 즉 약 23톤이었다.[15] 물론 카다모스토는 밀랍과 꿀 그리고 "최고급 포도주"의 존재도 언급한다. 그러나 이런 산물 중 어느 것도 얼마 안 있어 사탕수수와 경쟁이 되지 않았다. 포도주가 그 섬의 주된 자원이 된 것은 나중에 16세기가 되어서였다. 그때 브라질 산 설탕이 생산을 시작하여 마데이라 산 설탕과 격심한 경쟁을 벌이면서 포도주 수출로 방향을 돌린 것이다.

실제로 1452년에 항해왕자 엔히크는 디오고 데 테이베(Diogo de Teive)[16]와 설탕 생산과 관련한 최초의 계약을 체결했다. 이로써 디오고는 수력 설탕정제소를 건설한 권리를 얻었다. "이 새로운 기계는 생산의 증대를 촉진하였다."[16]

---

15 베네치아의 유명한 상인가문 카다모스토 가의 알비데 다 카다모스토(Alvide da Ca'da Mosto)를 말한다. 그는 항해왕자 엔히크에게 고용된 노예무역상이자 탐험가로서 항해왕자 엔히크의 가장 큰 업적으로 꼽히는 서아프리카 연안 탐험, 특히 카보베르데를 비롯한 기니 연안과 감비아 강의 발견을 실제로 수행한 사람이다. 1455년 아프리카로의 첫 번째 항해 시에 포르투산투와 마데이라에 들렀다. 이 가문의 저택이 현재 베네치아에 남아있다.

16 15세기 항해왕자 엔히크 휘하의 포르투갈인 선장. 아조레스 제도의 서쪽 편 섬들을 발견했고 그 공으로 프로레스 섬과 코르보 섬을 영지로 얻었다. 아울러 1452년 마데이라 섬의 사탕수수 산업에 대한 특허를 얻었다.

반세기 뒤인 1498년 마데이라 산 설탕의 수출량은 1,700톤(12만 아로바 [arroba])에 이르고 있었다. 그 섬은 플랑드르(안트베르펜으로 거의 563톤)와 이탈리아(제노바에 183톤, 베네치아에 211톤, 리보르노를 경유해 토스카나 로 85톤과 로마로 29톤), 포르투갈(리스본에 99톤), 잉글랜드(런던에 99톤)에 대한 가장 큰 설탕 공급처가 되었다. 프랑스에서는 루앙과 라 로쉘이 85톤 과 28톤을 수입했고, 브르타뉴가 14톤, 프로방스(에그 모르트[Aigues-Mortes]) 가 85톤을 수입했다. 심지어 투르크 제국도 마데이라에서 설탕을 공급받았 다(콘스탄티노플과 히오스[Chios] 섬에 211톤).17) 포르투갈인들은 사탕수수 농장들과 80개의 제당작업장들에 노동력을 공급하기 위해 카나리아 제도와 아프리카로부터 노예들을 들여오기 시작했고, 그 수는 15세기 말에 거의 2,000명에 이르렀다.

이 경제에 외국인이 참여했다는 데는 논란의 여지가 없다. 항해왕자 엔히 크의 양자로서 마데이라 섬이 핵심인 영지 관리권을 물려받은 왕자 페르난 드(infante Dom Fernand)가 1461년 섬의 산물을 수출할 수 있게 해달라는 마 데이라 주민들의 요구에 응했을 때, 그는 유대인과 제노바인들에게 특기한 상품—포도주, 설탕, 목재, 종자, 밀가루—의 구입이나 생산지의 임차를 금 지하지 않는다고 명기했다. 마데이라 산 설탕은 1468년에 처음으로 브뤼헤 에 도착했는데, 마데이라보다 앞선 설탕 생산 중심지들(시칠리아, 메시나 [Messina])과 경쟁하기 위해 가격을 낮추어 팔았다. 페르난드는 마데이라 정 착민들과 무역상들 간의 협정에 의거해서 수출품에 대한 가격 통제 체제를 갖추고 싶어 했다. 그런 통제 체제에서 제노바인들이 큰 역할을 했다. 그들 은 이탈리아와 플랑드르가 이전에 지중해 산 설탕을 수입하다가 새로이 마 데이라 산 설탕을 수입하는 것으로 확고하게 이행하도록 힘을 발휘했고,18) 또한 포르투갈인들에게 익숙하지 않았던 판매 방법을 그들에게 전수해 주 었다. 왜냐하면 제노바인들은 상업 연계망과 자본을 모두 갖추고 있었기 때 문이었다. 왕자 페르난드는 일종의 "판매 카르텔"—장 메예르(Jean Meyer)의 표현이다—의 창설을 명하면서 아래와 같이 말하고 있는데, 이는 설탕 시장의 국제적 성격과 제노바인이나 플랑드르인이 설탕 무역에서 수행한 대체 불가능한 역할을 명백히 보여준다.

> 나는 당신들에게 [설탕] 가격이 크게 하락했음을 알려주려 한다. … 사실 우리는 이를 개선할 방법을 찾아야 한다. 내가 보건데 가격을 이런 식으로 하락하게 두면 누군가가 심각한 곤란을 겪었을 것이라고 생각되기 때문이다. … 나는 이런 일을 잘 아는 몇 사람에게서 조언을 구했고, 그로부터 아주 널리 퍼진 산물을 뱃사람과 다른 이들이 플랑드르와 다른 나라들로 운송했을 때 거기서 그것들이 합리적인 것보다 더 낮은 가격으로 팔리는 일이 없었다면 이런 가격 하락도 일어나지 않았으리라는 결론에 이르렀다. 처방은 단 하나뿐이다. 나의 시장과 당신들의 시장을 비롯한 전체 설탕 시장을 단일한 작용 아래 두는 것이다. … 나는 내 계획을 호의적으로 생각하는 리스본에서 온 전문 무역상들과 대화를 해보았는데, 그 과정에서 내 계획을 따르면 전문 무역상들이 섬에서 생산된 당신들과 나의 설탕 모두를 합리적이고 보장된 가격으로 얻게 되리라는 것을 명확하게 알 수 있었다.[19]

리스본에서 온 이런 전문 무역상들 중에서 제노바인들은 단연 첫 번째였다. 그들이 이 무역에 능란했음은 1478년 크리스토퍼 콜럼버스가 해군 군수 및 제노바 무역계의 큰 손인 루이지 센추리오네(Luigi Centurione)를 위해 마데이라에서 설탕 화물을 실었다는 사실이 예시해 준다.[20] 제노바의 다른 상인 가문인 로멜리니 가(the Lomellini)도 리스본의 주요 무역상에 속했다. 15세기 중반에 그들은 포르투갈 산 코르크를 수출하고 마데이라의 설탕을 개발했으며, 또한 런던에서도 일했다.[21]

마데이라 설탕 경제의 예는 대서양 세계에서는 여전히 예외적인 것이었다. 스페인인들은 1480년대 무렵에야 사탕수수를 카나리아 제도로 도입했기 때문이다. 이때는 레반트로부터 사탕수수가 이미 그들에게 알려져 있을 때였다. 사탕수수는 그 운명이 국제 시장의 지속적인 발전과 긴밀하게 결합되어 있는 작물이다. 이것은 대서양 경제에서 3세기 이상에 걸쳐 오랫동안 그러했다. 따라서 마데이라의 사례는 이미 15세기 말부터 열대 대서양 내 사탕수수 플랜테이션이 완전히 독창적인 것임을 입증한다. 그 설탕 경제는 역동적인 교역과 노예 공급, 판매와 가격의 통제에 의해 좌우되었다.

하지만 이러한 최초의 대서양 설탕 시대는, 같은 시기에 포르투갈인들이 다른 목적을 찾아서 아프리카 연안의 탐색을 수행하는 사이에 실현되었다. 그들은 분명 거기서 설탕 농장에서 이용할 노예들을 찾았을 수도 있지만, 이것은 새로운 향신료 항로와 황금의 추구라는 두 목적에 비한다면 부차적이었다. 이런 활동은 대서양의 진정한 규모를 드러낼 터였다.

§ 아프리카 연안 대서양의 탐험

포르투갈의 새로운 자원들

> 우리는 100년 동안 포르투갈의 왕들이 … 공해로 출항해왔음을 잘 알고 있다.[22]

1430년대부터 포르투갈인들은 아프리카의 대서양 연안 탐험에 새로운 활력을 불어넣었다. 그들은 14세기 이래 지중해권 대서양에 이미 나타났던 제노바 자본을 이용했고, 특히 가장 효율적인 항해 도구 중 하나인 라구스의 캐러벨(caravel) 선[17]을 활용할 수 있었다.

선미재(船尾材)에 고정된 회전키를 갖춘 한자 선박 코게(kogge) 선[18]은 제

---

17 3개의 돛대를 가졌고 조타 능력이 탁월해 15세기 포르투갈인과 스페인인들이 탐험 활동에 주로 활용한 소형 범선. 초기에는 두 개의 돛대를 가졌고 높은 속도와 기동성을 갖추고 있었고 일반적으로 50톤 정도의 크기였다. 희망봉 항로 개척 후에는 대양 항해의 필요성이 높아지면서 크기가 커졌고 돛대 수도 늘어나 돛대가 네 개인 배도 있었다.

노바인들이 갤리 선 이후 채택한 배로 막대한 짐을 싣고 경제적 활황기에 이용되었지만,[23] 역풍에는 적합하지 않았다. 왜냐하면 그 배는 사각 돛을 달았는데 그것은 선미 쪽에서 부는 바람에만 맞았기 때문이다. 다른 한편 안달루시아와 북아프리카, 카탈루냐, 이탈리아를 목적지로 종자를 싣고 오는 북유럽 상인들은 흔히 리스본에서 포르투갈 선박으로 그 짐을 옮겨 싣는 것을 선호했는데, 그것은 포르투갈 산 소금과 포도주, 동방(the Orient)과 이탈리아 산 코크(cork)와 명반을 싣기 위해서였다.

베욘의 작은 보트인 코크(coque) 선이 아프리카 연안을 항해하는 데 더 적합하게 보일 수도 있다. 물 위에서 고속으로 달리는 이 둥글고 다소 작은 보트는 갑판이 있고 고물에 사각 선실과 이물의 삼각 단 위에 선수루(船首樓)를 갖추고 있다. 베욘 키잡이와 선미재에 고정된 회전키, 큰 사각 돛, 후미 돛대에 삼각돛을 갖춘 코크 선은 바람에 맞추어 지그재그로 달리면 코게 선보다 항해하기가 더 쉽다.[24] 연대기 작가 죠반니 빌라니(Giovanni Villani)[19]에 따르면, 1304년 이후 코크 선은 "세비야의 해협들(straits of Seville)"을 가로질렀고 제노바인과 베네치아인, 카탈루냐인들이 이용하였다. 이런 유형의 보트에서 상당 부분을 이어받은 포르투갈의 캐러벨 선은 15세기 초 용감하게 공해로 나설 수 있었고 바람에 맞추어 항해하는 데 적합한 장비를 갖추었다. 그 배는 모로코의 대서양 연안과 저 멀리 아조레스 제도를 비롯한 여러 군도들, 그리고 이베리아 연안 사이의 지중해권 대서양에서 새로운 항해 역량을 과시하는 데 핵심적이었다. 아프리카 대서양 탐험의 성공여부는 이런 역량에 달려있었다. 분명 꽤 일찍이 제노바와 포르투갈의 뱃사람들이 14세기에 추측항법으로 아조레스 제도에 도착했을 때 시작된 아프리카 대서

---

18 13세기와 14세기 북유럽을 중심으로 사용된 돛대가 하나인 범선. 선미에 고정된 키를 사용했고 사각 돛을 달았다. 한자 동맹의 여러 도시국가가 상업용으로 사용했다.

19 ?~1348년. 피렌체의 은행가, 정치가, 역사가. 총 12권으로 된 『신연대기(*Nuova Cronica*)』를 적었다.

양 탐험은 그 다음 세기에야 정식으로 수행되었다. '선회' 때문에 고리 모양을 이루었던 아프리카 항로는 아조레스만큼이나 멀리 떨어진 리스본까지 이어졌다. 이런 '선회'는 무역풍[20]을 피하고 서풍을 타기 위한 것이었다. 이 경우 나침반 사용의 점진적인 도입은 위도 근처의 항로를 확인하는 데 효과적인 수단이었을 수도 있다.

마지막으로 15세기에는 아프리카 연안 대서양 탐험에 대한 강력한 동기도 있었다. 이슬람에 맞서기 위해 아프리카나 아시아의 동맹자(전설적인 프레스터 존[Prester John])을 찾으려는 기독교적 이상이 뱃사람을 강력하게 자극했을 수도 있지만, 주된 자극제는 즉각 이용할 수 있는 재원들, 특히 금과 노예를 찾는 것이었다. 이는 무엇보다 마그레브에 대한 이베리아인 십자군이 1415년 모로코 북서부의 세우타(Ceuta)를 점령하는 성공을 거두면서 일어났다. 바다를 통해 서아프리카의 금에 바로 접근할 수 있다면 사하라 사막을 경유하는 금의 양보다 두 배나 많은 양을 얻을 수 있었고, 한편으로 사탕수수 플랜테이션에서 이용할 노예도 확보할 수 있었다.

하지만, 비발디(Vivaldi) 가문이 이미 13세기 말에 꿈꾸었던 것과 같은 동방(the Orient)으로 가는 해양 항로를 이루어낼 전망은, 아랍인들에게서 물려받은 지리 지식을 통해 고대부터 내려오던 전설들이 가한 제약에서 벗어나게 됨으로써 더 명확하게 되었다. 이윽고 이탈리아에서는 프톨레마이오스(Ptolemaeus)[21]의 대양 고립설이 의문시 되었다. 아랍 지리학자들(11세기의 알 베론니[Al-Beronni])은 대서양과 인도양이 연결되어 있음을 인정하였다.[25]

---

20 무역풍은 위도 20도 내외의 지역에서 1년 내내 일정하게 부는 바람으로 북반구에서는 북동풍, 남반구에서는 남동풍이 적도 방향으로 강하게 분다. 따라서 아프리카 연안을 따라 내려가기는 쉽지만 귀환하기는 어렵게 만든다.

21 83~168년경. 고대 그리스의 수학자, 천문학자, 지리학자. 『알마게스트(Almagest)』를 통해 천동설을 주장하고 『지리학(Geographia)』으로 세계의 전체상을 그리고자 했다. 이것들은 모두 후대에 큰 영향을 주었는데, 특히 인도양이 아프리카에서 중국까지 이어진 남쪽의 큰 대륙으로 막혀있다는 주장을 폈다. 이외에도 점성술과 음악이론에서도 큰 업적을 남겼다.

'인간이 거주하는 세계(oekumen)' 남쪽에 몹시 덥고 통행이 불가능한 지대가 있다는 프톨레마이오스의 도그마와 그것이 불러일으킨 극단적인 공포심은, 14세기 초 이래 적어도 인도양과 관련해서는 사라졌다. 사람이 거주하지 않는 극히 더운 지대가 있다는 설을 버린 것은 중세 우주론의 패러다임을 파기한 것이며, 장래 아프리카 대서양 상에서 이루어진 발견들을 가능하게 했다. 그래서 바르톨로뮤 디아스(Bartolomeu Dias)가 아프리카 항해를 완수하기 전인 1484년에 로마 대학의 점성학 교수인 로렌초 보닌콘트리(Lorenzo Bonincontri)는 이러한 지식의 변모를 다음과 같이 증언하였다.

> 프톨레마이오스는 그때까지 적도 너머에 위치한 사람이 사는 땅에 대해 알려진 바가 없다고 한다. 하지만 최근 포르투갈 왕 아라곤의 엔리[물론 항해왕자 엔히크를 뜻한다]는 자신의 배를 이런 곳을 찾아 파견했고, 그의 부하들이 그곳을 발견했다. 이제 우리는 어떤 곳에서는 사람들이 살지 않지만 어떤 지역에는 많은 사람들이 살고 있다는 것을 알고 있다.26)

학자들에 의해 오랫동안 퍼진 생각과 뱃사람들의 경험은 따로 봐야 한다. 프톨레마이오스의 관념에 여전히 가까운 1457년에 제작된 제노바의 한 세계지도는 '인간이 거주하는 세계'를 대양이 완전히 둘러싸고 있는 모습을 보여주었다. 인도양은 더 이상 호수처럼 닫혀 있지 않았고 아프리카는 배로 돌아 갈 수 있는 것으로 그렸다. 분명 프톨레마이오스의 관념이 가진 영향력은 여전히 컸다. 그것은 크리스토퍼 콜럼버스가 즐겨 읽던 피에르 데이이(Pierre D'Ailly)22의 『세계의 이미지(Image du Monde)』에 깊이 각인되어 있었다. 그래서 콜럼버스는 (3만 9,690킬로미터로 계산된) 에라토스테네스의 정확한 측정보다 4분의 1 더 짧은 잘못된 자오선 척도를 택했고 그 결과 대서양을

22 1351~1420년. 프랑스의 신학자, 점성학자, 추기경. 콘스탄츠 공의회에서 중요한 역할을 수행했고 다방면에 걸쳐 영향력 있는 저작을 남겼다. 특히 1410년에 쓴 『세계의 이미지』는 우주론을 설파한 것으로 그 책에 나온 세계의 대륙 크기에 대한 추정이 콜럼버스에게 영향을 주었다.

상대적으로 좁게 보았다. "바닷물은 한 극에서 다른 극으로 흘러가 대양의 해분(海盆)으로 들어간다. 그리고 그것은 스페인의 끝에서 인도가 시작되는 곳까지 별 장애 없이 펼쳐져 있는데, 그 폭은 터무니없이 크진 않다."[27]

반면에 세계의 크기를 그보다 크게 본 에라토스테네스의 측정치는 아랍 지리학자들과 리스본에서 활동했던 제노바인과 카탈루냐인들이 유지했고, 대양 횡단보다는 차라리 남쪽으로 내려가 아프리카를 돌아 멀리 아시아에 이르는 동쪽으로의 탐험을 추구하도록 만들기에 충분했다. 크리스토퍼 콜럼버스가 서쪽 탐험을 제안했을 때 리스본이 이를 거부한 것은, 얼마간은 15세기 전반에 이룬 포르투갈의 실재 지적 · 경험적 진보에 기초한 것이었다.[28] 콜럼버스의 생각을 반박하기 위해 경험적 사실이 실제로 제시되었을 수도 있었다. 그 시기에 알려진 항로로 항해하는 선박이 공해를 건넌 최대 거리는 800해리에 훨씬 못 미쳤고, 콜럼버스의 생각에 가장 유리한 추정치에 따라도 콜럼버스는 그가 선택한 위도 상에서 6,000 내지 6,700해리를 항해해야 했다.[29] 인도에 이르기 위해선, 아프리카를 돌아서 항해하는 것 외에 다른 선택의 여지가 없었다.

탐험과 교역

카나리아 제도와 같은 위도에 위치한 서아프리카 연안의 "무서운 보자도르 곶"을 지난 것은 공포와 불확실성의 시대가 끝났음을 뜻했다. 1455년에도 제노바인 우소디마레(Usodimare)[23]는 "바닷물이 여기서 마치 물주전자처럼 뚝 끊어진다"고 쓰기까지 하였다.[30] 이곳은 배들이 모로코의 대서양 연안을

---

23 Antoniotto Usodimiare: 1416~1462년. 항해왕자 엔히크에게 봉사한 제노바 무역상이자 탐험가. 카다모스토와 함께 1455년과 1456년의 두 차례 항해를 통해 당시 포르투갈인들의 남방 항해 경계의 끝까지 갔다. 카보베르데 제도를 발견했고, 감비아 강에서 제바 강에 이르는 기니 연안을 탐험했다.

따라 남쪽으로 흐르는 조류를 벗어나 반대의 조류와 만나는 곳이었다. 게다가 귀항을 위한 바람은 바다로 한참 더 나가야 만날 수 있었다. 1434년 8월 질 에아네스(Gil Eanes)24는 해안에서 거의 30마일 떨어져 아주 가벼운 배를 타고서 옛날 카르타고인 한노가 택한 항로를 따라가려고 했다. 하지만 그의 앞을 무역풍이 막아섰고 이를 극복하려 애쓰던 에아네스는 대서양 한 가운데에서 서풍을 만나 소위 '선회(volta)'를 시작하였다. 이 특별한 항해가 남쪽으로 가는 항로를 열었던 것이다.

이것은 왕자 엔히크의 지칠 줄 모르는 노력의 결과였다. '항해왕자 엔히크'라는 이름-흔히 알려진 현대적인 이름-은, 사실 이 왕자가 실제 바다에서 항해한 것은 단 2번, 그것도 아주 잠깐이었기 때문에 적절치 않아 보인다.31) 포르투갈인들이 바다로 나가는 항구인 라구스 출신의 뱃사람 질 에아네스는 아프리카 해안선을 "엄청난 참을성"을 가지고 탐험하도록 왕자가 파견한 선장 중 한 사람이었다. 보자도르 곶을 발견하기 전해에 그는 다른 배들과 같은 항로를 따라갔고 다른 사람들과 똑같은 두려움에 사로잡혔다. 결국 그도 카나리아 제도로 갔고 거기서 포로 몇 명을 잡아 귀환하였다. 이런 항해 관행은 카나리아 제도가 여러 해 동안 수행하던 얼마간은 부정적인 역할을 드러낸다. 도달하기 비교적 쉬운 카나리아 제도는, 거기서 노예를 잡아 리스본과 뒤에는 마데이라에서 팔 수 있었기 때문에 뱃사람들에게 매력적인 곳이었다. 카나리아 제도는 또한 사하라의 금을 탐색하기 위한 기지로 이용될 수도 있었다. 이 계획을 그때 카나리아 제도에 자신의 왕국을 세우고자 했던 항해왕자 엔히크는 꾸준히 지원하였다.

금과 노예를 교역하는 회사들은, 15세기 후반, 특히 1470년과 1480년 사이에 탐험 항해들이 정점에 이르기 전부터 오랫동안 바다를 지배하였다. 보자

---

24 15세기 포르투갈의 항해자이자 탐험가. 라구스 태생으로 1433년부터 항해왕자 엔히크 휘하에 들어 서아프리카 연안을 항해했고 캐러벨 선을 타고 보자도르 곶을 넘어 항해하고 돌아와 아프리카 서부 해안을 따라 남쪽으로 항해할 수 있는 항로를 연 최초의 인물이다.

도르 곶을 지나게 된지 몇 년 뒤인 1441년에 포르투갈인 누노 트리스탄 (Nuno Trisão)[25]은 서아프리카 연안에서 전투와 습격을 통해 얻은 최초의 무어인 노예들을 데리고 돌아왔다. 1443년 이후 뱃사람들이 아프리카 연안으로 항해하고자 하면 항해왕자 엔히크의 허가를 받아야 했다. 이에 따라 "포르투갈의 모든 발견과 식민화의 대들보"[32]가 된 항해왕자 엔히크는 금과 노예 시장으로 인해 수익성이 높게 된 탐험에서 이익을 얻고자 했다. 실제로 1443년 그 해에 안탄 곤살레스(Antão Gonçales)[26]는 리오데우로에서 금을 발견했다. "노예에 더해 … 그들은 또한 비록 소량이지만 금가루를 그에게 가져왔다. … 이 지역에는 이 금을 거래하는 상인들이 있었다."[33] 리오데우로에서 처음으로 포르투갈인들은 마그레브로 돌아가는 금 대상들을 습격하고 그 노획물을 다시 거래했다.

아프리카 연안에서 노예와 금을 구하는 것은 실제로 단순한 노략질에서 교역으로 이행하는 과정을 특징적으로 보여주었다. 1440년대에는 라구스와 리스본에서 대규모로 열린 노예시장에 노예를 공급하기 위해 포로를 잡았고, 라구스와 리스본에서 이런 노예시장이 최초로 열린 것은 각각 1444년과 1445년이었다. 이렇게 포로를 잡기 위해선 실제로 "인간 사냥"을 벌여야 했다. 1445년에는 흑인노예를 얻으려는 탐험이 대규모로 이루어졌다. 26척의 개러벨 선들이 라구스를 떠나 아프리카 연안으로 향했고, 리오데우로 남쪽의 아르구앵 만(Bay of Arguin)에 근거지를 두었다. 포르투갈인들은 자신들의 교역 활동을 보호하려고 요새를 세웠다.

1445년에서 1447년까지의 이 대규모 탐험 시기에 항해는 점차 흔한 일이 되기 시작했다. 1434년에는 보자도르 곶을 지나는 일이 거의 신화적인 공적

---

25 15세기, 특히 1440년대 초에 활동한 포르투갈인 탐험가이자 노예무역상. 최초로 감비아 강을 넘어 기니 지역에 도달한 인물로 여겨진다.
26 15세기 포르투갈의 탐험가이자 노예무역상. 흑인노예상인에게서 아프리카인 노예를 구입한 최초의 유럽인. 1441~1442년의 서아프리카 연안 탐험을 통해 아프리카인 노예와 금가루를 가져왔다.

이었지만, 이제는 포르투갈인들의 "항해 혁명"[34] 덕분에 아르구앵 만까지 그리고 이어서 세네갈 강 하구까지 연안을 따라 죽 내려가는 것은 대부분이 알고 있는 항로를 택하는 일이 되었다. 1450년대에 또 다른 진전이 이루어졌다. 그때 "남유럽(Midi) 연안에서 흑인들의 땅까지 대양을 통해 화물을 운반하는 것을 고안한 최초의 입안자"[35]인 항해왕자 엔히크는 뱃사람을 사그레스(Sagres)와 라구스에 있는 자신의 부하 집단에서 충원하는 대신에, 특히 제노바인 같은 전문 선원들을 뱃사람으로 이용하기 시작했다.[36] 동시에 노예 획득 방식도 가난한 어촌에서 무력으로 사로잡는 것에서 아랍 상인과 기니 상인들에게서 구입하는 것으로 대체되었다. 교역 개념이 전쟁 개념을 대체한 것이다.

1448년에 탐험이 가능하다고 여기는 남방 경계선은 세네갈 남쪽의 베르데 곶 수준에 머물러 있었다. 7년 뒤 제노바인 우소디마레는 감비아 강의 하류를 건너갔고 말리(Mali) 제국[27]과 관계를 맺었다. 항해왕자 엔히크가 죽을 때까지 아프리카 연안의 마지막 기항지로 알려졌던 카자망스(Casamance)에 처음 도달한 이도 우소디마레로, 1456년 베네치아인 카다모스토와 함께 업적을 이루었다.

포르투갈인들은 금을 찾아 나섰다가 노예를 구할 기회를 얻었다. 이러한 금 찾기는 세네갈 강 상류의 밤부크(Bambouk)와 고지 기니(Upper Guinea)의 부레(Bouré) 지역에서 수행되었고, 이런 곳들에는 감비아 강의 교역거점들로부터 접근할 수 있었다. 여기서 다른 풍부한 자원들과 함께 금이 개발되었던 것이다. 서아프리카의 교역에서 감비아 강 하류 지역은 값비싼 바다 소금을 생산했고, 이곳에서부터 내지로 들어가는 교역로들이 시작되었다. 이곳에 상륙한 제노바인과 포르투갈인들은 열대 아프리카 전역에 걸쳐 이

---

27 1235년부터 1645년까지 서아프리카에 존재했던 만딩고족이 세운 제국. 순디아타 케이타가 세웠고, 특히 만사 무사 왕이 가진 부로 인해 유명해졌다. 니제르 강 연안의 넓은 지역을 다스렸으며 서아프리카에 문화적으로 엄청난 영향을 주었다. 이슬람교를 국교로 삼았다.

미 자리 잡고 있는 교역망을 발견했다. 야자유, 콜라나무 열매, 직물, 철제 물건—그리고 노예—을 내지로 운반하는 데 이런 교역로들이 이용되었다. 아프리카인 사회는 대부분 관례적으로 전쟁 포로를 노예로 삼고 있었다. 노예는 마그레브까지 호송되었지만, 금과 상아가 더 중요했기에 주된 수출품은 아니었다.[37]

탐사 및 교역 원정대는 항해왕자 엔히크의 사망 이후 감소했지만, 1469년 리스본 상인 페르낭 고메스(Fernão Gomes)[28]의 주도 하에 다시 회복되었다. 고메스가 탐험의 권리를 부여받은 것이다. 팔마스 곶을 넘으면, 동쪽으로 인도로 가는 경로가 기니 연안을 따라 열려 있는 듯 했다. 그 후 거의 5,000 킬로미터에 이르는 연안지역이 페르낭 고메스가 주도한 원정대들에 의해 발견되었다.[38] 아울러 기니 산 상아, 공작석, 후추 같은 다른 자원 덕분에 이런 사업은 더욱 수지맞는 일이 되었다. 거기에 황금 해안(Gold Coast)을 통해, 지금은 가나에 속한 아크라(Accra) 지역의 금맥원에 접근하게 되면서 더 많은 수익을 얻었다. 노예를 들여와 아크라의 부족들에게 파는 수익성 높은 노예무역이 확립되기 시작했다. 여기서 포르투갈인들은 현지의 효율적인 교역망에 감비아에서보다 훨씬 더 깊이 참여하게 되었다. 15세기 이래 듈라(Dyula)족 무역상들[29]은 베고(Begho)(가나)에 무역거점을 세워 두었고 이곳으로 서아프리카에서 생산되는 모든 상품이 흘러들었다. 포르투갈인들은 이들 듈라족 무역상들과 경쟁하였고, 아크라인들은 이 두 상인 집단 모두를 상대로 금과 교환해 노동력을 얻었다.[39]

---

28 15세기 리스본 출신의 포르투갈 상인이자 탐험가. 1469년 포르투갈 왕 알폰소 5세에게서 기니 만 교역에 대한 독점권을 부여받았고, 5년간 매년 300마일씩 아프리카 대서양 연안을 탐험해 갔다. 1471년 현재 가나 남부의 대서양 연안 항구인 알미나에 도착해 그곳의 사금 무역에 참여하면서 막대한 이윤을 거두었고, 그 일부를 왕실에 제공하여 포르투갈의 세력 확대에 공헌하였다.

29 말리, 코트디부아르, 기니비사우 같은 서아프리카 여러 나라에 살고 있는 인종집단으로 오래 전부터 상인집단으로 유명했다. 14세기 이래 그 지역 전역에 걸쳐 상인 공동체를 세웠으며, 이슬람을 믿으면서도 상업에 종사하는 특성상 서아프리카에 이슬람이 평화롭게 전파되는 데 크게 기여했다.

분명 기니 연안의 카스티야인 암거래상들과 경쟁하려는 목적에서 포르투 갈 왕은 1475년 페르낭 고메스의 독점권을 파기했고, 서아프리카 연안 항해 의 책임은 왕자들 중 가장 연장자였던 돔 주앙(Dom João) 왕자[30]가 맡게 되 었다. 그는 1481년 왕위에 오른 뒤 역시 탐험과 교역에 새로운 생명을 불어 넣었다. 그는 '닫힌 바다(mare clausum)'의 원칙을 채택했고, 아프리카 연안 대서양은 '포르투갈'의 바다가 되었다. 그는 수익성 좋은 금과 노예무역을 지키기 위해서는 필요한 모든 수단을 강구할 작정이었다.[40] 1482년 '기니의 군주'인 주앙 2세는 베닌 왕국(Kingdom of Benin)[31]과 수행하는 교역의 교차 로에 상조르게다미나(São Jorge da Miña) 요새를 세우게 되었다. 베닌 왕국에 서는 볼타(Volta) 강 하구 근처의 아크라 산 금과 노예를 맞교환하였다. 그곳 으로부터 약 1,000킬로미터 떨어져 상투메 섬이 있는데 1472년에 발견되었 다. 그 섬에서는 사탕수수를 마데이라로부터 넘겨받아 1483년 경작을 시작 했으며 사탕수수 경작이 가진 수익성을 다시 상승시켰다. 동시에 적도상에 있는 이 섬은 연안 지역에서 노예 노동력을 끌어 모으는 거점이 되어, 세네 갈과 잠비아에서 노예를 모았던 카보베르데 섬과 경쟁하였다.

금과 노예를 다루는 항해에서 이윤이 늘어나면서 주앙 2세는 남쪽으로 내 려가는 탐험 활동에 최대한의 여지를 제공했다. 1483년 디오구 캉(Diogo Cão)[32]은 콩코에 도착했고 이어서 1485년 남위 22도에 이를 때까지 연안을

---

30 포르투갈의 주앙 2세(João Ⅱ; 1455~1495)를 말한다. 포르투갈의 최전성기를 이룩한 왕으로 '완전왕'으로 불린다. 1481년에 즉위하여 귀족의 반란을 누르고 절대주의의 바탕을 굳게 하였고 아프리카 탐험 사업을 촉진했다. 1494년에 스페인과 토르데시 야스 조약을 맺어 식민지 분할선을 정하였다.

31 오늘날 나이지리아 남부에 위치했던 왕국으로 11세기경부터 존재한 것으로 추정 된다. 서아프리카 연안 배후지에서 가장 오래되고 가장 고도로 발전된 나라 중 하 나였으며, 유럽인들이 나타난 후 노예무역에서 중요한 역할을 했다. 1897년 대영 제국에 병합되었다.

32 '발견의 시대'의 가장 유명한 포르투갈 항해자 중 한 명으로 1480년대 두 차례의 항 해를 통해 서아프리카 연안을 내려가 오늘날 앙골라와 나미비아 연안에까지 이르 렀다.

따라 내려갔다. 1487년 여름 동안에는 바르톨로뮤 디아스가 디오구 캉을 계승했다. 디아스는 대양을 통해 아프리카를 도는 항로를 찾으라는 임무를 받고 리스본을 떠났다. 그는 대담하게 캉이 발견한 항로를 벗어나 남위 27도 내지 28도를 향해 나아갔으며, 무역풍이 불어 남서쪽으로 가지 못하게 하자 서쪽으로 항해해 순풍을 만났다. 그 바람을 이용해 그는 중간 위도인 남위 40도에 마침내 이르렀고 거기서 서풍을 만나 희망봉에서 약 500킬로미터 떨어진 굳은 땅에 이를 수 있었다. 마침내 대서양 남부에서의 '선회' 항해가 시작되었으며 인도로 가는 항로가 열렸다.

§ 대서양 서부와 이베리아인들의 '신세계'

포르투갈이 가진 모든 것은 바다 덕분이었다. 아프리카에서 몇 번의 발견을 이룬 후, 1487년 디아스가 아프리카 남쪽에서 인도로 가는 항로를 발견했을 때 포르투갈은 대서양이 남반구에서 가장 크게 넓어진다는 것을 확인했다. 그럼에도 '지중해권' 대서양의 군도들 너머 서쪽 편의 바다가 고대 이래 공포를 불러일으킨 '끊임없는 어두움의 바다'가 아니라 개척 가능한 공간임을 입증하는 것은 카스티야의 몫으로 남았다. 무엇보다 그러한 당대인들(이들 중 첫 번째에 있던 사람이 크리스토퍼 콜럼버스였다)이 볼 때, 대서양 서부는 분명 아시아와 그 부에 바로 접근할 수 있는 길을 여는 데 도움이 될 터였고 그것은 아프리카 연안을 따라가는 포르투갈인들의 길고 긴 항로보다 훨씬 더 짧은 항로가 될 터였다.

실제로 발견을 통해 이 대양의 여러 차원들이 급속하게 확장되었다. 쇠너(Schoener)[33]가 그린 1520년의 세계지도는 대서양 서부를 카리브 해와 혼동

---

[33] Johannes Schöner: 1477~1547년. 독일의 수학자, 지리학자. 최초로 지구본을 만든 사람 중 하나로서 유명한데, 그가 만든 1523년의 지구본에는 마젤란의 항로가 그

하고 있지만,[41] 대서양 서부에 대한 지식은 포르투갈인 카브랄(Cabral)[34]의 발견 덕분에 1500년 이래 보완되어 갔다. 카브랄은 브라질과 맞닿아 있는 적도 남쪽의 대서양 남부, 즉 '대양의 바다(Mare Oceanus)'(1502년 칸티노 [Cantino]의 세계지도)를 발견했다. 하지만 1513년이 되어서도 브라질은 발트제뮐러(Waldseemüller)[35]가 여전히 '미지의 땅(Terra Incognita)'[36]이라 부를 만큼 신세계였다. 북쪽에서도 포르투갈인들이 대서양 서부로 탐험해 들어갔다. 포르투갈인 항해자 가스파르 코르테 레알(Gaspar Corte Real)[37]이 1500년에 아조레스 제도의 중심 섬인 테르세이라(Terceira) 섬에서 항해를 시작했던 것이다. 코르테 레알은, 비록 1497년 이탈리아인 캐벗(Cabot)[38]의 항해보다는 늦었지만, 브리스틀의 상인들과 잉글랜드 왕 헨리 7세를 위해 항해하여 '초록땅(Tierra Verde)'(뉴펀들랜드)을 발견했고 마리팀즈(the Maritimes)[39]에 상륙했다. 사실, 브라질의 발견과는 달리 이 발견은 '신세계'에 포르투갈 영토의 확립으로 귀결되지는 않았다. 그럼에도 1502년의 칸티노 세계지도[40]

러져 있다. 1520년의 지구본 초안(세계지도)에는 그때까지 탐험된 적이 없는 북극 대륙이 그려진 것으로 유명하다.

34 Pedro Álvares Cabral: 1468년?~1520년?. 바스쿠 다가마에 이어 1500년 포르투갈 왕의 명령으로 인도로 가는 중 폭풍을 만나 표류하여 브라질을 발견하였다.

35 Martin Waldseemüller: 1470~1520. 독일의 지도제작자로 1507년 마티아스 링만과 함께 만든 세계지도에서 '아메리카'라는 말을 처음으로 사용하였다.

36 'Terra Incognita'는 지도로 표현할 수 없는 땅에 대해 지리학자들이 사용한 라틴어 용어이다. 프톨레마이오스가 처음 사용한 것으로 여겨지며, 15세기 프톨레마이오스의 저작이 재간행되면서 다시 도입되었다고 한다. 프랑스어로는 'Terres inconnues', 영어로는 'parts unknown'에 해당한다.

37 1450~1501년?. 포르투갈의 항해자로 1500년의 첫 항해에서 그린란드를 발견했지만 이곳이 동아시아라고 생각하고 상륙하진 않았다. 1501년의 두 번째 항해에서는 뉴펀들랜드에 이르러 상륙하여 수십 명의 원주민을 잡아 노예로 매매하였다.

38 Sebastian Cabot: 1474~1557. 베네치아 출신의 이탈리아 탐험가. 라플라타 강을 탐험하여 그곳에 2개의 요새를 세웠다. 1497년의 항해에서 뉴펀들랜드에 이르렀던 것으로 여겨진다.

39 마리팀즈는 캐나다 동부 대서양 연안의 세 개 주(뉴브런즈윅, 노바스코샤, 프린스에드워드아일랜드)를 통칭하여 부르는 명칭이다.

에는 그 지역을 스페인과 포르투갈이 나눈 것으로 그리고 있으며, 당대인들은 포르투갈인들이 그곳에 수많은 어장을 개척했고 뉴펀들랜드의 대암초지대(Great Reef)에 대해 배타적 어로권을 주장했기에 포르투갈의 우위를 인정했다.

콜럼버스와 대서양 서부: 카스티야의 '신세계'

대서양에 맞선 카스티야

카스티야는 칸타브리아(Cantabria) 연안지역의 활동을 지원했지만, 15세기 말까지 해양세력의 대열에 끼지는 못했다. 그리고 15세기 말 콜럼버스가 이룬 발견은 안달루시아와 바스크의 항구들에 새로운 지평을 제공했다. 물론 카스티야는 15세기 초 이래로 '지중해권' 대서양을 주목하면서 항해왕자 엔히크에 맞서 카나리아 제도에 대한 자신의 권리를 주장했다. 하지만 1479년의 알카소바스(Alcáçova) 조약[41]으로 카스티야는 보자도르 곶 남쪽의 아프리카 연안에 대한 포르투갈의 독점권을 인정할 수밖에 없었다. 그에 앞서 기니 만에 대한 탐험으로 포르투갈에 한번 도전해 보았을 뿐이었다. 사실 카스티야는 '레콘키스타'에 모든 노력을 기울였고 많은 자금을 들여 그라나다

---

40 칸티노의 세계지도는 포르투갈인들이 세계 곳곳에서 이룬 발견들을 보여주는 잔존하는 가장 오래된 지도이다. 그 명칭은 1502년 이 지도를 리스본에서 이탈리아로 밀수해 들여온 이탈리아 상인 알베르토 칸티노(Alberto Cantino)의 이름을 딴 것이다. 지도에는 카브랄이 발견한 브라질 연안지역이 파편적으로 그려져 있는 반면, 아프리카 연안과 인도 연안은 아주 상세하게 그려져 있다. 당대인들의 세계 인식에 큰 영향을 준 지도이다.

41 1475년부터 시작된 카스티야 왕위계승 전쟁을 끝내기 위해 카스티야 및 아라곤과 포르투갈 사이에 맺어진 조약. 이사벨라를 카스티야의 여왕으로 인정하는 대신 아프리카 연안 대서양에 대한 포르투갈의 독점권을 인정하였다. 이로 인해 카스티야 및 아라곤(즉 스페인)은 인도로 가는 길이 막혀 서쪽으로 가는 길을 모색할 수밖에 없었다. 이 조약으로 카나리아 제도의 지배권만은 카스티야로 넘어갔다.

의 무어인들에 맞서 전쟁을 벌이고 있었다.

그럼에도 카스티야는 대서양에서의 사업과 관련해 그렇게 옹색하지는 않았다. 이탈리아인들이 교역로를 개발하였던 세비야에서 카스티야는 이탈리아인 상업망의 중심에 접근할 수 있었다. 제노바인들이 리스본에서처럼 그곳도 지배했지만, 피렌체인들도 그곳에 있었다. 특히 메디치 가의 자회사를 관리했던 아메리고 베스푸치(Amerigo Vespucci)42 같은 이들이 그러했다. 베스푸치는 뒤에 콜럼버스의 친구가 되었고 그 후 콜럼버스에게 돌아갈 영광 중 일부를 얻었다.42) 콜럼버스가 첫 번째 항해를 위해 요구한 자금의 가장 큰 몫을 내놓은 것은 세비야의 제노바인 은행가 프란치스코 피넬리(Francisco Pinelli)였다. 게다가 이 항해는 카스티야의 첫 번째 대서양 사업인 카나리아 제도의 정복을 위해 재무상 알론소 데 퀸타니야(Alonzo de Quintanilla)가 창출해낸 제노바 자본이 지원한 협력사업이었다.43) 결국 발견을 위해 서쪽으로 항해에 나서는 카스티야의 야망에 포르투갈이 딴죽을 걸 위험은 없었을 것이다. 포르투갈은 아프리카의 탐험을 발전시키는 데 신경을 쓰고 있었고, 디아스 덕분에 인도로 가는 통로를 열어 아프리카 연안 교역로에서 얻은 자금을 거기에 공급하고 있었기 때문이다.

그렇더라도 1480년대를 경과하는 동안 대서양 서부의 탐험과 관련해서 포르투갈이 가진 야심을 완전히 간과해서는 안 된다. 1486년 포르투갈의 주앙 2세는 플랑드르의 페르디난트 반 올멘(Ferdinand Van Olmen)이 수행한 탐험을 허락했는데, 그의 이름을 루시타니아식으로 부른 것이 '아조레스의 캡틴' 페르낭 다 울모(Fernão da Ulmo)였다.43 반 올멘은 1487년 겨울 말미에

---

42 1454~1512년. 이탈리아의 탐험가이자 지도제작자. 피렌체 출신으로 메디치 가의 사무원으로 스페인에 파견되었다가 콜럼버스의 1차, 2차 항해에 관여했다. 1497년 직접 탐험에 나서 브라질에까지 이르렀다. 콜럼버스가 발견한 땅이 동아시아의 해안이 아니라 완전히 새로운 대륙임을 처음으로 입증했으며, '아메리카'라는 말은 그의 이름의 라틴어 표기(Americus)에서 따왔다.

43 페르디난트 반 올멘은 1486년 대서양 서부를 탐험한 플랑드르 출신의 탐험가로 아조레스 제도의 테르세이라 섬에 정착한 최초의 유럽인이다. 이 사실은 포르투갈의

출항해 아조레스 서쪽에서 탐험 항해를 수행했고, 거기서 조난 당했다.[44] 다른 한편 아조레스의 어부들은 제도 내 어장보다 더 풍부한 다른 어장을 발견하고자 했고 필시 1480년대의 10년 동안 북대서양으로의 출항을 시도했던 것 같다. 하지만 1500~1502년이 되어서야 포르투갈인들은 코르테 레알 형제를 통해 뉴펀들랜드의 어장들을 발견할 수 있었다.

콜럼버스: 전통, 상상, 직관

제노바 출신의 크리스토퍼 콜럼버스는 제노바인들이 카스티야에서 획득한 영향력을 이용할 수 있었지만, 그럼에도 그가 대서양 서부에서 발견의 사명을 수행하고자 애쓴 것은 무엇보다 자신이 가진 깊은 확신에 기초해서였다. 콜럼버스가 오래된 고대의 신화들에서 자극을 받은 것에는 논란의 여지가 없지만, 그는 성경의 구절에 비추어 그것을 수정하였다. "이 섬이 타르쉬시(Tarshish)이며, 오빌(Ophir)[44]이자 지팡구(Cipango)이고 우리는 그것을 '에스파뇰라(Espaniola)'[히스파니올라]라고 불러왔다."[45]

1502년 교황 알렉산데르(Alexander) 6세[45]에게 보낸 편지에서, 콜럼버스는 히스파니올라에서 자신이 본 오빌의 금, 즉 예루살렘의 사원 건설을 가능케

초기 대서양 식민화 역사에서 플랑드르 출신의 항해자들이 중요한 역할을 했음을 입증하며, 나아가 반 올멘이 콜럼버스 이전에 아메리카를 발견했다고 주장되기도 한다. 반 올멘의 탐험은 콜럼버스와 마젤란을 비롯한 그 이후의 많은 항해자들에게 영향을 주었다.

44 성경에 나오는 부유한 지방 또는 항구로 솔로몬 왕이 3년에 한 번씩 금을 비롯한 많은 보석을 공급받았다고 한다.

45 1492~1503년. 르네상스 시대 교황들 가운데 가장 논란의 대상이 되고 있는 교황 가운데 한 사람이다. 전통적으로 호색과 족벌주의, 탐욕 등의 문제로 역사상 최악의 교황으로 손꼽히고 있지만, 이러한 세간의 악평은 대부분 생전에 그의 정적들이었던 이탈리아의 고위 성직자들과 영주들한테서 유래했다는 점을 감안해야 한다. 특히 노예제도와 관련해서, 콜럼버스의 신대륙 발견 이후 여러 칙서들을 통해 스페인에게 새로 발견된 영토의 소유권을 부여하였다. 이것이 원주민의 노예화를 인정한 것인지 여부를 둘러싸고 지금까지 논란이 계속되며, 이것이 사실일 경우 교황청은 노예제도에 대해 직접적인 책임을 갖게 된다고 한다.

한 성경에 나오는 금에 대해 강한 어조로 상술했다. "섬들은 '끊임없는 어두움의 바다'라는 상상 속에서 성장한 버섯처럼 솟아 있습니다."[46] 이런 신화적인 섬들에서 만들어진 상상이 콜럼버스를 키웠다. 마데이라 북동쪽 포르투산투 섬 서쪽에서 조류에 실려 온 정확한 증언과 대나무 그리고 목각들로 확인된 이런 섬들에 대한 소문은 1480년대에 리스본과 그 외 곳곳에 퍼져 있었다.[47] 다른 이들과 마찬가지로 콜럼버스도 이런 섬들, 즉 새로운 땅을 중세 동안 서구에서 추구해 온 '지상낙원'과 혼동했다.

> 성스러운 신학자들과 현명한 철학자들은 실제로 '지상낙원'이 온화한 기
> 후의 땅이기에 '동방'이 끝나는 곳에 있다고 말해왔다. 이제 자신[콜럼버스]
> 이 막 발견한 이 땅들은 '동방'의 끝에 있었다.
>
> (콜럼버스의 항해일지, 1493년 2월 21일)[48]

콜럼버스와 알고 지냈던 마르틴 베하임(Martin Behaim)[46]도 1492년의 지구본에서 안틸리아(Antillia)[47]를 '일곱 도시의 섬'과 혼동했고 그것을 대서양 중앙에 두었다.

하지만 다 알고 있듯이, 콜럼버스의 실제 야심은 이런 섬 신화를 이용하는 것과는 철저하게 동 떨어진 것이었고, 주로 피에르 데이이의 『세계의 이미지』나 『마르코 폴로의 동방견문록(Travels of Marco Polo)』에 근거하였다. 콜럼버스에게는 아시아에 이르기 위해 비교적 폭이 좁은 조류를 가로질러 서쪽으로 항해하여 인도를 발견하는 것이 필요했다. 그는 이 조류의 크기를 실제보다 훨씬 더 작게 잡았고 아시아의 크기는 비정상적으로 동쪽으로 더

---

46 1459~1507년. 독일의 항해가이자 지리학자. 1485년 서아프리카를 탐험했고 항해용 도구를 만들었다. 1491~1493년에 현존하는 가장 오래된 지구본인 뉘른베르크 지구본을 만들었고, 콜럼버스의 친구였다.

47 15세기 대항해 시대 때 포르투갈과 스페인 서쪽 멀리 대서양 상에 있다고 알려졌던 유령 섬. 종교적 성격을 띤 전설상의 '일곱 도시의 섬'과 혼동되기도 했는데, 15세기에 그려진 수많은 해양 지도에 그 위치를 표시하고 있다.

늘려 잡았다. 콜럼버스의 상상에 따르면, 카나리아 제도에서 아시아 연안의 섬인 지팡구까지의 거리는 겨우 2,080마일이었다. 실제로는 1만 2,000마일인데 말이다.

자신이 쿠바에서 지팡구를 발견했다는 콜럼버스의 확신은 1492년에 마르틴 베하임이 상상한 대서양 지도와 잘 들어맞는다. 그 지도에서 지팡구는 대서양의 정 중앙에 위치하며 거기서 바로 서쪽에 카리브 해가 있으며 쿠바의 약간 북쪽에 중국(Cathay)이 있다. 이를 보면 콜럼버스가 '신세계'를 어째서 아시아의 일부라고 여겼는지를 이해할 수 있다(마르코 폴로는 지팡구가 중국 연안에서 1,500마일 떨어진 곳에 있다고 썼다).

발견자의 머릿속이 당착에 빠지는 것은 분명 아주 흔한 일이었다. 자신이 항해에 나서기 전 통치자에게 거론했던 상상의 섬에 상륙했다고 여전히 확신하면서도, 콜럼버스는 적어도 1498년의 세 번째 항해에서는 자신이 "또 다른 세계"에 상륙했음을 눈치 챘다. 그가 트리니다드(Trinidad) 섬에서 오리노코(Orinoco) 강 하구까지 남아메리카 북쪽 연안을 대담하게 탐험했을 때였다. "나는 이곳이 지금까지 알려진 적 없는 '또 다른 세계'가 아닌가하고 생각했다."[49]

콜럼버스가 다른 세계를 발견했다는 인식을 표현한 것은 오리노코 강의 폭포를 보고 그 강의 수량에 놀라면서였지만, 그래도 그는 그곳이 작은 땅이며 무엇보다 이 새로운 땅도 아시아 근처에 있다고 주장했다.

콜럼버스 이전에 포르투갈의 전문가들이 범한 수많은 오류들이 이런 신화들이 완전히 틀렸음을 입증해 주었지만, 그럼에도 콜럼버스는 신화에 대한 집착에 크게 영향 받은 탐험가였다. 하지만 그는 또한 탁월한 직관을 갖춘 뱃사람이기도 했다.

콜럼버스가 가진 재능은 북대서양의 풍계(風系)에 대한 연구에서 가장 잘 드러났다. 실제로 그는 1477년에 아이슬란드까지 항해하는 동안 이 풍계를 경험할 수 있었고,[50] 거기서 아이슬란드의 어부들이라면 누구나 알고 있음직한 섬, 즉 뉴펀들랜드에 대한 얘기를 들을 수 있었다. 15세기 말에는 콜럼버스 이전에도 아조레스 제도를 지나서 부는 서풍 지대를 통해 대서양 서부를 횡단하려는 시도들이 이루어졌다. 다른 한편으로 항해자들은 맞바람을 타고 항해하면 항구로 돌아갈 수 있다고 확신했는데, 이는 발견 자체만큼이나 중요한 사려 깊은 생각이었다. '지중해권' 대서양에서 '선회' 항해를 수행하여 카나리아 제도나 마데이라로부터 귀환한 뱃사람들은 아조레스 제도의 풍계가 가져다주는 이점을 잘 알고 있었다. 아조레스 제도는 그 가장 서쪽 지점에 이르면 리스본과 같은 위도에서 서경 31도의 대서양에 도달할 수 있다. 이것은 대서양의 여러 제도들에서 최북단에 위치하며, 특히 코르부 섬과 플로르스(Flores) 섬이 이에 해당했다. 이 두 섬은 대서양으로 가장 멀리 들어간 곳에 위치했고 가장 늦게 발견된 섬들이었다. 이 위도들, 즉 북위 38도와 39도 사이에서 항해하면 곧바로 새로운 섬에 도달할 수 있을 거라고 기대할 수 있었다. 또한 콜럼버스가 아이슬란드로의 항해 이후에 브리스틀 출신의 뱃사람들을 만났을 가능성도 있다는 생각도 든다. 1480년에 브리스틀 출신의 뱃사람들은 브라질 섬(뉴펀들랜드)을 발견하기 위한 항해를 준비하고 있었다.

그럼에도 서풍은 아조레스 제도에서 항해를 이어가려는 모든 시도들을 가로막는 장애가 되었다. 콜럼버스가 항해를 시작하기 겨우 5년 전인 1487년 말에도 페르디난트 반 올멘의 항해 시도는 실패로 끝났다.

서풍을 이용하는 귀환 항로의 선택과 관련해 콜럼버스의 직관이 보여준 확실성은, 산타페 포기 조약의 문서에 언급되는 그에 앞선 발견[51]으로부터 얻었을 수도 있다고 생각할 수 있을까? 라스카사스(Las Casas)[48]는 1500년경 산토도밍고(San Domingo)에서는 알려지지 않은 수로안내인에 대한 "전설"을

---

48 Bartolemé de las Casas, 1484~1566년. 스페인의 도미니크파 수도사이자 역사가, 사회개혁가. 아메리카에서 최초로 신부서품을 받았고 치아파스의 초대 주교를 맡기도 했다. 특히 1552년에 쓴 『인디아스의 파괴에 관한 간략한 보고서(*Brevísima relación de la destrucción de las Indias*)』는 스페인 식민자들이 아메리카에서 시행한 앵코미엔다 제도의 끔찍한 결과를 폭로하고 아메리카 원주민의 인권 문제를 제기하여 오늘날까지도 논란의 대상이 되고 있다.

"누구나 알고 있었다"고 주장하며 이것은 콜럼버스가 항해를 수행하며 마르틴 핀손(Martin Pinzon)의 도움을 얻었다는 확실한 근거라고 주장했다. 대서양 중앙부를 거치는 서쪽 항로는 서풍으로 인한 장애를 전혀 받지 않았고, 그래서 기니나 카나리아 제도로부터 '선회' 항해를 통해 서쪽에서 귀환하는 포르투갈이나 스페인 선박은 서쪽 아주 저 멀리 알려지지 않은 섬까지 갈 수도 있었다. 콜럼버스의 생각은 바람이 항해 시도를 죄다 차단하는 아조레스 제도보다 훨씬 남쪽에 있는 카나리아 제도에서 출발하는 것이었다. 카나리아 제도를 거치면서 그는 귀환 시 필요하게 될 서풍을 찾기를 바라면서 무역풍을 이용할 수 있었다.

콜럼버스의 항해

1492년 10월 11~12일 밤 새벽 2시에 당시 캐러벨 선 핀타(Pinta) 호의 망보는 사람이었던 로드리고 데 트리아나(Rodrigo de Triana)는 자기 바로 앞에 하얀 모래사장의 모습이 비치는 것을 언뜻 보았다. 이곳은 오늘날 바하마(Bahamas)라고 불리는 제도의 작은 섬인 과나하니(Guanahani)[49]의 해변이었다. 같은 날 몇 시간 뒤 세 척의 배, 산타마리아(Santa Maria) 호, 핀타 호, 니냐(Niña) 호를 이끄는 제독인 크리스토퍼 콜럼버스는 카스티야와 아라곤의 왕들의 깃발을 꽂기 위해 해변을 향해 배를 저었다.

1492년 가을의 이 날짜는 그 사건 이후 훨씬 더 많은 것을 의미하게 되었지만, 콜럼버스와 같은 시대를 살았던 이들은 당시 유럽이 겪고 있던 문화적·정치적 상황 앞에서 그가 발견한 항로를 그다지 중요하게 생각하지 않았다. 심지어 그런 발견이 콜럼버스의 항해를 지원했던 군주와 재정가들에게는 기만적인 것처럼 보일 수도 있었다. 그 항해는 무성한 숲이나 자연 상태

---

[49] 크리스토퍼 콜럼버스가 1492년 10월 12일 아메리카에 처음 도달한 섬으로, 원주민들이 부르던 이름이다. 콜럼버스는 이 섬을 "산살바도르"라고 하였는데, 현재 바하마 제도의 산살바도르 섬인지에 대해선 논란이 있다.

를 보면 주민들이 상당히 가난하다는 것을 단박에 알 수 있는 일개 섬 세계에서 끝나버렸다. 마르코 폴로가 묘사한 것 같은 아시아의 부는 히스파니올라나 이사벨라(쿠바)에 거의 없는 것 같았다. 가장 가치 있는 대서양 무역으로는 여전히 마데이라와 카나리아 제도, 상투메로부터 1488년 이후 포르투갈인들이 브뤼헤 대신에 택한 안트베르펜(Antwerp)에 이르는 설탕 교역로였고, 아프리카 연안에서 오는 금과 노예의 교역로였다. 아프리카 연안의 항로는 디아스가 막 보여주었듯이, 또 다른 바다와 인도로 가는 길을 열었다.

오랫동안 사람들은 대체로 이 제노바 뱃사람의 업적을 낮게 평가하였다. 그것은 유럽의 해양 경계를 넓히는 또 다른 일보로 보일 수도 있었지만, 이베리아 반도와 이탈리아 반도 외에 유럽의 다른 곳에서는 별다른 반응이 없었다.[52] 1494년에 바젤(Basel)과 뉘른베르크(Nuremberg), 아우크스부르크(Augsburg), 로이틀링겐(Reutlingen)에서 출간된 세바스티안 브란트(Sebastian Brant)의 『바보들의 배(*Ship of Fools*)』[50]는, 유명한 인문주의자이자 법학자인 브란트가 새로운 땅의 발견이라는 현실을 어떻게 인식했는지를 보여준다.

> 스페인에서도 포르투갈에서도 어디서나
> 좀 전까지 전혀 말하지 않던
> 황금섬과 벌거벗은 사람들을
> 발견했다고 한다.

바로 이 세바스티안 브란트가 그 전해(1494)에 『새로이 발견된 땅에 대해서 (*De Insulis noviter inventis*)』라는 제목으로 바젤에서 출간된 크리스토퍼 콜럼버스의 서한집 제2판을 발행했었다.

---

50 세바스티안 브란트(1457~1521년)는 독일의 인문주의자, 신학자, 풍자작가로, 1494년 바젤에서 나온 풍자문학 『바보들의 배』로 유명하다. 『바보들의 배』는 세상의 온갖 바보들이 바보들의 나라로 가기 위해 배를 타고 나누는 대화를 통해 당대의 악덕과 약점을 조롱하였다.

이런 반응과 또 다른 훨씬 더 열광적인 반응을 비교해 볼 수 있다. 그런 반응은 뉘른베르크에서 의사이자 우주학자로서 이름을 날렸고, 유명한 1493년 의 『세계의 연대기(*Chronicle of the World*)』[51]를 쓴 하르트만 쉐델(Hartmann Schedel)의 친구인 제롬 뮌처(Jerome Munzer)[52]로부터 나왔다. 1494~1495년에 프랑스를 거쳐 스페인과 포르투갈을 여행한 뮌처는 가톨릭 왕들의 궁정에 대해 크게 찬사를 늘어놓았다.

> 우리는 우리나라에선 볼 수 없는 새로운 사람들을 보았다. 그들은 [가톨
> 릭 왕들의] 통치 하에 있는 새로이 발견한 인도제도의 섬들에서 데려왔다.
> 오! 참으로 많은 이들이 본 적 없는 놀랄 만한 일이다. … 기독교라는 감옥
> 이 무너졌다![53]

당시로서는 상대적으로 예외적인 이런 반응 때문에, '신세계'의 발견이 아주 천천히 주목받았다는 사실을 놓칠 수는 없다. 바르톨로메 뱅나싸르(Bartolomé Bennassar)는 이렇게 강조했다. "우리는 '신세계'의 발견이라는 사건과 아주 막연하게나마 그런 사건이 있었음을 이해하게 된 것 사이에 10년 내지 12년 의 시간이 걸렸음을 알아야 한다."[54] 아시아의 섬이라는 신화가 천천히 포 기되기 위해서는 진짜 대륙을 알아가는 것이 필요했다. 콜럼버스의 항해들 은 그의 계승자들과 마찬가지로 카리브 해 지역 내의 위도 상에서 아시아로 가는 어떤 경로도 밝히지 못했고, 또한 바다를 통해 서쪽으로 계속 갈 수 있 게 하는 어떤 해협도 발견하지 못했다. 1513년 발보아는 파나마 지협을 가로

---

51 흔히 뉘른베르크 연대기라고 하며, 뉘른베르크의 의사이자 인문주의자인 하르트 만 쉐델이 라틴어로 썼고 그것을 독일어로 번역하여 1493년에 간행하였다. 성경의 내용에 기초하여 유럽의 주요 도시의 역사를 망라하였으며 수많은 지도와 삽화들 을 수록하였다. 15세기 인쇄혁명 이후의 초기 인쇄물로서도 가치가 높다.

52 Hieronymus Münzer, 1437/1447~1508년. 독일의 인문주의자, 의사, 지리학자, 지도제 작자. 1494~1495년에 이베리아 반도를 여행하여 기록한 여행기로 유명하며, 친구 인 하르트만 쉐델의 소위 뉘른베르크 연대기, 즉 『세계의 연대기』의 지리 부분을 쓴 것으로 알려져 있다.

질러 '남쪽 바다'를 발견했고, 그럼으로써 대서양에서 태평양으로 가는 가장 빠른 길을 확인했다. 현실을 제대로 보는 인식은 1520년대 말 곤잘로 페르난데즈 데 오비에도(Gonzalo Fernandez de Oviedo)의 시각에서 비로소 찾을 수 있다.

> 많은 다른 이들과 공유하는 내 생각은 그것['신세계']이 아시아의 일부가 아니며 고대 우주지학자들이 그린 아시아와 연결된 곳도 전혀 아니라는 것이다. 심지어 이 인도제도라는 '닫힌 세계(the Closed World)'가 세상의 또 다른 일부라고까지 말할 수 있을 것이다.[55]

오비에도의 글은 마젤란의 항해와 대륙 남쪽을 지나는 통로의 발견 이후에, 그리고 코르테 레알 형제가 북쪽 통로를 발견하는 데 실패한 이후에 쓴 것이다.

그러므로 콜럼버스의 동시대인들 대다수가 그가 대서양의 섬 몇 개를 발견했다고 생각했음을 알 수 있다. 1493년 하르트만 쉐델이 뉘른베르크에서 간행한 『세계의 연대기』는 포르투갈이 대서양과 아프리카 서쪽 연안을 따라 이룩한 발견들을 열거하였다. 아조레스 제도, 마데이라 제도, 카보베르데 군도, 기니 군도 등이다. 그 전 해에 마르틴 베하임은 지팡구를 대서양 가운데 두어 콜럼버스와 같은 오류를 범했다.

1492년 10월 12일 콜럼버스와 그의 동료들이 과나하니 해변에 도착한 것은 카나리아 제도로부터 약 34일을 항해한 뒤였다. 대서양의 가장 먼 곳에서의 탐험을 준비하면서 그리고 또 그런 곳에서 항해하기에 적합하도록 카나리아 제도에서 자신의 배들을 세심하게 준비하면서 콜럼버스가 마주친 어려움들을 보면, 뱃사람의 활력과 재능만큼이나 필요한 지원을 얻을 수 있는 늙은 상인의 능력도 드러난다.

자신의 가문과 상인으로서의 경력을 통해 포르투갈 세계와 연결되었던 콜럼버스는 그에 맞춰 당연히 대서양을 서쪽으로 횡단하여 아시아 연안에 이르겠다는 자신의 계획을 갖고 포르투갈 왕 주앙 2세를 찾아갔다. 왕은 1480년대에 아프리카를 돌아서 아시아로 가는 항로를 찾기 위한 탐험을 제대로 펼쳐 볼 생각이라서 처음부터 줄곧 제노바인[콜럼버스]에게 관심을 두지 않았다. 1485년 아프리카를 도는 항해가 아직 성공하지 못하자 왕은 참사관들에게 콜럼버스의 제안을 검토해 보라고 주문했다. 대서양의 폭을 크게 과소평가했던 이 계획을, 그 실제 폭을 더 정확히 알고 있던 포르투갈인들은 거부하였다. 처음 퇴짜를 맞은 콜럼버스는 1488년에 다시 리스본으로 왔지만, 그때는 바르톨로뮤 디아스가 막 희망봉을 경유해 인도로 가는 항로를 연 시기였다. 주앙 2세가 콜럼버스의 이야기를 들을 이유가 없었다. 콜럼버스는 잉글랜드나 프랑스에서도 지원을 얻을 수 없었다. 이들은 대서양 중앙부를 항해하는 데는 여전히 관심이 없었고(브리스틀의 잉글랜드인들은 북대서양에 관심을 두고 있었다), 그래서 콜럼버스는 남서쪽으로 발길을 돌려 스페인과 그 대서양 연안으로 향했다. 스페인은 대서양에 많은 관심을 갖고 있었다. 어장과 카나리아 제도의 식민지들, 항해기술상의 여러 실험들이 그런 관심의 내용이었다. 그러나 콜럼버스는 3년 이상을 확답 없이 기다린 후, 1490년 말 그라나다를 공격하기 위해 살라망카(Salamanca)에 모인 가톨릭 왕들에 의해 거절당했다. 다음 해에 그라나다에 대한 포위공격이 있었고, 무어인들에게 승리한 데 자부심을 가진 카스티야는 세계 전역에 가톨릭 신앙을 전파하기로 결정했다. 바로 이 카스티야가 탐험을 지원하기로 한 것이다.

1492년 4월 17일과 30일에 맺어진 산타페 협약(The Capitulations of Santa Fe)으로 콜럼버스는 발견하는 땅에 대해 스페인 왕실을 대표하게 되었고 발견과 관련한 자신의 권리들을 확보하였다. 그런 권리들은 제독에 해당하는 엄청난 특권이었고 그에 더해 "'닫힌 세계'의 모든 섬들에서" 싣고 돌아올 화물에서 얻는 이익의 10퍼센트를 가질 권리도 얻었다.

이러한 물건들이 무엇이든지 간에, 그것들이 진주나 보석, 금, 은, 향신료, 그 외 어떤 종류나 이름이나 묘사를 가진 것이든 간에, 제독관할권의

경계 내에서 구입이나 교환이나 발견을 통해 획득하거나 얻은 것이라면56)

말이다. 콜럼버스는 '신세계'의 부왕(viceroy)이자 총독으로 인정받았다.

　1492년 여름 세비야와 카디스를 비롯한 안달루시아의 여러 항구들의 모든 활동은 카스티야가 정복한 무어인들을 그라나다 왕국으로부터 모로코 해안으로 축출할 준비를 하는 데 완전히 집중되었다. 그래서 콜럼버스는 스페인령 알가르브에 있는 항구인 팔로스(Palos)로 갈 수밖에 없었다. 거기서 그는 노련한 뱃사람 마르틴 알론소 핀손(Martín Alonso Pinzón)과 빈센테 야녜스 핀손(Vicente Yáñez Pinzón) 형제53의 도움을 받았다. 그들은 기니 연안이나 카나리아 제도에서 포르투갈과 영국 선박을 상대로 교역을 하거나 해적질을 한 경력이 있었다. 마르틴 알론소는 필요한 선원을 구하는 도움도 주었다. 선원들은 팔로스와 모게르(Moguer), 우엘바(Huelva) 출신의 안달루시아 사람들과 세비야 사람, 바스크인 몇 명, 그리고 포르투갈이나 이탈리아 출신의 외국인들로 이루어졌다. 마르틴 알론소는 3척으로 이루어진 원정선단에 충원한 90 내지 100명의 선원들에게 "지팡구의 황금타일을 깐 집"과 임청난 부를 약속했을 것이다.57) 3척 중 캐러벨 선인 니냐 호와 핀타 호는 팔로스에서 건조되었고, 나머지 범선인 갈레가(Gallega) 호는 산타 마리아(Santa Maria) 호로 이름을 바꿨는데, 그 배의 선장은 콜럼버스였고 카디스 근처 푸에르토데산타마리아(Puerto de Santa Maria)에서 건조되었다. 이 배는 2개의 전방 돛대에 사각 돛들을 달았고 고물 쪽에 삼각돛 하나를 달았다. 캐러벨 선들은 좀 더 속도를 내도록 장비를 바꾸었는데, 핀타 호는 팔로스에서 수선했고 니냐 호는 카나리아 제도에서 수선했다. 그 배들에는 주 돛대

---

53 팔로스 출신의 뱃사람들로 유럽 및 아프리카의 대서양 연안 항해의 경력이 풍부했다. 이전에 범한 죄를 사해준다는 조건으로 콜럼버스의 항해에 참여했고, 첫째인 마르틴과 셋째인 빈센테는 각각 콜럼버스 선단의 핀타 호와 니냐 호의 선장이었다. 둘째인 프란체스코는 핀타 호의 항해사였다. 마르틴은 선원 모집에도 도움을 주었고 개인적으로 재산도 투자하였다. 이들은 콜럼버스의 항해 이후에도 대서양 항해에 계속 관여했다.

(전방 돛대)에 사각 돛 하나를 달았고 고물에는 삼각돛을 배치했다. 현명하게도 콜럼버스는 식량을 풍부하게 —6개월 치의 물과 15개월분의 식량을— 실었다. 또한 그는 잊지 않고 교환이 있을 때를 대비해 값싸면서도 현란한 물건들도 준비했다.

1492년 8월 3일 콜럼버스와 그의 뱃사람들은 팔로스를 떠나 카나리아 제도로 향했다. 거기에는 8월 12일에 도착했다. 카나리아 제도의 라고메라(Gomera) 섬에서 그들은 장비를 완전하게 갖추고 캐러벨 선들을 수선했다. 9월 8일 북서무역풍이 불기 시작했고, 다음날 선단은 카나리아 제도를 출발했다. 콜럼버스는 카나리아 제도의 위도를 따라 부는 바람을 타고, 즉 위도 28도선을 따라 가고 싶어 했기 때문에 캐러벨 선의 장비를 그에 맞게 바꾸었다. 경로를 완전히 서쪽으로 정한 것은, 그가 서쪽 방향을 유지하기 위해 나침반의 도움을 받아 방향을 고정하면서 무역풍을 이용하는 직선 항로를 택했음을 보여주었다. 9월 20일까지 끊임없이 이어진 바람을 타고서, 그들은 하루에 180킬로미터 이상의 속도를 내었다. 그리고 9월 25일에 선단의 선장들은 자신들이 고메라를 출발한 뒤 2,488킬로미터의 거리를 왔다고 추정했다. 콜럼버스가 목적지까지의 거리를 4,147킬로미터일 것이라고 했기 때문에, 그들은 곧 "인도제도의 입구에 있는 섬들"에 도착할 수 있을 것이라고 생각하지 못했다.[58] 수많은 새떼와 바다에 떠있는 많은 풀들이 육지가 가깝다고 생각하도록 이끌고 있었음에도, 그리고 그들이 '조해(Sargasso Sea; 藻海)'를 통과했기에 콜럼버스가 바닷물이 "엉킨 것" 같다고 했음에도, 선원들은 불안함에 사로잡혀 있었다. "카스티야로 돌아가자"는 명령을 바라는 소리가 돌기 시작했다. 열흘 뒤 카나리아 제도에서 4,420킬로미터 이상을 왔고 따라서 콜럼버스가 예상한 거리보다 훨씬 멀리까지 왔는데도 육지가 아직 보이지 않으면서 분위기는 훨씬 더 심상치 않아졌고, 아무것도 보지 못한 채 지팡구를 지난 것이 아닌가하는 말도 돌았다. 10월 9일 핀타 호와 니냐 호의 항해사들은 자신들이 4,800킬로미터 이상을 항해했다고 계산했고 선상 반란이 일어날 낌새까지 보였다. 이러한 것들이 콜럼버스가 귀항 명령을 내리도록 압박하고 있었다. 하지만 다음날부터 새들이 보였고, 물 위에는 점점 더 푸른 나무와 가지들, 누군가 자른 나무들이 떠있는 모습들이 계속 탐지되었다. 10월 11일과 12일 밤 사이에 핀타 호의 한 선원은 오랫동안 기다린 "육지다!"라는 소리를 마음껏 내질렀다.

히스파니올라 섬에서 아조레스 제도까지 36일간(1493년 1월 10일에서 2월 15일까지) 항해한 뒤 콜럼버스는 1493년 3월 15일 팔로스로 귀환하였다. 그 과정에서 폭풍을 만나 어쩔 수 없이 리스본에 잠시 들리기도 했다. 그는 가톨릭 군주들에게 자신의 발견을 가져다주었지만, 그 발견은 희망봉을 도는 항로가 이미 포르투갈에게 열어준 새로운 지평에 비한다면 다소 하찮게 보일 수도 있었다. 콜럼버스가 아시아 세계의 일부, 즉 "동방의 끝"이라고 확신했고 따라서 그렇게 찾아 헤맨 지상낙원으로 가는 입구라고 확신했던 산토 도밍고(Santo Domingo) 섬[54]과 쿠바 섬에는 황금이 전혀 없었고 더더구나 값비싼 향신료도 전혀 없었다. 콜럼버스가 볼 때, 히스파니올라 섬의 타이노족(Tainos) 원주민[55]들이 살았던 순결상태는 이 섬이 낙원에 가까움을 입증하였다.

거의 1년 뒤 1494년의 토르데시야스(Tordesillas) 조약[56]에서 카스티야와 세비야는 '신세계'에 자신의 영토를 확고히 하였다. 이미 교황 알렉산데르 6세는 1493년 5월 4일까지 가톨릭 왕들이 서둘러 그곳에 선교사들을 파견한

---

54 이때는 히스파니올라 섬을 말한다.

55 카리브 해와 플로리다의 주요 토착 원주민들로, 콜럼버스가 도착하기 이전 쿠바, 자메이카, 히스파니올라 섬, 앤틸리스 제도, 바하마 제도에 거주한 사람들은 이들이었다. 1492년 콜럼버스가 도착했을 때 히스파니올라 섬의 원주민 인구는 최소 50만 명 이상이었던 것으로 추정되는데, 1507년에는 그 수가 6만 명으로 급락했다. 이러한 인구하락의 가장 큰 원인은 유럽인이 가져온 외래 질병이었던 것으로 추정한다.

56 1494년 6월 7일 스페인의 토르데시야스에서 포르투갈과 카스티야의 왕 사이에 맺은 조약으로 아프리카 대서양 연안 카보베르데 섬에서 370리그 떨어진 지점에서 남북으로 선을 그어 유럽 외에서 발견된 영토에 대한 지배권을 나누었다. 서쪽은 스페인의 것이고 동쪽은 포르투갈의 것으로 하였다.

다는 조건으로 "인도제도 쪽에서" 발견된 섬들에 대한 카스티야의 주권을 확인했다. 같은 날 교황칙서 '인테르 세테라(Inter Cetera)'는 아조레스 제도와 카보베르데 제도의 서쪽과 남쪽 100리그(leagues)[57] 떨어진 곳에 포르투갈 제국과 스페인 제국 사이의 경계선을 두었다. 토르데시야스 조약에서는 경계선이 훨씬 더 서쪽으로 밀려나 카보베르데 제도에서 370리그 떨어진 곳에 두었고, 이에 따라 포르투갈은 몇 년 내에 브라질을 정복할 기회를 얻게 되었다.

콜럼버스가 행한 세 번의 다른 항해들을 통해 스페인인들은 인도 세계와 대면하면서 겪는 어려움들을 파악할 수 있었다. 그곳에서 그들은 감출 수 있을 만큼의 금이나 향신료를 갖고 돌아왔고 게다가 아주 한정된 양의 황금을 얻었을 뿐이었다. 물론 이런 항해 동안 항해자로서의 재능을 발휘하여 콜럼버스는 처음보다 더 남쪽의 항로를 찾아내고 무역풍도 더 잘 이용하게 되었다. 두 번째와 세 번째 항해(1493~1496년과 1502년)는 윈드워드(Windward) 제도와 도미니카(Dominica) 섬과 마르티니크(Martinique) 섬에서 끝났다. 하지만 세 번째 항해에서 그는 방향을 틀어 적도에 가장 가까운 위도인 위도 10도선에 이르렀고 트리니다드 섬에 상륙한 후 오리노코 강 하구를 정찰하면서 남아메리카의 북쪽 연안을 따라 갔다. 그래서 콜럼버스는 카리브 해 세계를 탐험할 수 있었고 무엇보다도 새로운 '닫힌 세계'를 발견할 수 있었다. 물론 언제나 그렇듯이 그 전체 범위를 한정하지 못한 채로 말이다.

카스티야가 콜럼버스의 두 번째 항해에 7척의 배와 1,200명의 선원이라는 막대한 자원을 새로이 쏟아 부었음에도, 결과는 크게 실망스러웠다. 성급한 약탈과 물물교환이 도서 세계를 급속하게 고갈시키고 있었고, 스페인의 기대를 전혀 충족시키지 못했다. 스페인의 카리브 해에 대한 실제 점령은 1509년에서 1513년까지 쿠바와 푸에르토리코, 자메이카에 대한 원정을 성공시키

---

57 유럽과 아메리카에서 사용된 옛 거리 단위로, 한 사람이 한 시간 동안 걸을 수 있는 거리를 뜻한다. 실제로는 지역마다 편차가 있으며, 1리그는 영국에서는 3마일 정도이며, 프랑스(lieue)에서는 4킬로미터 정도에 해당한다.

면서 1510년대에 이루어졌다. 이 원정들은 히스파니올라 산 금에서 얻은 자
본에 힘 입은 것이었으며 그 금으로 몇몇 식민지 정복자들은 부자가 되었
다. 같은 식으로 1516년부터 쿠바가 '닫힌 세계'의 장악과정을 뒷받침했고,
그 과정은 에르난 코르테스(Hernán Cortés)[58]의 멕시코 아즈텍(Aztec) 문명
정복으로 정점에 이르렀다. 이어서 이렇게 이루어진 '누에바에스파냐(Nueva
España)'[59]의 부는 1530년대 동안 페루의 식민화과정을 재정적으로 뒷받침했
다. 따라서 카스티야 재원의 순투자는 그에 상응하여 줄어들었고, 콜럼버스
의 첫 항해 이후 15년 동안만 중요한 역할을 했다. 카리브 해의 섬들에서 금
을 생산하여 얻은 이윤이 스페인과 새로운 정복의 물결에 수익성 높은 대가
를 가져다 준 것이다. 대서양의 '신세계'는 이미 스스로 팽창하는 데 쓸 양분
을 공급하고 있었다.

대서양 남부의 이베리아인들

카브랄의 브라질 발견

15세기 말 디아스가 아프리카 우회 항해에 성공한 이후 그리고 바스쿠 다
가마가 아프리카를 돌아 인도로 가는 항해에 성공한 이후 포르투갈은 '향신
료 생산지'의 개발에 더욱 더 매달리게 되었고, 1502~1503년부터 안트베르펜

---

58 1484~1547년. 1519년에서 1522년에 걸쳐 멕시코 아즈텍 문명을 정복한 스페인의 정
   복자. 1526년 본국으로 송환되었다가 다시 돌아와 캘리포니아 만을 발견하기도 했
   다. 1540년 스페인으로 돌아가 왕실의 배척을 받으며 살다 죽었다.
59 1521년 아즈텍 문명의 정복과 그 이후 전개된 다른 정복의 결과 1535년부터 '누에
   바에스파냐 부왕령'이 설치되었다. 이는 스페인이 아메리카 대륙의 소유령에 설치
   한 네 개의 부왕령 중 가장 빨리 설치된 것으로 파나마 지협 북쪽의 미국 남서부,
   멕시코, 중앙아메리카, 스페인령 플로리다, 카리브 해, 필리핀 및 태평양의 여러
   섬들을 포괄하였다. 이 영토를 멕시코시티에서 부왕(副王)이 통치하였다. 1821년
   멕시코 제국이 독립할 때까지 존속했으며, 그 이후에도 이 영토 중 상당 부분이
   1898년 미국·스페인 전쟁 때까지 스페인령으로 남았다.

에는 말라바르 산 후추 화물이 처음으로 도착했다. 다른 한편 어장으로서 아조레스 제도에 관심을 두고 있던 포르투갈은 아직 미개척지인 북대서양에서 새로운 어장을 찾아 나섰다. 이런 노력은 1487년 페르디난트 반 올멘이 '일곱 도시의 섬'을 찾아 나선 것에서 시작하여 1502년 코르테 레알 형제의 항해에서 정점에 이르렀다. 하지만 포르투갈인들은 또한 대서양을 적도 남쪽에서 '선회' 항해하다보니 ―이는 남반구에서 서풍을 만나 희망봉과 같은 위도에 이르는 데 필요했다― 이윽고 브라질에도 이를 수 있게 되었다. 그들이 브라질을 발견한 해는 1500년이었다.

3년 전 리스본을 떠나 인도로 향하던 바스쿠 다가마는 약 10년 전에 디아스가 따라갔던 항로를 쫓아가고 있었다. 이는 아주 강력한 순풍을 충분히 이용할 수 있는 사각 돛을 단 선박 4척에게는 최적의 직항로였다. 다가마는 아프리카를 끼고 도는 전통적인 연안 항로를 버리고, 시에라리온과 같은 위도에 있는 보자도르 곶과 카보베르데 군도를 돌아 항해한 후 서쪽으로 흐르는 적도해류를 이용하여 어센션(Ascension) 섬에서 서쪽으로 600킬로미터 떨어진 서경 20도 지점까지 바로 갈 수 있었다. 남회귀선 남쪽으로 항로에서 너무 멀리 벗어나있던 그는 남위 30도 주변에서 서풍을 만났고, 1497년 11월 8일 희망봉 서쪽에 이를 수 있었다. 카보베르데 섬에 들른 뒤 바다에서 3달을 보낸 이 항해는 배와 뱃사람에게는 분명 시험 삼아 해 본 항해였다. 그러나 대서양 남부에 흔히 부는 무역풍 때문에 이런 긴 '선회'가 반드시 필요했고, 그 이후 아시아로 가는 포르투갈 선단은 이 항로를 따르게 되었다.

1500년에 카브랄은 다른 항해 방식을 시도했다. 카브랄은 카보베르데 섬을 떠난 후 적도해류가 아니라 옆바람으로 무역풍을 이용했다. 그는 카보베르데 섬에서 출항한지 한 달 만인 4월 22일 브라질 연안을 볼 수 있었다. 3월 8일 리스본을 출발한 카브랄은 포르투갈과 브라질 연안 사이를 6주 남짓만에 항해할 수 있었던 것이다. 5월 2일 브라질을 출발한 그는 남동쪽 항로를 택해 남위 40도선에 위치한 트리스탄다쿠나(Tristan da Cunha) 섬으로 향했다. 이 항로는 바스쿠 다가마가 택한 것보다 더 남쪽이었다. 카브랄의 선단은 포르투갈 왕실의 지원을 받아 리스본의 피렌체 상인들로부터 자금을 모으고 13척의 배와 1,200명의 선원으로 이루어졌고, 배들은 "마치 봄에 꽃을 피우는 정원처럼 타구스(Tagus) 강의 모습을 새기고"[59] 화려하게 장비를 갖추었다고 한다. 그렇지만 그의 탐험 결과로 포르투갈이 브라질을 정복한 것은 아니었다. 그는 리우데자네이루(Rio de Janeiro)에서 북쪽으로 500킬로미터 정도 떨어진 베라크루스(Vera Cruz) 해안 앞바다에 정박한 것에 만족해했고, 10일을 머문 후 다시 출항했다. 5년 전 주앙 2세가 콜럼버스를 무시하면서 놓친 기회를 상쇄할 만한 기회를 포르투갈인들이 대서양 서부에서 땅을 확보하면서 얻을 수도 있었다. 그러나 그 기회는 바스쿠 다가마가 막 발견한 인도가 가진 상업적 매력에 비한다면 아주 작아 보였다.

카브랄의 부관이 1500년 여름 끝 무렵에 브라질에 대한 정보를 갖고 포르투갈로 귀환했고, 이 정보를 들은 포르투갈 국왕은 리스본과 그 외 다른 곳에서 아주 값비싼 염료 재료가 된 브라질 소방목(brazil wood)[60] 교역에 대한 독점권을 재빨리 확보했다. 하지만 브라질의 실질적인 식민화로 이어진 수사(Sousa) 형제[61]의 탐험이 시작되었던 1530년(주앙 3세의 치세 때이다)까지 포르투갈의 브라질 지배는 거의 한 세대를 온통 기다려야 했다.[60]

스페인이 먼저인가, 카브랄이 먼저인가?

우리는, 1504년 프랑스인 폴미에 드 곤빌(Paulmier de Gonneville)[62]이 브라

---

60 브라질 소방목은 붉은 염료를 채취하는 재료이다.

61 Maritim Afonso de Sousa(1500~1571년)와 Tomé de Sousa(1503~1579년)를 가리킨다. 마리팀 데 수사는 1530년 400명을 이끌고 브라질 식민화를 위한 포르투갈의 공식적인 첫 번째 원정대를 이끌었고, 최초의 브라질 총독이었다. 토메 데 수사는 마리팀의 뒤를 이어 1549년부터 1553년까지 브라질 총독직을 수행했다. 이 둘은 성이 같아 본문에서 '형제'라고 표현했지만, 실제로 친형제 사이는 아니다.

62 16세기 초에 활동한 프랑스의 항해자로 1503년 포르투갈의 독점 정책에 도전하기 위해 동인도로 항해하다 희망봉 인근에서 표류하여 '미지의 땅'을 발견한 후 돌아왔다. 17, 18세기 동안 이 대륙이 남반구의 가상 대륙 테라아우스랄리스였다고 믿어졌지만, 오늘날은 그가 발견한 땅이 브라질의 연안이거나 산타카타리나 섬일 것

질 연안을 탐험하려는 의도를 갖고 항해하다 상프란시스쿠(São Francisco) 강에 도착했다는 얘기는 절대 믿지 않는다. 그가 거기 도착한 것은 카브랄이 도착한 것만큼이나 우연한 일이었다. 왜냐하면 그는 인도로 항해하는 중이었기 때문이다. 트리스탄다쿠냐 섬 근처 '노호하는 40도대'에서 카브랄의 배 4척도 집어삼킨 적 있는 폭풍을 만난 그의 배는 곧바로 브라질로 끌려갔다. 아마도 포르투갈인들을 애먹인 불법 해적질에서 다른 프랑스인이 그보다 앞섰을 텐데도, 이로부터 폴미에 드 곤빌이 그런 해적질을 시작했다는 전설이 만들어졌다.

다른 한편 스페인은 콜럼버스의 오리노코 강 하구 발견을 계기로 그곳의 탐험에 큰 관심을 두었다. 스페인의 카스티야인들이 카브랄보다 훨씬 전에 브라질에 이르렀다는 주장은 얼마간 근거가 있는 것 같다. 콜럼버스의 동료 중 한 명이고 팔로스 출신의 뛰어난 항해자였던 빈센테 야녜스 핀손은 실제로 1499년 11월 18일에 팔로스를 출발했다. 4척의 캐러벨 선으로 구성된 그의 선단은 카보베르데 군도를 우회한 뒤 바람을 타고 순항하면서 무역풍의 남쪽 끝을 따라 나아갔다. 그리고 핀손은 카보베르데를 떠난지 겨우 20일 만에 산토아고스티뉴(Santo Agostinho) 곶에 도착했다. 그가 도착한 날은 1500년 1월 26일이었다.[61] 핀손은 그곳을 카스티야의 소유라고 엄숙하게 선언했다. 콜럼버스에게서 배운 것을 계속 간직했던 핀손은 '신세계'의 남쪽을 통해 아시아로 가는 길을 찾고자 했다. 그러나 그는 북서쪽으로 방향을 잡았고 거의 5달 동안 아마존 강 하구에서 연안을 따라 위로 올라갔다. 마라뇬 강(Rio Marañón)을 만난 핀손은 자신이 갠지스 강을 발견한 것이 아닌가하고 생각했다.[62] 서쪽으로 가서 인도와 아시아를 만난다는 망상이 카스티야인들의 생각 속에는 여전히 있었던 것이다. 스페인인들이 정착하는 것은 토르데시야스 조약에 위배되었기 때문에 이 발견으로 식민화가 진행되지는 않았다. 핀손은 히스파니올라로 다시 돌아왔다.

─────

으로 추정한다.

알론소 벨레스 데 멘도사(Alonso Vélez de Mendoza)[63]는 확실히 핀손보다 훨씬 더 남쪽까지 간 것 같다. 1500년 성탄절에 그는 상프란시스쿠 강 하구에 도착했다. 멘도사는 노예와 염료, 브라질 소방목을 갖고 돌아왔다. 하지만 브라질 소방목은 이미 바스쿠 다가마가 인도에서 가져 왔으며 스페인인들은 앤틸리스 제도에서도 그것을 발견했다.

어찌됐든 가장 큰 논란의 원천이 된 것은 피렌체인 아메리고 베스푸치의 발견들이었다. 핀손과 카브랄보다 훨씬 전인 1499년에 세비야의 상인인 베스푸치는 콜럼버스의 동료인 알론소 데 오제다(Alonso de Hojeda)[64]와 함께 아마존 강을 살펴보고 멀리 마라카이보(Maracaibo) 만까지 연안을 탐색했으며 진주를 가득 싣고 돌아왔다.[63] 1502년의 또 다른 여행에서 베스푸치는 과나바라(Guanabara) 만에 도달했다. 1월 1일 그곳에 도착한 그는 자신이 도착한 곳에 리우데자네이루라는 이름을 붙였다. 1506년 아메리고 베스푸치는 피렌체에서 『최근 발견한 섬들에 대한 서한(Letter on the Recently Discovered Islands)』[65]을 간행하였다. 다음 해 독일인 발트제뮐러가 편집하고 생 디에(Saint-Dié)가 라틴어로 간행한 『서한』은 본문에 제시된 새로운 대륙에 베스푸치의 이름을 따 '아메리고'라는 명칭을 주었다.

남대서양과 아메리카 대륙 연안에 대한 완전한 지식을 이루는 데 기여한 마지막 항해자는 포르투갈인 마젤란이다. 1519년 마젤란은 희망봉을 돌아가

---

63 15세기 말 산티아고 기사단 출신의 탐험가로 1499년 4척의 캐러벨 선으로 출항해 산토아고스티뉴 곶 남단까지 탐험한 후 1501년 귀향했다. 계속 남쪽으로 항해하면 테르도시야스 조약에서 정한 경계를 넘어 스페인 영역으로 들어갈 수 있다는 것을 발견했다. 1502년 히스파니올라에 정착을 허가받아 죽을 때까지 그곳에서 살았다.

64 1468~1515년. 콜럼버스의 두 번째 항해에 참여했고, 1499년부터 독자적으로 세 번에 걸쳐 탐험 항해를 수행했는데, 첫 번째 항해 때 베스푸치와 같이 했다. 기아나, 베네수엘라, 컬럼비아를 여행한 최초의 유럽인이며, 베네수엘라라는 명칭을 붙인 사람이다.

65 원제목은 '네 번의 항해에서 발견한 섬들에 대한 아메리고 베스푸치의 서한(Lettera di Amerigo Vespucci delle isole nuovamente trovate in quattro suoi viaggi)'이다. 원래 피렌체 공화국의 정치가인 피에로 소데리니에게 보고하는 형식으로 이탈리아어로 간행되었다.

는 향신료 항로를 잘 알고 있었지만, 그럼에도 서쪽으로 가 아시아와 그 부를 얻는 길을 찾기로 마음먹었다. 포르투갈 왕실에서 거절당한 그는 카스티야에 접촉했고 거기서 칼 5세[66]의 후원을 약속받았다. 1519년 11월 15일 헤시피(Recife)에 상륙한 후 마젤란은 멀리 남위 45도에 이르는 연안지역을 탐험하면서 여름을 보냈고 푸에르토산훌리안(Puerto San Julián)에 이르렀다. 겨울이 와서 항해가 중단되었고, 아메리카 대륙에 도착한지 1년이 지난 뒤인 1520년 11월 28일에야 마젤란은 7주 동안 남위 53도 상에 있는 그의 이름을 딴 해협을 힘들게 지난 뒤 마침내 태평양에 이르렀다. 그에게는 이 항해가 필리핀의 한 섬에서 비극적으로 끝나게 되었다. 그는 그곳에서 1521년 4월 27일 원주민이 쏜 화살에 맞아 사망했다. 그의 부관인 후안 세바스티안 엘카노(Juan Sebastián Elcano)[67]는 1522년 9월 6일에야 스페인 남부 산루카르(San Lucar)에 도착했다. 처음 항해를 떠날 때 265명이었던 선원들 중 18명만이 그와 함께 돌아왔다.

사실 남아메리카에 대한 이베리아인들의 관심은 이러한 탐험 항해들이 있었음에도 아주 느리게 나타났다. 1526년 캐벗 형제는 칼 5세를 위해 라플라타 강을 탐험하고 파라과이를 카스티야의 영지라고 선언했다. 그러나 스페인인들의 관심이 연안을 벗어나 안데스 산맥에 새로운 식민지를 두는 것으로 확장되는 것은 페루의 식민화와 포토시(Potosi) 은광[68]의 개발 이후였다.

---

66 합스부르크 가의 칼 5세는 1506년부터 합스부르크령 네덜란드의 통치자이면서 1516년부터 스페인 황제가 되었고 1519년부터 신성로마제국의 황제가 되었다. 스페인에서는 카를로스 1세이다.

67 1486~1526년. 1519년 마젤란의 세계일주 항해에 참여했고, 마젤란이 죽은 후 나머지 인원을 지휘해 세계일주를 완수했다. 스페인 왕실에 의해 세계일주를 한 최초의 인물로 공인되었고, 1525년 마젤란의 항로를 따라 동인도에 도착해 스페인 왕실의 영토를 확보하려는 로아이사 원정대에 참여했다가 태평양에서 사망했다.

68 1545년 표고 4,000미터의 고지대에 있는 포토시 산에서 은광이 발견되었고, 이곳은 수십 년 만에 인구 16만 명에 이르는 대도시가 되었다. 현재는 볼리비아 북부에 위치하지만, 16세기는 이 일대를 통칭하여 '페루'라 하였기에 '페루의 포토시'라고 자주 불린다.

§ 유럽인과 북대서양

북대서양의 전설과 교역

새로운 항로를 찾는 일이 유럽을 아시아와 그 부로 연결시켰을 테지만, 북대서양의 깊은 바다로 나아간 뱃사람들의 마음에는 무엇보다 이 바다에서 풍요로운 어장을 개척하고자 하는 열망이 있었다. 하지만 콜럼버스와 그 외 다른 탐험가들 대부분에게, 북대서양은 전설과 신화와 단단히 결부되어 있었다. 성 브렌단의 항해와 같은 고대의 항해 이야기들에 나오는 경이로움들은 미지의 세계로 용감히 뛰어든 항해자들에게 닥친 공포에 대한 이야기들과 짝을 이루었다. 이런 이야기들은 15세기 동안 진짜 섬들과 전설적인 섬들이 가진 매력이 늘어났던 만큼 그에 덧붙여진 것이었다. 대서양 섬들, 특히 마데이라와 아조레스 같은 제도들을 다시 발견한 것은 많은 이들 사이에서 아시아가 동쪽으로 훨씬 멀리 뻗어있다는 확신을 증가시키면서, 이와 관련하여 더욱 더 먼 곳에 섬들이 존재한다는 믿음을 강화시켰다. 이런 믿음 속에서는 섬들이 줄지어 있고 그 중 지팡구는 가장 큰 섬일 뿐이었다. 동시에 그들은 유럽과 아시아 사이의 거리가 비교적 좁다는 생각을 받아들였다.

15세기 지도들은 이런 해양 신화들이 어느 정도였는지를 보여준다. 15세기 중반 서아조레스와 코르부 섬, 플로르스 섬을 발견한 이후 북쪽으로 더 나아가 다른 섬들을 찾았다. 1470년 무렵 포르투갈과 카탈루냐의 지도들에는 브라질이 나오는데, 흔히 아조레스 제도의 북서쪽에 위치한 섬들에 그 이름을 붙였다. 또한 그 지도들은 '일곱 도시의 섬'을 어떻게 안틸리아와 혼동했는지도 보여준다. "여기는 '일곱 도시의 섬'이다. 이제 거기에는 포르투갈인들이 살고 있는데, 스페인 뱃사람들은 모래해변에서 은이 발견된다고 한다."[64] 1490년에 지도제작자들은 아무 거리낌 없이 전설의 섬들을 실제 존재하는 것으로 표시하였다.

하지만 신화와 함께 경제활동도 아주 활발하게 퍼져나갔다. 같은 지도에서 브리스틀의 대(對) 아이슬란드 무역은 다음과 같이 아주 정확하게 표기되었다. "주민들은 말린 물고기를 마치 돈인 것처럼 영국인들이 매년 가져오는 밀과 밀가루, 여타 필수품과 교환한다." 마데이라와 아조레스는 땅이 비옥하다는 것 때문에 이미 매력적인 곳이 되었다. 훨씬 북쪽에서는 그보다 더 탐험을 자극한 것이 어장 탐색이었다. 중세 말 무렵 수많은 프랑스(바스크인과 브르타뉴인)와 잉글랜드 어부들이 아이슬란드 서쪽의 유럽 대륙 경계를 훌쩍 넘어서 나아갔고, 거기서 대양 항해의 경험을 쌓았다. 그리하여 15세기의 처음 25년 동안 영국인들은 동쪽의 킹스린과 보스턴(Boston)에서 그리고 서쪽의 브리스틀에서 아이슬란드 쪽으로 몇 차례 어장 탐색 항해를 수행했다. 그들은 배로 영국 산 의류를 가져가 아이슬란드인들이 낚은 고기와 교환했고, 뒤에는 어로 활동 자체에 참여하게 되었다.

그렇게 만들어진 교역로는 15세기가 경과하면서 리스본과 포르투(Porto), 알가르브까지 확장되었다. 포르투갈인들은 브리스틀만이 아니라 아일랜드의 골웨이(Galway)와 리머릭(Limerick)에도 나타났다. 데이비드 퀸(Daivid Quinn)이 얘기하는 것과 같은 항해들은 이런 식으로 완성된 교역로가 어느 정도였는지에 대해 많은 것을 말해 준다.[65] 1479년 12월 11일 과일과 특히 페로 섬에서 나온 무화과를 가득 실은 브리스틀 선박 크리스토퍼(Christoper) 호는 포르투갈의 알가르브를 떠나 브리스틀로 향했다. 이 배는 1480년 2월 14일에도 이 항구에서 아이슬란드로 가는 화물을 실었다. 몇 달 사이에 크리스토퍼 호는 서경 65도 북위 37도를 지났는데, 이것은 '지중해권' 대서양의 가장 북쪽에 해당하는 위도였다. 배는 아무런 두려움 없이 가장 북쪽의 위도를 항해해 아이슬란드에 이르렀다. 포르투갈의 대(對)서아프리카 교역의 중심인 알가르브에서, 토머스 서튼(Thomas Sutton) 선장은 아프리카에서 포르투갈인들이 어떤 활동을 하는지를 파악했을 뿐 아니라 포르투갈인들에게서 아이슬란드의 교역에 대한 정보도 들을 수 있었던 것이다. 그런 배들을 통해 아이슬란드의 건어물들이 정기적으로 리스본으로 수입되었고, 포르투갈 산 소금은 잉글랜드를 거쳐 아이슬란드로 재수출되었다.

1480년에서 1510년까지 영국과 포르투갈의 발견들

1480년대 포르투갈과 브리스틀 상인 및 뱃사람들 간에 맺어진 연계는 아이슬란드와의 교역과 브라질 섬으로의 항해를 통해 강화되었다. 영국인들은 새로운 어장을 찾기 위해 브라질-보다 정확히 말하면 14세기 이래 브라질이라 불린 섬-을 찾는 항해에 열심히 나섰다. 이는 아이슬란드 어장이 쇠퇴하고 그 결과로 브리스틀과 아이슬란드 간의 교역이 줄어들었기 때문이었다. 반면에 대서양 제도들에서 이루어지는 설탕 생산과 아프리카 연안 지역과의 교역로를 점점 더 많이 이용하게 되면서 포르투갈의 교역이 확대되자, 리스본의 영국 산 의류 수입량이 늘어나게 되었다. 오랫동안 브리스틀은 막대한 양의 소금에 절여 말린 대구를 포르투갈(또는 스페인)과 교역해 왔는데, 이제는 사정이 달라졌다. 포르투갈인들도 아조레스 세도 주위에서 어로 활동을 적극적으로 늘려갔으며, 어류에 대한 수요 때문에 그들도 섬을 찾아서 새로운 어장을 열어나가야 했다.

영국인들은 포르투갈령 대서양 섬들에 대해 잘 알고 있었다. 그런 곳에서 얼마간 시간을 보낸 영국 배들도 있었다. 잉글랜드에서도 손쉽게 구했던 리스본에서 제작된 지도에는 아직 개발되지 않았거나 여전히 발견되지 않은 온갖 섬들이 나와 있었다. 안틸리아, '일곱 도시의 섬', 브라질, 사타나제 (Santanaze),[69] 녹색 섬(Green Isle)이 그런 섬들이다.[66] 영국인들은 포르투갈인들과 함께 이런 섬들을 찾는 데 나설 수 있었다.

"앞서 말한 땅[1497년 존 캐벗(John Cabot)[70]이 발견한 땅-뉴펀들랜드의

---

69 대서양상에 존재한다고 여겨진 전설상의 섬으로, 15세기의 많은 지도에 그려져 있다. '악마 섬'이라고도 하고 '사탄의 손' 섬이라고도 한다.

곳은 **그 이전에** 브리스틀 뱃사람들이 발견해 브라질이라고 불렀음이 확실하다고 판단된다."[67] 마찬가지로 1498년 초 '대제독'(크리스토퍼 콜럼버스)에게 보낸 편지에서 영국의 상인 존 데이(John Day)는 한 무명의 뱃사람이 브리스틀에서 대양을 건너 브라질을 찾는 데 성공했다고 얘기했다. 1497년의 항해는 존 캐벗이 성공적으로 수행했는데, 그는 약 600킬로미터에 이르는 뉴펀들랜드 연안과 대륙을 탐험했다. 그러나 이 편지는 "그 이전에" 수행된 항해를 명확하게 뒷받침하고 있다. 존 캐벗 이전에 이루어진 발견은 1481~1482년에 완수되었는데, 이때 브리스틀 상인 3명과 세관서기인 토머스 크로프트(Thomas Croft)라는 사람이 브라질 탐험 항해를 수행했다. 이 중 크로프트는 나중에 세관직원이 교역 활동을 했다는 이유로 법정에 서야 했다. 그는 자신을 변호하면서 이것이 교역이 아니라 탐험이었다고 주장했다.

1481년 이후 브리스틀 뱃사람들의 활동은 잠잠해졌다. 그들이 아이슬란드의 쇠퇴하는 어장을 대체할 새로운 어장을 발견했고, 이에 대해 비밀에 부쳤기 때문이었다.

같은 시기 포르투갈인들은 아조레스 제도의 중심 섬인 테르세이라 섬에서 탐험 항해에 올랐다. 이들은 아시아로 가는 서쪽 항로(지상낙원과 중국에 이르는)를 찾고 아조레스 사람들이 활용할 어장을 구한다는 두 가지 목표를 갖고 있었다. 샤를 베르랭댕(Charles Verlinden)에 따르면, 1846년 7월 24일 왕실의 인가를 받아 조직된 포르투갈로 귀화한 플랑드르인 반 올멘의 항해는 '일곱 도시의 섬'을 발견하기 위한 것이었는데, "아조레스 제도 서쪽 대서양 가장 깊은 곳을 향해 사반세기 이상에 걸쳐 수행된 일련의 항해들"에 뒤이은 것이었다.[68] 1475년 이와 유사한 탐험 항해를 조직할 권리를 아조레

---

70 1450?~1499?년. 제노바인 항해사이자 탐험가. 영국 헨리 7세에게 봉사하여 1497년 아시아에 이르는 서쪽 항로를 찾아 항해하여 현재 캐나다의 노바스코샤 부근에 이르렀고, 그 다음 해에 다시 항해하여 뉴펀들랜드에 상륙했다고 한다. 그의 항해에 관해서는 알려진 것이 많지 않아 정확한 부분과 관련해 끊임없는 논란의 대상이 되고 있다. 1526년 스페인을 위해 항해해 라플라타 강을 탐험한 세바스찬 캐벗은 그의 아들이다.

스 제도의 페르낭 텔레스(Fernão Teles)[71]가 얻었다. 이와 같은 탐험 항해들은 아조레스에 정착한 포르투갈인들이 아이슬란드 방향으로 수행할 수 있었던 항해들과 밀접한 관련이 있었다.

결국 포르투갈과 영국의 탐험가들은 북대서양 바다에서의 탄탄한 항해 경험에 의존하고 있었다. 그래서 존 캐벗은 1497년 자신의 탐험 항해를 완수할 수 있었고, 그 후 3년 뒤 아조레스 사람 가스파르 코르테 레알도 자신의 항해를 성공적으로 마칠 수 있었다. 1490년경 브리스틀에 오기 전에 베네치아 국적이었던 존 캐벗은 카스티야와 포르투갈에서 아시아로 가는 서쪽 항로를 찾는 항해에 대한 재정적 후원을 얻고자 하였지만 실패했다. 그는 브리스틀에 와서 그곳의 뱃사람들이 가진 대서양에 대한 지식을 활용할 수 있었고, 아울러 잉글랜드 왕 헨리 7세의 해양 정책을 발전시킬 수 있었다. 1496년 3월 3일 헨리 7세는 캐벗에게 탐험 임무를 부과하면서, 북쪽으로 가 잉글랜드와 아일랜드 서쪽에 있는 새로운 땅을 찾도록 하였다. 남쪽에서는 스페인 및 포르투갈의 기득권을 존중해야 했기 때문이다. 캐벗에게는 왕의 이름으로 새로 발견하는 땅들을 다스릴 특권이 부여되었고, 포르투갈에서 왕실 특허권이 으레 그렇듯이, 무엇을 발견하더라도 거기에 이익을 낼만한 무엇인가가 있음을 확인하고서야 군주가 그 발견의 비용을 치르도록 정하였다.

1496년의 첫 번째 항해는 실패였다. 그러나 다음 해에는 성과를 올렸다. 1497년 5월 22일 60톤급의 작은 선박 매튜(Matthew) 호는 브리스틀을 출발해 남서쪽으로 항해하여 뱃사람들이 섬을 만나게 될 것이라고 여긴 위도에 도착했다. 거기서 북동풍을 안고 32일을 항해하니 뉴펀들랜드 해안이 어렴풋이 보였다. 6월 22일 배는 "보르도 강의 서쪽"으로 이어진 위도에 이르렀다. 지롱드의 가론(Garonne) 강 하구는 북위 45도 30분에 위치한다.[72] 이틀 뒤

---

71 Fernão Teles de Meneses, 1431~1477년. 포르투갈의 귀족으로 1475년 포르투갈 국왕 아폰수(Afonso) 5세의 지시를 받아 기니 연안을 탐험했다. Fernão da Silva라고도 한다.

72 프랑스의 항구도시 보르도는 프랑스 남서부 지롱드 도의 가론 강 하구 깊은 곳에

캐벗은 자신이 위대한 칸(Khan)의 아시아일 것이라고 생각한 연안에 상륙했다. 그곳은 실제로는 노바스코샤 연안이거나 케이프브레턴(Cape Breton) 섬이었을 것이다. 사실 캐벗은 1368년 몽골제국이 종식된 뒤로 거의 한 세기가 지났는데도 중국을 여전히 몽골인이 통치한다고 잘못 알고 있었다. 그는 상륙해 십자가를 세우고 교황기와 잉글랜드 국왕기를 올렸다. 잉글랜드의 주권과 교회의 종주권을 알린 것이다. 그와 동행한 브리스틀 출신의 뱃사람들은 풍부한 대구 떼를 보고서 만족해했다. 캐벗은 8월 10일 런던으로 귀항했는데, 아메리카에서 잉글랜드까지의 항해가 15일 남짓밖에 걸리지 않았다─이는 아주 뛰어난 업적이다.[69]

1498년 5월에 시작한 세 번째 항해에서 캐벗은 5척의 배를 지휘했는데, 이 중 4척은 브리스틀의 배이지만 1척은 런던의 배로 왕과 시티(City) 상인들이 마련한 것이었다. 사실 그는 콜럼버스가 두 번째 항해에서 지휘했던 것처럼, 10척 내지 12척의 배로 선단을 이루길 원했다. 하지만 일부 상인들은 콜럼버스가 주장했고 캐벗이 다시 강변했던 식으로 서쪽으로 가면 아시아에 이른다는 생각과 그렇게 발견하는 섬들이 '향신료 섬'에 가까울 것이라는 생각에 여전히 회의적이었다. 9월 말이 될 때까지 아무런 소식이 없었고, 그때서야 캐벗의 선단 중 한 척이 아일랜드로 돌아왔다. 그 배는 폭풍을 만나 크게 손상을 입었고, 그 폭풍 속에서 캐벗이 탄 배도 사라졌다. 1512년에 폴리도어 버질(Polydore Vergil)[73]은 존 캐벗에게 일어났을 만한 일을 이렇게 적어 놓았다.

위치한다. 여기서 저자는 캐벗의 배가 위도 상 가론 강 하구와 같은 위도에 이르렀음을 말하고 있다.

73 1470년경~1555년. 영국에서 주로 활동한 이탈리아인 휴머니스트, 역사가, 외교관. 인용된 문장은 그의 『영국사(Anglica Historia)』에 나오는 구절이다. 이 책은 1512~1513년 사이에 집필했지만, 초판이 발간된 것은 1534년이다. 3판까지 개정 집필해 출판한 이 책으로 인해 버질은 "영국사의 아버지"로 불린다. 라틴어 이름은 Polydorus Vergilius이다.

우리는 그가 새로운 세계를 전혀 찾지 못해서 자신을 바다의 희생양으로 삼아 자기 배를 끌고 바다의 밑바닥까지 내려갔다고 믿는다. 이 항해 이후 그를 다시는 볼 수 없었기 때문이다.

1501년 3명의 포르투갈인이 아조레스 제도에서 브리스틀로 왔다. 그들 중한 명은 테르세이라 섬의 농장주인 주앙 페르난데스(João Fernandes)[74]였는데, 그는 같은 아조레스 제도의 안그라의 영주(Lord of Angra)인 가스파르 코르테 레알과 동시에 1499년 10월 28일 서쪽 섬들의 발견 탐험의 왕실 허가장을 받았다. 페르난데스는 1500년 가스파르 코르테 레알의 탐험대에 속했던 것 같지는 않다. 레알의 성공에 그의 업적이 가려진 것인가? 그는 평민이었고, 가스파르 코르테 레알은 귀족이었다. 하지만 브리스틀 사람들을 '래브라도(Labrador)'라고 불린 땅으로 이끈 이는 페르난데스였다. 1502년 그의 탐험대는 뉴펀들랜드에서 잡은 3명의 포로를 데리고 귀환했다. 이들은 물개가죽으로 옷을 해 입었고 날고기를 먹었다. 페르난데스는 그들을 헨리 7세에게 바쳤다. 이들은 에스키모인이 아니라 아메리카 원주민들이었고, 잉글랜드에 발을 디딘 최초의 아메리카 원주민이었다.

이 항해 동안 실제로 브리스틀 및 런던 출신의 상인들과 아조레스에서 온 포르투갈인들이 서로 협력하였다. 그러나 아조레스 출신 포르투갈인들이 농장주 페르난데스의 경우처럼 변절자라는 것이 문제가 되었다. 1503년과 1504년, 1505년에는 또 다른 항해들이 브리스틀에서 시작되었다. 새로 발견한 땅에 풍부한 어장이 있지만 교역에는 그다지 적합하지 않다는 것을 그들이 알게 되면서 사기 행위가 드러났다. 16세기 초 영국의 마지막 대규모 항해는 캐벗의 아들인 세바스찬(Sebastian)이 수행했다. 그는 1508년 북서 항로를 찾아서 출발하여 새로운 방향을 택했다. 아시아에 아직 도착하지 못했음

---

74 1486~1505년. 테르세이라 섬의 작은 농장주로 포르투갈 왕 마뉴엘로부터 허가장을 얻어 탐험항해를 수행했다. 캐나다 뉴펀들랜드 동쪽편의 래브라도라는 지명은 그에게서 유래했다고 한다.

을 알고 있던 탐험가들은 이제는 별개의 대륙이라는 것이 확증된 아메리카의 북쪽 연안을 돌아서 항해하려고 마음먹었다. 세바스찬은 허드슨 해협(Hudson Strait)으로 진입했던 것 같다. 그러나 바다가 얼어서 그는 되돌아 나와 남쪽으로 방향을 돌릴 수밖에 없었고, 거기서 그는 서풍을 타고 잉글랜드로 귀환하기 위해 북위 35도까지 내려오며 연안을 탐색하였다. 귀환했을 때 탐험 항해를 지원하던 군주인 헨리 7세가 사망했고, 그는 영국을 떠나 스페인으로 향했다.

포르투갈 쪽에서는 코르테 레알 형제가 탐험에 나서 새로운 땅을 발견한 이들이었다. 그들은 캐벗과 마찬가지로 아조레스 제도에서 북미 연안에 도착했다. 1500년 가스파르 코르테 레알은 테르세이라 섬을 출발해 북쪽으로 항해했다. 그는 산이 많은 곳을 발견했는데, 이곳을 1502년 리스본에서 제작된 칸티노의 지도는 아시아 땅이라고 표시했다. 실제로는 그곳은 북위 60도 정도에 있는 그린란드의 남쪽 끝인 패어웰 곶이었다. 거기서 코르테 레알은 더 서쪽으로 가 래브라도 해안에 도착했다. 1501년의 두 번째 항해에서 그는 다시 또 그린란드에 도착해 래브라도를 따라 항해해 뉴펀들랜드를 만났고 이를 '초록 땅'이라고 불렀다. 그리고 그는 더 남쪽으로 가서 마리팀즈와 메인(Maines)에 이르렀는데, 거기서 그는 자기 선박에 달 돛대용 재목을 물색했다. 그 때문에 몇 차례 아메리카 원주민 부족과 접촉이 있었고 그 결과 약 50명의 아메리카 원주민들을 노예로 잡았다. 탐험대의 배 중 한 척이 그들을 싣고 포르투갈로 귀환했고, "어떤 일에든 적합한" 이 인간 화물은 포르투갈에서 큰 인기를 끌었다.[70] 하지만 가스파르 코르테 레알 자신은 자기 배 한 척과 함께 실종되었다. 코르테 레알의 세 형제 중 바스쿠 안네스(Vasco Annes)만이 살아남았다. 가스파르를 찾아 1502년 항해에 나선 미구엘(Miguel) 코르테 레알도 래브라도와 뉴펀들랜드를 탐색한 후 실종되었기 때문이다. 바스쿠 안네스는 뉴펀들랜드의 포르투갈 어장을 크게 번성시켰다.

따라서 북대서양에서 미지의 섬을 발견하고자 하는 꿈은 이베리아인들이 대서양 중앙부나 대서양 남부에서 거둔 성과만큼의 결과를 낳지는 않았다.

그럼에도 그것이 대서양에 대한 영국의 관심을 추동시켰음을 간과해선 안 된다. 그리고 영국의 그런 관심은 엘리자베스 1세 시대에 확고하게 된다. 얼마 지나지 않아 북대서양에서는 프랑스 왕을 위해 탐험에 나선 베라차노(Verrazzano)[75]와 카르티에(Cartier)[76]의 모습을 볼 수 있었다. 그들의 항해가 북서유럽의 해양 사업에 자극을 줌으로써 그리고 이렇게 발생한 바다에 대한 야망이 곧 이베리아인들을 위협하게 됨으로써, 15세기 말과 16세기 초 사이에 북대서양은 이미 해양세력들 간의 각축장으로서 모습을 나타내고 있었다. 하지만 이베리아인들은 대서양 중앙부와 대서양 남부의 아메리카 연안에 남들보다 앞서 지배하고 있던 땅들 덕분에 수십 년 동안 '새로운 대서양'을 발견한 데서 얻은 이익을 누릴 수 있었다.

---

75 Giovanni da Verrazzano, 1485~1528년. 이탈리아 출신의 항해자로 프랑스 왕 프랑수아 1세를 위해 북미 일대를 탐험했다. 그는 1524년 뉴욕 만을 비롯한 오늘날 미국의 플로리다와 캐나다의 뉴브런즈윅 사이를 탐험했는데, 서기 1000년경의 바이킹 이후 이 지역에 도착한 최초의 유럽인이라고 알려져 있다.

76 Jacques Cartier, 1491~1557년. 브르타뉴 출신의 프랑스인 탐험가. 아시아에 이르는 서쪽 항로 개척의 임무를 띠고 1534년에서 1542년 사이에 세 차례 항해하여 오늘날 캐나다 북쪽의 세인트로렌스 만과 세인트로렌스 강 연안 지역을 탐험하고, 그 지역에 '캐나다'라는 이름을 붙였다. 그의 탐험은 뒤에 프랑스가 캐나다 지역에 대한 지배권을 주장하는 근거가 되었다.

3장 대서양과 이베리아인들: 16세기에서 17세기까지

§ 콜럼버스가 발견한 아메리카의 희망과 현실

1492년 콜럼버스와 그의 동료들을 항해에 나서도록 만든 것은 지팡구와 카타이(중국)에, 즉 마르코 폴로가 유럽인들에게 그렇게 자극적으로 설명해 준 그 부에 이를 수 있다는 희망이었다. 탐험가들이 낙원 같은 땅과 거기 사는 사람들의 놀랄 만한 너그러움에 처음으로 접했을 때는 아주 순박한 경이로움만이 그들을 감쌌다. 하지만 이 때문에 원래의 목적을 까먹지는 않았다. 항해의 진짜 동기는 여전히 부를 찾는 일이었고, 무엇보다 다량의 금을 구해야 했다. 아메리카에서 돌아와 항해 자금을 댄 루이스 데 산타넬(Luis de Santángel)[1]에게 편지를 쓰면서 콜럼버스는 "에스파뇰라라는 놀라운 땅 안에는 많은 금광과 다른 금속 광산이 있을 것입니다"라고 적었다.

처음에는 이렇게 착각했지만, 그 후 카리브 해 지역의 실정을 더 많이 알게 되었다. 즉 그 섬들에는 자원이 그리 많지 않으며, 때로는 아라와크(Arawak)족[2]과 같은 온순한 부족이 살기도 하고 때로는 카리브 해의 전사부

---

1 ?~1498년. 개종한 유대인으로 아라곤의 왕 페르디난드 2세의 재무상이었다. 카스티야의 여왕 이사벨 1세를 설득하여 콜럼버스의 항해를 후원하도록 한 사람이다.

2 남아메리카와 카리브 해 도서지역에 살았던 아메리카 원주민들로, 카리브 해 지역 외에 볼리비아 북서부, 페루, 수리남, 기아나, 아마존 강 하류 지역에 분포했다. 유

족이 살기도 하지만 그 어느 부족도 석기시대 상태와 다를 바 없었던 것이다. 이 원주민들은 그나마 콜럼버스가 세 번째 항해에서 만났던 오리노코(Orinoco) 분지의 원주민들보다는 분명 나은 상태였다. 오리노코 분지의 원주민들은 카사바(cassava)3를 경작하고 어로 행위를 수행하는(이들은 카리브해식 카누를 타고 카리브 해의 먼 바다까지 나갈 수 있었다) 원시적 수렵채집 단계에 있었다. 이런 원주민들이 어떠하든, 탐험가들은 크게 실망하였다. 스페인인들은 식량을 충분히 구하자, 확실히 영양가가 높지만 독소를 제거하는 세심한 준비과정이 필요한 카사바에는 별 관심을 두지 않았다. 그들은 오히려 아조레스 제도나 스페인에서 밀을 들여와 그것과 금을 교환하고자 했다. 무엇보다 히스파니올라의 치바오(Cibao)에서 나는 금이 곧 한계를 맞이했기 때문이다.

보다 중요한 것은 이곳이 멕시코와 페루의 고도로 발전된 제국들로 가는 관문이었다는 사실이다. 그런 곳들에서는 사원의 장식에 쓰기 위한 구리 제련기술이 상당 수준에 이르러 있었다. 게다가 그런 제국에 속한 농촌 마을에서는 정기적으로 농작물을 수확했는데, 멕시코 고원에서는 옥수수가 나왔고, 가파른 페루 협곡에서는 옥수수와 감자가 생산되었다. 이런 사정을 알게 된 스페인인들은 "완전히 금과 은으로 덮인" 인도(Indies)의 이미지를 떠올렸다. 고원지대의 아메리카 원주민들이 보물을 가지고 있다는 생각이 정복과 식민을 촉발하였다. 당시 유럽경제가 갖고 있던 귀금속에 대한 수요가 이에 유리한 조건을 창출했다.

럽인들이 아메리카로 진출한 후 카리브 해 지역의 주민들은 절멸했으며, 그 일파로 남아메리카 지역에 살던 로코노 족이 오늘날까지 잔존하고 있다.

3 마니옥(manioc)이라고도 하는 카사바는 남아메리카가 원산지인 다년생 식물이다. 덩이뿌리가 사방으로 처져 고구마와 비슷하게 굵으며 겉껍질은 갈색이고 속은 하얀색이다. 이 덩이뿌리에는 칼슘과 비타민C가 풍부하지만 독성물질도 함유하고 있으므로 섭취 전에는 반드시 충분히 독을 제거해야 한다. 영양학적으로 단백질, 지방은 거의 없고 탄수화물에 아주 치우쳐 있어 카사바만 주식으로 할 경우 심각한 영양 불균형을 초래할 수 있다고 한다.

당시 세비야에 퍼져있던 십자군의 정서에 맞먹는 종교적 열정이 물질적 부에 대한 열망에 더해졌다.4 아메리카 원주민들은 아프리카의 이슬람교도보다 선교하기가 더 쉬운 것으로 보였다. 교회와 왕실은 콜럼버스의 보고에 이미 보이는 정복 사업을 종교로 정당화했다.

바하마 제도의 과나하니와 다른 섬의 원주민들에게서 처음 들은 풍부한 금에 대한 이야기에 확실히 속은 콜럼버스는 섬들에 대한 자신의 착각을 고수했다. 즉 "셀 수 없이 많은 금(Oro sin cuento)"이 향신료 및 노예와 함께 있다는 것이다. 실제로 금은 나중에 히스파니올라 섬의 북쪽 연안과 치바오에서 발견되었다. 1492년 10월 14일 과나하니에서 출발할 때 콜럼버스는 배에 타게 한 원주민들을 섬에 가두어 둘 수도 있었다고 하였다. "그 섬에서 그들을 우리가 원하는 것을 하게 만들 수도 있었다. … 그들은 무슨 일이든 하도록 지시하기에 좋다. 그들에게 일을 하게 할 수도 있고 씨를 뿌리게 할 수도 있다. 그 외 필요한 것은 무엇이든 하게 할 수 있다."[1] 탐험 활동의 처음부터 도서(島嶼)세계와 티에라피르메(Tierra Firme)5 모두에서 '몸값 요구'(rescate)와 약탈행위가 빠르게 늘어났으며, 상업과 물물교환이 결합되었다. 그리고 이것이 정복 활동으로 결과하였다. 1519년 코르테스가 멕시코에 상륙했을 때 카스티야의 레콘키스타가 가진 몇 가지 특성이 이미 대서양 반대편에서 다시 나타나고 있었다. 십자가 아래에서 행해지는 약탈과 습격, 예속화, 착취가 그것이다. 그러나 거기에는 레콘키스타의 또 다른 요소인 이주와 식민화는 없었다.

원주민 인구가 파멸적으로 감소하고 훨씬 더 서쪽에서 금광맥과 리넨(linen)을 얻게 되면서, 이 도서 세계는 티에라피르메 전역에 걸쳐 섬에서 섬으로 옮겨 다니며 추구된 모험심에 온전히 희생되었다. 약탈자들은 영토 획

---

4 16세기 스페인은 레콘키스타를 끝내면서 엄청난 종교적 열정에 사로잡혀 있었다.
5 아메리카의 스페인 제국령 중 카리브 해와 멕시코 만을 둘러싸고 있는 아메리카 대륙 해안지대의 소유령을 Spanish Main이라고 하였으며 그 중 남쪽 지역을 16세기와 17세기 동안 Tierra Firme라고 불렀다.

득보다는 약탈에 더 관심이 많았다.[2] 아즈텍 문명을 정복한 에르난 코르테스는 이렇게 말했다. "사람이 살지 않으면 제대로 된 정복이 절대 아니다. 나라를 정복하지 않으면 그 주민을 개종시키지 못할 것이다. 정복자의 원칙은 '사람을 살게 하는 것'이어야 한다."[3]

사실 처음에 정복의 수단들은 그런 목적과 상충되었다. 재정적인 면에서 정복은 그보다 앞서 착취되고 있던 지역에서 나온 재원에 힘입어 유지되었다. 이런 식으로 섬들과 뒤에는 '누에바에스파냐가 그 뒤에 이어진 페루와 칠레 정복의 자금을 대었다. 제노바인과 독일인들이 크고 중요한 역할을 한 한정된 기획 속에서 자본과 위험을 공유한 상인과 재정가들은 '콤파냐스(compañías)'라는 결사체를 이루었고, 이들은 투자한 자금의 신속한 회수를 요구했다. 멕시코 북부와 칠레 남부와 같이 수익률이 낮은 가장 변방 지역의 정복에는 국가 원조가 필수 불가결했던 것이다.

멕시코 고지와 안데스 고원의 주된 자원인 은은 처음 발견된 이래 아메리카 식민지 경제의 탁월한 "추동력"이었다.[4] 은 덕분에 대서양 교역로가 강화되었고, 가치 면에서 16세기 중반 이후 서인도에서 나오는 수출품의 반 이상을 차지한 것은 은이었다. 비싼 스페인의 알마덴(Almaden) 산 수은 대신에 페루의 우앙카벨리카(Huancavelica) 산 수은을 광석 아말감 기법에 사용하게 되면서 광석 처리공정이 크게 개선되자,[6] 세비야로의 은 수입이 눈에 띄게 급등하였다. 은 수입액은 1571~1575년 1,190만 페소(pesos)에서 1581~1585년에는 2,930만 페소로 증가했다.[5]

---

6 수은 아말감 공법은 이미 15세기에 유럽에서 알려졌는데, 1556년 독일인에 의해 라틴아메리카에 도입되었다. 이후 1560년대부터 급속하게 보급되었는데, 은과 수은을 액체 상태로 결합한 뒤 가열하여 수은을 증발시켜 은을 채취하는 방법이다. 납을 이용하는 이전의 은 공정에 비해 수은 아말감 공법은 순도 높은 은의 채취 속도를 높였고, 무엇보다 은 함유량이 낮은 광석에서도 은 채취를 가능케 하여 수익성이 없어 포기했던 광맥까지 개발할 수 있게 하였다.

§ '서인도항로'7: 무역과 해항(海港)

아메리카에서 은이 생산되고 세비야로의 은 수입이 급성장하자, 이 보물을 운송할 필요성 때문에 대서양 항해도 크게 늘어났다. 1506~1510년에 스페인 대서양 항로 상에서 수행된 대양 항해 및 귀환 항해의 수는 225회였다. 1세기 뒤인 1606~1610년에 그 수는 4배 이상 뛰어서 965회나 되었다.6) 하지만 이런 수치로도 당시 상황을 설명하기에 충분하지 않다. 왜냐하면 그 수치로는 수송 용적량이 훨씬 더 크게 증가한 점이 드러나지 않기 때문이다. 피에르 쇼뉘(Pierre Chaunu)는 스페인 대서양 항로로 운반된 보물의 해운 용적톤수가 1511~1515년에 2만 톤이었는데 1606~1610년에 27만 5,000톤으로 증가한 것으로 평가한다. 거의 14배가 뛴 것이다. 그러나 이런 변화는 이미 16세기 전반에 뚜렷해졌다. 1506년에서 1550년 사이에 운항 선박수가 35척에서 215척으로 늘어났는데, 용적량은 같은 기간에 3,300톤에서 3만 2,000톤으로 증가한 것이다. 멕시코의 사카테카스(Zacatecas)와 페루의 포토시에서 은이 채굴되기 시작한지 몇 년 지나지 않은 1550년에 용적톤수는 통상적인 연간 용적톤수를 훨씬 넘어섰으며, 1504년에서 1560년의 시기 전체에 걸쳐서는 용적톤수가 2만 5,546톤이었던 것으로 평가된다. 사실 1610년 이래로 아메리카로 돌아오는 항해 수는 전반적으로 줄어들었다. 이 용적톤수 역시 가르시아 바케로(Garcia Baquero)가 18세기의 경우 1717년에서 1778년까지 연간 평균 용적톤수를 1만 2,346톤으로 보는7) 수준을 훨씬 상회했음이 입증된다.

서인도로 가는 대양 항해에서는, 콜럼버스가 이전에 카나리아 제도에 들린 것처럼 항로의 초입에 있는 기항지에 꼭 들러야 했다. 거기서 배에 물과 식량을 실었다. 세비야에서 카나리아까지 지중해권 대서양을 가로질러 900

---

7 일반적으로 포르투갈에서 희망봉을 거쳐 인도로 가는 항로를 포르투갈의 '인도항로(Carreira da Índia)'라고 부른다. 이 책의 저자는 스페인에서 아메리카로 가는 대서양 항로를 '인도항로(Carrera de Indias)'라고 부르고 있다. 역자는 포르투갈의 '인도항로'와의 혼동을 피하기 위해 '서인도항로'로 옮겼다.

해리[8]를 배로 가는 데 보통 대략 12일 내지 15일이 걸렸다. 모로코 해안을 벗어나면 조류가 배를 카나리아로 실어 날랐다. 하지만 여름에는 북서 무역풍 때문에 방향이 크게 틀어져 그 위 북쪽으로 아조레스 제도까지 가게 하였다. 6월에는 바람의 90 내지 95퍼센트를 차지할 만큼 무역풍이 자주 불며, 반면에 겨울에는 대서양 전역에 저기압이 퍼지고 1월의 무역풍 빈도는 바람의 겨우 50퍼센트 남짓에 머문다.[8] 이 때문에 피에르 쇼뉘는 여름에 비해 무역풍이 그다지 불지 않는 1월에서 3월까지의 대서양 항해를 "겨울의 침묵"이라 불렀던 것이다.

식량공급 기지로서의 카나리아 제도 항구

얼마 안 있어 수송선단 제도가 도입되어 안전한 항해를 보장하게 되었다. 1530년대부터 '누에바에스파냐'와 '티에라피르메'에서 출발하는 수송선단의 왕복 항해에 대해 항해 기간이 아주 엄격하게 배분되었다. '누에바에스파냐'에서 온 배는 7월 초에 카나리아 제도에 도착한다는 예상 하에 6월에 세비야를 떠났다. '티에라피르메'와 파나마 지협에서 온 배는 5월에 출발해 6월 초에 카나리아 제도를 지났다. 이렇게 돌아가며 항해함으로써 아주 신선한 식량을 풍부하게 분배할 수 있었고, 카나리아의 시장에 나오는 물건이 스페인보다 더 좋았다. 카나리아에는 아주 적은 수의 사람들이 살았고 씨앗과 과일, 와인이 많이 남았기 때문이다. 따라서 카나리아는 대서양에서 바로 앤틸리스 제도까지 '먼 바다(Golfo)'를 횡단하는 데 반드시 필요한 식량공급항이 되었다. 그 항해기간은 무역풍이 불면 보통 약 30일 정도 걸려 비교적 빨랐다. 물론 조금이라도 지체하다보면 물과 식량이 부족하게 되어 위험에 처하게 될 수도 있었지만 말이다.

---

8 1해리는 1,852미터이다.

1550년에 카나리아 제도의 항구들을 중요도 면에서 보면, 란사로테 섬(33퍼센트), 라고메라 섬(31퍼센트), 그란카나리아(Gran Canaria) 섬(12퍼센트), 테네리페(Tenerife) 섬(5퍼센트)의 순서였다. 늦가을과 겨울에는 카나리아 제도 전체가 해양 열대성 저기압에 휩싸였다. 특히 카나리아 제도의 가장 서쪽에 있는 라고메라 섬과 그란카나리아 섬에는 남풍이 불면서 집중호우가 내렸다. 제도의 가장 동쪽에 있는 란사로테 섬에는 그만큼 비가 오지는 않으며 약간 건조한 것 같기도 하다.[9] 란사로테 섬에는 강우량이 부족했기 때문에 땅의 수분을 유지할 농업 기술이 필요했다. 역시 제도의 서쪽 부분이 농업을 하기에 가장 좋은 조건이었다.

　　테네리페 섬에서 특히 발전한 사탕수수 플랜테이션은 수송선단에 설탕을 공급하기 위한 것이었다고 할 수 있었다. 하지만 16세기 후반 동안 브라질과 벌인 경쟁 때문에 그리고 물론 그 이전에 마데이라 섬 및 상토메 섬과 벌인 경쟁으로 인해, 사탕수수 플랜테이션의 규모가 줄어들었다. 게다가 강수량이 부족하여 사탕수수 플랜테이션은 란사로테 섬이나 그 외 동쪽의 다른 섬들로 퍼질 수가 없었다. 카나리아 제도의 항구에 부를 안겨준 것은 '서인도항로' 상의 가장 기본적인 두 가지 식량공급품인 밀과 와인이었다. 카나리아 제도에서는 이런 공급품을 선원들에게 제공했을 뿐 아니라 그와 별개로 앤틸리스 제도와 티에라피르메의 식민지들로도 선적하였다. 그러나 17세기에는 곡물이나 채소 농사를 포도 농사가 잠식하면서 발생한 불균형이 나타나기 시작했고, 18세기에는 그 불균형이 더 커졌다. 18세기 후반에는 가뭄이 지속되어 곡물 부족 현상이 발생하기까지 하였고, 이때 일부 농장 노동자들이 란사로테 섬과 후엔타벤츄라(Fuentaventura) 섬에서 그란카나리아 섬과 테네리페 섬으로 이주하기도 하였다.

　　비록 농업이 성장하면서 무성한 삼림이 대부분 사라졌지만, 특히 서쪽의 섬들은 조선용 목재도 제공하여 선적하였고, 그 목재를 그곳의 조선소에서 선박 수리에 이용하기도 하였다. 선원들은 신선한 공급품을 소비하면서 몸을 회복하였고 병자는 병원에서 간호를 받았다. 16세기 초에 테네리페 섬의 라구나(Laguna) 항구에만 3개의 병원이 있었다.

'서인도항로'의 항해와 해항

배와 사람이 충분히 준비만 잘 되어 있으면 대서양을 횡단하는 데는 아무런 큰 문제가 없었다. 트리니다드토바고 북쪽에는 북무역풍이 연중 300일을 불어 카나리아 제도에서 아메리카의 섬들까지 비교적 빨리 항해할 수 있었다. 일단 포물선을 그리며 뻗어있는 앤틸리스 제도를 지나면 배는 북회귀선과 적도 사이로(북위 10도 주변) 카리브 해를 가로질러야 했다. 거의 190만 제곱킬로미터에 이르는 거대한 공간이 그곳을 덮고 있었고, 거기에 멕시코 만을 더하면 그 영역은 2배 이상 늘어나 460만 제곱킬로미터가 된다. 7월에서 9월까지 여름(적도의 겨울) 동안은 '인비에르노(invierno)', 즉 우기(雨期)라서 위협적인 사이클론이 발생하기 때문에 바다를 가로지르기가 힘들 수도 있었다. 앤틸리스와 유카탄(Yucatan) 반도, 그리고 멀리 멕시코 만에서도 그런 사이클론의 발생은 잘 알려져 있었다. 하지만 기아나에서 컬럼비아에 이르는 카리브 해의 남쪽 해안지대는 상대적으로 사이클론에서 벗어나 있었다.

북적도해류는 기아나에서 북쪽으로 마르티니크(Martinique) 섬이 있는 곳까지 흐르고, 거기서 무역풍의 영향을 받아 서쪽으로 방향을 틀어 이후 남서쪽으로 흐른다. 이때부터 카리브 해류가 되어 자메이카와 쿠바 남쪽 연안에 이른다. 무역풍은 수송선단의 항로를 좌지우지했다. 이런 항해에 유리한 흐름들은 사실 7월과 10월 사이에 사라질 수 있다. 이때는 때로는 무역풍 대신에 남풍이나 서풍이 불기 때문이다. 이 시기 뱃사람들은 따뜻한 적도 바닷물의 흐름 때문에 가장 위협적인 난류를 겪게 된다. 그러다보면 심지어 대서양으로 되돌아갈 수도 있다.

하지만 일련의 유리한 조건을 이용하면서 수송선단은 바람과 해류가 정해주는 경로를 정기적으로 따라갔다. '누에바에스파냐'로 가는 경로는 소앤틸리스 제도의 항구를 지났는데, 그 항구는 흔히 마르티니크 섬과 과들루프 (Guadeloupe) 섬 사이에 있는 도미니카 섬 정도에 해당했다. 거기서 북쪽으로 포물선을 그리며 앤틸레스 제도를 따라 가서 산토도밍고 섬과 쿠바 북쪽 해안을 지나면 캄페체(Campeche) 만에 자리 잡은 베라크루스에 이르렀다. 트리니다드 섬에서 티에라피르메와 파나마 지협에 이르는 경로는 카리브 해의 남쪽 연안을 따라 가다가 카르타헤나(Cartagena)에 기항한 뒤 파나마 지협의 항구인 놈브레데디오스(Nombre de Dios)에 도착했다. '누에바에스파냐'로 가는 경로에게 가장 유리한 7월에는 바람이 남동쪽에서 북서쪽으로 불었다. 반면에 1월에는 바람이 북동쪽에서 남서쪽으로 방향을 바꾸었고 배를 사람들이 살기 힘든 캄페체 만 연안으로 몰아갔다.

놈브레데디오스에 도착하든, 베라크루스에 도착하든 가장 중요한 것은 도착 날짜였다. 대략 30일 정도에 지나지 않았던 카나리아 제도에서 앤틸레스 제도까지의 비교적 짧은 항해기간에, 아메리카 대륙의 지중해[9]에 속하는 보다 어려운 여러 해역들을 항해하는 데 걸린 기간을 더해야 할 것이다. 실제로 이곳은 너무나 방대한 해역이라서, 7월에서 10월까지의 풍향 변화로 인해 배의 속도가 느려질 수 있는 곳이다. 지나치게 항해 기간이 길어지면 때로는 사이클론을 만날 수도 있었고, 대서양 동부에서 발생하여 흔히 북쪽으로 몰아치는 이 사이클론은 배를 앤틸리스 제도 위쪽으로 밀어내어 경우에 따라서는 멀리 유카탄 반도까지 끌고 갈 수도 있었다. 그러므로 베라크루스에 이르는 항해 조건은 티에라피르메와 파나마 지협 연안의 항해 조건보다 더 힘들었다.

하지만 놈브레데디오스에 도착하는 경로도 그 나름의 문제를 안고 있었다. 특히 건강 문제가 컸는데, 대부분의 수송선단들이 7월의 처음 2주간을 이곳에 머물렀고 그때 지협 전체에 우기가 겹치면서 위생 상태가 극히 나빠졌기 때문이다.[10] 수송선단들이 (중간 기항을 포함하여) 놈브레데디오스에

---

9 멕시코 만을 말한다.

도착하는 데 걸린 기간은 평균 약 75일이었는데, 이것은 세비야에서 베라크루스까지 항해하는 데 걸린 시간과 맞먹었다.

놈브레데디오스와 페루의 상업

1540년대 이후 수송선단들은 놈브레데디오스에서 페루와 연결되어 교역하였다. '정기시(Feria)'가 열리면, 항구에서는 포토시 산 은이 선적되었다. 이 은은 태평양 '경로(Carrera)'[10]를 통해 파나마로 유입되었고 그 후 노새에 실려 지협을 가로질러 대서양 쪽의 놈브레데디오스에 도착했다. 그런데 놈브레데디오스는 해안이 배를 정박하기에 적합하지 않아서, 1598년 파나마의 포르토벨로(Porto Bello)에 보다 믿을 만한 '외항'이 건설되었다. 하지만 놈브레데디오스의 교역량은 16세기 중반부터 태평양 경로 상에서 단연 가장 컸고, 1541~1650년의 시기 전체에 걸쳐 그곳의 교역량을 가치로 환산하면 스페인령 아메리카와 '구세계' 사이의 교역량의 55 내지 60퍼센트를 차지했다.[11]

놈브레데디오스 항에서의 삶은 세비야에서 티에라피르메로 오는 선단과 페루에서 파나마로 오는 선단의 도착에 의존했기 때문에 여전히 불안정했다. 후자의 선단은 수없이 많은 사람들의 목숨을 빼앗은 약 100킬로미터에 이르는 대서양 연안 운송로를 포함하는 이 운송 체계의 신경 중추에 해당했다. 대서양 '경로'의 가장 큰 항구와 '신세계'의 태평양 쪽에 두 번째로 들어선 항구11가 직접 연결되어 독특한 복합체를 이루었다. 17세기 말에 이를 때

---

10 포토시 산 은은 주로 라플라타 강을 경유해 부에노스아이레스로 가져가 스페인으로 수송되었다고 하지만 이것은 주로 17세기 이후의 일이었고, 그 전에는 상당량이 포토시에서 육로로 2달 반에 걸쳐 리마로 옮겨지고 거기서 뱃길로 파나마로 운송되었다. 리마에서 파나마에 이르는 태평양 쪽 해운로를 이 책은 '태평양 경로'라고 하고 있다.

11 현재 페루의 수도 리마를 말한다. 리마는 1535년에 건설되었다. 태평양 쪽에 스페인이 건설한 최초의 항구는 1515년 페루의 잉카제국을 정복하기 위해 건설한 파나마시티이다. 한편 멕시코의 아카풀코는 1530년대 초에 '누에바에스파냐'의 중심 항구로 건설되었다고 하는데, 리마보다 빠른 것인지에 대해선 논란의 여지가 있다.

까지 남아메리카를 관통하여 태평양에 이르는 통로는 전혀 없었다. 그래서 이 복합체가 파나마 지협을 독점하였다. 놈브레데디오스에서는 태평양에서 오는 선단과 대서양에서 오는 선단이 동시에 도착하는 일이 드물지 않았고, 피에르 쇼뉘에 따르면 2년에 한 번씩은 이런 일이 있었다.[12]

하지만 놈브레데디오스는 바람과 파도를 막아주는 실질적인 차폐물이 전혀 없이 외양에 노출되어 있고 안정된 교역소도 갖추고 있지 못해 항구로서는 아주 좋지 않은 곳이었다. 매번 우기 동안 체재가 연장되었고, 뱃사람들은 '열대성 열병(calentura)'의 치명적인 공격을 받았다. 이 무서운 황열병은 대서양 경로의 활력을 차츰 차츰 빼앗아 갔다. 날씨가 너무 나쁘고 상대 못할 만큼 강력한 적이 나타나면, 뱃사람들은 파나마 지협을 종단하는 길 위에 건설되었고 컬럼비아 근처 연안에 있는 군항인 카르타헤나로 철수했다. 놈브레데디오스에는 대양에서 선단이 도착했을 때에도 거주 가옥이 150채 내지 200채를 넘지 않았고, 그곳에서 철수했을 때는 아무도 남지 않아 그 집들을 모두 버렸다. 이런 상태가 한 해에 평균 거의 10달 정도나 되었다. 한편 파나마의 리마 쪽 중개상들도 거기서 활동했고 수송선단이 머무는 '정기시' 동안에는 지체 높은 선단의 고객들도 체재하였다. 위생 상태는 열악한 정도가 아니었다. '인도항로'의 여타 항구들처럼 거기에는 마실 물이 전혀 없었고 신선한 음식물이 전혀 공급되지 않았다. 사망률이 약 6 내지 7.5퍼센트에 이를 만큼 높았고, 이는 매년 4,000 내지 5,000명에 이르는 수송선단의 선원 중 거의 300명 정도가 놈브레데디오스에서 사망했음을 뜻했다.[13]

놈브레데디오스는 적이 습격하기에도 좋은 항구였다(1570~1580년 시기에는 드레이크[Drake][12]가 이곳을 습격했다). 16세기 말 영국이나 프랑스의 공

---

12 Francis Drake, 1540~1596년. 16세기 말 엘리자베스 1세 시대 영국의 대표적인 항해자이자 탐험가이며 해적이었다. 1577년에서 1580년에 걸쳐 마젤란에 이어 두 번째로 세계일주 항해를 성공시켰고, 영국의 대양 진출에 토대를 놓은 사람으로 평가된다. 1580년 이후에도 영국 정부의 지원 하에 해적활동을 벌였고, 이것이 1588년 스페인 무적함대(아르마다)가 영국을 공격해 오는 계기가 되었다.

격 위협은 연안 항해를 통해 카르타헤나로 운송되는 화물량을 늘리면서 잦아들었다. 그러면서 카르타헤나는 놈브레데디오스에서 포르토벨로까지만 해도 450킬로미터에 걸치는 이런 상품 이동을 방어하는 놀랄 만한 역량을 보여주면서 파나마 지협이 가진 취약성을 보완하였다. 그에 따라 그곳은 1596년과 1600년 사이에 뛰어난 교역거점의 지위를 획득했다.

파나마 지협 상에 있는 항구들에는 명백히 계절적인 주기에 따라 접근이 이루어졌다. 통상 파나마와 페루, 컬럼비아로부터 들여온 식량과 귀금속은 스페인에서 오는 가장 빠른 선단이 도착하기 한 달 앞서 유입되었다. 식량들은 선원과 상인들의 요구에 맞추어 비축되었다가 최대한 짧은 시간 내에 선적되었다. '우기'가 끝나면 9월 초에서 11월 초까지 가장 한가한 시기가 시작되었고, 그 후 11월 말부터 1월까지 다시 해상활동이 활발하게 전개되었다. 그 다음 봄에는 또 한가한 시기가 이어지고, 그 뒤로 여름의 여러 달에 해당하는 우기(적도의 겨울) 동안 엄청난 해상활동이 벌어졌다.

파나마[13]를 통해 페루 산 은이 지협으로 모여들었고, 이곳은 스페인과의 교역에서 중핵을 이루있다. 그러나 리마는 은만큼이나 많은 식량도 파나마 지협으로 수출했는데, 이런 식량은 놈브레데디오스에서 포르토벨로까지 '정기시' 기간에 모여드는 상인들에게 필수적이었다. 파나마로부터 놈브레데디오스에 이르는 가장 빠르고 안전한 육상 운송에는 '노새몰이꾼들(arrieros)'이 이끄는 노새 수송대가 필요했다. 약 850마리에 이르는 노새를 이용하여 값비싼 물건들이 운반되었고, 한편으로 무거운 물건은 저 멀리 크루세스(Cruces)에서 대서양에 이르는 사그레(Sagre) 강을 이용했다. 노새 수송은 수많은 위험을 무릅써야 했다. 숲속에는 야생 파충류와 짐승들이 많았고, 수송대에서 일하던 노예들은 주인에게서 도망쳐 값비싼 물건을 운반하는 수송대를 습격할 기회를 노리던 '도망노예들(cimarrones)'과 내통하는 경우가 많았다. 이런 '도망노예들'은 16세기에서 18세기까지 흔히 해적에게 고용되

---

13 파나마시티(Panama City)를 말한다.

어 일했다.

일찍이 1533년에 스페인은 해적의 습격에 맞서기 위해 컬럼비아 해안가에 위치한 카르타헤나에 강력한 요새를 설치했다. 파나마 지협을 출발하면 수송선단은 산토도밍고를 향해 카리브 해를 가로지르기에 앞서 수리와 식량 보급을 위해 이곳에 의무적으로 기항했다. 그리고 16세기 중반부터는 수송선단이 이곳에서 아바나(Havana)로 향했는데, 그곳에는 보물을 가득 실은 배들이 모여들었다가 세비야로 다시 출항했다. 피사로(Pizarro)[14]가 페루를 정복하기 위해서는 티에라피르메의 파나마 지협에 군사력을 강화할 필요가 있었다. 그래서 카르타헤나는 나쁜 날씨를 견딜 수 있는 좋은 항구였지만, 무엇보다 1530년대에 카리브 해에 등장하기 시작한 해적들이 손댈 수 없는 훌륭한 요새가 되었다. 그곳은 또한 '누에바그라나다(Nueva Granada)'[15], 보고타(Bogota), 안티오키아(Antioquia)라는 새로운 영토로 가는 통로이기도 했다. 하지만 이런 새로운 영토와의 교역량은 파나마 지협과 페루 사이에 이루어진 교역량에 비할 바가 못 되었다. 이곳의 교역품 중 가장 중요한 것은 부리티카(Buritica)에서 나는 금이었지만, 생산량이 고르지 못해 비정기적으로만 선적되었다. 대서양을 통해 세비야로 들어오는 무역량에서 카르타헤나에서 오는 수송량은 페루에서 들어오는 수송량의 25 내지 30퍼센트 정도에 불과했다.[14)]

카르타헤나에는 속도가 빠르고 강력한 갤리선 함대가 있어서 파나마 지협의 연안 지역을 보호했다. 많은 비용을 투입한 이런 방어는 전반적으로 볼 때 성공적이었다. 1586년 2월 드레이크가 습격한 것과 같은 영국인들의 공격과 그 뒤에는 네덜란드의 공격이 있었지만 말이다. 네덜란드인들은 17

---

14 Francisco Pizarro González, 1471/1476년~1541년. 잉카제국을 정복한 스페인의 장군. 1524년에서 1533년에 걸쳐 페루에 원정하여 잉카제국을 정복했는데 1513년에 이미 파나마에 들어와 원정의 준비에 들어갔다.

15 1717년부터 19세기 초까지 남아메리카 북쪽 지역에 유지된 스페인 부왕령이다. 컬럼비아, 에쿠아도르, 파나마, 베네수엘라, 가이아나, 수리남 남서부, 브라질 북서부, 페루 북부가 포함되었다.

세기에 티에라피르메 연안의 중간쯤에 위치한 카라카스(Caracas)에 자리를 잡았고 이것은 트리니다드 섬과 카르타헤나를 잇는 항로 사이에 해당했다. 네덜란드인들은 여기에서 해적질을 하고 무엇보다 상당한 양의 밀수를 행하여 스페인에 노예와 값비싼 상품을 공급하면서 세비야의 독점에 손상을 가할 수 있었다.

베라크루스: '누에바에스파냐'의 출구

파나마 지협을 출발한 수송선단은 아바나에서 멕시코의 베라크루스에서 온 선단과 만났다. 코르테스의 정복 이후 '누에바에스파냐'로부터 온 무역선은 이 항구에 집중되었다. 베라크루스에서 출발한 수송선단은 윈드워드 제도와 함께 포물선을 그리는 앤틸리스 제도를 지난 후 카리브 해 조류와 무역풍을 이용해 쉽사리 산토도밍고 섬 남쪽 연안에 도착했다. 이 섬은 무역풍이 부는 경로 내에 위치했지만, 16세기 중반 이래 쿠바와 캄페체 만으로 이어지는 '항로'의 주요 길목이었다. 산토도밍고 자체는 당시 귀금속 교역에서 중요성을 완전히 상실했는데, 그곳의 금광맥이 1510년대 이래 고갈되었고 설탕과 모피 운송도 쇠퇴하고 있었기 때문이었다. 1550년 이후에는 스페인령 아메리카에서 산토도밍고 섬이 수행하던 역할을 아바나가 완전히 넘겨받았다.[15]

멕시코 만의 남단에 해당하는 캄페차 만에는 배들이 쿠바와 육지 사이의 유카탄 해협을 지나서 들어왔는데, 이곳에서는 그 어떤 조건도 항해에 유리하지가 않았다. 가장 큰 위험은 7월과 9월 사이에 집중되는 사이클론이라기보다는 그보다 훨씬 자주 북쪽에서 불어오는 폭풍이었다. 그 바람이 불면 배는 멕시코 연안까지 밀려갔다. 베라크루스 앞바다에서의 난파 수는 파나마 지협 앞바다보다 훨씬 더 많았다. 이곳의 선박운행수가 파나마 지협보다 더 적었는데도 말이다. 하지만 역설적이게도 바다가 극히 위험하다는 사실로 인해 적의 습격 면에서 보면 캄페차 만이 파나마 지협보다 더 안전했다.

게다가 기후 조건도 더 나빴다. 지대가 낮은 늪지인 연안에는 열병이 창궐했으며, 약 600킬로미터의 불모지대가 이어졌다. 그리고 베라크루스는 지대가 낮은 평원이 잦아들고 고원지대가 가깝게 붙어있는 장소에 입지했다. 그런데도 항구의 위치를 잡는 데도 위험 요소가 있었다. 배들은 안티과(Antigua) 강의 물마루를 가로질러야 했고, 그 강 하구에 항구를 건설했기에 강어귀에 토사가 쌓여 배가 좌초할 위험이 있었다. 게다가 항구를 건설한 뒤에도 배들은 종종 스페인 군의 요새가 있던 산후안데우루아(San Juan de Ulúa) 섬에 정박했고 거기서 정기적으로 왕복하는 작은 배를 이용해 물건을 하역하였다. 이 항구에는 마실 만한 물도 없어서, 이웃한 염분이 많은 석호에서 끌어와야 했다. 1600년 음용수 공급이 더 원활하고 산후안 요새에 더 가까워 방어하기 좋은 새로운 항구가 훨씬 남쪽에 세워졌다.

놈브레데디오스와 마찬가지로 선적 및 하역 작업을 위한 수단은 놀랄 정도로 빈약했다. 항구에는 흑인 일꾼이 600명 정도밖에 없었고 선단이 도착하면 하역 작업에 투입되는 작은 배의 수도 충분치 않았다. 1585년 4월에서 6월까지 아주 번창하던 시기에 베라크루스를 떠난 배는 18척이었다. 7월에서 9월까지는 37척의 배가 그곳으로 들어왔다. 거기에 앙골라(Angola)에서 온 포르투갈의 노예무역선을 더해야 한다. 20년 뒤인 1605년에는 프랑스 및 영국과의 평화조약에 따른 "짧게 반짝한 번성기" 동안 1월에서 3월까지 15척의 배가 항구로 들어왔고, 7월과 9월 사이에는 38척이 도착했으며, 10월과 12월 사이에 34척이 항구를 떠났다.16) 그런 배들에 탄 인원은 2,000 내지 4,000명 정도였는데, 이는 항구의 상주인구보다 더 많은 수였다. 선단이 도착하면 '노새몰이꾼들'이 떼를 지어 아나후악(Anahuac) 고원에서 내려왔다. 이들이 항구의 가동을 가능하게 하고 멕시코를 가로지르는 화물의 운반을 책임졌다. 그때 항구 이면의 도시 인구는 3배로 늘어났다. 베라크루스는 식민화가 시작될 때 세비야로부터 와인과 기름 그리고 밀을 들여왔다. 사카테카스에서 캔 은광석의 처리 공정에 꼭 필요했던 스페인의 알마덴 산 수은도 이곳으로 들어왔고, 아울러 철제 상품과 의복, 서적, 보석 같은 귀중품도 이곳으로 들어왔다.

항구에서는 그 대신에 당연히 귀금속이 선적되어 나갔고, 베라크루스가 얼마간 독점하였던 코치닐(cochineal)[16]도 이곳에서 선적되었다. 코치닐은 또 다른 선적물인 모피보다 훨씬 더 값비싼 상품이었다. 세비야로 가는 이런 상품들과 함께 귀환 항로상의 가장 중요한 항구였던 아바나로 가는 화물도 선적되었고, 아울러 수송선단에게 먹거리를 제공하는 식재료들도 실었다. 노새 수송대가 길게 줄을 지어 카스티야(Castilla)[17]로부터 이어진 '길(caminos)'을 통해 고원지대에서 그 물건들을 싣고 내려왔다. 이들은 베라크루스와 멕시코 사이의 중간 지점이며 풍요로운 농업지대의 중심지인 푸에블라(Puebla)에서 모여서 같이 왔다.

카리브 해의 교차로, 아바나

세비야로 귀환하기 전 '인도항로' 상의 마지막 항구는 아바나였다. 서인도 제도에는 여름 동안 2개의 선단이 도착하여 그 주변의 섬들에서 겨울을 보냈다. 1월에는 파나마 지협에서 선단이 떠날 채비를 마치고 북서쪽으로 항해하여 아바나에 이르렀다. 2월에는 '누에바에스파냐'의 배들이 베라크루스를 출발해 무역풍을 거슬러 올라 3월경 아바나에 도착했다. 그러면 거기에는 훨씬 더 남쪽인 온두라스(Honduras)에서 온 몇 척의 갤리언선들이 도착해 있었다. 하지만 때로는 아바나에 도착하는 것이 더 늦어질 수도 있었다. 1585년에는 가장 큰 수송선단들이 4월과 6월 사이에야 도착했는데, 그 중 18척이 베라크루스에서 왔고 6척이 온두라스에서 왔으며 5척은 놈브레데디오스에서 왔다.

아바나에 선단들이 집중되면서 이 항구가 아주 중요하게 되었고 그에 따

---

16 중남미에 특유한 코치닐 선인장에 기생하는 연지벌레로부터 얻는 선홍색 색소.
17 Castilla del Oro를 가리킨다. 16세기 스페인 식민 정복자들이 중앙아메리카의 영토에 부여한 명칭이다. 오늘날 컬럼비아와 파나마 간의 국경 근처에 있는 우라바 만에서 벨렌 강까지가 해당되었다. 1513년 공식적으로 이 명칭이 인정되었고, 그 동부 지역은 1538년부터 티에라피르메로 알려지게 되었다.

라 산토도밍고는 크게 쇠퇴했다. 아바나는 실질적으로 의미가 있는 중요한 항구였다. 항구를 보호하는 섬과 해안 사이에는 500척에서 1,000척의 배가 정박할 공간이 있었다. 부두를 보호하는 일련의 요새들이 건설되었고, 이것들은 1590년대 말에 보강되었다. 그러면서 아바나는 카리브 해로 들어가는 "열쇠"가 되었고, 이는 파나마 지협 항로에서 카르타헤나가 가진 지위나 푸에르토리코 섬에서 산후안(San Juan)이 가진 지위나 같은 것이었다. 이런 지점들에 세비야에서 온 수송선단이 모여들었던 것이다. 사무엘 드 샹플랭(Samuel de Champlain)[18]은 1599년 1월 '누에바에스파냐'에서 온 선단과 함께 아바나를 떠나면서 그곳을 세상에서 가장 아름다운 항구 중 하나라고 칭송하며 항구의 입구가 너무 좁아 쇠사슬을 하나만 가로지르면 배가 지나다닐 수 없을 정도라고 하였다. 아바나는 "아메리카의 모든 부를 쌓아놓은 창고"였으며, "스페인인들은 그곳을 요새로 만드느라 무진 애를 썼다."[17) 몇 년 뒤 1625년 영국계 도미니크회 성직자인 토머스 게이지(Thomas Gage)[19]는 스페인인들이 아바나를 안트베르펜이나 밀라노, 팜플로나(Pamplona)의 성채들과 맞먹는 요새들로 둘러쌌다고 단언했다. "12사제"라 불리는 "엄청나게 큰" 12문의 대포가 아바나의 요새인 모로(Morro) 성[20]의 포대를 가공할 만한

---

18 1567/1570~1635년. 17세기 프랑스의 지리학자, 탐험가 및 지도 제작자로서, 프랑스 왕 앙리 4세를 위해 오늘날 캐나다의 퀘벡에 프랑스 식민지의 토대를 마련했다. '누벨프랑스의 아버지'로 불린다. 그는 1599년부터 2년 동안 첫 항해에 나서 스페인령 멕시코 일대를 돌아보았고, 이때의 경험을 글로 남겼다(책으로 간행된 것은 1869년이다).

19 1597~1656년. 독실한 가톨릭 집안에서 태어나 예수회 성직자로 훈련받았지만 결국 도미니크회 수도사가 되어 1625년 필리핀에서 전도활동을 하기 위해 스페인령 아메리카로 떠났다. 1625년에서 1637년까지 멕시코와 과테말라에서 활동하다가 그 후 유럽으로 돌아와서 종교 활동을 수행했다. 영국 혁명 시기에 크롬웰 편에 가담했고 1648년 아메리카에서의 자신의 경험을 책으로 남겼다.

20 아바나 항으로 들어가는 좁은 입구에 세워진 요새로 1589년에 건설되었다. 실제로 이 요새에서 맞은편까지 사슬을 설치해 유사시 아바나 항으로의 출입을 막았다. 쿠바 섬 동남쪽의 산티아고데쿠바와 푸에르토리코의 산후안에 있는 요새들과 같은 이름을 가지고 있다.

것으로 만들었다는 것이다.[18] 군사 거점으로서 아바나가 성장하면서 적어도 아메리카권 대서양 해안지구에서는 수송선단이 거의 완전한 안전을 확보할 수 있게 되었다. 유일한 예외는 1628년 네덜란드인 피엣 헤인(Piet Heyn)[21]이 아바나 근처 마탄사스(Matanzas) 만 연안에서 베라크루스에서 온 수송선단을 공격하는 데 성공한 것이었다.

아바나에는 훌륭한 조선소들도 있었다. 열대 바다에서 오랜 시간을 보내면 배는 심각한 손상을 입었다. 선체가 좀이 슬어 부서져 버리는 것이다. 이런 배들을 긴급하게 수리하는 데 아바나의 조선소들은 적합했다. 아울러 이 조선소들에서는 '서인도항로'에서 볼 수 있었던 '식민지 산(creole)' 배들도 건조하였는데, 이런 배들은 16세기 말 스페인령 대서양에서 스페인 북부에서 건조된 배에 이어 두 번째로 많았다. 피에르 쇼뉘는 640톤급의 대형 갤리언선 '누에스트라세뇨라델필라르(Nuestra Señora del Pilar)' 호의 사례를 주목한다. 이 배는 1610년에 쿠바의 조선소를 출발해 13년 뒤에 베라크루스에서 해체되었는데, 첫 항해에서 1년 만에 스페인까지 갔다가 돌아와 당시 가장 빠른 항해속도를 가진 배 중 하나가 되었다.[19] 17세기 중반 무렵에는 아바나의 조선소들이 바스크 지방과 칸타브리아(Cantabria) 연안의 조선소들과 같은 수준이 되었다. 1640년과 1650년 사이에 스페인 북부의 조선소들과 쿠바의 조선소들이 스페인 '인도항로'에 공급하는 선박자원은 각각 40퍼센트를 차지했다.

선단들은 아바나 항에서 반드시 머문 후에 7월 말에서 9월까지 쿠바를 떠나 세비야로 향했다. 이들은 바하마 해협을 지나서 아바나에서 1,650킬로미터 떨어져 있는 버뮤다(Bermuda) 제도에 이르렀다. 여기서 배는 거센 멕시코 만류(초당 1 내지 1.5미터의 속도)를 탈 수 있었지만, 출발이 늦으면 8월

---

21 Piet Pieterszoon Heyn, 1577~1629년. 네덜란드의 제독이자 사략선 선장. 1568~1648년에 벌어진 네덜란드 독립전쟁에서 활약하였고, 스페인의 은 수송선단을 나포한 유일한 선장으로 알려져 있다. 1628년 그가 스페인 선단에서 빼앗은 귀중품의 가치는 1,150만 길더나 되었다고 한다.

말에서 10월까지 앤틸리스 제도에서 플로리다로 부는 허리케인을 만나 크게 고생할 수도 있었다. 그래서 1622년 116톤의 안달루시아 산 중형급 선박인 '누에스트라세뇨라데라콘셉시온(Nuestra Señora de la Concepción)' 호는 "8월 말에 부는 허리케인에 치명타를 입어" 선체와 화물 전부를 잃었다.[20] 그 배는 세비야에서 베라크루스로 단 한 차례 항해했을 뿐이었고 세비야로 돌아가는 중에 난파되었다. 난파의 규모로 본다면, 아바나나 베라크루스에서 일어난 난파도 버뮤다에서 일어난 것들에 못지않았다. 그 두 곳은 모두 항구에 접근하기가 쉽지 않았기 때문이다. 그리고 더 위의 파나마 지협 부근에서도 그에 못지않은 난파들이 발생했다. 또 바하마 해협에서 발생한 몇 차례의 난파도 놓쳐선 안 된다.

북위 30도에 해당하는 버뮤다를 지나면 배들은 거의 정기적으로 불었던 서풍을 만났다. 그리고 또 멕시코 만류에서 뻗어 나오는 북대서양 해류를 이용해 아조레스 제도에 이를 수 있었다. 이곳이 세비야로 가는 항로의 절반 정도에 해당했다. 아바나에서 아조레스 제도까지는 60일 내지 65일이 걸리곤 했다. 바다에서 긴 시간을 보낸 배들은 아조레스 제도에서 수리를 했고 뱃사람들은 원기를 회복했다. 여기서 돛대와 선체를 수리하곤 했고 지친 뱃사람들은 풍부한 식량과 물을 얻을 수 있었다. 실제로 아조레스 제도는 위도가 높아서 사탕수수 재배에 그리 적합하지 않았기 때문에 여전히 풍족한 곡물 경작지대로 남아 있었다. 아조레스 제도가 1580년과 1640년 사이에 스페인과 포르투갈의 왕실이 통합되었던 짧은 기간을 제외하면 줄곧 포르투갈령이었다는 점을 고려하면, 이곳의 항구를 이용한 것은 더욱 더 주목할 만하다. 누구도 원치 않았음에도 대서양 항해를 위해서는 이베리아인들 간의 협력이 여전히 필요했던 것이다.

배들은 여기서 대양 항해의 나머지 구간으로 나아가기 전에 방어에 방해가 될 만큼 무겁게 싣고 있던 화물들을 내려놓을 수 있었다. 실제로 상비상티 곶 앞바다에서는 서유럽이나 바르바리(Barbary) 지역에서 온 해적들과의 전투가 드물지 않게 일어났다. 귀금속의 양이 얼마인지나 다른 화물을 줄일지는 아조레스 제도에서 평가되었고, 수송선단에 앞서 거기서 쾌속선을 보내 세비야의 시장이 흥청거릴 소식을 알려주었다. 하지만 17세기 전반 동안 아조레스 제도가 하던 역할이 쇠퇴하고 그곳에서 보호되는 귀금속의 양이 줄어들면서 아바나는 대서양 횡단에 나서기 전에 들리는 유일한 주요 도피처가 되었다.

국제적인 하항(河港)도시, 세비야

가느다란 지중해 갤리 선들이 아조레스 제도에서 이베리아 연안에 이르는 그리 쉽지 않은 항로(이 항로의 항해에는 약 20일이 걸렸고 항상 폭풍우를 만나 난파할 위험이 있었다. 콜럼버스도 첫 번째 항해 때 폭풍우를 만나 거의 난파할 뻔하였다)를 갈지자를 그리며 내달린 후, 마침내 보다 큰 갤리언선들이 과달키비르(Guadalquivir) 수로22를 따라갔다. 그 배들은, 바다에서 강을 거슬러 올라가 가장 높은 곳에 세비야가 위치하기에 상류 쪽으로 거의 90킬로미터를 항해해야 했다. 그렇기 때문에 세비야 항은 안전하며 부유한 배후지에 쉽게 접근할 수 있다는 큰 이점을 가지고 있었다. 세비야는 '서인도항로'가 유지되는 동안 "두 세계 사이의 합류지점에" 있는 메트로폴리스로서 온갖 번영을 누렸다.

세비야가 누린 부의 증대는 그곳 인구의 극적인 증가를 통해 확인할 수 있다. 1530년에 세비야의 인구는 5만 명을 좀 넘었고, 1560년대 초에 10만 명을 넘어섰다. 그리고 1590년경에는 13만 명에 이르렀다.21) 이런 인구성장은

---

22 과달키비르 강은 이베리아 반도에서 다섯 번째로 크고 안달루시아에서는 가장 큰 강이다. 스페인 남부 내륙 중앙부에서 발원하여 코르도바와 세비야를 지나 카디스 만을 통해 대서양으로 들어간다. 세비야는 해안에서 80킬로미터 들어간 내륙에 위치하는데, 이 강을 통해 바다와 연결되는 하항을 갖고 있다. 이 때문에 세비야는 스페인에서 유일한 하항도시가 되었고 대항해 시대 스페인의 대서양 무역의 독점권을 갖게 되었다. 18세기에는 이 강에 퇴적물이 쌓여 세비야로의 항해가 중지되었지만 지금은 다시 뚫려 스페인의 강 중에서 유일하게 항해 가능한 강으로 남아 있다.

국내 이주와 외국인 이주가 함께 작용하여 가능했다. 대량으로 진행되던 세비야의 무역에 참여하려고 많은 상인들이 이베리아 반도 전역에서 모여들었다. 오랜 경험과 강력한 상업 네트워크를 지닌 부르고스(Burgos) 출신의 상인들은 직물 교역에 종사하여 플랑드르와 이탈리아로 직물을 보냈다. 한편 비스카야(Biscay)에서 은행업과 철제품 교역에 종사하던 많은 바스크 상인들이 와 있었는데, 이들은 '신세계'의 광산업에 필수적이었다. 플랑드르 상인, 포르투갈 상인, 제노바 상인들과 더불어 이탈리아 상인들, 프랑스 상인, 영국 상인 등이 각각 세비야에서 한 자리를 차지하여 국제도시로서의 면모를 부각시켰다. 제노바 상인들은 아메리카로의 종자 및 의류 수출, 북유럽으로의 안달루시아 산 상품 수출, 흑인노예무역에 자금을 대었고, 무엇보다 은행업에 종사했다. 1566년 이후 그들은 아메리카 산 은에 대한 수출 특허장을 얻었고 그 후 은행업에 매진하였다. 오랫동안 세비야에 자리 잡고 있었던 플랑드르 상인들은 와인과 모피, 돛을 구입한 반면, 안트베르펜 출신의 플랑드르 상인들은 북유럽과의 관계에서 이점을 누렸기에 스페인이 제공할 수 없는 상품들을 아메리카에 제공하면서 모피만이 아니라 코치닐과 인디고 같은 아메리카 산 염료 상품에서도 마찬가지로 이익을 올렸다. 16세기 말 무렵에는 세비야에 플랑드르 상인의 상관들이 200개나 들어서 있었다.[22] 포르투갈 상인들은 포르투갈이 15세기 이래 아프리카 연안을 지배하고 있었기에 노예무역을 쉽게 독점하였다.

§ '서인도항로'와 대서양 경제

세비야의 독점

스페인에게 아메리카로 향하는 항로는 무엇보다도 중요하였다. '서인도항로'는 칼 5세와 펠리페 2세 같은 군주들에게 유럽에서 정치적 지배권을 행사할 수 있는 수단을 가져다주었다. 그들은 멕시코와 페루에서 발견한 부를 동원할 수 있었기 때문이다. 그리하여 16세기 동안 대서양 교역은 지속적으로 성장해 나갔다. 1504년 '무역청(Casa de Contratación)'[23]이 창설된 뒤 세비야는 '서인도항로'의 기착지가 되어 금과 나중에는 은을 제노바, 베네치아, 특히 안트베르펜 같은 유럽의 여러 지역으로 유통시켰다.

1492년과 1493년 콜럼버스의 첫 번째 항해 이후 세비야는, '서인도항로'의 첫 번째 성공을 인정하면서 그 권한을 정한 1503년 2월 14일의 왕실 각서를 통해 스페인령 대서양에 대한 자신의 독점권을 주장하였다. 지리적 입지 면에서 세비야는 확실히 이점을 갖고 있었다. 세비야나 카디스에서 출발하는 항해가 갈리시아(Galicia)에서 출발하는 유럽과 아메리카 간의 항해에 비해 항해기간이 약 15퍼센트 정도 더 짧았고, 바스크 지방에서 출발하는 경우보다는 거의 20퍼센트 더 짧아졌다. 따라서 항해 비용 역시 20 내지 25퍼센트 적게 들었다.

'무역청'을 통해 세비야는 해운을 통제하고 신장단을 창설하는 데 불가결한 행정적 수단과 해군의 도움을 제공받을 수 있었다. 식민지의 행정과 정치를 통제하는 인도평의회(Council of the Indies)가 마드리드에 설치되었지만, 세비야에는 상인들의 '법정(Consulado)'이 있었고 이것은 독점을 유지하는 데 두드러진 역할을 하였다.

그럼에도 세비야가 이렇게 독점권을 주장하는 기반은 그리 튼튼하지 않았다. 소앤틸리스 제도까지 가는 데 걸리는 40일의 항해 기간, 쿠바까지 가는 데 걸리는 약 60일의 항해 기간, 그리고 베라크루스와 놈브레데디오스까지 가는 데 걸리는 거의 75일의 항해기간은 비록 길고 갤리언 시대에 특정

---

23 16세기에서 18세기까지 스페인의 대외식민통치기구. 1519년 칼 5세가 설립한 '인도평의회(Council of the Indies; Real y Supremo Consejo de Indias)'와 함께 스페인의 식민지 지배 및 통상을 관리하였다. 세비야에 있던 무역청은 1717년 카디스로 이전했고 18세기 말에 폐지되었다.

한 시간거리 관계를 창출했지만, 그것들로 실재 상업적 순환의 길이를 혼동해선 안 된다. 예외적인 상황들이 결합되어 이익을 본다면 상업적 순환은 18개월 만에 완료될 수 있었지만, 날씨가 나쁘거나 전쟁이 난다면 그 기간은 5년이 걸릴 수도 있었다.[23] 물론 수송선단의 소요 시간은 그보다 짧았지만, 그래도 가장 상황이 좋아도 14개월에서 15개월 정도 걸렸다. 선적과 하역을 하고 바람을 기다리면서 그냥 보내는 기간이 8개월 반에서 10개월 정도나 되었고, 나머지 5개월 반 정도만이 실제 항해 기간이었다. 전쟁이 오래 계속되면 그냥 보내는 기간도 훨씬 더 길어지고 비용도 더 들었다. 더운 바다에서 움직이지 않는 채 떠 있는 배의 선체는 차츰 좀이 먹어 부식되었고 결국 카르타헤나나 아바나에서 수리를 해야 했다.

그런데도 '서인도항로'가 거두는 성공은 참으로 놀랄 만했다. 영국과 네덜란드, 프랑스의 해적들이 습격하곤 해도 '항로'는 끊임없이 유지되었기 때문이다. 1628년과 1656년에 각각 네덜란드인과 영국인들이 보물선을 나포한 것은 예외에 속할 뿐이다. 시간이 예상보다 훨씬 더 길어지는 수송의 지체 현상은 17세기 중반(1646~1656년)에 발생했지만, 이는 보물선에 대한 직접 공격의 결과라기보다는 밀무역의 급증 때문이었다.[24] 세비야가 관장하는 대서양에서 귀금속이 부족한 적은 결코 없었고, 이 귀금속은 세계경제에서 점점 더 중요해졌다. 아메리카에서 유럽으로 이어지는 서에서 동으로의 거대한 은 흐름은 결코 중단된 적이 없었고, '신세계' 은으로 주조된 스페인 화폐는 유럽에서든 인도와 중국 같은 아시아에서든 핵심적인 국제결제수단이 되었다. 아시아의 인도와 중국 같은 곳은 유럽에서 사들이는 것보다 훨씬 더 많은 것을 유럽에 팔았고 따라서 이런 귀금속에 지배받았다.

그러므로 세비야가 대서양 무역을 통해 거두는 성공은 대서양권의 다른 주도적인 지역들의 번영과 불가분의 관계에 있었다. 그 지역 중에서 16세기에는 안트베르펜을 들 수 있을 것이다. 거대한 스헬더(Scheldt) 강 지역의 성공은 주요 세계시장 중 하나로서 그곳이 수행한 역할을 통해 확인된다.[24]

안트베르펜은 북쪽과 남쪽을 이어준다. 베네치아와 리스본, 런던만이 아니라 단치히(Danzig)와 라이프치히(Leipzig)에서도 상인들이 이곳으로 모여든다. **외국인이든 토박이든 상관없이 모든 상인들이 사업을 벌이며, 그 무역은 상품 적재량만큼이나 상품 교환양에서도 믿을 수 없을 정도라서 경탄이 절로 나온다.**[25]

식민지에서 온 상품들이 영국 산 의류 및 독일 산 금속류와 함께 이곳으로 들어온다. 이베리아의 군주들이 안트베르펜에 들어선 거대 사업체들의 서비스와 자본을 필요로 하면서 아메리카 산 귀금속이 안트베르펜으로 유입되었다. 이 지역의 경제는 서인도와의 교역과 긴밀하게 연결되면서 자극받은 것이다.

16세기 말 펠리페 2세에 맞선 저지 지방의 반란으로 인해 안트베르펜 시장이 무너지자, 다른 거점들이 등장했고 은 수송선단은 지중해와 이탈리아, 알프스 지방을 외면하게 되었다. 그리고 암스테르담(Amsterdam)이 서열 1위로 올라섰다. 그렇지만 세비야는 여전히 활력을 유지했다. 세비야의 대서양 교역은 1606년과 1610년 사이에 최고 수준에 이르렀던 것이다. 새로운 두 개의 대서양들, 즉 네덜란드령 대서양과 영국령 대서양이 유럽 경제에서 점점 더 역할을 키워가며 결국 세비야가 관장하는 대서양에 어느 정도 손상을 가하게 되는 것은 17세기를 경과하면서였다. 그렇게 되어서도 그 두 개의 대

---

24 스헬더 강은 프랑스 북부에서 발원하여 벨기에 서쪽을 통과해 네덜란드에서 북해로 빠지는 강이다. 강의 하구가 아주 깊게 형성되어 가장 깊은 곳에 한때 유럽 경제의 중심 역할을 했던 안트베르펜이 위치한다. 현재 스헬더 강 하구를 통해 육지쪽으로 80킬로미터 정도까지 대형 선박이 항해할 수 있다. 안트베르펜은 이 스헬더 강의 지형을 이용해 번성하여, 16세기 초에는 세계 무역의 40퍼센트를 담당했다. 그러나 안트베르펜은 네덜란드의 스페인으로부터의 독립 움직임이 본격화되는 16세기 중반부터 쇠퇴하여 암스테르담에게 유럽 경제의 중심이라는 역할을 넘겨주게 된다. 특히 1648년 네덜란드의 독립을 인정하는 뮌스터 조약에서 스헬더 강에서의 항해를 금지시키면서 안트베르펜의 경제는 크게 타격을 입었다. 19세기에 들어 나폴레옹이 지배할 때 스헬더 강에서의 항해가 재개되어 안트베르펜은 다시 회복되기 시작했고, 현재 안트베르펜 항은 유럽 2위, 세계 20위권에 드는 항구로서 번성하고 있다.

서양들은 여전히 세비야가 관장하는 대서양에 의존하고 있었고, 스페인의 보물을 빼앗거나 지배하고자 하는 열망은 북서 유럽인들의 해군 정책에 여전히 핵심적인 요소였다.

돌고 도는 부

대서양 경제에서 아메리카 산 귀금속이 가진 영향력은 꾸준히 성장했다. 16세기 초의 25년 동안에는 히스파니올라와 푸에르토리코, 쿠바 같은 대서양 섬들과 티에라피르메(카스티야델오로)에서 온 금이 세비야의 수입품 중 가장 중요한 것이었다. 1530년 이후에는 세비야의 금 수입량이 포르투갈인들이 들여오는 아프리카 산 금을 추월하였다. 한참 뒤인 1560년에도 거의 100톤이나 되는 금이 세비야에 도착했다. 비록 1550년 이후엔 금의 비중이 세비야의 수입품 중 12 내지 15퍼센트에 지나지 않을 만큼 줄어들었지만 말이다. 1545년 페루 포토시 은광의 발견으로 스페인의 은 수입이 2배로 늘어났다. 1541년에서 1550년까지 177톤이 넘는 은이 세비야로 들어왔다. 수은 아말감 처리공법이 채택되고 우앙카벨리카의 수은광산과 포토시 은광에 강제노동제도인 미타(mita)제도25가 도입되면서, 페루는 첫째가는 은 생산지가 되었다. 세비야의 은 수입량이 가장 많았을 때는 1591년에서 1600년 사이로 총 2,700톤이나 되었고, 가치로는 1억 페소(peso)가 넘었다.26) 그 이후 수입

---

25 미타제도는 잉카제국이 시행한 부역제도였지만, 스페인이 아메리카 광산의 노동력을 최대한 확보하고 생산량을 최대로 늘리기 위해 1559년 아메리카 식민지의 부왕 톨레도에 의해 도입되었다. 한 마을 주민의 7분의 1을 수개월마다 교대로 광산노동에 투입하는 것으로, 각 마을에게 부여된 부담이었다. 투입된 노동자는 노예가 아니라 극히 낮은 액수이지만 임금을 받았고 이 돈으로 노동자들은 광산지역에서 생활하였다. 미타제도는 광산만이 아니라 농업 부문에서도 시행되었고 공동체로 구획을 지어 부과되었기에 그 유산이 지주에 의한 강제노동 부과 형태로 최근까지도 남아있었다고 한다.

량은 줄어들었다. 1601년에서 1660년 사이에 매년 약 900만 페소, 즉 대략 5억 5,000만 페소의 금과 은이 수입되었던 것이다. 하지만 1660년에서 1700년 사이에는 세비야가 독점으로 5억 8,000만 페소를 수입하였다. 이는 매년 1,450만 페소를 수입한 것으로, 유입량이 얼마간 증가했음을 보여준다. 이런 유입량 증가는 18세기에는 더 확실하게 나타나는데, 1730년에서 18세기 말까지 스페인령 아메리카로부터의 귀금속 수입은 3배로 증가하였다. 1730년에서 1745년까지 연간 수입량은 1,200만 페소였고, 18세기 후반에는 점점 더 증가하여 1790~1795년 시기에 거의 1억 5,000만 페소가 수입되었다. 이는 멕시코에서 은 생산량이 급증했기 때문이다.[27]

아메리카 산 귀금속 수입의 실제 가치를 확정하기 위해서는, 독점권을 손상시키며 널리 행해졌던 부정행위를 고려해야 한다. 16세기 초 카스티야 왕실이 세비야에 '무역청'을 설치했을 때 핵심적인 목적은 '서인도항로'의 교역을 통제하는 것이었다. 1717년 독점권은 세비야에서 카디스로 넘어갔고, 1765년 스페인 부르봉 왕조가 무역을 자유화하기 직전까지도 '신세계'와 거래할 수 있던 곳은 세비야와 카디스뿐이었다. 한편 아메리카에서는 화물을 취급할 수 있는 항구가 베라크루스와 포르토벨로뿐이었다.

원칙적으로 이런 항구들에서 선적된 은의 가치는 '은 관리관(maestrios de plata)'이 철저하게 기록하여 행정부서에 통지했다. 세비야의 상인들과 외국 영사들은 수송선단이 아조레스 제도를 출발하기에 앞서 파견한 '소형 전함(navio de aviso)'을 통해 선단이 싣고 오는 은의 가치에 대한 정확한 정보를 받았다. 그리고 대략 한 달 뒤 암스테르담의 신문들에는 들어온 화물의 양이 모두 얼마인지에 대한 소식이 실렸다. 이 운송 기록에 부정행위가 집중되었지만, 생산량의 기록에도 부정이 행해졌다. 스페인 왕실은 귀금속 가치의 5분의 1을 징수하는 '킨토(Quinto)' 세를 받았는데, 이것도 멕시코에서는 16세기 중반에 그리고 페루에서는 더 뒤인 1735년에 10분의 1 과세로 사실상 축소되었다. 실제로 1789년에 간행된 신문 『페루의 머큐리(*Mercurio Peruano*)』[26]는 부정행위로 인해 생산량의 3분의 2가 조세를 회피했다고 평가했다. 리마에서 나온 이런 견해는 부정행위가 거의 한 세기에 걸쳐 포토시에서 발전해왔다고 설명했다. 수은 아말감 공정을 위해 필요한 우앙카벨리카의 수은 생산 기록에도 부정행위가 있었기에, 페루의 암시장에서 판매 가능한 은의 양은 연간 13만 톤에 이르렀다. 생산량을 정확하게 평가하는 데 고려해야 할 요소로서 세비야로의 은 수입을 방해하는 마지막 한 가지는 멕시코의 아카풀코(Acapulco)에서 태평양을 경유해 마닐라로 직접 은을 수출하는 것이었다. 그리고 스페인 식민지들의 종교 시설과 공공건물들을 호화롭게 장식하기 위해 귀금속을 사용한 것도 고려해야 한다.

세비야의 공식 독점 무역을 통해 들어왔든 부정행위를 통해 들어왔든 귀금속들은 스페인에 그저 머물지 않았다. 이 귀금속들은 만국에 "공통된" 통화처럼 유통되었다. 스페인인들은 유럽 내에서 밀과 금속제품, 화약, 대포를 구입하였고, 독일인과 이탈리아인 은행가들이 스페인에서 활동했으며, 외국인 기술자들도 스페인에서 일했다. 그리고 멕시코나 리마에서 온 부유한 식민지 거류민들이 직물과 보석을 구입해 갔다. 이 모든 것들을 통해 귀금속은 유럽 전역에 걸쳐 유통되었다. 역사가 프랑수아 크루제(François Crouzet)는 이 당시의 프랑스를 스페인의 "화폐를 빨아먹는 거머리"라고 하였지만,[28] 이런 모습은 프랑스에만 해당되는 것이 아니었다. 다른 나라들도 마찬가지였다. 3세기 간에 걸쳐 유럽 여러 나라들은 스페인과의 무역거래에서 얻는 이익을 통해 스페인으로부터 은을 빨아들였다.

전쟁과 아시아로의 귀금속 유출로 인해 화폐 공급이 축소된 데다가 16 · 17세기의 인구 증가로 인해 궁정과 군대의 화폐 수요가 늘어나면서, 16세기 동안 장기간에 걸친 물가 상승이 일어났다. 물가 상승은 세비야를 시작으로 유럽 전역에 확산되었다. 실제로 아메리카 산 귀금속의 유입이 야기한 귀금속 총량의 증가는 물가와 경제 동향에 깊은 영향을 미쳤다. 1566년

---

26 페루 최초의 근대적 신문으로 리마에서 발행된 계몽주의 신문이었다. 본문에서는 1789년 판을 제시하지만, 이 신문에 대한 자료들은 이 신문이 1791년부터 1795년 사이에 간행되었다고 한다.

말르스트루아(Malestroit)의 영주는 "매일 보게 되는 모든 물가의 범상치 않은 인상"에 놀라워했다. "귀족이든 평민이든 모든 이가 지갑만 열면 그것을 절실하게 느끼게 된다."[29] 그러면서 유럽의 경제 사정이 점점 더 빨리 전개되고 인플레이션이 더욱 격심해지자, 이런 물가 상승의 추진력 역할을 하는 것이 오로지 '신세계'라고 믿게 되었다.[30] 그러나 대서양 경제의 번영 국면을 창출하는 역할을 한 것은 아메리카의 귀금속 생산으로부터 가해진 압력만이 아니었다. 16세기 말에서 18세기까지 암스테르담과 런던, 프랑스의 여러 대서양 항구들 같은 새로운 상업적 축들을 중심으로 발전한 무역이 일으킨 흡인력도 같은 역할을 했다. 무엇보다 이렇게 되면서 그런 곳들의 상인들은 이베리아의 부로부터 가능한 많은 이익을 얻고자 하였다. 엄청난 보물을 가득 실은 갤리언 선을 나포하고 스스로 식민지를 소유하는 것은 너무나 많은 이들의 꿈의 원천으로서 대중의 상상력에 불을 붙였고, 네덜란드와 런던의 세력가들의 주목을 끌게 되었다. 이런 일을 이루기 위해서는 세비야의 독점권에 도전해야 했고 카리브 해에서 전쟁과 약탈을 벌여야 했다.

§ 이베리아인의 대서양이 문을 열다

독점에 대한 최초의 공격

프랑스의 프랑수아 1세 같은 일부 군주들이 도전했지만, 스페인의 독점권은 1530년대까지 줄곧 직접적인 공격을 받지 않았다. 이 시기 전까지 스페인령 아메리카에 있었던 적이 있는 유일한 외국인은 프랑스 뱃사람과 상인들이었는데, 이들은 브라질 연안에서 염료로 사용할 브라질 소방목을 구하다가 그곳을 떠난 뒤 프랑스와 스페인 간의 전쟁 동안 카리브 해로 발을 들여놓았다. 포르투갈령 브라질에 대한 습격은 아주 일찍부터 시작되었다. 왜냐하면 포르투갈이 동인도 무역에서 자신의 향신료 독점권을 악착같이 지키느라, 아메리카에서는 소유지를 외국인들로부터 지킬 만한 여력이 없었기 때문이었다. 특히 프랑스인들이 무역풍을 타고 쉽게 브라질로 항해하여 그 곳에서 불법 무역에 종사했다. 1500년대에 기니에서 노예무역을 벌일 목적으로 해안지대에 자주 나타났던 '해적'선들은 얼마 안 되어 브라질 연안에도 출몰했다. 그래서 '에스푸아르(Espoir)' 호를 타고 옹플뢰르(Honfleur)를 출발한 노르망디 출신의 폴미에 드 곤빌은 1504년 1월 "해상 사고"를 당한 결과 브라질 연안에 도달했다. 곤빌은 자신의 항해일지에 "몇 해 전에도 디에프 (Dieppe) 사람과 생말로(Saint Malo) 사람, 그리고 노르망디와 브르타뉴 출신의 다른 사람들이 여기서 이런 일을 당하고서 붉은색 염료와 목화, 원숭이, 앵무새를 구하러 갔다"고 분명히 적어 두었다.[31]

10년 뒤 파나마의 신임 총독은 서인도에서 만나는 프랑스인을 공격하여 처벌할 권한을 얻었고, 1522년에는 산토도밍고 섬이 프랑스인들의 공격을 받았다. 1528년에는 진주가 많이 나던 티에라피르메 연안 앞바다의 마르가 리타(Margarita) 섬이 라로쉘(La Rochelle)에서 온 프랑스인들의 공격 목표가 되었다. 프랑스 해적들은 점점 더 대담해졌다. 같은 해 푸에르토리코의 산 후안 시가 약탈당했고, 히스파니올라 섬의 도시들인 푸에르토플라타(Puerto Plata)와 야과나(Yaguana)도 1539년과 1543년에 공격당했다. 쿠바에서는 바라 코아(Baracoa)가 1539년에 습격을 당했고, 1546년에는 아바나까지 같은 일을 겪었다.

이런 해적선들은 노르망디의 디에프와 옹플뢰르에서 오거나, 생통쥬(Saintonge) 의 라로쉘, 바스크 지방의 베욘과 생장드뤼즈(Saint Jean de Luz)에서 출발했다. 16세기의 두 번째 25년 동안 카리브 해에 프랑스인들이 계속해서 나타났다고 말할 수 있는 것은 바로 이런 해적선들 때문이다. 이들은 습격과 약탈만 행한 것이 아니라 무역에도 종사했다. 이들은 기니에서 "검은 황금", 즉 흑인들을 싣고 오기도 했던 것이다. 따라서 이 해적선들은 포르투갈의 노예무역 독점권을 침해하면서 티에라피르메 연안의 식민지 거류민들에게 노예를 공급했다. 하지만 그들은 1494년과 1559년 사이에 거의 끊임없이 계속되던 스페인과 프랑스 간의 전쟁 상태 동안에 활동했다. 동시에 그러한 활동들은 보물을 실은 갤리언 선을 공격할 수는 없기에 스페인 거류지를 약탈하거나 연안 항해 선박을 탈취하는 식으로 개별적으로 이루어진 것이었다.

영국인들은 아직 이곳으로 와 프랑스인과 대치하지는 않았다. 왜냐하면 헨리 8세 치하의 잉글랜드는 프랑스에 맞서기 위해 스페인과 맺은 동맹을 유지하고 싶어 했기 때문이다. 스페인이 지배하던 저지 지방에 대해 영국은 중요한 상업적 이해관계를 갖고 있었고, 종교개혁 시기까지[27] 영국해협 양측의 여론은 프랑스인들의 무분별한 해적 활동을 스페인보다 더 비난하였다. 세비야에는 스페인의 대서양 교역에서 이익을 얻고자 한 영국인 상인들이 수없이 많았다. 그러므로 영국이 아메리카에서 습격 활동을 수행할 이유가 전혀 없었다. 웨스트컨트리(West Country)의 플리머스, 사우샘프턴, 브리스틀 출신의 상인들이 이베리아 식민지들에서 온 상품들을 거래하였고 스페인 상인들과 긴밀한 관계를 맺었다. 따라서 영국의 이해관계는 브리스틀에서 카나리아 제도, 마데이라 섬, 아조레스 제도 같은 지중해권 대서양의 여러 섬들로 이어졌다. 1489년 잉글랜드와 스페인이 맺은 메디나델캄포(Medina del Campo) 조약[28] 이후 영국 상인들은 스페인과 카나리아 제도 같은 대서양 섬들에서 교역할 수 있었고, 그런 곳들에는 영국인 중개상들이 정착하여 무엇보다 설탕이나 와인 같은 상품들을 구매하였다.

하지만 1530~1540년 동안에 잉글랜드와 스페인 간에 종교적 긴장이 증대했다. 헨리 8세는 1532년 로마 교황과 관계를 끊었고, 잉글랜드의 여론은 가

---

27 종교개혁은 1517년 마르틴 루터의 95개조 반박문 게시로 시작하여 16세기 동안 내내 전개되었다.

28 당시 강력했던 프랑스에 대항하기 위해 잉글랜드와 스페인 간에 맺은 조약으로, 가장 중요한 내용은 잉글랜드의 왕자(후의 헨리 8세)와 스페인 공주(아라곤의 캐서린)의 결혼이었다. 또한 이 조약으로 양국은 관세를 줄여서 교역관계를 강화했다. 이후 이 조약의 효력은 약 90년 동안 지속되었다. 조약을 맺은 메디나델캄포는 스페인 중부에 있는 농업지대의 중심도시인데, 15 · 16세기에는 정기시가 열려 스페인 내륙의 교역 중심지로 기능했다.

톨릭 신앙에 충실했던 스페인에 등을 돌리기 시작했다. 세비야에서 이루어지던 영국인들의 합법적인 교역이 위태롭게 되었고, 영국 해적들이 영국해협에서 플랑드르 선박을 나포했다. 심지어 일부 탐욕스런 상인들은 스페인에 대해 공공연하게 적대감을 표현하면서 스페인인들에 대한 약탈 원정을 몇 차례 감행하기까지 하였다. 예컨대, 이 시기 로버트 리니거(Robert Reneger)29는 은을 싣고 서인도에서 돌아오는 배를 나포했는데, 그는 드레이크나 호킨스(Hawkins)30 같은 해적들의 선구자로 여겨졌다.32) 하지만 이런 상인들이 해적 행위에 관한 영국 상인들의 견해를 대표했다고 볼 수는 없다. 웨스트컨트리 출신의 상인들 대부분은 이런 활동에 전혀 참여하지 않았고, 나아가 런던 출신의 상인들도 그런 행위를 전혀 하지 않았다. 왜냐하면 16세기 중반에 그들은 이베리아에서 오는 상품의 중심 시장으로서 지중해와 북유럽의 교역을 통제하고 있던 안트베르펜과 여전히 긴밀한 관계에 있었고, 런던의 모험적인 상인들은 그곳으로 잉글랜드 산 직물을 수출하고 있었기 때문이다.

노예무역과 영국의 밀무역

몇 년 전에 프랑스인들이 그랬던 것처럼 플리머스와 사우샘프턴, 브리스틀의 상인들이 이베리아인의 대서양에 관심을 갖게 된 것은 아프리카와 노예

---

29 ?~1558년경. 영국 사우샘프턴 출신의 상인으로 1541년의 문서에 기록되어 있다. 1540년부터 브라질에서 상인으로서 성공해 적어도 3척의 선박을 소유했다고 한다. 1545년에 그는 스페인의 은 운반선을 습격하여 2만 9,000두카에 상당하는 화물을 탈취했다고 전해진다.

30 John Hawkins(1532~1595년)를 말한다. 영국의 해군지휘관이자 해적이며 대표적인 노예무역상이었다. 대서양 삼각무역에 참여하여 이익을 거둔 최초의 영국인으로 알려져 있고, 1588년 스페인 무적함대와의 해전에도 참여하여 승리에 공헌하였다. 스페인 보물선 공격 전략을 제안한 인물로서 프랜시스 드레이크만큼이나 영국 해군의 초기 확립에 공헌한 인물로 평가되며, 그의 아들인 리처드 호킨스 역시 엘리자베스 1세 시대의 유명한 사략선 선장이었다.

무역 때문이었다. 1540년을 전후하여 포르투갈은 15세기 이래 상업 독점권을 주장하던 모로코로부터 철수할 수밖에 없게 되었다. 포르투갈이 모로코에서 철수함으로써 영국인들은 직물을 팔아 설탕을 구입할 수 있는 새로운 시장을 얻을 기회를 얻었다. 1551년 런던의 한 선주는 자신의 배를 모로코의 사피와 아가디르로 보냈다. 몇 년 뒤에는 모스크바 회사(Muscovy Company)[31]의 상인들이 바르바리 연안 지역과 기니에서의 무역을 후원하였다. 이들은 1550년대 말에 전개된 몇 차례의 노예무역 항해에 투자한 사람들이었다. 영국인들은 기니에서 노예만이 아니라 금과 상아, 말라게타(Malaguetta)[32]도 수입하였다. 이들의 항해는 폭력으로 얼룩졌다. 1553년 가장 이른 항해자 중 한 명인 토머스 윈담(Thomas Wyndham)[33]은 포르투갈인들의 도움을 받아 엘미나(El Mina) 연안에 이르렀다. 이곳에서 열병에 걸려 많은 선원들이 사망했고 윈담 자신도 열병에 걸렸다. 그가 인솔한 3척의 배 중 2척만이 플리머스로 귀항했고, 출발할 때의 선원 140명 중 40명만이 돌아왔다.

이곳은 16세기 영국인 약탈자 중 가장 위대한 인물 중 한 명인 존 호킨스가 노예무역으로 처음 명성을 얻은 곳이었다. 그의 아버지 윌리엄 호킨스는 웨스트컨트리 출신의 수많은 상인 중 스페인 항구와 카나리아 제도에서 활동한 몇 안 되는 상인이었다.

---

31 1555년 특허장을 받은 영국 최초의 주식회사로, 아시아로 가는 북동 항로 개척을 목적으로 했다. 1698년까지 러시아와의 무역을 독점했으며 1917년 러시아혁명 때까지 존속하였다.

32 말라케타 후추. 학명은 Aframomum melegueta이다. 서아프리카 원산의 향신료로, 유럽인들은 이것이 주로 생산되는 서아프리카 연안을 '후추해안(Pepper Coast)'이라고 불렀다. 또한 '곡물해안(Grain Coast)'이라고도 불린 이곳은 메수라도 곶에서 팔마스 곶까지의 지역으로 과거 기니의 일부였다. 현재는 라이베리아 공화국에 속한다.

33 1508~1554년. 영국의 해군 지휘관으로 1543년에서 1551년에 걸친 스코틀랜드와 잉글랜드의 전쟁에 복무하였다. 이 전쟁에서 공을 세운 뒤 1553년 항해를 떠난 후 1554년 서아프리카 연안에서 사망했다.

선장 존 호킨스는 카나리아 제도로 몇 차례 항해하면서 예의바른 태도로 사람들에게 호감을 얻어 그들로부터 앤틸리스 제도에 대한 정보를 얻었다. 이 제도에 대해선 이미 그의 아버지도 그에게 얼마간 알려준 것이 있었다. 다른 무엇보다도 흑인이 히스파니올라에선 아주 괜찮은 상품이 되며 흑인을 기니 연안에서 쉽게 얻을 수 있다는 것을 알게 된 그는 그곳으로 항해하기로 결정하고 런던 출신의 지인들에게서 협력을 얻었다.[33]

16세기 말 헤크루이트(Hakluyt)[34]는 『영국 국민의 주요 항해(*Principal Navigations of the English Nation*)』에서 영웅적인 항해자들의 이야기를 펼치면서 호킨스가 거둔 성공의 과정을 위와 같이 설명하였다. 호킨스는 1562년 처음으로 노예무역에 나섰을 때, 런던 중심가의 상인들과 엘리자베스 1세 궁정의 고위층들로부터 호응을 얻어 지원을 받을 수 있었던 것이다.

흑인노예는 16세기 초에 스페인 식민지로 도입되었고(최초의 '검은 황금' 화물이 히스파니올라 섬에서 하역된 것은 1503년의 일이다), 히스파니올라 섬은 포르투갈인들이 사실상 독점했던 노예무역의 주된 시장이 되었다. 히스파니올라 섬을 스페인이 차지한 뒤 30년 정도 만에 이곳 원주민 인구는 극적으로 감소했다. 크리스토퍼 콜럼버스가 섬을 처음 발견했을 무렵 그 섬에는 약 80만 명의 아라와크족이 살고 있었다. 그러나 그들은 1510년경이 되면 6만 명 남짓밖에 남지 않았고 1520년이 되면 거의 사라져 버렸다. 거의 50년 뒤 호킨스가 항해에 나서기로 했을 무렵에는 사탕수수 플랜테이션에 흑인 노동력이 절대적으로 필요하게 되었다. 1562년에는 히스파니올라 섬에 있던 30개 플랜테이션에서 거의 2만 명에 가까운 흑인들이 흩어져서 일하고 있었다. 노예의 대다수는 히스파니올라의 수도인 산토도밍고에서 살았지만, 쿠만카에서 카르타헤나에 이르는 티에라피르메 연안의 다른 섬들에서도 노예

---

34 1553~1616년. 영국의 해양 진출, 특히 북아메리카의 식민지화를 주창한 작가로 유명하다. 16세기 이후 대항해 시대 유럽의 팽창에 대한 수많은 자료와 연구서를 간행해온 헤크루이트 협회는 그의 이름을 딴 것이다.

수요가 있었고, 아울러 파나마 지협과 페루 및 멕시코에서도 수요가 있었다.

아프리카에서 포르투갈의 독점권을 교묘히 빠져나간 배들은 주로 카나리아 제도에서 왔는데, 거기서는 스페인인들이 포르투갈인, 이탈리아인, 플랑드르인, 영국인, 프랑스인과 자유롭게 거래했다. 아울러 스페인의 독점권도 교묘히 회피해야 했는데, 세비야에서 출발하는 '서인도항로'와 관련해서는 특허, 즉 '아시엔토(asiento)'[35]를 얻어 노예를 구입해야 했기 때문이다. 많은 포르투갈 교역상들이 상토메 섬에서 스페인령 아메리카로 불법적으로 노예를 공급하면서 가격 인상의 압력을 이용해 이익을 얻었다.

존 호킨스는 원래 항해를 처음 시작했을 때 잉글랜드와 스페인 간에 관계가 좋았기에 해적으로 활동할 생각이 없었다. 그렇지만 그가 거느린 3척의 배는 비록 각각 120톤, 100톤, 40톤의 톤수가 낮은 배였지만 무장을 잘 갖추었다. 카나리아 제도에서 그는 이미 자신의 아버지와 관계를 맺었던 상인들로부터 소중한 지원을 얻었다. 페드로 데 폰테(Pedro de Ponte)라는 상인은 호킨스에게 항로 안내인을 제공하고 앤틸리스 제도의 동료들에게 호킨스가 갈 것을 알렸다. 시에라리온에서는 그는 300명의 흑인노예들을 확보할 수 있었다. 그의 화물에는, 식민지에서 호응이 높았고 카리브 해의 노르망디 및 브르타뉴 선박들이 자주 팔았던 리넨과 루앙 산 모직물 같은 고급 직물은 없었던 것 같다.[34] 히스파니올라 섬 북쪽 연안에서 호킨스는 별 어려움 없이 노예를 팔고 당시 그 섬의 주산물인 모피와 생강, 설탕, 진주를 사들였다. 이런 사업으로 그는 2척의 배를 더 세내어 이용할 수 있었고, 그 배들을 세비야에 있던 한 영국 상인에게 보냈다. 플리머스로 돌아가면 이런 화물로 많은 수익을 올렸겠지만, 호킨스의 사업은 세낸 배들이 몰수당하면서 차질을 빚게 되었다. 식민지의 행정관은 별 문제가 없을 것이라고 보고 그의 배

---

35 1543년과 1834년 사이에 스페인 식민지에 노예를 공급할 수 있는 허가증으로, 다른 나라에 스페인 정부가 부여했다. 영국의 경우 1713년에 공식적으로 스페인령 아메리카에 노예를 공급할 수 있는 협약을 맺었다. 이때 영국 정부는 아시엔토를 남해회사(South Sea Company)에 넘겼다.

가 세비야로 가는 것을 허락했지만, '무역청' 당국은 무력을 통한 교역인 '몸값 요구' 행위에 해당하는 것을 독점에 대한 침해로 보고 인정하지 않았다.

1564~1565년에 진행된 존 호킨스의 두 번째 항해에서는 상황이 달라졌다. 영국과 스페인의 관계가 악화되기 시작한 것이다. 영국해협에서는 스페인 선박이 해적들에게 노략질을 당했고, 반면에 스페인 항구에서는 영국 배들이 몰수되거나 일부 선원들이 폭력적인 종교재판에 회부되었다. 얼마 동안 양국 간의 교역이 중단되었고, 결국 두 나라는 종교적 대립 국면에 진입했다. 그에 더해 1562년의 첫 번째 항해 때는 프랑스인들이 앤틸리스 제도에서 행하던 것에 비할 만한 약탈 공격을 행하지 않았던 호킨스는 새로운 항해에서 폭력으로 점철된 "창끝을 앞세운 교역"을 주로 행하였다. 세비야로부터의 공급 부족에 시달렸던 스페인 식민지 거류민들, 적어도 여러 섬들과 티에라피르메의 거류민들은 노예만이 아니라 다른 상품도 구입하고자 하는 욕망을 끊임없이 보여주었다.

호킨스는 분명 프랑스 해적 프랑수아 르 클레르(François Le Clerc)[36]처럼 행동하지는 않았다. 르 클레르는 1555년 히스파니올라 섬의 라야과나(La Yaguana)를 불사르고 심지어 아바나를 공격하기까지 하였다. 그는 앙리 2세와 스페인 간의 전쟁 시기에 활동했고, 1540년대에 티에라피르메 연안지대에서 프랑스의 습격과 약탈 행위는 늘어났다. 전쟁 상태가 아니었는데도 호킨스는 무력을 자주 사용했다. 그는 두 번째 항해에서 이전보다 훨씬 더 많은 화약을 사용했고, 엘리자베스 1세와 그녀의 몇몇 신하들, 그리고 런던 상인들이 이를 후원했다. 뤼베크에서 만든 지저스(Jesus) 호는 왕실의 도움으로 무장을 갖추었고 용적량이 700톤이었는데, 3척의 그보다 작은 배를 거느

---

36 ?~1563년. 노르망디 출신의 16세기 프랑스 해적. 1549년 영국 배와의 전투에서 다리를 잃어 "나무다리"라는 별명으로 유명했고, 16세기 가장 악랄한 프랑스 해적 중한 명으로 활동했다. 그와 그의 선원들은 소앤틸리스 제도에 있는 세인트루시아 섬에 유럽인으로서는 처음으로 정착했고 이를 근거지로 해적질을 행했다. 1563년 스페인 보물선을 공격하다가 사망했다.

렸다. 호킨스는 카나리아 제도에서 역시 스페인인과의 친분관계를 통해 필요한 상업적·군사적 원조를 받았다. 페드로 데 폰테는 호킨스에게 해로 안내인을 제공하고 식량을 확보해 주었다. 호킨스는 시에라리온에서 400명의 흑인을 싣고 카리브 해에 이르렀다. 그는 히스파니올라보다 상업적 전망이 더 컸던 티에라피르메 연안으로 배를 몰았고, 특히 트리니다드 근처 마르가리타 섬의 진주가 풍부한 모래톱에 끌렸다.

그러나 식민지 당국은 호킨스가 2년 전 히스파니올라에 왔을 때보다 훨씬 호의적이지 않았다. 마르가리타의 총독은 산토도밍고에 이 "개신교도들"의 도착을 알렸고, 티에라피르메의 도시들은 모든 무역을 거절하라는 지시를 받았다. 그리하여 16세기 말 코코아가 핵심 상품이 되기 전 베네수엘라의 주요 산물이었던 담배 교역에 종사했던 보르부라타(Borburata)(카라카스의 현재 위치에서 북서쪽에 위치한다)에서 호킨스는 "창끝을 앞세운" 교역을 시도했는데, 이는 확실하면서도 동시에 불확실한 것이었다. 호킨스는 자신을 거스르는 당국의 조치를 무시해야 한다고 생각하고 교역 허가를 요구하면서 자신이 가져온 노예를 팔고 식민지 산물을 사겠다고 주장했다. 그러면서 동시에 그는 자신의 결심을 알렸다. "이 청원이 받아들여지지 않으면 나는 나 나름의 해결책을 찾을 것이다."[35]

보르부라타에서 자신을 받아들이게 하기 위해, 호킨스는 자신의 배가 손상을 입어 보르부라타로 갈 수밖에 없다고 주장하면서 '피항권(arribada)'을 악의적으로 이용했다. "나는 역풍을 만나 어쩔 수 없이 이 연안 지역으로 오게 되었으며 적절한 항구를 찾게 되면 바로 거기로 가 배를 수리할 권리가 있다." 호킨스는 자기 주장을 관철시켰고 나아가 스페인인들이 요구한 매각된 노예 한 명당 30두카(ducats)의 추가적인 세금도 무시해 버렸다. 사실 그는 마을 전역에 100명의 무장한 부하를 배치하여 무력을 과시하고 있었다. 그는 포르투갈 교역상들보다 더 낮은 가격으로이지만, 노예를 파는 데 성공했다. 이런 식의 "창끝을 앞세운" 무역을 채택한 영국인들은 "평화를 유지하고 누구도 해치지 않으면서" 진주 교역항인 리오하차(Rio Hacha) 항으로 들어가 여기서도 노예를 팔았다. 티에라피르메 연안에서 호킨스가 이런 식으로 교역하는 것을 보고, 그의 동료들도 이런 교역으로 항해에 드는 경비보다 60퍼센트 이상 많은 수익을 올릴 수 있다는 것을 비로소 알게 되었다.

그런 항해를 다시 하라는 요구들이 있었고, 1566년 호킨스는 노예무역을 하러 마르가리타 섬으로 향하고자 한 존 로웰(John Lowell)에게 배를 한 척 맡겼다. 거기서 존 로웰은 유명한 프랑스 노예무역상 장 봉탕(Jean Bontemps)[37]의 배를 만났다. 보르부라타 항구에서 충돌이 일어났고 그 와중에 로웰은 지체 없이 스페인인들을 인질로 잡아 교역 허가를 요구하였다. 그럼에도 로웰은 겨우 몇 명의 노예를 파는 데 만족해야 했다. 리오하차에서는 상황이 더 나빴는데, 거기서 그는 92명의 노예를 내놓았는데 모두가 늙고 병들은 상태였다. 이로 인해 제대로 판매를 할 수가 없었다. 앤드류스(Andrews)에 따르면, 이 항해는 실패였다.

호킨스의 명성에 기대었던 1567년의 항해 결과는 전혀 달랐다. 이 항해는 이전 항해들보다 훨씬 더 중요했고, 그는 총 용적양이 1,333톤이나 되는 6척의 배를 모았다. 그 중 지저스 호와 미뇽(Mignon) 호는 왕실 전함이었다. 궁정과 일부 런던 상인들로부터 지원을 받은 존 호킨스는 출발에 앞서 플리머스에 정박해 있던 스페인 함선들에게 잉글랜드 깃발에 경의를 표하도록 요구함으로써 자신의 항해가 잉글랜드의 자부심을 지키기 위한 것이라는 인상을 주었다.

항해의 초반부는 별 탈 없이 진행되었다. 호킨스는 카나리아 제도에 기항한 후 3달간 머물면서 카보베르데와 시에라리온 사이에서 500명의 노예를 잡았고 거기에 자신의 함대에 3척의 배를 추가하였다. 그런 후에 그는 이미 들린 적이 있던 티에라피르메 연안에 도착했다. 그는 보르부라타에서 한 달을 머물렀는데, 외국인의 상거래가 공식적으로 금지되어 있었기에 밤에 몰래

---

37 ?~1572년. 16세기 프랑스의 해적. 1559년 오늘날 컬럼비아의 해안지대에서 해적활동을 시작했고 1567년 이후 영국 해적 존 로웰과 협력해서 해적 활동을 벌였다. 1572년 퀴라소를 공격하다 사망했다.

노예를 팔았다. 호킨스는 자신의 항해일지에 "우리를 보고 반긴 주민들이 자발적으로 거래에 나섰다"고 썼다. 그는 산타마리아(Santa Maria)와 리오하차에서도 비슷한 방식으로 밀거래를 행했다. 하지만 이곳에서는 불을 놓아 마을의 4분의 1을 태워버렸고 약탈과 인질 납치 등을 행하면서 "창끝을 앞세운 교역"이 무엇인지를 보여주었다. 호킨스는 카르타헤나 근처로 가려고 했지만, 스페인 수비대가 방어시설을 잘 갖추고 있었기 때문에 그 생각을 포기했다. 그럼에도 카르타헤나의 시의회가 물건을 가득 실은 배 몇 척을 해적들이 나포했다고 불평하는 기록이 남아있다. 호킨스의 선단이 플로리다 해협(Florida Straits)에 이른 뒤 그 뒤 서풍을 타고서 아조레스를 거쳐 유럽으로 돌아가기 위해 티에라피르메를 떠났을 때, 배의 선창은 진주와 담배, 은화로 가득 차 있었다. 이 항로로 가기 위해서는, 1,600킬로미터가 넘는 카리브 해 전체를 항구에 들리지 않고 약 25일 동안 계속 항해해 가로질러야 했다. 하지만 선단이 쿠바 섬의 서쪽 끝에 있는 산안토니오(San Antonio) 곶을 돌아서 항해할 때 마침 그때가 가공할 허리케인을 동반한 우기였기 때문에 격심한 폭풍에 시달렸다. 신체와 삭구(索具)에 손상을 입은 배들을 수리해야 해서 호킨스는 가장 가까운 정박지인 산후안데우루아에 피신하기로 결정했다. 그는 1568년 9월 15일 이곳에 입항했는데, 이곳은 보물선 항로의 중심에 해당했기에 호킨스가 이곳에 입항한 것은 그가 대단한 수완가였음을 보여준다.

하지만 그때까지 호킨스와 그의 부하들을 보호해주던 행운이 산후안에서는 따르지 않았다. 호킨스는 주민들이 영국 배들을 베라크루스에서 오기로 한 갤리언 선단에 속한 배로 착각해서 입항을 허가한 덕분에 이 항구에 겨우 들어갈 수 있었다. 그래서 9월 16일 아침에 갤리언 선단이 모습을 보이자, 호킨스는 이제 밀무역에 열중하는 식민지 거류민이나 부패한 식민지 당국이 아니라 선단과 함께 도착한 '누에바에스파냐'의 부왕과 제독 돈 프란시스코 데 루산(Don Francisco de Lusan)을 상대해야 했다. 이들은 식민지 출신 스페인인들이 아니라 본토 출신으로, 스페인의 독점권을 지키는 데 목숨을 걸 정도는 아니었지만 온 힘을 다 했던 사람들이었다. 전투에서 수적으로 우위에 있었던 펠리페 2세의 해군들은 쉽게 영국인들을 물리쳤고, 호킨스의 배는 겨우 3척만이 잉글랜드에 도착할 수 있었다.

1567~1568년의 항해는 얼마간의 진주와 은을 싣고 와 매각했음에도 금전적인 면에서 결과가 형편없었다. 하지만 스페인인들의 비열함을 보여주는 '엄숙한 명분(cause célèbre)'이라는 가치를 얼마간 얻었다. 호킨스는 잉글랜드와 스페인이 전혀 대립관계에 있지 않기에 부왕과 협상하고자 했지만, 오히려 공격을 받았다. 모욕은 받은 만큼 갚아야 했다. 그리하여 이후 엘리자베스 시대의 '해적들(Sea Dogs)'이 벌인 활동이 정당화되었다.

하지만 아주 간단히 말해서 이로써 영국인들이 아메리카에서 노예무역과 밀거래를 행하기 위해 수행한 항해는 종식되었다. 아프리카에서 노예를 구입하기에는 강력한 포르투갈 무역상을 상대할 만한 기반이 없었고, 카리브 해에서는 프랑스인들이 식민지 거류민들에게 모피나 담배를 대가로 팔았던 루앙 산 면직물이나 리넨과 같은 고급 직물이 영국인들에게 없었다. 동시에 1567~1572년의 시기는 정치적 전환점이기도 했다. 오래 지속되던 평화로운 시기가 끝나고, 잉글랜드와 스페인은 17세기 초까지 지속될 전쟁 국면으로 돌입했다. 1585년까지 잉글랜드와 스페인이 공개적으로 전쟁을 선언하지는 않았지만, 해적 행위를 목적으로 한 항해가 늘어나 1570년에서 1577년까지 8년 동안에 자그마치 30회나 되었다.

중요한 정치적·종교적 요소들이 두 왕국을 이런 충돌로 몰아갔다. 1568년 5월 메리 스튜어트(Mary Stuart)[38]가 잉글랜드로 도망치면서, 잉글랜드는

---

[38] 1542~1587년. 스튜어트 왕가 출신의 스코틀랜드 여왕이자 프랑스의 왕비였다. 프랑스에서 어린 시절을 보내고 프랑수아 2세와 결혼하지만 남편이 일찍 죽은 후 스코틀랜드로 돌아와 여왕이 되었다. 당시 스코틀랜드의 복잡한 종교분쟁과 결부되어 왕실의 암투를 피해 1568년 잉글랜드로 피신했다. 하지만 잉글랜드 왕위계승권도 가진 그녀를 경계한 엘리자베스 1세에 의해 유폐되었다가 1587년 누명을 쓰고 사형 당했다. 메리의 아들이 훗날 최초로 잉글랜드와 스코틀랜드의 공동 왕이 되고 영국혁명의 계기를 제공한 제임스 1세이다.

스페인과 프랑스가 지원하는 반란이 일어날 위험에 처했다. 저지 지방에서는 알바(Alba) 공[39]이 반란을 진압했고 프랑스에서는 세 번째 내란[40]이 일어나 잉글랜드가 무기와 자금으로 라로쉘을 지원할 기회를 얻었다. 영국인들은 프랑스 위그노(Huguenot) 해적들과 협력하여 스페인과 프랑스, 플랑드르, 포르투갈의 가톨릭 선단을 공격했다. 잉글랜드 남쪽 해안에서는 알바 공의 군대로 은을 실어 나르던 선박들이 공격당해 화물을 몰수당했다. 이런 상황은 유럽만이 아니라 아메리카에서도 영국인과 스페인인들이 서로 적대하던 일종의 냉전 상태를 뜻했다. 아메리카에서는 파나마가 이런 충돌의 무대가 되었다.

영국의 파나마 습격

호킨스와 6촌 간이었고 그를 따라 경력을 쌓았던 프랜시스 드레이크는 1567년의 항해에서 주디스(Judith) 호를 지휘하였다. 열정적인 신교도였던 그는 산후안데우루아에서의 패배를 설욕하기 위해 1570년과 1571년, 1572년의 세 차례 항해에서 파나마 지협을 겨냥했다. 그곳에서 그는 보물선 항로

---

39 Fernando Álvarez de Toledo y Pimentel, 1507~1582년. 스페인의 거대 귀족인 제3대 알바 공으로서 칼 5세와 펠리페 2세의 뛰어난 장군이자 외교관이었다. 오스만-합스부르크 전쟁 중에 튀니스를 정복하여 오스만 제국의 유럽 침략을 저지하고 합스부르크 제국이 승리하는 데 공헌했으며, 유럽 대륙의 30년 전쟁에도 참여했다. 1567~1573년 네덜란드 총독으로서 스페인에 대한 네덜란드의 반란을 무자비하게 진압한 것으로 유명하며, 그럼에도 네덜란드 독립의 움직임이 진정되지 않자 스페인으로 소환되었다.

40 1562년부터 시작된 프랑스 종교전쟁 중 세 번째 전쟁(1568~1570년)을 말한다. 1560년대 아메리카에 프랑스 식민지를 건설하려는 프랑스 신교도들(Huguenot)의 시도가 실패한 후, 이들은 라로쉘에 정착하였고, 1560년대 말에는 라로쉘이 프랑스 신교도의 중심지가 되어 신교 공화국으로 독립을 선언하기까지 하였다. 결국 1572~1573년 동안 라로쉘은 가톨릭을 지지하는 프랑스군에게 포위되고 1573년 라로쉘 조약을 통해 도시 내에서의 신교도 종교활동이 금지되었다.

의 중심부를 목표로 삼았다. 선단을 제대로 갖추지 못했던 처음 두 번의 항해(1570년에는 2척, 1571년에는 겨우 1척)에서 드레이크는 놈브레데디오스 근처 사그레 강 하구를 공격해 은과 값비싼 직물을 약탈하였다. 하지만 무엇보다 그는 보물이 어떤 조건 하에서 운반되는지에 대한 완전한 정보를 얻었고, 갤리언 선단이 도착하기 전에 페루 산 은을 대서양 쪽 파나마에 비축하기 위해 은을 짊어지고 옮기는 사람들로 파나마 지협 전체가 북적거린다는 것을 알았다. 그는 또한 흑인 '도망노예들'의 육상운송로가 있으며 이들은 스페인인들에게 항상 적대적이라는 것도 알았다. 1572년 드레이크는 아마도 르아브르(Le Havre) 출신의 프랑스 해적 기욤 르 테스튀(Guillaume Le Testu)[41]의 협력을 얻어서 파나마의 스페인 식민당국에게는 최악의 상황을 실현시켰다. 즉 백인 해적들과 흑인 산적들의 동맹이었다.

호킨스와 런던 상인들의 재정 지원을 받은 1572~1573년의 항해는 73명의 선원에 2척의 배로 이루어졌다. 배 중 한 척은 70톤의 파샤(Pascha) 호였고 다른 한 척은 25톤의 스완(Swan) 호였다. 그들은 1572년 5월 말 플리머스를 떠났다. 그러나 그들의 놈브레데디오스에 대한 첫 번째 습격은 실패했는데, 왜냐하면 해적들은 보물을 탈취하고자 했지만 갤리언 선단이 이미 그곳을 떠난 뒤였기 때문이다. 드레이크와 그의 부하들은 물러나서 거의 6개월 동안 티에라피르메의 기다란 연안 지역을 돌아다니며 시간을 보냈다. 그러는 사이에 선원들은 열병으로 쓰러졌다. 1573년 1월 드레이크의 부하 중 제대로 활동할 수 있는 사람은 30명 정도밖에 남지 않았지만, 마침내 흑인 '도망노예들'과 결탁해서 성공을 거둘 수 있게 되었다. 실제로 그 해 초에 흑인들은 영국인들에게 페루에서 보물선단이 파나마에 도착했음을 알려주었다.

---

41 1509/1512~1573년. 프랑스의 항해자이자 해적. 당시 신교도의 지도자이자 프랑스 해군제독이었던 가스파르 드 콜리니의 후원을 받았으며 당시 가장 뛰어난 지도제작자이기도 했다. 프랑스 종교전쟁 초기 해적으로 활약했고 1573년 프랜시스 드레이크와 함께 놈브레데디오스로 가는 노새 수송대를 공격하여 거의 30톤에 이르는 금과 은을 탈취했다. 하지만 이때 스페인군에게 잡혀 살해당했다.

흑인들을 따라나선 드레이크의 부하들은 대서양 연안으로 보물을 실어 나르던 노새 수송대를 급습하였다. 그들은 파나마 지협을 가로지르는 길 중간에 있는 벤타데크루세스(Venta de Cruces)에서 은괴를 탈취하였다. 하지만 스페인인들이 해적들의 이런 행동에 크게 놀라지는 않았다. 흑인들 중에는 여전히 그들과 신뢰 관계에 있던 사람들이 있었고 그들이 미리 경고하여 수송대의 화물은 그다지 많지 않았다. 그러나 3월에 프랑스 위그노 기욤 르 테스튀와 함께 벌인 습격은 성공적이었다. 20명의 프랑스인과 15명의 영국인, 그리고 40명의 흑인들이 벤타데크루세스에서 출발해 놈브레데디오스에서 2리그 떨어진 곳에 도착한 수송대를 급습하였다.

> 해적들이 내지의 '도망노예들'과 가까워져 작당했는데, 이 '도망노예들'의 수는 3,000명이 넘으며 이들이 해적을 도와 길 안내를 했다. 그들은 15만 페소가 넘는 금과 은을 훔쳐갔다.

놈브레데디오스의 시의회는 드레이크의 대담한 행동을 격렬하게 비난하였다. 하지만 스페인의 대응도 기민하였다. 스페인 군이 놈브레데디오스에서 도착하여 배로 돌아가는 해적들을 추적했다.

드레이크는 1573년 8월 보물을 싣고서 플리머스로 귀환했다. 그러나 대가도 컸다. 그의 형제 두 사람과 부하들 중 반이 스페인 군의 총알과 열병에 희생되었다. 그럼에도 '서인도 항로'가 가진 약점이 명확하게 드러났고, 이때 맺은 '도망노예들'과의 협력을 통해 그 이후의 습격도 계속 성공할 수 있었다. 1577년과 1585년, 1595년에 수행한 드레이크의 다른 항해들은 모두 이런 기대 하에 이루어졌고, 페루의 관문인 파나마를 파멸시키고자 한 흑인 반란자들의 지원에 힘입은 것이었다.

하지만 사실 이 습격 이후 3년 동안 영국인들은 티에라피르메 연안을 따라 해상에서 습격을 벌이는 데 만족해야 했다. 마침내 1576년 드레이크의 오랜 동료 중 한 명인 옥스냄(Oxenham)은 흑인 '도망노예들'의 협력을 얻어 파나마를 습격해 그 보물을 탈취할 계획에 착수했다. 그다지 용맹스럽지는 못했던 옥스냄은 스페인 군이 보호를 강화했던 육상운송로에 대한 정면 공격을 포기하고 태평양 연안 쪽으로 가 페루에서 파나마로 오는 도중의 배를 공격할 계획을 새로 짰다. 파나마 지협의 깊은 산악지대로 들어간 그는 대서양과 태평양 양쪽 편의 경사면을 덮고 있는 울창한 밀림 속에서 '도망노예들'의 마을들을 발견했다. 그리고 그는 그곳에서 "양편에 12개의 노로 젓는" 작은 배를 만들기 시작했다. 이 배로 영국인들은 파나마 만 입구의 펄(Pearl) 제도에서 화물을 내릴 수 있었다. 1577년 8월 15일 파나마의 명사들은 패닉 상태에 빠져 이 습격을 이렇게 묘사하였다.

> 신도 폐하도 두려워하지 않는 50명의 영국인들이 아클라(Acla) 만에서 산미겔(San Miguel) 만까지를 가로질러 왔다. … 그들은 펄 제도로 가서 다량의 진주와 금은보석을 탈취하고 진주 채취와 교역에서 일하던 여자와 아이를 비롯한 70명의 노예들을 10명의 '도망노예들'에게 넘겨주었다. 더욱 우려스러운 것은 그들에게 성자와 신앙을 존중하려는 마음이 전혀 없었다는 점이다. 그들은 성상(聖像)과 십자가상을 부수고 제단을 뒤집었으며 장백의(長白衣)와 예복을 앞치마로 사용했다. 그리고 그 외 수많은 범죄를 범했다.36)

하지만 스페인인들은 곧바로 정신을 차린 후 해적들이 잉글랜드로 도망치려고 대서양 연안에 정박해 둔 배를 파괴하고, 무엇보다 중요한 것으로, 밀림에 숨어있던 '도망노예' 집단들을 소탕하였다. 스페인인들은 '도망노예들'의 수도인 발라노(Vallano)42를 점령했고 1577년 말에 옥스냄을 체포하여 파

---

42 16세기 파나마 지협의 밀림에 숨어들었던 흑인 '도망노예들'의 주요 정착지의 이름. 이 지역에 약 3,000명 정도의 '도망노예들'이 있었다고 하며 발라노는 놈브레데디오스에서 남쪽으로 30리그 정도 떨어진 곳에 있었다고 한다. 1577년 발라노가 스페인 군에 파괴된 뒤, '도망노예들'은 푸에블로에 정착하도록 허용되었고 약간의 자치도 부여받았다. 이후 영국인들은 '도망노예'와 동맹할 수 없게 되었다.

나마에서 처형하였다. 사실 옥스냄은 독자적으로 행동했고 엘리자베스 1세의 지원을 받지 않았다. 여왕은 파나마를 둘러싸고 스페인과 공개적인 전쟁을 벌일 수 없었기 때문이다. 앤드류스가 강조했듯이, 엘리자베스 1세는 제국주의자가 아니라 현실주의자였다.[37]

'서인도항로'의 방어는 더욱 강화되었다. 2척의 갤리언 선이 카르타헤나로 파견되어 멀리 트리니다드까지 티에라피르메 연안을 따라 순찰하였다. 이 갤리언 선들은 효과적으로 작전을 펼쳐 1578년에 6 내지 7척의 프랑스 해적선을 나포할 수 있었다. 이후 파나마 지협을 가로지르는 길에 대한 직접 공격은 다시는 발생하지 않았다. 1585~1586년에 산토도밍고와 카르타헤나에서 드레이크가 시도했던 공격의 결과는 모두 실망스러웠다. 마침내 스페인과 전쟁하기로 결정한 엘리자베스 1세는 카리브 해로 가는 길목인 카르타헤나를 점령해 수송선단을 마비시키고자 했다. 여왕이 지원한 프랜시스 드레이크의 원정 함대는 17척의 배와 선원 2,300명으로 구성되었다. 그들은 1585년 9월 12일 플리머스를 출발했다. 그러나 함대의 항해는 쉽지 않았다. 카나리아 제도에서 도미니카까지 항해하는 데 걸린 3주 동안 200명이 괴혈병으로 사망했다. 히스파니올라에 대한 습격의 성과는 극히 적었다. 1586년 2월 카르타헤나에 대한 습격은 그보다는 성과가 좋았지만, 영국인들의 공격을 미리 안 그 도시는 대부분의 보물을 따로 숨겨두었고 습격의 결과는 드레이크가 기대한 만큼에 못 미쳤다. 드레이크는 대성당과 아우구스티노 회 수도원, 도미니크 회 수도원, 명사들의 저택 몇 곳에 불을 지른 후 10만 7,000두카의 몸값을 얻을 수 있었다. 그럼에도 성과는 미미했고 폭넓은 활동에도 보물선 항로는 요지부동이었다. 대략 10달 뒤인 1586년 11월 5일에도 멕시코 협곡의 영주인 돈 후안 데 구스만(Don Juan de Guzman)은 당대의 가장 많은 보물을 싣고서 '누에바에스파냐'에서 온 갤리언 선단과 함께 세비야로 들어왔다.

영국의 이런 공격에 스페인 쪽은 지체 없이 대응했다. 마드리드는 대서양 항로를 지키기 위해 2척의 갤리언 선을 더 파견했고, 은의 수송에는 무장이 잘 된 프리깃함[43]을 이용했다. 그래서 1588년 2척의 갤리언 선이 산토도밍고와 카르타헤나, 아바나로 재빨리 이동했고, 기사 안토넬리(Antonelli)44는 카리브 해로 가는 길목인 아바나와 카르타헤나, 푸에르토리코의 산후안에 있는 요새들을 강화했다. 보물선에 대한 방어는 실제로 잘 되었지만, 카리브 해에서의 상업 활동을 보호하는 데는 충분치 않았다. 스페인은 카리브 해에서 우글거리는 해적들을 제거할 만한 지역 함대를 마련하지는 못했다. 물론 카르타헤나와 아바나 동쪽의 카리브 해 전역은 그렇게 큰 전략적 가치를 지니지 않았고 상업적인 면에서 크게 매력적이지도 않았다. 게다가 그곳을 방어하기는 쉽지 않았다. 그래서 히스파니올라의 사탕수수 플랜테이션은 엄청난 부진에 빠졌고 마르가리타 섬의 진주 생산은 가치를 상실하게 되었다. 자메이카와 히스파니올라, 푸에르토리코, 베네수엘라는 귀금속 생산에 특화된 멕시코와 페루로부터 너무 멀리 있었다. 소앤틸리스 제도는 스페인인들이 전혀 점령하지 않고 포기되어 카리브 해의 원주민들만이 거주하였다.

1585년 드레이크가 수행한 습격이나 1595년 호킨스가 수행한 습격만큼 강력한 작전은 드문 일이었고, 영국이 수행한 작전들은 큰 손실을 거듭했다. 한 두 척의 배로 감행한 습격이 훨씬 더 빈번했고, 이런 습격은 보물 저장고를 습격하거나 도시를 점령할 정도가 아니었다. 그러나 이런 습격들은 누적적인 효과를 거두어 스페인의 대서양 항로를 불안하게 만드는 데 기여했다. 1585년에서 1603년까지 영국 연안에서 출항한 원정 항해는 74회에 이르렀고 183척의 선박들이 동원되었다. 이런 항해들은 식민지들 사이의 교역 활동에 심각한 타격을 가했으며 아바나와 카르타헤나 주변 지역들을 위협하기도

---

43 프리깃(frigate) 함은 호위함이라고도 한다. 순찰과 호위에 주로 이용하고 가벼운 무장을 한 전함을 말하는데, 경우에 따라 구축함이나 순양함이 해당될 수 있다. 18세기에는 74문 이상의 포를 갖춘 전열함을 가리켰고 19세기 말에는 장갑 프리깃함이 출현했다. 오늘날은 대략 1,000톤에서 4,000톤급의 함선을 가리키고 있다.

44 Battista Antonelli, 1547~1616년. 합스부르크 왕가를 위해 일한 이탈리아의 군사 기술자 가문 출신의 기사. 1581년 마젤란 해협의 요새 건설에 실패한 후 1586년부터 카리브 해와 티에라피르메 연안의 요새 건설에 종사하였다. 나중에는 지브롤터 해협의 요새 건설도 수행하였다.

하였다. 그곳의 갤리언 선들은 자금과 선원이 부족해서 거의 바다로 나갈 수가 없을 정도였다.

스페인 무적함대와 대서양에서의 해전

1585년 엘리자베스 1세와 그녀의 신하들은 스페인과의 전쟁에 동의했다. 비록 아메리카의 보물 운송로가 차단되지 않았지만, 그럼에도 그들은 유럽으로 돌아오는 갤리언 선단에 반드시 필요한 아조레스 제도를 점령함으로써 세비야가 주무르는 아메리카에 치명적인 타격을 가할 수 있을 것이라고 몇 년 동안 믿었다. 다른 한편으로 영국인들은 또 무엇보다도 저지 지방으로 가는 해양 보급로를 위협하여 그곳의 스페인 군을 봉쇄하고자 했다. 하지만 여왕의 목적을 그녀의 신하들이 완전히 공유하지는 않았다. 그들이 가진 신교도 젠트리의 심성은 바다에서 이익보다는 영광을 추구했다. 랠프 데이비스(Ralph Davis)는 영국인들의 심성이 어떻게 변화했는지를 보여준 바 있다. 1540년에 젠트리들이 명예를 추구한 곳은 프랑스였다. 그러나 1580년에는 그곳이 대서양으로 바뀌었다. 롤리(Raleigh)[45]는 스페인 제국을 박살내고 싶어 했지만, 엘리자베스 1세는 유럽에서 영국의 이해관계를 고려하고자 했다. 가톨릭교도 동맹(the League)[46]이 여전히 위협적이었던 가톨릭 프랑스에 맞서려면 프랑스의 야심을 제한하기 위해 신교도들을 돕는 것이 더 나았

---

45 Walter Raleigh, 1552/1554~1618년. 영국의 정치가, 탐험가, 작가, 시인이자 영국 여왕 엘리자베스 1세의 총신으로 알려진 인물이며, 1584년 버지니아의 로어노크 섬에 식민지를 개척했는데, 이것은 영국이 아메리카에 개척한 첫 식민지였다.

46 La Ligue catholique. 프랑스 종교전쟁과 위그노 전쟁 동안 형성된 가톨릭교도들의 동맹. 1576년 기즈 공의 주도로 형성된 동맹은 프랑스에서 신교도의 완전한 축출과 타협적인 앙리 3세의 교체를 목적으로 하였다. 엘리자베스 1세의 영국은 1589년 앙리 3세 사후 가톨릭 동맹에게 몰리던 나바르의 앙리를 군사적으로 지원하여 그가 앙리 4세가 되는 데 도움을 주었다.

던 것이다. 게다가 전면적인 전쟁이 여전히 힘이 약한 잉글랜드에게는 재앙이 될 수도 있었다.

그럼에도 엘리자베스 1세는 1585년 네덜란드 반군을 지원하기 위해 드레이크를 카리브 해로 파견함으로써 스페인의 펠리페 2세가 영국을 공격할 마음을 갖게 하고 말았다. 그러므로 무적함대의 원정 계획은 1586년에 마련되었지만, 엘리자베스 1세는 여전히 협상을 시도하고 있었다. 펠리페 2세는 바다를 완전히 청소하고 싶어 했다. 비스케이 만과 북해를 통해 플랑드르로 이어지는 '스페인 대서양 연안항로(Spanish Way)'는 육상 운송로보다 비용이 덜 들었지만, 1560년대 이래 북에서 남까지 대서양의 교통은 네덜란드 및 프랑스의 신교도 뱃사람들과 결탁한 영국인들이 지배했기 때문이다.

이러한 목적은 스페인 정치의 다른 축과 함께 진행되어야 했다. 그 다른 축이란 '서인도항로'의 중간 기착지인 아조레스 제도를 모든 측면에서 안전하게 만들어 '서인도항로'를 강화하는 것이었다. 1577년 여름에 결국 우세하게 된 것은 이런 보물선 항로의 방어였다. 그리고 바로 무적함대가 아조레스로 파견되었다. 1580년 포르투갈의 병합 이후 스페인의 해군력은 포르투갈의 대양 항해 선박들을 더함으로써 강화되었다. 무적함대가 출항하기 전 리스본에서 펠리페 2세는 총톤수가 5만 7,000톤이 훨씬 넘는 약 300척의 배를 거느릴 수 있었다. 거기에 든 비용은 1,000만 두카로, 영국 왕실이 6년간 얻는 수입에 해당했다. 그러나 이 함대에는 적잖은 병참상의 약점이 있었다. 즉 군수 공급이 불충분했고, 포가 약했으며(이것은 영국군과 교전을 벌일 때 주된 취약점이었다), 해군 선박수리소가 없었고, 출항 전에 너무 오랫동안 발이 묶여 있어 선원들의 건강 상태가 나빴던 것이다.

영국은 이에 대항할 만한 140척의 함대를 마련할 수 있었다. 이 함대의 중핵은 여왕의 전함 34척으로 구성되었고, 게다가 그들에게는 채텀(Chatham)의 선박수리소와 같은 마음대로 이용할 수 있는 훌륭한 선박수리소가 있었다. 한편 영국해협으로의 진입 지점에 있는 플리머스에는 대규모 기지가 있었다.

1588년 6월 12일 7,000명의 선원, 1만 7,000명의 군인들을 싣고 라코루냐 (La Coruña)를 떠난 메디나 시도니아 공(Duke of Medina Sidonia)[47]이 이끄는 130척의 선박은 상륙용 배를 가지고 플랑드르에서 오는 파르마 공(Duke of Parma)[48]의 함대와 합류할 예정이었다. 스페인 무적함대는 파드칼레의 모래 톱을 겨우 통과했지만, 그라블린(Gravelines)에서 포의 성능에서 밀려 영국 함대에 패배했다. 스페인 군은 적군이 영국해협을 봉쇄하고 있었기 때문에 그곳을 통해 귀환할 수가 없었다. 게다가 역풍까지 불어 스페인군은 북대서 양 쪽으로 돌아가 아일랜드를 거쳐 귀환해야 했다. 아일랜드에서는 폭풍을 만나 수많은 선박이 파괴되었다.

하지만 이 패배의 규모를 과장해선 안 될 것이다. 사실 영국이 이 승리를 이용하는 일은 전혀 만만치가 않았다. 1589년 드레이크는 리스본과 세비야, 그리고 이어서 아조레스 제도에 대한 원정을 제안했다. 런던 상인들은 세비 야의 목을 졸라서 인도와 브라질의 포르투갈 제국으로부터 새로운 이익을 얻고자 했다. 한편 여왕은 무적함대의 잔존 세력이 피신해 있던 산탄데르 (Santander)와 산세바스티안(San Sebastian)을 파괴하고, 그 후에야 리스본과 아조레스 제도에 대한 작전을 개시하고 싶어 했다. 원정의 결과는 한심했 다. 영국인들은 리스본은 차치하고 라코루냐에서도 격퇴 당했으며, 아조레 스 제도에 이르는 것은 꿈도 꿀 수 없었다. 아직 엘리자베스 1세의 나라에는 지배적인 해양세력으로 나서는 데 필요한 자원이 없었으며, 자본이든 해군 이든 민간 무역에 너무 많이 의존하고 있었던 것이다.

---

47 제7대 메디나 시도니아 공 Alonso Pérez de Guzmán(1550~1615년)을 말한다. 스페인 의 군인이자 무적함대 총사령관으로, 육상 전투에 능한 반면 해전 경험이 없어 펠 리페 2세의 주된 인사 실패로 꼽힌다. 무적함대 패배 이후 평생 무능하다는 비난 을 받았다.

48 제3대 파르마 공 Alessandro Farnese(1545~1592년)을 말한다. 스페인의 군인으로 레 판토 해전에 참전했으며, 특히 1578년에서 1592년까지 스페인령 네덜란드의 총독 으로서 네덜란드 반란의 진압에 큰 공을 세웠다. 현재의 벨기에에 해당하는 남부 를 지켜 가톨릭권으로 유지한 것은 그의 공이라고 한다.

1590년과 1591년 영국인들은 또 한 차례 아조레스 제도를 공격했지만, 역시 아무런 성과를 얻지 못했다. '서인도'에서 온 갤리언 선과 캐러크 선은 계속해서 아조레스 제도를 지나다녔다. 가장 중요한 것은 돈 알론소 데 바산(Don Alonso de Bazan) 지휘 하에 스페인 함대가 재건되었다는 사실이었다. 약 20척의 갤리언 선들이 아조레스에서 영국 배들을 물리칠 수 있었다. 스페인은 영국에게 다시 한 번 위협적인 세력으로 보이게 되었다. 물론 1595년 드레이크와 호킨스가 푸에르토리코에서 애를 먹고 있을 때에 에식스 백작(Earl of Essex)[49]은 카디스에서 갤리언 선들을 침몰시키는 성과를 올렸다. 그러나 그는 리스본을 공격하지 않았고 '서인도'에서 오는 선단을 파괴하지도 않았다. 1596년 10월 피니스테르 곶(Cabo Finisterre) 연안 앞바다에서 스페인의 갤리언 선들이 폭풍에 파괴되어 다시 또 스페인 함대가 굴욕을 당했음에도, 칸타브리아 연안의 항구들이나 아조레스 제도에 대한 영국의 원정들은 실패로 끝났다.

영국인들에게 현실적으로 유일한 선택지는 해적 활동이었다. 비록 규모는 줄어들었지만 그런 활동은 누적되면서 스페인에게 재정적으로 큰 타격을 주게 되었고, 대서양과 카리브 해에서 스페인의 교역을 파괴하였다. 1590년대에는 영국의 해상 공세의 파고가 정점에 이른 시기였다. 신교도가 가톨릭을 신봉하는 무적함대를 격파한 것이 팸플릿과 이미지로 대중에게 널리 알려지면서 그런 해상 활동의 인기가 높아졌고, 1589년 헤크루이트는『영국 국민의 주요 항해』를 해양 제국주의의 메시지를 담아 간행하였다.

---

49 제2대 에식스 백작 Robert Devereux(1565~1601년)를 말한다. 영국의 귀족이며 엘리자베스 1세의 총신이었다. 1596년 네덜란드와 협력하여 성공한 카디스 함락으로 군사적 영웅이 되었지만, 1599년 아일랜드 반란의 진압에 실패한 이유로 실각했다가 1601년 쿠데타를 기도하다 처형당했다.

16세기 말 네덜란드의 대서양 진출

카리브 해에서 네덜란드인들이 벌인 해적 행위와 불법 교역 활동은 이베리아인의 대서양의 쇠퇴를 가져온 주된 요소 중 하나였다. 그 첫 번째 국면은 1609년 스페인과 네덜란드 사이에 맺어진 휴전 조약 이전에 수행된 반란 기간 동안과 결부되었고, 두 번째 국면은 대서양에서 이베리아인들에 대한 공개적 전쟁 수행을 위해 1621년 이후 창설된 네덜란드 서인도회사(Dutch West Indies Company)의 성립에 뒤이은 시기였다. 두 번째 국면에서는 네덜란드의 시도가 포르투갈령 브라질에 식민지를 건설하고 카리브 해의 퀴라소(Curaçao) 섬과 신트외스타티우스(St. Eustatius) 섬에 밀무역을 위한 중계항을 세우는 데 이르렀다. 또한 그들은 아프리카의 엘미나에도 노예무역을 위한 중계항을 마련했다.

첫 번째 시기 동안에는 네덜란드가 세계의 상업적 패권을 장악하는 데로 이어지는 길이 닦였다. 네덜란드는 한참 뒤인 1580년까지 세비야가 관장하는 대시양에서 줄곧 차지했던 입지로 인해 큰 이익을 얻었다. 그들은 '서인도항로'에 일정 부분 선박을 제공했고, 그 사이에 네덜란드 상인들은 이베리아 반도의 항구에서 활동하면서 아메리카 산 상품을 북유럽 및 지중해 지역 전역에 유통시키고 식민지 거류민들이 살 만한 상품을 구하였다. 1585년 스페인이 다시 장악한 안트베르펜이 네덜란드군의 스헬더 강 하구 통제로 봉쇄되자, 펠리페 2세는 네덜란드 반란군의 저항을 물리치기 위해 스페인과 포르투갈에서 네덜란드 선박과 상품을 억류하기로 결정했다. 이 시기까지 한자동맹보다 네덜란드인들이 더 많이 수행했던(1584년 이베리아를 떠나 발트 해로 간 네덜란드 선박은 93척인 반면, 한자 선박은 51척이었다) 발트 해와 이베리아 간의 무역은 눈에 띌 정도로 쇠퇴했다.[38] 1586년 이 무역을 수행한 네덜란드 선박의 항해는 겨우 22회였고, 1587년에는 12회, 1588년에는 4회, 1589년에는 3회로 줄어들었다. 그리고 이 무역의 일부는 한자 도시들의 손아귀로 넘어갔는데, 이들 도시에서는 도피처를 찾아 안트베르펜에서 온

많은 상인들이 새로운 사업에서 수익을 남기고자 애쓰고 있었다.

하지만 펠리페 2세는 1590년대 초 극단적인 흉작으로 이베리아 반도의 곡물 수급에 어려움을 겪고 있었고, 한자 네트워크에만 의존해서는 충분한 해군 군수 및 곡물 공급을 기대할 수가 없었다. 그는 1590년 억류를 풀기로 결정했다. 네덜란드인들은 그 해에 이베리아 반도에서 발트 해로의 항해를 101회 수행했고, 1591년에는 169회 수행했다. 바로 그때부터 홀란드(Holland)와 제일란트(Zeeland)가 아메리카 산 상품만이 아니라 동인도 산 상품까지도 거래하는 유럽에서 가장 큰 중계지대가 되었다. 플랑드르 연안을 여전히 네덜란드 반란군이 봉쇄하고 있어, 안트베르펜이 이베리아 국가들의 식민지 무역의 중심 역할을 계속 수행할 수 없었기 때문이다.

1598년 펠리페 3세는 이베리아 반도 내의 네덜란드 선박과 상품을 다시 억류하기로 결정했는데, 그 효과는 파괴적이었다.[39] 네덜란드인들이 직접 수행하는 이베리아 반도에서 발트 해까지의 항해는 1598년 107회에서 1599년 겨우 2회로 급격하게 줄어들었고, 1600년에는 26회가 이루어졌다. 그 사이 암스테르담에서 이베리아 반도로의 항해는 1598년 201회에서 1599년 19회로 감소했다. 스페인 왕은 이베리아와 아메리카에서 저지 지방으로 가는 상품을 엄격하게 통제하여 조금씩 밖에 들어가지 못하게 함으로써 유럽 내 네덜란드의 상업 네트워크를 마비시킬 수 있다고 생각했다. 그러나 네덜란드는 자신의 배가 이베리아 반도에 접근할 수 없게 되면서, 식민지의 부에 직접 접근할 수 있는 길을 찾아 나서게 되었다.

발타사르 드 무슈롱(Balthasar de Moucheron)[50]과 자크 드 벨라에(Jacques de Velaer),[51] 반 데어 묄렌(van der Meulen) 형제와 같은 안트베르펜에서 옮

---

50 1552~1630년경. 노르망디 출신의 네덜란드 항해자, 해적, 상인. 1594년 안트베르펜에서 홀란드로 이주했고, 미델부르흐에서 카리브 해에서의 네덜란드 밀무역을 통제했다. 1597년에는 나중에 네덜란드 동인도회사로 통합되는 무슈롱 회사를 설립했다.

51 ?~1613년. 안트베르펜에서 암스테르담으로 이주한 네덜란드 상인. 1596년 기니와 중앙아메리카 간의 노예무역을 주도했으며, 1599년 브라반트쉐 회사를 설립했다.

겨온 무역상들은 기니에서 노예무역망을 만든 최초의 유럽인들이었다.[40] 당시 빅케르(Bicker) 형제[52]와 같은 다른 네덜란드인들이 그들과 함께했다. 이러한 무역상들은 최초 국면에서는 상토메 섬에서 산출된 금과 상아, 고무, 설탕 등을 밀매하는 데 투입되었다. 억류로 인해 그들이 리스본으로 이런 상품들을 가져갈 수 없었기 때문이다. 네덜란드인들이 아프리카에 점점 더 많이 모습을 나타냈지만(1599년에서 1608년 사이에 200척이나 되는 네덜란드 선박이 아프리카 연안으로 향했다), 그들이 노예무역에 바로 관심을 가진 것은 아니었다. 네덜란드인들의 카리브 해 무역은 비교적 늦은 1593~1595년 에야 비로소 등장했다. 1596년 미델부르흐(Middelburg)의 대상인인 무슈롱이 베네수엘라 연안으로 2척의 배를 보냈고, 다른 배들은 히스파니올라로 보냈 으며, 그곳에서 네덜란드인들은 포르투갈인 신교도들과 연계를 맺을 수 있 었다. 이 포르투갈 신교도들은 유대인의 자손들로 스페인령 아메리카로 이 주하여 밀무역에 종사했다.

1598년의 억류조치는 카리브 해에서 네덜란드인들의 교역을 진전시키는 데 결정적인 역할을 하게 되었다. 네덜란드인들은 이베리아 반도에 접근할 수 없었기 때문에 염장용 소금과 같은 필수품을 구하기 위해 새로운 시장을 찾아 나서야 했다. 그래서 1596년 호른(Hoorn)에서 출발한 선박들이 소금을 구하러 카보베르데 제도로 항해했다. 그러나 3년 뒤 네덜란드 선단이 쿠마 나(Cumaná)와 마르가리타 제도 사이의 티에라피르메 연안에 나타나자 아라 야(Araya) 곶에 새로운 항구[53]가 문을 열었다. 1599년 여름부터 1605년 말까

1602년에는 네덜란드 동인도회사의 설립에 참여했다.

52 빅케르 가문은 네덜란드의 오래된 귀족가문으로, 네덜란드의 황금기에 중요한 역 할을 했다. 17세기 초부터 1650년대 초까지 암스테르담 과두정의 중심이었고, 구성 원 중 다수가 네덜란드 동인도회사의 설립과 운영에 참여했다. 특히 Gerrit Bicker (1554~1606)는 네덜란드 동인도회사의 설립자 중 한 명이고, 아들들인 Andries Bicker (1586~1652)는 모스크바의 대상인이었고 네덜란드 동인도회사 운영에 참여했으며, Jan Bicker(1591~1653)는 조선업자이자 상인이었으며, Cornelis Bicker(1592~1654)는 역시 네덜란드 동인도회사의 운영에 참여했다. 빅케르 가문의 Laurens Bicker(1563~ 1606)는 해군제독이자 무역상이며 기니에서 노예무역에 종사했다.

지 768척의 선박들이 소금을 구하러 아라야로 항해했다. 이 선박 10척 중 한 척 꼴로 값비싼 상품을 바닥짐으로 싣고 있었고, 이 상품을 마라카이보 (Maracaibo), 리오하차, 카라카스의 식민지 거류민들이 구입했다.

그 상품들을 싣고 온 비교적 적은 수의 배들이 높은 가격으로 상품을 밀매하여 보상을 얻었다. 그 배들이 싣고 온 직물 중에서 가장 고급 천은 쿠마나 근처 누에바에시야(Nueva Ecija)의 플랜테이션에서 생산된 담배나 마르가리타에서 생산한 진주와 교환하여 트리니다드의 과이라(Guaira) 산지에서 온 '누에바안달루시아(Nueva Andalucia)'54의 식민지 거류민들에게 팔렸다. 스페인 사람 수아레스 데 아마야(Suarez de Amaya)에 따르면, 1603년에 누에바에시야의 주민은 모두 외국인과 자유롭게 무역하는 상인이었다.41) 하지만 이 무역은 여전히 폭력으로 점철되었고, 때로는 밀무역에 사용하던 어선이 카르타헤나나 대앤틸리스 제도에서 오는 연안 연락선들을 거리낌 없이 공격하곤 했다.

네덜란드인들은 히스파니올라와 쿠바, 푸에르토리코에도 나타났고, 17세기 초부터 매년 그들은 약 20척의 배를 이용하여 이런 섬들에서 생산되던 모피와 교환하여 리넨 천과 각종 직물, 종이, 와인을 판매했다. 밀무역의 순환 과정은 프랑스 및 영국인들이 이용한 것과 유사했다. 아바나와 산토도밍고, 산후안의 스페인 주둔지에서 멀리 떨어진 작은 만에 배를 정박시킨 후 그들은 은과 진주, 담배 등을 구했다.

하지만 1600년대 동안 스페인 해군이 재조직되면서 밀무역에 대한 스페

---

53 이 항구의 이름은 아라야이다. 베네수엘라 카리브 해 연안 아라야 반도 동쪽 끝에 있는 아라야 곶에는 이곳을 지키기 위해 요새가 세워졌다. 스페인인들은 원래 이곳에서 나는 진주에만 관심을 두었지만, 영국인과 네덜란드인들은 이곳의 소금평원에서 소금을 채취하기 시작했다. 나중에 진주 채취가 어렵게 되자, 스페인은 소금 평원을 방어하는 요새를 설치했다. 하지만 허리케인이 불어 이 지역을 파괴하고 소금 평원도 사라지자 요새가 방치되었다.
54 1537년에서 1864년까지 존속한 스페인령 아메리카의 주 중 하나로 현재의 베네수엘라 영토가 주로 이에 해당한다. 중요 도시로는 쿠마나와 바르셀로나가 있다.

인의 대응이 강경해졌다. 1605년 9월 세비야에서 18척의 갤리언 선이 베네수엘라로 파견되었다. 이들은 아라야 곶에서 네덜란드 선단을 공격하여 몇 척을 나포하고 나머지는 불태웠으며, 그 후 체포한 상당한 수의 선원들을 즉결 처형하였다. 선원들은 즉석에서 세운 교수대에 목 매달렸는데, 이 중에는 유명한 '플랑드르의 대해적(el grand corsairo flamenco)' 다니엘 드 무슈롱(Daniel de Moucheron)도 있었다. 쿠마나 지역에서는 담배 경작이 금지되었고 누에바에시야의 식민지들에서는 거류민들이 강제 소개되었다. 히스파니올라에서는 섬 북서부의 스페인 식민지들이 모두 없어지고 그 거류민들은 흩어졌다. 이런 초토화 정책은 결국 앤틸리스 제도의 스페인 경제에 큰 타격을 입혔다.

일부 네덜란드인들이 서인도회사를 설립하여 지금까지 비교적 평화로웠던 원정 항해를 이베리아 식민지들에 대한 결정적인 공격으로 전환시키고자 했지만, 1609년에 스페인과 네덜란드 간에 이루어진 휴전은 잠시 동안 이런 활동들을 종식시켰다. 네덜란드로부터 멀리 떨어진 카리브 해의 설탕 유통로는 쓸모없게 되었고, 이베리아의 항구들은 다시 문을 열었다. 그리고 많은 상인들이 세비야와 리스본을 통해 이베리아 국가령 아메리카와의 상업적 연계를 재개했다. 휴전 협정이 파기되고 이베리아 반도에서 네덜란드인의 무역활동을 금지하는 조치가 다시 내려진 것은 1621년의 일로, 이때 네덜란드인들은 이베리아 국가령 아메리카에 대한 공격을 다시 시작하게 되었고, 이번에는 서인도회사를 창설하여 그 일을 수행했다. 그들은 그때까지 카리브 해에서 벌이던 주요 활동 형태였던 밀무역을 버리고 대신에 보물선을 나포하고 식민지나 대규모 중계항을 세우는 식으로 활동했다.

1628년 쿠바의 마탄사스 만에서 피엣 헤인이 베라크루스에서 출발한 갤리언 선들을 공격해 1,500만 플로린이 넘는 보물을 노획하고, 아울러 브라질에서 서인도회사가 헤시피와 페르남부쿠의 포르투갈 사탕수수 농장들에 손을 대는 식으로 네덜란드인들은 아메리카에서 자신의 존재를 각인시켰다. 실제로 17세기 전반 동안 미델부르흐와 암스테르담의 상인들 소유인 새로운 대서양이 만들어졌다. 그런 과정을 상업혁명이 추동하였고, 17세기 후반에는 스튜어트 복고왕정 하에서 영국의 대양 무역이 본격적으로 시작되면서 대서양은 북서유럽의 해양 세력들이 부를 획득하는 핵심적인 토대 중 하나로 전환해 갔다.

4장 대서양과 해양국가의 성장: 17세기

17세기의 대서양은 더 이상 이베리아 국가들이 배타적으로 독점을 유지하는 곳이 아니었다. 오히려 아프리카와 아울러 '신세계'에서도 북서유럽인들은 무역을 지배하고 그들 나름의 식민 영역을 세우고자 하는 야심을 드러내 보여주었다. 스페인 '서인도항로'의 시대인 16세기에 그렇게나 번성했던 귀금속의 대서양은 처음에는 담배 플랜테이션의, 그 뒤에는 사탕수수 플랜테이션의 대서양으로 이어졌다. 특히 사탕수수 플랜테이션의 대서양은 이베리아 국가의 아메리카가 보여준 것보다 훨씬 더 큰 규모로 노예제 및 노예무역 체제의 등장을 가져오게 된다. 이 또 다른 대서양은 17세기에 프랑스령 캐나다에서 영국령 식민지들에 이르는 북아메리카의 식민화 및 이주와 함께 모습을 나타냈다. 플랜테이션의 대서양은 '신세계'로 향하는 북유럽인들의 최초의 이주를 불러일으켰다. 유럽과 유사한 문화 시스템에 기초를 둔 그것은 바로 뉴펀들랜드와 북대서양 전역에 걸치는 대양의 풍부한 자원을 이용한 것에서 유래하였다. 그런 이용은 멀리 그린란드와 스피츠베르겐(Spitsbergen) 섬에까지 뻗어 있었다.

이 플랜테이션의 대서양 시대에 영국과 프랑스의 상업 및 식민지 제국들이 등장했고, 이후 1713년의 위트레흐트(Utrecht) 조약으로 영국의 우위가

---

1 1701~1714년의 스페인왕위계승전쟁을 종식시키기 위해 1713년 네덜란드의 도시 위트레흐트에서 스페인, 영국, 프랑스, 포르투갈, 네덜란드 등 사이에 맺어진 조약이다. 이 조약으로 유럽에서 루이 14세의 프랑스가 보여준 패권 야욕을 차단하고 영국 주도 하에 '힘의 균형' 체제가 이루어졌다.

확립될 때까지 두 나라 사이에 격렬한 경쟁이 전개되어 갔다. 이때 이래로 "영국이 파도를 지배"했고,[2] 거의 2세기 동안 영국인들이 대양을 휘저었다. 하지만 17세기 전반과 그 뒤에 해당하는 그 첫 번째 국면 동안 네덜란드인들의 눈부신 팽창이 없었다면, 이 중 어느 것도 불가능했거나 적어도 그런 새로운 시대의 전개는 좀 더 늦어졌을 것이다. 사실상 대서양 무역에, 플랜테이션 체제의 확립을 가져오는 데, 그리고 유럽 내에 반드시 있어야 할 상업 네트워크를 창출하는 데 강력한 추동력을 제공하면서 가장 크게 기여한 것은 바로 이런 네덜란드의 팽창이었다.

§ 네덜란드의 때 이른 야심과 그 규모

기생자 또는 실제로는 포식자의 입장에서, 1580년 포르투갈을 병합하면서 강화된 스페인에 맞서 이베리아 제국들에 도전하고자 한 북서유럽인들은 17세기 초까지 습격을 가하거나 해적 활동을 벌이는 데 만족했다. 처음에 그들은 지중해권 대서양과 아프리카 연안에서 이런 짓을 하였고 뒤에는 카리브 해에서 그렇게 하였다. 하지만 엘리자베스 시대 영국의 롤리와 길버트(Gilbert)[3]나 프랑스 발루아 왕조의 콜리니(Coligny)[4] 같은 몇몇 사람들의 야

---

2 원문은 "Britannia ruled the waves"이다. 이것은 1740년에 나온 영국의 애국가 'Rule! Britannia'에 나오는 후렴구 "Rule, Britannia! rule the waves"를 따온 것으로 18세기 영국의 여러 장식들에서 볼 수 있는 문구였다. 이 노래는 영국 해군을 상징하는 노래였으며 영국 육군도 즐겨 부르는 노래였다.

3 Humphrey Gilbert(1539~1583년)를 말한다. 엘리자베스 1세에게 봉사한 모험가, 탐험가, 정치가, 군인. 영국의 북아메리카 식민지 제국의 개척자 중 한 명이며 아일랜드에 플랜테이션을 도입한 사람이기도 하다. 월러 롤리와는 이복형제 간이다.

4 Gaspard de Coligny(1519~1572년)를 말한다. 프랑스의 해군제독이자 프랑스 종교전쟁 시기 위그노의 지도자이다. 그는 17세기 동안 아메리카에 프랑스 위그노들의 식민지를 건설하고자 노력했지만, 모두 실패했다. 1572년 성 바르톨로메오 축일의 학살 사건 때에 살해당했다.

망에도 불구하고, 북서유럽인들은 '신세계'에 스페인 제국의 독점에 맞설 만큼의 식민지를 세웠다고 자부할 수는 없었다. 호킨스나 드레이크가 강력한 타격을 가했음에도 그들의 활동도 '서인도항로'를 뒤흔들 만큼 강하지는 않았다. 이는 카리브 해의 카르타헤나와 아바나, 산후안에 있는 여러 스페인 해군 요새들이 강화되어 나간 동시에 16세기 말과 17세기 초에 세비야로의 은 수송이 지속되어 기록적인 귀금속 수입량에 이르렀다는 사실로 확인되었다.

미델부르흐와 암스테르담의 상인 '졸부들'은 그들 중 일부가 안트베르펜이나 리스본에서 겪은 경험을 이용해 처음에는 스페인령 아메리카(베네수엘라와 컬럼비아 연안 지역)에서 밀무역에 뛰어들어 이름을 날릴 수 있었다. 그리고 뒤에 그들은 식민지를 세우겠다고 나설 수 있게 되었다. 그들은 스페인 왕실과 무자비한 전쟁을 벌이면서 자신들의 계획이 성공하리라고 확신하고, 한편으로 브라질 북서부의 페르남부쿠에서 다른 한편으로는 카리브 해와 아프리카의 퀴라소, 신트외스타티우스, 엘미나, 루안다(Luanda) 같은 중계항에서 그 계획을 실현해 나갔다.

네덜란드인들은 북유럽의 부를 얼마간 끌어당겨 대서양 무역에만 집중할 수 있었는데, 대서양 무역은 적어도 17세기 중반까지는 어떤 위기도 겪지 않았다. 반면에 지중해 세계와 대서양의 스페인령 식민지 세계들은 같은 시기에 인구 감소와 경제적 쇠퇴를 겪었다. 그러는 사이에 귀금속 생산의 눈부신 도약 덕분에 번성한 세비야의 무역이 경제 활동을 자극했지만, 이는 유럽 경제의 진정한 발전이라기보다는 페루 및 멕시코 광산업의 갑작스런 변동과 결부되었던 하나의 예외 현상이었다. 이에 반해 네덜란드인들은, 처음에 암스테르담과 저지 지방의 여러 항구의 상인들이 발트 해와 대서양의 중량 화물 해운을 일찍감치 장악하면서 이익을 얻었다. 종자와 목재, 수지(樹脂), 가성칼리(potash), 삼(hemp) 같은 것의 수송을 말한다. 언제나 더 많은 선박과 뱃사람을 제공할 수 있었던 이 무역에 기초해 모든 다른 교역들이 성장하였다. 그리고 유난히 싼 운송비용도 네덜란드인들이 발트 해에서 다른 상인들을 누르고 우위를 점할 수 있게 하였다. 그들은 북유럽의 이런 상품들과 교환하여 대서양 연안 및 프랑스, 포르투갈, 스페인에서 구해 온 소금과 프랑스 산 와인을 제공했다. 마지막으로 15세기 중반 이후 네덜란드 북해 어업의 주산물인 청어 판매도 홀란드와 제일란트, 플랑드르의 수많은 항구들을 부유하게 만들었다.

1560년대 이래 이러한 교역들에 종사한 배의 수는 홀란드에서만 약 1,800 척이나 되었고, 뱃사람의 수는 3만 명에 이르렀다.[1] 그들은 암스테르담과 미델부르흐만이 아니라 프리슬란트(Friesland)와 홀란드, 제일란트의 수많은 항구들에서 온 사람들이었다. 그러나 대규모 상업 회사에 적합한 유럽 물자 집산지로서 네덜란드의 역할을 확립하게 될 발전은 천천히 이루어졌다. 1585년 스페인의 안트베르펜 점령 때까지 홀란드와 제일란트에는 자신의 상업을 유지하는 데 핵심적인 두 가지 요소가 없었다. 그 한 요소는 무역을 지탱할 수 있을 만한 네트워크와 자본을 가진 대규모 상업 회사의 존재이고, 다른 한 요소는 운송을 자극할 만한 생산력을 갖춘 공업, 특히 직물업의 존재이다. 이 두 가지가 당시 네덜란드에는 없었던 것이다. 안트베르펜이 몰락하기 직전 그곳에는 이런 자산들이 있었고 그 대부분이 작동하고 있었다. 1585년 이후 안트베르펜의 상인들이 북쪽 저지 지방으로 이동했고, 직물 노동자들도 레이던(Leiden)과 하를렘(Haarlem)으로 이주함으로써 그곳에 강력한 공업이 확립되었다. 이로써 네덜란드가 국제적인 화물 집산지로 성장하는 데 적합한 조건이 창출되었다. 그 이후 상황은 아주 빠르게 전개되어, 네덜란드 선단을 통한 북유럽과 남유럽 간의 대형 화물 교역이 고가의 경량 화물 무역으로 전환되었다. 이것이 17세기 전반 네덜란드의 "약진"에 결정적인 역할을 했던 것이다.[2]

조너선 이스라엘(Jonathan Israel)이 강조하듯이, 이런 전환이 16세기 말에는 다음 두 가지 요인들로 인해 분명 얼마간 가려졌다. 첫째, 1590년대 동안 지중해권 유럽에서는 아주 심각한 곡물 부족현상이 발생했고, 이 때문에 발트 해에서 남쪽으로 향하는 종자 무역이 강화되었다. 둘째, 스페인이 네딜란드인들을 이베리아 항구들로부터 차단하는 억류 조치들을 내릴 때는 그것이 가진 정치적 중압으로 인해 네덜란드 상인들은 스페인 영향권 하의 레반트(Levant)[5]와 여러 나라들에서 시작했던 귀중품 교역도 잠시 중단했다. 하지만 16세기의 마지막 10년이 되면 새로운 네덜란드 상인들이 레반트에서의 사치품 ―러시아 산 모피와 캐비어, 레반트에서 들어오는 향신료와 후추, 실크― 교역에 관심을 갖게 되었다. 지중해 무역에 대한 네덜란드인들의 참여는 느리게 전개되었다. 레반트에서 가장 큰 시장 중 하나인 알레포(Aleppo)에서 네덜란드인들이 행한 거래와 은 송금액은 1604년에도 베네치아 상인이나 프랑스 상인보다 한참 못 미쳤고 영국 상인들보다도 뒤처졌다.[3] 당시는 스페인과의 전쟁이 또 다른 장애가 되었고, 그래서 휴전 조약이 체결되자마자 레반트에서 네덜란드인들의 무역은 급증하였다. 1613년 알레포에서 네덜란드인들의 거래(50만 두카)는 영국인들(25만 두카)에 비해 2배가되었다.

네덜란드가 전 지구적 교역의 지배에 이르기 위해 새로운 단계로 넘어갔을 때, 영국과 프랑스는 '신세계'에서, 즉 카리브 해와 버시니아에서 그리고 뉴잉글랜드와 캐나다에서 식민지 개척에 열중하고 있었다. 런던과 파리는 이런 식민지들에 필요한 일상용품을 제공하고 그 식민지들을 전 지구적 시장에 연결하기 위해 자기 식민지들의 상업적 이용을 상당 부분 네덜란드인들에게 넘겨주어야 했다. 두 나라는 17세기 중반까지 정치적·종교적 소요로 다른 여유가 전혀 없었기 때문에 그럴 수밖에 없었다. 하지만 그들은 네덜란드가 가진 너무나도 우월한 해양 기술 및 상업 기술들을 인정할 수밖에 없기도 했다. 네덜란드의 이런 우위는 톤수가 낮으면서도 수가 많았던 네덜란드 선박이 가진 엄청난 선적 능력을 이용하면서 실질 자본의 풍부한 네트워크에 의존한 것이었다.

5 지중해 동부와 그 연안 지역을 가리킨다. 특정한다면 팔레스타인과 시리아, 레바논, 요르단 같은 지역들이 해당되지만, 이집트와 그리스 연안 지역까지도 포괄한다고 할 수 있다.

네덜란드인들이 영국인이나 스페인인, 바스크인, 브르타뉴인에게 도전할 수 없었던 북대서양 어장에서도, 특히 아이슬란드에서 뉴펀들랜드에 이르는 대규모 대구 어장에서도 그들은 확고하게 입지를 확보하였다. 네덜란드인들이 대구잡이 선단을 뉴펀들랜드로까지 보낼 수 있게 된 것은 사실 그들이 스코틀랜드 북해 연안 앞바다의 청어 어업을 거의 독점하고 있었기 때문이었다. 17세기가 시작될 때 네덜란드인들은 유럽에서 조명과 직물 작업에 꼭 필요했고 일상생활의 필수품이었던 기름을 얻기 위해 야심차게 고래잡이에 나섰다. 17세기 중반 무렵에는 네덜란드 북해회사와 사략선들이 중요한 위치를 점하게 되었고 경쟁자인 영국 모스크바 회사가 차지하던 몫을 크게 축소시켰다.

네덜란드인들이 주도적인 역할을 했던 대서양 무역의 급성장은 지중해 경제의 하락과 대비되었다. 암스테르담과 네덜란드의 여타 도시들의 상인들이 가진 부(암스테르담만으로 네덜란드 전체가 가진 부를 절대 표현할 수 없었다)가 17세기 중반을 넘어서까지 그런 활황을 뒷받침했다. 그러는 중에 1650~1660년 무렵까지 그들의 성장이 의존했던 북유럽의 무역이 가진 모순 때문이든, 아니면 영국과 프랑스라는 새로운 경쟁세력의 해양 및 식민지적 야심 때문이든, 네덜란드인들은 그때까지 자신들이 지배했던 대서양이라는 전리품을 공유해야 했다. 잉글랜드와 프랑스가 자신의 해운과 무역을 보호하기 위해 취한 조치들(1651년과 1661년 영국의 항해조례들, 1664년, 1667년, 1674년 장 밥티스트 콜베르[Jean-Baptiste Colbet]6가 발표한 관세표와 칙령들)이 장기적으로 큰 영향을 미쳤다. 여기에 해양세력들 간의 해상 충돌이 미친 영향이 더해졌다. 특히 1652~1654년의 제1차 영국·네덜란드 전쟁의 결과가 그러한데, 이 전쟁에서 영국의 적선 나포는 적어도 1,000척에 이르렀으

---

6 1619~1683년. 루이 14세의 재무상으로 프랑스 절대주의의 중상주의 정책을 대표하는 인물이다. 프랑스의 무역수지를 흑자로 유지하고 식민지 점유를 늘리기 위해 노력했다. 관세를 올려 수입대체산업 육성에 힘썼으며 프랑스 동인도회사의 활동을 지원하였다.

며, 이로 인해 그때까지 여전히 비교적 낮은 수준에 머무른다고 평가받던 영국의 상인 선단은 급속하게 팽창할 수 있게 되었다.

주로 대서양에 기초하여 두 말이 필요 없는 경제적 전성기를 누렸던 네덜란드는 1650년과 1672년 사이에 성장의 하락세를 보여주었다. 이런 과정은 1672년에 루이 14세의 프랑스와 네덜란드 공화국 사이에 전쟁7이 발발하면서 더 악화되었다. 네덜란드인들의 한자 경쟁자들과 영국인 경쟁자들 — 전자는 분쟁 초기부터 중립을 지켰고 후자는 1674년부터 그렇게 했다 — 은 네덜란드가 처한 어려움을 열심히 이용했다. 네덜란드의 경제적 패권 시대가 종식된 것이다.

네덜란드가 지배한 대서양이 "장기적 경향의 역전"(브로델)을 전혀 겪지 않고 1650년대를 훨씬 넘어서까지 그 번영을 유지했다면, 영국도 프랑스도 대서양 경제의 국면 전환을 기도할 수 없었을 것이다. 힘의 이동이 일어났고, 17세기 말에는 식민지까지는 아니라하더라도 해양 대서양은 영국이 지배하게 되었다. 영국은 두 가지 주된 요소에 기초한 상업 혁명을 인식하게 되면서 해양세력으로서의 "도제기간"을 끝내었던 것이다. 그 두 가지 주된 요소란 대(對)유럽 수출의 괄목할 만한 증가와 종종 외국(네덜란드)에서 유래한 자본 이동의 증가였다. 이는 상업의 발전에 필수적인 것이었다.

§ 네덜란드의 초기 참여, 1609~1621년

스페인과 네덜란드 사이에 '12년간의 휴전(Twelve Years' Truce)'8이 체결되

---

7 1672~1678년의 프랑스 · 네덜란드 전쟁을 말한다. 프랑스가 네덜란드와 동맹관계였던 잉글랜드를 끌어들여 스웨덴 및 북유럽의 여러 주들과 함께 네덜란드 공화국에 대해 벌인 전쟁이다. 루이 14세는 스페인령 네덜란드를 비롯해 상당한 영토를 확보했지만, 결국은 오스트리아, 브란덴부르크 프로이센, 스페인이 네덜란드 쪽에 가담하면서 네이메헌 조약에서 프랑스의 현재 영토에 근접한 영지를 확보하는 데 그쳤다.

기 2년쯤 전에 네덜란드 서인도회사를 창설하려는 계획이 제기되었다. '신세계'에서의 전쟁기관으로 삼기 위해 그 회사를 지원한 미델부르흐와 암스테르담, 로테르담의 상인들은 기니 무역과 이베리아권 아메리카와의 무역을 발전시킬 생각도 했다. 같은 시기 동안 네덜란드의 요새들이 가이아나(Guyana) 연안 지역과 아마존 강 하구에 등장했다. 홀란드와 제일란트와 같은 주들은 이런 거류지들에 군대와 무기를 수송할 선단을 파견할 것을 요구하는 청원을 받았다. 미델부르흐의 상인들은 가장 열심히 전쟁을 추구해서 1590년대 이래 브라질 연안과 스페인령 아메리카 연안에서 해적 및 밀무역 활동을 크게 벌였다. 그들의 대변인은 빌렘 유세링스(Willem Usselinx)[9]였는데, 그는 『저지 지방에게 서인도와의 교역의 자유를 보존할 필요성과 효용성, 이익의 입증(A Demonstration of the Necessity, Utility and Profit for the Low Countries of Preserving Freedom of Trade with the West Indies)』이라는 팸플릿을 간행하여 이베리아의 독점에 도전하였다. 그는 적의 공격에 너무 취약한 것으로 평가되었던(덩케르크[Dunkerque]의 스페인 해적들은 공포의 대상이었다) 네덜란드의 유럽 내 교역보다 훨씬 더 큰 경제 성장을 가져올 수 있다고 해외 팽창 기관으로서 그런 회사가 가진 장점을 역설하였다.

하지만 이런 계획들은 휴전으로 인해 포기되었다. 실제로 네덜란드 의회(Staten-Generaal)[10]는 스페인의 요새와 해상 왕래, 교역에 대한 공격을 중단

---

8 '12년간의 휴전'은 1609년 스페인과 네덜란드 사이에 체결된 적대행위의 중단 합의를 말한다. 이것은 네덜란드 독립전쟁의 분수령으로, 외부 세력들이 네덜란드의 독립을 공식적으로 인정하는 계기가 되었다. 이 휴전 동안 스페인은 그들대로 스페인 국내 문제에 전념할 수 있었다. 1621년 적대행위가 재개되었다.

9 1567~1647년. 플랑드르 출신의 상인, 투자자, 외교관으로 '신세계'가 가진 중요성을 강조하여 네덜란드와 스웨덴의 주목을 받았다. 네덜란드 서인도회사의 창설자 중 한 명이다.

10 16~18세기 네덜란드 공화국은 북부 7개 주의 연합으로 구성되었고, 각 주는 개별 정부를 가지고 독립적이었다. 7개 주의 대표자들로 구성된 네덜란드 의회는 연방 정부로 기능했다. 이것은 각 도시나 조직의 지도자들인 '섭정들(Regenten)'로 구성되어, 네덜란드 공화국의 정치형태는 사실상 이들의 과두정이라고 할 수 있다.

하는 데 동의했다. 암스테르담, 로테르담, 델프트(Delft), 위트레흐트, 미델부르흐에 있던 여러 기니 회사들의 임원들은 그들의 금, 고무, 상아 무역들이 붕괴될 것이라고 항의했다. 적대 행위가 중단되면서, 1598년 펠리페 2세의 억류 조치로 크게 곤란을 겪었던 네덜란드의 해상 교역은 다시 이베리아의 항구들 쪽으로 향했고, 여러 해 동안 한자 상인들이 운영하던 이베리아 반도와 발트 해 사이의 교역은 네덜란드인들의 주도로 되돌아갔다. 1608년에서 1620년까지 매년 이베리아 반도와 발트 해를 연결한 156척의 선박 중 118척이 네덜란드 선박이었고 34척이 한자 선박이었다. 이 배들은 스페인과 포르투갈의 대서양 연안에서 올리브 오일과 아몬드, 포도, 그리고 무엇보다도 소금을 실었다.[4] 이런 해상 교역 중에서 포르투갈의 세투발(Setúbal)에서 단치히나 리가(Riga)로 가는 직항 노선이 증가했고 네덜란드 선주들은 17세기 초에 이미 상당히 낮았던 상품의 용선료를 줄임으로써 북유럽 어업에 필수적인 소금의 운송을 대부분 장악할 수 있었다. 그들은 목재, 금속, 삼, 타르 같은 북유럽 산 해양 물자의 운송도 장악했고, 아울러 곡물 운송도 마찬가지였다. 네덜란드 공화국의 황금기로 한참 접어든 1630년경에도 네덜란드인들은 자부심에 차서 이런 번영이 어떻게 시작되었는지에 대한 기억을 이렇게 간직하고 있었다. "'12년간의 휴전' 동안 우리는 멋진 기술과 경영 수완을 발휘하여 모든 나라들을 바다에서 몰아내고 다른 고장의 거의 모든 무역을 지배했으며 우리의 배로 유럽 전체에 봉사했다."[5]

이런 해양 활황이 발생시킨 열정에 휩싸여 그로티우스(Grotius)[11]는 1614

---

11 Hugo Grotius, 1583~1645년. 네덜란드어로는 Hugo de Groot이다. 네덜란드의 법학자로 "국제법의 아버지", "자연법의 아버지"로 불린다. 국제 사회에 자연법을 적용하여, 개인의 자연권에 상당하는 국가주권 간의 자연법적 질서를 국제법의 기초로 삼았다. 1603년 싱가포르 해협에서 발생한 네덜란드 동인도회사 선박에 의한 포르투갈 선박의 나포 사건을 둘러싼 국제소송에 참여해 그 행위의 타당성을 자연법에서 구하였다. 이후 1609년 『자유의 바다』를 집필해, 바다는 국제적인 영역으로 모든 국가가 해상 무역을 위해 자유롭게 이용할 수 있다고 주장했다. 1619년 캘빈주의와 관련된 신학논쟁에서 공격을 받아 네덜란드를 탈출했고 이후엔 스웨덴 국왕에게 봉사했다. 국제법과 관련한 그의 가장 중요한 저서는 1625년에 나온 『전쟁과

년 『자유의 바다(*Mare Liberum*)』에서 대서양의 자유를 요구하게 되었다. 하지만 그는 이런 자유가 네덜란드인에게 불리하게 작동하게 될 인도양에 대해서는 같은 요구를 하지 않는다. 네덜란드인들은 발트 해의 입구인 '해협'을 경유하는 무역의 3분의 2를 장악하게 되었다. 1608년 '해협'을 지난 6,000 척이 넘는 선박 중 4,500척 이상이 네덜란드의 배였고,[6] 이는 한자 선박이나 영국 선박, 덴마크 선박을 훨씬 상회하는 숫자였다. 스페인과의 휴전이 이루어지자, 네덜란드는 해상 교역의 안전을 확보하기 위해 북해와 발트 해에 대해 '팍스 네에르란티카(Pax Neerlandica)'[12]를 부과했다. 이는 1613~1614년 네덜란드가 덴마크에 맞서기 위해 뤼베크 및 스웨덴과 동맹을 맺고 덴마크에게 '해협'에서의 관세 인하를 강요한 것을 말한다.

다른 말이 필요 없는 이런 해양 활황에 힘입어, 네덜란드는 지중해와 '동방'의 귀중품 교역을 발전시킬 수 있었고, 그리하여 여러 가지 직물과 후추, 향신료들이 네덜란드 동인도회사의 선박을 통해 암스테르담 시장에 도착하기 시작했다. 그 사이 세비야도 카스티야에서 나온 고급 상품을 암스테르담에 제공했다. 페르낭 브로델(Fernand Braudel)은 스페인과 네덜란드 간의 휴전으로 강화된 자금의 연계가 어떻게 네덜란드의 이해에 기여했는지를 보여주려고 애쓴 적이 있다. 그가 보건대, 암스테르담의 "흰개미들"이 가진 비밀은 스페인으로부터 화폐를 끈질기게 뽑아내어 이것을 이탈리아나 레반트에서 실크와 여타 고급 직물과 교환한 것에 있었다. 유럽산 직물의 염색에 필수적이었던 코치닐과 인디고의 구매자이기도 했던 네덜란드인들은 스페인령 아메리카의 부를 창출하였다. 특히 스페인령 중앙아메리카의 주요 자원이었던 니카라과 산 인디고나 과테말라 산 인디고를 세비야로 수입하는

평화의 법』이다.

12 '팍스 로마냐'에서 따온 라틴어 표현으로 '네덜란드의 평화'라고 직역된다. 이 표현은 네덜란드가 네덜란드령 동인도를 중심으로 아시아의 바다에서 구축한 시스템을 가리키기 위해 사용하는 경우가 많은데, 여기서는 발트 해 무역을 장악한 네덜란드의 해양력을 표현하기 위해 사용했다.

것은 멕시코나 페루 산 은을 기다리고 있던 세비야에게는 그다지 중요하지 않았다. 이 인디고 수입은 그저 네덜란드의 교역이 자극한 유럽의 수요에 힘 입어 증가했던 것이다.[7] 게다가 밀무역도 방대한 규모로 행해졌고, 이런 식의 수입량은 멕시코 산 코치닐 수입량보다 더 컸다.

하지만 이런 성공들에는 불리한 측면도 있었다. 카리브 해의 경우 호른에서 온 선단은 이제 아라야 곶에서 소금을 선적할 수 없었고, 베네수엘라의 누에바에시야에서 산출되던 양질의 담배 무역도 사라졌다. 이는 스페인 왕실이 자신의 독점권을 강화하기 위해 취한 조치들 때문이었다. 브라질에 대해선 리스본이 중계항으로서 완전한 역할을 하고 있었으며, 브라질 소방목을 수입하는 암스테르담 상인들은 리스본의 농장주와 독점상인들을 위한 배달부에 불과했다. 실제로 중요한 밀무역이 유지되었고 네덜란드인들이 아마도 브라질 산 설탕의 절반 내지 3분의 2를 암스테르담으로 운송할 수 있었지만,[8] 네덜란드인들이 '신세계'의 자원을 직접 이용하는 사업이 일정 부분 마비되었던 것도 사실이었다. 이로 인해 일부 상인들은 자신의 선단을 공격적인 네덜란드 시인도회사로 조직하고자 하는 계획을 다시 꺼내들게 되었다. 이 회사는 아메리카에서 유럽으로 자유롭게 항해할 수 있는 네덜란드의 권리를 행사할 수 있는 힘을 가질 터였다.

§ 네덜란드 서인도회사와 대(大)대서양계획

서인도회사의 설립으로 네덜란드가 열성적으로 대서양에 다시 전쟁을 가져오게 되겠지만, 세비야의 독점은 휴전이 체결되기 직전 기록적인 은 수입량을 실현했고 1621년의 파국으로 "교역의 최우선 방향의 역전"이 일어날 때까지 이런 정점에 이른 교역을 유지했다.[9] 1608년에 스페인 갤리언 선들의 용적톤수는 7만 톤에 이르렀고, 그 후 1630년대 말 4만 톤, 1640년대 말 3만 톤으로 줄어들었다. 스페인과 '신세계' 간의 대서양횡단 무역은 장기적인 쇠퇴 국면으로 접어들었다. 하지만 은 생산량의 하락이 예전에 제시된 것만큼 급격하지 않았다는 것이 입증되었고, 밀무역의 성장이 '서인도항로'로부터 세비야에 이르는 은 양의 감소를 벌충할 정도가 되었음이 밝혀졌다. 또한 스페인의 대서양 항해가 어느 정도 순조롭게 유지되었다는 것도 확실하게 증명되었다.[10)]

같은 시기 유럽 대륙에서는 경제적인 면에서 북유럽 산 곡물의 서유럽으로의 발송양이 현저하게 하락했다. 그것은 1618년 11만 라스트(last)[13]를 넘었는데 1624년에는 4만 라스트에 못 미쳤고, 1630년에는 겨우 1만 2,000라스트로 최악의 수준에 이르렀다. 이것은 여러 해에 걸친 북유럽의 흉작과 교역을 방해했던 30년 전쟁[14]이 가져온 직접적인 결과였다. 장기적으로 볼 때 서유럽의 흉작 덕분에 1640년대 말 곡물 수입량이 다시 오르기 시작한 뒤 1650년 이후에는 북유럽 산 곡물 무역은 장기적인 쇠퇴기로 접어들었다. 이는 농업 생산력이 더욱 증가해 갔던 서유럽에서 북유럽 산 곡물에 대한 수요가 하락했기 때문이었다. 그러나 16세기 전체에 걸친 북유럽의 장기적인 팽창기는 17세기 중반까지 이어졌고, 곡물 무역을 대신해 방직물과 리넨, 삼 무역이 성장하게 되었다.

네덜란드 입장에서 자신의 교역을 방해한 것은 유럽 내 상업의 동요라기보다는 1621년에 재개된 스페인과의 전쟁이었다. 네덜란드인들의 항해가 상대적으로 불안하게 되었고(스페인 함대보다도 덩케르크의 해적들로 인해

---

13 모직물과 관련해 발생한 무게단위로서 1 last는 4,200파운드, 약 1,835킬로그램에 해당한다.

14 1618년에서 1648년까지 유럽 대륙에서 벌어진 가톨릭 국가들과 신교도 국가들 간의 종교전쟁. 처음에는 종교적 색채가 강했으나 시간이 가면서 유럽의 정치적 패권을 둘러싼 싸움으로 변화되었고, 결국 합스부르크 제국과 프랑스 간의 대결구도로 진행되었다. 1648년의 베스트팔렌 조약으로 종식되었고, 이를 통해 합스부르크의 패권이 추락하고 스페인 제국이 쇠퇴하기 시작했으며, 영국, 프랑스, 스웨덴, 네덜란드 같은 나라들이 힘을 얻어갔다. 무엇보다 이 전쟁 이후 유럽에는 근대적인 국민국가로 구성된 시스템이 시작되었다.

더욱 더 불안했다), 이는 그들의 경쟁세력인 한자 상인과 영국인들의 교역량 증가를 가져왔다. 스페인의 펠리페 4세가 부과한 강력한 억류 조치들은 두드러진 영향을 미쳤다. 그로 인한 결과가 눈에 확 띌 정도였다. 휴전 기간 동안 매년 400척 내지 500척의 네덜란드 선박이 이베리아의 항구들에 입항했지만, 이제는 그 수가 한 해에 20척 내지 25척 남짓에 불과했다.[11] 그리고 주로 한자 상인들이 네덜란드인들이 차지했던 몫을 넘겨받았다. 1621년에서 1641년까지 매년 이베리아 반도를 출발해 발트 해로 향한 네덜란드 선박의 수가 13척이 되지 않았다. 하지만 한자 상인들은 이 항로에 매년 약 29척의 배를 운항할 수 있었고, 이는 네덜란드에 비해 2배가 넘는 수이다. 1624년 마드리드에 해군본부(Almirantazgo)[15]가 설치된 것을 기점으로 항해의 불안감은 더욱 더 늘어났다. 그로 인해 중립국 선박과 화물의 몰수까지 예상되었기 때문이다. 한편으로 상인들이 항해하면서 의존한 깃발의 원칙(principle of the flag)[16]을 덩케르케와 플랑드르의 수많은 해적들은 더 이상 존중하지 않았다. 1627년에서 1635년까지 플랑드르의 전투함대와 해적들은 413척의 네덜란드 상선과 어선들을 가라앉혔고, 1,606척의 선박을 나포했다.[12] 1639년 다운스(the Downs)에서 트롬프(Tromp)[17]가 승리한 이후에야 상황이 나아져서 1641년과 1646년 사이에는 495척만이 나포되었다.

사실 네덜란드 선단의 규모도 효과적인 보호를 어렵게 만들었다. 1636년에 홀란드 소속의 선박과 어선만 해도 각각 1,750척과 600척이었다.[13] 1647

---

15 영어판과 프랑스어판 모두 'Almirantazzo'라고 표기되어 있지만, 정확한 스페인어로는 'Almirantazgo'이기에 이에 맞게 수정했다.

16 교전국은 중립국 깃발을 단 선박에 실린 적국의 화물을 공격하지 않는다는 원칙으로, 오늘날에도 국제법으로 인정되고 있다.

17 Maarten Harpertszoon Tromp, 1598~1653년. 네덜란드 해군의 제독으로 1639년 다운스 전투에서 플랑드르로 향하던 대규모 스페인 함대를 패배시킨 것으로 유명하다. 이때 영국해협으로 진입한 스페인 함대를 공격해 중립지역인 잉글랜드의 다운스로 스페인 함대가 피신하자 끝까지 추적해 함대를 괴멸시켰다. 이 전투를 계기로 스페인 해군력이 최종적으로 붕괴했다고 한다. 이후 네덜란드 해군 총사령관이 되어 제1차 영국·네덜란드 전쟁을 지휘하였다. 이 전쟁에서 총에 맞아 사망했다.

년의 평화조약에 앞서 프랑스가 덩케르크를 정복해서야 마침내 상황이 눈에 띠게 개선되었다. 다른 한편 발트 해에서는 네덜란드인들이 곧바로 얼마간 괄목할 만한 활동을 수행했다. 예컨대 그들은 1645년 47척의 전함과 4,300명의 병사로 이루어진 함대가 상선대를 보호하는 해상 무력시위를 펼쳐보였다.

유럽에서 네덜란드가 처한 이런 어려움들은 '신세계'와 아시아 모두에서 진행된 대양 팽창과 놀랄 만한 대조를 이루었다. 네덜란드인들은 큰 희망을 품고서 스페인과 포르투갈의 인도들을 무너뜨리는 것이 가능하다고 생각했다. 하지만 막상 일이 진행되니 적어도 아메리카에서는 팽창이 힘든 것으로 드러났다. 이는 아마도 서인도회사가 원래의 계획보다 15년 이상 지체되어 1621년 휴전이 종식되고서야 뒤늦게 설립되었기 때문일 것이다. 게다가 카리브 해의 소금 무역을 지배했고 독점을 전혀 바라지 않았던 호른과 같은 프리슬란트의 항구들이 동의하지 않아서 그 회사는 1623년에야 활동할 채비를 갖추었다.

회사 임원들은 주주들을 모으기 위해 유럽의 바다에서 네덜란드 무역을 희생시키고 있던 총체적 불안상태를 열거하였다. 발트 해 곡물 무역은 막 쇠퇴했고, 스페인 왕실의 억류조치로 스페인에서의 선적양은 줄어들었다. 임원들은 이런 불안상태를 식민지 무역에서 발생하는 온갖 이익과 대비시켰다. 그런 식민지 무역은 치밀하게 방어되는 무역거점과 플랜테이션에 기초하였고, 팽창하는 네덜란드 시장들을 통해 교역에 안정감을 제공하게 될 터였다.

이런 선전이 완전히 성공하지는 못했고, 회사 주식의 매각은 느리게 진행되었다. 가장 큰 투자자는 몇 안 되는 상인들이었는데, 이들은 카리브 해와 브라질 및 기니에서 이루어진 최초의 팽창에서 주된 역할을 했던 이들이었다. 바르톨로티(Bartholotti)는 10만 플로린이나 내놓았고, 발타사르 코이만스(Balthasar Coymans)는 2만 플로린을 내놓았는데, 이 둘은 모두 안트베르펜에서 이주한 상인 집단에 속했고 네덜란드의 무역에 새로운 활력을 제공한 이들이었다. '섭정들(Regenten)'의 과두정부가 한껏 지원했지만, 그렇다고 이들이 투자를 독점하거나 그것을 운영하겠다고 나설 수는 없었다. 특히 암스테르담의 주식 비중이 그 도시가 가진 중요성에 비해 그리 높지 않았다. 660만 플로린이 넘게 발행된 주식 중에서 암스테르담은 다해서 170만 플로린만을 가졌을 뿐이었다. 가장 활발한 참여가 이루어진 곳은 오히려 바다에서 멀리 떨어진 내지의 일부 도시들이었다. 그런 곳들에서는 정치적·종교적 열정이 불을 지펴 스페인에 맞선 전쟁 노력이 고조되었다(이들에게는, 회사도 이베리아인들에 대한 공격 도구 중 하나여야 했다). 레이던과 위트레흐트는 27만 플로린과 21만 5,000플로린을, 흐로닝언(Groningen)은 40만 플로린을 내었다.

포르투갈령 브라질을 겨냥해 마련한 조치들은, 스페인의 억류 조치 이전에 대(對)리스본 무역에 대해 네덜란드 상인들이 이미 가지고 있던 이해관계와 관련해 설명할 수 있다. 1609년에서 1621년 사이에 브라질 산 설탕은 대부분 네덜란드 상인의 배로 운반되었다. 게다가 휴전 이전인 1587년과 1597년에 그들은 영국인 랭카스터(Lancaster)[18]와 함께 헤시피를 공격하면서 가장 풍족한 사탕수수 플랜테이션의 중심부인 페르남부쿠를 습격한 적이 있었다. 1604년에는 7척의 네덜란드 선박이 바이아(Bahia)의 항구로 난입해 화물로 가득 찬 배 한척을 나포하고 나머지 한척에는 불을 질렀다. 브라질의 부는 브라질 소방목과 설탕 무역 때문에 프랑스인에게도 매력적이었지만, 1615년 프랑스인 라 라바르디에르(La Ravardière)[19]가 상루이스데마라냥(São Luís de Maranhão)에서 항복하면서, 프랑스의 진출 시도는 결국 실패

---

18 James Lancaster(1554~1618년)를 말한다. 엘리자베스 1세 시대 뛰어난 무역상이자 해적이었다. 1591년에서 1594년까지 '동인도'를 항해하였고, 이는 영국 동인도회사 설립에 토대가 되었다. 1594년 인도에서 돌아오는 포르투갈 선박을 나포하기 위해 브라질로 가서 페르남부쿠와 헤시피를 공격하였다. 1600년 영국 동인도회사 최초의 선단의 지휘를 맡았으며, 사망 때까지 동인도회사의 중역으로 있었다.

19 Daniel de la Touche de la Ravardière를 말한다. 17세기 프랑스의 항해자로 브라질 북부에 식민지를 건설하려고 했고 상루이스데마라냥을 세웠다.

로 끝났다.

　1623년 회사는 브라질에서 70척의 포르투갈 상선을 나포한 후 무력으로 바이아를 탈취하고자 했다. 1624년 5월 23척의 대형 선박과 몇 척의 그보다 작은 배들이 신속하게 그 항구로 파견되었다. 이 원정대는 항구를 장악하여 노획물로 3,900상자의 설탕과 브라질 소방목을 얻었지만, 6월 말 네덜란드 함대가 출발한 후 올리바레스(Olivarès)[20]가 서둘러 파견한 스페인 군이 1625년 4월 바이아를 탈환할 수 있었다. 같은 해 네덜란드인들은 대앤틸리스 제도의 푸에르토리코와 기니의 엘미나에서 더 격심한 패배를 겪었다. 회사는 1627년 바이아에서 또 다시 패배하면서 1630년까지 브라질에 자리를 잡을 수 없었다. 1627년의 패배 때에는 피엣 헤인이 한 차례 습격을 가해 2,700상자의 설탕을 노획한 것에 만족해야 했다.

　이러한 실패들에도 불구하고, 주목할 만한 성공들도 여러 차례 있었다. 우선, 아프리카에서 그들은 고무와 상아 무역만이 아니라 1623년과 1636년 사이에 1,200만 플로린의 금을 들여오면서 자기 나름의 무역을 발전시키고 있었다. 무엇보다도 1628년에 거둔 피엣 헤인의 공격 성공을 거론해야 할 것이다. 그때 피엣 헤인은 아바나 근처의 마탄사스 만에서 '누에바에스파냐'의 은 수송선단 하나를 거의 다 나포하였다. 그들은 1,500만 플로린의 은을 빼앗았다. 이에 더해 귀금속을 제외하고 갤리언 선이 운반하는 가장 중요한 화물들인 과테말라 산 인도고와 멕시코 산 코치닐을 노획했는데, 그 가치는 이 두 상품의 한 해 전체 수출액에 맞먹었다. 이런 보물의 노획 이후 암스테르담은 광기에 사로잡혔고 자금이 불충분했음에도 브라질에서의 사업이 재차 추진되었다. 그런 와중에 성공이라는 명목으로 1623년과 1636년 사이에

---

20 올리바레스 백작, Gaspar de Guzmán(1587~1645년)을 말한다. 펠리페 4세 시기 스페인의 재상으로 1621년에서 1643년까지 재상직을 맡았다. 대외정책에 과도하게 몰두하고 국내 개혁에는 실패하여 스페인의 몰락을 가져온 인물로 거론된다. 네덜란드의 재정복에 집착하여 스페인을 30년 전쟁에 깊숙이 개입시켰으며, 이를 위한 재원 마련을 위해 수행한 증세정책 때문에 카탈루냐와 포르투갈에서 반란이 일어나 그 책임을 지고 실각했다.

약 547척의 선박이 나포되었던 것 같다. 거기서 노획한 가치는 사탕수수만 해도 거의 800만 플로린에 이르렀다.

그러나 그보다 사업에 필요한 막대한 투자를 얻는 것이 훨씬 더 중요했다. 선원과 군인들에게 지급하는 임금에만 회사는 1621년에서 1636년까지 13년 동안 1,800만 플로린을 썼다. 그것은 스페인에 맞서는 네덜란드 군에게 1년 반 정도 동안 투여된 자금 액수에 해당했다.[14] 같은 시기 동안 약 220척의 선박을 구입했고, 대포와 화약도 구입해야 했다.

그럼에도 1630년 네덜란드인들은 모든 희망을 브라질에 걸었다. 3,780명의 선원과 3,500명의 군인을 실은 35척의 선박으로 구성된 인상적인 대규모 함대가 브라질로 파견되었다. 이 선박들에 장착된 대포의 수는 1,170문에 이르렀다. 네덜란드 군은 헤시피의 저항을 무력화시켰으며, 서둘러 42척의 선박과 4,000명의 군인을 보강하여 4년 뒤에는 식민지를 더욱 확대했다. 1637년 새로운 총독 요한 마우리츠 판 낫사우(Johan Maurits van Nassau)[21]가 도착했을 때 네덜란드령 브라질의 미래는 아주 밝아 보였다. 설탕 생산이 재개되었고, 헤시피 주위의 페르남부쿠 지방은 세계 최대의 설탕 생산지 중 하나가 되었기 때문이다. 이 정복으로 암스테르담은 몇 년 동안 유럽 설탕시장을 지배할 수 있었다. 실제로 1638년과 1641년 사이에 민간 상인과 회사가 수입한 양은 합쳐서 5,687상자에서 1만 4,542상자로 늘어났다. 그 후에는 비록 서서히이지만 그 양은 다시 줄어들었다. 1642년에 1만 739상자, 1643년에도 1만 772상자였는데, 그 뒤 1644년 8,598상자로, 1645년에는 7,279상자로 떨어진 것이다.[15]

1646년 이후 진짜 하락이 시작되었다. 그 원인으로는 브라질에서 포르투

---

21 1604~1679년. 신성로마제국에 속한 낫사우-지겐(Nassau-Siegen) 공국의 대공으로 서인도회사에 의해 1637년에서 1644년까지 네덜란드령 브라질의 총독을 지냈다. 식민지를 확대하고 헤시피를 네덜란드 풍의 화려한 도시로 변모시켰으며, 그가 통치할 동안 네덜란드령 식민지는 가장 번성하였다. 유럽으로 돌아가서도 30년 전쟁에 참전하는 등 활발한 군사활동과 뛰어난 정치적 능력을 발휘하였다.

갈인들의 저항이 재개되었다는 것과 아울러 여전히 포르투갈이 장악하고 있던 브라질의 바이아 주변과 리우데자네이루에서 생산량이 눈부시게 성장했다는 것을 들 수 있다. 유럽 시장에서 포르투갈이 제공하는 설탕과의 경쟁이 격렬해졌다. 1641년 리스본에 2만 상자가 들어왔고, 프레데리크 모로(Frédéric Mauro)에 따르면, 1645년에는 그 수입량이 약 4만 상자로 늘어났다.[16]

결국 포르투갈 경제의 우위가 회복되면서 회사의 주주들은 파산했다. 다른 한편 이것은 일부 네덜란드 상인들의 이해관계에는 유리했다. 1640년 포르투갈이 스페인으로부터 독립을 선언하면서, 네덜란드 선박들은 실제로 마음 놓고 리스본으로 항해를 재개하게 되었고 그리하여 스페인의 억류 조치들을 피할 수 있게 되었다. 1643년에 타호 강으로 들어온 98척의 외국 선박 중 한자 선박과 영국 선박은 각각 16척과 22척이었음에 비해 네덜란드 선박은 54척이었다. 1647년에는 107척의 선박 중 네덜란드 선박은 49척, 한자 선박은 19척, 영국 선박은 34척이었다. 대서양 항로를 둘러싸고 네덜란드와 경쟁하던 세력들이 리스본에 나타나기 시작했고, 마찬가지로 실제로 브라질에서도 눈에 띄었다. 제노바인들과 뤼베크 및 함부르크에서 온 독일인들이 바이아나 리우데자네이루로 가는 이주민을 싣고서 아조레스 제도로 향하고 있었다. 하지만 여전히 네덜란드 상인들이 가장 강력했다.

여전히 단연코 유럽에서 가장 앞섰던 국제적인 네트워크와 제당업이 네덜란드인들의 활동을 지탱하였다. 17세기 중반 조선업과 함께 제당업이 자본의 대부분을 흡수하였다. 네덜란드 상인들이 설탕을 유럽 전역에, 즉 프랑스와 잉글랜드만이 아니라 폴란드, 스웨덴, 덴마크, 보헤미아, 오스트리아, 모라비아, 독일에도 수출했기 때문이다. 암스테르담에는 리스본에서 이주한 유대인들이 이 산업과 설탕 무역에서 주된 역할을 하였다.

네덜란드인들은, 비록 아프리카에서 직접 거래한 것이 아니라 브라질 연안 앞바다에서 포르투갈 무역상들의 노예 화물을 빼앗아 되파는 식으로이지만, 브라질 정복 이전에 이미 노예무역에서 충분히 자리를 잡았다. 그들은 설탕 경제가 발전하던 것과 같은 시기에 이 노예무역도 발전시켰다. 페르남부쿠의 제당공장에는 노동력 공급이 필요했고, 스페인령 아메리카의 노동력 수요는 밀무역이 채워야 했다. 요한 마우리츠가 헤시피에 도착한 다음 해에 엘미나의 포르투갈 교역 거점을 네덜란드인들이 회복했다. 그들은 또한 앙골라의 루안다와 상토메 섬에도 거점을 마련했다. 상토메 섬에서는 배들이 보급품을 다시 채우고 엘미나와 기니 만의 다른 무역 거점들에서 싣고 온 노예 화물들을 "한숨 돌리게 해주었다." 1636년에서 1645년까지 앙골라에서만 대략 2만 4,000명의 노예들이, 즉 매년 2,500명 이상의 노예들이 브라질로 수송되었다. 그들을 수송한 것은 서인도회사 선박들이었는데, 서인도회사는 민간 무역상들에게 설탕무역은 개방했지만 노예무역에 대해서는 독점을 유지했다. 퀴라소로 가는 노예들의 수가 점점 더 많아졌고, 1634년 퀴라소 섬을 장악한 후에는 네덜란드인들에게 스페인령 남아메리카의 베네수엘라와 컬럼비아 연안에 가까운 훌륭한 항구가 생겼다. 그곳에서 노예상인들은 새로운 판로를 찾고자 했다.

그 사이 헤시피의 플랜테이션 소유자들인 포르투갈 거류민들이 회사에 빚을 많이 지게 되면서 노예 구입을 중단하기 시작했다. 그리고 1646년 이후 그들이 공공연하게 반란을 일으키게 되면서, 퀴라소의 상인들만이 아니라 엘미나의 상인들도 너무 많이 비축한 노예들을 파느라 큰 어려움을 겪었다. 과테말라와 니카라과의 인디고 플랜테이션들은 멕시코 광산의 노동력 수요를 충당하느라 베라크루스가 그랬던 것처럼 노예들을 흡수할 수 있었지만, 이런 곳들은 퀴라소에서 너무 멀리 떨어져 있었다. 그래서 퀴라소는 노예상인들의 기대에 부응하지 못했다. 이런 어려움들 때문에 네덜란드인들은 노예들을 보내 새로운 설탕 경제를 발전시킬 새로운 시장을 앤틸리스 제도의 플랜테이션에서 찾을 수밖에 없었다. 실제로 네덜란드령 브라질이 겪은 하락세는 점점 더 심해졌고 결국 1654년 1월 네덜란드인들은 헤시피를 포기했다. 서인도회사의 경우, 그 재정을 식민지 사업에서 고갈하면서 파국이 훨씬 더 일찍 시작되었다. 게다가 1647년 스페인과 평화조약이 맺어지면서 회사의 존재 이유가 사라졌고, 이베리아 국가령 아메리카에 대한 전쟁이 끝났다.

§ 새로운 대서양 시대: 앤틸리스 제도의 플랜테이션

네덜란드인들은 이베리아인들의 대서양 제국들이 가진 엄청난 자원에 의거하여 그 생산물의 일부를 암스테르담에 이롭게 돌리고 리스본과 세비야에는 손실을 가할 수 있었다. 하지만 그럼에도 그들은 여전히 중계자의 지위에 머물렀고 진정한 식민지 강대국이 될 수 없었다. 브라질에서 패배를 겪고 퀴라소에서 반드시 필요한 스페인령 아메리카의 시장을 구하는데 어려움을 겪으면서, 그들은 교역의 방향을 다시 카리브 해로 돌리게 되었다. 네덜란드인들은 여태껏 어떤 플랜테이션도 소유하지 못했다. 퀴라소나 신트외스타티우스 섬 같은 곳이 노예 중계와 상품 교역을 위해선 훌륭했을지 모르지만, 너무 바위가 많아 플랜테이션에 적절한 땅은 없었기 때문이다. 하지만 그런 곳들은 북서유럽인들의 새로운 플랜테이션 식민지들에게, 즉 바베이도스(Barbados)와 리워드(Leewards) 제도의 영국인과 마르티니크와 과들루프의 프랑스인들에게 무엇과도 바꿀 수 없는 공헌을 하였다. 리스본과 안트베르펜에서 이미 식민지 상품을 북유럽 전역에 걸쳐 재분배하는 데 중요한 역할을 해오던 마라노(Marrano) 유대인들('신기독교도[New Christians]')22은 그들이 가진 무역 및 제당 경험을 극히 소중하게 여긴 암스테르담에 정착하

---

22 '마라노'는 스페인에서 돼지나 더러운 사람을 가리키는 용어였는데, 15세기 이래 강요에 의해 기독교로 개종했지만 비밀리에 원래의 유대교를 유지하던 사람들을 비하해서 사용되었다. 원래의 유대교를 유지하든 말든 기독교로 개종한 유대인 일반을 부르는 말로는 '콘베루소(Converso)'가 있었다. '신기독교도'는 유럽과 아메리카에서 강요에 의해 기독교로 개종한 세파르디 유대인이나 이슬람교도를 지칭하는 용어였다. 따라서 '마라노'는 '콘베르소'에 비해 협소하며, '콘베르소'와 '신기독교도'가 상응한다. 하지만 이 책에서는 '마라노 유대인'을 강요에 의해 기독교로 개종한 유대인 일반으로 사용하고 있다.

였다.17) 그들은 네덜란드령 브라질에도 정착했고 헤시피를 포기한 이후에는 일부가 유럽의 홀란드와 잉글랜드로 도피했다. 하지만 다른 일부는 브라질을 떠나 카리브 해에 이르렀고, 거기서 그들은 퀴라소나 바베이도스, 리워드 제도를 아우르는 강력한 네트워크를 형성하게 되었다. 이 네트워크는 그후 1650년대에는 마르티니크와 과들루프로도 뻗어나갔다. 이런 사람들이 그런 곳들로 사탕수수 경작과 설탕 정제를 도입했던 것이다. 마라노 유대인들과 네덜란드인들은 사탕수수 플랜테이션을 중심으로 발전한 카리브 해 대서양의 확립에 핵심적인 주역이었다.

중앙아메리카와 남아메리카에 스페인과 포르투갈이 식민지를 세웠던 것처럼, 영국과 프랑스는 북아메리카에 식민지를 세우고 사람들을 이주시켰다. 이곳에서는 자급농업 형태를 발전시킬 수 있음이 밝혀졌고, 그것은 이곳의 식민지들이 일상생활에 필수적인 식량을 수입에 의존할 필요가 전혀 없다는 것을 뜻했다. 적어도 영국의 북아메리카 식민지들에서는 거류민들이 그들 나름의 상업적 네트워크를 발전시킬 수 있었다. 비록 남부 식민지들에서는 체사피크(Chesapeake) 산 담배가 유럽 시장에 절대적으로 의존하는 수출작물로 전환되었지만 말이다. 거류지가 가진 이런 특징은 계속 유지되었고, 자연성장과 더불어 외부 유입을 통해서 인구도 늘어났다.

앤틸리스 제도의 플랜테이션에서는 유럽인들이 그곳의 자원에만 의지해서는 오랫동안 버틸 수가 없었다. 시장 수요에 대응하기 위해 엄격하게 특화된 생산을 중심에 둔 경제가 창출되었으며, 그 내에서 종종 외부에서 온 투자 자본이 주도적인 역할을 하였다. 한편 이베리아인들의 대서양 경제에는 생산과 운송을 통제하기 위해 국가의 존재가 유지되었다. 또 이런 경제 내에도 네덜란드인과 제노바인, 피렌체인, 독일인들이 자리를 잡고 자기 자본을 투자하고 있었다. 그러나 이들의 투자는 노예 및 상품 운송비용이 지나치게 높지 않은 가까운 식민지 권역에서 대규모 플랜테이션 농업을 발전시킬 뿐이었다. 마찬가지 이유에서 스페인령 중앙아메리카의 니카라과와 과테말라에서는 코코아와 인디고 플랜테이션에 유리한 조건이었음에도 앤틸리스 제도의 플랜테이션에 비견할 만한 역동적인 플랜테이션이 전혀 나타나지 않았다. 이베리아인들의 대서양에서는 마데이라와 카나리아 제도 같은 지중해권 대서양과 브라질에서만 대규모 사탕수수 플랜테이션이 발달했다.

따라서 대서양 동부나 지중해권 대서양의 제도들을 포괄하는 '가까운' 대서양과, 브라질과 앤틸리스 제도처럼 광업에만 자본이 투자되고 귀금속의 높은 가치로 높은 운송비용을 상쇄했던 '먼' 대서양 서부를 구분할 필요가 있다. 하지만 앤틸리스 제도에서는 사탕수수 플랜테이션이 시작된 바로 그때부터 마데이라나 브라질에서보다 더 "야만적인 자본주의"가 발달하고 있었다.[18] 거기서는 국제시장의 수요에 끊임없이 맞춤으로써 추동되는 최대 이윤의 추구가 처음부터 작동하고 있었다. 물론 크롬웰과 콜베르가 식민지 조약을 지키면서 앤틸리스 제도 식민지의 생산물을 오로지 자국 수요에만 맞추도록 조정하고자 했고, 식민지에서의 독점무역 원칙에 따라 외국인들을 식민지 교역 활동에서 배제하여 식민지 영토를 자국의 보호받는 시장으로 전환시키고자 했다. 몇 차례의 전쟁을 통해 이런 원칙은 국제적으로 훼손되었고, 지리적 특성상 섬들에서는 밀무역이 대놓고 이루어졌다. 들쭉날쭉한 섬의 해안선은 밀무역의 수많은 온상이 되었고, 다른 외국의 식민지들도 가까이 있었다. 담배나 사탕수수 플랜테이션 같은 유럽 시장에 맞춘 플랜테이션 농업의 발전은 식량 생산을 절대적으로 제한하여, 카리브 해역을 본국이나 북아메리카 식민지에서의 식량 공급에 전적으로 의존하도록 만들었다. 특히 북아메리카 식민지로부터 이루어진 식량 공급이 이윤을 많이 남겼다. 아주 일찍부터 '뉴잉글랜드인들(New Englanders)'[23]은 곡물과, 밀가루, 물고기, 목재를 공급하고 설탕이나 당밀을 사들이는 긴밀하게 연결된 네트워크

---

23 뉴잉글랜드는 17세기 초 영국의 청교도 이주민들이 처음으로 정착한 미국 북동부 6개 주를 포괄하는 지리적 명칭이다. 하지만 이 책에서는 북아메리카의 영국령 식민지 거류민들에 대한 호칭으로 New Englander와 New English라는 표현을 사용하고 있다. 모두 '뉴잉글랜드인'이라고 옮겼다.

를 유지했던 것이다. 이 중 당밀은 설탕 정제과정의 부산물인데, 럼주를 제조하기 위해 사들였다.

§ 대서양의 영국인들

심지어 영국령 앤틸리스에서도 여러 해 동안 네덜란드의 상업적 패권 하에 있었던 사탕수수 플랜테이션은, 영국령의 경우 프랑스령보다 훨씬 더 일찍 서서히 네덜란드의 패권으로부터 벗어나고 있었다. 한편으로 본국 시장을 보호하려는 엄격한 조치의 적용으로 인해, 그리고 다른 한편으로 잉글랜드와 프랑스가 네덜란드와 맞붙었던 몇 차례의 해전들의 결과로 네덜란드가 지녔던 이점은 실제로 서서히 깎여나가고 있었다.

영국인들의 대서양 항해

영국과 프랑스가 취한 조치들을 주도한 중상주의는, 크롬웰 시기와 영국혁명24 종식 이후의 복고왕정 시기 잉글랜드와 프롱드(the Fronde)의 난25 이

---

24 English Civil War. 1642년에서 1651년까지 잉글랜드에서 세 차례에 걸쳐 왕당파와 의회파 사이에 벌어진 내란으로, 1651년 의회파의 최종 승리 이후 영국은 '공화국(commonwealth)'을 선언하고 내란과정에서 군사적으로 큰 공헌을 한 올리버 크롬웰을 '호국경'으로 선출했다. 하지만 크롬웰은 이후 의회와 갈등하면서 독재로 치달았고 1658년 그가 사망하자 '공화국'이 무너졌다. 그리고 찰스 2세와 제임스 2세로 이어지는 복고왕정이 들어섰다. 그리고 이후 이 복고왕정의 실정에 맞서 발생한 것이 1688년의 '명예혁명'이다.

25 1648년에서 1653년에 걸쳐 프랑스 부르봉 왕조에 대항해 귀족들이 일으킨 내란으로, 프랑스에서 귀족세력의 왕권에 대한 최후의 반란으로서 부르봉 절대왕정 확립의 길을 터놓은 것으로 평가된다. 여기서 '프롱드'는 당시 파리의 어린이들이 관리에게 반항하며 돌을 던지는 놀이에서 사용한 투석기에서 유래한 말이다.

후 루이 14세 치세의 프랑스와 같은 가장 강력한 국가들이 실행한 것이다. 1651년과 1660년에 발표된 영국의 항해조례와 아울러 1664년과 1673년에 나온 프랑스의 칙령들은 두 나라의 아메리카 식민지에서 네덜란드인들을 배제하는 데 목적을 두었다. 이러한 조치들에 대해서 오로지 가장 낮은 비용으로 상품을 수송하길 바랐던 플랜테이션 소유자들은 적대감을 보였는데, 그 이유는 이때까지는 그런 낮은 비용으로 수송할 수 있는 능력을 네덜란드인들만이 가졌기 때문이었다. 하지만 네덜란드의 중계 무역에서 벗어나려는 계획을 가장 빨리 실현시킨 것은 영국 쪽이었다. 그 이유는 단순했다. 네덜란드에 대한 영국의 세 차례에 걸친 전쟁26을 통해 영국의 상선 선단의 규모가 크게 늘어났던 것이다. 이 세 차례의 전쟁에서 영국인들은 네덜란드 선박을 셀 수 없이 많이 나포했다. 특히 1652~1654년의 제1차 전쟁에서 영국인들은 해군 및 해적 활동을 통해 최소 1,000척의 선박을 나포했다. 랠프 데이비스에 따르면, 그때 빼앗은 네덜란드 선박의 총톤수는 영국 상선 선단 전체의 톤수와 맞먹을 정도였다.[19] 다른 무엇보다도 이런 선박들은 선원을 더 적게 태우고서도 더 많은 화물을 실을 정도로 질적으로 아주 우수했으며 온갖 종류의 항해에 적합했다. 이런 선박들을 얻음으로써 영국은 북유럽만이 아니라 지중해권 유럽의 무역에서도 새로운 경쟁력을 확보할 수 있게 되었다. 그리하여 영국은 이런 곳들로 카리브 해 플랜테이션의 생산물을 재수출함으로써 대서양횡단 무역에 가장 훌륭한 판로를 확보하였다.

영국 상선 선단의 총톤수는 1629년에도 여전히 11만 5,000톤에 불과했는데 복고왕정 말기에는 약 34만 톤으로 치솟았으며,[20] 해외 영토에 기여하는데 필요한 용적톤수도 1663년 12만 6,000톤에서 1686년 19만 톤 이상으로 늘어났다. 1664년에 런던에서 아메리카의 섬들로 출항한 선박은 45척이었다.

---

26 해양패권을 둘러싸고 벌어진 영국·네덜란드 전쟁을 말한다. 17세기 말에 3차례 있었고, 18세기에 한 차례 더 벌어졌다. 1차는 1652~1654년, 2차는 1665~1667년, 3차는 1672~1674년, 4차는 1780~1784년이다. 이 일련의 전쟁들로 네덜란드는 해양패권의 지위를 상실하고 영국이 해양강국으로 부상했다.

하지만 1686년에는 이 수가 4배로 늘어났고 이런 교역량 증대를 자극한 것은 당연히 대부분 앤틸리스 제도의 플랜테이션이었다. 왜냐하면 이와 같은 시기 동안 런던에서 영국의 북아메리카 식민지로 향한 선박 수는 2배 정도 늘어났기 때문이다.[21] 영국인들은 영국혁명 이전에 자신들이 활발한 대구잡이 활동을 벌였던 뉴펀들랜드로 기꺼이 가서 뉴잉글랜드의 어선들로부터 잡은 대구를 넘겨받았다. 1615년에 영국 선박의 4분의 1을 끌어들였던 아이슬란드는 쇠퇴의 길로 접어들었고, 네덜란드의 고래잡이가 지배하던 스피츠베르겐 섬에서는 영국 어선이 1660년대 이래 완전히 사라졌다.

영국의 카리브 해 무역의 성공과 한계

스튜어트 복고왕정 하에서 그리고 그에 이어 명예혁명 직후에 추진된 영국 선단의 괄목할 만한 성장으로 영국은 아메리카 산 상품 수출에서 비약적인 발전을 이룰 수 있었다. 이때 수출된 상품은 영국령 카리브 해 식민지(바베이도스, 리워드 제도, 자메이카)의 플랜테이션에서 나온 것이기도 하지만 아울러 상인들의 밀무역이 성행했던 스페인령 아메리카의 플랜테이션에서 생산된 것이기도 하였다. 여기에서 영국은 치밀한 상업 네트워크와 함께 새로운 시장의 확보로 이루어진 상업혁명의 토대를 얻었다.

런던에 자리를 잡고 17세기 후반에 부를 쌓아올린 상업 회사들의 활동은 이런 상업혁명의 성공에 가장 중요한 수단이 되었다. 항해조례가 만든 보호무역주의적인 환경이 경제성장을 촉진했다는 것은 의심할 바가 없지만, 그럼에도 그 회사들은 자신들이 창출하지 않은 무역이 이미 존재한다는 것을 더욱 더 인식했고, 자신의 이해관계에 따라서 이들은 그런 기존의 무역에서 주저 없이 벗어났다.

실제로 이런 회사들은 영국으로의 식민지 상품 수입과 유럽 전역에 걸친 그 상품의 재분배를 모두 지배하였다. 복고왕정[27]이 시작된 이후 그들은 네딜란드인들의 네트워크를 자신들의 무역망으로 대체함으로써 부분적인 성공을 거두었다. 그들이 가진 힘은 앤틸리스 제도 해역에서 일부 확인되었다. 그들은 처음에는 바베이도스에 그리고 이어서 리워드 제도와 자메이카에 대규모 사탕수수 플랜테이션을 세우기 위해 원래 네덜란드인에게서 나온 자본이 필요했다. 물론 처음 개척 단계에서는 사탕수수는 다른 작물과 함께 경작되었다. 사탕수수 경작을 위해 비옥한 땅이 필요했고, 이런 작물들은 땅을 비옥하게 만들어 주었다. 그래서 바베이도스에서는 사탕수수만이 아니라 동시에 담배, 인디고, 목화도 경작하는 소규모 경작이 퍼졌다. 소규모 작업장에서는 설탕 제조공정에 오랜 시간이 걸렸다. 1658년 바베이도스를 여행한 프랑스인 샤를 드 로슈포르(Charles de Rochefort)[28]는 이런 작은 규모의 작업장들이 마찬가지로 고만고만한 크기의 경작지에 맞추어 퍼져 있는 모습에 강한 인상을 받았다.

> 이곳의 많은 주민들은 아직도 사탕수수를 갈기에 충분히 큰 보일러와 기계를 스스로 갖추지 못하고 있다. 대신에 두세 명의 사람이나 말 한 마리가 끌어 가동시키는 원통형 분쇄기를 갖고 있다. … 한두 개의 보일러로 그들은 사탕수수 즙을 내어 정제하고 좋은 설탕을 제조한다.[22]

그러나 경작지와 작업장의 크기는 급속하게 늘어났다. 1647년 리처드 라이곤(Lichard Ligon)[29]은 바베이도스의 힐리어드(Hilliard) 대령이란 사람이 소유

---

27 영어판 원문에는 'Reformation', 즉 '종교개혁'이라 되어 있고, 프랑스어판에는 'Restauration', 즉 '복고왕정'이라 되어 있는데, 전후의 문맥으로 보아 프랑스어판을 따라 '복고왕정'이라 하였다.

28 1605~1683년. 네덜란드에서 활동한 프랑스인 사제이자 작가. 앤틸리스 제도를 여행하여 2권의 저작을 남겼는데, 하나는 앤틸리스 제도 전반에 대한 기록이고, 다른 하나는 그 중 토바고 섬에 대한 기록이다. 앤틸리스 제도 전반에 대한 저작인『아메리카의 앤틸리스 제도의 자연 및 도덕사(*Histoire Naturelle et Morale des isles Antilles de l'Amérique*)』는 1658년 네덜란드의 로테르담에서 간행되었다.

29 1585?~1662년. 영국의 작가. 왕당파로서 영국혁명 과정에서 재산을 다 잃은 그는

한 플랜테이션을 방문했는데, 그는 거대한 브라질식 '농장(engenho)'³⁰ 모델을 알게 되었다. 경작지의 크기는 200헥타르³¹가 넘었고 거기서 100명의 흑인노예들이 일하고 있었다. 사탕수수는 100헥타르 남짓의 땅에서 자랐고, 12헥타르 정도의 땅에는 담배, 목화, 생강을 심었다. 식량으로 사용할 작물—카사바, 옥수수, 감자—이 약 30헥타르의 땅을 차지했고, 나머지는 분쇄기와 수확용 수레를 끄는 가축의 사료나 보일러를 가열할 목재를 얻기 위해 목초지로 두었다. 토지 가격은 빠르게 상승했다. 1642년에 힐리어드는 자신의 200헥타르 땅을 구입하는 데 400파운드³²를 지불했는데, 5년 뒤에 세이무얼 모디포드(Samuel Modyford)는 그보다 반 정도의 땅을 구입하는 데 거의 20배나 많은 돈—7,000파운드—을 써야 했다.

땅을 구입하는 데 돈을 쓰고 비싼 가격에 노예를 구입한 뒤 처음으로 이윤을 얻으려면 한참을 기다려야 했다. 물론 식민지 거류민들은 서로 협력하여 자본을 확보했지만, 대개는 유럽 상인들의 도움에 기대었다. 이런 필수적인 신용을 제공하는 데 가장 탁월했던 사람들은 적어도 1660년대까지는 암스테르담 출신들이었다. 그들은 미리 제공한 자금을 돌려받는 데 1년 반 정도나 심지어 훨씬 더 오래 걸려도 아무런 문제가 없었고, 그 기간 동안 거

1647년 바베이도스로 떠나 거기에서 2년간 사탕수수 플랜테이션을 운영하였다. 열병을 앓아 1650년 영국으로 귀환한 그는 빚으로 인해 감옥에 갔다. 이 시기를 전후해 자신의 경험을 기록한 『바베이도스 섬의 진짜 정확한 역사(*A True and Exact History of the Island of Barbadoes*)』를 썼고 1657년 간행하였다.

30 'engenho'는 사탕수수 분쇄기와 관련 시설을 가리키는 식민지 시기 포르투갈 용어이다. 하지만 이 말은 분쇄기와 관련 시설만을 가리킨 것이 아니라, 설탕 생산과 관련한 땅, 작업장과 아울러 거기서 일하는 사람들을 포함하는 영역 전체를 가리키기 위해서도 사용되었다. 대규모 플랜테이션이란 사탕수수 경작만이 아니라 그것을 원료로 한 설탕 정제와 당밀 추출, 럼주 제조까지도 포괄했으며 거기에 수많은 노동력이 필요했기 때문이다.

31 1 hectare = 1만 평방미터/약 2.5에이커.

32 본문에서 '파운드'는 무게 단위와 화폐 단위로 동시에 사용된다. 무게 단위로 1파운드는 약 500그램 정도이며, 프랑스어의 무게 단위인 livre는 파운드와 같은 뜻이기에 파운드로 옮겨 사용한다.

의 이자도 요구하지 않았다. 실제로 자금 차용 경비는 아주 중요했다. 왜냐하면 플랜테이션 소유자들은 유럽 상품과 노예에 대한 청구액이 점점 더 비싸지는 것을 보면서 선대금을 조절해야 했기 때문이다. 존 스콧(John Scott)33은 17세기 중반 바베이도스를 설명하면서, 네덜란드인들을 "플랜테이션에 큰 도움을 주는 자들"로 묘사했다.

> 왜냐하면 그들은 주민들에게 큰 신용을 제공하기 때문이다. 그리고 영국에서 내전이 진행되던 불행한 기간 동안 그들은 서쪽 식민지들의 모든 무역을 관장하며 섬들에 흑인과 통, 보일러 등, 온갖 것들을 제공했다.23)

1651년과 1660년에 시행된 항해조례들은 너무나도 성공을 거두고 있던 네덜란드 상인들을 앤틸리스 제도에서 배제하려는 영국 상업계의 정치적 의지와 열망을 표현한 것이었다. 크롬웰 하에서 결정된 1651년 항해조례는 완전하지는 않지만 자국의 이해를 보호하고자 했다. 실제로 그것은 식민지 상품이 잉글랜드나 아일랜드, 혹은 여타 식민지로 수입될 때는 영국 선박을 통해서만 가능하도록 정하였다. 그리고 유럽 상품을 식민지로 보낼 때는 마찬가지로 영국 선박을 통하거나 아니면 그 상품을 생산한 나라에 속한 선박을 통해서만 가능하다는 것도 정하였다. 하지만 식민지의 무역을 오로지 영국으로만 제한하지는 않았기에, 식민지들은 유럽 대륙의 나라들로 자기 상품을 보내고 아울러 이런 나라들에서 생산된 상품을 공급받을 수는 있었다.

찰스 2세의 치세 초기인 1660년에 시행된 두 번째 항해조례는 훨씬 더 제

---

33 1634?~1696년. 다른 사람과 구분하여 Captain John Scott of Long Island라고 불리는 영국의 정치가, 군사지도자, 지도제작자, 첩자, 롱아일랜드의 초기 거류민이자 지도자. 북아메리카에서 영국의 14번째 식민지인 롱아일랜드를 만드는 데 공헌했으며 그곳의 지도자로 활동했다. 하지만 토지 투기와 여러 사업을 벌여 자주 소송에 휘말렸으며, 카리브 해를 여행하여 기록을 남겼다. 그의 여행 기록은 베네수엘라와 가이아나의 경계를 확정하는 데 중요한 역할을 했다. 1665년 토지 투기로 인한 소송 때문에 바베이도스로 도망쳐, 그곳의 군사 지휘관으로 활동한 적이 있다.

한적이었다. 그것은 설탕, 담배, 목화, 인디고, 생강, 염료 같은 일부 '지정된' 식민지 상품들을 먼저 영국으로 수입하도록 요구하였고, 따라서 그런 상품들은 그 이후에야 다시 외국 시장으로 재수출될 수 있었다. 이제 외국 시장들은 이런 상품들을 바로 수입할 수 없게 된 것이다. 외국 상품들을 식민지에서 금지하지는 않았지만, 그것들이 식민지로 들어가기 위해서는 영국의 이해관계를 보호하기 위해 보호무역주의 법률을 시행하고 있던 잉글랜드를 경유해야만 했다. 식민지 상품이 다른 유럽 나라를 거쳐 잉글랜드로 수입될 때도 똑같은 조치가 적용되었다.

하지만 실제 적용과정에서 이런 체계는 초기부터 한계를 드러냈다. 한편으로 플랜테이션 소유자들이 이런 체계에 분노했다. 그들은 그때까지 네덜란드 상업과 밀접하게 결부되어 있었다. 1664년 리워드 제도의 안티과(Antigua) 섬, 몬트세라트(Montserrat) 섬, 세인트크리스토퍼(Saint Christopher) 섬의 플랜테이션 소유자들은 자신들의 교역에 가해진 "참기 힘든 어려움 때문에" 자유무역을 회복시킬 것을 요구하였다.[24] 리워드 제도에서 몇 마일 남짓 떨어져 있는 신트외스타티우스 섬과 사바(Saba) 섬에서는 네덜란드인들이 식민지 거류민들에게 꼭 필요한 노예와 유럽 상품을 폭넓게 공급하고 있었다. 그래서 이런 네덜란드 중계항과 영국(및 프랑스) 플랜테이션 사이에는 밀무역 관계가 유지되었다. 1671년 네비스(Nevis) 섬과 안티과 섬에서 나온 상품은 대부분 네덜란드 선박에 실려 신트외스타시우스로 운반되었고, 거기서 다시 암스테르담으로 향했다. 암스테르담 시장에서 이 설탕들은 '신트외스타시우스 산 설탕'으로 팔렸다. 이런 식으로 플랜테이션 소유자들은 잉글랜드로 들어가는 자기 상품에 대해 런던이 부과한 법률들을 우회하면서 자신들이 원하는 물건을 구했다. 영국의 소유 영토들에는 반드시 필요한 외국과의 연계망들이, 특히 브라질의 세파르디 유대인(Sephardic Jews)[34]과

---

34 유럽의 유대인들은 크게 아슈케나지 유대인과 세파르디 유대인으로 구분하는데, 아슈케나지 유대인은 '독일계 유대인'이란 뜻으로 독일 및 동유럽에 주로 분포한 유대인들을 말한다. 세파르디 유대인들은 기원전 1,000년경 이베리아 반도를 중심

의 연계망들이 수없이 많았다.

이런 섬들의 통치자들은 자신들에게 가해지는 다양한 압력을 모르지 않았고 종종 비리에 연루되어 이런 조치들을 그다지 엄격하게 적용하지 않았다. 심지어 1666년 네덜란드의 중계항으로부터 약 300마일이나 떨어져 있던 바베이도스의 총독 윌러비(Willoughby)는 총독임에도 이런 말까지 했다. "모든 식민지의 삶은 교역의 자유에 달려있다."[25] 그는 잉글랜드가 2년 이상 동안 네덜란드와 두 번째 전쟁을 벌이고 있는 상태인데도 네덜란드인들을 식민지 무역에서 배제한 것에 딴죽을 걸면서 이렇게 말했다. 1667년 평화조약이 맺어지자 안티과 섬의 총독은 네덜란드와 프랑스인들이 섬에 들어오는 것을 허락했다. 네비스 섬이나 세인트크리스토퍼 섬, 몬트세라트 섬과 마찬가지로 안티과 섬의 연안은 극히 들쭉날쭉하고 안전한 여러 작은 만들이 있어 밀무역 상인들에게 천국 같은 곳이었으며, 외국 상인들은 아무런 걱정 없이 플랜테이션 소유자들에게 물자를 공급하고 판로를 확보할 수 있었다.

1673년 런던은 항해조례를 침해하는 수많은 범죄행위에 대응하여, 밀무역에 가장 열심인 것으로 이미 드러난 북아메리카의 영국인 식민지 거류민들에게 타격을 가했다. 이제부터는 모든 '지정된' 상품들이 식민지들 사이에 운반될 때에도 항해조례의 법률이 적용되었다. 이런 조치는 보스턴과 세일럼(Salem), 뉴욕, 필라델피아의 '뉴잉글랜드' 상인들을 겨냥한 것이었다. 이들은 영국을 거쳐야 한다는 조항을 무시하고 설탕과 여타 식민지 상품을 유럽 대륙으로 바로 운반했기 때문이다. 런던 상인들은 1676년의 청원에서 그런 무역이 가진 의미에 관해 이렇게 썼다.

> 유럽에서 생산된 온갖 종류의 상품들이 뉴잉글랜드로 직수입되고 있으며, 그곳에서 아메리카의 영국 국왕의 식민지 전역으로 운반되어 잉글랜드

으로 형성된 유대인으로, 북아프리카나 중동의 유대인들도 포함한다. 뿐만 아니라 식민지 시기 이후 남아메리카로 이주한 유대인들도 이에 포함된다. 여기서 사용된 '세파르디 유대인'이란 앞서 나온 '마라노 유대인'과 같은 의미이다.

를 거쳐 운송되는 데 드는 비용보다 훨씬 싸게 팔리고 있습니다. 그것들은 거래를 통해 식민지 상품과 교환되고, 이들 상품은 잉글랜드로 오지 않고 바로 유럽으로 운송됩니다. 이런 짓은 우리나라의 항해에 큰 해를 끼치고 있으며, 국왕의 수입을 깎아먹고, 무역의 위축을 초래하여 국왕폐하의 많은 신민들을 가난하게 만들고 있습니다.26)

영국 무역상과 유럽

다른 한편 항해조례가 적용되는 것으로 보일 때에도, 적어도 가장 초기 동안에는 그것이 예기치 않은 결과를 낳았다. 런던 상인 조시아 차일드 (Josiah Child)35는 1669년에 쓴 『신무역론(*New Discourse of Trade*)』에서, 영국이 포르투갈 산 원당(原糖)을 유럽 시장에서 몰아내어 리스본의 정제 설탕 가격을 하락시켰음을 강조했다. 그에 따르면, 10만 내지 12만 상자의 설탕을 리스본으로 들여오던 브라질 선단이 이제는 3만 상자 정도밖에 싣고 오지 못하며, 이로 인해 바베이도스 플랜테이션 소유자들의 이익이 늘어나고 있었다.27) 바베이도스에서 런던으로 수입되는 설탕의 양은 실제로 1665년의 7,061톤에서 1699~1701년 동안 연간 평균 1만 톤 이상으로 증가했다. 다른 한편 자메이카와 리워드 제도에서 수입되는 설탕의 양은 17세기 중반에 극히 적었는데, 위와 같은 기간 동안 연간 평균 1만 2,000톤 이상으로 늘어났다. 1682~1683년부터 영국령 섬들은 거의 1만 9,000톤의 설탕을 시장에 내놓았고, 이는 1만 톤을 생산하던 프랑스 식민지들보다 훨씬 더 많은 양이었으며, 무엇보다 2,524톤을 넘지 않았던 네덜란드령 수리남(Surinam)의 설탕 수출량보다 훨씬 많았다.28) 1650년에 여전히 2만 9,000톤이나 되었던 브

---

35 1630~1699년. 영국의 상인이자 정치가로서 중상주의 경제이론을 지지했고 영국 동인도회사의 중역으로 일했다. 경제학에 관한 여러 저술을 한 그는 중상주의 지지자 중 온건한 쪽에 속했고 때로는 자유무역 이론의 개척자 중 한 명으로 여겨진다.

라질의 설탕 수출량은 하락하였고 17세기 말에는 1만 7,000톤 남짓에 불과하게 되었다.

그러나 17세기 중반에 이미 바베이도스에 나타났고 1670년대부터는 자메이카에도 나타났던 이런 "흥청망청한" 번영은, 1688년의 명예혁명 직전부터 현저한 경기 불황에 자리를 내주게 되었다. 영국에서 유럽 시장으로 설탕의 대량 유입이 아주 심각한 가격 하락을 야기한 것이다. 게다가 과중한 관세 비용을 지고 있는 데다 재수출 비용까지 짊어져야 했던 런던의 회사들은 점점 더 낮은 가격으로 이루어지는 해외의 대량 무역에 특별히 유리한 입장에 있지도 않았다.

그렇지만 "야만적인" 경쟁이 활개를 치던 이런 상황은 가장 뛰어난 상인들에게 시장에 도전할 기회를 제공했다. 그리고 이로써 아메리카 플랜테이션 체제 내에 새로운 상업 구조가 확립되기에 이르렀다. 이것은 플랜테이션 소유자들이 상업의 지배하에 놓이게 되는 구조라고 할 수 있을 것이다.

시장을 지배할 수 있었던 이런 무역상의 실례는 1660~1670년의 찰스 메리스코(Charles Marescoe)에게서 얻을 수 있다. 원래 스페인령 네덜란드였던 릴(Lille) 출신인 메리스코는 22살부터 함부르크 출신의 런던 상인 한 사람과 동업으로 스칸디나비아와 이베리아 나라들, 지중해 사이의 무역에 참가하면서 한자동맹의 무역 거점들과 긴밀한 관계를 유지했다.[29] 런던의 위그노 집단에 속했던 메리스코는 혼인을 통해 가문 간의 협력체를 형성할 수 있었고, 이에 힘입어 가장 큰 무역상들의 지원을 얻을 수 있었다. 예컨대, 그의 처남인 피터 조이(Peter Joye)는 왕립아프리카 회사(Royal African Company)의 임원이자 해군 군수공급업자였다. 메리스코는 자신의 네트워크를 발전시켜 함부르크를 특권적인 자리에 올려놓았다. 왜냐하면 런던 상인들은 유럽으로 재수출하는 자신들의 성장에 꼭 필요한 중계항을 찾고 있었고, 함부르크는 전쟁의 와중에서 암스테르담 및 여타 네덜란드 항구도시들과 효과적으로 경쟁하는 데 안성맞춤인 곳이었기 때문이다.

엘베(Elbe) 강 하류의 큰 항구인 함부르크를 통해 그들은 방대한 배후지에 접근할 수 있었고, 이를 통해 식민지 상품과 지중해 및 아시아의 상품들을 재분배할 수 있었다. 함부르크와의 관계는 1660년대에 세계 시장 내에서 영국의 지위를 개선하는 데 큰 역할을 했다. 메리스코가 활동한 때부터 함부르크에는 크산티(Xanthi)와 말라가에서 포도가 들어왔고, 앤틸리스 제도에서는 설탕이 들어왔다. 이때 이미 리워드 제도와 바베이도스의 설탕 생산량은 포르투갈령 브라질을 추월하고 있었다. 1668년에 메리스코는 자기가 운반해 온 설탕의 3분의 1을 함부르크를 통해 유통시켰고, 암스테르담으로는 그만큼 보내지 않았다.[30] 해외 식민지 영토가 없어 17세기 동안 줄곧 계속된 해상 충돌에서 중립적이었던 함부르크는 여러 해양 강대국 출신의 상인들이 거침없이 경쟁할 수 있는 시장이 되었다. 함부르크의 도시 인구는 런던의 10분의 1, 암스테르담의 4분의 1밖에 되지 않았다. 하지만 사방팔방에서 온 상인들이 함부르크로 모여들었으며, 네덜란드인과 플랑드르인, 포르투갈인, 영국인들이 가진 엄청난 지식과 경험이 여기서 한데 어우러졌다. 특히 국제적인 대금결제에 정통했던 그들로 인해, 도시는 환어음의 거래에서 중심적인 역할을 하게 되었다.

하지만 그 시장은 바베이도스와 여타 앤틸리스의 섬들만이 아니라 브라질, 키프로스, 과테말라에서도 들어오는 설탕과 면화, 인디고의 과잉 공급으로 인해 고통을 겪기도 했다. 가격이 하락했고, 영국 및 네덜란드의 항구로부터 정식으로 들어오는 것 외에 밀무역 상품을 싣고 오는 선박들도 있었다. 이런 상품은 항해조례를 무시하고 레반트나 앤틸리스 제도에서 바로 함부르크로 들어와서 시장 거래를 교란시켰다. 그래서 영국 선박들은 영국의 중계항을 경유할 생각이 전혀 없이 바베이도스와 자메이카에서 '약삭빠르게' 함부르크로 바로 왔다. 게다가 함부르크는 또한 리스본을 경유한 설탕과 스미르나(Smyrna)와 키프로스 산 면화, 암스테르담을 통해 들어오는 과테말라 산 인디고도 직접 제공받고 있었다.

따라서 찰스 메리스코 같은 상인들이 상품의 재수출을 통해 런던에서 이익을 얻으려면, 그러한 경쟁을 감수해야만 했다. 그렇지만 1674년 이후 영국인들은 네덜란드와 프랑스 간에 해상 충돌이 벌어지는 동안 자국의 중립상태를 이용하여 이익을 얻었다. 결국 승리한 것은 런던이라는 것이 곧바로 확인되었다. 1667~1668년에 암스테르담으로 수입된 설탕의 양은 3,262톤이 되지 않았는데, 런던이 수송한 양은 9,000톤이 약간 안 되었다.[31] 1673년에 실제로 런던 상인들의 발송양이 하락했지만, "거의 모든 상인들이 판매를 하지 못하는 성과 없는 무역을 야기한" 전쟁에서 가능한 빨리 벗어난 런던의 재수출 상인들은 함부르크 시장에서 주도권을 회복하였다. 그들이 이렇게 하고 있을 때, 함부르크는 장기적인 불황에 고통을 겪고 있었고 런던으로의 식민지 상품 공급도 남아돌 만큼 많았다. 하지만 몇몇 사람들은 이러한 어려움들에 어떻게 대처할지를 알고 있었다. 그들은 실제로 1675년에 곧 일어나게 될 잉글랜드와 프랑스 간의 전쟁과 한 해 전 네덜란드령 섬들에 대한 프랑스인 프랑수아 데스텡(François D'Estaing)의 빼어난 해군 작전과 같은 현재와 미래의 정치적 사건들에 기대를 걸면서 구매 주문을 받고 있었다.

런던이 거둔 성공

상인의 활동이란 온갖 위험을 무릅쓰고 그 성과를 꾸준히 기다리게 마련인데, 이것은 17세기 말까지 식민지 상품의 수입과 그것들의 재수출을 통해 런던이 거둔 성공을 설명해 준다. 명예혁명 직전 카리브 해에서 출발한 선박들이 런던에 도착하기 시작하면서 런던은 잉글랜드에서 앤틸리스 제도에 맞춤한 가장 큰 항구가 되었다. 1686년에 225척의 선박들이 영국령 섬들에서 런던에 도착했던 것이다. 아울러 1687년에 42척의 선박이 들어온 브리스틀은 잉글랜드에서 두 번째로 큰 항구가 된다.[32] 마찬가지로 앤틸리스 제도로 향한 선박 수에서도 1686년에 런던에서 161척이 출발했고 브리스틀에서는 1687년에 56척이 출발했기에 똑같이 말할 수 있다.[33] 이런 운행 선박 수는, 체서피크 산 담배 수입이 가진 중요성에도 불구하고 북아메리카와 런던

간의 운행 선박 수를 훨씬 상회했다. 1686년에 버지니아와 메릴랜드, 뉴펀들랜드, 뉴잉글랜드로부터 런던으로 온 선박의 수는 110척이었고 브리스틀의 경우 31척이었다.

이런 활동은 수입 설탕의 반 이상을 재수출함으로써 가능했는데, 1680년대까지 그것은 함부르크와 홀란드, 프랑스로 발송되었다. 그 뒤 이런 재수출 양은 국내 소비가 늘어나고 프랑스령 마르티니크와 과들루프 산 설탕 수입이 증가하면서 감소하게 되었다.

유럽 시장에서 활동한 상인과 같은 이들은 앤틸리스 제도에 독특한 교역 체제인 위탁무역을 확립했다. 다른 곳과 마찬가지로 함부르크에서도 가장 낮은 설탕 가격이 널리 퍼지게 되었다. 이 때문에 상업 회사들이 이런 종류의 무역으로 눈을 돌리게 된 것이다. 그들은 자기가 손해를 입으면서 유럽 상품을 보내고 식민지 상품을 들여오는 대신에, 앤틸리스 제도의 플랜테이션 소유자와 상인들로부터 설탕 같은 상품을 위탁받고 시장을 물색하는 일을 맡았다. 그리고 거래처를 찾으면 계약을 맺어주고, 물레방아 바퀴, 보일러, 노예, 식량 같은 공급품을 구매하는 데 필요한 신용을 구해주었다. 이런 위탁판매업자와 플랜테이션 소유자가 지속적인 관계를 맺는 계약 체계는 플랜테이션 소유자들에게 자기 작물의 확실한 판로를 제공해 주었고, 아울러 영국 및 유럽 상품을 구매할 수 있는 통로를 확보해 주었다. 하지만 런던의 상인들에게 매우 유리한 이런 무역 구조 속에서, 런던 상인들은 사실상의 독점을 만들어 낼 수 있었다. 이런 무역 구조를 작동시키기 위해서는, 위탁을 맡는 데 필요한 선대금을 감당할 수 있는 막대한 재정적 역량이 요구되었다. 그런 역량을 가진 것은 런던뿐이었다. 런던의 재계는 이미 '서인도'와 '동인도' 사이의 무역에 대한 특권을 가졌고 아울러 왕립아프리카회사와의 노예무역과 레반트 지역과의 무역에 대한 특권도 가지고 있었기에, 앤틸리스 제도의 플랜테이션과의 연계를 통해 브리스틀과 같은 여타 해항들의 발전을 17세기 말까지 몇 년 동안 지체시킬 수 있었다. 브리스틀의 상인들과 더불어 나중에 등장하는 리버풀(Liverpool)과 글래스고(Glasgow)의 상인들은 실제로 이러한 위탁무역에서 완전히 배제되었고, 아주 어려운 조건 속에서 독자적으로 식민지에서 대리인을 구해 교역해야 했다. 이런 대리인들이 자신들에게 배달되는 유럽 상품과 교환하여 식민지 상품을 구매해 주었던 것이다.

이런 상업혁명을 가능케 한 신용 및 교역망의 핵심인 런던은 암스테르담의 후견으로부터 벗어났고 17세기 말에는 유럽에서 가장 중요한 식민지 중계항이 되었다. 유명한 조시아 차일드의 사례가 보여주듯이, 런던 상인 중 일부는 앤틸리스 제도 플랜테이션에 과감하게 투자했다. 차일드는 1672년 자메이카에서 설탕 경제가 정점에 이르자 포트로열(Port Royal)의 한 상인과 동업으로 자신이 노예와 기계설비, 식량을 공급한다는 조건으로 550헥타르가 넘는 엄청난 규모의 플랜테이션을 세웠다.[34] 자메이카는 이 무렵 해적의 시대를 막 지나고 있었다. 초대 자메이카 총독인 토머스 모디포드(Thomas Modyford)[36]가 사탕수수에 대한 신중한 투자보다는 즉흥적인 해적질을 선호하면서, 그 섬은 플랜테이션보다는 해적의 온상으로 더 알려졌던 것이다. 멕시코 만과 중앙아메리카를 앞에 둔 좋은 입지에 자리 잡은 자메이카는 스페인 식민지들에 심각한 타격을 가할 수 있었다. 이곳에서 사탕수수 플랜테이션이 성공한 것은 런던의 무역상들에게 새로운 성공을 뜻했다. 17세기 말에 벌어진 여러 전쟁으로 인한 어려움들에도 그리고 때로는 해적 자본을 이용했음에도(모건[Morgan][37]은 파나마와 포르토벨로 습격에서 얻은 노획물을

---

36 1620~1679년. 바베이도스의 플랜테이션 소유주이며 1664~1670년에 자메이카 총독이었다. 1664년 자메이카에 들어오면서 그와 함께 700명의 플랜테이션 소유주들과 노예들이 들어왔는데, 이것이 자메이카에 플랜테이션 경제가 처음으로 도입된 것이었다. 그는 1670년 해적 모건을 사주하여 파나마의 스페인 영토를 약탈했는데, 이 때문에 1671년 네덜란드와의 전쟁을 준비 중인 영국 왕은 그를 파면하고 체포했다. 2년 동안 런던탑에 갇혀있다 1675년 자메이카로 돌아왔다.

37 유명한 해적 Henry Morgan(1635~1688)을 말한다. 웨일즈 출신으로 자메이카 총독 모디포드의 방조 아래 1660년대 말 카리브 해와 파나마에서 해적과 습격을 행하였다. 1671년 파나마시티 습격 때문에 런던으로 소환되어 체포되었으나 실제로는 영웅 대접을 받았다. 1674년 기사 작위를 받았으며 자메이카로 돌아가 부총독이 되었다.

플랜테이션에 투자했다), 플랜테이션은 정점에 이르렀고, 이는 카리브 해에서 영국의 힘이 새로운 차원에 이르렀음을 보여주었다.[35]

17세기 말 영국령 앤틸리스가 아메리카에서 첫째가는 설탕 생산지가 되었던 바로 그때, 런던에서는 또한 특히 인디고와 코치닐 같은 염료상품의 수입도 급증하고 있었다. 가치상으로 1663~1669년에 연간 평균 3,000파운드 정도 수입되던 염료가 1699~1701년에는 8만 5,000파운드나 수입되었던 것이다. 이런 비약적 성장은 스페인령 아메리카로부터의 수입 상품을 영국 상선들이 수송한 덕분에 가능했다. 따라서 같은 시기 세비야와 리스본에서 영국인들의 염료 구입은 침체되었고, 네덜란드의 수입량은 약간만 늘어났다. 이런 성장은 영국 직물업의 수요와 인도 산 인디고 수송의 하락과 일치했다. 그 대신 영국인들은 밀무역과의 연계를 통해 자메이카로부터 스페인의 플랜테이션에 필요한 노예를 공급해주었다. 하지만 이 부분에서는 영국인들은 퀴라소의 네덜란드 무역상들과 경쟁해야 했고, 1701년 이후에는 프랑스가 스페인 노예거래 특허권을 받게 되면서 해양 강대국들 간의 경쟁은 훨씬 더 격심해졌다. 루이 14세의 왕국은 이베리아인들의 아메리카와의 무역만이 아니라 카리브 해의 식민화에도 점점 더 강한 야심을 드러내었다.

§ 프랑스의 도전: 뉴펀들랜드에서 앤틸리스 제도까지

프랑스 왕 프랑수아 1세는 이베리아인들의 독점에 딴죽을 건 최초의 군주 중 한 명이다. 그는 1517년 새로운 항구 르아브르드그라스(Le Havre de Grâce)[38]를 세우면서 칼 5세의 스페인과 헨리 8세의 잉글랜드에 대해 도전하는 듯이 보였다. 결국 몇 년 뒤 그는 노르망디와 리옹 상인들에게서 자본을 지원받

---

38 프랑스 북서부 노르망디의 대서양 연안에 위치한 해항 르아브르(Le Havre)의 건설 당시 명칭으로 '은총의 항구'라는 뜻이다.

아 피렌체인 베라차노를 북아프리카 연안으로 파견하기까지 하였다. 그는 새로 발견한 서쪽 땅에 대한 유일한 통치자라는 스페인의 주장에 맞서고자 하면서 1534년 북아메리카에 대한 공식 원정을 후원하기로 했다. 생말로 출신의 자크 카르티에는 "다량의 금이 있다고 하는 몇몇 섬과 나라들"을 발견하기 위해 "새로운 땅"으로 항해하라는 지시를 받았다. 그러나 캐나다의 혹독한 기후와 치명적인 괴혈병 때문에 현재 퀘벡(Quebec)에 해당하는 곳에서 겨울을 나면서 카르티에의 많은 부하들이 사망했고, 이로 인해 그런 탐험에 다시 나서려는 생각을 감히 하지 못하게 되었다. 1562년 장 리보(Jean Ribaut)[39]가 이끄는 몇몇 프랑스 위그노들이 잠시 지속된 거류지를 세운 곳도 훨씬 남쪽 열대 지방에 가까운 플로리다의 찰스포트(Charlesfort)였다. 3년 뒤 이 지역은 스페인 장군 메넨데스 데 아빌레스(Menéndez de Avilés)[40]에게 무참하게 유린당했다. 이로부터 반세기가 더 지나서야 프랑스인들은 훨씬 더 남쪽의 카리브 해에 보다 영구적인 거류지를 다시 세울 생각을 하게 된다. 또한 같은 무렵인 1608년 사무엘 드 샹플랭이 이끄는 프랑스인들도 세인트로렌스 강을 거슬러 올라가는 탐험에 나섰다.

16세기 동안 프랑스에서 전개된 일련의 종교전쟁들은 식민지 팽창 사업에 불리하였다. 16세기 초 이래 많은 프랑스인들이 디에프나 옹플뢰르, 생말로, 라로쉘에서 포르투갈령 브라질이나 페루, 카리브 해의 스페인령 섬이나 연안지역으로 가서 해적 행위를 수행해 왔다. 하지만 그런 행위도 이제는

---

39 1520~1565년. 프랑스 위그노 지도자 가스파르 드 콜리니의 부하로 항해자이자 프랑스 초기 식민지의 개척자. 1562년 프랑스 최초의 아메리카 식민지인 찰스포트를 플로리다에 건설했지만, 잠시 귀국했다가 프랑스 종교전쟁에 참전하여 체포되는 바람에 돌아가지 못하고 찰스포트는 폐허가 되었다. 그 뒤 1564년 다시 식민지로 가 현재 플로리다의 잭슨빌에 해당하는 포트캐롤라인의 지휘를 맡았다. 다음 해 인접한 스페인 식민지 세인트어거스틴 근처에서 스페인군에 의해 살해당했다.

40 Pedro Menéndez de Avilés, 1519~1574년. 스페인 해군제독이자 탐험가. 최초의 정기 대서양횡단 수송선단을 계획했고, 1565년 북아메리카 최초의 스페인 거류지인 플로리다의 세인트어거스틴을 건설했다. 1565년에서 1574년까지 스페인령 플로리다의 초대 총독이었다.

둔화되기 시작했다. 사실 프랑스의 해적 활동은 프랑스 서부 대서양 연안의 위그노가 장악한 항구들에 의존했는데, 이런 항구들의 힘이 종교전쟁을 통해 강화된 것이 아니라 약화되었기 때문이다.

프랑스 항구와 북대서양

하지만 북대서양의 교역과 뉴펀들랜드의 어로 활동에는 루앙에서 베욘에 이르는 프랑스 대서양 연안 항구들로부터 더욱 많은 배들이 참여하고 있었다. 매년 여름이면, 점점 더 많은 수의 선박들이 대서양을 가로질러 가 세인트로렌스 강 어귀 앞의 그랜드뱅크스(Grand Banks)[41]와 뉴펀들랜드 주위에서 물고기를 낚고, 가능한 빨리 신선한 물고기를 갖고 돌아가기 위해 갑판에서 바로 염장을 해서 프랑스의 항구로 귀환했다.

일찍부터 브르타뉴인과 바스크인들이 "경험을 통해" 래브라도와 뉴펀들랜드의 대구 어장을 향해 북대서양을 가로지르는 어업 항로의 형성에 참여했다고 추정된다. 특히 브르타뉴인들은 캐벗과 코르테 레알 형제가 그 항로를 공식적으로 확정하기 훨씬 전인 15세기 후반부터 거기에 참여했던 것 같다. 하지만 16세기 초부터 뉴펀들랜드 주변에서는 선박의 의장 설비가 더 중요해졌다. 브르타뉴 연안의, 특히 생폴드레옹(Saint Pol de Léon)에서부터 생말로에 이르는 북부 연안의 수많은 작은 항구들은 앞 다투어 대규모 어업에 맞는 설비를 갖추어 나갔다. 16세기 중반 무렵에는 참여 항구의 수가 줄어들었고, 그런 사업은 비니크(Binic), 생말로, 낭트(Nantes) 같은 3개의 주요 항구로 집중되었다. 이중 낭트 항은 이미 이베리아 국가들과 활발하게 교역하고 있었고, 인접한 게랑드(Guérande) 습지에서 나온 소금을 르크루아지크(Le

---

41 뉴펀들랜드 섬 남동쪽에 발달한 대륙붕으로, 차가운 래브라도 해류와 따뜻한 멕시코 만류가 합류하여 지금도 풍족한 어장을 이루고 있다.

Croisic)를 통해 수출하고 있었다. 1517년 뉴펀들랜드의 어부 한 사람이 낭트에 들렀다가 지롱드의 항구인 보르도로 가서 처음으로 물고기를 판매했지만,[36] 낭트는 1530년 이후에야 대규모 어업을 위한 설비를 갖춘 것으로 보인다. 브르타뉴 해운의 우월함에 필적할 만한 것은 바스크인들이 활발하게 항해를 수행한 훨씬 더 남쪽의 베욘에서만 찾을 수 있었다.

확인 가능한 자료에 따르면 1510년대 초에 공식적으로 시작된 바스크인들의 이런 항해는 새로운 것이었다. 생장뒤뤼즈(Saint-Jean-de-Luz)나 시부르(Ciboure)는 대구잡이(또는 고래잡이) 설비로 특화되었다면, 베욘의 상인들은 대규모 어업 항해와 노르망디 항구만이 아니라 갈리시아의 스페인 항구나 심지어 포르투갈의 항구까지 이르는 대규모 연안 항해를 번갈아 수행하는 다각적인 교역을 수행했기 때문이다. 그래서 수지(樹脂)나 코르크 같은 화물들이 베욘으로 모여들어 비스케이 산 철과 카스티야 산 모직물, 그리고 리스본에서 가져온 면화, 브라질 소방목, 생강 등과 교환되었다.[37]

브르타뉴의 낭트와 생말로 같은 곳에 이익이 된 것과 같은 자원 집중이 프랑스 서남부 지역에서도 발생하여 베욘과 보르도, 라로셸 같은 곳이 이익을 보았던 것 같다. 16세기 중반에 베욘에서는 약 20척의 대구잡이 어선들이 장비를 갖추었으며, 보르도에서는 1560년에 약 60척이나 되는 어선들이 뉴펀들랜드로 떠났다. 한편 라로셸에서는 그 전해에 49척이 항해에 나섰다. 4년 뒤 루앙에서는 94척의 대구잡이 어선들이 의장을 갖추었다.[38] 프랑스 종교전쟁이 시작되기 직전인 1565년에는 이 세 항구들에서 자체적으로 대규모 어업에 나서는 어선 156척이 의장을 갖출 수 있었다. 이는 영국인 항해자 팽크허스트(Pankhurst)가 1578년에 추정한 것보다 더 많은 수였다. 팽크허스트는 뉴펀들랜드 회사의 설립을 구상하던 일부 런던 상인들을 조사하여 1560년대 동안 뉴펀들랜드 근해에서 활동하는 프랑스 선박의 수를 전체 350척의 유럽 선박 중 약 150척이라고 평가했다. 그때 그는 스페인 선박 100척, 포르투갈 선박 50척 정도, 영국 선박 약 50척 정도가 뉴펀들랜드 근해에서 활동한다고 하였다. 그러나 그는 프랑스 선박에 대해서만이 아니라 영국 선박에 대해서도 너무 낮게 추산한 것으로 보인다.

대구잡이는 심지어 1600년에도 스페인인과 포르투갈인들이 뉴펀들랜드 근해의 대구를 두고 영국인 및 프랑스인들과 경쟁을 할 정도로 상당히 국제적인 성격을 띠고 있었다. 하지만 포르투갈인들은 영국인들에게 마데이라와 바이아, 대서양의 섬들, 그리고 브라질에 대한 대구 공급을 맡겼다. 이런 지역들에는 노예들이 있어 비교적 값싸고 질 좋은 음식인 대구에 대한 수요가 가장 높았다. 17세기에는 스페인 시장도 대부분 영국 선박에 문을 열었는데, 하지만 이들 중 어로 활동만으로 이익을 얻는 배는 거의 없었다. 대신에 영국 배들은 뉴잉글랜드와 메인(Maine)의 어부들에게서 대구를 사서 가져왔다. 이런 식으로 '보따리 배들(sack ships)'[42]은 카르타헤나, 알리칸테(Alicante), 타라고나(Tarragona), 바르셀로나에 대구를 공급하고 대신에 와인과 올리브오일, 과일, 그리고 돈을 얻었다. 17세기 초부터는 프랑스인들이 이 시장을 둘러싸고 영국인들과 경쟁하면서, 영국인들과 마찬가지로 자신들의 모항(母港)과 뉴펀들랜드, 이베리아 항구들을 연결하는 북대서양의 수지 맞는 '삼각무역'의 기초를 놓았다. 1580년을 전후해 300 내지 400척에 이르렀던 프랑스 대구 선단의 규모는 풍부한 판로를 통해서만 설명할 수 있는데, 이런 판로는 17세기 후반에는 훨씬 더 확대되어 생말로 같은 항구가 크게 번성하게 되었다.

프랑스인들이 가진 결정적인 이점은 낭트에서 보르도에 걸치는 브르타뉴 남부의 가장 중요한 의장 설비 항구들이 인접해 있어 이용하기 편리하다는 점과 대구잡이 선박에 소금을 공급할 수 있는 염전 층이 가까이 있다는 점에 있었다. 또한 루이 13세와 14세 시기에 가톨릭 종교개혁과 함께 육류의

---

42 뉴펀들랜드 근해에서 대구를 구입해 이베리아 반도나 남아메리카에 공급하고 거기서 다른 화물을 구입해 잉글랜드로 귀환한 선박들을 'sack ship'이라 불렀다. 이 배들은 일반 어선보다 크기가 컸지만 선원의 수는 더 적었고 따라서 많은 화물을 실을 수 있었다. 'sack'이 '마대'나 '자루'라는 뜻인데다 이런 선박들이 수행한 활동을 감안해, '보따리 배'로 옮겼다.

사용을 제한하는 가톨릭 계율이 회복되면서 대구에 대한 수요가 아주 높았던 점도 있었다. 잡자마자 바로 소금에 절인 염장 대구가 낭트에서 팔려 오를레앙(Orléans)을 거쳐 파리로 운반되었고, 마찬가지로 오베르뉴(Auvergne)와 리옹(Lyon)으로도 보냈다. 이런 측면에서 영국과 프랑스의 어업 방식은 전혀 달랐다.

영국인들은 잡은 생선을 모두 말렸고 지중해권 유럽의 시장에서 팔기 위해 그다지 소금을 사용하지 않았다. 이 때문에 1660년의 복고왕정 하에서 정부는, 대구를 영국 중계항으로 싣고 온 뒤 거기서 재수출해야 하는 소위 '지정' 상품 목록에 올리지 않았다. 설탕과 담배, 인디고는 영국의 기항지로 싣고 온 후 다시 팔아야 했지만, 물고기는 뉴펀들랜드에서 스페인과 이탈리아의 항구들로 바로 보냈던 것이다. 뉴펀들랜드에서 영국인들은 육지에 상륙해 건조를 해야 했는데, 해변에 죽 세운 '건조대' 위에 여전히 신선한 생선들을 늘어놓았다. 그래서 그들과 거래하는 어부들은 연안역(沿岸域)과 뉴펀들랜드 남쪽의 그랜드뱅크스에서 작업하였다. 국내 시장에서 다량의 '염장' 대구를 판 프랑스인들은 생선에 소금을 듬뿍 뿌린 후 서둘러 자신의 항구로 보냈다. 그들은 케이프브레턴(Cape Breton) 섬 연안과 세인트로렌스 만 같은 뉴펀들랜드의 서쪽과 북쪽에 걸치는 보다 넓은 해역에서 어로 활동을 했다. 뒤에 17세기에야 프랑스인들은 지중해 지역의 수요에 맞추기 위해 영국인들을 모방하여 생선을 건조하기 시작했다. 따라서 뉴펀들랜드로부터 상당히 떨어진 곳까지 갔던 그들은 카르티에가 도착하기 전에도 세인트로렌스 만 깊숙한 곳까지 들어갔고 거기서 아메리카 원주민들과 접촉하여 모피 무역을 수행하였다.

앙리 3세와 4세 시기 동안 프랑스 엘리트들이 크게 환영한 비버 모피의 유행이 이런 모피 무역의 수요를 자극했다. 1580년 "뉴펀들랜드의 거대한 만에서" 대구잡이와 고래잡이를 하기 위해 시부르에서 온 바스크 배가 보르도에서 의장 설비를 했는데 이 일에 참여한 지롱드 지방의 상인들은 이 배의 항해 목적에 모피 무역을 포함시켰다. 즉 그 배의 선장은 생선을 말리고(그 배는 염장 대구를 목적으로 하지는 않았다) 고래기름을 녹이면서 한편으로 "그랑드베(Grande Baye) 연안에서 미개인들과 협상하고 거래하러" 가야 했던 것이다. 1586년에 쓴 『위대한 섬사람들과 물길 안내(*Grand Insulaire et Pilotage*)』에서 앙드레 트베(André Thevet)[43]는 모피 무역을 아래와 같이 예측하기도 했다.

매년 많은 수의 [고래]를 잡고 주로 [세인트로렌스 강으로 흘러드는] 사그네(Sagueney) 강에서 상인들이 고래 자체 외에 벌이는 가장 큰 무역은 고래에서 얻는 기름 거래이다. 또한 그들은 야만인들과 다양한 아름다운 모피도 거래한다. 그 뒤 그들은 그 모피를 외국인들에게 가져가 다른 상품과 교환한다.[39]

따라서 모피 무역은 대구잡이 및 고래잡이와 밀접한 관련이 있었고 보르도를 출발한 바스크인들의 많은 고래잡이 배들이 각각 이 무역을 수행하였다. 1584년에서 1600년 사이에 모피 무역을 수행한 배는 대략 15척 정도 되었다. 루이 13세 치세 초기에 확립된 모피 무역 독점체들의 활동에서는 바스크인들이 배제되었는데, 그렇다 해도 바스크인들은 그곳에서 계속해서 고래를 잡았으며 심지어 타두싹(Tadoussac) 가까이까지 가기도 하였다. 예수회 수사인 폴 르죈(Paul Lejeune)[44]이 1637년에 제출한 보고에는 그들이 "퀘벡 앞을 지나가는 무수히 많은 알락 돌고래와 흰 돌고래를 잡고" 있다고 적혀있다.

잉글랜드 웨스트컨트리의 항구들에서처럼, 이런 어로 활동은 대서양 항

---

43 1516~1590년. 프랑스의 프란체스코회 수도사이자 탐험가, 우주론자, 기행문 작가. 1549년에서 1552년까지 레반트 지역을 여행한 후 1555년부터 브라질을 여행하였다. 뒤에는 왕실을 위해 일하며 역사도 기록하였다. 그의 주저는 1557년 브라질을 여행하고 난 뒤 쓴 *Les Singularitez de la France antarctique*이다.

44 1591~1664년. 캐나다에서 활동한 최초의 프랑스인 예수회 수사. 1624년 예수회 수사가 된 후 1632년 퀘벡으로 떠나 그곳의 아메리카 원주민과 흑인노예들 사이에서 전도활동을 벌였다.

해술을 익히는 보기 드문 훈련기간을 제공해 주었다. 이미 거의 한 세기에 이르는 프랑스의 대양 교역의 결말을 짓는 최초의 해양 칙령이 1584년에 포고되었는데, 그것은 뉴펀들랜드와 같은 멀리 떨어진 목적지로 출항하는 것에 대해 규정하면서, 배들이 "불가항력인 경우 외에는 서로를 버리지 말고" 집단으로 항해할 것을 요구하였다. 이는 바다에서 발생하는 위험과 아울러 여러 유럽 선단들 간의 경쟁으로 인해 발생하는 해상분쟁의 위험도 동시에 피하기 위해서였다. 칙령은 또한 기니와 서인도 연안으로 항해하는 선박들도 이렇게 하도록 정했다. 이때부터 사실상 프랑스 대서양 연안의 항구들에서는, 심지어 보르도에서도 아프리카와 아메리카로 향하는 사략선들이 의장 설비를 제공받고 있었다. 이런 항구들이 오랫동안 지속된 대규모 유럽 연안 항해에 더 적합한 곳이었음에도 말이다.

해적 행위와 "창끝을 앞세운" 무역

두말할 필요 없이, 루앙과 디에프, 옹플뢰르, 그리고 뒤에는 라로쉘과 샤랑트(Charente) 및 노르망디의 위그노 항구들은 기니와 브라질 그리고 "페루의" 섬들(앤틸리스 제도)로 향하는 최초의 원정대가 출발한 곳이었다. 브르타뉴인과 노르망디인들은 브라질 소방목을 구하려고 브라질 연안을 빈번하게 드나들었다. 1521년에서 1550년까지 실제로 디에프나 옹플뢰르, 루앙, 생말로에서 이런 곳을 향해 배가 출항하지 않은 해는 한 해도 없었다. 1520년 대 동안 시작된 카리브 해에서의 해적 활동은 1530년대 이후 더욱 강화되어 캐러벨 선을 나포하고 도시를 습격하여 불태우며 카리브 해 북쪽의 쿠바에서 푸에르토리코에 이르는 섬들과 남쪽의 스페인령 아메리카 본토를 공격하였다.

분명 그보다 드물었지만 그만큼 대담한 보르도 항 출신의 상인들은 여전히 '신세계'에 관심이 적었고, 기니, 브라질, 앤틸리스 제도로 가는 원정대에 투자하였다. 1544~1545년 생장드뤼즈에서 출발한 배인 밥티스트(Baptiste) 호는 보르도로 가서 자금을 모으고 의장 설비를 갖추어 '후추해안', 즉 기니 연안으로 출항했다. 선주는 보르도 상인들이었고, 다른 보르도 상인 한 사람이 그들에게 자본을 빌려주었다. 1579년에는 라로쉘 선박이 노예무역을 하러 출항했고, 2년 뒤에는 또 다른 선박 2척이 기니와 섬들 사이에서 무역을 하기 위해 보르도를 떠났다.[40] 무역과 해적 행위는 여전히 긴밀하게 결합되었고, 이는 1572년 라로쉘에서 페캉(Fécamp)으로 간 배의 경우가 보여주는 바이다. 그 배는 "카니발 제도[îles cannibales; 소앤틸리스제도를 말한다]의 주민들과 침대 시트, 포목, 칼, 단검, 철물류를 거래"한 후 푸에르토리코 주변에서 노략질을 하였다.[41]

최초의 프랑스령 앤틸리스 제도

16세기에 수행된 이런 원정 항해들이 식민화의 확립으로 이어지지는 않았다. 이런 원정들에 과감하게 투자한 상인들의 유일한 목적이 해적 행위와 "창끝을 앞세운" 무역에 있었기 때문이다. 17세기에 앤틸리스 제도의 사업에 완전히 새로운 차원을 부여하는 것은 추기경 리셜리외(Richelieu)[45]와 콜베르의 몫이었다. 1626년 12월 '대지도자'이자 '항해와 무역 장관 및 총감(Chef et Surintendant général de la navigation et commerce)'인 리셜리외는 법무장관

---

45 1585~1642년. 본명은 Armand Jean du Plessis로, 프랑스의 정치가이자 귀족이며, 로마 가톨릭의 추기경이다. 1624년부터 사망할 때까지 루이 13세의 재상을 맡았다. 당시 프랑스의 귀족을 억누르고 중앙집권화를 강력하게 추진하여 프랑스 절대군주 체제의 기초를 놓았다. '신세계'에 대한 정책에도 적극적이어서, 루이 13세에게 권유하여 네덜란드 서인도회사를 본 따 '누벨프랑스 회사'를 설립했고, 퀘벡을 프랑스령으로 확정짓는 데 공헌했다. 다른 유럽 국가와 달리 프랑스가 아메리카 원주민과 식민지 거류민 간의 공존과 동화를 추구한 것도 리셜리외의 정책에 입각한 것이었다고 한다. 그의 조언에 따라 루이 13세의 1627년 칙령은 개종한 아메리카 원주민을 "자연스런 프랑스인"으로 삼는다고 정하였다.

마리약(Marillac)[46]에게 해군만이 아니라 상업 항해와 대외무역, 식민지에 대해서도 전부 다루고 있는 해양 관련 법안을 제출케 했다. 그는 콜베르도 지지하던 상업 이론, 즉 외국인에게 가능한 많이 팔고 그들에게서 가능한 적게 산다는 이론의 기초를 뒤집을 생각이었다. 리셜리외가 볼 때, "가진 게 가파른 바위산뿐인 제노바"가 이탈리아에서 가장 부유한 도시였고, "버터와 치즈밖에 생산하지 않는" 네덜란드가 "유럽 모든 나라에 그들이 필요로 하는 거의 대부분을 제공"했다. 프랑스는 자신의 여러 생산물을 수출해서만 이익을 얻고 멀리 떨어진 곳에서 그들에게 제공되는 것만을 얻을 수 있을 뿐이었다.[42]

1629년의 미쇼 법(Code Michau)[47]과 1631년의 대해양칙령[48]은 바다를 자유롭게 유지하고 상선 운행과 대규모 어로 활동을 보호할 수 있는 해군의 원칙을 제시하였다. 사실상의 항해조례인 이 조치들은 독점을 원칙적으로 프랑스 선단에게만 인정하였다. 외국인들은 프랑스 왕국의 항구에서 "유일하게 소금을 제외하고 어떤 식량이나 상품도, 그게 무엇이든 어떤 물건도"

---

46 Michel de Marillac, 1563~1632년. 프랑스의 법학자이고 루이 13세의 왕실 고문이었다. 1624년에 재무총감을 맡았고 1626년에는 법무장관이 되었다. 대외 간섭을 억누르고 국내 문제의 해결에 집중하는 정책을 리셜리외에게 조언했고, 1629년에는 정부의 모든 측면에 대한 자신의 개혁 구상을 담은 '미쇼 법(Code Michau)'을 제시했다. 루이 13세의 권력 강화에 장애가 된 태후 마리 드 메디치와 가까웠고, 1631년 그녀의 도망을 도운 혐의로 체포되어 1632년에 처형당했다.

47 1629년에 루이 13세의 왕실칙령(Ordonnance)으로 발표된 '미쇼 법'은 법무장관 미셸 드 마리약이 주도해 만들었고, 1614년의 삼부회, 1617년과 1626년의 명사회에서 논의 채택된 법안들을 총괄하였다. 사실상 프랑스 절대군주정의 법적·행정적 틀을 갖추는 461개 조항으로 구성되어 있다. 내용상으로는 프랑스의 무역활동을 장려하고 법적·사회적 틀과 제도들을 정비하는 것이 주였다.

48 보통 '대해양칙령'은 루이 14세 하에서 콜베르가 주도한 '1681년의 대해양칙령(Grande Ordonnace de marine de 1681)'을 가리켜 사용한다. 이 책의 영어판과 프랑스어판 모두 1631년이라 기재되어 있어, 이것이 '1681년'의 오기인지, 아니면 1631년 루이 13세 시기에 별도로 해양칙령이 발표되었는지는 분명치 않다. 한편 프랑스 국립도서관의 관련 자료를 검색해 본 결과 1631년에 나온 칙령 중 해양과 별도로 관련된 것은 찾지 못했다.

선적할 수 없었다. 비록 "왕의 신민에게 속하는 선박이 이들 항구에 있는 한" 이라는 첨언이 붙어 있지만 말이다.

배제의 원칙이 아메리카의 섬들에도 포고되었지만, 현실은 전혀 다른 것으로 드러났다. 초기 플랜테이션의 주요 작물인 담배는 프랑스 시장보다 암스테르담 시장에서 훨씬 더 많이 팔렸다. 그리고 프랑스의 생크리스토프 회사(Compagnie de Saint-Christophe)와 뒤에는 아메리카 제도 회사(Compagnie des îles d'Amérique)[49]가 파견한 배가 아주 드물었기 때문에 식민지들은 앤틸리스 제도의 네덜란드 중계항들인 퀴라소와 신트외스타티우스 섬으로부터 물자를 공급받았다. 리셜리외는 중상주의적 시각에 입각해 실제로 1621년에 창설된 네덜란드 [서인도]회사의 기지가 된 섬들에 아주 인접한 앤틸리스 제도에서 식민지 확보 계획을 수행했다. 문제는 '신세계'의 스페인인들을 공격하는 것이었다. 섬들은 "인도 변두리의 거리였고 페루의 입구"였다. 거기서부터 스페인의 영토를 무너뜨릴 수 있었다. 마리약이 명사회[50]에 미쇼 법을 제출하기 3달 전, 리셜리외가 10년 전부터 카리브 해에 드나들었던 해적 선장을 만난 것이 1627년에 세인트크리스토퍼 섬의 식민화와 해적 행위를 위한 원정을 그가 지지하게 만든 것이었을지도 모른다.

1620년대 초 파산한 귀족인 블랭 데스남뷔크(Belain d'Esnambuc)[51]는, 마치

---

49 '생크리스토프 회사'는 카리브 해에 세워진 프랑스 최초의 식민지인 '생크리스토프'(세인트크리스토퍼 섬, 현재의 세인트키츠 섬)를 개발하기 위해 1626년 리셜리외가 주도하여 만든 회사이다. 이 프랑스 최초의 식민 회사에 리셜리외는 직접 투자도 했지만 그리 성공적이지는 못했다. 이를 계승한 것이 '아메리카 제도 회사'이다. 역시 리셜리외의 후원을 받아 1635년에 창설된 이 회사는 당시까지도 카리브 해의 유일한 프랑스 식민지인 '생크리스토프'를 관리 개발했을 뿐 아니라 다른 섬들의 식민화에도 적극 나섰다. 과들루프, 마르티니크, 그레나다 등 카리브 해의 여러 섬들이 이 회사의 주도로 프랑스 식민지가 되었다. 1651년에 해산되었다.

50 발루아 왕조에서 부르봉 왕조까지 앙시앙 레짐 시기 프랑스에 존재한 귀족들의 자문 모임으로 중요 의제를 논의하여 왕에게 권고하였다. 주로 고위 귀족과 로마 가톨릭교회 고위 성직자 등으로 구성되었다.

51 Pierre Belain d'Esnambuc, 1585~1636년. 카리브 해에서 활동한 프랑스 무역상이자 해적. 1635년 마르티니크에 프랑스 최초의 영구 식민지 생피에르를 세웠다.

십자군에 참여하듯이 해적 활동에 참가했다. 1626년 10월 리셜리외와 그의 만남은 생크리스토프 회사의 기초를 놓았다. 이 회사에서는 리셜리외의 측근 재력가들이 요직을 차지했다. 스페인 식민지들에 대한 공격이 이들 협력자들의 활동 계획 속에 있었지만, 주된 목적은 담배 판매로 이익을 얻는다는 대단히 상업적인 것이었다. 담배는 여전히 비교적 귀했지만, 한편으로 앙리 4세 치세이래 점차 유행하고 있던 상품이었다.

> 잠시 사이에 외국에서 다량의 담배가 어떤 수입관세도 내지 않고 들어오게 되었다. … 가격이 싸서 우리 백성들이 하루 종일 그걸 피우고 있어 건강에 변화와 해를 입고 있다.

왕도 담배의 유행에서 이익을 얻으려고 하였고 외국산 담배에 대해 파운드당 30솔(sols)을 내도록 정했다. 하지만 세인트크리스토퍼 섬에서 들어오는 상품에 대해서는 관세를 면제하기로 했다.

생크리스토프 회사는 르아브르를 자기 배의 출발 및 도착 항구로 삼았고, 거기서 블랭 데스남뷔크가 식민지 거류민이 될 530명을 3척의 배, 즉 가톨릭(Catholique) 호와 카르디날(Cardinale) 호, 빅투아르(Victoire) 호에 태웠다. 1627년 2월 24일 선단은 출항 준비를 마쳤고, 60일을 넘게 항해한 후인 5월 8일 세인트크리스토퍼 섬 연안을 보게 되었다. 항해는 관례적으로 카나리아 제도의 기항지에 머물면서 더 길어졌다. 데스남뷔크에게 부여된 임무는 그의 해적 활동을 미리 예상하고 있었다.

> 그들은 프랑스 상인들을 방해한 이들을 비롯해 해적과 무뢰한들에게서 빼앗고 되찾은 것이 무엇인지를 보고할 것이다. 그리고 나서 그들은 계속해서 서쪽 연안 앞바다의 북회귀선과 본초 자오선을 넘어 남쪽 연안을 항해해 갈 것이다.43)

이런 항해는 이베리아의 독점권을 침해하는 것이다. 하지만 그들도 담배로부터 이익을 얻고 싶어 했고, 같은 섬에 영국인 워너(Warner)[52]가 세운 식민지들이 이미 거의 1년 전부터 짓고 있던 담배 농사를 그들도 짓고자 했다.

하지만 곧바로 난관에 봉착했고, 1627년 가을 데스남뷔크의 동료인 위르뱅 뒤 루아세(Urbain du Roissey)가 식량을 구하러 프랑스로 돌아가야 했다. 급하게 식량을 원조 받았지만 충분치 않았고, 중상주의적 시각을 가진 리슐리외가 지원했음에도 식민지는 네덜란드 상인들의 도움을 받지 않고는 존속할 수 없었다. 그래서 12척의 네덜란드 배를 2개 조로 구성한 "플랑드르" 선단이 인접한 세인트마틴(Saint Martin) 섬 해안에서 소금을 선적하고 돌아가다가 들러 말린 고기와 밀가루, 치즈를 거류민들에게 주고 처음으로 수확한 담배를 가져갔다. 데스남뷔크와 세인트크리스토퍼 섬의 분할에 합의했던 영국인들의 경우, 버지니아에서 돌아가는 영국 배들이 섬에 들렀기 때문에 식량 공급 사정이 더 나았다.

1629년 17척의 갤리언 선을 이끈 돈 파브리케 데 톨레도(Don Fablique de Toledo)[53]가 식민지 거류민들을 세인트크리스토퍼 섬에서 몰아내었을 때도, 리워드 제도를 돌아다니던 도망자들에게 도움을 준 이들은 세인트마틴 섬의 네덜란드인들이었다. 스페인인들이 잠시 동안만 체재했기 때문에 가능했던 그 이후의 재식민과정은 훨씬 어려운 상황에서 이루어졌다. 역시 또

---

52 Thomas Warner(1580~1649년)를 말한다. 제임스 1세의 수비대 대장이었다가 카리브 해의 탐험가가 되었다. 1620년 남아메리카의 가이아나에 잠시 있다가 물러났고 1624년 세인트크리스토퍼 섬에 최초의 영국인 식민지를 세웠다. 1626년 2,000명 이상의 섬 원주민을 학살한 칼리낭고 대학살을 주도했으며, 이후 대규모 설탕 및 담배 플랜테이션을 위해 수천 명의 흑인노예를 들여왔다. 사망 때까지 그는 오늘날 가치로 환산하면 1억 파운드의 재산을 모았다고 한다.

53 Fadrique de Toledo Osorio, 1580~1634. 스페인의 귀족이자 해군제독으로 37세의 나이에 스페인 무적함대의 지휘를 맡았다. 네덜란드와의 전쟁에서 몇 차례 승리를 거두었고, 1625년 브라질 군 총사령관에 임명되어 56척의 대함대를 이끌고 브라질로 갔다. 그의 군사적 성과에 힘입어 포르투갈은 브라질에서 네덜란드를 몰아낼 수 있었다. 1629년에는 세인트크리스토퍼 섬과 네비스 섬에서 영국인과 프랑스인을 몰아내는 작전을 지휘했다.

식량 공급이 부족했고, 보다 심각한 것으로는 버지니아와 바베이도스에서 많은 양의 담배를 수입하면서 런던에서 담배 가격이 하락하여 그곳 시장에 대한 접근이 불가능하게 되었다. 식민지 거류민들은 질 좋은 담배를 생산하지 못했지만, 버지니아에서 생산된 '베리나스 담배(Verinas petun)'는 아주 세심하게 공을 들여 가공했고, 트리니다드에서 수입된 '아마존 담배(Amazon petun)'는 1년 내지 2년을 숙성시켜 가공한 것이었다. 이렇게 하는 데는 많은 투자가 필요했고, 판매하는 데 급급한 식민지 주민들은 이런 투자를 할 수 없었다. 앤틸리스 제도 산 담배는 많은 이들에게서 비판 받았다. 매사추세츠 식민지의 설립자의 첫째 아들인 존 윈스럽(John Winthrop)[54]은 식민지에 정착한 동생이 그에게 보낸 바베이도스 산 담배를 "가공을 잘못해 잎이 많으며 악취가 나고 색깔도 좋지 않다"고 혹평했다. 런던 중심가의 상인들도 버지니아 산 담배를 훨씬 더 높게 평가하면서 앤틸리스 제도 산 담배는 피지 않으려 했다. 그것을 계속 구입한 사람들은 네덜란드인뿐이었다.

하지만 이렇게 조건이 어렵다고 해서 리셜리외가 앤틸리스 제도에 식민지를 세우려는 계획을 중단하지는 않았다. 1635년 리셜리외는 스페인과 전쟁을 벌이기로 결정했는데, 그의 목적 중 하나는 '제2의 페루'인 섬들의 지배권을 두고 스페인과 다투는 것이었다. 하지만 유럽에서의 전쟁 부담이 너무 커서, 그는 데피아(d'Effiat)[55]와 푸케(Fouquet) 같은 강력한 재력가들이 도왔음에도 앤틸리스 제도의 식민 노력을 사실상 유지하지 못했다. 1630년대에 루앙이 프랑스의 국제무역을 지배하면서, 디에프 상인들이 파리와 루앙의 자본을 지원받아 리에나르 드 롤리브(Liénard de l'Olive)[56]에게 마르티니크

---

54 John Winthrop the Younger, 1606~1676년. 코네티컷 식민지의 건설자이자 초대 총독. 그의 아버지인 존 윈스럽은 청교도로서 매사추세츠 식민지 건설을 주도했다. 아버지와 이름이 같다.

55 Antoine Coiffier de Ruzé, marquis d'Effiat, 1581~1632년. 프랑스의 귀족이자 루이 13세 시기 1626년에서 1632년까지 재무총감. 프랑스군 총사령관이기도 했다. 추기경 리셜리외의 신뢰를 얻어 마리약의 후임으로 재무총감에 임명되었다. 그의 아들은 루이 13세의 남자 애인으로 유명하다.

원정을 위해 사람과 배를 모을 권한을 부여했다. 디에프는 16세기에 이미 아주 번성하는 항구였는데, 1620년대 초에 그곳에는 해외 사업체들이 대부분 자리 잡고 있었고, 퀘벡에서는 디에프 상인들이 누벨프랑스(Nouvelle France)57의 교역을 사실상 독점하고 있었다.44) 하지만 1627년 리셜리외는 100인 출자자 회사(Compagnie des Cent Associé)라고도 했던 캐나다 무역회사58를 세우고 디에프 상인들의 권리를 취소하여 그들에게서 누벨프랑스에서의 교역을 금지시켰다. 그래서 디에프 상인들은 앤틸리스 제도에서 철수할 수밖에 없었다.

1635년 6월 25일 찬송가 '왕의 깃발(Vexilla Regis)'59을 부르며 리에나르 드 롤리브는 마르티니크 서쪽 해안에 십자가와 부르봉 왕가(백합문장)의 깃발을 꽂았다. 그곳은 오늘날 생피에르(Saint Pierre)와 포르드프랑스(Fort de France) 사이에 해당했다. 하지만 섬에 너무 산지가 많고 자원이 빈약하다고 판단한 그와 그의 부하들은 다시 배를 타고 과들루프로 항해했다. 뒤에 세

---

56 Charles Liénard de l'Olive, ?~1635년. 세인트크리스토퍼 섬의 식민지 거류민이었던 그는 1634년 디에프로 가 디에프 상인들을 설득해 과들루프에 대한 식민 원정대를 조직했다. 1635년 2척의 배에 554명을 싣고 출발한 그는 과들루프에 도착해 사망한 것으로 알려져 있다. 그와 함께 간 원정대의 생존자들이 과들루프 식민화에 성공했다.

57 북아메리카에 있던 프랑스의 식민지, 정확히 말하면 프랑스 왕국의 부왕령이다. 1534년 자크 카르티에가 세인트로렌스 강을 탐험하기 시작한 이래, 1763년 프랑스가 누벨프랑스를 스페인과 영국에 할양할 때까지 지속되었다. 1712년의 전성기(위트레흐트 조약 전)때의 누벨프랑스의 영토는 뉴펀들랜드에서 로키 산맥까지 그리고 허드슨 만에서 멕시코 만에 이르렀다. 이곳 영토는 5개의 행정구역으로 나뉘었다. 캐나다, 아카디, 허드슨 만, 뉴펀들랜드, 그리고 루이지애나이다.

58 정식 명칭은 '누벨프랑스 회사(Compagnie de la Nouvelle France)'였다. 그 이전에 있었던 '몽모랑시 회사'를 계승해 북아메리카 누벨프랑스의 모피무역에 대한 독점권을 가졌고 프랑스 식민지의 교역과 확대를 목적으로 설립되었으며, 독점의 대가로 누벨프랑스에서 프랑스 가톨릭의 정착을 지원했다. 100명의 출자자가 3,000파운드씩 출자했다고 하여 '100인 출자자 회사'라고도 불렸다. 모피 무역이 어려움에 처하자 1663년 폐업했다.

59 6세기 푸아티에의 주교 베난티우스 포르투나투스(Venantius Fortunatus)가 지은 라틴어 찬송가.

인트크리스토퍼 섬에서 온 데스남뷔크가 마르티니크의 식민화를 시작하게 되었다. 물론 1635년 무렵 데스남뷔크에게는 르아브르와 옹플뢰르에서 온 약 16척의 배가 있었고 마르티니크와 과들루프의 식민화에 필요한 기항지를 세울 수 있었다. 디에프가 과들루프의 항구로 가는 배를 맡고 르아브르가 세인트크리스토퍼 및 마르티니크의 항구로 가는 배를 맡은 외에, 인접한 다른 항구들도 앤틸리스 제도로 가는 선박의 의장 설비를 시작하였다.[45]

1629년 낭트 상인들은 세인트크리스토퍼에서 "루아르 강으로" 귀항하기 위해 레사브르돌론(Les Sables d'Olonne)의 배 한 척을 임대했다. 그리고 낭트가 1645년까지 세인트크리스토와의 독점적 연계를 유지하면서 그 상인들은 그곳에 선박을 보내기 위해 디에프 상인들과 협력했다. 마르티니크에는 17세기 중반 이후 낭트에서 오는 배가 들어가기 시작했다. 낭트에 정착한 외국 상인들은, 그들의 존재에 대해 빈번하게 불만이 제기되었음에도 아주 적극적으로 활동했고, 특히 포르투갈인들과 네덜란드인들이 가장 활발하게 무역을 자극했다. 이런 상인 엘리트들이 대(對)앤틸리스 제도 교역 지대의 주도권을 장악했다. 낭트의 기업 활동에서 중심적이었던 라포스(la Fosse) 출신 상인들이 고용되어 담배와 교환하여 육류, 포목, 그리고 무엇보다도 흑인노예가 들어오기 전에 플랜테이션에서 일했던 백인 연한계약 노동자를 식민지 거류민들에게 제공하였다. 그래서 기 소팽(Guy Saupin)은 파편적으로 남아있는 한 공증 문서에 의거해 1643년과 1647년 사이에 이런 상인들의 중개인들이 서명한 60건의 고용계약서가 작성되었다고 하는데, 이는 분명 실재와는 거리가 있는 것이었다. 배들은 큰 이익을 남기면서, 루앙과 마찬가지로 낭트에서도 활발했던 대규모 유럽 연안 항해와 열대 대서양을 운항하는 장기 항해를 병행했다. 약 250톤의 대형 화물선인 그랑다르망(Grand Armand) 호가 1646년 말경에 마르티니크에 정박해 있다가 다음 해 돌아와, 프랑스의 게랑드 산 소금과 앤틸리스 산 담배를 싣고서 잉글랜드와 아일랜드로 다시 출항하는 모습에서 이를 엿볼 수 있다. 1640년을 전후해 낭트에서는 아마도 네덜란드 상인들의 "파렴치한" 지배에 대응해 앤틸리스 제도로의 다소 조심스러운 방향전환이 윤곽이 잡히기 시작했다. 이런 방향전환은 루이 14세 시기 콜베르의 주도 하에서 확실하게 되었다.[46]

가격 하락 시기 동안 점점 더 명백하게 된 담배 생산이 가진 약점에 일시적으로 대처하기 위해 목화와 특히 인디고 같은 새로운 작물의 경작이 등장했고 이것이 식민 활동을 다시 자극했지만,[47] 1664년경에도 마르티니크와 과들루프의 백인 주민은 8,000명 정도에 지나지 않았다. 반면에 1640년 이래 영국령 바베이도스의 백인 인구는 1만 명에 이르렀고, 이는 전체 인구에서 차지하는 비중 면에서 매사추세츠와 버지니아와 같은 규모였다. 이런 상황에서 담배 경작을 제한하는 규정을 마련했음에도 담배 생산은 계속되었고 네덜란드 선박이 여전히 담배를 구하러 왔다. 하지만 프랑스 항구의 교역량은 여전히 그저 그런 상태에 머물렀다. 1654년과 1664년 사이의 10년 동안 디에프와 라로셸에서 마르티니크로 출발한 원정 항해의 횟수는 65회였고 선박 수는 49척에 지나지 않았던 것이다.[48] 루이 14세가 스스로 통치를 시작한 무렵에는[60] 암스테르담 상인들이 앤틸리스 제도 무역에서 차지한 압도적인 지위를 보여주는 스캔들이 발생해 여론이 들끓었다. 하지만 플랜테이션 소유주들은 여전히 이런 상인들과 긴밀하게 결합되어 있었고, 그래서 아마도 아메리카 섬들의 교역의 '프랑스화'를 수행할 수단이 실질적으로 없어서가 아니라 무역과 경작의 관행을 습관적으로 행했기 때문에 그런 '프랑스화'는 아주 느리게 진행되었다.

앤틸리스 제도로의 방향전환

콜베르는 마자랭(Mazarin)[61]이 바다를 간과했다고 비난하면서 사람들에게

---

60 루이 14세는 1643년 루이 13세가 사망하면서 겨우 5세의 나이로 왕위를 물려받았다. 그래서 22살까지 추기경 마자랭이 사실상 국정을 맡았다. 그는 1661년 마자랭이 사망하면서 국정을 직접 맡게 되었다.

상황이 아주 좋지 않다는 생각이 들게 하고자 했다. 하지만, 1664년 콜베르가 프랑스 함대를 재건하기에 앞서 해양 조사를 개시했을 때, 상황이 그만큼 나쁘지는 않았다. 이때 프랑스 상선 선단은 영국 상선대와 거의 대등한 수준이었다. 영국 상선대는 마지막 영국·스페인 전쟁을 치르며 나포될 부담을 지고 있었고 아직 복고왕정 시기의 활발한 무역 상태로 진입하지 않았기 때문이다. 프랑스인들이 소유한 선박의 총톤수는 거의 15만 톤이었는데, 대부분은 소형 선박이었다. 그렇지만 콜베르는 100톤 이상의 대형 선박만 조사케 하여 엄청난 적자를 내고 있는 듯한 인상을 만들어 냈다.[49] 그런데 작은 톤수의 배가 대서양 횡단에 더할 나위 없이 적합했고, 17세기 중반까지 르아브르와 디에프, 루앙, 낭트에서 시작되는 항해의 대부분은 100톤 이하의 선박에 의해 수행되거나 심지어 50톤 이하의 선박들에 의해 수행되기도 했다. 1664년에는 생말로와 낭트, 르아브르, 라로셸, 베욘, 보르도, 덩케르크, 마르세이유에 있는 대형 선박이 208척밖에 되지 않았고, 디에프와 같은 다른 항구의 배들을 계산에 넣어도 329척에 불과했다.

사실 노르망디와 브르타뉴, 샤랑트의 선주들은 상품보다 연한계약노동자(indentured servants)[62]를 맡는 것을 선호했다. 왜냐하면 나중에 노예나 19세기의 이민자들이 겪게 되는 것과 크게 다르지 않은 상태로 그들을 운송하면

61 Zules Raymond Mazarin, 1602~1661년. 루이 14세 시대 초기의 추기경으로 1642년에서 1661년까지 프랑스의 재상이었다. 어린 나이에 즉위한 루이 14세를 대신해 프랑스 국정을 주도하였고, 리셜리외를 계승해 프랑스의 왕권강화에 힘썼다. 30년 전쟁을 끝맺는 베스트팔렌 조약을 주도했고 국내적으로는 프롱드의 난을 진압해 절대주의 체제의 기초를 놓았다. 다른 한편 신교도에 대한 탄압정책을 벌여 낭트 칙령을 폐지하는 퐁텐블로 칙령을 발표했다.

62 고용주와 일정기간 일하기로 계약을 맺고 일하는 노동형태로, 식량과 일용품은 공급받지만 임금은 받지 못하거나 아주 적게 받는다. 근현대 시기 아메리카 식민지로 이주하는 유럽 노동력에게 많이 부과되었지만, 뿐만 아니라 소위 '쿨리'라고 불리는 아시아의 이주 노동자에게서도 흔히 볼 수 있었다. 사실상 일정기간 강제노동을 수행하기에 노예노동의 한 형태로 이해되고 있으며, 따라서 현대에는 각 나라마다 금지되어 있다. 그럼에도 아직도 제3세계권에서는 아동이나 여성을 대상으로 이런 형태의 노동이 행해지고 있다고 한다. 강제노동의 성격을 부각시키기 위해, '계약강제노동'이나 '연한노예노동'이라고 부르기도 한다.

서도 운임은 상품보다 더 많이 남았기 때문이다. 그에 더해 1664년 콜베르가 설립한 서인도회사는 해상 교역에 대한 통제력을 획득할 능력이 없음을 드러냈고, 그 통제력은 여전히 네덜란드인들이 장악했다. 현실이 생각과는 많이 다르다는 것을 안 콜베르는 1669년 6월 회사가 가진 앤틸리스 제도행 여권의 발부 권한을 회수하기로 결정했다. 그리고 네덜란드와의 전쟁 직전인 1671년에는 대서양 섬들로 가는 수출품에 어떤 세금도 면제하고 귀환 시 들여오는 물품에 대해선 관세를 낮추는 재정 조치를 통과시키기도 했다. 이런 결정들로 식민지 항구들이 외국인들에게 문을 닫을 것이라고 생각했던 것이다. 게다가 그는 조선업에 장려금을 주고 외국 선박의 구입에 보조금을 지급함으로써 선단의 성장을 지원하였다.

전쟁에도 불구하고 1670년대의 10년 동안 내내, 그리고 특히 1680년대의 초기에는 항구들이 앤틸리스 제도로 관심을 돌렸다. 1686년에는 1664년의 조사에서 거론된 항구들에서 약 591척의 선박들이 출항을 준비했다. 루이 14세의 치세 초기에는 앤틸리스 제도로 관심을 돌릴 마음이 거의 없었던 한 항구의 예가 이런 사정을 잘 보여준다. 1671년 보르도에서 대양 항해 준비를 한 배는 겨우 13척이었다. 하지만 거의 15년 뒤에 그곳에서 대양 항해를 위해 출항 준비한 배의 수는 모두해서 49척이었다.

대서양 섬들에서 발생한 설탕교역 상의 혁명이 이런 진보를 야기하는 데 도움이 되었다. 비록 담배나 목화, 생강, 인디고 같은 다른 작물의 시대는 결국 전혀 오지 않았지만 말이다. 마르티니크와 과들루프는, 17세기 중반 이래 사탕수수로의 전환이 발생했던 바베이도스보다 늦게 사탕수수 경작으로 전환했고 그 전환도 바베이도스보다 더 서서히 일어났다. 그래서 1671년에 마르티니크의 경작지 중 거의 5분의 1에서는 여전히 담배가 경작되고 있었다. 하지만 그에 비해 나머지 경작지 대부분, 즉 거의 67퍼센트에서는 사탕수수가 경작되었다.[50] 따라서 바베이도스와 달리 마르티니크의 작물 생산은 사탕수수 경작에만 기초하지 않았고, 사탕수수 경작과 식량작물 및 담배 경작을 병행하면서 발전했다. 하지만 생산비용은 소규모 플랜테이션 소유자에게 적합한 담배 '농장'에서 드는 것과 아주 달랐다. 20명 정도의 노예를 가진 그리 크지 않은 플랜테이션의 경우에도, 노예 구입과 곡물을 빻는 제분기, '사탕수수즙(vesou)'을 졸이는 큰 솥, 그리고 아울러 18달 이상이 걸리는 경작 기간, 이 모든 것들이 결합하여 투자비용을 늘렸다.

1671년에 마르티니크에는 111개의 사탕수수 플랜테이션과 6,382명의 노예들이 있었는데, 1685년에는 플랜테이션 수가 172개로 늘었고 노예 수는 1만 343명이 되었다. 이 시기까지 프랑스령 대서양 섬들의 생산력은 거의 2배로 늘어나 생산량이 약 5,000톤에서 1만 톤에 약간 못 미치는 정도로 성장했다. 하지만 물론 이런 생산량은 영국령 섬들에 비하면 한참 못 미치는 양이었다. 이런 성장을 이루는 데 필수불가결한 요소는 극단적으로 힘든 노동을 감수할 비교적 값싼 노동력을 구할 수 있느냐에 있었다. 15세기 말 이래 안달루시아와 포르투갈의 알가르브에 등장했고 그 뒤 브라질의 대서양의 제도들에서 등장한 흑인노예는 사탕수수 경작 혁명의 도구였던 것이다. 반면에 백인 연한계약노동자들은 담배의 시대에 맞추어 고용되었다. 이런 노동자들은 아주 비용이 많이 들었다. 프랑스령 식민지에서 이들의 계약기간은 겨우 3년이었다. 그리고 계약기간이 끝나기 전에도 전염병으로 죽거나 노동력 고갈로 쓸모없어진 사람들을 대체해야 했다. 1650년 이전에는 줄곧 비쌌던 노예 가격은 그 후 브라질 시장을 상실한 네덜란드인들이 노예를 싼 가격에 넘기면서 하락하였다. 프랑스의 무역을 발전시키려고 콜베르가 머리를 썼음에도, 이런 노예들은 대부분 여전히 네덜란드 무역상들이 제공하였다.

1670년에 과들루프에서 총독 드 바스(de Baas)[63]는 콜베르에게 플랜테이션 소유주들이 설탕에서 부를 얻기 위해서는 노예 및 자본을 스스로 갖추는 것이 필요조건임을 아래와 같이 강조했다.

---

63 Jean-Charles de Baas, ?~1677년. 17세기 프랑스 군인이자 식민지 관리. 1667년에서 1677년까지 10년 동안 프랑스령 앤틸리스의 총독이었다.

땅을 개간하고 경작하는 일은 오로지 주민들이 얼마나 힘과 능력을 가졌
는가에 달려있습니다. 즉, 한시도 쉬지 않고 사탕수수를 심고 수확하며 제
분기를 돌릴 수 있을 만큼 많은 흑인이나 말, 소를 가지고 있는 사람들을
말하며, 이러한 것들을 갖고 있지 않은 이들은 얼마 안 되는 담배나 인디고
정도밖에 키울 수 없습니다.51)

10년 뒤 마르티니크에서 후임 총독 블레낙(Blénac)64은 처음으로 다음과 같
은 평가를 제출하였다. "적절하고 알맞은 땅"은 모두 다 사탕수수 재배에 이
용되었다. 경작하기가 아주 어려운 '구릉(mornes)'의 경사면에 있는 나머지
땅들은 너무 멀리 떨어져 있어, "설탕을 바다로 운반하는 비용이 너무 많이
들기에 누구도 그렇게 할 생각이 없을 것입니다."52) 토지와 노예는 가장 부
유한 사람들의 수중으로 집중되었고, 특히 수입업에 가장 깊이 연루되었던
사람들에게 집중되었다. 하지만 프랑스든 영국이든 플랜테이션 사업에 끊
임없이 개입하는 한 가지 요소가 있었다. 바로 대서양의 거대 항구들에서
이루어지는 무역에 대한 지배력이다. 이 지배력은 담배의 시대 때 모습을
드러냈는데, 그때는 네덜란드인들에게 다소 유리했다. 그리고 설탕의 시대
동안에 그것은 훨씬 더 명백하게 되었다. 그런 점에서 자크 프티-장 로제
(Jacques Petit-Jean Roget)는 1650~1650년에 걸쳐 마르티니크에서는 강력한
티에프 상인들이 "일정 수의 선한 사람들이 판 '농장들'"을 지배하고 있었다
고 지적했다. "그들은 아름다운 플랜테이션을 만들어놓고는 오로지 식량작
물과 담배만 경작하다가 그 뒤 새로운 사람들에게 꽤 낮은 가격으로 그것을
팔았다."53)

---

64 1622~1696년. 블레낙 백작으로 본명은 샤를 드 쿠르봉(Charles de Courbon)이다. 17
  세기 프랑스의 식민지 관리로 드 바스의 후임으로 1677년부터 세 번 연임하여 프
  랑스령 앤틸리스의 총독이었다. 마르티니크의 역사에 큰 영향을 미쳤다.

생도맹그의 식민화와 그 결과

프랑스인들은 생도맹그(Saint Domingue) 섬65의 서쪽 부분을 식민화하면서 새로운 단계를 열었다. 대앤틸리스 제도에 있는 이 섬에는 스페인인들이 먼저 자리를 잡아 처음에는 귀금속을 채굴하고 뒤에는 모피무역에 활용하며 플랜테이션에서 부릴 가축을 사육했다(하지만 16세기에는 사탕수수를 경작했다). 이런 곳에 프랑스인들이 스며들어 간 과정은 자메이카에 영국인들이 들어간 것과 흡사했다. 실제로 프랑스인들은 그곳에서 처음에는 해적 행위로 이익을 얻다가 뒤에 플랜테이션으로 이익을 얻었다. 자메이카와 마찬가지로 생도맹그 섬도 아바나와 베라크루스에 대한 공격에 적합했고 아울러 카리브 해 남쪽의 티에라피르메를 습격하는 데도 안성맞춤이었다. 1630년대 이래 섬의 북쪽 연안에 있는 토르투가(Tortuga) 섬에서 유럽 여러 곳에서 온 사람들이 뒤섞여 스페인 선박과 도시들에 대한 공격에 나섰다. 그곳에서는 영국인들이 수적으로 압도적이었지만, 거의 모두 신교도라서 세인트크리스토퍼 섬에서 추방당해 온 사람들이 대부분인 프랑스인들이 영국인들에 맞섰다. 그 결과 영국인들은 온두라스 연안과 마주보고 있는 프로비덴시아(Providencia) 섬으로 물러날 수밖에 없었다. 몇 년 동안 이 약탈자들의 우두머리인 르 바쒸르(Le Vasseur)가 토르투가 섬에 위그노 해적 공화국을 세웠고, 그의 많은 동료들은 해적질을 하고 가축을 사냥하면서 야만 상태에서 살았다. 이들은 생도맹그 섬의 내지에 드문드문 흩어져 있던 일부 스페인 플랜테이션들을 습격하기도 했다.

1683년 콜베르가 죽을 무렵 생도맹그의 약탈자들이 보여주던 무력은 절

---

65 현재 아이티와 도미니카 공화국이 위치한 히스파니올라 섬을 프랑스식으로 표현한 것이다. 식민지의 유산에 따라 오늘날에도 종종 생도맹그나 산토도밍고라고 불린다. 본문에서는 프랑스가 식민화한 지역임을 강조하기 위해 생도맹그라고 했으며, 이 지역은 오늘날의 아이티에 해당한다. 오늘날 도미니카 공화국의 수도인 산토도밍고와 혼동해선 안 된다.

대 무시할 수 없을 정도였다. 그들의 수는 거의 2,000명을 헤아렸고 배도 17척이나 되었다. 이들의 주요 근거지는 여전히 토르투가 섬이었다. 1664년 콜베르에 의해 생도맹그 섬의 프랑스령 총독으로 임명된 베르트랑 도즈롱(Bertrand d'Ogeron)[66]은 해적 활동 대신에 담배 경작을 섬에 도입하여 이런 약탈자들을 일부 정착시켰다. 그럼에도 그들은 스페인인과 네덜란드인들에 대한 해적질을 적어도 네이메헌(Nijmegen) 조약[67]이 체결된 다음 날까지 계속했다. 예컨대 1678년 티에라피르메의 쿠마나에 대한 원정 공격과 1683년 베라크루스에 대한 원정 공격들을 들 수 있다.

생도맹그 섬의 새로운 땅에는 담배가 도입되었고, 이곳의 그다지 부유하지 않은 주민들은 담배를 경작하게 된 것만으로도 기뻐했다. 1674년 왕립 담배 독점체의 설립[68]은 파국적인 결과를 낳은 전환점이 되었다. 사실 상인들은 소비자의 기호에 더 맞았던 영국 식민지 버지니아와 네덜란드 산 담배 및 브라질 산 담배를 사들였고, 아우크스부르크 동맹전쟁[69] 동안 이런 담배

---

66 Bertrand d'Ogeron de La Bouëre, 1613~1676년. 프랑스의 식민지 관리이자 해적. 1665년부터 1668년까지 토르투가의 총독이었고, 그 후 1675년까지 그곳 해적 식민지의 우두머리였다. 그는 개인적으로 활동한 것이 아니라 당시 아메리카 식민화를 목표로 세워진 프랑스서인도회사 소속으로 활동했다. 해적 활동만이 아니라 수백 명의 연한계약노동자들을 운송하기도 했다.

67 1672~1678년의 프랑스·네덜란드 전쟁을 종식시킨 조약으로, 1678년에서 1679년에 걸쳐 네덜란드의 도시 네이메헌에서 관련된 유럽 여러 나라들이 맺은 일련의 조약들을 말한다. 가장 중요한 것은 1678년 8월 10일 맺어진 프랑스와 네덜란드 간의 조약으로, 네덜란드의 원래 영토를 회복시키고 현재 프랑스의 국경이 거의 확정되었다.

68 1674년 프랑스 정부는 상인 장 우디에트가 주도하는 일단의 특정인들에게 생도맹그 섬의 프랑스령에서 생산된 담배의 독점 판매권을 맡겼다. 이를 프랑스어로 Ferme du tabac이라고 하며, 이것은 프랑스 서인도회사의 설립으로 이어졌다. 이들은 생도맹그에서 아주 낮은 가격으로 담배를 사서 유럽의 도시들에서는 높은 가격에 팔아 이득을 얻었지만, 지나치게 높은 가격으로 담배 소비량을 반감시키고 네덜란드령 식민지를 통해 프랑스로 들어오던 버지니아 산 담배와 격심한 경쟁을 겪으면서 오히려 실패하였다.

69 1688~1697년에 유럽만이 아니라 아일랜드와 북아메리카를 포함해서 벌어진 17세기 말의 주요 전쟁. 네이메헌 조약 이후 유럽의 최강대국으로 위세를 떨치던 루이 14

들이 대량으로 시장에 나와 팔렸다. 생도맹그 산 담배의 판로가 닫혔고 식민지 거류민들은 다시 해적질의 유혹에 빠져들었을 것이다. 그러나 실제로 담배 덕분에 생도맹그의 프랑스 식민지는 처음으로 팽창할 수 있었다. 1665년에 그곳의 백인 수는 1,500명이었는데, 10년 뒤에는 5,000명이 되었다. 수많은 소규모 플랜테이션 소유자들이 윈드워드 제도와 마르티니크 섬, 과들루프 섬에서 들어왔다. 이런 곳들에서는 설탕경제가 시작되면서 토지 가격이 상승하고 부의 집중이 일어나고 있었기 때문이다.

생도맹그 섬이 대규모 사탕수수 플랜테이션 시대로 진입한 것은 새로운 성장의 시대로 들어간 것을 뜻했다. 앤틸리스 제도의 영국령 섬 중 가장 큰 자메이카보다도 2배 이상 넓은 2만 6,000평방킬로미터의 생도맹그 섬에는 비옥한 땅이 펼쳐져 있었다. 1697년 라이스바이크(Rijswijk) 조약으로 스페인이 할양한 생도맹그의 '연안지역'에서는 사실상 설탕이 전혀 생산되지 않았고 심지어 아우크스부르크 동맹전쟁 동안의 담배 수출 하락으로 위기에 처해 있었다. 약 15년 뒤인 1714년, 당시 전쟁이 벌어지고 있음에도 그곳의 설탕 생산량은 거의 7,000톤에 이르렀고 1720년에는 1만 톤이 넘었다. 사탕수수 경작에 동원된 노예의 수는 1686년에 3,400명에서 1720년에 4만 7,000명으로 증가했다. 생도맹그 섬은 영국령 앤틸리스 제도의 가장 위협적인 경쟁자가 된 것이다.

17세기 말(1695년) 마르티니크와 과들루프에서 제당업을 중단하기로 한 결정은 프랑스 본국에 제당 작업장의 확산과 원당에 대한 수요 증가를 자극하였다. 하지만 그런 작업장들이 점토처리 공정을 통해 이미 가공된 설탕을 다루는 경우가 점점 더 빈번해졌다. 왜냐하면 플랜테이션 소유자에게는 대

세의 프랑스를 견제하기 위해 1686년 영국, 네덜란드, 신성로마제국, 스페인 등이 참여하여 아우크스부르크 동맹이 결성되었고, 이 동맹과 프랑스 간에 9년 간에 걸쳐 벌인 전쟁이다. 1697년 라이스바이크 평화조약으로 종식되었지만, 바로 이어서 스페인왕계승전쟁이 발발했다. 이 전쟁의 결과로 유럽 최강국으로서의 프랑스의 지위가 하락하기 시작했다고 한다. '9년 전쟁', '대동맹 전쟁'이라고도 부르며, 북아메리카에서 벌어진 전쟁은 따로 '윌리엄 왕의 전쟁'이라고도 한다.

서양을 횡단하는 동안 통 밖으로 누수가 일어나 발생하는 손실분이 원당보다 더 적으며 선창에서 차지하는 공간도 더 적은 점토 처리된 설탕이 이로웠기 때문이다. 그런 설탕에 적합한 보일러와 도기 거푸집을 갖추는 데는 분명 돈이 많이 들었으며, 이것이 부의 집중과 항구의 상인 자본에 대한 의존을 뒷받침한 요소 중 하나였다.

실제로 17세기의 마지막 시기 동안에 생도맹그 산 설탕 생산의 성장에 부합하여 앤틸리스 제도와 관련된 프랑스 항구들의 네트워크에 변동이 발생했다. 디에프와 르아브르, 옹플뢰르, 라로셸의 조선소들이 담배의 시대 동안 주된 팽창기를 겪었던 반면, 낭트와 그보다는 못하지만 보르도, 생말로, 마르세유는 설탕 경제의 최종적인 도약 이후에 번성하였다. 그것은 콜베르의 바람과 일치하는 것이었다. 대서양 설탕무역과 그에 수반하는 노예무역 둘 다에서 위험을 감수할 만큼 막대한 자본을 갖추고 있는 모험적인 엘리트 무역상들이 교역을 지배했던 것이다. 유럽 시장의 설탕 수요는 증가하였다. 생도맹그나 자메이카에서도 설탕 혁명이 일어나기 전인 1673년 무렵 아메리카 대륙과 브라질, 앤틸리스 제도의 설탕 산업 전체의 생산량은 약 5만 톤 정도였다. 1700년에 그것은 8만 톤에 이르렀다. 이런 생산량 증대는 설탕 시장의 확장에 필수적인 가격 하락과 동시에 발생했다. 1655년과 1690년 사이에 암스테르담 시장에서 브라질 산 백설탕의 가격은 3분의 2 정도 하락했다.[54]

이런 가격 하락에 맞추기 위해 플랜테이션 소유주들은 설탕 생산비용을 더 낮추어야 했고, 그들은 흑인노예 노동력의 이용을 전면화함으로써 이를 수행했다. 1713년에 프랑스령 섬들에는 7만 5,000명의 노예가 있었는데, 영국령 섬들에는 12만 3,000명의 노예들이 일하고 있어 프랑스보다 거의 2배나 되는 노예들이 있었다. 아프리카로부터의 노예 수입 수는 영국 쪽이 월등하였다. 영국 무역상들이 26만 3,000명의 노예를 들여왔음에 비해 프랑스 무역상들이 들여온 노예 수는 15만 6,000명이었다. 하지만 17세기 전체를 놓고 볼 때 첫째가는 노예 수입지는 56만 명의 노예를 들여온 브라질이었다. 그리고 스페인령 아메리카가 29만 2,000명의 노예를 들여와 두 번째를 차지했다.[55] 그러나 이베리아령 식민지로 들어온 노예 수는 시간에 따라 편차가 심했다. 그에 비해 영국인과 프랑스인들은 주로 1670년과 1700년 사이에 노예를 수입했다. 이러한 것들은 대규모 사탕수수 플랜테이션의 성장과 동시에 일어나지는 않았다. 그런 플랜테이션들은 노예들에게 이베리아 국가들의 식민지에서보다 더 높은 산출량을 내는 노동을 강요했고, 이런 높은 산출량은 상대적으로 훨씬 더 강력한 인적 손실을 수반했다. 겨우 한 세대의 간격으로 실현된 윈드워드 제도와 리워드 제도, 그리고 대앤틸리스 제도의 대규모 플랜테이션 체제는 점점 더 많은 인간을 희생시키면서 이런 잔혹한 노예 수입을 필요로 하였다.

루이 14세의 치세 말기에 여러 전쟁들이 벌어졌음에도, 프랑스령 대서양 섬들에서 이루어진 이런 팽창은 외국인들의 협력이 없었다면 아무리 콜베르가 중상주의 입장에서 노력을 하고 식민지 선단이 발전을 했더라도 일어나지 않았을 것이다. 아니면 적어도 이렇게 빠르게 일어나지는 않았을 것이다. 오랜 기간에 걸쳐 네덜란드인들이 도움을 제공했고, 그 뒤엔 북아메리카의 영국령 식민지 상인들이 점차 이런 역할을 넘겨받았다. 이 영국령 식민지의 상인들은 18세기에 프랑스령 앤틸리스 제도의 활동에서 아주 중요한 역할을 맡게 되는데, 17세기에는 이런 역할을 막 하기 시작했다.

'뉴잉글랜드인들'과 앤틸리스 제도

앤틸리스 제도에서 플랜테이션 산업이 시작되면서 북아메리카의 영국령 식민지 항구들은 카리브 해의 섬들과 관계를 맺었다. 대서양 항해에서 배들이 택하는 항로들은 특히 이 관계에 유리했다. 원호를 그리는 앤틸리스 제도로 가기 위해 보스턴 항에서 택하는 항로의 궤적과 보르도 항에서 택하는 항로의 궤적을 비교해 보면 이것을 분명하게 알 수 있다. 보스턴과 생도맹그 사이의 거리는 2,600킬로미터가 되지 않지만, 보르도에서는 가장 빠른 무역풍을 타고서도 카리브 해 동부의 윈드워드 제도, 마르티니크 섬, 과들루프 섬에 이르려면 7,000킬로미터 이상을 달려야 한다. 여기서 카리브 해를 가로질러 생도맹그 섬으로 가려면 다시 또 1,000킬로미터를 더 항해해야 한다. 선박이 북아메리카에서 나갈 때는 항해에 도움을 주는 유리한 조건이 그다지 없었지만, 돌아올 때는 선박이 바하마 해협에서 북쪽으로 올라가는 것을 멕시코 만류가 도와주었다.

1630년대 말부터 뉴잉글랜드는 바베이도스의 제당업에서 나오는 부산물, 즉 당밀의 주요 시장이 되었다. 당밀로 럼주를 제조했기 때문이다. 그 이후 이 "마법의" 음료를 실어 나르는 흐름은 죽 이어져 뉴펀들랜드에까지 이르렀다. 그곳에서는 어부들이 럼주로 힘을 얻어 거친 바다 작업을 수행했다. 더 뒤에는 노예무역선들이 뉴욕과 필라델피아 같은 뉴잉글랜드 항구들에서 럼주를 싣고 멀리 떨어진 기니로 향했다. 특히 럼주는 아메리카 원주민과의 모피 무역에서 교환 상품으로 이용되었다. 수많은 아메리카 원주민들이 이 '당밀 증류주', 즉 악마를 죽이는 술인 '킬데블(kill-devil)'에 속아 넘어갔다.

식민지들 사이에 어떤 교역도 금지하는 콜베르의 독점무역 조치들이 루이 14세와 영국의 제임스 1세 사이에 맺어진 합의로 재개되었음에도, 영국령 북아메리카 식민지들은 프랑스령 앤틸리스 제도에 노예들이 일하는 작업장의 유지에 필요한 식량과 대규모 어업을 통해 산출된 대구, 펜실베이니아나 뉴욕 식민지들에서 나온 밀가루, 통 제조나 건축용 목재를 공급하면서 그 대신에 당밀을 구해갔다. 18세기 초까지 프랑스 식민지들은 중개지 역할을 한 영국령 앤틸리스 제도에서 북아메리카 산 상품을 구입하고 식민지나 유럽 산 상품과 화폐로 값을 지불했다. 영국령 섬들에서 수입된 당밀에 대한 세금 부과와 프랑스령 앤틸리스 제도 산 당밀의 수입 금지로 인해, 이런 거래에서는 밀무역이 격심했다. 그럼에도 17세기 말 마르티니크와 과들루프에서 설탕 점토 처리 공정이 확립되고 나중에는 생도맹그에도 그것이 들어서면서 플랜테이션 소유주들은 더 많은 당밀을 얻게 되었고, 그 당밀을 팔거나 럼주로 증류하였다. 1713년 2월 24일의 법령으로 프랑스에서 포도주 외에 어떤 증류주의 제조도 금지되면서 식민지 거류민들도 프랑스 본국으로 당밀을 수출할 수 없게 되었다. 그들에게 허용된 유일한 시장은 아직은 충분히 발전하지 못한 아프리카 시장뿐이었고, 이로써 북아메리카 시장이 이곳에 대해 가한 엄청난 흡인력을 쉽게 이해할 수 있다. 중상주의가 지배하고 있던 '대서양 식민지들(colonial Atlantic)'에서는 빈번한 해상 충돌로 프랑스와 그 식민지들 간의 교역이 제한을 받으면서 영국령 북아메리카 식민지와 프랑스의 카리브 해 식민지 간의 남북 교역이 점점 더 유리하게 되었다. 그래서 18세기에는 북유럽 해양 강대국들이 원래는 오로지 그들의 이익만을 위해 만들어진 대서양 경제에 대한 통제력을 적어도 얼마간은 상실하게 되었다.

프랑스는 처음에는 네덜란드의 부를 시샘한 콜베르에 의해 네덜란드에 도전했고, 뒤에는 네덜란드에게 손상을 가하며 얻은 해군력으로 득세한 영국에 도전했다. 이러한 프랑스의 도전은 다는 아니지만 얼마간 성공했다.

물론 콜베르의 상업정책에 핵심적인 도구 중 하나인 독점 회사들이 장애만 되었다는 것은 분명하다. 1670년에 레반트 회사(Compagnie du Levant)가 종말을 고했고, 1669년을 전후해서는 북해 회사(Compagnie du Nord)가 완전히 실패했으며, 1674년에는 서인도회사가 폐지되었다. 팽창을 추동하고 진정한 도전을 이루었던 것은 상인들의 주도적 활동이었고, 이는 분명 콜베르의 일부 조치들에 자극받은 것이었다. 앤틸리스 제도는 스스로 주도적으로 새로운 방향을 잡아 나아갔고, 이미 1670년대의 10년 동안 주목할 만한 성과를 거두었다. 그래서 1678년 8월 16일 루앙의 벵자맹 뵈즐랭(Benjamin Beuzelin) 상회는 런던의 찰스 메리스코에게 보낸 편지에서 이렇게 강조할 수 있었다.

아메리카의 프랑스 영토에서 여전히 많은 양의 설탕이 우리에게 오고 있기 때문에, 며칠 동안 우리는 비록 다소 낮지만 통상 톤당 평균 22파운드로

팔아왔다. 따라서 22실링 6펜스 정도인 바베이도스 산 설탕으로는 할 수
있는 게 아무것도 없다.

프랑스 시장에서 프랑스령 섬들에서 나온 설탕들이 영국령 섬들에서 나온
설탕들과 아주 잘 경쟁하고 있었던 것이다.

프랑스와 스페인령 서인도

프랑스 상인들은 스페인령 아메리카와의 교역에서도 마찬가지로 주도력
을 유지했다. 앤틸리스 제도에서처럼 독점무역 조치로 보호받지 않고 시장
이 열려있던 이곳에서 그들은 다른 유럽인들과 격렬한 경쟁을 벌였다. 서인
도에서 선단이 도착할 때 얻는 이윤은 가장 과감한 투자의 대상이 되었고,
생말로와 같은 항구들은 서둘러 가장 뛰어난 소형 함선을 카디스로 파견해
아메리카 산 은화를 인수하였다. 이때 교환한 것은 사치품, 특히 아메리카
의 식민지들에서 아주 인기가 높았던 최고급 직물이었다. 1670년 초에 이런
식으로 파견된 프랑스 선박의 수는 약 26척이었고, 카디스로 '스페인 선단'이
들어온다는 소식이 들리면 무역상들은 가장 흥분하였다. 1670년 2월 21일
루앙의 상인인 로베르 우르셀(Robert Oursel)은 이렇게 소리쳤다.

> 마드리드에서 온 이번 달 5일자의 편지에서 17척이나 되는 배로 이루어
> 진 서인도에서 오는 선단이 산루카르에 도착한다는 소식을 받았다. 신께 감
> 사를! 이것은 이 도시의 상인들이 진심으로 기뻐할 희소식이다.[56]

16세기 이래 스페인령 아메리카와의 교역에 적극적으로 참여했던 루앙의 무
역상들은 아주 오랫동안 기다려 온 기쁜 일을 당연히 자축했지만, 프랑스인
들의 사업을 위협했던 격심한 경쟁도 여전히 잘 알고 있었다. 우르셀은 "당

신 동네[런던]와 네덜란드에서 스페인 선단의 영향"이 어떨지를 알고 있었지만, "우리 사업의 수지를 맞출 수 있을 만큼 마찬가지로 많은 양이 우리나라에도 들어올 것"이기 때문에 안심하였다.

실제로 1595년의 정점에 이른 수치(3,500만 페소)를 넘을 정도로 아메리카산 은화가 기록적으로 많이 들어온 1686년에 프랑스인들은 가장 먼저 카디스에 도착해 거의 1,700만 파운드의 매출을 올렸으며 이 매출 총액 중 거의 반이 생말로의 몫이었다. 이런 성공으로 프랑스인들은 카디스를 거쳐 스페인령 아메리카로 가는 유럽 산 상품 선적의 거의 40퍼센트를 공급할 수 있었으며, 이 수치는 두 번째로 큰 몫을 차지한 제노바의 매출액(730만 파운드)보다 2배 이상 많고 세 번째로 큰 몫을 차지한 영국(620만 파운드)보다는 거의 3배 정도 많은 것이었다. 이 사례는 이베리아 국가들의 대서양에서 최선의 해외 시장을 얻은 프랑스 산업의 성공을 입증하고 있다.

1670년대 고래기름의 사례(당시 네덜란드의 고래잡이 선단은 거의 160척을 헤아렸고, 함부르크의 선단도 70척 정도가 되었다)와 같이 네덜란드와 함부르크가 특권을 누리는 것처럼 보였던 상품의 경우에도, 프랑스 시장은 자국 항구에서 상품을 공급받는데, 17세기 중반만 해도 그렇지 못했다. 1679년 6월 암생크(Amsincq) 상회는 메리스코의 후임으로 런던에 있던 장 다비드(Jean David)에게 "파리는 냄새가 심해서 네덜란드 산 오일을 전혀 원치 않는다. 하지만 바스크 산 기름은 바다에서 태우며 제조해 냄새가 거의 나지 않는다"고 알렸다. 이 상인은 바로 전 해 가을에 바스크 산 기름을 공급받았던 것이다.[57]

분명 독점 회사들이 실패했지만, 그렇다고 콜베르가 무역 활동에서 이익을 얻도록 이끌어간 공적이 있음을 간과해선 안 된다. 상인들은 프랑스 정부의 결정이 그들에게 제공한 이점을 잘 알고 있었다.

절대적으로 당신 것인 물건의 가치가 국내에서 떨어지고 그래서 그것을 프랑스를 거쳐 보낼 때 뭔가를 해야 한다고 생각한다면, 왕이 무역상들에게 부여한 중계항의 특권이 도움이 될 것이다. 말하자면, 거기서는 어떤 상품이든 자유롭게 얻고 그 상품을 어떤 관세도 내지 않고 왕국의 영토 너머로 자유롭게 보낼 수 있다. 카디스와 알리칸테, 마르세유의 항구들에는 언제나 훌륭한 선박들이 있어 물건을 선적할 수 있다.58)

우르셀은, 프랑스의 레반트 무역을 자극하기 위해 마르세유에 관세 면제권을 부여한 1669년 칙령의 조항들을 이용해 런던 상인들이 루앙과 협력하도록 권했다. 이렇게 프랑스 무역상들은 특권적인 회사들을 넘어서서 규정된 특권을 자신에게 유리하게 이용하고자 했다. 18세기에 그들은 완전히 꽃핀 대서양 무역에서 나오는 이익을 런던과 다른 영국 항구의 무역상들과 공유하기 위해 그렇게 하였고, 훨씬 더 큰 성공을 거두었다.

5장 대서양 식민지의 황금기: 18세기

§ 영국과 프랑스: 경쟁하는 두 강대국

상호간 도전의 조건들

위트레흐트에서 워털루(Waterloo)까지[1] 프랑스와 영국의 야심은 대서양 전역에서 경쟁적으로 펼쳐졌다. 16세기 중반 대서양에는 단 하나의 주인만이 있었다. 이베리아인들이었다. 물론 그들의 권위는 아주 일찍부터 네덜란드와 영국, 프랑스 출신의 해적과 밀무역 상인들에게서 도전받았지만 말이다. 17세기에는 북서유럽인들이 앞 다투어 바다로 나서느라 경쟁을 벌였지만, 공식적으로는 여전히 바다가 이베리아인들의 독점에 줄곧 묶여 있었다. 나중에 1670년에야 영국의 자메이카 점령을 인정하는 영국·스페인의 조약을 통해 마드리드의 독점이 최종적으로 무너졌다. 그리고 1697년 라이스바이크 조약으로 스페인은 생도맹그 섬의 서쪽 편을 프랑스에 돌려주는 데 합의했다.

18세기에는 앤틸리스 제도와 영국령 북아메리카의 체서피크에서 번성한

---

[1] 1713년의 위트레흐트 조약에서 1815년의 워털루 전투까지를 말한다. 위트레흐트 조약은 스페인왕위계승전쟁을 종식하는 일련의 조약들로 가장 중요한 의미는 1660년대 이래 유지되던 프랑스의 패권을 종식시키고 유럽 내에 새로운 힘의 균형 상태를 가져온 것으로 여겨진다. 워털루 전투는 대외침략을 통해 프랑스의 패권을 확립하려던 나폴레옹 보나파르트의 시도를 최종적으로 종식시킨 전투였다.

플랜테이션의 부가 대서양 횡단 무역에 강력한 자극을 제공했다. 여러 면에서 카디스에서 함부르크에 이르는 유럽의 항구들은 이러한 부를 새로운 팽창을 알리는 비밀스런 징조로 받아들였다. 그러나 영국과 프랑스는 모두 다 어떤 과세도 없이 수출하는 중계무역의 교차로들을 여전히 가장 중요하게 여겼다. 영국의 팽창이 근거한 기초는 확실히 보다 완벽하고 안정된 것으로 드러났다. 물론 그들은 앤틸리스 산 상품에만 의존한 것이 아니라, 버지니아와 메릴랜드 산 담배, 캐롤라이나 산 쌀, 뉴잉글랜드 산 목재와 해산물을 수출한 영국령 북아메리카 식민지들의 교역에도 의존하였다.

대서양 정책 면에서 영국과 프랑스는 스페인 제국의 귀금속 광산에 대한 점진적인 외국인의 침투와 아울러 두 나라가 가진 식민지 영토의 개발 속에서 무자비한 경쟁을 정당화하는 근거를 찾았다. 이 싸움은 결국 프랑스에 대한 영국의 우위로 결말이 나지만, 그것은 나중의 일이다. 대서양의 역학을 통제하려는 '대양' 전략은 당연히 모든 것을 바다로 돌리고 있던 영국이 많은 부분을 여전히 대륙에 두고 있던 프랑스보다 더 잘 수용하였다. 그리고 17세기 말과 18세기 초에 벌어진 여러 전쟁에서 힘을 소진한 네덜란드가 상당 부분 뒤로 물러나면서 그로부터 이익을 얻은 것은 영국이었다. 애덤 스미스 같은 경제학자의 사상에 깔린 논리나 7년 전쟁[2]에서 영국이 거둔 거대한 승리 이후 사람들이 우상화한 피트(Pitt) 재상[3]의 힘찬 연설은 똑같은

---

2 1756~1763년에 걸쳐 유럽과 북아메리카, 인도, 서아프리카, 필리핀에서 동시에 전개된 전쟁으로, 발단은 오스트리아와 프로이센 간의 전쟁으로 시작했지만 곧 영국과 프랑스가 개입하면서 유럽의 여러 나라들이 포괄적으로 참여하는 전쟁이 되었다. 역사가들은 특히 이 전쟁을 영국과 프랑스 간의 오랜 세력 다툼을 결말지은 전쟁으로 여기며, 이 전쟁의 결과 영국은 프랑스에 대한 우위를 확고히 하게 되고 바다에 대한 지배를 통해 대영제국으로 성장할 수 있는 기초를 마련하였다. 북아메리카에서는 이 전쟁을 프렌치 인디언 전쟁이라 부른다.

3 William Pitt the Elder, 1708~1778. 7년 전쟁 시기 영국의 정치가로 1756에서 1768년까지 영국 정계를 주도하였고, 프랑스와의 식민지 싸움에서 이겨 인도 · 북아메리카 등지에서 식민지를 넓혀 대영 제국의 기초를 세웠다. 그럼에도 1766년까지 작위를 거부하여 '위대한 평민'이라는 별명을 갖기도 하였다. 그는 식민지와 영국과의 유대관계를 중요시했지만 식민지의 독립은 반대하였다. 특히 그의 정치적 힘

결론에 이르렀다. 모든 국민이 가진 고귀한 목표는 상업과 항해를 지배함으로써 조국이 대서양을 전적으로 지배하는 모습, 즉 '영국이 파도를 지배하는' 모습을 보는 것이어야 했다.

중계무역 체제와 영국의 이점

설탕, 커피, 담배, 차, 인디고 같은 이국적인 상품 시장은 중상주의 시대에 문을 열었고, 그 시대 동안 유럽의 여러 나라들은 보호주의 정책을 취해 영국 및 프랑스의 제조업 상품에 문을 닫았다. 그러나 그 때문에 그 나라들은 중요한 대서양횡단 무역에서는 빗겨나 있었고, 이 대서양횡단 무역은 가볍게 관세를 가하거나 전혀 관세를 가하지 않던 아메리카와 아시아 산 상품의 재수출에 여전히 열려 있었다. 영국과 프랑스 두 나라에서는 중계무역 체제가 세워졌는데, 그것은 높은 관세율로 자국 시장을 외국의 경쟁으로부터 보호하면서 상당한 관세 혜택을 재수출 상인들에게 부여하는 것을 특징으로 하였다. 같은 시기 대서양횡단 무역 자체는 독점과 특권회사의 구속으로부터 벗어났다. 아시아와의 교역은 여전히 군주로부터 특권을 부여받은 상업 회사들의 체제가 지탱했지만, 아메리카권 대서양과 아울러 유럽권 대서양의 교역에서는 어떠한 집단적 특권도 사라졌다.

그렇지만 대서양의 지배를 둘러싸고 프랑스와 맞섰던 정치적·경제적 드잡이에서, 영국은 한 가지 핵심적인 이점을 누렸다. 그것은 영국이, 교역에 월등한 가치를 주었던 공동의 준(準)시장을 주도하고 있었다는 점이었다.[1] 1707년 스코틀랜드가 영국으로 통합된 이후 잉글랜드, 스코틀랜드 및 아일랜드 같은 게일(Gaelic) 나라들, 북아메리카와 앤틸리스 제도의 영국 식민지

은 뛰어난 웅변에서 나왔다고 하며, 그의 아들이며 24세에 수상이 된 소(小) 윌리엄 피트와 구별하여 대 윌리엄 피트라고 한다.

들이 하나의 거대한 무역 시장으로 통일되었다. 물론 그 시장은, 북아메리카 식민지 산 곡물과 아일랜드 산 양모와 몇몇 농산품 같은 일부 상품들이 잉글랜드에서 금지되어 있던 만큼 여전히 불완전했다. 그럼에도 영국 수출업자들에게 유리한 자유무역지대 같은 것이 실제로 있어서 '잉글랜드에서 만든' 상품을 잘 받아들이는 보호받는 시장을 창출하였다.

이 지대에서는 인구 팽창이 아주 강력한 소비 시장의 창출에 유리한 또 다른 요소를 만들어내었다. 실제로 인구 팽창은 잉글랜드 자체보다 이 지대에서 훨씬 더 빨리 실현되었다. 이 지대의 인구는 1670년에서 1770년까지 70퍼센트 이상 증가하였다. 즉, 영국령 앤틸리스 제도의 주민이 9만 6,000명에서 48만 명으로 늘어났고, 북아메리카 13개 식민지 주민은 11만 2,000명에서 214만 8,000명으로 증가했다. 그 사이에 200만 명이던 인구가 360만 명 이상으로 늘어난 아일랜드는 유럽의 다른 어떤 나라보다 빠른 인구 증가를 겪었다. 잉글랜드와 스코틀랜드에서는 인구 증가가 이보다는 더 완만해서 각각 530만 명에서 690만 명으로 늘었고 100만 명에서 130만 명으로 늘었다.

비록 프랑스의 인구도 상당히 증가해 1700년 2,200만 명에서 1750년 2,450만 명, 1800년 2,990만 명으로 늘어났지만, 증가 속도가 가장 빨랐던 곳은 역시 대서양 저쪽 앤틸리스 제도였다. 1713년 생도맹그 섬의 프랑스 영토 주민 수는 1만 명이 못 되었다. 18세기 중반 무렵 이곳의 주민 수는 17만 2,000명에 이르렀고, 이 증가폭은 당시 위트레흐트가 도달한 수준의 17배 이상에 해당했다. 1789년에는 이곳의 주민 수가 513만 명에 달해 1753년에 비해 3배나 늘어났다. 이 두 시기 사이에 연간인구증가율은 2.5퍼센트로, 이 비율은 이 시기 세계 어디에서도 볼 수 없는 것이었다.[2] 마르티니크와 과들루프의 인구도 상당히 증가했다. 1720년에 각각 4만 5,000명과 2만 2,000명이었던 이 두 식민지들의 인구는 1789년에 10만 2,000명과 11만 7,000명으로 증가해, 마르티니크의 경우 2배 늘어났으며 과들루프의 경우 4배 이상 늘어났다. 하지만 앤틸리스 제도의 이런 인구 증가는 아프리카 흑인노예 무역에 크게 힘입은 것이어서 여전히 자연 증가가 아니었으며, 특히 생도맹그의 경우 1789

년에 노예의 수가 46만 5,000명을 넘었다.

이런 인구 성장은 식민지 상품의 생산 면에서만이 아니라 유럽 산 상품의 소비 면에서도 프랑스령 대서양 시장의 엄청난 활력에 크게 기여했다. 왜냐하면 노예도 먹고 입는 것이 필요했기 때문이다. 그렇지만 프랑스는 북아메리카 식민지들을 통해 영국에게 제공된 것에 비견할 만한 소비시장을 아메리카 대륙 내에 갖고 있지 못했다. 비록 앤틸리스 제도가 괄목할 만하게 성장했지만, 프랑스령 캐나다는 18세기 중반이 되어도 생도맹그 정도의 수준에도 미치지 못했다. 프랑스령 캐나다의 인구는 앤틸리스 제도 식민지 인구의 3분의 1 정도에도 이르지 못했던 것이다. 약 20년 뒤에도 11만 명의 인구를 지닌 영국령 캐나다는 인구 면에서 북아메리카 식민지들에 여전히 한참 뒤쳐졌다. 프랑스의 무역이 점점 더 늘어나는 이국적인 상품을 소화할 수 있는 시장을 찾게 된 것은 유럽, 특히 북유럽과 중앙유럽에서였다. 독일권 유럽(Germanic Europe)의 인구 증가는 프로이센이나 작센 같은 일부 지역에서 쉽사리 파악할 수 있는데, 18세기 후반에 이미 상당히 진행되었으며 1815년 이후 가속화되었다.

이국적인 상품 소비의 성장

18세기 유럽에서는 그때까지 보여준 적이 없을 정도로 이국적인 상품의 소비가 크게 성장했다. 연기를 마시든 코로 들이쉬든 입으로 씹든 담배 소비가 2배 이상 증가했다. 유럽으로 들여온 담배 수입량은 5,000만 파운드에서 1억 2,500만 파운드로 늘어났다. 다른 상품의 수입량 증가는 훨씬 더 주목할 만하다. 차의 소비는 100만 파운드에서 4,000만 파운드로 늘어났고, 초콜릿의 소비는 200만 파운드에서 1,300만 파운드로 늘어났다. 그리고 커피의 소비는 200만 파운드에서 1억 2,000만 파운드로 늘어났는데, 이것은 단연 가장 괄목할 만한 성장이었다.[3]

설탕과 새로운 음료들

설탕으로 이국적인 음료를 달달하게 만드는 유럽의 방식은 대서양 설탕 무역에 유례가 없는 역동성을 제공했고, 설탕이라는 상품에 대한 기호가 점점 더 강해졌던 것을 설명해 준다. 이 상품은 앤틸리스 제도의 노예가 일하는 대규모 플랜테이션들에 대서양 경제에서 특출한 지위를 제공하는 데 가장 크게 기여하였다. 자메이카에서 사탕수수 플랜테이션이 시작된 지 한 세기도 되지 않았고 프랑스령 생도맹그에 사탕수수 플랜테이션이 출현한지 50년이 조금 넘은 때인 1770년대 무렵 설탕은 초콜릿과 커피, 차 같은 귀족과 부르주아의 음료와 심지어 서민들의 음료에도 없어서는 안 될 도구가 되었다. 초콜릿은 특히 스페인과 이탈리아 같은 남부 유럽에서 받아들였고, 커피는 네덜란드와 프랑스, 독일지역에서 받아들였다. 그리고 차는 무엇보다 영국인들의 음료였다. 이런 음료들은 한때의 유행이 아니라 가족의 아침식사에서 오후의 친목 모임까지 일상생활에 필수적인 요소가 되었다. 하지만 설탕 소비가 가장 빨리 성장한 곳은 영국이었다. 영국의 설탕 소비는 18세기 말에 유럽에서 가장 높은 수준에 이르렀다. 1800년에는 거의 연간 일인당 10킬로그램으로 늘어났으며, 따라서 연간 시장 판매량은 9만 3,000톤을 넘어섰다.

영국에서 음료에 설탕을 넣는 관행은 주로 와인에 설탕을 첨가한 데서 유래하는데, 이런 관행을 통해 이 나라에서는 적어도 16세기 이래 오랫동안 설탕을 익숙하게 사용해 왔다. 1617년에 모그슨(Morgson)이라는 이름의 한 영국인 작가는 설탕 첨가 음료의 이용에 보이는 일정한 엘리트주의를 이렇게 강조하였다. "그저 평범한 사람은 맥주와 에일(ale)을 많이 마신다. 신사라면 다른 어느 왕국에서보다도 설탕을 많이 섞은 와인을 들 것이다."[4] 하지만 설탕에 대한 점점 더 확연한 기호가 등장하고 있었고, 유럽의 다른 나라 사람들보다 더 단 것을 좋아하는 보통 영국인들은 입맛에 따라 커피나 차, 초콜릿 같은 쓴 음료에 설탕을 넣어 달게 만들어 먹게 되었다. 물론 이런 관습이 언제 시작되었는지를 정확히 알기는 어렵다. 크롬웰의 통치가 시작될 때인 1657년 토머스 가웨이(Thomas Garway)[4]는 여전히 차에 설탕이 아니라 "생꿀"을 첨가하도록 권하고 있었다.[5] 1680년대에 스웨덴의 궁정에서 의사 요한 페클린(Johan Fechlin)은 마찬가지로 차에 생꿀을 넣도록 권하고 있으며 다만 이때는 적어도 '홍차'에는 설탕을 넣도록 하고 있다. 1715년 프랑스에서 나온 조리법 서적 『왕실과 부르주아의 요리책, 설탕 사용을 위한 새로운 지침(Cuisinier Royal et Bourgeois, nouvelles instructions pour les confitures)』에는 차를 준비하면서 설탕으로 달게 하는 것도 고려하여 "각자가 기호에 따라 설탕을 첨가할 것"이라고 적혀 있다.[6] 17세기 중반부터 초콜릿도 설탕을 넣어 달게 만들었고, 커피에 설탕을 넣는 것도 그 이전에 시작되었다. 레모네이드와 아니스 술(anisette)[5], 시럽 음료, 샤베트 같은 다른 설탕 첨가 음료들도 등장하여, 카트린 드 메디치(Chatherine de Medicis)[6] 시기에 이탈리아에서 프랑스로 도입되었다.[7]

잉글랜드에서는 식습관 상의 혁명으로 인해, 특히 아침식사 습관의 정착으로 인해 차가 유행하게 되었고, 이것은 곧 설탕 사용과 밀접하게 결부되었다. 사람들이 포리지(porridge), 즉 귀리죽에 에일이나 맥주를 곁들이던 식사에서 뜨거운 설탕 첨가 음료에 빵과 우유, 나중에는 식은 고기와 달걀을 먹는 것으로 바뀐 것이다.[8] 이에 더해 오후에는 가족이나 친목 모임에서 차를 마셨다. 이것은 당시 동인도에서 들여온 차 수입량이 놀랄 정도로 성장한 것을 설명해 준다. 연간 차 수입량이 1720~1726년에 320톤이었는데, 18세

---

4 1632~1704년. 영국의 상인으로 영국 차의 역사에서 중요한 인물로 평가된다. 1657년 영국 최초로 차를 대중적으로 판매한 소매상이며, 그의 차 판매 광고 포스터들이 현재까지 남아있다.

5 향료인 아니스로 맛을 낸 가벼운 리큐어이다.

6 1519~1589년. 근대 초기 유럽의 역사에서 큰 영향력을 행사한 대귀족가문 메디치가의 딸로 프랑스 왕 앙리 2세의 아내였다. 세 아들을 둔 그녀는 프랑수아 2세, 샤를 9세, 앙리 3세로 세 아들을 모두 왕위에 올렸으며, 샤를 9세의 초기에는 섭정도 행하였다. 16세기 프랑스의 격렬한 정치·종교 분쟁의 중심에 있었던 그녀는 16세기 유럽에서 가장 강력한 여성으로 평가받는다.

기 말인 1792~1798년에는 거의 1만 톤으로 급등한 것이다.[9]

관습상의 이런 변화는 유럽 대륙에서도 일어났는데, 프랑스와 독일인들의 아침식사에도 설탕 사용이 도입된 것이다. 브리야 사바랭(Brillat-Savarin)[7]이 『미각의 생리(*Physiologie du Goût*)』에서 우유와 설탕을 탄 커피를 권한 것은 19세기의 일이지만, 이런 관행은 한 세기 전 섭정 시기의 파리에서 시작되었다. 한편 독일인들의 아침식사는 프랑스보다는 영국식에 더 가까웠다. 이런 이국적인 음료를 마시는 유행은, 그런 음료가 특출한 의학적 효능도 지닌 것으로 여겨지면서 더욱 더 권장되었다. 특히 차가 그러했는데, 세비니 부인(Madame de Sévigny)에 따르면, 1684년 헤센카셀(Hessen-Cassel) 백작이 차를 마시고 눈에 띄게 생기를 되찾았다고 한다. 또 1년 전에 나온 논문에서 리옹의 서적상인 장 게랭(Jean Gérin)은 22명이나 되는 환자들이 차를 마시고 치유되었다고 전하고 있다.[10]

하지만 차에 대한 열광이 설탕 소비와 결부된 음료 소비의 증가를 촉발한 것은 영국에서였다. 18세기 말에 맬서스(Malthus)[8]는 "농민이 차와 담배를 얻으려면 몇 시간을 더 일해야 하는데, 이들은 그러기보다는 차라리 [차와 담배를 곁들인] 휴식이 아니라 새로운 옷가지를 사기를 택할 것이다"라고 말할 수 있었다.[11] 하지만 소비자의 기호가 점점 더 뚜렷해지면서, 소비자는 이국적인 상품에 대한 욕구를 충족시키기 위해 새로운 희생을 받아들이게 되었다. 이런 이유로 영국과 아일랜드는 미국독립전쟁 직전에 영국으로 들여오는 설탕을 거의 전부, 즉 수입량의 거의 94퍼센트를 소화할 수 있었고, 그

---

7 Jean Anthelme Brillat-Savarin, 1755~1826년. 프랑스의 법관이자 미식가로, 프랑스와 미국의 사법계에서 법관으로 활동했으나 미식평론가로서 더 명성을 얻었다. 『미식예찬』이라고도 번역되는 그의 『미각의 생리』는 1835년에 간행되었는데, 미식 평론의 경전으로 평가 받는다.

8 Thomas Robert Malthus, 1766~1834년. 영국의 성직자이자 경제학자로 정치경제학과 경제학 분야에서 큰 영향을 미쳤다. 특히 한 국가의 식량 생산 증대는 삶의 질을 개선하지만, 이것이 인구 성장으로 이어져 다시 삶의 질을 악화시킨다는 인구론으로 유명하며, 인류는 높은 생활수준보다는 인구성장을 위해 부를 이용하는 경향이 있다고 주장했다. 이런 경향을 '맬서스의 덫'이라 부른다.

나머지가 13개 식민지와 외국으로 나갔다. 프랑스 혁명기 동안의 대륙봉쇄와 프랑스의 수입 중단에 이르러서야[9] 영국은 주요 설탕 수출국으로서의 지위를 다시 얻게 되었다. 이때 영국은 15만 8,224톤의 수입량 중 6만 4,939톤을, 즉 자신의 항구로 들어온 설탕의 41퍼센트를 자체 설탕 소비가 증가하고 있음에도 수출했던 것이다.[12] 당대인들의 시각에서 볼 때, 이렇게 된 이유는 사회 계층들 전체로 차가 확산되면서 차 시장이 활황을 맞은 것이다. 이런 경향은 일찌감치 시작되었다. 1724년에 런던의 한 상인은 "급증하고 있는 차와 커피를 마시는 광범위한 습관은 특히 차 값이 비쌈에도 그 소비를 한층 증가시킬 것"이라고 예측하였다.[13] 그보다 몇 년 전 런던에서는 1파운드의 차를 소비하는 데 12 내지 16파운드의 설탕이 반드시 필요하다고 생각되었다. 18세기 중반인 1744년에는 차와 별개로 설탕 이용 습관이 스코틀랜드에서 현저하게 나타났고, 거기서는 레모네이드나 브랜디를 만들 때나 럼주를 마실 때 물과 함께 설탕을 섞어 넣었다.

이로부터 왜 그렇게 많은 제당공장이 영국 땅에 세워졌는지, 그 이유가 명확해진다. 그것은 영국 국내 시장의 수요 증가에 대처하기 위해서였다. 프랑스에서도 마찬가지로 제당공장이 늘어났지만, 그것은 본질적으로 설탕을 재수출하여 외국의 수요에 대처하는 것과 연관 있었다. 하지만 영국의 경우는 공장들이 특히 80개 정도가 있던 런던 주위나 20개가 있던 브리스틀과 같은 서부 항구들에 집중되었는데, 이런 곳에서 나온 생산물들은 영국 국경 내에서 팔렸다. 1751년에는 스코틀랜드 수도 에든버러(Edinburgh)에 제당공장이 하나 들어섰는데, 그 회사는 가동 개시를 알리면서 "에든버러 시와 그 주변의 설탕 소비가 크게 증가되어 왔다"고 밝혔다.[14] 그에 더해 무역상

---

9 1806년 프랑스혁명 이후 나폴레옹 1세의 침략 전쟁이 이어지자, 영국은 프랑스 연안에 대한 해군 봉쇄를 발표했고, 이에 대응해 그해 11월 나폴레옹도 영국과 유럽 대륙 간의 무역을 차단하는 대륙봉쇄를 발표했다. 1814년 나폴레옹의 첫 번째 퇴위 때까지 지속된 이 봉쇄가 영국에 미친 경제적 영향은 그다지 크지 않았고, 오히려 프랑스 경제가 더 큰 타격을 입은 것으로 평가된다.

들은 스코틀랜드의 수도[에든버러]에 가장 가까운 항구 리스(Leith)와 영국령 아메리카의 설탕 식민지들 사이에 교역이 발전해왔고 그래서 설탕 무역과 제당업에서 아주 많은 이익을 남길 수 있다고 하였다. 이와 같은 시기에 아일랜드에도 제당공장들이 들어서 1766년에 40개 정도가 있었고, 1780년에는 아일랜드의 수도 더블린에만 22개가 자리했다.[15]

영국해협의 양쪽 모두에서 일상적인 관습상의 이런 변화는 가족적 환경 내에서만이 아니라 보다 넓은 맥락에서도 음료에 대한 새로운 인식을 가져왔다. 프랑스에서는 카페가 그리고 영국에서는 커피하우스들이 점점 더 널리 유행하면서, 차와 커피, 초콜릿을 더욱 더 많이 즐기게 된 것이다. 앤 (Ann) 여왕[10]의 치세 때 런던의 커피하우스는 500개나 되었고, 런던의 신사라면 누구나 지인과 고객들이 어느 때라도 자신을 찾을 수 있는 즐겨 찾는 커피하우스가 하나씩 있었다. 명예혁명 시기에 런던에서 가장 유명한 커피하우스 중 하나는 에드워드 로이드(Edward Lloyd)[11]의 소유였고, 이곳은 얼마 안 있어 대서양 무역에 종사하는 모든 이들의 회합 장소가 되었다. 선장들과 선주들, 무역상과 보험업자들이 모두 여기에 모인 것이다. 이 중 보험업자들이 로이드의 가장 뛰어난 고객이 되었고, 이들이 어울려 만든 결사체가 나중에 세계에서 가장 큰 보험회사가 되었다.

유럽 대외무역의 팽창은, 이런 상품들과 그것들이 소비되는 친목 모임의 공간을 통해 영국과 유럽 대륙 모두에 문화적으로 큰 영향을 미쳤다. 커피하우스에서는 차나 커피 외에 다른 것들도 제공되었고, 위스키나 럼주 같은

---

10 1665~1714년. 1702년에 잉글랜드와 스코틀랜드, 아일랜드의 왕이 되었고, 이후 1707년 잉글랜드와 스코틀랜드의 합병 이후 대영제국 최초의 왕이 되었다. 그녀는 덴마크 공과 결혼했음에도 후사가 없이 죽었고 이에 따라 스튜어트 왕조가 단절되고 하노버 왕조가 열렸다.

11 1648~1713년. 유명한 보험 신디케이트 런던로이즈의 출발점이 된 로이드 커피하우스를 운영한 인물로 다른 사람들과 혼동해선 안 된다. 로이드 커피하우스는 1688년경 세워져 1691년까지 타워스트리트에 있었고, 그 후 롬바드 가로 옮겨 1774년까지 존속하였다.

좀 더 해로운 음료나 브리스틀이나 바스(Bath) 같은 곳에서 나온 온천수를 즐길 수도 있었다. 또한 얼음사탕이나 오렌지, 설탕에 절인 포도를 얹은 케이크 같은 별미를 맛볼 수도 있었다. 하지만 커피하우스가 여관이나 선술집보다 높게 평가 받는 품위 있는 장소였다는 것이 가장 중요했다. 여성, 특히 가정주부가 주된 역할을 했던 가정과 친목 모임에서의 차 소비 밖에서, 커피하우스는 남성 고객들을 위해 마련되었다. 그런 점에서 그것은 남자들이 사업을 위해 찾거나 휴식을 위해 찾던 근동 지역의 카페와 마찬가지였다. 그래서 나중에 커피하우스에 드나들던 고객들은 너무나도 당연히 그곳의 품위 있는 모습을 빌려서 클럽을 꾸몄다.

담배에 대한 열광

18세기 말 영국과 유럽 대륙 모두에서 설탕을 가미한 차와 커피는 영국의 가장 극빈자를 포함한 많은 이들에게 값싼 칼로리 원을 제공하였다. 이것은 육체적인 공복감을 크게 줄여주면서 동시에 유익한 휴식의 분위기를 유지시켜 주었다. 하지만 대량 유통을 통해 유럽인의 기호에 가장 깊은 영향을 준 것은 최초의 이국적인 상품인 담배였다. 잉글랜드의 경우 담배는 스튜어트 왕정복고 시기 이후 흡연의 형태로 퍼져나갔다. 굳맨(Goodman)에 따르면, 당시 성인 인구의 4분의 1이 하루에 한 대 꼴로 담배를 피웠다.[16] 프랑스에서는 한참 뒤인 18세기 중반 무렵에야 담배가 대량으로 소비되었다.

유럽인들은 대서양으로 팽창하면서 담배를 유럽으로 도입할 수 있게 되었다. 그런 과정에서 담배는 아메리카의 땅에 자리 잡은 플랜테이션들이 거둔 성공을 가장 잘 보여주는 실례 중 하나가 되었는데, 플랜테이션은 처음에는 카리브 해 세계에 퍼졌고 나중에는 영국령 북아메리카 식민지들에서 생산 및 상업화 면에서 훨씬 더 큰 규모로 확산되었다.

콜럼버스 이전 시기 동안 캐나다의 숲에서 아르헨티나 남쪽까지 아메리카 원주민 사회가 주로 소비한 담배를 유럽인들이 '신세계'에서 경작하기 시작한 것은, 16세기 말 무렵에 이르러서였다. 그때 '구세계' 사회는 담배를 의학적인 목적으로 사용하면서 주목하기 시작했다. 스페인 식민지 거류민들은 처음에는 베네수엘라의 원주민 생산자들과 거래하여 담배를 얻었고, 이후 그것을 유럽 상인들에게 호평 받는 상품으로 만들고자 하였다. 특히 16세기 말 이후에는 이베리아인들의 독점에 손상을 가하며 네덜란드 상인들이 담배 무역에 개입했다. 하지만 유럽인들이 점증하는 담배에 대한 욕구를 채울 만한 곳을 버지니아에서 발견한 것은 1620년대였다. 이때 버지니아의 체사피크에서 담배 플랜테이션이 발전한 것이다. 그 발전은 같은 시기 앤틸리스 제도, 즉 처음에는 바베이도스 섬과 나중에는 세인트크리스토퍼 섬에서 발전한 것보다 훨씬 더 큰 규모로 이루어졌다. 18세기 초에는 버지니아가 유럽 시장에서 필요한 담배의 대부분을 공급했다. 당시 유럽은 담배 소비량의 80퍼센트를 버지니아에 의존했고 나머지는 브라질에서 공급받았다.[17]

차와 커피, 초콜릿과 마찬가지로, 담배 소비도 일정한 문화적·사회적 틀속에서 준수되는 나름의 의례적인 속성을 획득했다. 담배라는 상품은 파이프와 시가, 씹는 담배, 코담배라는 형태로 유럽화되어 소비되었다. 처음에는 유럽인들도 원주민들의 흡입 방식을 따랐지만, 뒤에는 그것을 변화시켰으며, 대부분의 나라에서 담배는 처음부터 선술집 문화와 결합되었다. 선술집에서 담배는 알코올음료와 함께 소비되었던 것이다. 따라서 담배를 샤머니즘 의식에서 종교적으로 사용하거나 아니면 손님에게 제공하는 환영인사로서 사회적으로 사용하던 원주민들의 방식은 완전히 바뀌어 종교적 측면은 제거되고 사회적 측면만이 남겨졌다.

담배를 둘러싼 분위기는 17세기 플랑드르 화가 다비트 테니르스(David Teniers)[12]의 그림이 보여주는 이미지만큼이나 내밀한 것일 수도 있었다. 그

---

12 1610~1690년. 안트베르펜 출신의 플랑드르 화가로 그의 아버지, 아들, 손자가 모두 같은 이름을 가진 화가였다. 주로 당시의 풍속화를 많이 그렸는데, 여관과 선술집, 축제의 모습을 그렸고 그 속에 당시 유행하던 파이프 흡연의 이미지를 자주 담았다.

의 그림은 여관방에 앉아 있는 우아하게 차려입은 여성과 담배를 채워 넣은 파이프에 불을 붙이고 있는 그녀의 남편을 그리고 있다. 아르누(Arnoult)의 18세기 작품 〈매혹적인 흡연실(*La Charmante Tabagie*)〉도 마찬가지로 차분한 분위기를 그리고 있다. 그 그림에서 아르누는 3명의 귀부인이 둥근 탁자에 앉아 있는 모습을 보여주는데, 그 중 두 명은 긴 파이프로 담배를 피우고 있고 나머지 한 사람은 담배를 태울 준비를 하고 있다.[18] 하지만 보다 대중적인 소비 방식은 전혀 다를 수도 있었다. 17세기 이래 대규모 상업 항구에 반드시 존재했던 선술집과 진짜 흡연실에서 네덜란드나 한자동맹의 고래잡이 선원이 담배를 피우던 것이나 런던에서 뉴캐슬의 석탄운반선 선원들이 담배를 피우던 것이 그러하다. 이런 곳에서는, 드문 일이지만, 파이프 담배를 피우는 것이 항구가 선원들에게 가하던 유혹들에 저항하는 방법이었을 수도 있었다. 선원들은 바다로 나가기 전에 그런 유혹에 빠져 흥청망청 먹고 마시며 자기 삶의 고통을 잊으려 하곤 했기 때문이다. 물론 보르도에서 런던, 암스테르담, 함부르크에 이르는 항구도시들에는 점잖은 구역에 선주와 무역상들의 저택이 있었고, 거기에 매혹적이고 조용한 흡연실이 갖추어져 있었다. 그런 곳은 선원들이 열심히 급료를 쓰려고 드나들던 선술집과는 거리가 멀었다.

두말할 여지없이 18세기에 가장 크게 유행한 것은 코담배였다. 코담배의 소비가 발전하기 시작 한 곳은 북서유럽 도시들의 부유한 부르주아 상인과 귀족들의 살롱이었다. 17세기 초에 스페인인과 포르투갈인들이 코담배를 피우기 시작했다. 프랑스에서는 이런 소비 방식이 18세기 동안 크게 확산되었고, 1789년에는 '농장' 시설에서 제조된 담배의 약 80퍼센트가 코담배였다 (1,500만 파운드의 담배 중 1,200만 파운드). 이와 같은 소비 방식은 네덜란드와 영국에도 퍼져, 그곳에서 파이프 흡연 방식이 줄어들었다. 코담배의 유행이 담배의 개인 소비가 상대적으로 침체된 원인이었을 수도 있다. 코담배에 필요한 담배 양은 파이프에 필요한 것보다 적었기 때문이다.[19] 18세기 말 영국의 경우 일인당 연간 1.5파운드를 소비했고, 프랑스에서는 1파운드를 소비했다. 담배의 습관은 확산되었지만, 20세기 말만큼 심하지는 않았다. 20세기 말에는 개인 담배 소비가 프랑스에서는 연간 3파운드, 영국의 경우 연간 4.5파운드, 미국은 연간 7.5파운드에 이르렀다.

　빈곤과 담배세의 부과도 담배 소비 완화의 원인일 수 있다. 하지만 모든 나라에, 특히 프랑스와 영국에 밀무역이 광범위하게 존재했음을 고려해야 할 것이다. 또 농촌 주민들이 담배 문화에서 떨어져 있었음을 잊어선 안 된다. 왜냐하면 코담배의 유행은 무엇보다 도시적인 현상이었기 때문이다. 코담배는 여성들이 피우기가 가장 좋았는데, 또한 흡연이 위험하거나 거부된 작업현장에서도 즐겨 이용했다. 코담배를 둘러싸고 미묘한 의례가 존재했다. 사람들은 종종 스스로 담배를 준비했고, 그럴 때 담배 분쇄기가 달린 코담배 갑이 반드시 필요했다. 상아나 고급자기, 심지어 금으로 만든 코담배 갑은 진짜 예술 작품이었다. 이런 담배 갑들이 귀족과 부르주아 고객들 사이에서 "크게 유행"하였다. 세바스티앵 메르시에(Sébastien Mercier)[13]는 『파리의 모습(Tableau de Paris)』에서 계절에 따라 코담배 갑이 어떻게 사용되었는지를 보여준다. "계절마다 맞는 담배 갑이 있다. 겨울의 담배 갑은 무겁고 여름의 담배 갑은 가볍다. … 300개의 코담배 갑을 갖고 있으면서 서재나 자연사 컬렉션은 하나도 갖고 있지 않아 체면을 구기는 사람도 있다."[20] 루이 16세의 왕비 마리 앙투아네트(Marie-Antoinette)가 받은 결혼 선물에는 52개나 되는 황금 코담배 갑이 들어 있었다. 질적으로 다양한 많은 코담배들이 있었다. 잉글랜드에서는 18세기 말에 200가지에 이르는 코담배가 존재했다. 담배를 설탕이나 오렌지 꽃, 재스민 향, 베르가모트 향으로 부드럽게 할 수도 있었다. 비록 대중들은 향이 심한 담배를 싫어했지만 말이다.

　담배의 유행이 거둔 승리로 인해 서유럽의 담배 소비는 크게 성장하였다.

---

13 Louis-Sébastien Mercier, 1740~1814년. 18세기 프랑스의 작가이자 극작가. 2440년의 파리를 그린 판타지 소설 『2440년』으로 유명하다. 그의 작품은 앙시앵 레짐과 프랑스 혁명기의 문화사 자료로 자주 사용된다. 『파리의 모습』은 1781년에 처음 간행되었고, 1788년에 신판이 나왔다.

1710년 담배 소비량은 7,000만 파운드에 조금 못 미쳤지만, 1800년 무렵에는 1억 2,000만 파운드나 되었다. 하지만 이런 담배 소비의 증가는 농촌과 도시에서 여전히 동일하지 않았고, 정확하게는 유럽의 인구 급등과 관련해서 평가되어야 한다. 유럽 인구가 1750년과 1800년 사이의 반세기 동안 1억 6,200만 명에서 2억 명으로 늘어났기 때문이다. 코담배의 경우 자극성 식품에 대한 열광이라고 보는 것이 옳은 이런 대유행으로 인해, 대서양 무역은 특히 잉글랜드와 스코틀랜드에서 이 이국적인 상품에 대한 가장 훌륭한 시장 중 하나를 찾을 수 있었다.

§ 시장의 팽창

영국이 거둔 성공

이국적인 상품에 대한 새로운 기호에 따라 시장의 수요가 성장했으며, 이것은 대서양의 무역활동을 뒷받침했다. 하지만 이런 무역활동에는 자금 조달이 필수적이었는데, 그것은 유연한 신용의 연쇄망이 확보해 주었다. 즉, 대서양의 무역활동은 당시 존재한 신용의 연쇄망에 의존했던 것이다. 이 신용 분야에서 영국의 우위는 18세기 이래 분명해졌다. 식민지 상품을 수입하는 점에서 만큼이나 그것을 국내 시장에서 팔거나 재수출하는 점에서도 그러했다. 그럼에도 프랑스 무역상들도 이와 같은 신용체계를 이용해 이익을 올렸다.

신용이라는 면에서 런던은 무역에 필요한 자본을 공급할 수 있는 은행가와 중개인들, '자본가들'이 존재하기에 큰 이점을 갖고 있었다. 다른 한편 영국령 서인도의 상인들이 공업에 대한 투자를 전혀 하지 않은 만큼─프랑수아 크루제(François Crouzet)는 막 탄생하고 있던 거대 기업에 대한 '식민지'

자본의 직접 투자가 비교적 드물었음을 확인했다[21] –, 교역의 중추에서 활용 가능한 자본의 양은 엄청났다. 자신의 보유금을 국채에 투자하는 것을 당연히 아주 매력적이라고 보았던 은행들은 특히 교역에 자금을 대는 것을 선호했는데, 그것은 본국의 상품을 수출하는 데만큼이나 식민지 상품을 구매하는 데도 정해진 액수로 어음을 발행하고 일시적 선급을 제공함으로써 이루어졌다. 실제로 신용은 엄청난 역할을 했다. 제이콥 프라이스(Jacob M. Price)는 대니얼 디포(Daniel Defoe)의 글을 인용하는데, 그것은 1720년대 런던의 "도매상들(wholesale men)"이 한 역할을 명확히 보여주었다. 그들은 지방 상인과 아울러 여러 항구에서 온 상인들에게도 신용을 제공하였고, 그래서 국내 및 대외 무역이 대부분 중개인과 도매상의 역할을 한 사람들이 제공한 자본에 기초하여 수행되었다.[22] 대양 항해의 경우 12 내지 18개월에 걸쳐 길게 신용이 제공되는 일이 종종 있었고, 반면에 국내 교역에 제공된 신용 기간은 6 내지 8개월 남짓이었다.

체서피크 담배 무역의 성공

체서피크 담배 무역과 그것이 수반한 식민지 플랜테이션의 발전은 당연히 영국이 대서양 무역에서 거둔 가장 큰 성공 중 하나일 것이다. 유럽에서 유행한 담배 소비에 기초한 담배의 재수출은 아울러 프랑스와 스페인, 포르투갈, 합스부르크 제국, 그리고 독일지역과 이탈리아 지역의 수많은 작은 국가들에 각각 세워진 독점 체제들도 이익을 얻게 만들었다. 이런 독점 체제들이 거둔 수익은 프랑스 왕국의 경우 1763년에 전체 세입액의 6.4퍼센트였는데, 1789년에는 7.3퍼센트로 늘어났다. 그리고 스페인의 경우에는, 1789년에 거둔 총 세입액의 25퍼센트가 이런 수익이었다.

물론 체서피크 플랜테이션만이 독점적으로 담배를 생산한 것은 전혀 아니었다. 브라질의 바이아 지역에서 산출되는 상당한 양의 담배가 포르투갈 시장만이 아니라 유럽과 심지어 아프리카에도 갔기 때문이다. 아프리카에서 담배는 노예와 교환되었다. 브라질 산 담배를 아프리카로 실어 나르는 항해는 16세기 말 무렵에 시작되었고, 브라질에서 금이 발견된 17세기 말에는 노예 수요가 늘어나면서 포르투갈과 네덜란드, 프랑스, 영국 노예무역상들이 모두 브라질 산 담배를 찾게 되어 담배 무역이 확대되었다.

스페인은 베네수엘라와 뒤에는 쿠바의 식민지 생산품에 근거하는 국가 독점체제를 갖추고 있었다. 베리나(Verina) 담배로 알려진 베네수엘라 산 담배는 유럽에서 인기가 아주 높아서 그 값이 버지니아 산 담배보다 2배나 높았다. 네덜란드인들은 퀴라소 산 담배를 밀수했고, 17세기 암스테르담에는 담배가 카디스와 세비야보다 많이 들어왔다. 18세기에 들어서도 밀무역은 계속되었지만, 다만 1730년대 말의 한 시기는 예외였다. 그때 새로운 지역 독점체인 카라카스 회사(Real Compañía Guipuzcoana de Caracas)[14]가 스페인으로 보내는 담배 양을 늘렸기 때문이다. 하지만 이 무역도 1739년의 영국·스페인 전쟁으로 중단되었다.[23] 18세기에 스페인은, 유럽에 더 가깝고 무엇보다 멕시코의 베라크루스에서 출발하는 갤리언 선단의 중간기항지였던 쿠바로의 항해를 늘리기로 결정했다. 쿠바 산 시가가 알려지기 전에, 쿠바 산 담배는 좋은 담배 잎을 선별하는 것으로 평판이 좋았으며, 코담배에 아주 적당해 계몽주의 시기 유럽에서 애용했다. 쿠바 산 담배도 역시 프랑스령, 영국령, 네덜란드령 앤틸리스 제도로 밀수되었고, 거기서 유럽으로 재수출되었다. 그리고 쿠바 산 담배의 가장 큰 시장은 함부르크와 암스테르담이었다. 하지만 18세기 동안 내내 독점체제가 강화되어, 1740년과 1761년 사이에 연간 200만 파운드 이상의 담배가 스페인으로 들어올 수 있었다.[24] 그러나 당시 유럽의 수요가 연간 350만 파운드 정도가 되었기에, 담배는 리스본을 경유해 베네수엘라와 브라질에서도 수입되어야 했고 심지어 체서피크에서도 수입되어야 했다. 1729~1730년에 영국은 120만 파운드의 담배를 스페인

---

14 1728년 스페인 북부 기푸스코아 주 출신의 바스크 상인들이 세운 무역회사로 베네수엘라·스페인 무역을 독점하였다. 1785년까지 존속했으며, 그 이후 왕립필리핀 회사로 바뀌었다.

으로 보냈고 1762~1768년에는 100만 파운드 이상을 스페인으로 보냈다. 심지어 스페인이 프랑스와 동맹을 맺었던 7년 전쟁 동안에도 영국의 스페인에 대한 담배 판매는 중단되지 않았다.

스페인 및 프랑스와 달리, 영국 정부는 담배 무역을 독점의 틀 내로 절대 가두지 않았다. 영국 정부는 독점에서 얻을 높은 국가 세입 대신에 식민지의 발전을 선택했다. 반면에 프랑스인들은 국내만이 아니라 생도맹그의 담배 생산도 포기하면서 코담배와 파이프 담배 제조업을 모두 체서피크로부터의 담배 수입에 기초를 두게 만들었다. 이런 제조업에 이해관계를 가진 가장 중요한 압력집단 중 하나였던 징세청부업자들[15]이 독점체제의 운영을 맡았기 때문이다.[25] 영국에서는 담배 수입업자들이 그보다 높은 관세ー18세기 말에는 생산비용의 200퍼센트나 되었던ー를 냈지만, 그 대신에 그들은 적극적으로 담배의 재수출에 나섰다. 왜냐하면 재수출을 하는 무역상들은 파운드당 0.5페니를 제하고 세관에 납부한 관세를 모두 환급받았기 때문이다. 이 때문에 1720년대 동안 스코틀랜드와 런던의 상인들 간의 경쟁이 격심해졌고, 수상 월폴(Walpole)[16]은 이 0.5페니를 받는 것도 포기해야 했다. 이런 체제로 인해, 영국은 유럽 시장에서 담배 가격이 (파운드당 2 내지 2.5페니로) 떨어졌을 때 독일지역이나 네덜란드만이 아니라 다른 유럽 대륙 지역

---

15 fermiers généraux. 앙시앵 레짐 시기 프랑스에서 중앙집중적인 권력을 유지하기에는 재정이 취약한 왕에게 미리 자금을 대여하고 일정 영역에 대해 일정 기간 동안 국가를 대신해 징세권을 행사한 체제이자 그 특권자를 가리킨다. 일반적으로 그 기간은 6년이었으며, 이들은 징세권을 통해 사실상 봉건 영주에 버금가는 권력을 행사했기에 앙시앙 레짐의 사회경제적 모순을 초래한 가장 중요한 원인으로 여겨진다. 이런 징세청부체제는 프랑스에만 있었던 것이 아니라, 국가 재정이 취약한 근대 초기의 유럽 여러 나라(예컨대, 스페인)에서 나타났다.

16 Robert Walpole, 1st Earl of Orford, 1676~1745년. 영국의 정치가. 젠트리계급 출신의 휘그 당원으로서 1701년 처음으로 의원에 선출되었고, 조지 1세 때 내각의 중심 인물로서 남해 거품 사건 등 어려운 경제 문제들을 잘 처리하여 1715년 영국(Great Britain) 최초의 수상이 되었고 1721년 4월 4일부터 1727년 6월 11일까지는 영국 수상이라는 신분으로 조지 1세 영국 왕의 대리청정을 맡기도 하였다. 그 후 20년간 수상으로 있었다. 영국 정치사에 있어서 책임 내각 정치를 처음 실시한 정치가로 이름이 높으며, 그의 아들인 호레이스 월폴 역시 유명한 정치가였다.

보다도 가격 면에서 훨씬 더 경쟁력이 있었다. 이 때문에 1720년대 초에서 1770년대 초까지 영국의 담배 무역이 3배로 늘어난 것이다. 그리고 1770년대 초에는 담배 수입량의 85퍼센트가 재수출되었다.

17세기 말 이후 담배를 가장 많이 구입한 것은 프랑스 독점체였다. 1690년대의 전쟁 동안 프랑스 해적들은 버지니아 산 담배를 실은 수많은 배를 노획해서 그것을 독점체에 싼값에 팔아 넘겼는데, 파이프 담배 흡연자와 코담배 흡연자들이 프랑스와 앤틸리스 산 담배보다 이 담배 맛을 더 선호했기 때문이다. 1697년의 평화조약 이후에 프랑스 담배 회사는 잉글랜드에서 연간 100만 파운드 이상을 구매했는데, 그 구매량은 18세기 전체에 걸쳐 꾸준히 늘어났다. 미국독립전쟁 직전에 프랑스의 담배 구매량은 연간 2,400만 파운드 이상으로 치솟았고, 그 이전인 7년 전쟁 동안에도 허가증을 부여받아 연간 거의 1,200만 파운드를 들여올 수 있었다. 프랑스의 구매량이 이렇게 늘어난 것은 버지니아의 체서피크와 메릴랜드에서 영국으로 들어간 담배 수입의 비약적 성장에 핵심적인 요소였다. 이런 시장 팽창에서 런던보다 더 많은 이익을 얻은 곳은 스코틀랜드의 글래스고였다. 글래스고의 담배 수입량 증가율은 1740년 이후 연간 4.5퍼센트를 넘은 반면, 영국의 담배 구매량의 평균 성장률은 2.4퍼센트 남짓이었기 때문이다. 1762년 이후 스코틀랜드에서는 수입 담배가 시장의 40퍼센트를 차지했지만 런던은 그 비율이 40퍼센트가 못 되었다. 18세기 중반 이후에는 프랑스인들이 글래스고에서 담배를 공급받는 것을 선호했다. 1775년 무렵 체서피크의 담배 사업은 대서양 무역 활동의 주요 축 중 하나가 되었고, 330척 이상의 선박과 4,000명이 넘는 뱃사람들이 이 사업에 참여했다.[26]

이런 비약적 성장의 결실을 따먹은 것은 누구였는가? 플랜테이션 소유주였는가 아니면 무역상들이었는가? 실제로는 무역상들이 더 많은 이익을 얻은 것으로 보인다. 자신의 담배를 탁송해야 하는 체제 속에서 플랜테이션 소유주들은 생산물을 런던의 판매 회사로 보냈고 다음 수확기까지의 경영 자금을 선대 받았다. 대규모 플랜테이션 소유주들은 서로 결탁하여 대규모 위탁 상품을 마련했고 그리하여 런던 상인들의 신용을 확보하면서 고만고만한 이웃 소유주들의 생산을 통제했다. 그러나 1745년 이후 현지 중개상들의 직접 구매에 기초한 새로운 판매 방식이 등장했다. 이 새로운 방식과 이전 탁송 체제 사이에 경쟁이 붙으면서, 가격이 치솟았다. 버지니아와 메릴랜드의 현지 중개상들의 거래를 지배한 것은 스코틀랜드 회사들—주로 글래스고의—이었다. 이들은 보다 높은 가격을 제시하고 우수한 선박을 이용하여 탁송업자들보다 더 빨리 운송했다. 런던보다 글래스고가 대서양에 더 가까웠기 때문에, 체서피크에서 글래스고로 항해하는 것이 더 빨랐다. 수많은 소규모 플랜테이션 소유자들이 이 새로운 교역 방식에 이해관계를 가졌다. 부캐넌(Buchanan), 러셀(Russell), 몰리슨(Molleson) 같은 런던 담배 상인들은 대규모 플랜테이션 소유자들에 대한 신뢰를 유지했고 그들에게 막대한 신용을 제공했다. 1773년경 시장의 동향이 갑자기 반전된 이후 런던의 대무역상들이 손실을 입었다. 이런 위기는 신용에 기초해 무역을 수행하는 그 사업이 가진 투기적 성격을 명확히 드러냈다. 7년 전쟁의 여파로 담배 값이 오르면서 플랜테이션 소유주들의 구매력이 높아졌고, 이들에게 런던에 근거를 둔 위탁 중개상들이 유럽 산 상품을 팔면서 담배나 어음을 담보로 한 선대에 동의하고 채무자들에게 1년간의 신용을 제공했다. 1770년 무렵 담배 농사의 풍년 이후 시장의 포화상태가 시작되었고, 가격이 격렬하게 하락했다. 플랜테이션 소유주들의 부채를 메우기 위해 그보다 높은 가격으로 담배가 배송되었기 때문에 인가된 초과인출액이 너무 커졌고, 그 사이 런던에서 버지니아로 보낸 화물은 싸게 팔렸기 때문에 더 이상 수지 균형을 맞출 수가 없게 되었다. 1772년 말과 1773년에 런던의 수많은 회사들이 파산했다. 이런 신용 연쇄망에 확실히 그만큼 연루되지 않았던 글래스고는 그런 시장 상황에서 훨씬 쉽게 벗어날 수 있었다.

영국의 '전속시장(captive market)'[17]이라 할 수 있는 체서피크는 담배 무역

---

[17] Captive market은 잠재적 소비자들이 극히 제한된 수의 경쟁 공급자들과 만나는 시

을 통해, 북아메리카의 어느 시장보다도 영국에서 식민지 무역이 증대하는데 크게 기여했다. 비록 1773년의 위기에서 보이듯이, 부채를 통한 플랜테이션 소유주들의 네트워크가 본국의 무역에 가할 수 있는 위험 요소로 가득차 있음이 드러났지만, 식민지 상품의 매각에 대신해 그들이 사들이는 구매량이 증가하면서 북아메리카는 영국의 수출업자들이 접근할 수 있는 어떤 다른 시장보다도 훨씬 더 중요하게 되었다. 그리하여 영국의 수출량에서 북아메리카가 차지하는 비중은 18세기 초의 5.7퍼센트에서 1772~1773년의 25.3퍼센트로 상승했고, 미국독립전쟁 이후에도 영국은 충돌이 종식된 지 10년 만에 북아메리카 시장을 회복할 수 있었다. 즉 18세기 말 영국의 수출품 중 25 내지 30퍼센트가 북아메리카로 향했던 것이다.[27]

영국의 카리브 해 시장

앤틸리스 제도와 관련된 영국의 무역에서도 체서피크의 경우와 같은 투기적 성격을 발견할 수 있다. 하지만 이 때문에 북아메리카 시장이 거둔 엄청난 성공의 가치가 손상을 입지는 않는다. 가치 면에서 볼 때 영국이 수입한 식민지 생산물 중에서 설탕이 대개 첫째를 차지한다. 1771~1775년에 설탕 수입액은 240만 파운드에 이르렀지만, 담배 수입액은 100만 파운드 정도에 머물렀고 커피와 인디고 수입액은 각각 30만 내지 50만 파운드에 해당했다. 같은 시기에 설탕 무역에는 459척의 선박과 5,500명이 넘는 뱃사람들이 종사했고, 영국령 서인도산 설탕의 총 수입액은 300만 파운드가 넘었다. 반면에 북아메리카 식민지에서 수입한 액수는 그보다 낮은 200만 파운드에 머물렀다.

장을 말한다. 이곳에서 소비자가 선택할 수 있는 것은 주어진 상품을 사거나 아니면 아예 사지 않는 것뿐이다. 따라서 독점이나 과점이 존재하는 시장을 이렇게 부를 수 있다. 한국 같이 재벌 지배 구조 하에서 단일 그룹 내 기업 간 연쇄망이 강한 환경에서는 '계열사간 내부시장'을 뜻하며, 소비자의 입장에서는 '고정 고객층'을 의미하기도 한다.

그러나 영국령 앤틸리스 제도의 사정이 모두 같은 것은 아니었다. 일부 섬들의 땅이 고갈되어 더 이상 설탕 생산을 수행할 수 없었기 때문이다. 바베이도스의 경우가 그러했는데, 그곳의 설탕판매량은 1771~1775년에 연간 평균 5,715톤으로 떨어졌다. 반면에 같은 기간에 리워드 제도(몬트세라트, 세인트키츠, 네비스, 안티과)는 2만 5,654톤을, 자메이카는 4만 4,000톤 이상을 반출하였다. 이런 교역 상황은 보호받는 시장에게 유리한 것이었고, 18세기 초 이래 앤틸리스 제도에서 영국으로 들여오는 수입량은 3배로 늘어났다. 앤틸리스 제도의 '보물'은 자메이카였다. 그곳은 설탕 경제에는 늦게 들어갔지만, 1670년에서 1770년까지의 100년 동안 플랜테이션 수는 7배나 늘어났다. 1768년의 경우 자메이카의 플랜테이션 수는 648개나 되었고, 거기서 10만 명의 노예들이 일했으며 60만 톤이 넘는 원당을 생산했다. 노예 1명이 연간 약 0.6톤을 생산한 것이다. 그 섬에서 생산하는 전체 산출량의 거의 86퍼센트가 수출되었고, 거기에 사는 1만 2,000명의 백인들은 1,219톤을 소비했다. 즉, 이는 1인당 100킬로그램 이상을 소비한 것으로 당시 영국인 1명이 소비하던 것보다 훨씬 더 많은 양이었다.[28]

하지만 교역은 여전히 아주 불규칙적인 기후 상황에 좌우되었다. 가뭄과 허리케인으로 수확을 망치거나 여러 시설들이 손상을 입었고, 사탕수수도 쉽게 병에 걸렸다. 대양 항해는 1월에 시작되는 '너울성 파도'가 잠잠해지는 3월 중순에 시작하였다. 배들은 런던이나 브리스틀, 리버풀에서 가장 좋은 가격으로 팔기 위해 제일 먼저 도착하려고 경쟁했다. 하루나 이틀만 늦어도 싣고 온 화물이 큰 손실을 입을 수도 있었다. 들어온 양이 너무 많아 판매 자체가 지체되었기 때문이다. 브리스틀에 처음 설탕이 들어오는 것은 5월 말이었고, 대양 항해는 4월 1일에서 7월 말 사이에 정점에 이르렀다. 이 계절이 지나면, 허리케인이 불 위험 때문에 보험료가 너무 높게 되면서 대양 항해가 중단되었다.

사실 자메이카 산 설탕이 가장 높은 평가를 받은 것은 아니었다. 런던 상인들은 그것의 품질이 바베이도스나 리워드 제도 산 설탕보다 훨씬 나쁘다고 평하였다. 반면에 자메이카에서 생산한 럼주는 아주 높은 평가를 받았다. 원당을 정제하고 나온 부산물인 엄청난 양의 당밀을 자메이카로 보내 상당히 인기가 높은 이 럼주를 증류해 내었다. 그 섬에서 생산한 럼주의 양은 16만 8,000헥토리터(hectolitres)[18]나 되었다. 설탕과 마찬가지로 럼주의 현지 소비도 상당히 높아서, 식민지가 생산된 럼주의 28퍼센트, 즉 4만 7,000헥토리터 이상을 소비했다. 백인 1명당 연간 117리터의 럼주를 마신 것이다. 한편으로 '왕성한' 식욕을 자랑하던 흑인 성인 남성은 한 명이 주당 4.5리터나 되는 양의 럼주를 마셨다.[29] 이런 럼주의 소비 때문에 런던에는 앤틸리스 사람들의 몸이 이집트의 미라 같다는 얘기가 돌 정도였다. 흑인 자유민과 물라토[19]는 1인당 연간 90리터를 소비했고, 노예는 13.5리터를 소비했다. 영국과 아일랜드는 럼주 시장 중에서 첫째갔는데, 생산된 럼주의 4분의 3이 그곳에서 팔렸다. 또 자메이카에서 영국령 북아메리카 식민지들로 공급되는 양이 얼마 되지 않았다는 것도 지적할 수 있을 것이다. 그곳에서는 앤틸리스 제도의 리워드 제도와 바베이도스에서 수입한 8만 6,000헥토리터의 대부분을 소비했다. 북아메리카의 소비자들은 자메이카 산보다 훨씬 질 낮은 럼주를 수입하는 데 만족해했고, 점차 외국령 앤틸리스 제도, 특히 프랑스령 섬들에서 수입하는 당밀을 사용하여 럼주를 자체 생산하였다.

설탕 생산은 프랑스령 앤틸리스 제도보다 영국령 서인도 경제를 훨씬 더 지배했다. 1770년경 설탕과 그 부산물들 ― 당밀과 럼주 ― 은 자메이카의 수출품 중 89퍼센트 이상을 차지했고, 커피는 1763년에 프랑스가 할양한 섬들인 도미니카와 그레나다에서 눈에 띄게 생산되었을 뿐이었다. 프랑스인들이 이런 섬들에서 커피 생산을 시작한 것은 18세기 중반의 일이었다.

설탕 가격이 유럽 대륙에서보다 잉글랜드에서 더 높았기 때문에, 사탕수수 플랜테이션 소유주들은 7년 전쟁 직후에 황금기를 누렸다. 그들은 전쟁

---

18 1헥토리터=100리터.
19 mulatto. 백인과 흑인 사이에 난 1대째 혼혈아.

동안 영국이 과들루프와 마르티니크를 점령했지만 로비 활동을 통해 이곳들을 병합하지는 않게 만듦으로써 심각한 경쟁을 영국 시장에서 제거할 수 있었다. 항해조례에 몇 가지 수정이 가해진 덕분에 아일랜드와 스코틀랜드는 설탕을 직접 들여왔고, 아일랜드의 경우 브리스틀과 리버풀에서도 설탕을 들여왔다. 그러는 사이에 아일랜드에서 앤틸리스 제도로 가는 항해의 수도 늘어났다. 이렇게 들여온 설탕의 수입액은 1682~1683년에 3만 5,000파운드였는데, 1773~1774년에는 28만 7,000파운드로 증가했다. 아일랜드 시장은 염장 고기와 버터, 리넨 직물을 섬들로 배송하면서 이 앤틸리스 무역의 막대한 번영의 비밀을 알아갔다.

영국령 서인도에서는 자메이카와 티에라피르메, 그리고 멕시코 사이의 무역관계로 식민지의 중요도가 증가했다. 식민지는 이런 곳들에서 스페인 은화를 들여왔고, 대신에 본국에서 온 제조업 상품을 이런 시장들로 수출하였다.

체서피크와 마찬가지로 서인도의 플랜테이션 소유주들은 무역관계 면에서 대개 본국의 무역에 의지하여 앤틸리스 제도의 무역을 유지했다. 런던의 강력한 회사들은 위탁 구매 체제를 통해 앤틸리스 제도 무역의 대부분을 통제했다. 설탕과 여타 식민지 상품들을 위탁 받은 상인들이 판매를 책임졌고 아울러 유럽 상품의 구입도 책임졌다. 많은 선대금이 플랜테이션 소유자들에게 제공되었지만, 그들의 수확은 날씨와 노예 확보의 정도에 따라 달랐다. 전쟁으로 아프리카인들을 포획하여 수입하는 것이 막힐 수도 있었기 때문이다. 설탕 발송 양이 이렇게 불균등했기에 플랜테이션 소유주들은 자신에게 제공된 신용을 메울 수 없으면 곤경에 빠질 수밖에 없었다.

상시적인 재정 원조가 때로는 상인과 플랜테이션 소유주 간의 직접 연결로 결과하였다. 17세기 말 자메이카에서는 수확을 예상한 신용이 최소 9달 기한으로 제공되었고, 노예구입의 경우 2년이나 길게 연장될 수 있었다. 식민지에 팔린 유럽 상품의 가격 상승이 선대금에 이익이 되었고, 대개는 선대금에서 이자를 공제하지 않았다. 그래서 항상 현금과 신용이라는 두 가지

가격이 있었고, 당연히 후자가 더 높았다. 그 체제는 런던이나 브리스틀, 리버풀에서 온 위탁 판매상들을 중심으로 돌았는데, 이들은 이런 곳들에서 식량과 의장을 구입하고 앤틸리스 산 상품을 팔았다. 예컨대 17세기 이래 런던의 대상인 러셀리스(Lascelles)는 바베이도스에서 적극적으로 활동하면서 플랜테이션 소유주들에게 비교적 자유로운 태도를 취하고 토지에는 가차 없는 투자를 하였다. 하지만 브리스틀 상인 피니(Phnney)는 더 많은 담보를 원했고 신용을 제공할 의지가 그보다 없었다.

런던은 적어도 브리스틀과 관련해서는 시장을 통제하였다. 리버풀은 국내 시장에서 설탕 판매 가격을 떨어뜨리는 관행을 발전시킬 수 있었고, 그리하여 런던의 가격 통제에서 상대적으로 벗어나게 되었다. 반면에 브리스틀은 가격을 고정시키기 위해 런던 시장의 개방을 애타게 기다렸다.[30] 대규모 수입의 시기에 런던의 설탕 가격 하락은 브리스틀 시장에 악영향을 미쳤는데, 브리스틀의 제당업자들이 런던의 가격 하락에 따라 브리스틀의 무역상들도 설탕 가격을 떨어뜨리기를 기다렸고 런던에서 보다 매력적인 가격으로 대량의 설탕을 구매할 수 있기를 바랐기 때문이다. 케네스 모건(Kenneth Morgan)은 앤틸리스 제도에서 선단이 브리스틀에 도착하는 것이 시장 상황을 어떻게 좌우했는지를 이렇게 지적한다. 지나치게 많은 배가 들어오면 시장은 포화상태가 되고 가격 하락으로 이어졌다. 반면에 설탕을 비교적 적게 실은 배들이 들어와 시장에 대한 공급량이 많지 않으면, 가격이 비싸졌다. 주로 자메이카에서 올린 수확량과 생산물의 품질에 대한 정보 역시 시장의 작동에 영향을 주는 핵심적 요소 중 하나였다.

전쟁은 전혀 다른 상황을 창출했다. 미국독립전쟁 기간이었던 1780~1781년에 투기 자본가들은 자신의 돈을 앤틸리스 제도의 사업이 아니라 정부 공채에 투자했다. 세인트토머스(Saint Thomas) 섬과 같은 외국령 섬과 토르톨라(Tortola) 섬에서 생산된 설탕이 매력적인 가격으로 제시되었고, 영국령 앤틸리스 제도 산 설탕의 가격 폭락을 야기했다. 1782년 말에 타결된 평화조약의 소식 때까지 브리스틀에 대한 설탕 매각은 중단되었고, 무역은 큰 손실을 겪었다. 유일한 선택지는 서둘러 설탕을 팔거나 아니면 가격이 다시 오를 때를 기다리며 저장해 두는 것이었다. 플랜테이션 소유주들은 자금 회전을 위해 대개가 서둘러 팔기를 원했다. 결국 무역상과 수입 중개상, 그리고 위탁 판매상들이 제당업자와 중개상들에 맞서 싸우게 되었다.

이런 상황들 속에서 곤경을 겪었음에도, 본국 항구들에서 상인들은 여전히 식민지 상품의 위탁 판매와 아메리카로 수출된 유럽 산 상품의 판매를 통해 이윤을 실현하고, 이에 기초해 여기서 이루어지는 무역도 번성했다고 할 수 있다. 다른 한편 이런 설명에 플랜테이션 소유주들이 많은 이의제기를 했음에도, 일부가 주장하듯 당시의 무역상을 암울하게 그릴 필요는 전혀 없다. 마이클 크레이튼(Michael Craton)과 제임스 월빈(James Walvin)은 자메이카의 워시파크(Worthy Park) 플랜테이션에 대한 연구에서 1776~1796년(미국독립전쟁의 12년과 그 후 종전 이후의 9년을 합친 기간) 동안 이곳의 연간 평균 수입액이 미국독립전쟁 직전 시기의 평균 수입액보다 높지는 않았지만 거의 비슷했으며, 1750년 이전 시기에 비하면 확실히 2배로 늘어났음을 보여주었다. 이는 자본 투자액의 평균 15 내지 20퍼센트를 회수했음을 뜻한다.[31]

'전속시장'과 영국의 수출 붐

여러 유럽 국가들이 보호무역주의 정책을 통해 제조업 상품을 소화할 수 있는 자기 시장들의 역량을 상당히 크게 축소했기 때문에, 제국적인 보호를 받고 있던 대서양 시장들로 무역이 신중하게 집중되었다. 영국의 중상주의 입법들은, 프랑스와 마찬가지로, 식민지 시장으로 그런 제조업 상품들을 수출하는 것을 강력하게 지원하였다. 17세기 중반 영국의 항해조례가 결정되었을 때, 영국의 대외무역에서 식민지 무역이 차지하는 비중은 10퍼센트 남짓이었다. 제이콥 프라이스가 말하듯이, "[항해조례의] 입법자들이 꾸던 가장 허황된 꿈도 다음 세기에 거둔 화려한 성장에 비한다면 별 것이 아닌 것으로 드러났다."[32] 실제로 1669~1701년에서 1772~1774년 사이에 아일랜드와 북아메리카 및 앤틸리스의 식민지들, 그리고 서아프리카 연안으로 들어간 영국의 수출량은 7배 이상 증가하였다. 이것은 이런 곳들로의 수출량이 앞 시기에는 전체 수출량의 5분의 1에 미치지 못했는데, 뒤 시기에는 거의 5분의 3에 이르렀음을 뜻한다.

보호받지 못하는 시장에서는 수출업자들이 분명 그보다 어렵게 일했다. 남유럽에서 영국 상품의 판매는 겨우 50퍼센트 증가했을 뿐이었고, 한편 북유럽과 북서유럽에서 그것은 심지어 줄어드는 경향을 보이기까지 했다. 잉글랜드가 닻과 캡스턴[20] 제조용 철과 의장용 그물, 돛대, 밧줄 제조용 삼 같은 전략 상품을 구입했던 북유럽의 해군 군수품 시장에서는 1772~1774년에 수출이 수입의 20퍼센트 밖에 되지 않았다. 적자를 메우기 위해 그들은 식민지 상품의 재수출과 다른 무역권에서 들어오는 영국 신용의 이체에 의존해야 했다. 식민지의 보호는 대규모 수출 정책에는 얼마간 해로운 것일 수도 있었다. 1705년 이후 의회는 북아메리카 식민지로부터의 해군 군수품 수입에 보조금을 지급하는 법안을 통과시켰지만, 북유럽에 대한 군수품 수입 의존은 더 강화되었다. 1740년경 런던은 아메리카 플랜테이션에서 일하는 노예들의 의복에 필요한 직물을 수출하기 위해 스코틀랜드와 아일랜드의 리넨 직물 생산에 보조금을 지불하여 중앙유럽 산 리넨 직물의 수입을 대체하고자 했다. 중앙유럽은 이에 대한 보복으로 영국 산 시트 구입을 전면 축소해 버렸다.

중상주의 정책을 수행하면서 유럽에서 어려움에 처하게 된 영국은 대서양 저편의 시장들로 더욱 더 눈을 돌리게 되었다. 거기서는 영국령 식민지에 더해 이베리아 국가들의 식민지 시장들이 영국의 시선을 끌었다. 이 시장들의 개발은 스페인왕위계승전쟁에서 프랑스와 잉글랜드 간에 가장 중요한 문제 중 하나였다. 1713년에 맺어진 위트레흐트 조약에서 스페인 왕실은

20 닻과 같은 무거운 것들을 끌어올리는 밧줄을 감아 돌리는 실린더.

런던에게 연간 일정 수의 선박의 입항을 허용하는 '아시엔토'권을 부여했고, 이것으로 영국 수출업자들은 제조업 상품과 아프리카인들을 스페인 식민지에서 팔려는 자신들의 바람을 실현할 수 있게 되었다. 하지만 카를로스 3세의 스페인은 똑같은 보호무역주의 정책으로 대응했고, 나중에 1800년대가되어 아메리카에서 스페인 식민지들이 독립하던 시기에야 무역상들은 새로운 꿈을 품을 수 있었다. 조지 캐닝(George Canning)[21]은 "'신세계'가 존재하게 되면서 '구세계'의 균형을 회복시킬 것이다"라고 호언장담하기까지 하였다.[33]

그렇지만 영국령 아메리카가 18세기 동안 내내 최상의 고객임이 입증되었다. 1770년에 본국에서 식민지로 수입된 상품의 거의 90퍼센트가 제조업완제품이거나 반제품이었다.[34] 영국의 회사들에게는 이런 식민지 고객층을유지하는 것이 지속적인 관심사였다. 이를 위해서는 의회 쪽이 무거운 재정부담을 져야 했다. 의회는 설탕의 가격 경쟁력을 유지하고 새로운 고객을얻기 위해 영국 제당공장에서 북아메리카 시장으로 설탕을 수출하는 것에보조금을 제공했다. 잉글랜드에서 수출된 구리 제품만이 아니라 철제품 및도자기 제품, 면직, 리넨, 실크 직물들의 거의 반이 식민지 시장으로 보내졌다. 벤저민 프랭클린(Benjamin Franklin)[22]이 식민지 시장을 폐쇄하겠다고 런던을 위협했을 때, 그는 그런 조치가 가진 의미를 잘 알고 있었다. 식민지가수입한 상품을 식민지에서도 생산할 수 있었지만, 잉글랜드에서 제조된 상품의 질이 월등했다. 그래서 기호와 유행을 좇아 영국 상품을 구매할 수밖에 없었다.

---

21 1770~1827년. 영국의 토리당 정치가이자 외교관. 외상을 역임했으며 만년에 잠시수상도 지냈다. 그의 주된 외교적 업적은 스페인 및 포르투갈의 아메리카 식민지들의 독립을 도운 것이었는데, 이를 통해 영국의 무역에 큰 이익을 확보해 주었다.
22 1706~1790년. "미국 건국의 아버지" 중 한 명으로 공식 직함을 갖지는 않았지만 미국 독립 과정에서 중요한 역할을 했다. 박학다식한 계몽주의자로서 과학자이자 발명가이며 작가, 인쇄업자, 외교관이기도 했다. 특히 미국독립전쟁 과정에서 프랑스의 지원을 끌어내는 공을 세웠다.

본국으로부터의 상품 구매 결제를 위해 북아메리카의 영국령 식민지들에 제시된 조건도 주목할 만하며, 강조될 필요가 있다. 영국 상업회사들은 장기 신용을 제공했고, 운송비용의 감소에 힘 입어 최저가로 상품을 수송했다. 하지만 무엇보다도 식민지 거류민들은 다른 나라와 합법적이든 비합법적이든 상업적 연계를 맺고 있었기 때문에 그들이 가진 구매력이 엄청났다.

　이런 연계를 보여주는 좋은 예를 외국령 앤틸리스 제도, 특히 프랑스령 섬들에서 나온 당밀을 아메리카 식민지가 수입한 것에서 볼 수 있다.[35] 1770년에 생도맹그 섬에서는 당밀 40만 4,684헥토리터가 생산되었는데, 그 중 65퍼센트가 수출되었다. 비교적 적은 양인 4만 9,500헥토리터가 프랑스로 수출되었고, 독일지역, 이탈리아, 네덜란드로도 수출되어 진의 원료가 되었다. 그러나 최고의 고객은 영국령 북아메리카로 19만 6,000헥토리터 이상을 수입했다. 이것들은 당밀 그대로 소비되거나 럼주 제조에 쓰였다. 실제로 당밀은 식민지 거류민들의 식탁에서 설탕을 대신했고 설탕보다 더 잘 팔렸다. 뉴잉글랜드에서는 당밀로 만든 과자의 인기가 높았고, 추수감사절 같은 축제에서 전통적인 방식으로 쓰였다. 펜실베이니아의 독일인들은 애플파이를 즐겼는데, 그것도 앤틸리스 제도 산 당밀을 써서 요리되었다. 크리스마스에는 많은 아이들이 생강 쿠키를 즐겨 먹었는데 거기에도 당밀이 사용되었다.[36] 1728년 9명으로 이루어진 중간층 한 가족이 1년 동안 요리에 쓴 당밀의 양은 32리터나 되었다.

　그렇지만 럼주 제조용 수입량이 증가하고 있었다. 1713년 이래 프랑스는 전국의 시장에 대해 와인을 제외한 어떤 술의 제조도 금지시켰다. 앤틸리스의 섬들에서는 노예무역을 위해 아프리카로 수출할 예정인 최소량만을 들여왔다. 북아메리카 식민지들에서는 보스턴의 36개 양조공장과 뉴포트 (Newport)의 16개 양조공장, 뉴욕의 17개 양조공장, 필라델피아의 17개 양조공장에 공급하기 위해 과들루프와 마르티니크로부터 당밀을 수입하였다. 마르티니크 섬에서만 약 136척의 아메리카 배들이 2만 5,875헥토리터의 당밀을 선적했다. 즉 배 한 척당 거의 2톤의 당밀을 실은 것이다. 이 배들은 또한 당밀 가격이 아주 낮았고 여름에는 허리케인의 위험도 없었던 네덜란드령 기아나에도 들렀다. 당시 덴마크령이었던 세인트크로이(Saint-Croix) 섬에서도 북아메리카 식민지에서 온 배들이 밀수해서 들여온 프랑스 산 당밀을 옮겨 실었다. 전체적으로 프랑스 식민지들은 단연 중요한 공급자였고 아메리카로 수입되는 당밀의 87퍼센트 이상을 공급했다. 영국령 북아메리카에서 제조된 럼주는 자메이카 산 럼주에 비교할 수 없을 만큼 질이 나빴다. 그것은 앤틸리스 제도 산 럼주가 가진 색채와 향도 없었기에 가격도 아주 쌌다. 1770년 뉴잉글랜드는 필요한 럼주 수요의 3분의 2를 북아메리카 산으로 공급하였다. 이를 통해 극히 높은 럼주 소비가 지속될 수 있었다. 존 맥커스커(John McCusker)에 따르면, 당시 식민지들이 한 해 동안에 마신 럼주의 양은 오늘날 그때보다 100배나 많은 인구를 가진 미국이 한 해 동안 마시는 양과 거의 맞먹었다. 북아메리카 식민지들은 총 34만 헥토리터 이상을, 즉 연간 1인당 14리터를 소비했다.[37] 반면에 같은 시기, 즉 1770년에 잉글랜드와 독일지역 나라들의 소비량은 2.25리터를 넘지 않았다. 음주를 통해 뉴잉글랜드의 뱃사람과 어부들, 펜실베니아와 뉴욕의 사냥꾼들만이 아니라 이런 식민지들의 벌목꾼들도 삶에 필요한 활력을 얻었다.

럼주는 일정량을 대서양을 통해 수출—1만 2,330헥토리터가 뉴펀들랜드로 운송되었고, 1만 4,220헥토리터는 아프리카로 선적되었다—했지만, 아프리카 시장의 규모는 상대적으로 작았다. 1770년 북아메리카 식민지가 아프리카로 수출한 럼주의 양은 전체 수출량의 3분의 1이 되지 않았다.[38] 실제로 이들 식민지는 노예무역에서 그다지 큰 역할을 하지 않았다. 위트레흐트 조약과 7년 전쟁 사이 시기에, 매사추세츠와 로드아일랜드(Rhode Island)만이 몇 척의 선박을 파견했다. 7년 전쟁 동안에는 북아메리카 식민지의 해상 교역이 유례없이 늘어났는데, 이때 새로 노예무역에 참여하여 영국이 점령한 프랑스령 섬과 스페인령 섬들에 노예를 팔았다(1759년에서 1763년까지 과들루프에 1만 9,000명의 노예를 팔았고, 1762년 8월에서 1763년 1월까지 쿠바에 1만 1,000명의 노예를 팔았다). 하지만 그 이후 이 교역은 다시 쇠퇴했고, 1770년에는 북아메리카 식민지에서 겨우 29척의 배가 아프리카 연안으로 출발했다. 이 배들은 각각 럼주 440헥토리터를 싣고 갔지만, 들여온 노예의 수는 4,400명에 불과했다. 이것은 당시 유럽인들의 노예무역으로 수입된 전체 노예 수의 겨우 4.2퍼센트였고, 영국인들이 수행한 전체 노예무역의 7.4퍼센트에 지나지 않았다(당시 유럽인들은 10만 4,761명의 노예를 수송했고, 그 중 5만 9,459명을 영국인들이 수송했다).[39]

앤틸리스 제도 산 상품의 구입은 주로 북아메리카 산 상품의 판매액으로 지불되었다. 물론 1768~1772년에는 영국과 아일랜드가 여전히 북아메리카 식민지의 첫째가는 고객이었다—전체 수출액 280만 파운드 중에서 160만 파운드가 영국으로 향했다. 즉 전체 수출의 57퍼센트를 차지한 것이다. 그러나 영국령 앤틸리스와 외국령 앤틸리스가 그 다음으로 중요한 고객이었다. 이곳으로 보내는 수출액은 70만 파운드 정도 되었고 이는 전체 수출의 27퍼센트 이상을 차지했다. 반면에 남유럽으로 가는 수출액은 40만 파운드로서 전체 수출의 14퍼센트에 해당했다. 물론 본국에서 상품을 대량 구입함으로써 여전히 무역불균형이 존재했다. 그러나 1766년에 벤저민 프랭클린은 이에 대한 해법을 아래와 같이 명확하게 제시하였다.

> 우리 상품을 앤틸리스로 운반해 프랑스령과 스페인령, 덴마크령, 네덜란드령의 섬들에 팔아서, 그리고 상품을 유럽의 스페인, 포르투갈, 이탈리아로 수송함으로써 무역수지를 맞출 수 있다. 이런 곳들 모두에서 우리는 돈이나 어음이나 나중에 영국으로 넘길 수 있는 상품을 받는다. 이런 순환 항해로부터 우리의 상인과 뱃사람들의 활동은 온갖 이익을 끌어낸다. 즉 그들의 배가 얻은 화물은 결국 영국으로 가게 되며, 그리하여 무역수지를 회복하면서 지방에서 이용되거나 우리 상인들이 외국인에게 판 영국 제조업 상품의 값으로 지불하게 된다.[40]

미국독립전쟁 직전인 1768~1772년에 평균 140만 파운드에 이르는 무역 불균형에 직면한 북아메리카의 선박수리소들은 거의 60만 파운드를 벌어들였고, 다른 '눈에 보이지 않는' 수입으로 20만 파운드를 벌었다. 즉 적자의 58퍼센트를 상인들의 이윤으로 지급한 것이다. 이에 더해 식민지에 대해 정부 지출에서 나오는 40만 파운드의 수입이 중요한 현금으로 들어왔다.

1733년의 당밀법은 외국산 당밀의 수입에 규제 관세를 부과하면서 동시에 목재와 가축, 식량의 판매를 인가했지만 실제로 적용되지는 않았고, 앤틸리스 제도에 대한 식량과 목재 공급은 영국의 중상주의 조치와 무관하게 점점 더 중요한 수입원이 되었다. 1768~1772년에 남유럽과 앤틸리스 제도에 팔린 아메리카 산 밀가루만 해도 총 4만 4,307톤으로 증가했고, 그 중 2만 653톤이 앤틸리스의 플랜테이션으로 운반되었다. 이 거래에서 가장 큰 이익을 얻은 것은 뉴욕과 펜실베니아였는데, 1만 5,014톤을 앤틸리스 제도로 보냈다. 다른 한편 앤틸리스 제도와 남유럽으로의 염장어류의 수출에서 첫 번째를 차지한 것은 매사추세츠였는데, 그곳은 각각 9,826톤과 5,854톤을 팔았다.

실제로 앤틸리스 제도의 경제적 팽창은 북아메리카 식민지 산 상품에 대한 수요를 증가시켰고, 상품 가격을 상승시켜 13개 식민지의 수입을 증가시켰다. 18세기 중반 북아메리카 산 상품의 가격은 영국 산 공산품 가격보다 더 빨리 상승했다. 농장주는 똑같은 양의 밀로 전보다 더 많은 직물과 금속 제품을 구입할 수 있었던 것이다. 1760년 이후 이런 경향은 역전되지만, 잉글랜드가 곡물을 사들이기로 결정하고 포르투갈 시장이 널리 확장되면서 종자(種子)와 밀가루 가격은 계속해서 상승했다.

게다가 본국과 식민지 사이의 상거래에는 종종 상품 대 상품의 물물교환도 포함되었다. 담배가 리넨 천과 교환되고 원철(原鐵)이 철기류와 교환되었다. 영국의 공급자들은 미불입 자본을 축적하고 자기 자금의 순환 속도를 높일 수 있으려면 담배와 철을 구입해야 했다. 사실 영국의 식민지 관계 전체를 뒷받침하는 근본적인 토대는 여전히 신용이었다. 영국은 미국독립전쟁 직전에 이런 신용망을 통해 북아메리카와 앤틸리스 제도, 아프리카에 900만 파운드나 되는 돈을 투자하였다. 실로 그것은 영국이 자신의 대서양 무역에 자금을 대는 유연한 방법이었고, 이는 영국이 프랑스의 대서양 시장이 활황을 맞으며 제기한 도전에 대처해 나갈 수 있음을 뜻했다.

프랑스의 놀랄 만한 성공과 한계

18세기 초 대서양에서 프랑스의 상황

루이 14세 치세 말기에 영국이 앞서 나가면서 영국과 프랑스 사이에는 거리가 뚜렷해졌다. 당대인들은 이렇게 말했다.

> 프랑스는, 마치 스페인이 자기 왕국 내에서 얻을 수 없는 것을 공급해 주는 이웃 나라들에 의존하고 있는 것처럼 영국에 의존하게 될 것입니다. 그렇게 되면 우리의 산업과 대양 항해는 자취를 감출 것이고, 영국이 신민과 사업과 부의 성장을 통해 강력하게 될 것입니다.

1714년 외무대신인 토르시 후작(Marquis de Torcy)[23]에게 보낸 이 보고서는 18세기 동안 내내 대다수 사람들의 마음속에 지속될 우려를 담고 있었다.[41] 하지만 프랑스는 영국과의 이런 거리를 얼마간 좁혔을 뿐만 아니라, 대서양 식민지 무역에서 자신의 경쟁자를 앞지를 수도 있음을 보여주었다.

1713년에 체결된 위트레흐트 조약에서 런던은 중요한 양보를 획득했다. 기가 꺾인 스페인은 흑인노예들에 대한 '아시엔토'권을 영국에 부여했다. 즉 스페인령 아메리카에 대한 아프리카 노예의 공급권이 영국 노예무역상의 수중으로 넘어간 것이다. 스페인은 또한 매년 영국 상품을 선적한 300톤급의 선박 1척이 스페인령 서인도로 갈 수 있게 허용하였다. 그러나 스페인의

---

23 Jean-Baptiste Colbert, Marquis de Torcy, 1665~1746년. 프랑스의 외교관. 재상 콜베르의 조카로 루이 14세 말기의 중요한 조약들, 특히 1713년의 위트레흐트 조약과 1714년의 라슈타트 조약의 체결을 수행하였다.

하락세는 또한 프랑스의 하락으로 보일 수도 있었다. 실제로 평화조약으로 이어지는 협상들에서 이미 나타났던 위협들이 1711년 무렵에는 현실이 되었다. 그때 프랑스 왕실 외교위원회의 한 위원은 "남해(South Sea)의 두 영토를 할양"하라는 영국의 요구를 거부할 것을 이렇게 청하였다.

아래의 사실은 당연히 누구라도 알 것입니다. 오늘날 사람이 거의 살지 않는 그 섬[칠레 연안 앞바다의 후안페르난데스 섬]을 영국의 소유로 넘기면 몇 년이 되지 않아 곧 주민의 수가 크게 늘 것이고 항구가 세워져서 유럽과 아시아 제조업 상품을 세계에 공급하는 가장 큰 중계항이 될 것입니다. 거기서 영국인들은 페루와 멕시코 왕국들로 상품을 공급할 것이고 … [그와 교환하여] 매년 그곳의 광산에서 나오는 6,000만 페소의 금과 은을 얻게 될 것입니다. 그것이 그들 사업의 목표이자 결과일 것입니다. 너무나도 노련한 상업 수완과 강력한 선박을 가진 이 나라는 아메리카에서 나오는 이 막대한 수입을 손아귀에 넣기 위해 무슨 짓이든 다 할 것입니다![42]

하지만 이런 주장은 그리 근거가 없는 것으로 드러났다. 우선 첫째로, 1년에 한 척의 선박으로는 바라는 만큼 많은 물건을 들여올 수가 없었다. 패리(J. H. Parry)에 따르면, 1714년에서 1738년 사이에 포르토벨로와 베라크루스에서 열리는 무역 정기시에 참가한 영국 정례 항해 선박은 겨우 8척뿐이었다.[43] 오히려 종종 스페인 선단의 면전에서 이루어진 영국 상품의 밀무역이 여전히 아주 활발했고, 이것을 통해 영국은 멕시코 산 귀금속의 흐름에 접근할 수 있었다. 하지만 이런 실망스런 교역 상황 때문에 런던은 1739년에 스페인에 대한 전쟁24을 벌일 수밖에 없었다. 그럼에도 영국인들은 1703년의 동맹조약(Treaty of Alliance)25을 통해 포르투갈에게서 얻은 수단을 이용해 브라

---

24 1739~1748년의 젠킨스의 귀 전쟁을 말한다. 유럽에서는 오스트리아 왕위계승전쟁으로 이어졌으며 1748년의 엑스라샤펠 조약으로 종식되었다. 1756년에 시작된 7년 전쟁의 씨앗을 낳았다.
25 스페인 왕위계승전쟁 과정에서 영국과 포르투갈 간에 체결된 메슈엔(Methuen) 조

질 해상교역에 대한 통제력을 늘려갔다. 그들은 포르투갈 시장에 영국 산 직물과 다른 상품을 판매하면서 브라질의 골드러시26에 참여했고, 이런 직물 및 여타 상품 수출을 통해 브라질 산 금의 공급만으로도 수지를 맞출 수 있는 잉여를 창출했다. 한편 스페인 제국에서는 프랑스가 반세기 이상 동안 식민지를 거쳐서든 직접 무역을 통해서든 무역을 늘려갈 수 있었다.

그렇지만 1715년에는 영국이 앞서 나가는 것을 막을 수 없는 것처럼 보였다. 영국은 1652년에서 1674년까지 17세기 후반에 세 차례에 걸쳐 계속된 전쟁들에서 네덜란드로부터 빼앗은 이점을 이용해 이익을 얻고 있었다. 영국은 설탕 및 담배 무역에서 네덜란드인들을 따라 잡을 수 있었고, 아울러 모피 무역과 노예무역에서도 그렇게 되었다. 가장 중요한 것은 17세기의 위기가 영국에는 프랑스만큼 충격을 주지 않았다는 것이다. "암울한 17세기"에 프랑스 경제는 경기하락은 아니더라도 적어도 부진을 겪고 있었고, 이런 동향에 맞서기 위한 콜베르의 훌륭한 노력들은 실패할 수밖에 없는 것 같이 보였다. 주로 이것으로 두 나라 사이에 격차가 늘어난 것을 설명하는 데 충분하다. 프랑스에서 잦았던 경제 및 인구 위기들은 세입 하락과 소비 저하를 야기했다. 반면에 영국 경제는 분명 영국 혁명과 여러 해 동안의 루이 14세에 맞선 전쟁으로 어려운 시기를 겪었지만, 격심한 위기에 시달리지는 않았다. 그리고 주민 1인당 평균 소득은 실질적으로 증가하였다. 영국의 식민

약을 말한다. 특히 중요한 것은 영국 산 모직물에 대한 비관세와 포르투갈 산 와인에 대한 프랑스 산 와인에 비해 낮은 관세 부여였고, 데이비드 리카도가 자신의 비교생산비설의 실례로 이 조약을 듦으로써 유명해졌다. 포르투갈의 입장에서는 브라질 식민지에 대한 영토 보전을 확고히 하게 되었다.

26 18세기는 '브라질의 골드러쉬(Brazilian Gold Rush)' 시기였다. 미나스 제라이스 산맥에서 거대 금맥을 발견하면서 시작되었고, 이후 125년 동안 지속되었다. 40만 명 이상의 포르투갈인과 100만 명이상의 흑인노예들이 여기에 관여했으며, 그 전까지 북동 해안의 플랜테이션 중심이었던 브라질 경제를 남동부 지역의 광산업 중심으로 바꾸었다. 1725년 브라질 인구의 반이 남동부 지역에 살 정도였다. 브라질 남동부의 오루프레투(Ouro Preto)가 중심도시였으며, 1750년에 인구가 8만 명에 이르렀다. 19세기 들어 영국인들이 근대적 경영 기법 등을 적용해 브라질의 금광업을 장악해 갔다.

지는 때 이르게 팽창했고, 1660년대 동안 이국적 상품의 재수출은 대외 무역 성장의 주된 요소가 되었다. 반면 프랑스의 식민지와 식민지 무역은 여전히 오랫동안 무시할 수 있을 정도였다. 1715년 영국 상선 선단은 프랑스보다 더 대규모였고, 그에 비례하여 무역만큼이나 상업 자본의 축적도 프랑스보다 높았다.

그렇지만 이런 일반적인 경향에도 프랑스 경제의 일정 부문에서 나타난 실질 성장을 감출 수는 없을 것이다. 이런 성장의 징후는 루이 14세 치세 말기에 뚜렷했다. 전쟁으로 인한 삐꺽거림에도 대외 무역은 일정하게 팽창했고, 대서양 너머―스페인 식민지와 앤틸리스 제도―와의 교역이 늘어났으며, 이에 동반하여 유럽 내 교역활동도 끊이지 않았다. 유럽 내에서 프랑스는 네덜란드의 중계를 통해 북유럽 나라들과 무역관계를 텄고, 북유럽에 대한 수출량이 전체 수출량의 3분의 1에까지 이르렀다. 루이 14세 치세 말기의 통화 재평가로 인한 왕실 통화 평가절하 정책은 1713년에 수출에 유리한 조건을 창출했다. 당시 계획된 영국·프랑스 상업조약이 타결되자, 영국의 대서양 상인들은 자신들의 우려를 이렇게 표현하였다.

> 전쟁으로 프랑스의 환율이 평가절하되었고, '리브르투르누아(livre tournois)'[27]는 18펜스에서 12펜스로 떨어졌습니다. 이것은 프랑스 상인들에게 이로운 일입니다. … 그들의 상품들이 우리들에게 잘 팔리기 시작했으며, 프랑스로부터의 수입품에 그저 그런 관세만을 부과한다면 프랑스 상품이 우리 주위를 뒤덮게 될 것입니다.[44]

경기 회복의 신호는 프랑스가 앤틸리스 제도와 스페인령 아메리카 시장들을 장악했던 대서양에서 나타났다. 라이스바이크 조약 이래 프랑스령 생도맹그

---

27 13세기부터 근대 초기까지 계속 사용된 프랑스의 화폐 단위. 처음 투르에서 주조되었다고 해서 '리브르투르누아'라고 불렀다. 프랑 체제에서 20수(sous) 화폐에 해당하며, 18세기 초 나온 프랑스 최초의 지폐는 이 화폐 단위를 붙인 마지막 화폐이다. 그냥 리브르는 영국의 파운드에 해당한다.

는 설탕 경제를 개시했고, 18세기를 경과하면서 생도맹그는 엄청난 부를 창출하게 되었다. 영국령 앤틸리스 섬들에서 설탕 경제가 일부 소멸되고 브라질의 생산이 하락하면서, 1701년 이후 대앤틸리스 제도에 설탕 제조 열풍이 밀어닥쳤다. 총독 갈리페(Gallifet)[28]는 해군대신 퐁샤르트랭(Pontchartrain) 공작[29]에게 편지를 보내면서, 식민지가 거대한 노예 플랜테이션 시대에 진입하고 있음을 이렇게 알렸다. "[사탕수수를 가공하는] 제당공장 52개가 가동 중이고, 그 외 30개가 석 달 안에 가동하려고 준비 중이며, 90개는 이미 가동을 시작했습니다."[45]

18세기 프랑스의 성장

프랑수아 크루제가 명백히 보여주듯이, 프랑스의 성장과 관련한 데이터는 잘 알려져 있다. 프랑스의 대외무역은 1716~1720년 연평균 2억 1,500만 리브르투르누아에서 1784~1788년 연평균 10억 6,000만 리브르투르누아로 늘어나 가치상으로 4배나 증가했다. 물가 상승을 고려하더라도 증가폭은 적어도 3배가 될 것이다. 영국의 대외무역은 1716~1720년에 연평균 1,300만 파운드에서 1784~1788년 3,100만 파운드로 늘어났고, 이를 보면 그것은 프랑스에 비해 완만하게 증가했음을 알 수 있다.[46]

프랑스의 이런 역동적인 성장은 주로 대서양 덕분이었다. 스페인에서 그리고 카디스를 통해 스페인령 아메리카에서, 프랑스인들은 루이 14세 치세 동안 그들이 획득한 입지를 유지했고, 여전히 이런 시장들에 제조업 상품을 제공하는 가장 중요한 공급업자였다. 이런 팽창의 으뜸가는 조건은 교역의 '아메리카화'였다. 식민지 무역은 1716~1720년과 1784~1788년 사이에 10배나

---

28 Joseph d'Honon de Gallifet, ?~1706년. 프로방스 출생으로 프랑스 식민지 관리이다. 1700년에서 1703년까지 생도맹그의 총독이었으며, 1703년에서 사망 시까지 과들루프의 총독이었다.

29 Jérôme Phélypeaux, 1674~1747년. 프랑스의 정치가로 1699년 이래 프랑스 해군대신을 맡았다.

증가하였고, 한편으로 1784~1788년 시기에는 비유럽 나라들과의 교역이 전체 무역의 38퍼센트를 차지했다.

생도맹그의 경우, 이 새로운 땅 위에서 일어난 커피와 사탕수수 경작의 확장은 "번개 같이 갑작스런"[47] 일이었고 최저 가격의 상품을 생산하였다. 이런 상품은 지력이 고갈되고 생산비용이 높았던 영국령 섬들에서 나온 상품과 비교하면 유럽 시장에서 아주 경쟁력 있었다. 바로 이것이 식민지 무역 활황의 기초였다. 그 이후 프랑스는 대서양 항구의 교역을 통해 식민지 상품의 재수출 활동을 8배나 늘려가면서 북유럽 시장을 확고하게 지배할 수 있었다. 이런 무역의 비약적 성장은 영국의 재수출에 비교하면 훨씬 더 뚜렷했다. 영국의 재수출은 1700년에는 여전히 상당한 규모여서 수출 총량의 반 정도를 차지했지만 1720년대 이후에는 적어도 설탕에 관한 한 급락하였다.

대서양에서 프랑스의 황금기는 7년 전쟁 이전이 정점이었다. 1735년에서 1755년까지 프랑스의 교역량은 엄청나게 확장되었고, 가치 면에서 대외무역액은 겨우 20년 동안에 2배로 늘어났다. 하지만 7년 전쟁이 파국적인 결과를 낳으면서 불황은 분명해졌다. 영국 해군이 프랑스 선박을 바다로부터 몰아내었고 중립국 선박을 이용해도 영국 순양함이 무역에 가한 위협을 메울 수 없었다. 전쟁 기간 동안 프랑스의 연간 평균 무역량은 이전 시기의 절반 밖에 되지 않았다. 미국독립전쟁 기간 동안에도 교역량은 1777년의 7억 2,500만 리브르투르누아에서 1779년의 4억 5,000만 리브르투르누아로 줄곧 하락했다. 그러나 사실 이 전쟁에 앞서 무역이 분명 되살아나고 있었고, 무역 거래 기록을 보면 프랑스 혁명 이전인 1787~1788년 시기에는 새로운 무역 활황이 나타나고 있었다.

전쟁의 영향과는 별개로 프랑스의 무역이 가진 구조적 약점이 사실 분명해졌다. 우선, 프랑스는 무역의 성장을 점점 더 앤틸리스 제도에만 의존하게 되었다. 1780년대에는 생도맹그 혼자서 식민지 무역의 4분의 3을 책임지고 있었고 재수출품을 가장 많이 제공했다. 영국과 비교해 보면, 또 다른 약점이 드러났다. 프랑스의 재수출품에서 공업 생산품이 차지하는 비율은 여전히 그리 크지 않았고 전체의 5분의 2를 넘은 적이 결코 없었다. 이에 반해 잉글랜드에서는 공업 생산품이 수출의 3분의 2를 차지했다. 이 수출품 중 첫째가는 것은 커피였고 다음으로 설탕과 와인이 뒤를 이었으며, 그 뒤에 직물과 실크 순이었다. 프랑스의 대서양 무역이 가진 또 다른 약점은 프랑스 식민지들에서는 본국에 비할 만한 사회구조가 창출되지 않았다는 것이다. 특히 중간계층과 그들이 가진 높은 구매력의 등장 같은 것이 일어나지 않았다. 영국의 13개 식민지들에는 유럽 중간계층에 상당하는 생활수준을 가진 중간계층이 있었다. 프랑스령 앤틸리스 제도에서는 백인이 소수였고 이들 중 일부는 플랜테이션 부재지주였으며, 따라서 이들은 중간계층으로서의 역할을 할 생각을 가질 수 없었다. 결국 영국의 바다에 대한 지배력은 결코 심각하게 도전받은 적이 없었으며, 해양력(sea power)은 여전히 영국에게 속한 것이었다. 그리고 이것이 프랑스에게는 단연 가장 심각한 결함이었다.

"앤틸리스의 진주" 생도맹그가 거둔 성공

따라서 위와 같이 여전히 취약했던 상업제국의 미래를 의심쩍게 여길 중대한 이유가 있었다면, 프랑스가 거둔 성공은 당대인들에게 적지않이 강한 인상을 주었을 것이다. 그리고 그런 성공을 가장 두드러지게 상징한 것이 생도맹그가 가진 대단한 부였다.

계몽주의 시기에 생도맹그의 식민지 도시들을 여행한 사람들은 언제나 그 도시들의 모습에 놀라면서 경탄을 아끼지 않았다. 섬 북쪽 연안에 있는 카프프랑세(Cap Français)(현재의 카프아이시앵[Cap Haïtien])은 "앤틸리스의 파리"라 불렸는데, 이 섬의 플랜테이션과 무역상들이 거둔 성공을 가장 잘 대변하였다. 1743년 무렵 예수회 수사 마르그라(Margrat)는 "처음에는 몇몇 어부들의 오두막과 창고들이 듬성듬성 있던 곳에 불과했던" 카프가 "이제는 상당한 규모가 되었다"고 하였다. 40년 뒤 대서양 무역이 정점에 이르렀을 때 모로 드 생 메리(Moreau de Saint-Méry)[30]는 그 도시가 가진 활력을 아래와 같이 놀라울 만큼 잘 드러내었다.

　　이 두 거리[모로는 "무역상들로 꽉 차 있는" 구베르느망(Gouvernement) 거리를 막 보여주었고 그에 더해 지금은 생트크루아(Sainte-Croix) 거리를 얘기했대의 길게 늘어선 가게들에서 아주 흥미로운 광경을 볼 수 있다. 각 항구에서 온 선박들은 그곳에 … 그 항구들에서 제조된 상품들을 펼쳐 놓는다. 그리고 또 외국에서 구한 것들도 진열되어 있다. 가게마다 앞에는 길이 약 3피트 정도 되는 리스트가 걸려있는데, 거기에는 가게에서 파는 화물의 상세한 물품목록과 싣고 온 배 이름, 선장 이름이 적혀있다. 그 속에서 먼저 가스코뉴 억양이 들리고 그에 이어 노르망디 억양, 프로방스 억양, 덩케르크 억양을 듣다 보면, 자기가 잠깐 사이에 프랑스 전역을 돌아다닌 것 같은 생각이 들기도 한다.[48]

　　카프의 인구는 18세기 중반 이래 3배나 늘어나 거의 2만 명에 이르렀다. 물론 도시의 활황에서 모두가 똑같이 이익을 본 것은 아니었고, 모르 드 생메리도 백인 6명 중 한 명은 재산이 전혀 없이 "결과가 분명치 않은 것에 투기하는 데" 만족하고 있다고 적고 있다. 그럼에도 교역의 대부분을 끌어들인 한 항구에서 얻은 카프의 부는 놀랄 만한 것이었다. 1788년 465척의 배들이 프랑스의 여러 항구들에서 생도맹그로 향했는데, 그 배들 중 거의 3분의 2, 즉 약 320척이 카프로 입항했다. 이런 입항 규모를 고려하면, 카프 항은 당시 프랑스령 앤틸리스 제도로 향한 대서양횡단 항해들의 40퍼센트 이상을 차지했다. 그 해에 카리브 해를 향해 프랑스를 떠난 배는 783척이었기 때문이다. 15년 전인 1773년에는 아메리카의 섬을 향해 프랑스를 떠난 570척의 배 중 296척이 생도맹그로 들어갔다. 이때 카리브 해 항해에서 프랑스가 수위(首位)를 차지했다. 영국령 앤틸리스 제도로 간 배는 459척이었고 체사피크 식민지

30　Médéric Louis Élie Moreau de Saint-Méry, 1750~1819년. 마르티니크 태생으로 프랑스와 마르티니크, 생도맹그에서 법률가와 작가로 활동했다. 특히 생도맹그와 마르티니크에 대한 여러 저술로 유명하다.

로 간 배는 330척이었기 때문이다. 당시 담배와 설탕, 커피, 인디고, 면화를 가지러 대서양을 가로지른 배의 총수가 1,359척이었는데, 프랑스에서 앤틸리스 제도로 향한 항해가 이 전체의 거의 42퍼센트를 차지했던 것이다.

카프 항구의 엄청난 활력은 프랑스에서 온 배의 선장들이 딴 데 눈 돌리지 않고 선적과 하역에 온 힘을 쏟는 모습으로 나타났다. 가장 좋은 바람을 만나서 중간 기착 시간을 줄이는 것이 관건이었다. 이런 이유로 그들은 가장 목 좋은 곳의 가게를 서둘러 빌렸고 임대료가 아무리 비싸도 괘념치 않았다. 그래서 1784년에 가장 좋은 가게를 얻고자 안달 난 선장들이 한 달에 지불한 임대료가 1,000 내지 1,200파운드나 되었다.[49]

아주 다양한 화물들이 하역되었다. 특히 밀가루, 와인, 육류 같은 식량이 여전히 높은 비율을 차지했다. 한편 종종 값비싼 직물류도 여기에 포함되었다. 그에 더해 사탕수수 분쇄기에 들어가는 톱니바퀴와 실린더, 사탕수수 즙을 끓여내는 구리 보일러 같은 설비재도 있었고, 심지어 루아르 산 석판과 지롱드 산 석재 같은 건축자재도 있었다. 특히 바르삭(Barsac) 산 포석은 카프 거리의 포장에 이용되었다. 1780년대 말 보르도에서 온 배들은, 필라델피아나 뉴욕에서 온 미국 배들과 격심한 경쟁을 벌였음에도 밀가루만 거의 2만 톤을 하역했다. 모로 드 생 메리의 말에 따르면, 카프에 있는 20명 정도의 제빵업자들이 매일 거의 70통의 밀가루를 사용해 주민들에게 본토의 빵과 유사한 흰 빵을 제공했다. 이 양은 거의 6톤에 해당한다.

그러나 선장들이 자신의 판매 장부에 아주 세심하게 기록한 것은 직물류의 가격과 양이었다. 의심할 바 없이 주거가 아니라 의복에서 돋보이고자 하는 유행과 욕망이 섬에서 사는 사람들의 품행을 주도했다. 크레올들 (Creoles)[31]은 고급 셔츠와 란제리, 실크 스타킹, 레이스 조끼를 구매하여 허영

---

31 원래 식민지 태생의 유럽인이나 그 후예들을 가리키는 말이었으나, 오늘날에는 유럽인과 현지인과의 혼혈에 대해 주로 사용하고 있다. 주로 아메리카와 아프리카의 경우에 사용하는데, 한편으로 현지들이 사용하는 변형된 유럽어를 가리키기도 한다. 여기서는 문맥상 식민지 거류민과 그 후예의 의미이다.

심을 충족시켰다. 동시에 이런 직물류 판매는 프랑스에도 영향을 주어 숄레(Cholet)와 발랑시엔(Valenciennes), 강쥬(Ganges), 리옹, 생테티엔(Saint-Etienne) 같은 곳에서 고급 의류 제조업의 활기찬 성장을 자극했다. 1788년에 앤틸리스 제도로 보낸 수출품의 총액은 7,700만 파운드였는데, 그 중 직물 제품이 3,400만 파운드를 넘었고 이는 분명 식량 수출액(2,900만 파운드)보다 더 높은 수치였다. 보르도에서는 양품류, 특히 가장 유명한 품목인 숄레 산 손수건만으로 150만 파운드의 수출액을 충분히 올릴 수 있었다. 뱃사람들에게는 이런 상품이 '사적인' 거래를 통해 나름대로 이익을 얻을 수 있는 기반이 되었다. 이러한 것들은 '무임수송품(pacotilles)'이라 불렀는데, 선주나 다른 무역상들이 보내는 화물들에 포함되지 않았다. 대부분의 경우에 외상으로 구입한 이런 상품들은 자금이 없어 적재할 화물을 마련할 수 없었던 상인들에게 맨 몸으로 앤틸리스 무역에 참여할 기회를 제공했다.

이런 상품들의 가격은 여전히 아주 높았고, '무임수송품'의 경우 그 가격 총액이 1만 내지 1만 2,000파운드에 이르는 일도 종종 있었으며 그보다 훨씬 높은 때도 있었다. 이런 액수의 돈을 마련해, 인디고나 스페인 은화와 같은 값비싼 식민지 상품을 확보하는 것이 가능했는데, 특히 스페인 은화의 확보가 훨씬 더 좋은 이익을 낳았다. 앤틸리스 제도 권역에서는 18세기에 이런 화폐의 이중적인 유통이 발생했던 것 같다. 한편으로 식민지에서 생산된 스페인 은화들은 대개 카디스에서 하역되었는데, 그곳에서 마르세유와 베욘, 보르도에서 온 선박들이 은화들을 구한 후 대서양을 가로질러 가 흔히 현금 부족에 시달렸던 앤틸리스 시장에 자금을 투입했다. "은을 손에 쥔" 선장들은 가장 낮은 가격으로 식민지 상품을 구입했다. 하지만 은화는 또 티에라피르메나 멕시코에서도 생도맹그와 마르티니크로 들어왔고, 밀무역을 통해서도 '무임수송품'과 교환되었다.

보르도나 카프프랑세, 포르토프랭스(Port-au-Prince)에 세워진 포르투갈계 유대인 회사들 중 일부는 프랑스령 식민지만이 아니라 스페인령 아메리카 전역에 걸쳐 그러한 교역을 전문적으로 수행했던 것 같다. 보르도의 거대

포르투갈계 회사 중 하나를 설립한 살로몬 라바(Salomon Raba)는 이런 무역에서 이익을 얻었다. "스페인인들은 우리에게서 실크, 레이스, 벨벳, 금·은실, 실크 스타킹 같은 최고급 물건을 구입한다."50) 1765년 보르도에서 설립된 후 카프에 8만 파운드의 자본으로 자회사를 세웠던 그 회사는 20년도 채안 되어 430만 파운드가 넘는 자산을 관리하게 되었다. 1780년대에는 보르도에 약 150개나 되는 유대계 회사가 있었으며, 이들은 암스테르담, 런던, 퀴라소의 유대인 공동체와 연계된 네트워크에 통합되었다.

생도맹그의 플랜테이션 소유주와 무역상들은 그들이 가진 부로 방문한 사람들을 놀라게 할 정도로 의류를 과시하고 사치품을 늘어놓을 수 있었다. 그리고 플랜테이션에서 나온 상품들을 팔아 그들의 부는 더욱 더 늘어났다. 생도맹그의 플랜테이션 소유자들은 1740년대 이래 북대서양 설탕시장을 지배했다. 1740년대의 10년이 시작될 무렵 그들은 북대서양 설탕시장의 40퍼센트 이상을 지배했고 실제로 이는 30년 뒤의 시장 점유율과 맞먹었다.51) 반면에 그 시장에서 영국인들의 거래가 차지하는 점유율은 28퍼센트 남짓이었고, 그 대부분이 영국과 아일랜드, 북아메리카 식민지에서 수행되었다. 드레셔(Dresher)에 따르면, 1745년경 생도맹그에서만 생산된 상품과 영국령 앤틸리스 전체에서 생산된 상품을 비교하면 대앤틸리스 제도가 전체 생산물의 반 정도를 수출했음을 알 수 있다. 실제로 생도맹그가 사탕수수의 생산과 수출에서 자메이카를 능가하게 된 것은 1720년과 1740년 사이의 일이었다. 설탕 재수출 무역에서 영국이 차지하는 비중이 1734~1738년에 적어도 10퍼센트 하락한 반면, 같은 시기 프랑스는 이 무역의 4분의 3을 차지하고 있었던 것이다.

7년 전쟁은 영국인들에게 이런 상황을 역전시킬 수 있는 기회를 제공했다. 전쟁 기간에 영국이 점령했지만 종전 후 돌려준 과들루프의 비중을 따로 두면, 프랑스가 영국에 넘겨준 섬들 −그레나다(Grenada), 도미니카, 세인트빈센트(Saint Vincent)− 덕분에 영국령 앤틸리스의 생산 능력은 급증하였다. 1787년에 그 섬들이 생산한 1만 8,630톤의 설탕은 영국령 앤틸리스의 총 설탕생산량의 거의 18퍼센트를 차지했다. 이에 힘입어 영국은 1780년대에 상당한 양의 설탕을 북유럽으로 재수출하여 프랑스인들과 경쟁할 수 있게 되었다. 미국독립전쟁 이후 프랑스가 얻은 섬들인 토바고(Tobago) 및 세인트루시아(Saint Lucia)와 비교해 보면, 이 섬들은 3,200톤의 설탕을 생산해 프랑스령 섬들의 설탕 생산 성장에 별다른 기여를 하지 못했다. 그럼에도 프랑스령 섬들의 설탕 생산량은 영국령 앤틸리스 제도의 설탕 생산량보다 훨씬 더 높았다. 거대한 생도맹그에서 8만 6,000톤 이상의 설탕을 생산하면서 프랑스령 섬들의 생산량이 12만 5,000톤 이상으로 늘어났기 때문이다.

18세기 후반에 벌어진 여러 전쟁들에서 영국은 해군이 거둔 성공 덕분에 큰 이익을 보았다. 설탕 경제에서 프랑스가 누린 우위는 비율상 앙시앵 레짐 말기에는 18세기 중반만큼 크지 않게 되었다. 이 무렵 섬들의 지위가 확고해 지는 경향이 있었고, 수출의 수준에서도 자메이카가 생도맹그를 얼마간 따라잡았다.

프랑스혁명 직전에는 설탕이 아니라 커피가 프랑스령 앤틸리스 제도에서 부의 가장 역동적인 요소가 되었다. 커피의 갑작스런 생산 열기는 7년 전쟁 이후 생도맹그의 북쪽과 남쪽에 있는 소규모 산지들의 경사면을 따라 펼쳐진 새로운 땅에서 일어났다. 사탕수수 플랜테이션이 팽창했어도, 이 작물 생산이 모든 토지를 차지한 적은 결코 없었다. 1770년을 전후해 커피 수출은 프랑스령 앤틸리스로부터의 수출 총액의 4분의 1을 차지했다. 반면에 영국령 섬들에서 생산되는 커피의 경우는 수출 총액의 11퍼센트밖에 되지 않았다. 생도맹그에서는 사탕수수나 인디고 경작에 필수적인 평지 및 관개농업과 거리가 멀었던 넓은 구릉지에 수많은 커피나무를 심었다. 설탕 가격 폭락으로 전쟁 동안 큰 손실을 입었던 설탕 생산 식민지 거류민들은 자기 땅을 팔아 치우고 새 땅을 구했다. 자본이 풍부한 대기업의 지원을 받은 길게 늘어선 커피 생산지에서는 중소규모 소유주들도 이익을 올렸고, 그 조직 내에서는 유색인종도 종종 중요한 직책을 맡았다. 이것은 앙시앵 레짐 말기에 프랑스 커피 무역에서 생도맹그가 차지했던 위치를 보여준다. 1788년 앤틸리스 제도에서 프랑스로 보낸 3만 9,000톤의 커피 중 3만 4,000톤이 생도맹그 산이었던 것이다.[52]

생도맹그의 경제적 성장에 기여한 마지막 작물인 면화의 경작은 유럽의 높은 수요 때문에 확대되었다. 면화 생산은 1766년 카리브 해의 도미니카와 자메이카 섬들에 자유항들이 문을 열면서 영국 중상주의 체제에 균열이 가해지며 이익을 얻었다. 생도맹그와 여타 프랑스령 섬들에서 생산된 면화의 가장 좋은 시장은 잉글랜드였는데, 잉글랜드에서는 설탕과 달리 면화에 대해서는 아직 높은 관세를 부과하지 않고 있었다. 미국독립전쟁 이후 시기에 생도맹그가 보여준 노예 노동력의 괄목할 만한 증가는 설탕이나 커피보다도 면화의 활황에 힘입은 바 더 컸다. 당시 식민지는 프랑스 노예상을 통해서든 자메이카에서 영국인들이 보낸 것이든 아프리카 노예 수입량을 2배로 늘렸는데, 자메이카에서는 자유항을 통해 노예를 수송했다. 1780년대에는 매년 생도맹그에 하역된 노예의 수가 약 3만 명에 이르렀다. 생도맹그 산 면화의 수출은 1783년에서 1789년까지 약 30퍼센트 이상 증가했고, 같은 시기 설탕 수출량은 겨우 1퍼센트 늘었을 뿐이었다. 면화 수출액(1,670만 리브르투르누아)은 인디고 수출액(1,040만 리브르투르누아)보다 높았다. 이 수출과 관련해 영국의 수요가 가진 중요성은 보르도 같은 항구의 실례에서 볼 수가 있다. 1785년에 면화를 싣고 잉글랜드로 떠난 선박의 수는 7척이었는데, 1789년에는 19척이 영국 시장으로 출발했고, 그 중 15척이 리버풀(Liverpool)로 향했다.[32]

하지만 프랑스는 영국으로 면화를 재수출하는 유럽 대륙의 유일한 나라가 전혀 아니었다. 영국의 면화 수입에서 프랑스가 차지하는 몫은 전체의 5분의 1 정도에 불과했던 것이다. 1789년에 영국이 수입한 3,200만 파운드의 면화 중에서 1,000만 파운드 이상이 유럽의 여러 항구들에서 들어왔다. 브라

---

[32] 당시는 영국의 산업혁명 기간으로 리버풀은 영국의 면직업 중심지 맨체스터와 직접 연결되는 항구였다. 본문의 설명은 프랑스령 앤틸리스에서 생산된 면화들이 영국 산업혁명의 원료로 공급되었음을 보여주고 있다.

질 산 면화는 포르투갈에서 왔고, 데메라라(Demerara) 산 면화는 네덜란드에서 왔으며, 생도맹그 산 면화는 프랑스에서 왔다.

그럼에도 1780년대 당대인들에게 생도맹그를 알린 것은 면화보다는 설탕과 커피였다. 1788~1789년에 생도맹그는 7,200만 파운드가 넘는 커피를 수출했는데, 이는 20년 전에 비하면 6배 이상 늘어난 양이었다. 그로 인해 유럽에서는 커피 소비가 급성장해, 오랫동안 금지되었던 모로코 산 커피와 근동산 커피의 가격이 18세기 중반 이후 하락할 정도였다. 앙시앵 레짐 말기에는 영국조차 유럽과 북아메리카 커피 시장에서 영국이 프랑스의 식민지들에 패했음을 인정하게 되었다. 반면에 설탕 시장에서는 영국령 서인도의 플랜테이션 소유자들이 18세기 중반에 사로잡혔던 부진을 일부 회복하였다.

생도맹그의 플랜테이션 소유주들이 거둔 "믿기 어려운" 성공은 대서양 경제에서 지속될 것 같이 보였다. 하지만 그 성공은 전혀 완벽하지 않았고, 위협을 받아 언제든 종식될 수 있었다. 모로 드 생 메리가 "유럽 강대국이 해외에서 올린 가장 큰 성공 중 하나"라고 할 만큼 부를 회득한 거대한 식민지 섬에는 약점이 있었다. 그 약점들은 지나치게 로맨틱한 시선들을 그 섬으로부터 거두게 되면 드러나게 될 터였다.

프랑스령 대서양에 대한 위협들

카리브 해의 섬들을 발견한 크리스토퍼 콜럼버스는 초목이 무성하고 매혹적인 기후를 가진 낙원 같은 섬들이라는 시각에 마법에 걸린 듯이 오랫동안 사로잡혀 있었다. 약 300년 뒤에도 생도맹그를 방문한 사람들은 그와 똑같이 매혹되었다. 하지만 이것은 앤틸리스의 현실과는 동떨어진 것이었다. 그 현실은 열심히 활동 폭을 넓혀가던 플랜테이션 식민지에 유럽인들이 도입한 변화와는 무관했다.

확실히 다른 이들보다 명석했던 스위스 출신의 지로 드 샹트랑(Girod de Chantrans)[33]은 거대한 항구 카프프랑세의 부산스러움에 적응하기가 힘들었다. "이 세상의 풍요로움이 얼마나 크기에, 태양이 이렇게 뜨겁게 불타고 있는데도 거리엔 오고 가는 사람들로 언제나 가득 차 있는가." 그는 평온함을 찾아 주변 농촌지역으로 갔겠지만, 그가 거기서 본 것은 이러했다.

> 사탕수수 분쇄기와 작물을 운반하는 수레들이 내는 시끄러운 소음, 그에 더해 간간히 희미하게 들리는 가축이나 흑인노예들을 때리는 소리, 이런 소리들이 만들어내는 얼마간은 음울한 떨림들. 오븐과 보일러에서 나오는 연기 기둥이 저 멀리 높이 퍼져서 땅으로 떨어지거나 아니면 먹구름처럼 하늘로 올라가는 것을 볼 수 있다.

하지만 다른 여행자들은 농촌지역의 활기찬 광경과 비옥한 땅에 강한 인상을 받았다고 하면서 여지없이 일종의 식민지 로맨티시즘에 사로잡힌다. 아마도 실제 모습은 이 두 시각 사이의 어딘가에 있을 것이다.

앤틸리스의 현실 낙관적인 시각을 가졌든 비관적인 시각을 가졌든, 자연환경이라는 현실은 피할 수 없었다. 기후상의 극명한 대비가 그것이다. 거기에는 언제나 콜럼버스가 보았던 온화한 봄이나 가을만 있는 것은 아니었다. 몇 시간 만에 플랜테이션들을 박살내 버리는 자연 재해 중에서, 8월에서 10월까지의 겨울철에 부는 태풍과 허리케인은 단연 첫째갔다. "이집트의 재앙"34이라고 불린 태풍과 허리케인이 불기 전에 종종 여러 달에 걸쳐 "대가뭄"이 이어져 사람과 식물 모두에게 피해를 입혔다. 강의 수위가 떨어지고

---

33 Justin Girod-Chantrans, 1750~1841년. 프랑스 박물학자로 조류학(藻類學)의 개척자로 유명하다. 1777~1791년에 공병장교로서 프랑스령 앤틸리스의 여러 곳에서 복무하였고, 그러면서 자연사 연구를 수행하였다. 말년에는 입법의원이 되기도 했다. 그가 1785년에 쓴 *Voyage d'un Suisse dans différentes colonies d'Amérique pendant la dernière guerre, : avec une table d'observations météorologiques faites à Saint-Domingue* 에는 생도맹그의 기상에 대한 기록표가 실려있다.

34 허리케인과 태풍이 가져오는 파국적 결과를 구약의 출애굽기에 나오는 '이집트의 열 가지 재앙'에 빗댄 것이다.

사탕수수는 말라죽었다. 닥치는 대로 이루어진 벌목이 이런 상황을 더 악화시켰는데, 커피나무를 심게 되면서 벌목이 더 심해졌다. 삼림 층이 파괴되었고, 지력이 고갈되었으며, 농사에 도움이 되는 비가 내리는 날이 더 줄어들었다. "비가 내리는 날이 이전보다 훨씬 못하다. 산지에 거류지를 세우면서 평지에 큰 해를 주고 있다. 땅을 개척하면 할수록 비는 더 적게 온다."[53] 물론 앙시앵 레짐 말기에는 섬의 일부 지역에서 5 내지 6개월 동안 겪는 가뭄의 피해를 메우기 위해 엄청난 노력을 하였고, 낮은 산지를 흘러내리는 하천으로부터 물을 끌어와 쓰는 관개망을 갖추었다. 그러나 이것으로도 충분치 않았다. 그렇게 바라던 비가 내릴 때는 지나치게 많이 내리는 일이 더욱 빈번해졌다. "홍수가 휩쓸어 버리는" 것이다. 사탕수수가 죄다 쓰러지고, 범람한 강물에 오두막과 건물 지붕, 제당공장이 휩쓸려갔다.

허리케인에 피해를 입지 않는 섬은 없었다. 1780년 10월 10일과 12일 단한 번의 허리케인으로 바베이도스와 마르티니크가 잇따라 폐허가 되었다. 바베이도스에서는 2,000명 이상의 노예와 약 700명의 백인들이 사망했고, 브리지타운(Bridgetown)의 저택 몇 채가 파괴되었다. 마르티니크의 생피에르에서는 해일이 저택을 덮치고 나무들이 뿌리 채 뽑혔다. 그보다 4년 전에는 보르도의 선주들이 막 허리케인의 피해를 입은 과들루프에 입항하기를 거부했다. 사실상 생산물을 죄다 잃은 플랜테이션 소유주들이 화물 대금을 지불할 수 없을 것이라고 생각했기 때문이었다.[54] 1780년에서 1785년까지 자메이카는 6번이나 허리케인의 공격을 받았다. 하지만 앤틸리스 제도 전체에서 허리케인의 반복적인 습격에 경제적으로 가장 큰 타격을 받았던 곳은 엄청난 부를 자랑했던 생도맹그였다.

자연 재해는 인간이 미리 예견하고 대비하지 못하면 더 파괴적인 결과를 낳을 수 있다. 지로 드 샹트랑은 1780년대 동안 생도맹그에서 이루어진 신중하지 못한 토지 개발이 가져올 위험을 명확히 확인할 수 있었다.

25년 동안 개발된 적이 없는 마르므라드(Marmelade) 구역에는 산지들에 여전히 나무가 많고 꼭대기까지 커피나무들이 심어져 있으며, 어디에나 땅바닥이 드러나 있지 않다. 가장 이르게 개발된 산지들은 사정이 그렇지 않다. 그곳의 구릉 위나 꼭대기들은 지력이 고갈되어 방치되었고, 나무 하나 없이 바위들이 바늘처럼 삐쭉삐쭉 솟아나 있다.55)

대서양 플랜테이션 경제가 보여준 때로는 무분별한 개발이 프랑스령 앤틸리스 제도의, 특히 생도맹그의 손상되기 쉬운 자연환경을 위협했다. 그렇다고 해서 그런 문제에 둔감했다고, 눈앞에 이익만을 바라고서 식민지의 미래를 위험에 빠뜨렸다고 플랜테이션 소유주들을 비난할 수 있을까?

역시 지로 드 샹트랑이 이 점에 대해 명쾌한 답을 주었다. 판에 박힌 일상적 농사방식이 변하지 않은 채 여기저기로 퍼졌으며, 어떤 땅에든 아무런 수정 없이 적용되었다. 플랜테이션 소유주들을 둘러싸고 있던 실제 사정은 이러했다.

> [그들은] 언제나 프랑스로 돌아간다는 생각에 사로잡혀 있었고, 문제가 있는 오래된 모범을 따르면서 자기 땅에서 생산 비용을 가능한 가장 덜 들여 나올 수 있는 것은 무엇이든 서둘러 끌어내고자 할 뿐이었다. 그 속에서 다음 세대에 대한 걱정은 전혀 없었다.56)

본국에서 온 이 관찰자는 그런 만큼 확실히 현실과 동떨어져서 플랜테이션 농업과 경영에 엄격한 평가를 내리기 쉬웠다. 왜냐하면 당시 영국이든 프랑스든 모두 플랜테이션이 노예노동에 의존하는 것을 비난하는 경향이 존재했기 때문이다. 인도주의 시각에서 볼 때 노예노동은 혐오스러운 것이었다. 애덤 스미스는 노예제에 비해 임금노동의 우월성을 부각시킨 최초의 인물 중 하나였으며, 18세기 말에는 프랑스 자유주의 학파(École libérale)35가 식

---

35 '프랑스 고전경제학파'라고도 부른다. 콜레쥬 드 프랑스와 프랑스 학술원을 중심으

민지 플랜테이션의 쇠퇴론을 받아들였다.

플랜테이션의 수익성　영국 쪽에서는 이런 플랜테이션의 쇠퇴가 노예무역의 폐지와 이어서 노예제의 폐지를 가져왔다. 영국령 서인도의 플랜테이션 소유주 계층은 7년 전쟁 직후부터 이를 깨닫기 시작했고, 국가적인 경제적 이해관계가 노예무역의 포기와 노예제 자체의 포기를 요구했다. 산업 자본주의의 압력이 플랜테이션 소유주들의 명분 약화로 이어졌다. '플랜테이션 쇠퇴'론은 프랑스령 섬들과 따라서 생도맹그에도 적용되었지만, 영국령 앤틸리스에서는 토지고갈이나 부재지주 증가와 같은 종종 근거 없이 일반화된 사실들을 결합으로 믿게 된 후에 '플랜테이션의 쇠퇴'가 명백해졌다. 특히 부재지주들은 자기 땅을 관리인의 통제 하에 두었는데, 이들은 땅을 제대로 다루지도 못했고 아울러 노예 노동력을 사용하는 데도 미숙했다.

이런 일반화가 근거 없게 보일 수도 있고, 플랜테이션 연구들이 제시한 정확한 견해들과 상충되기도 한다. 마이클 크레이튼과 제임스 월빈은 1776년에서 1796년까지 자메이카의 워시파크 플랜테이션이 올린 연평균 수입이 18세기 중반 이전의 수입과 맞먹었음을 보여주었다. 이곳의 연평균 이윤은 자본의 15 내지 20퍼센트에 해당했다.[57] 생도맹그의 플뢰리오 플랜테이션에 대해서는, 자크 드 코나(Jacque de Cauna)가 플랜테이션의 수익성을 따져보았고, 7년 전쟁과 1770년의 지진 때와 같은 힘든 시기를 제외하면 수익성이 괜찮은 수준 이상이라고 평가하고 특히 미국독립전쟁 이후 많이 개선되었다고 보았다. 총수입은 3배나 늘었고, 순이익은 15퍼센트가 넘었다고 한다.[58] 이에 따르면, 포르토프랭스 근처의 플랜테이션은 지로 드 샹트랑이 15퍼센트 이상의 순이익을 내는 것으로 분류한 상위 그룹에 속한다. 물론 다른 많은 플랜테이션의 경우 수입이 그보다 낮았지만, 드 코나가 올바로 지

로 18세기 말, 19세기 초에 활동한 정치경제사상 학파로서 자유무역과 자유경쟁 자본주의를 옹호했다. 장 밥티스트 세이, 앙투안 데스튀 드 트라쉬, 귀스타브 드 몰리나리 등이 대표적인 인물이다.

적하듯이, 학자들이 상품으로 추정하는 수입액에는 밀무역으로 부수적인 이익을 올릴 가능성이 고려되지 않는다. 관리자의 경우, 미국독립전쟁과 프랑스혁명 사이에 노예 구입을 늘리고 새로운 종류의 영농을 도입하며 시설을 수리하여 플랜테이션의 근대화를 추진한 적극적인 태도를 가진 이들도 있었다.

이런 식으로 정확하게 분석해 보면, 플랜테이션 소유주들의 공분을 샀던 유명한 일리아르 도베르퇴유(Hilliard d'Aubertuil)[36]의 주장을 확인할 수 있다. 그것은 경영을 잘한 제당공장은 연간 15퍼센트의 순이익을 낳았고, 따라서 적어도 7년 내에 투입된 자본을 메울 수 있다는 주장이다. 플랜테이션 소유주들은 부의 얼마간의 증가분이 자신들이 제시한 손실액을 메우지 못한다는 사실을 보여줌으로써 이런 시각을 겨우 반박할 수 있었다. 아울러 이를 이용해 그들은 본국과 거래하며 진 부채의 상환도 유예시킬 수 있었다. 부재지주와 관리자들은 한 목소리로 불만을 터뜨렸고, 피에르 플뤼숑(Pierre Pluchon)이 올바르게 지적하듯이, "부재지주들은 섬에 남아있던 식민지 거류민들과 탐욕스럽게 결탁하면서 조금씩 생각을 공유해 갔다. 즉, 식민지 토지에서 나오는 연간 평균수입이 겨우 6 내지 7퍼센트, 아니면 사실상 5퍼센트에 불과하다는 것이다."[59] 실제로 이윤은 "식민지의 비밀"에 속했고, "비밀스럽게" 오간 서신 속에서 이를 거론하는 일이 종종 있었다.

그럼에도 프랑스령 대서양 무역에는 정말 문제시되는 것이 있었다. 한 세기 이상 동안 프랑스령 대서양 무역은 중계무역에 기초해서 번영을 누렸다. 이제 이런 중계무역 경제의 구조에 수정을 가져온 변화를 그 무역은 피할 수 없게 된 것이다. 이런 구조에는 식민지 무역 독점권을 입법화하여 이루

---

36 Michel-René Hilliard d'Aubertuil, 1740년경~1789년. 프랑스 출신으로 생도맹그에서 변호사로 활동하면서 소위 '식민지 계몽주의'의 대표자로서 프랑스의 식민지정책, 식민지 현실, 노예제 문제 등에 대해 많은 저작을 발표하였다. 특히 해군성의 의뢰를 받아 1776~1777년에 간행된 *Considérations sur l'état présent de la colonie française de Saint-Domingue*에서는 노예제의 경제적 효율성 문제를 다루었다.

어진 시장 보호를 준수하는 것이 포함되었다. 이를 통해 특권적인 프랑스 항구들이 식민지와의 **배타적** 교역권을 얻었고, 그 결과 자신들에게 필요한 유럽 상품을 확보하여 그 상품들이 국내 및 해외 시장으로 흘러가게 할 수 있었다. 이 중 해외시장에서는 무역상들이 중계항의 관세체계를 이용해 재수출 상품에 대한 관세를 면제받음으로써 유익한 수출시장을 발전시켜 나갔다. 이런 체계가 18세기 중반의 전쟁 이후 쇠퇴하게 된 것이다. 대서양에서 드러난 영국 해군의 놀랄 만한 우월함 때문에 프랑스 항구와 식민지 사이의 해상 관계가 크게 약화되었다. 그 결과 프랑스 식민지들은 중립국 항구들에 대한 의존도를 높여가야 했고, 식민지 거류민들은 보다 가까운 곳과의 무역, 즉 영국령 아메리카의 13개 식민지와의 무역에 집중할 수밖에 없게 되었다. 이것들은 영국의 독점 입법과 프랑스의 독점 입법을 모두 침해하는 것이었다. 7년 전쟁 직후 식민지의 어려움을 완화시키고 외국인과의 일정한 연계를 허용하기 위해 실제 상황을 반영하여 무역 독점 입법에 수정이 가해졌다. 미국독립전쟁 이후에도 이런 일이 있었다. 확실히 이런 무력충돌 직후에 창출된 상황은, 미국으로 독립하게 된 구 식민지들이 (1783년의 항해법에서) 공식적으로 영국령 서인도 제도와의 교역을 금지 당했고 그리하여 다른 앤틸리스 시장들로 눈을 돌려야 했던 만큼 새로운 것이었다.

생도맹그와 다른 프랑스령 섬들의 땅과 바다로 몰려드는 "아메리카의 뉴잉글랜드인"의 존재는 확실히 플랜테이션 소유주들에게 이익이 되었지만, 사실 이것은 식민지 경제의 전통적 구조를 영구히 붕괴시킬 수 있는 위협거리였다. "외국인들에게 무역을 허용하는 만큼 그에 비례하여 우리 몫의 무역이 줄어들었고 그 결과 우리의 항해 횟수도 줄어들었다." 이 말은 1784년 8월 북아메리카에 유리하게 독점체제가 완화된 지 겨우 몇 달밖에 지나지 않은 1785년 1월에 마르세유의 한 무역상이 씁쓸하게 내뱉은 것인데, 이런 생각은 당시의 많은 다른 무역상들도 공유한 것이었다.[60]

따라서 플랜테이션 경제가, 인도와 같은 다른 이국적인 해안에 상륙한 새로운 힘에 직면하여 설탕 제조 섬들이 맞게 될 쇠퇴를 미리 보여주면서 노쇠하여 "기력을 다한" 것은 아니다. 플랜테이션 경제가 "기력을 다했다"는 루이 데르미니(Louis Dermigny)의 시각은 생도맹그에서 볼 수 있었던 실재와 일치하지 않는다.[61] 오히려 검토되어야 하는 것은 식민지 시장의 구조적 변동이며, 이것을 본국 출신의 무역상들은 쇠퇴라고 여겼다. "오로지 배를 계속 이용하기 위해서 거래를 계속할 뿐일 정도로" 섬 무역은 파멸 상태라고 단언한 무역상들의 이기적인 불만을 맹목적으로 믿고 따르지 않고 거래장부만 봐도, 사실 적자는 드러난다. 식민지에서 유럽 상품을 팔아도 식민지 상품을 수출하면서 생긴 손실을 메꿀 만큼의 이윤이 남지는 않았다. 그것은 미국독립전쟁 말기에 전개된 투기 때문이었다고 한다. 그다지 많지 않은 화물을 싣고서 대서양을 횡단한 수송선이 너무 많았다. 그래서 식민지 상품 가격은 지나치게 앙등했고 본국 산 상품은 "가치가 하락"했다. 아메리카 사업이 "보람 없다"고 비난한 보르도 상업회의소는 극히 비관적인 전망을 내놓고 있었다. "전쟁이 종식된 이후 무역으로 이익을 본 보르도의 선주가 겨우 10명밖에 되지 않는다. 나머지는 모두 크든 작든 손실을 보았다."[62]

플랜테이션 소유주들의 부채 그러나 드러난 모든 폐해 중 가장 심각한 것은 본국에서 노예와 상품을 구입한 플랜테이션 소유주들의 대금 납부가 지체되는 것, 즉 파산을 초래할 정도로 연체되는 것이었다. 이 때문에 상업회사들의 금고가 메말라 갔다. 낭트도 보르도와 같은 어려움에 처했다. 프랑스 혁명 직전에 낭트의 대선주 8명이 앤틸리스 제도에서 받을 빚은 800만 파운드(1995년의 가치로 환산하면 1억 6,000만 프랑)를 넘었다. 1792년 말 보르도 항에서 가장 큰 노예무역선 선주 중 하나인 폴 네라크(Paul Nairac) 상회는 1790~1791년 사이에 수행한 3번의 항해에서 200만 파운드 이상의 대금을 지불받지 못했다.[63] 플랜테이션 소유주에게 인정된 초과신용대출이 증가하는 경향이 강력하게 존재했다. 7년 전쟁 시기에 낭트의 노예무역선 선주들에 대한 생도맹그의 부채는 1,000만 파운드였고, 1789년에는 전체적으로 이를 훨씬 넘어섰음이 확실하다.

그러는 사이에 선주들에게는 프랑스령 대서양 항구들에서 노예를 판매하는 것이 가장 중요한 이윤의 원천 중 하나가 되었다. 18세기 후반에 생도맹그에서 커피와 면화 경작 용지를 개간하는 데 드는 노예 수요가 늘어나면서 노예 노동력 가격이 크게 뛰었기 때문이다. 그래서 성인 노예 한 명의 가격이 평균 2,000파운드(1995년 가치로 4만 프랑) 이상으로 높아졌다. 그렇지만 노예무역의 지불 체계로 인해 플랜테이션 소유주들은 빚을 쌓아두게 되었다─이런 지불체계는 앤틸리스 제도와 본국 사이의 "제대로 된" 무역에서도 마찬가지였다. 실제로 상주 '상관 직원(postmen)'을 이용했던 영국의 상회들과 달리, 프랑스 상회들은 대개 생도맹그에서의 판매를 자기 배의 선장들에게 맡기기를 선호했다. 그들은 비중 있고 독자적인 현지 대리인을 구하기가 힘들었다. 그들이 현지 연계망을 이용하려면, 상회의 지부들을 통해야 했는데, 이런 지부들은 종종 본국 상회의 친족인 젊은 출자자들이 경영했다. 이 출자자들이 합자 형태로 그 상회에 자금을 댄 것이다. 아프리카 노예를 판매하는 데 있어 선장들의 역할은 여전히 핵심적이었다. 250명 내지 400명의 노예를 운송한 대규모 노예무역상들은 대부분의 경우 선장을 2명 두었다. 노예를 하역하고 회송 화물을 선적하면, 배는 차석 선장의 지휘 하에 출항했다. 그 사이 수석 선장은 적어도 1년 동안 섬에 남아 노예 판매 대금을 거두어 들였다. 이것은 그에게도 수지맞는 일이었다. 그는 수수료로 징수액의 5 내지 6퍼센트를 받았던 것이다. 동시에 그는 미리 배를 세내어 이 자금으로 구입한 식민지 상품을 싣고 갈 채비를 할 수도 있었다.

노예와 본국 산 상품 대금의 지불 방식에는 채권이 포함되었다. 물론 대부분은 아니지만 이 채권 중 일정 부분은 은화 같은 현금이나 현지 무역상이 쓴 환어음, 아니면 식민지 상품으로 지불받았다. 그렇지만 더 큰 부분은 플랜테이션 소유주나 그들의 대리인이 발행한 약속어음으로 결제되었다. 생도맹그 항구들의 무역상들인 이 대리인들은 12개월이나 18개월, 또는 24개월에 걸쳐 식민지 상품으로 대금을 지불했다. 이에 반해, 리버풀의 무역상들은 대개 1750년 이후 영국령 서인도의 항구를 떠나기 전에 "현지에서"

판매 대금을 상품이나 유통 가능한 환어음으로 받았다.64) 영국 무역상들은 노예 판매 대금 결제로 상품을 받기보다는 환어음을 이용하기를 점점 더 선호하였다. 그들은 플랜테이션 소유주보다 '상관 직원'이나 무역상에 더 의존했고, 본국에서는 환어음이 쉽게 유통되었다. 프랑스령 섬들의 플랜테이션 소유주들이 발행한 환어음의 경우에는 전혀 이렇지 않았다. 플랜테이션 소유주들이 서명한 어음에 대해 불신이 얼마나 팽배했는지는 입법을 통해 채권자에게 식민지 채무자에 대한 상환청구권을 부여하는 조치들이 설명해 준다. 특히 1732년의 식민지 부채에 대한 법률의 제정 이후 영국령 서인도의 플랜테이션에서는 채무청산을 위해 노예와 가축, 설비의 압류가 쉬워졌다. 프랑스령 앤틸리스에서도 콜베르의 '흑인법(Code noir)'37이 압류의 가능성을 열어놓았지만, 압류가 시행된 일은 아주 드물었으며 압류가 있었다 해도 작물 정도였다.

미국인38의 침입 프랑스와의 무역을 통해 큰 부채를 지게 된 플랜테이션 소유주들은 북아메리카 식민지인들을 크게 환영했다. 이들은 종종 현금 지불을 원했지만 아주 싼 가격으로 물건을 팔았고 설탕 제조의 부산물인 당밀을 받았다. 그래서 앤틸리스 산 상품의 일부는 북아메리카와의 무역에 투입되어 이윤을 낳게 되었다. 두 개의 상인 네트워크가 경쟁했고, 점점 더 많은

---

37 Code noir는 1685년 루이 14세 시기에 처음 통과된 법령으로, 콜베르가 준비하다가 1683년 사망한 후 루이 14세가 비준하고 1687년 생도맹그 의회에서 채택되었다. 1724년 루이 15세 시기에 수정판이 통과되었다. 내용은 프랑스 식민지 제국의 노예제를 규정하는 것으로, 해방 흑인노예의 활동을 제한적으로 인정하고 로마 가톨릭만을 종교로 인정하며 프랑스 식민지로부터 모든 유대인들의 축출을 정하였다. 종교와 성관계 및 결혼, 금지, 처벌, 해방 등 세부적으로 정한 여러 조항 중 처벌 조항에 부채와 파산 시에 노예들을 채권자들이 나눌 수 있다는 조항이 있다.

38 영어판에는 American, 프랑스어판에는 Américains으로 되어 있다. 내용상 직접적으로 지칭하는 것은 북아메리카 식민지인들, 즉 나중의 미국인들이다. 따라서 이 절에서는 문맥에 따라 미국독립전쟁 이전의 내용에서 '북아메리카 식민지인들'로 옮기고, 미국독립전쟁 시기와 그 이후의 내용에 대해서는 '미국인들'로 옮긴다.

외국 회사들이 배타적 독점 체제의 규정을 위반하면서 밀가루와 대구, 노예를 가장 싼 가격에 얻었으며 설탕과 커피, 다른 식민지 상품들의 판로를 확보했다. 7년 전쟁 동안에 그런 활동들이 시작되었고, 전쟁이 끝날 무렵에는 플랜테이션 소유주들과 북아메리카 무역상들이 더 긴밀한 연계를 추구했다. 1767년 자유무역항들이 열리고 이런 항들을 통해 1768년 마르티니크와 생도맹그는 북아메리카 13개 식민지로 570만 파운드를 수출했고, 1769년에는 220만 파운드를 수출했다. 과들루프에서는 1766년에 120만 파운드의 상품을 13개 식민지로 수출했다. 1760년대 말에는 북아메리카의 영국령 13개 식민지에서 카리브 해로 수출한 상품의 거의 반이 프랑스령 섬들에서 매각되었다.[65] 미국독립전쟁은 이 무역을 강화할 기회를 제공했고, 그때 앤틸리스 제도 시장에게 북아메리카는 무엇으로도 대체할 수 없는 존재가 되었다. "북아메리카 식민지인들이 없다면 우리는 잠시도 식민지에 존재할 수 없을 것이다. 식료품과 목재 때문에 그들은 우리에게 절대적으로 필요하다." 1776년 10월 생도맹그의 총독 샤르팡티에 데느리(Charpentier d'Ennery)와 플랜테이션 소유자들은 위와 같이 말하며 전쟁으로 인해 이런 교역이 중단될까봐 우려했다. 그들은 얼마 안 가 안심하게 되었는데, 1778년에 체결된 프랑스와 미국 간의 화친 및 무역 조약으로 중립국 및 우호국에서 온 모든 선박이 섬들로 들어와서 어떠한 상품이든 식민지 상품을 싣고 갈 수 있게 되었기 때문이다.[66]

왕의 국정자문회의(Conseil du roi)가 채택한 1784년 8월 30일의 법령은 이렇게 창출된 상황을 인정하면서 완화된 독점체제를 세웠다. 생도맹그의 3개 항구 -카프, 포르토프랭스, 레카이(Les Cayes)- 가 미국 선박에 문을 열었고, 마르티니크의 생피에르와 과들루프의 포앵타피트르(Ponte à Pitre)도 마찬가지로 문을 열었다. 아울러 세인트루시아 섬의 르카레나쥬(Le Carénage) 항과 토바고 섬의 스카보로(Scarborough) 항도 마찬가지였다. 물론 아메리카 산 밀가루의 도입은 여전히 금지되었지만, 이 밀가루는 값이 싸서 -1776년에 아메리카 산 밀가루 한 통의 가격(50파운드)은 프랑스 산 밀가루 가격(100파운드)의 반 정도였다. 시장에서 웃돈을 주고 거래되었고 밀수가 횡행했다. 프랑스령 섬들에서 돌아갈 때도 마찬가지 상황이었다. 공식적으로 당밀과 시럽만 교역이 허용되었지만, 뉴잉글랜드와 뉴욕, 필라델피아, 볼티모어에서 온 배들이 다량의 설탕과 커피를 싣고 돌아갔다. 커피 플랜테이션 소유주들은 부채를 변제하기 위해 본국과의 무역에 자신의 작물을 배정했지만, 자신들에게 필요한 밀가루와 목재, 대구를 얻기 위해서는 현금 결제도 받아들였던 미국 배들에 물건을 대는 것을 더 좋아했다. 생도맹그의 지방총감 바르베 드 마르부아(Barbé de Marbois)는 해군성 장관 카스트리(Castries)에게 이렇게 보고했다.

> 제가 르카이로 갔을 때, 가는 동안 내내 불법무역의 증거를 볼 수 있었습니다. … 저를 맞이한 주민들의 집들에는 아메리카 산 밀가루를 담았던 통들이 있었습니다. 그들은 이런 불법무역이 그들 생계의 기초이며 보르도 산 밀가루보다 4분의 1 가격으로 샀다는 사실을 감출 생각조차 안 했습니다. 르카이의 입시세 징수관 Sr. D.는 단 한 척의 [미국] 배로 120명이나 되는 일단의 흑인들을 들여온 적이 있습니다. 그 사실을 누구나 다 알고 있음에도 그는 유죄판결을 받지 않았습니다. … 해군의 장교 중에는 자신들과 함께 시간을 보내는 주민들의 이런 정서를 공유하는 장교도 일부 있습니다. 그들은 밀수꾼들과 싸우는 것을 꺼려하며, 남쪽 지역에 생활과 번영을 제공하고 그곳의 삶을 유지시켜 주는 무역을 막을 수 없다고 공공연히 말합니다.[67]

이것은 노예무역상들과 다른 프랑스 배들이 관심을 두지 않았던 대앤틸리스 섬의 남쪽 연안에서 벌어지는 불법행위가 어느 정도였는지를 보여준다. 하지만 밀수는 그곳에서만 벌어진 것이 아니라 가는 곳마다 있었다. 용적톤수가 낮은 미국 배들이 신트외스타티우스 섬의 네덜란드 중계항과 자메이카에서 와서 플랜테이션에 물자를 공급했고 플랜테이션 산물의 판로를 제공해 주었다. 카리브 해에서 밀수의 가장 큰 중심지 중 하나는 프랑스령 섬들의 북쪽에 있는 버진 제도(Virgin Isles)였다. 1788년에 그곳에는 총 용적용량 9만 톤에 이르는 1,245척의 미국 배들이 와서 거의 3만 5,000톤의 설탕을 실어 날랐다.[68] 1790년에 미국에서 생도맹그로 보낸 수출액은 미국이 카리브 해의 다른 모든 섬들에 수출한 액수보다 많았다. 당시 프랑스령 앤틸리스 제도는 미국인들이 수출한 밀가루의 4분의 1, 염장육류의 4분의 3 이상, 말린 생선의 60퍼센트 이상을 들여왔다.[69]

일부 프랑스 무역상들도 거리낌 없이 밀무역에 뛰어들었다. 그래서 1784년 8월 독점체제가 얼마간 완화된 직후에 대서양 무역 관리 당국들은 이 조치를 한 목소리로 비난했지만, 장 피에르 라바 드 세렌(Jean-Pierre Labat de Sérène) 같은 아주 평범한 보르도의 선주도 원당과 커피, 코코아를 가득 실은 배를 마르티니크에서 미국으로 보낼 생각을 했다.[70] 그렇지만 밀무역을 감추기 위한 방법을 강구해야 했다. 금지 상품은 창고 깊숙한 곳에 두고 허용된 상품을 앞에 두어 가렸다. 선적은 언제나 그렇듯이, 항구에서 멀리 떨어진 인적이 드문 작은 만에서 이루어졌다. 이 배들은 미국 남부의 찰스턴(Charleston)에 도착해서, 거기서 다시 프랑스로 가져올 화물을 싣고 돌아올 예정이었다. 또 그의 계획에는 배를 볼티모어로 보내 담배를 선적하고 최종 목적지인 보스턴으로 보낼 생각도 들어 있었다. 하지만 그는 보스턴이 너무 북쪽에 있어 이익이 남는 화물을 제공하지는 못할 것으로 생각했다. 비록 금지 상품을 모두 창고에 감출 수는 없었지만, 밀수업자로 전환한 이 보르도 선주는 금지 상품을 모두 창고에 감출 수가 없자 럼주 통을 반만 채우고 거기에 상품을 감춰 둘 생각도 하였다. 그의 배 중 한 척의 이름이 왜 '닥터 팡글로스(Doctor Pangloss)'[39]인지 그 이유를 쉽게 알 수 있을 것이며, 이런 모든 것이 무역의 세계에서 좋은 결과를 얻는 최선이었음도 잘 보여주고 있다.

따라서 국제 무역망이 가진 효율성이 앤틸리스 교역의 변모에 직면해 프

---

39 팡글로스는 볼테르의 소설 『캉디드』에 나오는 궁정교사로 극히 낙천적인 시각을 갖고 있다. 이를 따서 상황을 근거 없이 낙천적으로 보는 사람을 '팡글로스'라고 부른다.

랑스의 대서양 연안 항구들이 겪었던 어려움들을 적어도 얼마간은 완화시킬 수 있었다. 이 과정에서 가장 유리한 입장에 있었던 것은 의심할 바 없이 유대인 무역상들이었다. 그들은 전쟁 동안과 그 후에도 런던과 신트외스타티우스 섬의 다른 유대인 네트워크와 연계할 수 있었다. 또한 플랜테이션 소유주들처럼, 일정한 자기만족 때문에 식민지 부채를 회수하지 못하면서 얻게 된 손실을 드러나게 하는 상호 비방에 지나치게 집착하지 않는 것이 나았을 것이다. 그렇지만 노예무역과 '정상적인(honest)' 교역 면에서 프랑스령 대서양의 교역량 성장은 이론의 여지없는 사실이며, 이윤폭은 식민지 부채가 쌓이면서 누적되던 비용과 지체, 손실을 흡수할 수 있을 만큼 여전히 충분히 높았다. 사실 특별한 "군살빼기" 현상이 있었고, 이는 가장 건실한 회사들에게 이익이 되었다. 보르도에서 가장 큰 무역상 중 한 명인 프랑수아 보나페(François Bonnaffé)는 1774년 1월 12일에 이렇게 썼다. "아메리카와의 무역은 소규모 선주들을 파멸로 몰고 있다."[71] 확실히 명쾌한 이런 제시는 취약한 무역상들에게는 냉혹하지만 동시에 현실을 정확하게 반영하고 있다. 자금과 무역 연계망이 가진 중요성에 힘입어 1789년 프랑스에서 가장 큰 대서양 항구의 해운업을 지배하던 70명 정도의 선주들이 분명 이익을 보았다. 식민지에 빌려준 융자금이 확실히 문제꺼리였지만, 이 "행복한 소수"에게 그것은 그들의 엄청난 부에 비교하여 상대적으로 봐야 할 대상이었다. 예컨대 '다비드 그라디 일가(David Gradis et fils) 회사'의 1788년도 회계장부를 보면, 빌려준 융자 부분이 전체 자산의 5분의 1 정도밖에 되지 않았다. 즉 전체 자산이 600만 파운드인데 그 중 120만 파운드가 융자금이었다.[72] 프랑스의 독점 체제가 파멸적으로 종식되면서 약화되고 영국 해군의 우위로 인해 한층 더 약화된 프랑스령에서 무역상들이 가진 공포를 확실히 알게 되는 것은 좀 더 미래의 일이었다. 프랑스혁명 과정에서 일어난 혁명전쟁과 제1제국 시기의 전쟁이 손실을 메울 모든 기회를 상실하게 만들 터였다.

6장 대서양의 사람과 강대국들: 17 · 18세기

§ 대서양의 지배 축들

루이 14세 치세 동안 그리고 루이 15세와 16세의 치세에 들어서도 프랑스에서는 해양의 역동성이 경제 공간의 무게중심을 바꾸었다. 네덜란드에서는 이런 일이 프랑스보다 더 빨랐고 잉글랜드에서는 거의 동시에 일어났다. 이를 통해 암스테르담이나 미델부르흐, 런던과 리버풀이 각각 자기 나라 경제에서 지배적인 영향력을 행사하게 되었다. 도시와 지방들 사이에 새로운 위계가 확립되었다. 대서양 연안에 가까운 곳은 해양 교역에 적응해 갔고, 반면 다른 곳들은 주변화되거나 바다와 단절되어 갔다.

잉글랜드에서는 16세기 말 이래 런던이 안트베르펜을 본 따서 런던증권거래소 같은 제도들을 마련했다. 이 증권거래소는 엘리자베스 1세 시기 안트베르펜의 증권거래소를 모델로 해 토머스 그레셤(Thomas Gresham)경[1]이 세운 것이다. 그러나 런던이 대서양횡단 무역을 통제할 수 있게 되는 데는 거의 반세기가 필요했다. 그런 통제는 복고왕정의 상업 및 해양 개혁들로 인해, 특히 항해조례가 효과를 발휘하면서 런던이 활황을 겪으면서 가능했

---

1 1519년경~1579년. 영국의 상인이자 재정가이다. 에드워드 6세부터 엘리자베스 1세까지 왕실의 재정 문제에 종사했다. 런던에 영국 최초로 왕립증권거래소를 설립하였으며, 그레셤 대학을 세웠다. 특히 엘리자베스 여왕에게 영국 재정의 독립을 제안하였다. '악화는 양화를 구축한다'는 유명한 그레셤의 법칙을 제시했다.

다. 18세기에는 런던이 영국의 무역을 완전히 지배하게 되었다.[1] 런던의 교역량 및 상선의 용적톤수는 다른 항구들을 합친 것보다 더 높았다. 미국독립전쟁 직전에는 이런 무역 지배가 상대적으로 약화되었음에도 런던은 여전히 잉글랜드의 수입량의 4분의 3과 수출량의 60퍼센트를 처리했다. 수도의 인구 비중이 이런 상황을 설명하는 데 도움을 줄 수 있을 것이다. 1600년에 잉글랜드 사람 20명 중 1명이 런던에 살고 있었고, 런던 인구는 25만 명을 헤아렸다. 1700년에는 10명의 잉글랜드 사람 중 1명이 수도에 살면서 수도 인구 57만 5,000명을 이루고 있었다. 1800년이 되자 런던 인구는 95만 명에 이르렀고, 이때는 잉글랜드 사람 8명 중 1명이 런던에 살고 있었다. 런던의 팽창은 도시가 가진 명백한 견인력에서 결과하였다. 16세기 말 연간 유입 인구는 약 3,000명이었다. 200년 뒤 연간 유입 인구는 8,000명을 넘어섰다. 이 거대한 대서양 항구가 지닌 중요성이 사람들을 이 도시로 끌어당기는 원동력이었다. 도시 주민의 4분의 1이 일상생활을 위해 항구의 교역에 직접 의존하였다. 다른 한편 수도에 필요한 생필품도 증대하여, 그것들을 거대한 전국 시장으로부터 끌어와야 했다.

이 시장을 지배하기 위해 런던은 자신이 가진 항구로서의 지리적 이점을 이용했다. 런던은 배가 다닐 수 있는 템스(Thames) 강 수로만이 아니라 16세기 이래 수도로부터 뻗어나간 훌륭한 도로망을 통해서도 잉글랜드의 여타 지역과 연결되었고 아울러 스코틀랜드 및 아일랜드 지역과도 제대로 연결되었다. 1637년 존 테일러가 쓴 『운수업자의 우주론(*Carrier's Cosmogrphia*)』에는 런던에서 미들랜즈(Midlands)와 랭커셔(Lancashire), 요크셔(Yorkshire)까지 정기적인 육로 운송을 제공하는 수송회사들의 명단이 실려 있다. 요크(York)와 맨체스터(Manchester), 그리고 북쪽의 아주 먼 도시들을 향해, 또는 남서쪽의 엑서터(Exeter)를 향해 여러 마차 노선들이 운영되었고, 각 노선은 몇 톤이나 되는 짐을 운반할 수 있었다. 18세기 초에 대니얼 디포(Daniel Defoe)[2]는 "모든 주들이 런던이 살아가는 데 필요한 뭔가를 생산한다"고 하였다. 그 나라의 경제에 대해 행사한 런던의 매력을 설명해 주는 것은 무엇보다 극히 역동적인 소비자 주도 시장을 형성하고 있던 엘리트층의 존재였다. 의회의 회기가 아니면, 런던의 부유한 고객들은 자신의 지방 소유지에서 얻은 수입을 맘껏 쓰면서 고급 상품을 사고자 했다. 이 중 해외에서 들어온 이국적인 상품들이 가장 높은 순위에 올랐다.

18세기에는 사실 영국의 해양 활동이 리버풀로 대표되는 북서쪽 항구들로 이동했다. 서쪽에 자리한 입지 덕분에 그 항구들은 대서양 교역에 아주 적합했고, 전쟁이 벌어져도 상대적으로 안전했다. 반면에 영국해협의 가장 끝 쪽에 있는 런던은 입지 상에서 불리하여 해적의 공격에 그대로 노출되었다. 하지만 수출의 경우 런던은 저지지방 및 독일 북서부와 마주하고 있어 영국 해군의 보호를 받으면서 자신의 이점을 되찾았다.

17세기에는 런던 상인들 중 일부가 이전과 마찬가지로 자금 압박에 시달리는 권력으로부터 얻은 상업 독점에서 여전히 이익을 얻고 있었다. 하지만 18세기에는 이런 상황이 거의 사라졌다. 그런 특권을 누린 회사들 중 하나인 '머천트벤쳐러즈(Merchant Venturers)'3도 직물 수출 무역에서 독점권을 상실했고, 18세기 중반에는 여전히 런던에 기반을 두었던 동인도회사와 허드슨베이 회사(Hudson Bay Company)4만이 내실 있는 무역을 통해 이익을 얻고

---

2 1660년경~1731년. 소설 『로빈슨 크루소』로 유명한 영국의 작가이자 저널리스트. 또한 상인으로도 활동했다. 소설이라는 문학형식을 시작한 인물 중 하나로 여겨지며 한편으로 경제 저널리즘의 개척자로도 평가받는다. 영국이 바다에서 발전의 돌파구를 찾아야 한다고 보고 해양 진출을 주창하였으며, 『로빈슨 크루소』도 그런 전제 하에 썼다고 한다.

3 Scoiety of Merchant Venturers는 13세기 무렵 브리스틀의 상인 길드에서 출발했으며, 15세기에는 브리스틀의 시정을 장악했다. 1497년 존 캐벗의 항해를 후원했으며, 1552년에는 왕실로부터 브리스틀 해양무역에 대한 독점권을 부여받아 독점회사로서 활동했고 17세기에는 노예무역에도 참여했다. 브리스틀 대학을 비롯한 지역의 각종 교육시설의 설립과 운영에도 관여했다. 현재는 기업으로서의 성격을 탈피하여 지역 공동체 조직으로 유지되고 있다.

4 1670년 잉글랜드 은행의 자금 지원을 받아 북아메리카 모피교역을 독점하도록 창설된 특허 회사이다. 19세기 중반에 모피업에서 소매 유통업으로 사업의 중심을 옮겨 현재도 캐나다 최대의 유통업체로 활동하고 있다.

있었다. 18세기에 런던은 분명 대서양 해운에 대한 장악력이 일부 쇠퇴하고 특권을 상당 부분 상실했지만, 은행 및 금융 서비스에 대한 패권적 지배력을 여전히 유지했다. 런던은 금융 중심으로서의 지위를 유지하고 늘리기 위해 막대한 수출 및 수입 중심지로서의 역할을 전보다 중시하지 않는 듯하였다. 이런 런던의 지위는 브리스틀이나 리버풀, 화이트헤븐(Whitehaven)과 같은 '외항들(outports)'에 소재한 회사들에게 각종 서비스를 제공했던 중개인과 보험업자, 은행가들의 존재로 확보되었다. "런던의 금융 알선업자들은 외항의 무역상들이 자신의 교역에 투자한 자금 전체의 2 내지 3퍼센트나 되는 돈을 가져갈 수도 있었다."[2]

런던과 같은 곳이 교역에 필요한 정보망에서 우월했다는 것은 누구도 부인할 수 없는 것이며, 런던이 누린 모든 것은 분명 이런 우월함 덕분이었다. 18세기 초 이래 런던 무역상들은 한주에 한 번씩이나 격주에 한 번씩 간행되는 경제관련 신문에 정보를 기댈 수 있었는데, 연간 구독료가 겨우 6파운드밖에 되지 않았던 이런 신문이 7개나 있었다. 이런 정기간행물들은 바로 집까지 배달되었고, 선박과 선적화물, 상품가격, 환율에 관한 가장 최신의 정보를 싣고 있었다. 17세기 말에 경제관련 언론망이 크게 확대되었는데, 이는 1689년의 명예혁명 이후 언론자유가 확대되어서라기보다는 영국 '상업혁명'이 가져온 결과 덕분이었다. 영국이 대서양을 무대로 가담한 새로운 전지구적 교역에는 정보의 발전이 필수적이었다. 이런 이유로 시장시세와 항구에 드나드는 선박의 명단을 싣고 있는 간행물들이 반드시 필요했다. 전국적으로 마련된 우편제도를 통해 언론은 놀랄 만큼 원활하게 유통되었다. 런던에서 잉글랜드의 가장 큰 도시들로 일주일에 세 번, 화요일과 목요일, 토요일에 신문이 운반되었다. 또한 월요일과 화요일 두 번은 유럽으로도 보내져, 도버를 거쳐 오스텐더(Ostende)와 칼레로 운송되었다. 이런 정기간행물 중에서 무역의 요구에 가장 적합한 내용을 담고 있던 것은 에드워드 로이드(Edward Lloyd)의 『로이즈 리스트(Lloyd's List)』였다. 그것은 1735년 이후 매주 두 차례 화요일과 수요일에 나왔으며 신문 면수를 늘려가고 있었다. 에

드워드 로이드는 롬바드 가(Lombard Street)에 있는 로이드 커피하우스의 소유주였는데, 자기 가게에 사업가들, 특히 선박 매각, 금융, 보험 중개인들이 많이 모이는 것을 보고 1692년에 그 일을 시작했다. 그는 잉글랜드의 몇몇 항구들에 입출항하는 선박의 명단을 실은 해양관련 소식지를 중개인들에게 제공하여 참고할 수 있게 했던 것이다. 그때부터 로이드는 영국의 모든 주요 항구에 통신원을 주재시켜 정보망을 갖추었다. 1735년 이후 그 신문에 담긴 정보는 확대되어 환율과 금·은 시세, 공채수익률, 각종 회사의 활동 및 주요 취급 상품이 포함되었다.[3]

18세기에 리버풀은 아프리카, 앤틸리스 제도, 북아메리카에 대한 영국의 대서양 무역을 장악하던 런던의 패권에 대담하게 도전했다. 그러나 런던의 패권은 거의 손상을 입지 않은 채로 유지되었다. 이는 브레멘과 뤼베크, 여타 독일 항구들이 함부르크에 도전했지만 실패한 것이나 네덜란드의 여러 항구들이 암스테르담에 도전했지만 실패한 것과 사정이 같았다. 리버풀의 경제 언론을 중심으로 발전한 정보망은 런던의 정보망을 절대 따라갈 수 없었다. 시세나 선박 명단의 간행이 정기적이지 않았고 종종 지체되었던 것이다.

그럼에도 리버풀은 항만 설비 분야에서 남들보다 빨리 성장했고, 이런 성장은 런던보다 훨씬 빨랐다. 18세기 말까지 런던의 부두들은 낡은 구조를 그대로 유지하고 있었고, 이는 항만 활동의 원활한 작업에, 특히 항만작업 비용의 축소와 관련해 장애가 되었다. 그때까지 런던에는 여전히 적합한 도크가 없었고, 런던탑과 런던 브리지 사이의 "관영" 선창에 마련된 500미터 정도의 좁은 공간에서 화물을 하역하고 선적했다. 이는 적어도 가장 값비싼 상품인 설탕과 커피 같은 식민지 상품에 관련해 볼 때 너무나도 열악한 상황이었다. 그래서 1790년대에도 자메이카에서 싣고 온 설탕을 하역하려면 템스 강 하구에 배를 계류한 채 긴 왕복선이 오가면서 화물을 내려야 했는데, 이 비용이 만만치 않았다. 반면에 리버풀에는 18세기 초 이래 도크가 설치되었다. 1784년에 프랑스인 여행자인 마르크 드 봉벨(Marc de Bombelles)은 이런 측면에서 런던이 지닌 열악함에 대한 평을 남겼다. 그는 템스 강 양안에 늘어선 돛대의 숲 속에서 세계 모든 나라에서 온 배들로 덮인 항구의 분주함을 눈여겨 본 뒤, 그런데도 창고가 전혀 눈에 띄지 않는다고 하였다.

> 영국인들은 그들의 수도에 선창이 없는 핑계로 배를 강가에 대는 것이 교역하기에 훨씬 더 쉽다고 말도 안 되는 소리를 한다. 이런 선창을 대조(大潮)기의 수위보다 훨씬 더 높게 세우고 거기에 온갖 상품을 저장하여 보존할 수 있는 아름다운 저장고들을 지을 수 있을 텐데.… 혹자는 영국인들의 자살행동 성향 때문에 도시 한 가운데에 그들이 뛰어들 수도 있는 강의 경관을 제공해선 안 되었다고 주장하기도 했다.[4]

프랑스에서는 대서양 무역이 해양 활동을 자극해 활발하게 증가시켰고, 프랑스의 대규모 항구들에서는 선박 출입량이 그 나라의 전체 무역량 증가보다 훨씬 빨리 증가하였다. 식민지 무역의 활황이 이런 발전에 지배적 요인이었다. 1730년과 1788년 사이에 프랑스의 4개 주요 항구들 ― 보르도, 마르세유, 낭트, 루앙-르아브르 ― 에서 이루어진 무역량을 가치 면에서 비교해 보면, 각 항구들에서 똑같은 활황을 확인할 수 있다. 물론 항구 각각의 입지는 여전히 달랐지만 말이다. 프랑스혁명 직전에 이 4개 항구의 식민지 무역액은 각각 1억 1,200만 리브르, 5,500만 리브르, 4,700만 리브르, 5,200만 리브르에 이르렀다. 반세기도 더 전인 1730년에 그것은 각각 860만 리브르, 260만 리브르, 1,420만 리브르, 200만 리브르 이하였다. 따라서 각 항구의 무역 증가 추이는 상당히 달랐던 것이다.

이전 세기에 창출된 대(對)앤틸리스 교역 전통을 계승한 낭트는 1730년 무렵 주요 식민지 항으로서의 지위를 입증하고 앤틸리스 제도와의 직접 무역에 노예무역에서 얻는 이익을 더하였다. 하지만 낭트의 성장은 그 후 곧 둔화되었다. 1752년 낭트의 식민지 무역액은 거의 2,700만 리브르에 이르렀지만, 반면에 보르도가 식민지 무역에서 거의 3,500만 리브르를 실현함으로써 1위 자리에 올랐다. 그에 이어 지롱드 지방의 항구들이 갑자기 활황을 누리면서, 1788년에 보르도의 식민지 무역액은 18세기 중반보다 3배 이상 증가하였다. 마르세유의 상황은 전혀 달랐는데, 그 이유는 다른 항구들에 비해 마르세유가 앤틸리스 무역의 영향을 비교적 덜 받았기 때문이었다. 보르도의 경우 1788년에 올린 전체 무역액의 거의 4분의 3, 즉 2억 5,000만 리브르 중 1억 8,700만 리브르가 식민지 무역과 그에 힘입은 재수출로부터 얻은 것이었다. 프랑스의 식민지 상품 재수출의 거의 반이 보르도에서 이루어졌는데, 이는 낭트에서 이루어진 설탕 재수출의 4배 이상, 루앙-르아브르에서 이루어진 커피 재수출의 4배 이상에 해당했다. 마르세유의 경우 전체 무역액 2억 3,000만 리브르의 3분의 1에 지나지 않는 7,900만 리브르가 이런 식민지 무역 및 식민지 상품 재수출에 해당했다. 마르세유에서는 지중해 무역이 대서양 무역보다 훨씬 큰 비중을 차지해서, 이탈리아, 스페인, 북아프리카 연안, 동지중해 연안과의 무역액이 거의 1억 4,900만 리브르나 되었다. 르아브르는 이전 세기 동안 루앙이 잃어버렸던 지위를 다시 회복시켜 주었다. 루앙-르아브르의 성장은 전체적으로 볼 때 1730년에서 1750년 사이에 상당히 급속하게 이루어졌지만, 1770년 이후에야 완전한 결실을 보게 되었다.

이런 성장은 유럽 시장과의 교역에 기초한 것이었다. 이때 유럽 시장이란 특히 북유럽 시장들로, 그 중 설탕 교역은 함부르크, 암스테르담, 슈테틴(Stettin)에 집중되었다. 1789년 보르도로부터 설탕을 받은 19개 항구 중 이 세 항구로 들어간 설탕양은 전체의 거의 4분의 3에 이르렀다(2만 5,865톤 중 1만 9,326톤). 북유럽 항구들과의 연결을 보장한 것은 프랑스에서 가장 큰 대(對)유럽 국제항에 자리했던 약 130개의 독일계 운송회사들이었다. 그 회사들은 콜베르 시기부터 프랑스혁명 때까지 정부의 중상주의적 의지에도 불구하고 식민지 상품의 재수출을 책임졌다. 혁명 시기에는 정부가 프랑스 국적선을 통해 유럽 내로 파고드는 '적극적인' 교역을 창출하고자 했다. 1791년 2월 기엔(Guyenne)[5]의 상업회의소는 제헌의회(Assemblée Constituante)[6]가

---

5 프랑스 남서부 지방 이름으로, 프랑스 혁명 전인 앙시앵 레짐 시기에는 한 주

내놓은 그런 류의 계획에 여전히 극단적인 적대감을 보여주었다.

> 외국인들이 밀과 목재, 삼을 가져와 교환하여 우리에게서 사들이는 와인
> 과 독한 술의 배출구인 프랑스의 수출 무역이 위기에 처해 있다. … 국내에
> 서 파는 대신에 소비자를 찾아 가는 데는 언제나 불리함이 있다.[5]

대서양의 활황은 이런 항구들의 배후지의 사회경제적 발전도 가져왔고, 심지어 프랑스의 '가장 깊은 내륙부'의 발전에도 영향을 주었다. 아키텐(Aquitaine) 지방 산 밀가루와 와인, 스당(Sedan)과 랑그독(Languedoc) 산 직물, 프랑스 서부에서 나온 아마포, 발랑시엔(Valenciennes)이나 르피(Le Puy)에서 생산한 레이스, 세벤(Cévennes)과 도피네(Dauphiné) 산 실크 스타킹과 장갑, 이런 제품들이 모두 식민지 무역으로 흡수되었다.

하지만 이런 팽창이 일어났던 항구들에는, 런던과 마찬가지로 근대적 설비가 없었다. 우리는 아서 영(Arthur Young)[7]이 보르도 엘리트들의 부유함을 보고 "이곳 상인들의 생활방식은 극히 호화롭다"고 감탄한 글을 볼 수 있다. 그러나 또한 외관상 완전히 방치되어 있는 항구를 보고 든 그의 경멸감도 느낄 수 있다. 보르도를 방문한 그는 런던과 마찬가지로 강을 메운 돛대의 숲에 강한 인상을 받았다. 그러나 그는 곧바로 선창이 없고 부두의 작업들이 아주 느리다는 것을 깨달았다. "포장도 되지 않은 곳에 쓰레기와 돌로 덮혀있는 더럽고 미끄럽고 진창인 둑 하나뿐으로 … 이곳은 선창의 질서와 정리정돈, 풍요로움이 없는 무역의 불결함과 갑갑함을 여실히 보여준다."

계몽주의 도시의 건축적 아름다움을 잘 알고 있던 여행자는, 대서양 경제

(province)였다. 이 기엔 주의 수도가 보르도였다.

6 프랑스혁명의 발발과 함께 등장한 프랑스 최초의 국민의회로서 1789년 7월 9일부터 1791년 9월 30일까지 존속했다.

7 1741년~1820년. 영국의 작가로 경제와 농업 등에 대한 글을 썼다. 특히 프랑스혁명 전인 1780년과 프랑스혁명 시기인 1792년에 간행한 프랑스 여행기로 유명하며, 이 글들은 당대 프랑스에 대한 중요한 자료이다.

의 활황 덕분에 유럽에서 가장 큰 중계항 중 하나가 되었던 한 항구의 무질
서와 불결함을 보고 있기가 힘들었다.

§ 점점 더 늘어나는 사람들

유럽인이 요구하는 이국적인 상품을 생산하는 플랜테이션 식민지가 창출
되는가, 아니면 농사와 수렵, 어로 활동이 주된 자원인 정착 식민지가 창출
되는가에 따라 대서양을 가로질러 전혀 다른 형태의 경제와 사회들이 나타
났다. 그러나 정착민 식민지도 모피나 해산물 같은 상품을 통해 식민지 경
제를 유럽 시장과 연결시켰다. 이런 상품들에 대한 수요로 인해 프랑스령
캐나다와 뉴잉글랜드의 주민들은 내륙 경계나 해양 경계의 역학에 기초를
둔 개발을 추진하게 되었다. 하지만 그들의 사회가 가진 구조는 여전히 비
교적 본국 사회의 구조에 가까웠고, 특히 플랜테이션 경제의 승리를 가져왔
던 노예제에 눈을 감았다.

아메리카 원주민의 말살

그러는 동안에 플랜테이션 경제에서 일어난 것과 마찬가지로, 백인 정착
식민지도 아메리카 원주민 수의 극적인 감소를 야기했다. 이미 콜럼버스 시
기의 아메리카와 그의 계승자들이 휩쓴 시기의 아메리카 모두에서 이베리
아인들은 원주민 수의 급격한 하락을 초래하기 시작했다. 이런 하락은 유럽
인들이 벌인 해적질이나 전쟁보다는 유럽인들이 가져 온 천연두나 홍역 같
은 여러 유행병이 초래한 세균의 충격 때문이었다. 이런 원주민 수의 하락
으로, 1519년에 1,100만 명이었던 멕시코의 원주민 수는 17세기 초에 모두해

서 겨우 100만 명으로 떨어졌다. 페루에서는 1530년에서 1570년까지의 첫 번째 식민화 국면 동안 원주민들이 이미 심각한 인명 손실을 겪고 있었지만, 1570년부터 16세기 말까지 원주민 수는 120만 명에서 60만 명 이하로 감소했다. 스페인령 앤틸리스 제도에서는 상황이 훨씬 더 나빴다. 1492년에 원주민 수는 필시 100만 명 정도를 헤아렸을 것인데, 1507년에는 6만 명밖에 남지 않았다. 그리고 16세기 중반에는 그 수가 겨우 3만 명으로 줄어들었다. "근대 역사에서 최악의 가장 중요한 대량 학살"이 일어났던 것이다.6)

18세기에는 이베리아인들의 아메리카에서 아메리카 원주민 수가 현저하게 늘어났음이 분명하다. 원주민들도 필수적인 면역력을 얻게 되었고 이에 따라 전염병도 전보다 치명적이지 않게 되었다. 멕시코의 원주민 수는 18세기 후반에 40퍼센트 정도 늘어났다. 알렉산데르 폰 훔볼트에 따르면 19세기 초 멕시코의 원주민 수는 거의 370만 명이었다. 즉 17세기 초의 원주민 수에 비해 3배 이상 늘어난 것이다.

하지만 아메리카 원주민 수의 심각한 감소와 짝을 이루어, 새로운 백인과 흑인, 그리고 혼혈 인구 수의 성장이 있었다. 리오그란데(Rio Grande) 강 이북의 북아메리카 대륙에는 정복 이전에 약 200만 명의 원주민이 살고 있었다. 그 중 가장 인구밀도가 높은 곳은 분명 태평양 연안 지역이었다. 오늘날 퀘벡(Quebec)에 해당하는 곳에는 겨우 10만 명 정도가 살고 있었고, 뉴잉글랜드에 해당하는 곳에는 약 3만 명이 살고 있었다.7) 이런 인구학적 격변은 식민지 거류민들에 대한 토지 매각, 노동시장, 유럽 상품 시장, 그리고 모피 무역과 관련한 식민지의 발전에서 중요한 역할을 했다. 이런 모든 것들에 콜럼버스가 오기 이전 아메리카 인구가 그 이후 극적으로 줄어든 것이 큰 영향을 미쳤다.

캐나다에서는 콜베르가 이미 프랑스인과 원주민들이 이제는 "같은 피, 같은 민족(people)"만을 이룰 것을 요청했고, 행정관 탈롱(Talon)8도 새로운 인

---

8 Jean Talon, Count d'Orsainville, 1626~1694년. 콜베르가 임명한 '누벨프랑스' 최초의

종이 탄생하기를 바랐다. 그러나 독한 술과 천연두를 가져 온 유럽인들은 원주민 부족 사회를 차례로 무너뜨렸고, 나아가 영국인들과 동맹을 맺은 이로쿼이족과 여타 원주민들에게 보복을 가하여 심각한 인명손실을 초래했다. 영국인 식민지 거류민들의 태도는 훨씬 더 공격적이었다. 식민화를 시작한 처음부터 그들은 더 많은 땅과 더 많은 모피를 찾아 나섰다. 뉴잉글랜드와 버지니아에서 1630~1640년과 1670년에 벌어진 여러 원주민과의 전쟁들은 인종 절멸 전쟁이었다.

식민지 인구의 비약적 성장

영국령 북아메리카에서는 토착 원주민들이 거의 절멸할 정도로 감소한 것과 뚜렷하게 대비되면서, 식민지 인구가 괄목할 만큼 증가했다. 그 규모와 "필시 역사상 전례가 없을 그 속도"는 맬서스의 관심을 끌었다.[8] 1700년에 북아메리카 13개 식민지의 인구는 25만 명을 넘어섰는데, 미국독립전쟁 직전에는 그 수가 10배 이상 늘어났고, 이는 사실상 인구가 20년마다 2배씩 늘어난 것이다.

이런 급격한 성장의 뿌리에는 우선 대서양을 횡단하여 '구세계'에서 온 이민자들이 있었다. 하지만 인구의 급속한 자연성장[9]도 중요한 역할을 했다. 이민의 영향은 식민화의 초기에는 결정적이었지만, 그 이후 특히 18세기의 뉴잉글랜드와 체서피크에서는 이민이 감소하였다. 반면에 펜실베니아와 뉴욕의 중부 식민지들과 캐롤라이나와 조지아 같은 남부 저지 식민지들에서는 이민이 여전히 극히 중요했다.

행정관. 1665~1668년과 1670~1672년 두 차례 그 직을 수행했다.
9 '인구의 자연성장'이란 일정 기간 한 지역 내의 출생자에서 사망자를 뺀 수치를 말한다. 즉 외부 유입을 제외하고 지역 내 주민의 재생산 과정을 통해 늘어난 부분이다.

캐나다의 경우

이에 비해 프랑스령 캐나다에서는 이민자의 수가 여전히 그다지 크지 않았다. 퀘벡은 1608년에 사무엘 드 샹플랭이 약 30명의 식민지 거류민들과 함께 세웠고, 그때는 버지니아에 제임스타운(Jamestown)이 생긴 때와 같은 시기였다. 25년 뒤인 1633년에 누벨프랑스의 주민은 겨우 100명 남짓이었지만, 반면에 뉴잉글랜드의 보스턴에 사는 사람은 이미 약 4,000명 정도였고 버지니아의 체서피크 식민지와 메릴랜드에도 거의 비슷한 수의 주민들이 살고 있었다. 그 해에 샹플랭이 200명의 식민지 거류민과 군인들을 데리고 오면서 캐나다 식민화가 도약기를 맞았지만, 인구 면에서는 전혀 증가하지 않았다. 1659년 캐나다 인구는 2,000명으로 늘었지만, 그 사이 뉴잉글랜드의 인구는 3만 2,000명을 넘었고 체서피크 식민지의 인구도 2만 4,000명을 넘어섰다. 누벨프랑스로 온 프랑스인의 마지막 중요한 이민은 1665년에 카리냥 살리에르(Carignan Sallières)가 군인 1개 연대를 이끌고 들어온 것이었다. 그때 400명의 군인들이 장교들의 사유지에 정착했다.[9] 17세기 전체를 거치며 총 6,000명에 이른 캐나다로의 이민은 식민지의 발전으로 인해 1740년에서 1750년 사이에 격화되었고, 이 시기에만 거의 3,600명이 이주하였다. 그리고 18세기 동안 전체 이민자 수는 5,000명이었다. 리슐리외가 꿈꾸었고 콜베르가 왕국의 인구 감소를 우려해 거부했던, 사람으로 넘치는 식민지의 꿈은 완전히 결실을 맺지는 못했다. 하지만 1713년까지 반세기 만에 이례적일 정도의 결혼율과 출생률로 인해 순전히 자연증가만으로 인구가 4배로 늘어나 2만 명에 이르게 되었다.[10]

17세기 말 프랑스와 잉글랜드의 인구를 비교해 보면, 프랑스 인구는 약 2,100만 명이 넘었고 잉글랜드 인구는 600만 명에 좀 못 미쳤다. 이런 본국 인구의 차이를 고려하면, 두 나라가 보낸 식민지 거류민 수에서 보이는 불균형은 놀랄 만한 것으로 보일 수도 있다. 하지만 모피를 제외하면, 캐나다는 프랑스가 갖지 않은 어떤 것도 제공하지 않았다. 반면에 영국 식민지들은 담배와 쌀, 인디고를 수출하면서 그것들을 생산하는 데 필요한 노동력을 끌어들였고, 뉴잉글랜드의 바다와 산림에 의존한 삶은 퀘벡 지역에 비해 훨씬 더 나았다. 그에 더해 프로테스탄트들에게 이민을 금지시킨 것 때문에 캐나다가 상업 활동이나 인구에서 성장을 볼 수 있는 가능성이 사라져 버렸다.

이민의 흐름

그런데 영국령 아메리카로 어느 정도의 이민이 이루어졌는지를 충분히 정확하게 파악하는 것은 사실 여전히 어려운 일이다.[11] 이민자들은 도착하면 토지에 대한 권리를 얻었는데, 자유민인 경우 바로 권리가 주어졌고, 연한고용 계약을 맺은 노동자들인 경우 좀 더 시간을 두었다가 권리를 주었다. 이것은 그들에게 지주가 될 기회를 제공하였다. 버지니아에서는 17세기 중반에 고용 계약이 끝나면 약 20헥타르가 할당되었다. 하지만 연한고용 계약노동자들 중에는 종종 7년 이상으로 연장되던 고용기간을 완수하지 못하고 죽는 이들이 많았기 때문에, 실제 토지 귀속에 기초한 인구의 추정은 여전히 확실하지 않다. 게다가 잉글랜드에서 출발한 이들 중 실제로 무엇이든 흔적이 남아있는 이들의 비중은 아주 작은 일부에 불과하다. 1635년에 런던에서는 거의 5,000명의 연한고용 계약노동자가 출발했는데, 그 중 3,000명 이상이 북미로 갔을 것이다. 1654년에서 1686년까지 브리스틀에서는 약 2,000명의 연한고용 계약노동자들이 배에 올랐으며, 그들 중 반 정도가 앤틸리스 제도로 향했다.[12] 2세기 동안 프랑스인은 약 15만 명이 '신세계'로 향했는데 반해 영국과 아일랜드에서 '신세계'로 출발한 이들이 170만 명 이상이나 되었다는 일반적인 추정치를 어떻게 받아들여야 할까?[13]

하나 이상의 프랑스 항구나 영국 항구에서 출발한 이민의 흐름이 중요하기 때문에, 특별하지만 본보기가 되는 사례들은 이런 이민 흐름의 강도를 더 잘 반영할 수 있다. 따라서 18세기에 프랑스인 연한계약 고용노동자들이 아메리카의 섬들로 이주하는 데 주된 역할을 한 보르도 항을 보자. 이 항구에서 1698년에서 1771년 사이에 최소 6,500명의 연한고용 계약노동자들이 출발했다. 그 외에 18세기 동안 3만 명이 넘는 수많은 승객들이 있었다.[14] 미국독립전쟁 직전에는 생도맹그로의 이민 급증이 막 시작되면서 1774년에서 1775년까지 11개월 동안에만 약 1,273명의 승객이 배에 올랐다.

　같은 시기 동안 아마도 영국령 아메리카로 향하는 가장 격심하고 열렬한 탈출 흐름이라 할 만한 상황은 북아일랜드의 항구들에서 일어났다. 18세기 중반 얼스터(Ulster)의 스코틀랜드계 아일랜드인 농민들은 안 그래도 불안한 처지가 흉년으로 더욱 악화되었다. 아울러 이런 상황에서 지주들이 지대를 3배로 올릴 것을 요구하자, 수많은 농민들이 대서양을 건널 수밖에 없게 되었다. 1772~1773년에 북아일랜드의 항구에서 이민자를 싣고 출발한 배의 수는 72척이었다. 그 중 49척이 런던데리(Londonderry)와 벨파스트(Belfast)에서 출발했는데, 각 항구에서 출발한 이민자 수는 6,000명과 3,451명이었다. 1773년 한 해만 보아도 8월에서 11월 사이에 뉴욕과 필라델피아, 찰스턴, 핼리팩스(Halifax), 뉴포트(Newport), 뉴저지 같은 북아메리카의 6개 항구에서 하선한 6,222명의 승객 중 3분의 2가 얼스터에서 온 사람들이었다.[15] 1771년에서 1774년까지 겨우 3년 동안 들어온 이민자의 총수는 적어도 3만 명에 이르렀다. 이 수치는 이 시기에 이민의 흐름이 가속화하였음을 아주 명확하게 보여준다. 왜냐하면 1733년에서 1750년에 이르는 시기에 이민자의 수가 최대로 잡아도 4만 명 정도인 것으로 추정되기 때문이다. 이런 이민의 흐름은 독일인들의 이민과 합쳐서 1763년에서 1775년까지 사우스캐롤라이나의 백인 주민 수를 2배로 증가시켰다.

이민의 불안함

　'신세계'로 가는 이민의 역사 대부분이 그랬지만, 처음부터 이민은 종종 불리한 상황에 부닥쳤다. 1607~1608년에 정착한 개척자들은 운 나쁘게도 버지니아의 제임스 강(James River)에 펼쳐진 늪지대에 자리를 잡았다. 뉴잉글랜드에 정착한 최초의 식민지 거류민들 중 많은 이들이 매사추세츠 만의 너무나도 혹독한 겨울을 넘기지 못하고 사망했다. 캐롤라이나와 조지아에서는 앤틸리스 제도만큼이나 말라리아와 황열병이 유행해 많은 이들의 목숨을 빼앗았다. 배를 통해 들어온 천연두와 발진티푸스 같은 전염병 때문이든 아니면 첫 작물을 얻지 못한 상태에서 유럽으로부터 충분한 양의 식량 공급을 받지 못해 겪은 기근 때문이든, 최초의 이민자들은 큰 타격을 입고 죽음에 이르렀다.

중앙아메리카의 스페인 식민지에서는 이미 한 세기 전에 이런 일들이 일어났었다. 골든 카스티야(Golden Castile)나 베네수엘라에서 그러하였고, 심지어 멕시코에서도 그러하였다. 1607년 5월 버지니아에 정착한 170명의 이민자 중에서 다음 해 11월까지 살아남은 사람은 45명밖에 되지 않았다. 1609년 7월에 도착한 남자와 여자 400명은 1609~1610년의 겨울 동안 끔찍한 기근을 겪어야 했고, 이로 인해 사망한 사람이 390명이나 되었다. 이 버지니아의 식민지에는 처음 3년 동안에 들어온 이민자 수가 570명밖에 되지 않았는데, 그 중 550명이 목숨을 잃었다. 매년 새로운 이민자들이 도착했지만, 인구는 계속해서 아주 적었다. 10년 뒤인 1618년에도 식민지 거류민은 400명밖에 되지 않았고, 1625년에는 300명이 채 되지 않았다. 이 시기 버지니아 식민지의 설립 이후 약 8,000명이 살인적인 기후나 말라리아 같은 전염병의 공격으로, 그리고 그만큼이나 자주 영양실조 때문에 사망했다. 실제로 이 시기의 식민지 거류민들은 개척민이라고 보기가 힘들었고, 원주민들의 식량을 거부하면서 그저 잉글랜드에서 오는 상품의 소비에만 매달렸다. 하지만 원주민들의 식량이 여러 명의 생명을 살렸다.

1632년 매사추세츠의 식민지 거류민 수는 겨우 2,000명에 불과했다. 비록 그 이전 3년간에 걸쳐 그곳에서 하선한 사람의 수는 일부 여자를 포함하여 그보다 2배나 더 많았지만 말이다. 1620년 12월 필그림 파더스(Pilgrim Fathers)가 정착한 플리머스(Plymouth) 식민지는 처음부터 인명손실이 극심했다. 메이플라워(Mayflower) 호를 탄 102명의 승객 중 반이 신선한 식량의 부족으로 인한 괴혈병 때문에 사망했다. 나머지는 아메리카 원주민의 도움을 받아 겨우 살아남았고 첫 번째 수확물과 모피 상품을 얻어 런던 시장에 팔았다. 1629년 매사추세츠 만 회사(Massachussets Bay Company)를 통해 17척의 배에 약 1,000명의 사람들이 들어오면서, 이 청교도 공동체는 자기 힘으로 살 수 있게 되었다. 하지만 1629~1630년의 겨울 동안에도 200명에 이르는 여전히 높은 사망자가 발생했다.

뉴잉글랜드: 이례적인 사례

하지만 그 이후에 뉴잉글랜드는 비약적인 인구 성장을 가져 올 조건들을 맞이하게 되었다. 1630년대에 대규모 이민의 물결이 일어났는데, 찰스 1세의 폭정을 피해 수많은 사람들이 전염병에 피해를 입지 않은 채 보스턴과 세일럼에 도착했다. 이들은 성자들로 넘치는 '뉴예루살렘'이라 할 만한 공동체를 창조하려는 청교도의 "성스러운 실험"을 신뢰하면서 식민지에 정착하려는 사람들이었다. 단 10년 동안에 약 1만 2,000명의 이민자들이 뉴잉글랜드에 정착했다. 그런데 같은 1630년대에 매사추세츠 만에 정착한 사람들이 거기서 로드아일랜드(Rhode Island)와 코네티컷(Connecticut), 뉴햄프셔(New Hampshire)로도 이주하였다. 보스턴 주위의 땅은 거의 농사에 적합하지 않았고, 무엇보다도 성자들의 통치가 양심에 대한 전제적 지배를 가져와 자유를 선호하는 사람들은 이 공동체에 계속 머물기 힘들었기 때문이었다.

실제로 청교도 이민자들은 버지니아나 바베이도스에서 플랜테이션을 개발하기 위해 이미 들어와 있던 연한고용 계약노동자들과 조금도 유사한 점이 없었다. 그 사이 영국령 아메리카 전체에 걸쳐 들어온 이민자의 대다수는 유럽을 떠나 사실상 노예제와 가까울 정도의 조건으로 해외의 주인들에게 고용되었던 이런 연한고용 계약노동자들이었다. 이런 계약노동자 거류민들은 이민자 총수의 거의 3분의 2에 해당했는데, 아메리카의 섬들과 체서피크 식민지들에 한정해 보면 이 비율은 이민자의 거의 90퍼센트로 상승했다. 잉글랜드의 자본시장이 여전히 불완전하게 조직되어 있던 시기 동안 이런 강제 노동은 대서양 횡단 비용을 댈 수 없는 사람들이 이민 자금을 구하는 핵심적인 수단이었다. 동시에 그것은 플랜테이션 경제에 필요한 노동력 수요에 대응하는 것이었다.

뉴잉글랜드에는 연한고용 계약노동 제도가 그다지 알려져 있지 않았다. 그곳에서는 식민지 설립에 각인된 종교적 취지가 여전히 강했기 때문이다. 메이플라워 호를 타고 들어온 최초의 거류민들은 매사추세츠 만 회사를 통해 들어온 식민지 거류민들처럼, 청교도가 거부한 영국 국교회 조직이 강화되고 있던 본국을 피해 온 이들이었다. 하지만 매사추세츠에서는 텃세가 심했고 마음에 들지 않는 거류민들은 거부당했다. 경작 가능한 땅의 양이 참담할 정도였음을 고려하면, 땅을 개간할 이주민을 끌어들일 필요가 전혀 없었다. 이는 체서피크나 앤틸리스 제도의 식민지들에서도 마찬가지였다. 그에 더해 바다가 땅보다 더 생산적이라는 것이 드러났다. 현지에서 건조한 배들로 목재와 해산물, 모피무역 상품을 수출할 수 있었던 것이다. 적합하지 않은 이주민을 받게 되면, 식민지의 종교적 분위기가 흐려질 수밖에 없었다. 1640년 이후, 그리고 청교도 이민의 가장 큰 물결이 끝난 이후에는 이전에 비해 이민을 발전시키려는 시도가 거의 없었다.

그 사이 뉴잉글랜드의 인구는 사망자에 비해 출생자가 더 많아지면서 자연스런 결과로 전보다 더 늘어났다. 이런 증가에는 18세기에 프랭클린이 아래와 같이 강조했던 괄목할 만한 측면이 있었다. "결혼수의 증가에 비례하여 인구가 늘어났는데, 가족의 부양이 쉬워지고 그리하여 점점 더 많은 사람들이 보다 일찍 결혼하게 되면서 가족을 꾸리려는 경향성이 늘어나게 되었고 그 때문에 결혼수도 증가하게 되었다."

프랭클린은, 뉴잉글랜드의 협소한 범위를 벗어나 경계를 서쪽으로 물리면서 크게 확장된 중부 식민지들과 체서피크 식민지를 더 고려하고 있었다. 그는 이런 인구 면의 성장을 값싸고 풍부한 토지를 가진 지방의 부와 연결시켰다.

> 이들은 걱정 없이 결혼한다. 왜냐하면 자신의 아이들이 자랐을 때 그들
> 이 얼마나 제대로 공급받을 수 있을지를 고려하면 더 많은 땅을 유리한 가
> 격에 처분 가능하게 될 것이라고 보기 때문이다. 그래서 미국의 결혼 건수
> 가 유럽보다 더 많으며 대체로 유럽보다 더 일찍 결혼한다.16)

미국의 보기 드물게 비옥한 땅과 짝을 이루어, 풍부한 물질적 재화는 인구
성장이 이익을 축소시키지 않을 것이라는 믿음을 조장하였다. 경계의 처녀
지로 향하는 이주가 이미 값비싼 자원에 대한 압력을 완화시켰기 때문에 맬
서스적 논리가 근거하는 현상이 전혀 나타나지 않았다. 프랭클린의 시대인
18세기에 영국령 북아메리카 전역 대부분이 겪었던 자연인구 과잉증가는 17
세기에는 특별히 뉴잉글랜드에서만 나타난 현상이었다. 청교도 공동체들이
성장해도 숲과 해양 환경에서 충분한 자원을 공급받았고, 이런 공동체들은
보다 큰 대서양 세계와 비교적 안정된 접촉을 유지했으며, 본국에서 시행된
강제적인 인구성장 억제책들을 피할 수 있었다. 사망률, 특히 아동 및 유아
사망률은 식생활이 개선되고 거류지가 흩어져 있어 질병 확산을 막음으로
써 눈에 띄게 감소했다. 여자들의 결혼 연령이 낮아졌고 결혼한 여자의 비
율이 높았다. 이는 남자의 수가 더 많고 젊은 성인 부부가 토지를 획득해 농
장을 마련하기가 용이했기 때문이었다. 그래서 젊은 성인들에게 온갖 기회
가 주어졌다.

하지만 이런 아주 예외적인 상황이 오랫동안 지속되지는 않았다. 토지는
한계에 이른 것처럼 보이기 시작했고, 농장들이 쪼개져서 규모가 축소되었
다. 반면 토지 가격이 올랐고 농촌 프롤레타리아 계층이 나타나기 시작했
다. 그와 동시에 평균수명이 하락했고 결혼연령이 올라가는 사이에 출생률
은 떨어졌다. 맬서스적 결과를 막을 수 있는 길은 오로지 경계지역으로 몰
려가는 것과 노동을 다양화시키는 것뿐이었다. 공업과 무역 면에서 경제가

성장했고, 인구 압력을 시장의 견인으로, 특히 앤틸리스 제도 시장의 견인으로 상쇄하였다.

한 세기가 지난 후에 버지니아와 메릴랜드도 비슷한 발전을 겪었다. 17세기의 체사피크와 17세기 말의 캐롤라이나, 그리고 18세기의 조지아에 정착한 이민자는 예속적 계약노동이 지배하는 체제 하에서 주로 남자였고 이들의 평균수명은 낮았다. 연한계약 고용노동자로서 5년 내지 7년 동안 계약을 맺은 그들은 나중에야 결혼할 수 있었다. 그래서 상대적으로 나이가 많았던 그들은 아이를 많이 갖지 않고 자연증가를 통한 인구 성장은 여전히 미약했다. 1700년에 17세기 이래 버지니아와 메릴랜드로 온 이민자의 전체 수는 대체로 그 시점에서의 거주민 전체 수보다 더 많았다. 그 시기 이 식민지들의 주민 수는 15만 명이 조금 안 되었지만, 17세기의 삼사분기에 걸쳐 들어온 이민자 수는 적어도 12만 명이었고 아마도 50만 명에 이르렀을 것이다. 하지만 새로운 세대가 인구의 전개과정을 변화시켰다. 평균수명은 확실히 뉴잉글랜드보다 여전히 낮았지만, ‘크레올들’의 수명은 그들 선조들보다 더 길었고 성비(性比)가 균형이 잡히는 경향이 생겼다. 여자들은 20살 이전에 결혼했고(이주한 그들의 엄마들보다 6년 내지 10년 더 일찍 결혼했다), 이것은 뉴잉글랜드보다도 훨씬 더 빠른 것이었다. 그래서 그 후에는 상당한 자연증가가 모습을 보이기 시작했다.

다양한 여러 민족들

17세기 이래 영국령 아메리카에는 아주 다양한 주민이 나타났다. 뉴잉글랜드에서는 여전히 대다수가 잉글랜드인이었다면, 그에 반해 체사피크에서는 적어도 내륙지역으로는 스코틀랜드인과 독일인들이 훨씬 더 많이 들어왔다. 이곳에서는 유럽인들 중 30퍼센트 이상이 잉글랜드인이 아니었다. 자연증가가 여전히 제한적이었던 펜실베니아 중부의 식민지들과 뉴욕에서도 역시 여러 민족의 이민을 볼 수가 있었다. 18세기에는 그곳 주민의 반 이상이 비잉글랜드계 유럽인들로 이루어졌다. 1770년대에는 펜실베니아 주민의 3분의 1만이 잉글랜드계였고, 그 나머지 중 3분의 1은 독일계나 스코틀랜드계 아일랜드인(Scots-Irish)이었다. 이런 집단들은 섞여 살지 않고 별개의 공간을 차지했다. 필라델피아 주변에는 잉글랜드인들이 주로 살았고 북부와 서부에는 독일인들이, 더 경계지역으로 나간 곳에는 스코틀랜드계 아일랜드인들이 살았다.

캐롤라이나와 조지아 같은 최남단 지역(Deep South)에서도 유사한 다양성을 볼 수 있었다. 그곳에서는 기후 조건이 아주 나빴고 말라리아와 황열병으로 카리브 해 만큼이나 많은 사람들이 사망했기에 이주민의 사망률이 높았다. 그럼에도 연한고용 계약노동 하에서 이루어진 이민이 이곳의 인구도 증가시켰다. 사실 1700년 이후 남부를 향해, 심지어 버지니아와 메릴랜드를 향해 떠난 백인 계약노동자의 수는 전보다 줄어들게 되지만, 17세기 동안에는 많은 수의 백인 계약노동자들이 남부로 갔다. 그보다 훨씬 더 많은 계약노동자들은 일자리 기회가 더 많이 주어졌던 펜실베니아와 뉴욕으로 향했다.

'자유의지 노동자(free-willers)'나 '무임도항노동자(redemptioners)'라고 불린 일정 수의 이민들은 예속적 계약 노동 하에 있지 않았다. 그들은 특히 가족 단위로 이주하여 도착하면서 여객 운임을 지불한 독일인들 사이에서 많이 보였다. 레이날 신부(Abbé Raynal)는 "유럽에서 겪은 헛된 정치적·종교적 성가심에 지쳐버려 아주 먼 곳의 기후에서 평온함을 찾아 나선 아일랜드인, 유대인, 프랑스인, 발도파 신도(Waldensian),[10] 독일 미텔라인 지방 사람(Palatines),[11] 모라비아 교도(Moravians),[12] 잘츠부르크인(Salzburgers)[13]"으로

---

10 발도파는 12세기 말 리옹에서 페트루스 발데스(Petrus Valdes)에 의해 설립된 종교 운동으로 종교개혁 시기 캘빈과 같은 스위스와 다른 지역의 종교개혁가들에게 영향을 미치며 프로테스탄트의 일부로 여겨지게 되었다. 이교도로 오랜 기간 박해받으면서 프랑스 남부, 남부독일 등에 신앙공동체를 형성하고 있었다.

11 Palatine은 자기 영토 안에서 왕권의 일부를 행사하던 중세의 영주를 가리키는 말인데, 여기서는 18세기 북아메리카로 이주한 독일 미텔라인(Mittelrhine) 지방의 사

이루어진 일단의 사람들을 아주 다채롭게 묘사하였다.[17] 아주 논란이 많은 충원 절차를 통해 이런 사람들을 유인했는데, "인간 상인들(merchants of human flesh)"이 이민 후보자를 찾아 중앙 유럽과 독일을 샅샅이 뒤지고 다녔던 것이다.

스코틀랜드계 아일랜드인들은 가장 특이한 사례 중 하나를 보여준다. 그들은 아일랜드에서 왔지만 아일랜드인이 아니었고 스코틀랜드에서 바로 온 스코틀랜드인과도 달랐다. 17세기 초에 영국 왕 제임스 1세(스코틀랜드의 제임스 6세)는 아일랜드의 영토를 확장하기 위해서 북아일랜드 지역에 저지 스코틀랜드의 주민들(Lowland Scots)을 살게 하려고 했다. 이들은 아일랜드 가톨릭에 아주 적대적인 장로교 신도들이었다. 그들 중 약 4만 명이 1610년에서 1640년까지 북아일랜드에 정착하여 번성하였다. 하지만 17세기 말이 되자 런던은 그들의 직물과 다른 상품의 수출을 금지하고 아울러 국교회를 진출시키기로 결정했다. 잉글랜드인 지주들은 스코틀랜드계 아일랜드 농부들에게 훨씬 더 높은 지대를 요구했고, 심지어 지대를 3배나 올리기까지 하였다. 스코틀랜드계 아일랜드인들은 연속적으로 대서양을 건너기 시작했다. 특히 1729년과 1741년, 1757년, 그리고 1772~1773년의 대흉작으로 얼스터에 기근이 일어났을 때 그러했다. 그에 더해 미국독립전쟁 직전인 1772~1774년부터는 벨파스트의 리넨 직물업이 심각한 위기에 처했다. 이렇게 건너간 이

람들을 지칭하고 있다. 미텔라인은 독일 서남부 라인 강 중류에 해당하는 지역으로 빙헨(Bingen)에서 코블렌츠(Koblenz)까지가 해당된다. 이곳에 강력한 영주권 행사 지역이 많기는 했지만, 전체가 그런 것은 아니었고, 17세기 말과 18세기 초에 원래 부유했던 이 지역에 전쟁과 기근 등이 빈번해 지면서 살기 어려워진 주민들이 대거 북아메리카 이민에 나섰고, 이들을 통칭해서 German Palatines라고 부르고 있다.

12 15세기 보헤미아에서 얀 후스(Jan Hus)가 시작한 종교개혁 운동의 결과로 등장한 프로테스탄트의 일파를 '모라비아 형제회'라고 한다. 18세기에 종교적 탄압을 피해 북아메리카로 이주한 사람들이 많으며, 감리교 같은 종파에 영향을 미쳤다.

13 18세기 종교박해를 피해 오스트리아에서 조지아로 이민해 온 독일어 사용 이민자 집단을 가리키는 용어이다. 루터파 교회를 믿던 당시 잉글랜드 왕 조지 2세는 이들에게 조지아의 식민지를 제공했고, 이곳은 나중에 에버네저(Ebenezer) 시가 되었다.

들 중 많은 사람들이 식민지 항구에서 환영받지 못하고 경계지대인 원주민 부족들이 차지하고 있던 땅의 끝자락으로 보내졌다. 그들은 원주민 소유 토지의 성격을 이해하지 못하고, 그렇게 많은 기독교인들이 일하여 일용할 식량을 구하고자 하는데 그런 땅을 자연 그대로 놔두는 것은 신성한 자연법에 위배된다고 믿었다. 이런 믿음에 입각해 그들은 이전에 아일랜드에서 그랬던 것처럼 원주민들과 싸움을 벌였다.

이민의 충원에는 간헐적으로 홍보활동이 수반되었다. 이런 홍보활동은 벨파스트나 런던데리의 언론들이 수행하거나, 선장과 중개상들이 돈을 받고 수행하였다. 이들은 간간히 장이 서는 날 작은 도시나 마을을 방문해 군중이 모여들면 배의 출발 날짜를 알리곤 했다.[18] 선장들은 바다 건너편에 있는 풍요로운 땅의 장점과 매력을 떠벌리고 다녔다. 그들의 이야기들은 의도적으로 여러 가지 장치들을 이용하여 지나가는 사람들을 끌어당겼다.

> 우리는 뉴잉글랜드에서 보낸 편지의 도움을 받아서만이 아니라 왕국의 선장과 선주들의 개입을 통해서도 이 식민지에서 기대되는 이점을 모두 기꺼이 믿으려는 사람들을 찾고 있습니다. 이번에 얻은 특별한 화물을 이용하려고 그들은 중개상들을 여러 시장과 정기시로 보내어 모여든 사람들에게 공개적으로 알리게 했습니다. 중개상들은 그렇게 모인 사람들에게 그들이 가장 혹할 것이라고 생각한 이야기들로 흥을 돋우면서, 십일조나 세금을 지주에게 내지 않고도 자신과 아이들을 위해 아주 싼 가격에 좋은 땅을 얻을 수 있다는 것을 약속했습니다.[19]

1729년에 뉴잉글랜드를 위해 이런 식으로 수행된 홍보활동은 그 이후 자주 되풀이되었다. 주요 항구들에서 온 상인들이 출항의 대부분을 통제했다. 그들은 자기 가게에서 브랜디나 비누, 인디고, 차 등등을 팔아 이익을 얻는 만큼 대서양 횡단 항해에서도 이익을 얻었다. 연한고용 계약노동자들이 식민지에 도착하면, 선주들은 식민지의 고용주들에게서 운임과 일꾼의 판매 수익을 돌려받을 수 있었다. 또한 몇몇 상인들은 필요한 배를 빌려서 노동자들에게 팔기도 했다. 보낸 화물은 가치는 높지만 양은 작았고, 그래서 승객과 연한고용 계약노동자들이 승선하는 공간을 따로 마련할 수 있었다. 봄에 아메리카에서 리넨 직물과 밀가루를 싣고 출발한 배가 여름이 시작될 무렵 유럽의 항구에 들어왔고 11월에는 얼스터로 가서 미국으로 가는 리넨 직물과 이민자들을 실었다.

하지만 아메리카와의 교역에 참여하는 항구가 있는 섬에서는 라인 강 유역의 나라들에서 벌어졌던 것 같은 대단한 홍보가 이루어지지는 않았다. 이런 홍보에서는 처음에는 윌리엄 펜(William Penn)[14]과 퀘이커 교도들의 사절들이 그리고 뒤에는 아메리카의 부동산 투기업자들과 로테르담의 선주들이 나팔을 불면서 마을과 도시를 휩쓸고 돌아다니며 많은 이들을 기만하였다. 스코틀랜드에서는 1745년의 재커바이트(Jacobites) 반란[15]을 전후하여 겪어야 했던 과도한 폭력 행위가 이제는 없었다. 그때 스코틀랜드의 촌락민들은 강제로 쫓겨나 선원들의 채찍을 맞으며 배에 올라야 했다.[20] 1770년대의 스코틀랜드에서는 일부 힘 있는 일족들이 이민에 필요한 돈을 마련할 수 있었고, 무엇보다 미국의 땅을 구매하는 데 드는 돈을 준비하여 그들이 출발하기에 앞서 몇 명을 먼저 보내 정착에 필요한 땅을 미리 구입하도록 할 수 있었다.[21] 혹자는 페루와 멕시코의 광산들로 인해 스페인의 인구가 얼마나 줄었는지를 떠올리고서 고지 스코틀랜드의 인구가 줄어들지 않을까 우려하기도 했다.

18세기 초에 시작되었고 18세기 중반 이후 촉진되었던 아일랜드인의 이민은 보다 안정된 성격을 유지했고, 그와 동시에 그 이민의 추진자들에게 명백한 이익을 가져다주었다. 1770년대 동안 스코틀랜드계 아일랜드인의 이

---

14 1644~1718년. 영국의 부동산사업가이자 철학자, 퀘이커 교도이며 펜실베니아 식민지를 세우고 필라델피아를 건설하여 발전시켰다.
15 1688년에서 1746년에 걸쳐 영국에서 여러 차례에 걸쳐 일어난 폭동이자 반란이었는데, 제임스 2세의 복위와 명예혁명 이후에는 스튜어트 왕가의 복위를 목표로 하였다. 1745년 마지막 반란이 일어나 1746년 완전히 진압되었다.

민이 정점에 이르렀을 때는 300톤급 선박이 300명의 이민자들을 운송하면서 1,050파운드를 받았다. 선원을 12명으로 줄였는데 총 여행 경비는 1,500파운드로 올랐기 때문에 500파운드 이상의 이윤을 남겼다. 그런 배를 건조하는 데는 거의 2,500파운드가 들었기에 항해는 자본의 20퍼센트에 해당하는 이익을 가져다주었다. 선주들에게 이민자 수송은 남는 장사였다. 노예무역도 그만큼 수지가 맞는 것처럼 보였지만, 아마도 그보다는 훨씬 못했을 것이다.

다수를 차지한 흑인과 노예

버지니아와 메릴랜드에서는 17세기 말에 아프리카 흑인노예가 백인 계약 노동자를 대체하기 시작했다. 1670년 체서피크 식민지에는 백인이 3만 8,500명인데 비해 흑인은 2,500명에 불과했다. 한 세대 뒤인 1700년에는 백인이 8만 5,200명인데 비해 흑인은 1만 2,900명이 있었다. 1730년에는 백인 17만 1,400명에 흑인 5만 3,200명이 있었는데, 즉 백인 3명에 흑인 1명꼴이었다. 비록 체서피크 담배 플랜테이션에서 일하는 노예의 수가 상당히 늘어났지만, 결코 흑인이 다수를 차지하지는 않았다. 반면에 흑인이 다수를 차지하는 일이 17세기의 마지막 3분의 1 시기 동안 앤틸리스 제도에서 이미 일어난 것처럼, 18세기 초에는 사우스캐롤라이나 같은 최남단 영국령 식민지들에서 나타나기 시작했다.

서인도제도에는 1670년 무렵에 이미 백인 4만 4,000명에 비해 5만 2,000명의 노예가 있었다. 그리고 1710년에는 노예 수가 14만 8,000명에 이르렀고 백인 수는 3만 명에 머물렀다. 즉 백인 1명당 흑인 5명꼴이었다. 식민화 초기인 1670년대 동안 사우스캐롤라이나에서 식민지 거류민들은 아메리카 원주민 몇 명을 노예로 사용했고, 그들을 버지니아로 수출하기도 했다. 하지만 원주민에 대한 이런 의존은, 노예를 구하느라 원주민 부족을 습격하면서 충돌을 야기하고 원주민과 교역하던 모피 및 사슴가죽 상인들의 이해관계에 손상을 입혔기 때문에 곧 포기되었다. 1670~1690년 동안에 앤틸리스 제도에서 들어온 백인 이민자들이 1,000명의 노예들을 동반했고, 이들 중 대다수는 바베이도스에서 왔다.[22]

1690년대 이후 남유럽과 앤틸리스 제도로 수출하기 위한 쌀 생산이 증가했다. 바로 그 무렵부터 사우스캐롤라이나에서는 새로운 플랜테이션들이 번성하면서 흑인이 다수를 차지하게 되었다. 노예들은 아프리카의 가나 연안에서 수입되었는데, 그들은 쌀농사를 잘 알았고 백인 식민지 거류민들에게 치명적이었던 말라리아와 황열병에 면역성이 있었다. 앤틸리스 제도의 노예들도 면역성이 있었다. 1710년에는 4,800명의 백인에 노예가 5,000명이었는데, 20년 뒤에는 노예가 2만 명을 약간 넘어섰다. 서쪽 경계지역의 광대한 숲에서 추출한 타르나 테레빈 유 같은 선박용품의 생산자만이 아니라 쌀 생산자들도 이런 상품 교역의 활황에서 이익을 얻었다. 잉글랜드의 조선소에게는 스페인 왕위계승전쟁으로 스칸디나비아 산 상품의 수송이 쉽지 않게 되면서, 1705년에 제정된 보호주의 입법에 입각해 아메리카에서 이런 상품을 수입하는 것이 더 이익이 되었다. 이에 자극받은 쌀 경작자들과 선박용품 생산자들은, 앤틸리스 제도에서 그런 것처럼 생산을 늘리고자 하면서 노예의 수도 늘려갔다. 플랜테이션 체제가 강화되면서 노예의 기대수명이 줄어들었고 흑인 가족의 안정성을 약화시켰다. 이는 노예무역에 대한 의존도 증가로 이어졌다. 이미 1720년대 동안 약 9,000명의 노예들이 아프리카에서 찰스턴과 카리브 해의 여타 항구에 도착했다. 1734년에서 1740년까지 다시 1만 5,000명의 노예들이 수입되었다. 1740년에 사우스캐롤라이나의 노예 수는 백인 수의 거의 2배가 되어, 2만 명의 백인에 3만 8,000명의 흑인이 있었다.[23]

하지만 유럽 식민지 전체에서 가장 급속하게 노예 인구가 증가한 곳은 생도맹그였다. 1670년에 프랑스령 섬들 전체를 통틀어 흑인노예의 수는 약 1만 800명이었다. 1710년에 그 수는 7만 4,000명을 넘어섰고, 1730년에는 16만 7,000명 이상이 되었다. 같은 시기에 백인의 수는 각각 8,200명, 2만 1,100명, 2만 8,800명이었다. 1670년에 약 600명의 노예가 있어 아직 본격적인 노예의 시대라고 하기 어려웠던 생도맹그에서는 18세기 전반이 되면 이미 증가세를 뚜렷이 인식할 수 있을 정도가 되었다. 그곳의 흑인 수는 1710년에 4만 3,000명이었고 1730년에는 9만 4,300명이 되었다. 반면에 같은 시기에 백인 수는 8,000명과 1만 400명에 불과했다. 따라서 1730년에 그 섬에는 백인 한 명당 노예가 약 3명꼴로 있었다. 이 앤틸리스 제도의 진주에서는 1770년 무렵이 되면 인종간 불균형이 훨씬 강화되었는데, 당시 백인의 수는 1만 9,000명이 못 되었는데 반해 흑인노예의 수는 24만 1,000명을 넘어섰다. 1790년에는 백인 수가 여전히 3만 명에 불과한데, 흑인노예의 수는 50만 명에 이르렀다. 프랑스혁명이 시작될 무렵에 생도맹그에는 백인 1명 당 흑인 16명 이상이 있었던 것이다.

흑인노예제는 앤틸리스 제도 플랜테이션과 버지니아 플랜테이션에 등장한 이후 백인 연한고용 계약노동에 비해 상당히 이익이 크다는 것을 보여주었다. 노예가 수행할 수 있는 노동시간의 길이에 비해, 아프리카 노예의 가격은 그리 비싸지 않았다. 특히 노예 거래 가격이 떨어지기 시작한 1697년 이후에는 더욱 그러했다. 잉글랜드의 노예무역에 대한 왕립아프리카회사의 독점이 종식되었고 서인도 제도와 영국령 북아메리카에서의 노예무역이 영국과 식민지 상인들에게 개방되었던 것이다. 거기에 이들 상인들은 1713년 위트레흐트 조약에서 스페인이 영국과 노예무역의 '아시엔토' 계약에 합의하면서 그로부터도 이익을 누릴 수 있었다. 이 계약은 18세기 중반에 들어서도 지속되었고, 자메이카는 자기 국민이 수행하는 무역만으로는 노예 수요를 채우지 못했던 스페인 소유령과 프랑스령 식민지 모두에 노예를 판매하는 대규모 중계항이 되었다.

물론 18세기에는 생도맹그만이 아니라 자메이카와 7년 전쟁 이후 영국이 점령한 도미니카나 미국독립전쟁 이후 프랑스인들이 점령한 토바고와 같은 섬들에서도 설탕 무역과 나중에는 커피 무역의 괄목할 만한 활황이 전개되었다. 이러한 활황은 새로운 전쟁으로의 길을 준비하고 인구를 증가시키는 데 필요한 투자의 상당한 증가를 가져왔다.[24] 자메이카에서는 노예에 배분

된 자본의 비율이 농업의 규모와 질에 따라 증가하였다. 조방농업을 수행하는 150헥타르 정도의 평균 규모 플랜테이션에서는 노동 집단이 겨우 30명 정도의 노예로 줄어들었고 자본의 30.4퍼센트를 흡수했다. 면적은 같지만 집약적 영농을 수행하여 더 많은 사탕수수를 심고 다시 심는 곳에서는 100명의 노예가 필요했고 노예에게 자본의 36퍼센트가 들어갔다. 집약적 영농을 하는 450헥타르의 대규모 플랜테이션에는 300명의 노예 노동력이 필요했고, 이는 가치상으로 1만 700파운드(26만 7,750리브르투르누아)가 넘으며 플랜테이션 전체 가치(2만 8,039파운드, 즉 70만 975리브르투르누아)의 38퍼센트를 흡수했다. 생도맹그에서는 르아브르의 거대 무역상 장 라벨(Jean Rabel)이 소유한 가장 큰 플랜테이션 중 하나인 포아쉬(Foache) 농장의 총 가치가 440만 리브르투르누아였고 800명 이상의 노예를 부렸는데, 노예의 가치는 160만 리브르투르누아로 추산되었다. 이것은 자메이카에서 보았던 노동력에 대한 투자와 비슷한 규모의 투자를 보여준다.[25] 포르토프랭스 가까이에 있던 그만큼 크지는 않던 플뢰리오 농장 같은 플랜테이션에는 약 250명의 노예들이 있었는데, 투자의 비율은 더 낮았지만 그래도 자본의 30퍼센트 이상이 노예에 들어갔다.[26]

설탕 활황의 수요에 대응하면서 프랑스혁명 직전에 노예의 구입가격은 크게 올랐다. 가격이 정점에 있을 때 아프리카인 성인 노예 한 사람의 구입가격은 2,000리브르투르누아를 넘어섰다. 플랜테이션 소유주는 노동력을 지속적으로 유지하려면 무거운 빚을 내어 계속 구입해야 했다. 새로 도착한 노예들의 인명 손실은 컸다. 배에서 내린 흑인 중 3분의 1이 매매된 지 3년 만에 사망했다. 그리고 반이 식민지에서 8년을 보낸 후 사망했다.[27] 그래서 노동력을 재빨리 벌충해야 했다. 100명의 노예를 가진 소유주가 생산 수준을 유지하려면 한 해에 8명 내지 10명의 노예를 구입해야 했던 것이다. 이것이 자신이 진 빚을 갚을 수 있는 유일한 방법이었다.

이렇게 흑인이 다수를 차지한 것이 훨씬 더 수가 작았던 백인 소유주들에게 실질적인 위험이 되었는가? 실제로 반란이 일어난 사례는 여전히 드문 일이었던 것 같다. 아메리카의 섬들 중 자메이카는 1720년에서 1730년 사이에 가장 많은 수의 노예 반란이 일어났던 곳이다. 그러나 흑인노예의 수가 가장 많았던 섬인 생도맹그에서는 1791년 8월에 단 한 번 반란이 있었다. 이 반란은, 분명히 말하건대, 단연 가장 격렬했으며 플랜테이션 경제를 황폐화시킬 만큼 가장 결정적인 영향을 주었던 것이었다.[16]

백인 계약노동자들에 비해, 흑인노예들은 피부색으로 알아 볼 수 있었고 도망쳐서 자유민들이 모여 사는 곳에 숨어드는 것이 어려울 수밖에 없었다. 하지만 흑인노예가 자기가 살던 식민지와 대립하고 있어서 자신을 기꺼이 받아들이고자 하는 외국 식민지로 도망칠 수는 있었다. 사우스캐롤라이나에 대해 플로리다가 그런 경우이고, 생도맹그의 경우 프랑스 식민지에 맞섰던 같은 섬 내의 스페인 식민지도 마찬가지였다. 서인도제도의 안티과나 몬트세라트 같은 작은 섬에서는 종종 비교적 사람이 살지 않는 산지 지역들이 도망노예들에게 도피처를 제공했다. 자메이카 내지의 산지에도 그만큼 자주 도망자들이 몸을 숨겼다. 자메이카에서 도망노예를 가리키는 말인 '마론(Marrons)'은 처음에 스페인 식민지 거류민들의 흑인노예들이었다. 섬의 내지로 도망해 있던 이들은 영국이 섬을 점령한 이후 영국 플랜테이션에서 도망친 노예들과 결합하였다. 그들은 '경계지대'에 있는 플랜테이션들을 습격하기 시작했고, 1730년대에 노예반란이 최고조에 이르렀다. 1739년 '마론'과 영국인들 사이에 평화협정이 체결되었고, 거기서 반란 노예들은 자신들의 자치령을 인정받았고 대신에 이후 도망쳐 오는 노예들은 플랜테이션 소유주들에게 돌려주기로 합의했다. 실제로 30년 뒤 그들은 식민지 거류민들의 노예반란 진압을 도왔다.

반란으로 유죄 판결을 받은 노예에게는 사형만이 유일한 형벌이었다. 이런 가혹한 식민지 입법이 진압을 뒷받침했음에도, 노예제도를 영속적으로

---

16 1791년에서 1804년까지 수행된 아이티 혁명을 말한다. 프랑스혁명의 영향 하에 시작된 아이티 혁명은 로마 시대의 스파르타쿠스 반란 이래 가장 큰 노예반란이었으며, 주권국가의 설립으로 귀결된 유일한 노예봉기였다.

유지하려는 인간의 심성이 도와주지 않았다면 진압만으로는 충분치 않았을 것이다.

이런 진압이 얼마나 격렬했는지는 한 가지 실례를 드는 것만으로 충분히 알 수 있다. 1736년 백인이 겨우 3,000명밖에 없고 흑인노예 수는 약 2만 4,000명을 헤아렸던 안티과에서 노예들 사이에 반란을 일으키려는 음모가 발발 직전에 발각되었다. "우리 섬에서는 많은 끔찍한 일들이 벌어지고 있다. 흑인들을 화형시키고, 다른 흑인들은 교수대에 목을 매달고, 또 다른 흑인들은 바퀴에 매달아 고문을 가한다. 이런 일이 내내 벌어지고 있다." 플랜테이션 소유주인 월터 털리델프(Walter Tullidelph)는 런던에 있는 형제에게 보낸 편지에서 거의 80명의 노예들을 살해한 진압의 잔혹함을 과감 없이 보여주었다.[28]

1789년에 생도맹그에는 약 3만 명의 물라토가 있었는데, 이들 중 일부는 노예상태에서 해방되었다. 이런 물라토 자유민들은 그들대로 노예 소유주가 되었고 자신의 이익을 위해 노예제를 유지하고자 했다. 반란이 일어나기 겨우 2달 전에 모로 드 생 메리(Moreau de Saint-Méry)의 생도맹그 주재 통신원 중 한 명은 이렇게 밝혔다. "유색인들과 결합한 우리는 노예의 순종과 우리 재산의 보존을 확신하고 있습니다." 이렇게 말한 그는 분명 틀렸지만, 18세기 동안 백인들은 노예제를 지키기 위해 물라토들과 지속적으로 연대하였다.

이런 반란들이 일어날 때까지 "현실에 대한 체념 섞인 행동과 두려움에 찬 복종을 야기했던 아프리카인들의 마법에 사로잡힌 사고 체계" 때문에 인종적 불균형이 받아들여 질 수 있었을까?[29] 노예상태는 '암흑대륙'의 전통적인 사회조직에 속해왔을 터이고, 그래서 흑인들은 자신의 의지가 통제할 수 없는 운명에 자신이 휘둘리게 마련이라 믿는다고 생각되었다. 1791년에 물라토들은 혼혈과 권리의 평등을 통해 노예 소유자들이 공유하는 이해관계를 보호하고자 했다. 플랜테이션 소유자들 중 커피를 재배하는 남부의 물라토는 가장 역동적이었다. 그들은 계몽주의 시기 유럽에서 비난받던 노예제도에 대해 어떤 의문도 품지 않았다. 실제로 몽테스키외(Montesquieu)는 법과 도덕의 이름으로 노예상태를 비난했지만, 그러면서도 아무런 아이러니를 느끼지 않은 채 노예제가 경제적으로 정당하다고 주장할 수 있었다. "설탕을 생산하는 농장에서 노예들이 일하지 않으면 설탕이 너무나 비싸질 것이다." 비록 프랑스에서는 앙시앵 레짐 말기에 '흑인의 친구 협회(Société des amis des Noirs)' 같은 조직이 목소리를 내었고 그래서 콩도르세(Condorcet)17는 삼부회(états généraux)를 준비하면서 "선거인단에게 흑인노예제에 반대한다고" 밝힐 수 있었지만, 1780년대 말에 노예제에 반대하는 여론이 가장 크게 일어난 곳은 영국이었다. 1787년 런던에서 아메리카와 잉글랜드의 퀘이커 교도들의 영향 하에서 전국적 규모의 '노예무역 폐지를 위한 협회(Society for Effecting the Abolition of the Slave Trade)'가 설립되었다. 윌버포스(Wilberforce)18와 피트(Pitt)는 그 협회의 영향력을 의회로 확장시켰지만, 프랑스혁명이 야기한 공포와 영국 내의 급진적 운동 때문에 법령의 통과가 보류되었다. 1805~1807년 동안 노예제 폐지 압력이 재개되었고, 결국 영국은 1807년에 노예무역을 중지시켰다. 이런 조치가 통과된 때는 12년 이상 동안 영국이 바다를 지배하던 시기였다. 지금까지 대적할 자가 없는 해양력의 뒷받침을 받아온 영국은 네덜란드와 프랑스, 덴마크 같은 외국 식민지들의 네트워크에까지 자신의 힘을 확장시키고 식민지 상품에 대한 수입을 크게 늘

---

17 Nicolas de Condorcet, 1743~1794년. 프랑스혁명 시기 프랑스의 정치가, 정치철학자, 수학자. 입법의회와 국민공회의 의원이었고 1793년 지롱드헌법의 기초자였다. 특히 국민교육에 대한 원칙을 제시한 것으로 알려져 있으며, 자유주의 경제학, 입헌주의, 자유롭고 평등한 교육, 여성과 인종에 대한 평등권 등을 주장해 당시 계몽주의 원리를 구현했다고 평가된다. 지롱드헌법 부결 후 산악파에게 쫓겨 체포당했다가 감옥에서 자살했다. 하지만 그의 죽음에 대해서는 논란이 되고 있다. 그의 『인간 정신의 진보에 대한 역사적 개요(Esquisse d'un tableau historique des progrès de l'esprit humain)』(1793)은 정치사상사에서 중요한 저작으로 평가된다.

18 William Wilberforce, 1759-1833년. 영국의 정치가이자 박애주의자로서 반노예제 운동의 지도자였다. 복음주의를 신봉하던 그는 1787년부터 반노예제운동을 조직하여 1807년의 노예무역폐지법 통과를 이루었고, 죽기 직전 대영제국 대부분에 노예제 폐지를 결정한 1833년 노예제폐지법을 이끌었다.

려왔다. 이런 팽창주의 정책도 노예제 폐지론자들과 서인도제도의 플랜테이션 소유주들에게서 비난받았다. 플랜테이션 소유주들은 외국산 상품과 최근에야 플랜테이션에 참여한 지방들에서 영국인들이 들여온 상품과의 경쟁 증가를 우려하였다. 가이아나의 베르비세(Berbice) 식민지나 데메라라 식민지, 아니면 트리니다드 식민지가 그런 지방들이며, 이런 곳들에서 생산한 설탕과 무엇보다 면화가 최고의 활황을 맞고 있었다.

1792년 윌리엄 피트는 영국 하원에서 식민지 설탕 경제의 쇠퇴를 거론하며 노예제 폐지 조치를 정당화했다. 하지만 설탕 생산 섬들의 쇠퇴 시기에는 노예제 폐지가 결정되지 않았고, 새로운 '경계지대들'인 쿠바와 가이아나, 앤틸리스 제도의 일부 섬들이 노예 노동력 형태로 투자를 끌어당기고 있는 사이에 노예제 폐지가 이루어졌다. 따라서 프랑스령 생도맹그가 붕괴한 후에 스페인 및 포르투갈 식민지들에서 새로운 노예무역 시장이 열림에 따라 노예무역은 다시 활력을 찾은 듯 했다. 하지만 얼마 안 가 나폴레옹의 봉쇄 조치들과 그에 대응한 영국의 대륙봉쇄 조치들로 유럽 시장이 폐쇄되면서 무역이 전체적으로 심각한 위기를 맞게 되었다. 이런 전개과정을 보면 노예무역의 폐지는 불가피한 경제적 상황에 대응하면서 나타난 것일 수도 있었다.

대서양의 흑인 화물

인류 역사에서 가장 큰 강제이주인 노예무역이 얼마나 이루어졌는지는 오로지 4세기에 걸치는 그 역사 내에서 그리고 아프리카 노예무역의 추이 속에서만 제대로 평가될 수 있다. 10세기에서 15세기까지 사하라 사막의 노예무역은 700만 명 이상의 노예를 거래하였다. 반면 중세 시기부터 19세기까지 인도양의 노예무역에서는 약 500만 명의 노예가 거래되었다. 우리는 15세기 중반부터 19세기 말까지 1,200만 명이 좀 넘는 노예들이 대서양 노예무역에서 거래되었고 그 중 300만 명 이상이 19세기에만 거래되었다고 추산할 수 있다. 따라서 1450년부터 1800년까지 800만 명이 넘는 흑인들이 대서양을 가로질러 '신세계'에 도착했다. 이중 18세기가 단연 가장 큰 비중을 차지했다. 그때 600만 명 이상의 노예들이 아메리카의 플랜테이션에 투입되었으며, 이는 19세기 이전 대서양에서 이루어진 노예무역의 4분의 3에 해당했다. 그에 비해 16세기와 17세기가 차지하는 비중은 그때 스페인 및 포르투갈의 식민지와 여타 유럽 나라들의 식민지들이 발전했음에도 그리 크지 않은 것 같이 보인다. 1450년과 1600년 사이에 36만 7,000명의 노예들이 운송되었고, 1601년에서 1700년까지는 186만 명이 운송되었다. 18세기 동안 노예 수송의 진척과정은 상당히 들쭉날쭉했다. 1701년에서 1770년까지 300만 명을 조금 넘는 노예들이 아프리카를 떠나 대서양을 가로질렀던 반면, 18세기의 마지막 30년 동안 노예 수송량이 가파르게 상승해 200만 명이 넘는 노예들이 운송되었던 것이다.

영국과 프랑스, 포르투갈 무역상들이 아프리카에서 들여온 노예의 수는 500만 명이 넘었을 수도 있다. 이 중 반 이상은 가장 강력한 노예무역 선단이었던 영국의 선단이 싣고 온 것이었다. 비록 정확히 측정하기는 어렵지만, 유럽 노예무역을 단연 가장 끌어들인 곳은 스페인 및 포르투갈 식민지의 시장이었다. 18세기 후반 설탕과 면화의 활황기 동안 페르남부쿠의 플랜테이션만이 아니라 미나스제라이스(Minas Gerais)의 광산에서도 발생한 수요를 충족시키기 위해, 다해서 거의 170만 명의 노예들이 브라질로 들어갔다.[30] 바이아에서는 생도맹그의 반란 이후 18세기의 마지막 시기에 사탕수수 플랜테이션이 활황을 맞았다. 1761년에서 1800년 사이에 거의 60만 명의 노예들이 브라질로 들어갔다.[31] 라플라타와 카르타헤나에서는 노예무역상들이 처음에는 남해회사(South Seas Company)[19]였고 뒤에는 보통 개인들이었는데, '아시엔토'라고 불리는 스페인 왕실이 부여한 노예공급 계약권을 보유한 사람들이었다. 이들은 포토시 광산과 '누에바그라나다'의 광산들에서 높은 노동력

---

19 아프리카의 노예를 스페인령 서인도 제도에 수송하고 이익을 얻는 것을 주된 목적으로 1711년 영국에서 설립된 특권 회사를 말한다. 이후 금융 회사로 변신하여 1720년에 '남해 거품 사건'을 일으키게 된다.

수요를 가진 시장을 발견했다. 특히 '누에바그라나다'의 포파얀(Popayan)에서는 18세기의 마지막 20년 동안에 금광이 개발되었다. 1736년에서 1789년까지 '아시엔토'에 입각해 "합법적"으로 카르타헤나로 들어간 노예의 수만 해도 4만 명 이상으로 늘어났다. 1789년에는 프랑스혁명으로 부르봉 왕가의 수입 독점이 사라지면서 들어온 노예의 수도 더 증가했다. 이런 현상은 쿠바에서도 볼 수 있는데, 훔볼트에 따르면, 쿠바에서는 같은 시기 동안 대규모 설탕 및 커피 플랜테이션이 등장하면서 1790년에서 1799년 사이에 5만 명 이상의 노예를 수입했다.[32]

스페인 및 포르투갈 식민지로의 이런 합법적 수입 외에, 퀴라소의 중계항과 자메이카에서 들어온 노예 밀수도 고려해야 할 것이다. 밀수와 관련해 잉글랜드의 경우는 반(反)밀수 법이 제정되어 있었다. 1661년의 항해조례가 잉글랜드 식민지와의 교역에서 외국 선박들을 배제했기 때문이다. 물론 1670년 이후 10년 동안 왕립아프리카 회사가 수송한 수천 명의 노예들을 '아시엔토' 선박들이 "착복하는" 일이 있었지만 말이다. 1685년 영국 상무성(Lords of Trade)[20]은 영국령 카리브 해 항구에서 흑인을 매매하러 온 스페인 선박에 대해 압류조치를 면제해 주었다. 스페인인들이 스페인 은화로 높은 대가를 치러주었기 때문이었다. 노예무역이 리버풀에서 막 시작되었을 때, 리버풀 무역상들이 서인도 시장이나 체사피크 시장에서 런던과 브리스틀 상인들에게 도전하기는 어려웠기 때문에 그 도시는 스페인 식민지로 흑인

---

20 Lords of Trade and Plantation이라고도 하는 영국 상무성은 1620년 찰스 2세 시기에 식민지 및 플랜테이션 문제를 다루는 임시 위원회로서 영국 추밀원 산하에 처음 설치되었다. 그 후 무역과 식민지 문제, 항해조례 문제 등을 전반적으로 관할하는 공식 정부 부서로 발전했고 미국독립전쟁에서 패배한 후 1782년에 폐지되었다. 하지만 1783년 파리 조약 이후 영국의 나머지 식민지와 미국, 그리고 여타 국가들 간의 무역을 관리할 필요성에 맞추어 새로이 무역 및 플랜테이션 위원회(Committee of Council on Trade and Plantation)가 다시 설치되었고 이 위원회를 상무성(Board of Trade)이라고 부르다가, 1861년부터 공식적인 부서명으로 바뀌었다. 영국 상무성은 1970년 영국 무역산업부(department of Trade and Industry)로 통합될 때까지 유지되었다.

을 밀수하는 데 몰두하였다.

18세기에 앤틸리스 제도와 영국령 아메리카에서 플랜테이션이 성장하면서 노예무역에 가장 큰 자극이 가해졌다. 서인도 제도로 수입된 노예의 총수는 120만 명이 넘었고, 자메이카만 해도 1655년에서 1787년까지 거의 70만 명의 노예가 들어왔다. 사우스캐롤라이나 같은 영국령 북아메리카의 얼마간 새로운 시장들은 플랜테이션의 활황 시기에 특히 강력한 압력을 행사했다. 1735년에서 1739년까지 단 5년 동안 사우스캐롤라이나에는 거의 1만 2,000명의 노예가 수입되었다. 계약노동자보다 실로 2배나 많은 이런 새로운 노예들이 플랜테이션의 노동력으로 들어오자, 백인들은 다수를 차지한 흑인들이 자유를 택하려고 생각하지 않을까 하고 두려워할 정도였다. 실제로 일부 노예들, 분명 아주 작은 수의 노예들(몇 백 명밖에 되지 않았다)이 1739년의 스토노(Stono) 노예반란[21]에서 자유를 얻고자 시도했다.

프랑스 식민지 시장이 가졌던 비중도 정확하게 말하기 어렵다. 칼론(Calonne)에 따르면, 1768년에서 1777년까지 프랑스 노예무역상들은 매년 1만 4,365명의 노예를 식민지로 운반했다고 한다. 이에 입각하면 10년 동안에 들여온 노예의 수가 14만 3,000명을 헤아린다. 미국독립전쟁 이후 베르사유의 정책이 선주들에게 보조금을 지불하는 체제를 통해 노예무역을 지원했고 커피와 면화의 활황으로 인해 생도맹그의 노예수요가 가파르게 상승했기 때문에, 노예무역상들의 선적량은 연간 2만 명 이상으로 증가했고 프랑스혁명 직전에는 거의 3만 명이라는 기록적인 수치에까지 이르렀다. 1789년에 생도맹그만 해도 2만 8,000명이 넘는 노예를 수입했던 것이다. 7년 전쟁과 프랑스혁명 사이에 프랑스가 노예무역으로 판매한 노예 수는 40만 명을 거뜬히 넘어섰고, 18세기 전체를 보면 앤틸리스 제도의 프랑스 식민지 시장에

---

21 1739년 사우스캐롤라이나 식민지에서 발생한 노예반란으로 바로 진압되었고 참가한 노예의 수도 작았지만, 42명 내지 47명의 백인과 44명의 흑인노예가 사망했다. 이 때문에 1740년 사우스캐롤라이나 의회는 흑인노예 법을 제정하여 노예의 모임과 교육, 이동을 금지시켰다.

100만 명 이상의 노예가 흡수되었다. 프랑스 자체의 노예무역이 노예 수요를 전혀 충족시키지 못했기 때문에, 외국 노예무역상들, 특히 영국과 미국인 노예무역상들이 윈드워드 제도나 생도맹그 섬 남쪽에 노예를 내려놓았다. 그들은 앞 다투어 노예를 팔면서 프랑스 노예무역상보다 비싸지 않은 가격을 제시하였다. 그래서 마르티니크의 노예판매 공식 기록에는 미국독립전쟁 직전에 한 해에 약 180명을 매매했다고 적어 놓았지만, 이는 실제로 이루어진 판매에 비해 더 낮은 수치였다. 왜냐하면 1776년 한 해에만 거의 2만 명이 매매되었기 때문이다.

유럽 노예무역의 중심지들

잉글랜드에서는 노예무역을 통해 리버풀이 18세기 세계에서 가장 큰 노예무역항이라는 명성을 얻었다. 1699년에서 1807년까지 이 항구의 무역상들은 5,249회의 항해를 통해 136만 4,930명의 아프리카 흑인들을 운송하였다. 같은 시기에 잉글랜드에서 두 번째로 큰 노예무역항이었던 런던의 상인들은 3,047회의 항해를 통해 74만 4,721명의 흑인들을 운송하였다. 1728년에서 1742년까지 몇 년간 노예 매매에서 수위를 차지했던 브리스틀은 18세기 후반에는 크게 감소해서, 같은 시기에 총 2,126회의 항해를 통해 48만 1,487명의 흑인을 운송했다.[33] 따라서 영국 무역상들이 판매한 노예 중 반 이상이 리버풀에서 팔린 것이며, 런던의 판매량은 전체의 3분의 1이 채 되지 않았고, 브리스틀의 노예무역상들은 전체의 5분의 1도 팔지 못했다.

1740년대 이후 리버풀은 영국 노예무역을 지배하기 시작해, 이미 1743년에서 1747년까지 선적된 노예의 반 이상을 맡았다. 그리고 미국독립전쟁 이후에는 리버풀 항이 노예무역의 3분의 2를 지배하면서 그 무역에서 압도적인 비중을 차지할 수 있었다. 아래 표 6.1은 1783년에서 1807년까지 리버풀 항의 노예무역 항해수와 노예 수송량을 제시한 것이다.

표 6.1 리버풀의 노예무역 항해수와 노예 수송량, 1783~1807년

	항해횟수		노예 수송량	
	영국	리버풀	영국	리버풀
1783~1787	595	405(68.06)	186,795	131,300(70.29)
1788~1792	695	475(68.34)	206,150	147,935(71.76)
1793~1797	515	415(80.58)	153,955	126,380(82.08)
1798~1802	785	675(85.98)	215,160	185,430(86.18)
1803~1807	585	515(88.00)	149,865	129,765(86.50)

주: 괄호는 영국에 대한 리버풀의 비중으로 단위는 %.

1730년대 말까지 리버풀 항은 랭커셔에서 생산한 상품들, 특히 스페인령 섬들에서 밀무역으로 팔리던 맨체스터 산 리넨 직물과 면직물을 대서양 너머로 보내면서 만족할 만한 성과를 올렸다. 거기에다가 스페인령 섬들이 리버풀의 무역상들에게서 노예도 구입해 갔기 때문에, 리버풀의 활황은 더욱더 괄목할 만하였다. 하지만 1739년 잉글랜드와 스페인 사이에 전쟁이 발발하면서 밀무역은 전보다 어렵게 되었다. 1750년에는 '아시엔토' 특권이 철회되었고, 리버풀의 무역상들은 영국령 아메리카의 노예무역으로 눈을 돌려야 했고 그곳 시장에서 경쟁을 벌일 수밖에 없었다. 1768~1772년의 5년 동안에는 리버풀에서 총 460회의 항해를 수행해 리버풀이 전반적으로 우위에 서게 되었다. 그 사이 런던은 205회를 항해했고 브리스틀은 135회를 항해했다. 1780년대 동안 이 두 항이 차지하는 비중은 훨씬 더 줄어들었다. 1783년 이후 리버풀은 영국 총 항해횟수의 거의 3분의 2를 차지했고, 18세기 말에는 항해횟수의 85퍼센트 이상을 차지했으며 머지(Mersey) 강 유역 선주들에게 속한 노예의 86퍼센트를 수송하여 노예무역에 대해 거의 독점권을 행사하는 듯이 되었다.

리버풀이 가진 주된 이점은 기니와 앙골라의 무역상들이 원하던 상품을 현지에서 바로 구할 수 있다는 것이었다. 그런 상품들은 맨체스터와 버밍엄(Birmingham), 요크셔에서 생산되는 값싼 직물과 구리, 철물, 쇠사슬, 칼, 화기들이었다. 또한 영국에서 가장 큰 밀무역 중심지였던 근처의 맨(Man) 섬

에서 선주들은 네덜란드 선박들이 싣고 온 브랜디와 무기, 소총용 화약을 구입했다.

1800년경 볼티모어에서 스쿠너 선(Schooners)[22]이 등장하기 전에 속도가 가장 빠른 배는 리버풀에서 건조되었다. 무역상들은 배의 운항을 아주 빡빡하게 운영했다. 선원들의 임금은 낮았고 선장은 통제 받았으며 행사할 수 있는 특권이 별로 없었다. 런던 상선의 선장이 항구에 들어가면 상여금을 받고 상륙해서 마데이라 산 포도주를 곁들여 만찬을 즐겼지만, 리버풀의 선장은 직접 섬의 시장에 뛰어들어 흥정을 벌이며 노예 가격을 4 내지 5파운드 낮추면서 거래를 성사시켜야 했다.[34]

이런 괴물 같은 무역항에 대면, 외국의 경쟁 항들은 영국 해군이 바다에서 그들의 배를 몰아내기 전에도 이미 왜소해 보였다. 프랑스의 제1 항구인 낭트는 18세기에 1,427회의 항해를 수행해 프랑스 노예무역 항해의 42.4퍼센트를 차지했고 1725년에서 1792년 사이에 35만 명 내지 36만 명의 노예를 운송했다. 411회 항해를 한 보르도는 늦게 노예무역에 참여했음에도 프랑스 전체의 12퍼센트 이상을 차지했다. 보르도의 선주들은 미국독립전쟁 이후에 기니와 앙골라보다는 인도양의 새로운 장소에서 무역을 하는 데 더 열성을 보였다.[35] 오랫동안 보르도 상인들은 대서양으로 바로 항해해 가는 것보다, 그다지 이익이 남지 않을 것 같은 비용이 많이 드는 무역에 계속 치중했다. 한참 뒤인 1792년에야 그들이 수송한 노예의 총수는 15만 명 이상에 이르렀다. 따라서 그들의 무역은 거대 괴물이었던 리버풀에 비하면 여전히 아주 작았다. 주목할 만한 활동을 보여준 프랑스의 다른 두 항구는 라로쉘(427회

---

22 19세기 중반 이후 증기선 시대가 시작되기 전에 19세기 전반 대서양횡단 항해를 주도한 대형 쾌속 범선을 지칭한다. 여러 개의 돛대에 대형 돛을 장착하고 돛대의 각을 순풍에 맞추어 비스듬히 기울였으며 선체도 라운드쉽이 아니라 롱쉽 형태를 취하여 대양에서 높은 속도를 낼 수 있었다. 그러면서도 화물을 많이 실을 수 있게 선체 크기도 컸기 때문에, 19세기 중반까지 대서양횡단 정기여객선 역할을 수행하였다. 원래 미국독립전쟁 시기 소형쾌속선으로 개발되어, 대형 화물 수송을 위해 개량되었으며 초기 스쿠너로 유명한 것에는 미국의 볼티모어에서 건조된 볼티모어 클리퍼 선이 있다.

의 항해)과 르아브르(399회의 항해)였다.

노예무역에는 중대한 위험이 따랐기 때문에 보르도 상인들이 가졌던 두려움은 근거가 없는 것이 아니었다. 첫째, 항해 기간이 길어지면 질수록 자본을 고정해 두어야 하는 기간이 길어졌는데, 항해 기간은 아메리카로 바로 가는 기간에 비해 2배로 늘어나는 일이 자주 있었다. 아프리카 연안에 오랫동안 머무는 사이에 ―브리스틀 노예무역상들의 경우 평균 100일을 머물렀다― 선원들이 열병으로 쓰러졌다. 오랫동안 움직이지 못한 배들이 손상을 입었으며 배를 수리할 방법은 제한적이었다.36) 이런 무역의 상품 거래에서는 계산착오가 빈번했고, 때로는 충분한 노예를 모으기도 어려웠다. 그래서 1764년 감비아(Gambia) 연안에 닻을 내린 브리스틀 선박 4척은 440명의 노예를 구입할 계획이었지만 289명밖에 확보하지 못했다.37) 다른 무역상들과의 격심한 경쟁, 연안의 교역 거점에서 물자를 공급받는 데서 오는 어려움, 이 모든 것들 때문에 흑인노예는 적재하기가 매우 어려운 화물로 보였다. 이 화물을 앤틸리스 제도에서 팔 때도 몇 가지 장애에 부딪칠 수 있었다. 시장이 포화상태에 있거나 화물의 상태가 너무 안 좋으면 그러했다. 특히 적도를 지나면서 바람이 불지 않거나 카리브 해에 접근하면서 변덕스런 무역풍을 만나 배가 지체되는 경우 화물의 상태가 더욱 안 좋았다. 게다가 대서양 횡단 동안에 화물의 손실이 계속 발생할 수 있었다. 1748년에서 1782년까지 낭트의 선주들은 아프리카에서 14만 6,799명의 노예를 구입했다. 이중 항해 중에 1만 9,666명이 사망해, 손실률이 13퍼센트나 되었다. 노예 화물만이 아니라 배의 선원들도 이질과 치명적인 열병으로 인해 아니면 영양결핍으로 인해 노예보다 더 많이 사망했다. 결국 선상반란이 일어나는 경우도 일부 있었다. 앤틸리스 제도의 항구에 도착하면 싣고 온 노예 중 일부의 건강 상태가 반드시 나빠져 있었고, 일주일간의 "회복기간"을 가져도 나아지지 않았다. 이런 노예들은 "형편없는 일꾼"으로 반값에 팔릴 수밖에 없었다.

따라서 노예무역은, 어떤 이들이 그리듯이, 마구 돈을 그러모으는 장사가 아니었다. 적어도 프랑스의 항구들에서는 간간이 올리던 20 내지 30퍼센트의 이윤보다는 평균 6에서 10퍼센트의 이윤이 더 실재에 가까웠다. 브리스틀의 무역상인 제임스 존스(James Jones)는 1788년 하원의 한 위원회에서 이렇게 밝혔다. "그것은 때로는 이익이 좋지만 때로는 그렇지 않은 위태위태한 무역입니다."[38] 리버풀의 경우는 아마도 리버풀 선박들이 거둔 성공 때문인지 훨씬 더 높은 이익을 올려, 매닉스(Mannix)에 따르면, 1786년에 이윤율이 30퍼센트에 이르렀다.[39] 최고의 노예무역항의 무역상들은 분명 유리한 조건을 누릴 수 있었다. 그들은 비용을 줄이고 노예무역선에 사람을 배치하고 네덜란드에서든 맨 섬에서든 노예무역에 필요한 상품을 가장 낮은 가격에 구입하는 데 도가 튼 사람들이었다. 그리고 그들은 능란하게 맨체스터의 상인 제조업자들에게서 매력적인 조건으로 신용을 확보하여 거의 2년 간의 신용을 얻어내었다. 그들은 또한 앤틸리스 제도에서 노예를 판매하고 대금으로 받은 환어음을 어떻게 하면 가장 좋은 조건에서 돈으로 바꿀 수 있는지도 잘 알고 있었다. 물론 1786년에 대한 이런 평가는 1788년에 돌번(Dolben) 법[23]이 의회에서 통과되기 전에 이루어진 것이다. 이 법은 인도주의적 견지에서 노예들에게 최선의 수송 상태를 확보해 주기 위해 선주들에게 자기 배에 싣는 노예의 수를 줄이도록 강제했다. 브리스틀의 일부 상인들은 이 법 때문에 그들이 운송하던 노예 수를 4분의 1이나 줄이게 되었고, 그래서 큰 손실을 감수해야 한다고 불평했다.[40]

18세기 말 리버풀의 무역에 진정으로 대적할 만한 세력은 유럽이 아니라 미국에 있었다. 새로운 미국의 항구들인 로드아일랜드의 뉴포트나 브리스틀, 보스턴, 세일럼, 찰스턴, 볼티모어를 떠난 미국인 노예무역상들이 아프리카 연안에 점점 더 자주 나타났다.

---

23 1788년의 노예무역 법이라고도 하는 이 법은, 용적톤수에 따라 수송 가능한 노예의 수를 제한하는 법이다. 가혹한 노예 운송 상황에 대한 비난의 결과로 나온 것이며, 노예 수송을 규제하는 최초의 입법이라고 할 수 있다.

미국인 노예무역상들

독립 이전에 13개 식민지의 노예무역선은 이미 카리브 해의 여러 유럽 국가 소유령과 함께 영국령 앤틸리스 제도에 노예를 공급하였다. 하지만 이무역은, 미국독립전쟁 이후 미국 정부와 여러 주들의 법률이 미국인의 노예무역 참여를 막고 있었는데도 새로운 규모를 획득했다. 선주들은 식량과 목재, 여타 상품을 실은 배를 앤틸리스 제도로 보내 거기서 아프리카 연안으로 항해하도록 하는 관행을 발전시켰다. 이렇게 노예무역을 위한 최종 목적지를 감춘 것이었다. 배들은 노예들을 싣고 앤틸리스 제도의 섬들로 돌아갔다가 거기서 식민지 상품을 구입해 미국의 항구에 도착했다. 식민지 상품이 없으면 당국의 의심을 살 수도 있기 때문이었다.

1753년 런던의 상무성은 북아메리카 선박 약 20척이 아프리카 노예무역에 종사한다고 추정했다.[41] 11년 뒤 로드아일랜드의 총독은, 30년 이상 동안 약 18척의 노예운반선이 주로 뉴포트에서 아프리카로 떠났음을 확인하였다. 이배들은 보통 크기가 작았으며 100명 내지 120명이 못 되는 노예를 실었다. 1761년에서 1768년까지 북아메리카의 노예무역상들이 황금해안에서 영국령 앤틸리스 제도로 운반한 노예의 수는 아래 표 6.2에 제시한 바와 같다.

표 6.2 북아메리카 노예무역선의 노예수송량, 1761~1768년[42]

	1761	1762	1763	1764	1765	1766	1767	1768
선박수	12	9	12	8	2	5	8	12
노예수	1,322	980	1,340	1,075	300	430	1,060	1,697
평균노예수	110.5	108.8	111.5	134.3	150	86	132.5	141.4

아프리카 연안에서 선적하여 프랑스와 스페인의 식민지들로 돌아간 다른 선박들까지 고려하면, 7년 전쟁 이후 시기 동안 북아메리카 선박의 연간 평균 항해 횟수는 거의 30회로 증가한다. 이는 리버풀의 노예 운반 항해 수의 3분의 1이 넘는 수치이다. 물론 운반한 노예 수에서는 리버풀에 훨씬 못 미쳤다. 북아메리카 선박이 매년 운반하는 노예의 총수가 3,300명으로 늘어났

다고 해도 당시 리버풀에서 운반한 노예의 총수는 거의 1만 7,000명 정도 되었기 때문이다.

미국독립전쟁 이후 미국에서 노예제 폐지 여론이 커지고 있었음에도 로드아일랜드의 항구들과 보스턴, 세일럼 같은 항구들, 심지어 당시 반노예제 선전활동의 중심지였던 퀘이커 교도 도시 필라델피아에서도 노예무역이 재개되었다. 1790년 1월 1일 '신세계'의 수많은 스페인 항구들이 외국 무역상들에게 개방된 것이 핵심적인 영향을 미쳤다. 쿠바는 1791년 생도맹그의 붕괴 이후 설탕 및 커피 생산이 급성장하면서 여기에 투입할 노예를 점점 더 많이 받기 시작했다.

1789년과 1790년 미국의 흑인 수송량은 연간 약 4,000명으로 치솟았다. 하지만 미국 땅으로 노예를 들여오는 것은 미국의 주들 대다수에서 불법이었다. 1785년~1786년에는 단지 3개 주만이 노예 수입을 허용했다. 그리고 1786년에서 1790년까지는 조지아만이 그렇게 했다. 1790년에서 1793년까지는 노스캐롤라이나가 조지아에 합류했지만 1794년에 그 항구들이 폐쇄되었고, 1798년에서 1803년까지는 어떤 주도 노예를 받을 수 없게 되었다. 1803년에 사우스캐롤라이나가 금지법을 철회하여, 1808년 노예무역을 완전히 중지하는 연방법의 개입 때까지 계속되었다. 유사한 법들이 대외무역에 대한 미국인의 참여와 함께 미국에서 어떤 다른 나라로의 노예무역도 불법화했다.

사실 노예제 폐지론자들의 활동에도 불구하고 이런 법들이 실제로 적용되지는 않았다. 법을 위반해도 전혀 처벌받지 않았던 것이다. 예컨대, 로드아일랜드에서 가장 큰 항구인 브리스틀의 세관장 찰스 콜린스(Charles Collins)는 1801년에 미국의 제3대 대통령 토머스 제퍼슨(Thomas Jefferson)이 임명한 사람인데, 그는 그 도시에서 가장 큰 노예운반선의 선주와 처남·매부 사이였고 그 자신이 노예무역에 가담했다. 그가 미국 헌법에 기꺼이 충성을 맹세하고 세관장 직을 맡았던 바로 그 날, 그의 배 중 한 척은 아바나에서 150명의 노예들을 하역했다. 2년 뒤에는 그 자신이 조지아로 노예 화물을 배달했다. 미국으로의 노예 수입은 둔화되었을 수 있지만, 미국인 노예무역상들의 활동은 계속되었다.

미국인들은 스페인·포르투갈 상인들의 새로운 활동에서도 이익을 얻었다. 1806년 2월에는 단 하루 만에 최소한 6척의 미국 선박들이 몬테비데오(Montevideo)에 입항했다. 하지만 노예무역을 자극한 것은 무엇보다도 1793년에 영국과 프랑스 간에 시작된 전쟁의 영향이 컸다. 대륙봉쇄 탓에 프랑스는 식민지에 대한 노예 공급과 식민지 무역을 모두 외국인에게 완전히 의존하게 되었다.

영국의 선단과 시장의 역할에서 이익을 보면서 보호받던 시장이 독립을 거치며 사라진 미국은 스스로 새로운 상선단을 마련하고 새로운 시장을 찾아 나설 수밖에 없었다. 이로부터 야기된 위기를 그들은 20년도 채 되지 않아 극복해 내었고, 대서양의 새로운 강대국이 되었다. 1789년부터 1806년 사이에 미국 상선단의 규모는 세계에서 두 번째로 커졌고, 용적톤수는 8배 이상 늘어났다. 로드아일랜드와 다른 주들의 항구에서 진행된 노예무역은 이런 활황으로부터 이익을 보았다. 그들의 선박은 아메리카와 아프리카 사이의 삼각무역을 완성시켰다. 쿠바의 미국인 소유 플랜테이션들에서 생산된 당밀들을 미국의 배들이 싣고 브리스틀과 여타 미국 항구로 가져갔다. 거기서 당밀은 럼주로 바뀌었고, 노예운반선들은 그것을 싣고 아프리카로 가 새로운 노예를 구했다. 그리고 그 후 노예운반선들은 그 노예들을 쿠바의 산티아고(Santiago de Cuba)와 아바나로 운송했다. 1791년에서 1810년까지 '신세계'에서 미국의 노예 거래량은 아래 표 6.3과 같다.

표 6.3 아메리카 대륙에서 미국의 노예 거래량, 1791~1810년

쿠바	스페인령 아메리카	괴들루프와 마르티니크	미국	합계
41,730	18,720	12,120	108,273	180,843

1808년 연방정부가 정한 금지조치에도 불구하고, 로드아일랜드와 여타 주들의 선주들이 쿠바와 브라질의 노예 수요 증가로 인해 손에 넣을 수 있는

이익을 포기하기는 극히 어려웠다. 가능한 가장 빨리 대서양을 횡단하기 위해 유명한 볼티모어 클리퍼 선(Baltimore clippers)이 건조되었다. 이 배는 빠른데다가 비록 크기는 작지만 노예용 하급선실도 갖추고 있어 대서양 횡단 중의 사망자 수를 최소화하는 데 적합했다. 영국의 순양함을 피하면서 불법 무역을 수행하던 노예운반선으로서는, 화물 적재용량의 감소가 그리 중요한 일이 아니었다. 다른 한편 이 배에는 선원이 더 필요했다. 배의 양측에 뚫린 도색한 작은 창에는 강력한 대포가 숨겨져 있었다. 서아프리카의 강가에 정박해 언제든지 공격받을 위험에 노출되는 배에는 이런 무기가 꼭 필요했다. 비스듬히 기울어진 배의 돛대와 가로돛 활대의 평형상태는 이런 스쿠너 선이 내는 속도를 잘 보여주었다. 하지만 이런 형태의 배를 건조하려면, 화물 적재용량을 희생해야 했다.

영국인이 노예무역에 종사하여 그 때문에 확정 판결을 받으면, 그 사람은 교수형에 처해지기도 했고 그의 배는 몰수되었다. 그러나 배의 선장들은 미국 깃발을 달고 공해를 항해하면서 배를 멈추고 조사받기를 거부했다. 영국 '반노예제 협회(Anti-Slavery Society)'의 열렬한 활동가들과 상·하 양원에서 벌인 그들의 강력한 압박으로 인해 영국 정부는 이 수치스러운 불법 무역을 억누를 수밖에 없었다. 노예무역은 1812년 미국과 영국 사이에 벌어진 전쟁[24]에 얼마간 원인으로 작용했다. 18세기에 프랑스를 적으로 오랫동안 벌인 해전에서 승리하면서 바다 위에 자신의 제국을 안정적으로 확보했던 세계에서 가장 강력한 해양강국에 맞서 미국은 과감하게 전쟁을 벌였다.

---

[24] 1812년에서 1815년까지 벌어진 미국과 영국과의 전쟁이다. 이 전쟁의 원인은 크게 두 가지로 나뉜다. 첫째, 당시 미국의 대통령이던 제임스 매디슨과 그의 지지세력들이 영국에 적대적이었다는 것과, 둘째, 영국이 프랑스로 가던 미국 선박들을 나포하여 미국의 수출에 타격을 주었다는 것이다. 당시는 유럽에서 나폴레옹 전쟁이 벌어지던 시기였기에 영국은 대륙봉쇄 정책을 시행했지만 미국 및 캐나다는 계속해서 프랑스와 무역을 수행했다. 이를 막기 위한 것이 전쟁의 가장 큰 동기였다. 이 전쟁은 누구의 승리도 없이 끝났다. 미국은 백악관이 불에 타 잿더미가 되는 등 많은 피해를 입었다. 이 불타버린 백악관을 매디슨이 하얗게 칠했는데, 이것이 오늘날까지 이어지고 있다.

§ 대서양의 해양강국

볼테르의 친구이자 위트레흐트 조약의 서명자 중 한 명인 볼링브로크 (Bolingbroke)[25]는 잉글랜드에서 여러 해 동안 애국주의 당파를 조직하는 데 참여하였다. 1749년에 그는 바다와 영국인 간의 끊을 수 없는 관계를 다음과 같이 선명하게 표현하였다.

> 여타 양서류 동물들과 마찬가지로 우리도 때로는 기슭에 올라야 하지만, 우리에게 훨씬 더 맞는 곳은 물이다. 바다에서 우리는 가장 큰 안정감을 느낀다. 우리가 가장 큰 힘을 발휘하는 곳은 바로 바다이다.[43]

이 토리(Tory)당 지도자가 한 말은 반세기 이상에 걸쳐 루이 14세에 맞선 전쟁 동안 거둔 승리를 통해 획득한 영국인의 해양 우월의식을 명확하게 보여준다. 그 이전에는 엘리자베스 1세 시기 뱃사람들의 위업과 크롬웰 및 스튜어트 복고왕정 시기의 노력들에도 불구하고, 잉글랜드는 아직 바다를 장악할 수 없었다. 그러기 위해서 잉글랜드는 3번에 걸친 연속적인 전쟁을 치르면서 17세기의 가장 강력한 해양강국, 즉 네덜란드를 무너뜨려야 했고, 그 뒤엔 콜베르가 주도한 프랑스의 위협을 제거하는 데 성공해야 했다. 위트레흐트 조약에서 1739년 스페인에 맞선 젠킨스의 귀 전쟁(War of Jenkins' Ear)이 벌어질 때까지, 월폴 시기에 평화로운 국면을 보낸 이후 영국이 프랑스의 깃발을 바다에서 몰아내면서 최종적으로 이런 우위를 확보하는 데는 60년이 걸렸다. 그것은 먼저 7년 전쟁에서 승리하면서, 그리고 다음으로 혁명과 제국하의 프랑스와 벌인 전쟁들에서 훨씬 더 극적인 방식으로 크게 승리하면서 이루어졌다. 1815년 영국은 마침내 대서양 전역에 걸쳐 '팍스브리타

---

25 Henry St John, 1st Viscount Bolingbroke, 1678~1751년. 영국의 정치가, 관리, 토리당 지도자. 재커바이트 반란을 지지했기 때문에 프랑스로 망명했고 외교관으로 활동했다. 1723년 사면을 받아 런던으로 돌아가 애국주의 당파에 정치철학을 제공했다.

니카(Pax Britannica)'를 확립하였고, 이에 힘입어 영국은 19세기 동안 내내 자신의 패권을 행사할 수 있었다.

하지만 유럽인들 사이에 벌어진 오랜 충돌 이후에 얻은 이 해군력의 중요성을 적어도 17세기와 관련해서는 너무 과대평가해서는 안 된다. 분명 리셜리외 같은 정치가들은 자기 나라를 위해서 해군력을 갖고 싶어 했지, 잉글랜드를 무너뜨리기 위해 그런 것은 아니었다. 잉글랜드는 여전히 북쪽에 있는 작고 인구가 희박하며 다소 주변적인 왕국에 불과했다.[44] 오히려 그들이 해군력을 갖고 싶어 한 목적은 주로 유럽의 상황을 여전히 주도하고 있던 스페인의 패권에서 벗어나기 위해서 대서양의 반대 쪽 부유한 식민지들에서 스페인을 공격하려는 것이었다. "스페인인들이 인도제도에서 얻는 … 수익 때문에 그들은 대양에서 강해질 수밖에 없다. 그러하기에 현명한 정치가라면 대양에서 어떤 나약함도 허용할 수 없다고 생각하게 마련이다."[45]

17세기 중반에 유럽 강대국들은 대서양보다는 유럽 대륙에서 벌어지는 일들에 훨씬 더 많은 관심을 쏟게 되었다. 오스만투르크가 헝가리를 정복하고 비인까지 위협하는 상황에서, 1664년 8월 1일 헝가리의 센트고트하르드(Saint Gothard)에서 유럽 군대가 극적으로 승리하여 오스만 군을 물리친 것이 '신세계'에 식민지를 세우는 것보다 훨씬 더 중요하였다. 게다가 아메리카 대륙에서는 페루와 멕시코의 스페인령 식민지들을 제외하면 유럽인들의 영향력은 협소한 해안가 지역에만 겨우 머물고 있었다.

또한 영국이 획득한 해양 제패의 성격과 정도를 자세히 살펴볼 필요도 있다. 우선 그것은 바다에서의 자유 무역을 보장해야 했지만, 또한 나폴레옹 시기까지 끊임없이 걱정거리였던 외부의 침입으로부터도 나라를 지켜야 했다 ─ 잉글랜드에게는 이 두 가지 모두가 핵심적인 목적이었다. 펠리페 2세의 '무적함대'에 대한 기억과 루이 14세 및 15세 시기 프랑스의 침략 시도들에 대한 기억은 19세기로 한참 들어가서도 영국인들에게 여전히 강하게 남아 있었다.

영국 해양력의 자원

이런 해양제패를 이루기 위한 자원은 영국이 북유럽의 시장과 대서양 반대편의 시장을 모두 상업적으로 장악함으로써 마련되었다. 비록 북유럽에서는 영국인들이 네덜란드인들에게 도전해 상당한 성과를 거두었음에도 그들을 완전히 몰아내지는 못했지만 말이다. 북유럽 시장은 당당한 해군 전열(戰列)을 이루는 선박 건조에 꼭 필요한 목재와 삼, 타르, 철 같은 '해군 군수품'을 풍부하게 공급했다. 하지만 18세기에는 북유럽 시장이 영국령 북아메리카 식민지들로 대체되었다. 그럼에도 영국은 18세기 말에도 여전히 뤼베크에서 리가에 이르는 발트 해 지역들에서 돛대와 활대, 나무판자만이 아니라 수지(樹脂) 제품들도 얻고 있었다. 해군의 수요는 프랑스와의 전쟁 동안 증가하게 되었고, 북유럽에서 물가가 상승했으며, 상대적으로 희귀한 통화로 지불할 필요가 종종 발생했다. 1699년 스웨덴과 러시아 사이에 대북방전쟁(the great War of North)[26]이 발발하여 20년 이상 동안 지속되었다. 이 때문에 영국인들은 발트 해 무역에서 배제되었다. 1705년 영국 의회는 대서양 건너편에서 '해군 군수품'의 생산을 장려하는 법을 통과시켜, 타르와 수지 1톤당 4파운드의 보조금과 테레빈 나무 1톤당 3파운드의 보조금을 제공하였다. 전쟁 중임에도 함선의 건조와 수리에 필수적인 이런 상품의 교역은 식민지와 본국 사이에 급속하게 증가했다. 전쟁이 끝나도 보조금은 연장되었고, 1715년에 이미 아메리카 식민지는 영국의 타르 및 수지 수요의 반 정도를 공급하고 있었다.

이러한 식민지 자원들은 무력충돌의 시기에 영국의 해군 동원 역량에 핵심적인 한 요소였다. 앙시앙 레짐 시기의 수병들은 상비군이 아니었기 때문에 평시에는 해군 선박이 거의 다 무장을 해체하고 있었다. 따라서 군수품을

---

26 1700~1721년 시기에 러시아와 스웨덴이 발트 해의 주도권을 둘러싸고 벌인 전쟁이다. 이 전쟁의 결과 그 이전까지 북유럽의 패권세력이었던 스웨덴이 패배했고, 러시아가 유럽 정치의 중요 세력으로 등장하게 되었다.

충분히 비축해 두었다가 전쟁이 발발하면 필수 군수품을 최대한 빨리 보낼 수 있는 능력이 필수적이었다. 해군 조선소는 여러 해 동안 계류해 두었던 많은 선박을 최대한 빨리 수선하고 새로운 선박을 신속하게 건조할 수 있는 역량을 갖추어야 했다. 물론 프랑스도 콜베르 시기 이래 브레스트(Brest), 툴롱(Toulon), 로슈포르(Rochefort)에 해군 조병창을 마련하고 북유럽에서 구한 자원들을 동원할 수 있었다. 하지만 전시가 되면 프랑스 해군은 영국의 해양 통제로 인해 군수품 확보에 큰 어려움을 겪었다. 중립국들에게 앞뒤 안 가리고 매달려서야 프랑스는 선박의 건조와 유지에 필요한 핵심 군수 수입을 겨우 확보할 수 있었다. 이 점이 바로 영국이 갖고 있던 우위에 핵심적인 요소 중 하나였다.

18세기에 영국의 경우 함대 병력 충원에 필요한 인적 자원을 안정되게 동원하고 있었다.[46] 하지만 수병 공급만큼이나 유능한 장교를 공급하는 데도 어려움이 있었고, 영국조차도 그 점에서 해군력의 유지에 많은 문제를 안고 있었다. 전쟁이 끝나면 함선은 해체되었고, 대다수 장교들은 평시에는 할 일이 없었다. 영국에서는 장교들이 휴직 상태가 되어(전시 동안에도 배에 타지 못하면 마찬가지였다) 육지에 머물면서 바다에서 배를 운항하는 경험을 계속 쌓을 수가 없었다. 그들에게 주어진 유일한 해결책은 상선에 타는 것뿐이었다. 전쟁이 발발하면 영국 함대의 지휘를 10년 내지 15년 동안 바다에 나가 본 적이 없는 상급 장교들이 맡았다. 현재의 해상 전술에 필요한 작전 능력에 맞게 선박을 조종하는 원리를 다시 익히는 데만 몇 달이 걸리곤 했다.

수병의 충원도 결코 쉽지 않았다. 평시 동안 그들은 상선이나 어선에서 일할 수밖에 없었다. 하지만 이렇게 상업 항해에서 수병이 차지하던 비중이 높았던 것은 영국의 해양 우위에 기여하였다. 영국 해군이 수병으로 활용한 상선 선원의 총수는 7년 전쟁 동안에 13만 명에 이르렀고 미국독립전쟁 동안에는 15만 명이 넘었다.[47] 이 전쟁들에서 프랑스 해군의 최고위직에서 최하위 계급까지 해군에 등록한 뱃사람의 수는 6만 명에 지나지 않았다. 콜베르가 만든 계급 체계가 가진 유일한 이점은 영국보다 빨리 병력을 동원하는 것이었는데, 이는 영국인들도 칭찬하였다. "그것은 우리에게 영국인들보다 상당히 빨리 우리 함대를 출항시킬 수 있는 수단을 제공했다. 그것은 평가하기 어려울 정도로 중요한 이점이다."[48]

하지만 프랑스가 가진 그 이점도 일시적인 것에 불과했다. 비록 시간은 좀 더 걸렸지만, 영국은 프랑스보다 훨씬 더 많은 뱃사람들을 끌어올 수 있었기 때문이다. 따라서 영국이 무장시킬 수 있는 배의 수가 프랑스보다 훨씬 많았다. 게다가 더 많은 재정 수단을 활용할 수 있었던 영국은 언제나 최대한 많은 수의 선박을 무장시켜 완전한 동원을 실현하려는 정책을 펼쳤다. 반면에 프랑스는 영국과 달리, 특정한 함대만 무장시켰고, 그리하여 사실상 프랑스의 가용 선박 및 병력의 일부만을 활용했을 뿐이었다.

그렇게 이루어진 해군 동원을 이해하려면, 충원된 '전문' 뱃사람의 수가 비교적 작았다는 것을 강조할 필요가 있다.

> 전체 수병 중에서 진짜 전문 뱃일에 능숙한 사람이나 적어도 최악의 날씨에서도 온갖 위험을 무릅쓰고 돛을 유지하여 파도를 뚫고 나갈 수 있는 그런 사람의 비율이 얼마나 될까?[49]

1791년에 프랑스 해군대신 라 뤼제른(La Luzerne)은 "뱃사람의 전문 기술"을 발휘할 수 있는 사람이 5명 중에 1명밖에 되지 않는다고 추정했다. 그는 많은 이들이 육지에 오르지 않고 바다에서 생을 보낸다고 하면서, 영국인들이 자신의 수병들을 "숙련수병(able seamen)", "평수병(ordinary seamen)", "수습수병(landsmen)"으로 구분한 것을 들었다. 이 중 수습수병은 캡스턴을 돌려 줄을 끌어올리고 밧줄을 당기는 일을 하였다. 무엇보다도 이들 중 많은 사람이 대포를 작동하는 데 필요한 포수로 일했다. 12인치 대포를 다루는 데는 9명이 필요했고, 24인치에는 13명이, 36인치에는 15명이 필요했다.[50]

이런 수습수병 중 가장 많은 수가 플리머스와 포츠머스(Portsmouth) 인근의 농촌인 콘월과 데번(Devon) 출신이었는데, 이들은 자기 지역 10여 개의 도시들에 걸쳐 게시된 영국해군 전열함(戰列艦) 선장들의 소집에 응해 모인 사람들이었다. 해군 대위들이 대여섯 명의 부하를 거느리고 돌아다니며 모병활동을 수행했다. 수습수병 4명 내지 5명에 전문 뱃사람 1명꼴로 구할 수 있었고, 해군 조선소에서 일하는 항만 노동자와 대목, 의장공들이나 창고 짐 꾼들은 고려하지 않았다. 발목에 쇠사슬을 단채 약 30명 정도씩 열을 지어 항구로 향하는 사람들도 심심찮게 볼 수 있었다. 이들은 밀렵이나 가축절도, 제분소 방화 등으로 이유로 붙잡혀 엑서터 같은 곳에 있는 형사법원에서 유죄판결을 받은 이들이었다. 그들은 교수형이나 유형, 징역보다는 해군 복무를 선택한 것이다. 하지만 이들은 하극상을 일으킬 가능성이 많은 이들이었고, 육체적으로도 극히 상태가 나빴다. 이런 사람들이 배치되는 것이 함대에게 좋은 일인지는 확실치 않았지만, 자기 배를 출항시키기 위해 사람이 필요한 선장들로서는 팔 두 개만 온전하면 되었다.

이것이 바로 많은 이들이 개탄해마지 않았던 강제징집제도였다. 그러나 그런 비난에도 이 제도는 영국의 모든 군항에서 19세기 초까지 변함없이 유지되었다. 이런 사람들의 질이 좋지 않았고 종종 징집과정이 강제적으로 진행되었기 때문에 탈영병의 수가 많았다. 7년 전쟁 전체 동안 해군에서만 대략 4만 명이나 되는 탈영병이 발생했으며, 특히 배에서 도망치기가 아주 쉬웠던 아메리카의 섬들에서 탈영이 많았다.

프랑스에서는 병사들을 훈련시키면서 계급체계에 따라 가족들에게 원조를 제공했기에, 군 복무가 영국보다 견딜 만했다. 게다가 전시에는 '대서양(Ponant)'[27] 연안의 항구들에서 무역과 어로 활동이 중단되었다. 복무 기간이 길어져도 왕실 해군이 봉급을 주었고, 연금을 얻을 수 있도록 전체 복무 기간에 합산되었다. 프랑스 함대에서는 탈영이 영국만큼 빈번하지 않았다. 그러나 앤틸리스 제도에서는 영국 해군과 흡사한 상황이 벌어졌다. 프랑스 왕국의 계급체계에 충실한 프랑스 해군도 탈영이 빈번했던 아메리카의 섬들

27 프랑스에서는 '지중해(Le Levant)'에 대비하여 대서양을 '포낭(Ponant)'이라고도 한다.

에서는 거리낌 없이 강제징집을 행했다. 하지만 카리브 해의 영국 식민지들은 위태로운 상황을 가장 많이 겪었다. 실제로 크리스티앙 뷔쉐(Christian Buchet)가 보여주듯이, 탈영만이 아니라 열병과 장티푸스로 인한 사망률이 높았기 때문에 병력 손실이 "놀랄 정도"였고, 그래서 새로운 수병의 대량 징집이 필수적이었다.[51]

선원 수급을 위해 상선 및 해적과도 경쟁해야 했던 해군 사령관들은, 인구가 적은 영국령 앤틸리스 제도에서 필요한 병력을 메울 수가 없었다. 뉴잉글랜드의 인구 잠재력만이 이러한 병력 수요를 메울 수 있었고, 적어도 18세기 초 이후와 7년 전쟁 동안 해군 사령관들은 북아메리카 식민지에 속한 상선에서 주저 없이 수병을 강제징집하였다.

영국 해군의 이런 동원력을 뒷받침한 재정 지원 자체는 프랑스보다 훨씬 더 우월했다. 1760년에 프랑스 해군대신 브리에(Berryer)가 사용할 수 있는 자금은 약 3,000만 리브르투르누아였는데, 같은 해 영국 해군의 예산은 약 1억 5,000만 리브르투르누아(600만 파운드)나 되었다. 7년 전쟁 직전에 이미 영국 해군의 예산은 런던과 암스테르담 시장으로부터의 대량 차관을 통해, 약 1억 리브르루트누아에 이를 정도로 크게 높아진 상태였다. 아바나와 마닐라를 점령한 해인 1762년 영국은 1억 7,500만 리브르투르누아를 넘는 돈을 해군에 쏟아 부었다. 물론 프랑스의 재정은 유럽 대륙의 전황에 지나치게 많이 투입된 결과로 1759년 이후 바닥을 드러내었다.

루이 16세의 치세 동안에는 프랑스 해군 예산을 둘러싼 상황이 보다 나아졌고, 미국독립전쟁 동안에는 해군이 그때까지 한 번도 제공되지 않았던 신용 대부도 얻을 수 있었다. 그 액수는 1780년에 1억 6,900만 리브르투르누아였고, 1782년에는 2억 리브르투르누아였다.[52]

영국이 7년 전쟁에서 승리를 얻었던 시기인 1760~1763년 동안 이런 재원으로 영국 해군은 120척 이상의 전열함을 갖출 수 있었고, 이중 40척이 전쟁 동안 건조되었다. 프랑스 해군이 1760년에 갖추었던 전열함은 50척에 불과했다.[53] 1775년이 되면 프랑스는 총 75척의 전열함을 갖추어 간격을 얼마간 메울 수 있었지만, 110척 이상의 함선을 가진 영국 해군은 여전히 우위를 유지했다. 프랑스혁명과 나폴레옹 제국 동안의 전쟁들이 벌어지기 직전에 영국 해군의 우위는 이론의 여지가 없게 되었다. 로버트 풀턴(Robert Fulton)은 1790년을 기준으로 한 추산에서 영국 전열함의 수를 약 200척으로 보고 있는데, 하지만 장 메예르는 이 수치가 "공해상에서 대형 프리깃함과 호위함으로 이용된 대포 50문을 장착한 수많은 배들"을 이 범주에 넣어서 나왔다고 비판했다.[54] 이 시기까지 탐사 임무나 무역 호위용 쾌속 프리깃함을 건조할 수 있는 역량을 가진 것은 영국뿐이었다. 풀턴을 다시 인용하면, 1790년에 영국은 210척의 쾌속 프리깃함을 소유하고 있었다. 당시 프랑스는 전열함 81척과 프리깃함 69척을 소유하여 두 함선 모두에서 2위 자리를 차지하고 있었다.

여기서 다시 이런 수치가 이론상의 것일 뿐이라는 점을 강조해야 한다. 이 수치들은 전쟁 시 한 강대국이 동원할 수 있던 최대치를 뜻하였다. 영국이 거의 완벽한 물류 체계 덕분에 완벽한 동원을 운영할 수 있었더라도, 다른 나라들은 그렇지 않았다. 평시에 무장을 해제한 채 두었던 많은 수의 선박을 재무장하는 비용이 그들의 재원을 넘어섰기 때문이며, 인적 자원 면에서도 마찬가지였다.

전략적 선택지들

바다를 지배한다고 해서 대양 공간 전체의 통제를 보장하는 것은 아니다. 대양 공간 전체의 통제가 물리적으로 불가능하며 전략적으로도 불필요하기 때문이다. 이것은 유럽에서 출항하는 다른 나라의 선박들이 따라가는 항로를 지배하면 된다는 뜻이다. 영국해협이나 비스케이 만을 출발한 유럽의 배들은 마데이라와 카나리아 제도를 거쳐 대서양을 횡단하고 호를 그리고 있는 앤틸리스 제도로 진입했다. 그 뒤에 남쪽으로 토바고 해협이나 도미니카나 과들루프를 경유하거나, 아니면 더 북쪽으로 리워드 제도와 푸에르토리코를 경유하거나 했다. 카리브 해에서 유럽으로 귀환할 때는 쿠바와 플로리다 사이의 바하마 해협이 가장 자주 이용하는 항로였고, 아조레스 제도에 반드시 기항한 후 유럽의 바다로 들어왔다.

이런 항로를 지배하기 위해선, 대서양 반대쪽의 해군 기지들을 장악할 필요가 있었다. 이런 측면에서 18세기에 영국은 두 개의 기지를 이용할 가능성을 발견했는데, 이것은 프랑스가 전혀 시도하지 못한 일이었다. 그 두 기지는 안티과 섬의 잉글리시하버(English Harbour)와 자메이카의 포트로열이었다. 선박 수리 시설과 공급 물자, 무기를 갖추고 있던 이 기지들에서 영국 해군은 1710~1720년 동안에 카리브 해에서 여전히 벌어지던 해적 행위로부터 영국의 무역을 보호했다. 이때의 해적 행위들은 이전 세기에 활약했던 해적의 유산이었고, 스페인 식민지에서 벌이는 영국의 불법 무역을 근절하려고 스페인인들이 시도한 것이기도 했다. 이것을 막는 데는, 이 두 항구에 기항하는 몇 척의 프리깃함으로 충분했다.

하지만 이런 해군기지들을 두는 목적은 전시에 비용이 많이 드는 해군 작전의 수행을 충족시키는 데 있는 것이 아니라, 평시에 무역의 필요에 응하는 데 있었다. 그렇게 보면 이들 기지가 이런 목적에 그리 잘 들어맞지는 않았다. 잉글리시하버는 좀 더 남쪽에 위치한 프랑스령 윈드워드 제도에 대한 공격 작전에는 적합하지 않았다. 거기서 윈드워드 제도에 이르려면 동남쪽에서 부는 무역풍을 맞바람으로 받고 나가야 했기 때문이다. 마찬가지로 가장 강력한 함대가 보호를 이유로 주둔했던 포트로열도 리워드 제도의 너무 서쪽에 치우쳐 있었다. 한편 멕시코 만에서 배들이 티에르피르메나 앤틸리스 제도로 가려면 유카탄 해협(Yucatan Channel)을 반드시 거쳐야 했고, 유럽으로 귀항하기 위해 바하마 해협으로 올라가기 위해서도 유카탄 해협을 반드시 거쳐야 했다. 이 해협을 감시하는 프리깃함에게 포트로열은 아주 적합한 기지였다.

무역 측면에서 자기 상선을 보호하거나 다른 나라 상선을 공격하는 데 유익한 이런 상황은 외국 식민지를 정복하는 데는 전혀 도움이 되지 않았다. 실제로 영국은 자신의 기지에 무기와 보급품을 어떻게 공급할지를 알았고, 특히 가까운 북아메리카 식민지로부터 제공된 너무나도 소중한 도움 덕분에 보급품이나 무기가 전반적으로 충분했다. 반대로 프랑스의 경우 불충분한 보급으로 종종 애를 먹었는데, 병사와 보급품, 군수품을 비용이 많이 드는 호송대에 실어 적의 공격에 완전히 노출된 채 대서양 너머로 보내야 했기 때문이다. 캐나다는 프랑스령 앤틸리스 제도에 대해, 뉴잉글랜드가 서인도제도에 대해 한 것과 같은 후방기지 역할을 전혀 하지 못했다. 이에 따라 북아메리카 식민지의 상인들은 기회를 놓치지 않고 이런 프랑스령 섬들로 보급품을 밀무역했으며, 이들의 보급품 수송이 물류 면에서 프랑스의 약점을 상당 부분 줄여주었다.

프랑스는 자신의 카리브 해 소유지에 보급품과 무기를 공급하는 임무를 17세기 말에 군수품 공급업자에게 맡겼는데, 그 임무가 만족스럽게 수행된 적이 없었다.[55] 비록 윈드워드 제도가 영국의 해군 기지와 같은 역할을 할 수 있었지만, 영국의 기지들이 받는 것 같은 정기적인 군수 공급을 받지 못한 프랑스 기지들은 카리브 해에 파견된 함대에 필수 해군 자원을 전혀 공급할 수가 없었다. 섬에서는 너무나도 끔찍한 불볕더위와 앞이 안 보일 정도로 내리는 폭우가 번갈아 닥쳤다. 선체를 갉아먹는 나무좀이 열대 바다에서는 급증했고, 그렇게 손상을 입은 배를 수리해야 했다. 해전을 치른 후 함대에는 대체할 돛대와 활대가 부족했고, 타르가 없어서 나무판자와 삭구가 빨리 마모되었다. 1758년 생도맹그의 감독관 랑베르(Lambert)는 "전반적으로 말해서 우리가 프랑스의 해군 병기창에서 물건을 받으려면 왕이 치르는 비용보다 6배나 더 많이 지불해야 할 것이다"라고 단언했다.[56] 한 없이 높아지는 보급 비용이 선박을 적절하게 유지하는 데 최대의 장애임은 누구나 알고 있었다. 보급이 이런 식으로 진행되면서, 지휘관들은 앤틸리스 제도에의 기항 기간을 늘리지 말라는 조언을 받았다. 그것이 적절한 무역의 보호에 해가 되었기 때문이다.

프랑스에서도 군수물자의 보급에는 마찬가지로 비용이 많이 들었다. 보르도와 로슈포르, 라로셸, 낭트에서 브레스트로 해군 장비와 식량, 군수품을 서둘러 보내야 했고, 브레스트에 그것들을 비축했다. 1757년에서 1762년 사이에 캐나다 및 아메리카의 섬들에 주둔하는 함대의 장비를 갖추는 데 점점 더 많은 돈이 들게 되었다. 반대로 잉글랜드에서는 필요한 물자가 적절하게 채워졌고, 자주 그리고 정기적으로 아메리카에 전달되었다. 잉글리시하버와 포트로열의 해군 기지들에 청부사기업들이 물자를 공급했기 때문이다. 이들 청부업자들은 대체로 북아메리카의 중요 상인들이었다. 영국에서는 항구마다 그리고 상품마다 수많은 계약이 이루어져서 여러 청부업자들이 서로 경쟁을 벌였기 때문에 비용을 낮출 수 있었다.

전시 동안 유럽에 도착하고 유럽에서 출항하는 선박에 대한 가장 큰 통제는 공격이나 방어에 적절한 최고의 기동군이 확보할 수 있었다. 영국이 대서양에 대한 지배력을 확보할 수 있었던 것은 서부 함대(western squadron)[28] 덕분이었다. 물론 대양 전체에서 영국 해군력의 영향을 느낄 수 있었지만, 결정적인 사건이 벌어지는 곳은 무엇보다 항로 연결의 중추였던 영국해협이었다. 영국해협과 영국 및 프랑스의 가장 중요한 대서양 항구들로 들어오는 입구 지점에서 서부 함대는 대서양이 사실상 영국에 속하는 것을 보장하는 핵심적인 역할을 하였다.

영국해협과 비스케이 만을 지배하는 전략을 실현하기 위해, 그 어느 곳보다 중요한 자리를 차지한 곳은 웨상(Ushant) 섬이었다. 영국 해군사에서 호크(Hawke)와 보스카웬(Boscawen), 로드니(Rodney) 같은 이들이 누린 명성은 바로 이곳에서 얻은 것이었다.[29] 영국에서 나가고 그곳으로 들어가는 상업

---

28 영국제독 에드워드 호크(Edward Hawke)가 18세기 프랑스에 대한 해상 전투를 수행하면서, 특히 7년 전쟁 동안 프랑스 대서양 연안을 봉쇄하면서 발전시킨 개념이다. 영국해협을 중심으로 바다에 대한 통제력을 수행하는 영국 함대를 지칭한다.

29 모두 18세기 영국의 해상패권 수립에 공헌한 영국 제독들이다. Edward Hawke, 1705~1781년; Edward Boscawen, 1711~1761년; George Brydges Rodney, 1718~1792년. 이중 호크와 로드니가 그 공으로 남작 작위를 받았고, 로드니는 해상패권 시기 영

해운의 4분의 3이 웨상 섬을 경유했다. 영국 수병들은 섬이 보이는 곳에서 프랑스 함대가 대서양으로 출항하는 가장 큰 항구인 브레스트를 봉쇄하면서 아무 일 없이 오랜 시간을 보내었다. 이 위치에서는 영국에 대한 공격 시도가 있을 때 함대가 재빨리 영국해협으로 이동하기도 쉬웠고, 프랑스 남쪽의 로슈포르나 툴롱에서 프랑스 함대가 들어오는 것을 막을 수도 있었다. 웨상 섬에서는 바로 영국 해안을 위협할 수 있었는데, 거기서 배들이 서풍을 받으며 쾌속으로 항해하면 곧바로 영국 해안에 도착했기 때문이다.

웨상 섬의 남쪽에서는 함대들이 영국군의 프랑스 해안 상륙을 지원할 수 있었다. 1757년 로슈포르 습격의 경우가 그러했다. 또한 그곳에서는 영국해협에서 영국 수송선단의 움직임을 보호할 수도 있었고, 아울러 브리스틀 해협과 아일랜드 해를 이용하는 수송선단도 보호할 수 있었다. 스페인 최북단 피니스테르 곶 같은 스페인 북부 해안 방향으로 비스케이 만을 내려오면, 영국 함대는 산세바스티안에서 페롤(Ferrol)에 이르는 스페인의 항구들과 아울러 베욘에서 낭트에 이르는 프랑스 연안도 봉쇄할 수 있었다.

이 함대를 뒷받침한 곳은 1696년 중요한 조선소가 건립된 후 18세기 동안 개발된 플리머스 항이었다. 이곳의 조선소와 선박 수리소에서 함대에 대한 보급품을 모았다. 화약 및 식량 물품 창고, 삭구 제작소, 범선 제작소, 선원용 건빵 제작소가 모두 상시적으로 무장하지 않고 있던 함대의 장비를 신속하게 갖추기 위한 핵심 시설들이었다. 이런 시설에 기초해 함대는 전쟁이 시작될 때마다 전시 상태로 전환되어 전쟁 기간 동안 그 상태를 유지할 수 있었다.

하지만 서부 함대 선박을 위한 물자 수송에는 항해와 관련해 심각한 난점이 있었다. 왜냐하면 웨상 섬 앞 바다에는 위험한 암초 지대가 있었고 이 때문에 가장 노련한 수병들이 인명피해를 입을 수도 있었다. 그럼에도 이 서부 함대는 7년 전쟁에서 영국의 수많은 승리를 보장했다. 프랑스 서부 연안

국해군의 대표적 전술인 '전열돌파' 전술을 개척하였다.

을 봉쇄함으로써 이들은 프랑스의 식민지들을 유럽의 다른 곳들로부터 격리시킬 수 있었다. 프랑스 함대는 대서양 항구에서 출항이 사실상 불가능하게 되었다. 7년 전쟁 동안 브레스트에 비축된 군수품을 공급해야 했는데, 그곳에서 식량과 장비, 군수품이 시간에 맞춰 절대 배송될 수 없었고, 그리하여 프랑스 함대에 대한 물자 공급에는 갈수록 시간이 더 오래 걸렸다. 1759년 프랑스 해군지휘관 봉파르(Bompar)가 지휘하는 함대가 카리브 해에서 브레스트에 도착하는 데 6개월 이상이 걸려야 했다. 이런 지체는 프랑스가 과들루프를 상실하는 원인 중 하나가 되었다. 마찬가지로 1760년에 블레낙(Blénac)이 지휘하던 함대는 보르도에서 브레스트로의 보급품 운송이 힘들어서 상당한 시간이 걸려서 무기를 보충하였다.

서부 함대가 웨상 섬 근처에 상시적으로 자리한 것은 또한 영국 상선대의 안전을 보장해 주기도 했다. 특히 아메리카의 영국령에 물자를 공급하는 선박들이 그러했다. 영국의 가장 중요한 선단이 대서양을 횡단해야 했던 경우를 제외하면, 영국은 확실한 봉쇄 덕분에 해군 작전의 중요 무대를 유지하는 한 카리브 해를 통제할 수 있었다. 미국독립전쟁 동안에는 미국 독립군과 맞서 싸우는 군대에 막대한 물자를 공급해야 했던 영국이 프랑스 항구, 특히 브레스트를 봉쇄하는 이 함대를 계속 유지할 수 없게 되면서, 카리브 해가 다시 한 번 중요한 전장이 되어 프랑스 함대가 그레나다와 토바고와 같은 영국령 섬들을 정복할 수 있었다.

대서양의 해전

영국인들이 우위를 누리게 된 것은 비교적 나중 일이었다. 16세기 말 이래 대서양은 유럽인들의 야망이 서로 대치하던 닫힌 공간이었기 때문이다. 18세기 초에야 영국은 해군의 우위를 확보하였다.

영국의 완만한 전진

스페인 무적함대의 패배에도 불구하고 펠리페 2세는 1580년 포르투갈을 장악하면서 새로운 해군력을 확보하였다. 포르투갈에는 대서양의 중요 항구인 리스본이 있었고, 무엇보다 포르투갈의 중형 갤리언 선단은 대단한 화력을 보유하고 있었기 때문이다. 이를 통해 스페인은 자신의 보물선 항로를 유지할 수 있었다. 17세기 전반에 잉글랜드는 자신의 연안에서 네덜란드 함대와 스페인 함대가 충돌하는 것을 막을 능력이 없었다. 1639년 트롬프가 다운스에서 스페인 군을 격퇴한 일을 말한다. 알제(Algiers)의 해적들도 영국해협에서 영국인 선원들을 사로잡아 노예로 삼았지만 전혀 응징을 받지 않았다.

하지만 찰스 1세의 몰락 이후 호국경 크롬웰의 치세 동안 영국에게는 새로운 대서양 시대가 열렸다. 그 시기를 거치며 영국은 해양 패권의 기초를 마련하기 시작한 것이다. 자메이카 원정을 수행한 카리브 해의 펜, 지중해의 블레이크(Blake),[30] 발트 해의 굿슨(Goodson)[31]은 네덜란드와 스페인으로부터 영국 상인들을 보호하고 무엇보다 그들에게 손상을 가할 수 있는 공격 능력을 발휘할 수 있음을 보여주었다. 제1차영국·네덜란드 전쟁에서는 수많은 영국 해적들이 네덜란드 상선에 심각한 타격을 가했고 1,000명 이상을 포로로 잡았다. 바다를 신뢰하고 영국해협에서 영국의 패권을 믿은 블레이크는 트롬프와 맞서며 네덜란드 제독이 영국 국기에 경의를 표할 것을 요구했다. 60척의 트롬프 함대와 80척의 블레이크 함대가 맞붙은 1653년의 3일간의 전투[32]에서 양측은 서로에게 심각한 손상을 가했다. 1654년 웨스트민

---

30 Robert Blake, 1598~1657년. 17세기 영국 해군 중 가장 유명한 제독 중 한 명으로 영국 해양 패권의 기초를 놓았다고 평가된다. 심지어 넬슨도 능가할 수 없는 성과를 올렸다고 한다. 크롬웰을 따랐고 제1차영국·네덜란드 전쟁과 영국·스페인 전쟁에서 지중해, 유럽 대서양 연안에서 활약하였다.

31 William Goodson, 1610~1680년. 영국혁명 시기 의회파에 가담한 해군 제독. 영국·스페인 전쟁에서 윌리엄 펜 휘하의 함대로 참여했고, 특히 1658년 영국 발트해 함대 사령관이었다.

32 1653년 6월 2일에서 3일까지 벌어진 가바드 해전(Battle of Gabbard)를 말한다.

스터(Westminster) 평화조약으로 네덜란드는 영국해협에서 경의를 표하는데 동의했고 항해조례를 인정했다. 같은 해 포르투갈과 체결된 최초의 동맹에 의거해 영국인들은 브라질과 서아프리카에서 중요한 상업적 특권을 획득했고, 그리하여 전 지구적 전략을 발전시킬 수 있게 되었다.

스페인에 맞선 전쟁 동안에는 블레이크가 카나리아 제도의 산타크루스데테네리페(Santa Cruz de Tenerife)에서 스페인 상선단을 파괴하고 200만 파운드 상당의 보물을 빼앗았다. 1567년 스페인은 덩케르크를 상실하면서 영국의 상인들을 가장 두렵게 했던 사략선 항구를 잃었다. 바베이도스와 리워드 제도에서 얻은 병력과 식량 공급 덕분에, 윌리엄 펜은 생도맹그와 에스파뇰라에서의 실패로 시작한 원정의 성격을 바꾸어 1655년 자메이카를 접수하는 성공을 거두었다.

하지만 주된 적은 여전히 네덜란드였고, 왕정복고 이후 잉글랜드는 제2차 영국·네덜란드 전쟁 동안 몇 차례의 패배를 겪었다. 1666년의 4일 해전(Four Day's Battle)[33]과 특히 네덜란드 제독 로이테르(Ruyter)[34]의 템스 강 습격은 런던을 패닉 상태에 빠뜨렸다. 하지만 이미 새로운 적이 등장하고 있었다. 루이 14세와 콜베르의 프랑스가 영국령 및 네덜란드령 앤틸리스 제도를 위협하고, 무엇보다 중요한 것으로, 1664~1667년의 관세 전쟁으로 상업적

---

[33] 제2차영국·네덜란드 전쟁에서 1666년 6월 11일에서 14일까지 플랑드르와 영국 연안에서 벌어진 해전으로 해전 역사상 가장 긴 전투로 알려져 있다. 이 해전에서 영국은 큰 타격을 받아 전함 17척이 침몰하고 6척이 나포되었으며, 제독 2명을 비롯한 1,500명이 사망했고 2,000명이 포로가 되었다. 반면 네덜란드는 4척의 전함이 파괴되고 1,550명이 사망했다.

[34] Michiel de Ruyter, 1607~1676년. 네덜란드의 해군제독으로 역사상 가장 뛰어난 제독 중 한 명으로 평가된다. 17세기 영국·네덜란드 전쟁에서 활약했으며 부하들의 두터운 신뢰를 받아 "할아버지"라고 불렸다. 제3차영국·네덜란드 전쟁 중 치명적인 부상을 입어 사망했다. 가장 유명한 업적은 제2차영국·네덜란드 전쟁 중 1667년 수행한 '메드웨이 강 습격(Raid on Medway)'으로 템스 강을 통해 메드웨이 강을 거슬러 올라가 영국 해군 기지창이 있던 채텀에 비무장 상태로 정박해 있던 당시 영국에서 가장 큰 전함을 공격 침몰시킨 것이다. 이것을 본문에서는 템스 강 습격이라 하고 있다.

도전을 개시하게 되었기 때문이다. 프랑스 해군은 놀랄 정도로 발전해 갔다. 프랑스 해군의 선박 수는 루이 14세가 통치를 시작할 무렵 겨우 30척에 불과했는데, 1666년에는 70척으로 늘어났고 네덜란드에 대한 전쟁 직전에는 97척으로 증가했다. 그 중 몇 척은 네덜란드의 남부 주로부터 빌린 것도 있었고 몇 척의 상태는 온전하지 못했지만, 해군 육성 노력은 분명해 보였다.

그러는 사이에 로이테르가 유럽의 솔(Sole) 만과 텍셀(Texel) 섬에서 그리고 아울러 앤틸리스 제도에서도 네덜란드에 맞선 프랑스 · 영국 동맹군의 작전을 차단하면서[35] 네덜란드의 해양 제패를 다시 한 번 확인시켰다. 이 위대한 네덜란드인 뱃사람은 1674년 7월 20일에는 마르티니크의 생피에르에서 8,000명의 병사와 40척의 함선으로 해전을 벌여 놀랄 만한 성과를 올렸다. 하지만 앤틸리스 제도에 만족할 만한 기지가 없었던 로이테르는 이질과 열병으로 심각한 병력 손실을 겪고 물러설 수밖에 없었다. 마르티니크와 생도맹그의 해적에게서 도움을 받은 프랑스 제독 장 데스트레(Jean d'Estrées)[36]는 네덜란드 군을 쫓아 토바고로 가서 그곳을 점령할 수 있었지만, 네덜란드의 중요 중계항이 있던 퀴라소에서 차단당했다.

프랑스와 동맹을 맺고 있는 동안, 찰스 2세의 잉글랜드는 바다에서 여러 차례 패배를 겪었다. 1688년 명예혁명 이후 영국인들은 대서양 지배의 첫 발을 내디뎠다. '대양해군' 전략이 점점 더 식민지 정복만이 아니라 상업과 해양 군사적 승리에도 적합한 것으로 드러났다. 그러는 사이에 9년 전쟁[37]이

---

35 1672~1674년의 제3차영국 · 네덜란드 전쟁을 말한다. 솔 만 전투(Battle of Solebay)는 1672년 잉글랜드 서포크 연안의 솔 만에서 벌어진 이 전쟁 최초의 해전이다. 텍셀 전투(Battle of Texel)는 네덜란드 북단의 섬인 텍셀 섬 인근에서 1673년 네덜란드 해군과 프랑스 · 잉글랜드 연합함대 간의 해전이다. 이 전쟁은 프랑스 · 네덜란드 전쟁과도 겹친다.

36 Jean II d'Estrées, 1624~1707년. 루이 14세 시기 프랑스의 해군제독. 원래 육군이었지만 콜베르의 요청으로 해군에서 복무했다. 영국 · 네덜란드 전쟁 시기 카리브 해와 플랑드르 연안에서 활약했지만, 제3차영국 · 네덜란드 전쟁 중 퀴라소에서 반 이상의 병력을 잃는 손실을 당해 제독 직에서 물러났다.

37 아우크스부르크 동맹전쟁을 말한다.

일어났고 1689년 프랑스는 신속하게 영국에 타격을 가했다. 그것은 프랑스가 개전 직전에 정비한 해군 계급 체계 덕분에 10년 동안 평화를 누리던 영국 해군성보다 더 빨리 병력을 동원할 수 있었기 때문이었다. 하지만 네덜란드인들이 제공한 발트 해의 물자에 힘입어 잉글랜드는 결정적 이점을 얻었다. 1690년 비치헤드(Beach Head) 곶에서 토링턴(Torrington) 백작38이 지휘하는 영국·네덜란드 연합함대에 대해 75척의 전함을 이끈 프랑스의 투르빌(Tourville) 백작39이 승리한 이후, 동맹군40은 영국해협에서 힘을 강화했고 1692년 라우그(La Hougue) 해전에서 투르빌을 패배시켰다. 여기서 프랑스 함선 15척이 파괴되었고 프랑스의 영국 침략 위협이 제거되었다. 당시 프랑스는 네덜란드와 라인 강 유역, 이탈리아라는 3개의 전선에서 육지전을 벌이고 있었다. 이런 육지전에 점점 더 많은 부담을 느끼고 있던 프랑스는 비용이 많이 드는 전투 함대의 유지를 포기할 수밖에 없었다. 1693년 투르빌이 스미르나(Smyrna) 호송함대를 공격하는 데 성공하여 영국 레반트 회사(English Levant Company)에 치명타를 가한 것41은, 정규적인 해군 작전이라기보다는 사략 행위에 가까웠다. 그 결과로 인한 영국의 손실은 매우 커서, 1693년과 1697년 사이에 총 4,000여 척의 배가 나포되었다.

프랑스의 위협은 스페인왕위계승 전쟁 때 재개되었다. 전쟁이 시작되자 대니얼 디포는 이렇게 질문했다.

---

38 Arthur Herbert, 1st Earl of Torrington, 1648~1716년. 17세기 말 18세기 초 영국의 해군제독으로 명예혁명에도 참여했다. 1690년의 해전에서는 '현상유지전술(fleet in being)'을 처음으로 사용한 것으로 알려져 있다. 이 전술은 함대를 항구에 유지함으로써 적이 다른 작전을 펴지 못하도록 하면서 아군의 지원을 기다리는 전술이었다.

39 Anne Hilarion de Costentin, comte de Tourville, 1642~1701년. 루이 14세 시기 프랑스 해군제독. 말타 기사단으로 경력을 시작해 17세기 말의 여러 해전에서 괄목할 만한 성과를 올려 프랑스 해군의 상징적 존재 중 한명이 되었다. 라우그 해전에서도 45척의 전함으로 97척의 적을 상대하여 큰 타격을 가하고 물러났기에 반드시 패배한 것은 아니라는 평가도 있다.

40 이때의 동맹군은 프랑스에 맞선 영국, 프랑스, 스페인, 합스부르크 제국 등 유럽 강대국들의 동맹을 의미한다.

41 라구스(Lagos) 해전을 말한다.

무역이 없다면 영국은 어찌되나? 식민지 무역이 없다면 터키와 스페인과
의 무역은 어찌되나? 프랑스군이 쿠바에 주둔하고 프랑스 함대가 아바나의
은을 갖고 귀항하면, 영국은 어찌될 것인가? 프랑스인들이 퀘벡에서 멕시
코까지 자유롭게 무역하게 된다면, 버지니아 식민지가 무슨 가치가 있겠는
가?57)

그렇지만 네덜란드인들과 한자 상인들로부터 공급을 받던 프랑스의 대서양
연안을 완전히 봉쇄하지 못하고 해적 행위나 디포가 예측한 아메리카산 귀
금속 교역의 새로운 성공을 차단하지 못했어도, 영국 해군은 놀랄 만한 승
리를 몇 차례 거둘 수 있었다. 1702년에 영국의 제독이 된 루크(Rooke)42는
비고(Vigo) 만에서 스페인 상선단을 공격하여 15척의 선박을 파괴했다. 브라
질 산 금과 리스본의 기지에 대한 영국의 통제를 확고히 한 1703년의 메듀
엔(Methuen) 조약 이후 1704년 지브롤터 해협을 장악함으로써 영국 해군은
지중해에서 새로운 전략적 가능성을 획득했다. 식민지에서는 앤틸리스 제
도에서 몇 번 습격을 벌인 것 외에는 주목할 만한 성과가 전혀 없었고, 1711
년에는 퀘벡에 대한 영국의 진출 시도도 좌절당했다. 그래도 상업적으로 중
요한 성공을 거두어 영국의 항구를 떠난 선박의 수는 다음과 같이 늘어났
다. 1710년에 3,550척의 선박이 출항했고, 1712년에는 4,267척, 1713년에는
5,807척의 선박이 출항한 것이다. 이런 출항선박 수의 증가는 해외 무역에서
영국의 우위를 보여주는 것이었다. 1713년에는 위트레흐트 조약을 통해 유
럽의 권력 균형이 유지되면서 네덜란드 남부의 저지 지방은 해양 강대국이
아니었던 오스트리아로 귀속되었고, 1714년에 스튜어트 왕조가 단절되고 하
노버 왕조가 시작되면서 영국은 중심적인 해양 강대국이 되었다.

---

42 Goerge Rooke, 1650~1709년. 영국의 해군제독. 하급장교로서 시작하여 제독이 되면
서까지 17세기 말과 18세기 초 영국의 무수한 해전에 참여해 성과를 올렸다.

18세기 영국의 대서양 정복

영국의 월폴 시기[43]에는 비교적 오랫동안 전쟁이 없었지만, 프랑스 식민지 무역이 빠르게 성장하여 점차 강한 위협을 제기했고, 아메리카 대륙에서 벌이는 영국인의 불법 무역에 대한 스페인의 대응도 강력해졌다. 그 시기 이후 영국이 대서양에서 자신의 패권을 새롭게 주장하고 나선 최초의 전쟁은 오스트리아 왕위계승전쟁[44]이었다. 이때 힘의 불균형은 아주 컸다. 1744년에 영국 해군이 운용하던 전열함의 수가 100척이었음에 비해, 프랑스는 50척이 채 안 되는 선박을 겨우 소집할 수 있었는데, 그 중 18척은 20년 이상이 된 오래된 배였고 나머지 선박 중 11척은 대포 60문을 장착한 낡은 유형의 배였다.[58] 프랑스 왕실 해군은 섭정 오를레앙(Orléans) 공과 추기경 플뢰리(Fleury)의 평화 정치에 희생양으로 선택되었다.[45] 함대 예산이 축소되었고 선박의 수는 1715년 이래 극적으로 줄어들었다. 그래도 1715년에는 프랑스가 운용하는 전열함이 80척이나 되었다. 하지만 1725년에서 1738년까지 로슈포르에는 해군 지휘관이 부임하지 않았고, 1718년에서 1733년까지 브레스트에서 건조된 선박은 단 2척이었다. 물론 선박의 질적 개선이 이루어졌고, 대포 74문을 장착한 최초의 선박 테리블(Terrible) 호가 건조되어 영국에서도 상당한 호평을 받았다. 테리블 호는 1737년에 취항했지만, 프랑스는 여전히 앤틸리스 제도에 영국에 비견될 만한 기지가 전혀 없었다. 식민지 총

---

43 로버트 월폴이 재무상 및 수상으로서 영국 정치를 주도한 시기로 1721년부터 오스트리아 왕위계승전쟁이 발발한 1740년까지를 가리킨다.

44 1740~1748년에 유럽 강대국이 모두 참여해 벌인 전쟁으로, 여자의 왕위 계승을 금지하는 살리카 법에 따라 오스트리아의 마리아 테레지아(Maria Theresa of Austria)가 합스부르크 왕가를 계승하는 것은 부당하다는 구실을 내세우며 각국이 개입함으로써 시작되었다. 유럽에서 벌어진 이 전쟁 기간 중 북아메리카에서는 '조지 왕의 전쟁'이 벌어졌고, 인도에서도 카르타니크 전쟁으로 영국과 프랑스가 충돌했다.

45 1715년 루이 14세 사후 루이 15세가 어려서 오를레앙 공 필립(Philip d'Orléans)이 1723년까지 섭정을 수행했고 아울러 추기경 플뢰리가 국정을 주도했다. 이들은 월폴 시기의 영국과 평화 체제를 구축하고자 했고 그런 의미에서 해군 축소를 단행했다. 플뢰리는 1743년 사망했다.

독들이 본국에 계속 기지 건설을 요청했지만 말이다.

1718년 이래 해군대신이었던 모르파(Maurepas) 백작[46]은 상선의 보호를 걱정한 무역상들로부터 많은 압력을 받았다. 그는 전쟁이 시작되자마자 배를 파견해 이베리아 반도의 상비상티 곶과 피니스테르 곶, 아조레스 해, 아조레스 제도의 전략적 항로들을 순찰토록 하였다. 하지만 순찰의 결과는 믿을 만하지 못했고, 1744년 여름 이후 적의 나포가 행해지기 전에도 선주들은 큰 혼란에 빠졌다.

7월 2일과 31일 카프프랑세를 떠난 20척의 배 중 에글(Eigle) 호만이 도착했다. 나머지 모두가 나포되었는데, 몇 척은 뉴잉글랜드로 끌려갔고, 다른 몇 척은 영국으로 끌려갔다. 1744년 11월 보르도의 선주 필립 네라크 (Philippe Nairac)는 공격 행위로 무역하기가 힘들다고 분통을 터뜨렸다.[59)]

그럼에도 일부 상인은 위험하다는 것을 알면서도 호송대가 구성되기 전에 주저 없이 자기 배를 출항시켰다.

신께서 축복하셔서 안전한 항구로 인도해 주신다면, 항해가 좋은 성과를 낼 것이라고 기대할 만한 충분한 이유가 있다. 그 이래 한 척의 배도 출항하지 못했고, 호송대 없이는 누구도 출항하지 못할 것인데, 호송대는 내년 6월 이전에는 상선과 만나게 될 레(Ré) 섬으로 출항할 수 없을 것이다. 그렇게 되면 2개월 이상 늦어지게 된다. 그러니 내 배의 선장은 함선의 보호를 받는 배들이 도착하기 전에 화물을 사고 팔 시간을 갖게 되며 배들이 도

---

[46] Jean-Frédéric Phélypeaux, Count of Maurepas, 1701~1781년. 루이 15세 시기 프랑스의 정치가. 1723년에 해군대신이 되어 1730년대와 1740년대 프랑스 해군력을 다시 강화하려고 노력했지만, 1749년 정적들에게 몰려 실각했다. 본문에는 1718년부터 해군대신이라 했지만, 모르파가 국가참사원에 들어가 해군관련 일을 보게 된 것이 18살인 1718년부터였지만, 해군대신이 된 것은 1723년이었다.

착하면 귀항할 것이다.

1745년 4월 26일 자기 배를 출항시킨 역시 보르도의 선주인 피에르 드클로(Pierre Desclaux)에게는 투기적인 대담함과 함께 현실적인 타산도 깔려 있었다. 그는 장인인 런던 무역상 그리폰(Griffon)을 통해 자기 배를 보험에 들어놓았기 때문이다.[60]

이런 호송대와 관련해 모르파는 1690년의 입법을 계속 이용했다. 해군 예산이 부족했기 때문에 무역상이 출항과 귀항 때 운송 상품에 부과된 세금을 내어 호위 자금을 책임졌던 것이다. 하지만 이 규칙은 지키기가 어려운 것으로 드러났다. 이론상으로 보면 상인 선장은 호위를 받아야만 출항 신청을 하고 출항할 수 있었다. 하지만 실제로는 그렇게 하지 않고 출항하는 일이 계속되었다. 그렇다고 해서 이 규칙이 하찮은 성과만 남긴 것은 전혀 아니다. 1745년 세 차례의 대규모 호송대가 출항했는데, 9월에 출항한 호송대는 123척으로 구성되었고, 그 중 59척은 마르티니크로, 64척은 생도맹그로 향했다. 1746년에는 두 차례 호송대가 구성되었는데, 4월 1일에 196척의 호송대가 출항했고, 10월 2일에 80척의 호송대가 출항했다.[61]

당시 앤슨(Anson)[47] 제독이 지휘하던 영국 해군이 이에 대응했다. 강력한 서부 함대는 북아메리카와 앤틸리스 제도로 보내는 프랑스의 물자 공급을 상당히 지체시킬 수 있었다. 1747년 5월 스페인 북부 연안의 오르테갈(Ortegal) 곶 앞바다에서 앤슨은 14척의 배로 캐나다로 향하는 40척으로 구성된 프랑스 호송대를 공격하였다. 이 호송대는 9척의 함선이 보호했는데, 지휘관인 종키에르(Jonquière)의 희생을 통해 호송대 대부분이 7월에 퀘벡에 도착할 수 있었다. 1747년에 앤틸리스 제도로 향한 두 차례의 호송대 중, 7월에 출항한 호송대는 전체 100척 중 47척을 잃었다. 10월에는 8척의 함선이

---

47 George Anson, 1st Baron Anson, 1697~1762년. 스페인 왕위계승전쟁 때 하급장교로 경력을 시작해, '젠킨스의 귀 전쟁'과 오스트리아 왕위계승전쟁에서 활약했다. 나중에 7년 전쟁 때는 영국 해군성 장관이 되었다.

호위를 한 252척의 호송대가 피니스테르 곶 앞바다에서 호크의 공격을 받았다. 그러나 호위 함선들의 희생을 통해 호송대는 앤틸리스 제도에 도착할 수 있었다. 1747년이란 해는 영국 해군의 우위가 명확하게 확립된 해였다. 그렇지만 종전과 함께 양도된 루이스버그(Louisbourg)의 요새를 제외하면 프랑스의 식민지 자산은 보존되었다. 한편 영국 제독 버넌(Vernon)은 포르토벨로를 장악했지만, 이후 카르타헤나 앞바다에서 벌어진 해전에서 스페인군에게 패배했다.

영국 해군의 힘은 7년 전쟁 동안에 정점에 이르게 되었다. 하지만 프랑스인들도 엄청난 노력을 하였다. 1749년에서 1755년 사이에 33척의 함선이 건조되었고, 전쟁 동안에 23척을 잃었다. 1755년 프랑스 해군 함대에는 59척의 함선과 35척의 프리깃함이 있었다. 그러나 함선 중 34척은 대포 54문과 64문을 실었고, 따라서 구식 함선이었다. 문서상으로 보았을 때, 영국 해군은 총 136척을 운용하고 있었고, 앤슨이 추진하여 100척의 전열함과 그 정도 수의 프리깃함을 건조하였다. 영국 해군이 압도적으로 우세했다.

1755년 11월 전쟁이 선포되기도 전에 영국 해군 보스카웬의 해적 활동으로 앤틸리스 제도에서 출항한 배들이 나포되었는데, 그 중 155척이 보르도의 선박이었다. 이 활동은 일종의 "상업적인 진주만 습격"이었다.[62] 프랑스 해군 인적 자원의 10퍼센트에 해당하는 6,000명이 목숨을 잃었고, 전쟁 기간 동안에 상선단의 안전은 더욱 불안해졌다. 대(大) 피트 수상의 지도 하에 영국은, 프로이센의 프리드리히 대왕(Frederick the Great)이 유럽에서 군사적 영광을 누리는 동안에 바다를 정복해 가고 있었다. 프랑스 해군이 앤틸리스 제도에서 보이는 것은 가끔씩 있는 일일 뿐이었다. 1757년에 영국은 그곳에서 해군 기지의 물류 지원을 받아 23척의 함선과 11척의 프리깃함을 운용하고 있었다. 1759년에 봉파르의 함대만이 그곳에서 영국의 감시가 잠시 느슨해진 틈을 타 항해할 수 있었다. 프랑스 연안 앞바다의 상황도 전혀 호전되지 않았다. 1759년에 앤슨은 프랑스의 증원부대가 대서양 횡단에 나서는 것을 막았고, 보스카웬은 23척의 함선으로 루이스버그에서 싸우고 있는 애머스트의 부하 1만 1,000명을 지원하였다.

영국에게 1759년은 호크와 보스카웬이 거둔 승리들로 인해 "경이로운 해(annus mirabilis)"였다. 그 영향을 재보려면, 영국 해군 전략의 핵심이 의거하던 서부 함대의 활동에 가해진 제약이 어느 정도였는지를 되새겨보는 것으로 충분할 것이다. 브레스트에서 식민지로 향하는 원조를 봉쇄한 서부 함대는 괴혈병에 시달리고 있었고 그 때문에 많은 선원을 잃었다. 그래서 함대는 신선한 식량을 구하기 위해 웨상 섬에 대한 봉쇄를 몇 주나 어떤 경우에는 몇 달 간격으로 풀 수밖에 없었다. 1758년에 앤슨이 토베이(Torbay)로 귀항한 것도 이 때문이었다. 1759년 5월 호크가 토베이에서 웨상 섬 근처로 출항했을 때도 함대의 식량 공급 문제가 첨예했고, 그는 15일만 순항한 후 토베이로 귀항하기로 결정했다. 당시 브레스트에서는 슈아죌(Choiseul)[48]의 열정적인 노력으로 강력한 함대가 탄생했고, 이 함대는 모르비앙(Morbihan)에 주둔하고 있었다. 그리고 아메리카에서는 전쟁의 결과가 결정되고 있었다. 5월 27일 호크는 토르베로 귀항하는 것이 아니라 웨상 섬 앞의 위치를 "고수"하여 브레스트를 계속 감시하고 프랑스 선장들이 마음대로 움직이지 못하게 하기로 결정했다. 그때 앤슨이 지휘하던 영국 해군성은 주도적으로 나서서 호크의 함대에 신선한 식량과 가축, 채소, 맥주를 공급하였다. 그런 공급을 받은 호크는 27척의 함선을 거느리고 1759년 11월 20일 키브롱(Quiberon)만에서 브레스트 함대에게 회복 불가능한 타격을 가할 수 있었다. 콩프랑(Conflans)[49] 백작이 지휘하던 21척의 함선은 대부분 가라앉거나 좌초되었고, 백작은 자신의 무능을 증명했다.

---

48 Étienne-François, comte de Stainville, duc de Choiseul, 1719~1785년. 프랑스의 군사 지도자, 외교관, 정치가. 1758~1761년과 1766~1770년에 프랑스 외무대신이었고, 이 시기 전체에 걸쳐 프랑스의 해양 전략에 강한 영향을 미쳤다. 그는 7년 전쟁의 패배와 그 이후 프랑스 해군의 재건 노력에 깊이 관련된 인물이다.

49 Hubert de Brienne, comte de Conflans, 1690~1777년. 프랑스의 해군 지휘관으로 카리브 해에서 주로 활동했는데, 7년 전쟁 중 잉글랜드 침공 계획 하에 브레스트에 정박해 있던 프랑스 함대의 지휘를 맡으면서, 함대를 섣불리 키브롱 만으로 빼내다 영국 해군에게 타격을 받아 자신의 배까지 잃고 도망쳤다.

호크의 승리는 모든 지원이 차단된 퀘벡의 함락을 초래했고, 프랑스의 침략 위협이 최종적으로 제거되었다. 같은 해 8월 보스카웬은 포르투갈 남쪽 라구스에서 라클뤼(Laclue)의 함대를 격파했으며, 앤틸리스 제도에서는 과들루프가 정복되었다. 바다의 완전한 제패를 통해 영국은 아바나와 마닐라에서 스페인에 대한 최종 승리를 확보했으며, 마르티니크에서는 프랑스에 대해 최종적으로 승리를 거두었다.

1763년 파리 조약을 체결할 때 프랑스의 해군력은 완전히 결딴이 난 것 같았다. 함선 40척과 10여 척의 프리깃함 밖에 남지 않았다. 하지만 1762년에서 1768년 사이에 슈아죌은 상업계와 지방 주들의 지원을 받아 해군 재건을 추구했다. 새로운 함선 22척이 진수되었고, 그 중 13척은 대포 74문을 장착한 가장 최신형으로 건조되었다. 미국독립전쟁이 시작될 때 영국의 함선이 70척이었음에 비해, 프랑스 해군에는 52척의 무장 함선이 있었다.

이 새로운 전쟁에서 영국은 유럽 대륙에서 이전만큼의 동맹국을 확보하지 못했고, 7년 전쟁 전에 뉴캐슬 공작이 한 예언이 실현되었다고 생각할 수도 있었다. "프랑스는 육지에서 두려워할 만한 것이 전혀 없게 되면 바다에서 우리를 쫓아올 것이다." 사실 프랑스는 그런 성과를 얻을 수는 없었지만, 영국은 이전만큼 유럽 바다에 대한 지배력을 유지할 수 없었고, '신세계'에서는 대규모 해전이 전개되지 않았다.

실제로 영국과 프랑스 사이에 함선 수의 불균형도 줄어들었다. 1776년에서 1783년까지 프랑스는 40척의 함선과 47척의 프리깃함을 건조했다. 체서피크에서 프랑스가 승리를 거둔 해인 1781년 4월 영국의 함선 수는 94척이었음에 비해, 프랑스의 함선 수는 70척이었다. 스페인 함선 54척의 지원을 받으면 프랑스·스페인 연합 함대가 수적 우위도 누릴 수 있었다. 하지만 스페인의 함선은 질이 아주 우수하지는 않았고, 프랑스와 스페인 간의 협력도 최소한에 그쳤다.

하지만 이상의 결과로 프랑스의 대서양 항해가 훨씬 더 안전해졌다. 1778년에서 1782년 사이에 호송대가 31회 앤틸리스 제도로 출항했고, 29회 귀항했다. 완벽한 전술이 구사되었다. 정찰대로서 프리깃함이 호송대 앞에 나섰고, 함대의 대부분이 바람을 받는 쪽으로 호송대의 대형을 유지하면서 그 뒤를 따랐다. 적에게 나포된 선박 수는 1778년의 110척에서 1782년에는 겨우 20척으로 떨어졌다. 반면에 영국인들은 애를 먹고 있었다. 1,000척이나 되는 영국의 선박이 사략선에 나포되었고, 800척은 몸값을 치르고 풀려났다. 프랑스 해군에 나포된 것도 900척이나 되었다. 대서양의 해운 전쟁에서는 프랑스가 승리한 것 같았으며, 이는 분명 1781년 9월 체서피크에서 프랑스가 승리한 것과 관계가 깊었다.[50]

미국독립전쟁에서 영국 해군이 패한 것을 해군성과 정부의 정치적 지도력이 줄어든 탓이라고 할 수도 있다. 노스(North) 경[51]과 쉘버른(Shelbourne) 백작[52]은 대 피트 수상이 아니었고, 의회 내 당파 간 갈등이 힘을 약화시켰다. 앤슨은 관직임명권의 남용으로부터 해군을 지켰다. 그래서 해군성과 야당을 지지하는 상급 장교들 사이에 의견 충돌이 있었다.[63] 케펠(Keppel) 자작[53] 같은 상급 장교들 중 일부는 미국의 반란에 대한 무력 진압을 반대했다. 호크와 보스카웬 정도의 능력을 가진 사람이 없었고, 로드니와 켐펜펠

---

50 체서피크 만 해전을 말한다. 미국 독립 전쟁 중 1781년 9월 5일 체사피크 만 입구에서 영국 해군과 프랑스 해군 사이에 벌어진 해전이다. 이 해전은 영국이 패했지만 물질적 타격이 크지는 않았다. 하지만 전략적인 면에서 버지니아 요크타운에 주둔하고 있던 영국군에 증원군을 보내려던 영국 해군의 임무는 무위로 돌아갔고, 식민지군이 뉴욕에서 체사피크만을 통해서 군대와 보급 물자를 운반하는 것을 차단할 수 없었다. 즉, 미국독립전쟁의 승패를 결정짓는 성격을 가졌던 것이다. 이 해전에서의 패배는 1588년 스페인 무적함대에 대한 승리 이후 400여 년에 걸친 영국 해군의 역사에서 가장 뼈아픈 패배였다.

51 Frederick North, 2nd Earl of Guilford, 1732~1792년. 영국의 정치인으로. 1770년부터 1782년까지 수상을 역임했지만, 재임 기간 후반에 미국 독립 전쟁에 대한 대응 실패로 물러났다.

52 William Petty, 2nd Earl of Shelburne, 1737~1805년. 영국의 휘그당 정치가로 미국독립전쟁 말기인 1782~1783년에 수상 직을 맡아서 미국과의 평화조약을 체결했다.

53 Augustus Keppel, 1st Viscount Keppel, 1725~1786년. 7년 전쟁과 미국독립전쟁 기간 동안 영국 해군제독이었고, 미국독립전쟁이 끝날 무렵에는 해군성을 맡았다. 휘그당을 지지하여 자유주의 성향을 가졌다.

트(Kempenfelt)[54]는 그들보다 못하였다. 특히 켐펜펠트는 늘 겨울 전투에서 자신의 배가 손상을 입을까 우려했고, 그래서 대서양에서 프랑스 함대들은 일정 정도 자유를 누릴 수 있었다. 이들은 유럽의 바다에서 해군의 비용을 줄여나가면서 먼 바다에서 해군의 지배력을 세우고자 했고, 그에 따라 해군의 힘이 분산되었다. 4대 주요 작전지역 — 영국해협, 지브롤터, 앤틸리스 제도, 북아메리카 연안 — 에서 현상유지에 진력했던 영국은 적 세력의 우위 앞에 무릎을 꿇었다. 북아메리카에서는 3,000마일의 대양을 가로질러 5만 명의 원정군 병사들을 지원해야 했다. 영국의 함대는 해군에 대한 예산 지원이 줄어들었기 때문에 현상 유지를 하기가 힘들었다. 케펠은 영국해협에 배치된 35척의 함선 중 겨우 6척만이 제대로 수리된 상태라고 하였다. 무엇보다 그때까지 비용을 많이 들여 아메리카에서 수입해 왔던 해군 군수품이 부족했고, 그래서 러시아로 공급원을 돌려야 했다. 또한 수천 명의 수병들이 실종되었는데, 이들은 카리브 해에서 기다리고 있던 136척의 미국 해적들이 부가적인 이익을 얻기 위해 납치한 것으로 보인다.

그럼에도 프랑스가 바다에서 거둔 성과를 충분히 활용하지 못했기 때문에 해전의 최종 결과가 무엇인지는 오랫동안 명확하지 않았다. 앤틸리스 제도에서는 1778년 말 이래 프랑스가 도미니카를 장악했고 다음해 여름에는 데스텡이 세인트빈센트와 그레나다를 점령했다. 이런 섬들이 점령되면서, 세인트루시아의 영국군 기지가 포위되었다. 하지만 함선이 24척밖에 없던 데스텡은 승리를 이용해 세인트루시아에서 영국 해군을 추적해 영국의 주요 설탕 식민지인 자메이카까지 전진해 갈 수가 없었다.

1781년 봄 프랑스 제독 드 그라스(De Grasse)[55]는 브레스트를 떠나 마르티

---

54 Richard Kempenfelt, 1718~1782년. 영국 해군제독으로 웨상 섬 전투에서 승리를 거두기도 했지만 1782년 포츠머스에 수리를 위해 정박해 있던 자신의 배가 사고로 침몰하면서 사망했다.

55 François Joseph Paul de Grasse, 1723~1788년. 프랑스의 해군제독으로 체서피크 만 전투에서 프랑스 해군을 지휘한 것으로 유명하다. 하지만 다음해 도미니카에서 영국의 로드니에게 패배하여 포로가 되었다. 이 일로 군법회의에 회부되어 유죄판결

니크로 향했다. 거기서 그는 토바고와 세인트루시아를 공격했지만, 여기서 거둔 승리는 영국의 로드니가 신트외스타티우스 섬의 네덜란드 중계항을 습격함으로써 상쇄되었다. 그곳에서 영국인들은 많은 부를 획득했다. 프랑스는 1781년 9월 체서피크에서 최종적인 승리를 거두었다. 그때 드 그라스는 체서피크 만을 봉쇄하고 영국 함대에게 물러나라고 요구했다. 이로 인해 영국의 장군 콘월리스(Cornwallis)[56]는 어떤 지원도 받지 못한 채 항복할 수밖에 없었다. 요크타운의 패배로 인해 영국인들이 반란을 일으킨 식민지들과의 협상에 나설 수밖에 없게 되었다면, 카리브 해에서는 프랑스인의 운명을 결정지은 것이 무기였다.

요크타운의 항복 이후 필연적인 평화조약을 논의하기 전에 새로운 프랑스 해군대신 카스트리(Castries) 후작은, 승리 이후 그때까지 다소 신중하게 카리브 해에 머물고 있던 드 그라스에게 자메이카를 공격하라고 지시했다. 하지만 같은 시기 영국 제독 로드니는 패배로 침울해 있는 영국 왕 조지 3세의 명예를 위해 복수할 마음을 품고 있었다. 왕은 그가 그레나다를 탈환하거나 아니면 윈드워드 제도의 어느 섬이나 생도맹그를 공격하기를 바랐다. 또 드 그라스는 150척의 호송대도 보호해야 했는데, 그 호송대는 마르티니크의 포르루아얄을 출발해 생도맹그를 경유해서 프랑스로 귀환할 예정이었다. 두 함대는 서로를 감시하고 있었는데, 1782년 8월 1일 드 그라스는 뒤쳐진 배 한 척을 보호하기 위해 불리한 조건에서 해전을 벌일 수밖에 없었다. 영국 해군도 큰 피해를 입었지만, 드 그라스는 가장 큰 손실을 입었으며 자신은 포로가 되었다. 그럼에도 그의 희생으로 호송대는 생도맹그에 도착할

을 받았다.

56 Charles Cornwallis, 1st Marquess Cornwallis, 1738~1805년. 미국독립전쟁 말기 요크타운 전투에서 항복한 영국군 장군으로 널리 알려져 있지만, 그 후에도 영국 정부의 신뢰를 잃지 않고 다양한 역할을 수행했다. 인도에서는 총독을 두 번이나 맡아 영세 통치법을 정했다. 아일랜드 총독으로 가톨릭 해방을 주장하며 일으킨 1798년 아일랜드 반란과 프랑스의 아일랜드 침공을 막고, 잉글랜드와 아일랜드의 통합을 완료했다.

수 있었다.

이 해전에서의 승리로 영국은 앤틸리스 제도에서 적어도 얼마간은 해군력을 회복하였다. 비록 미국독립전쟁에서 자신의 북아메리카 식민지를 상실했지만 말이다.

트라팔가 해전: 영국이 바다를 지배하다

영국의 패권에 대한 프랑스의 최종적 도전은 프랑스혁명과 나폴레옹 제국 시기에 제기되었다. 사실 프랑스는 줄곧 영국의 패권적 구상을 무너뜨리고자 하였다. 즉 "바다의 지배자가 되고 그 결과로 전 세계의 무역을 장악하려는 야심찬 기획으로 영국민을 고취시킨 자부심을 저지"하고자 한 것이다.[64]

1762년 루이 15세의 리스본 주재 대사인 자코브 오뒨(Jacob O'Dunn)은 포르투갈이 영국과의 동맹을 포기하도록 강요하면서 영국의 야심을 비난하였다. 그런 생각이 앙시앙 레짐 시기의 정부든 프랑스혁명 시기의 정부든 프랑스 정부의 머릿속에 언제나 꽉 차 있었다.

미국독립전쟁 이후 프랑스의 해군 역량을 강화시키려는 주목할 만한 노력이 이루어졌다. 명사회의 연단에서 칼론(Calonne) 자작[57]이 1783년에서 1787년까지 프랑스의 연간 예산 적자가 주로 함대의 재건 때문이라고 주장할 정도였다. 실제로 1783년에 28척의 함선과 23척의 프리깃함이 새로이 진수되었는데, 이것은 당시 함선의 40퍼센트와 프리깃함의 50퍼센트에 해당하는 규모였다.[65]

프랑스혁명 초기인 1789년에서 1793년까지는 이런 노력이 유지되었다.

---

57 Charles Alexandre, vicomte de Calonne, 1734~1802년. 프랑스의 정치가로 프랑스혁명 직전 루이 16세의 재정총감이었다. 1783년 재정총감에 임명되어 프랑스의 재정 적자를 메우기 위해 노력하면서 1787년 명사회에서 새로운 과세를 주장하다가 루이 16세에 의해 해임되었다. 해임 후 영국으로 갔고 거기서 프랑스혁명 기간 동안 반혁명운동을 벌이며 망명귀족을 지원하였다. 나폴레옹 시기에 프랑스로 돌아가 사망했다.

1793년에 프랑스 해군의 잠재력은 더욱 커져, 88척의 함선과 73척의 프리깃함을 거느리고 있었다. 수면 아래의 판자에 구리를 덧대어 수리 횟수를 줄였으며, 영국이 먼저 도입했던 배를 약간 기울여 질주하는 방식과 틈새를 메우는 방식이 실행되기 시작했다. 이 모든 것 덕분에 프랑스 함대가 바다에 훨씬 더 오랫동안 머물 수 있게 되었다. 그렇지만 프랑스의 이런 정책을 영국인들은 전혀 두려워하지 않았다. 영국에서는 앞서의 전쟁들이 끝나면서 얻은 실질적 우위에서 나온 깊은 안도감이 지배하고 있었기 때문이다. 해군은 여전히 규모 면에서 프랑스의 2배였고, 스페인과 특히 러시아 같은 다른 강대국들이 명백히 해군을 강화하고 있는 사이에 영국은 어떤 대규모 해군 건설 계획도 발주하지 않았다. 영국의 우위를 의식한 프랑스는 프랑스 혁명 이전에 새로운 대규모 전쟁을 앞두고 두 번이나 뒤로 물러선 적이 있었다. 영국과 네덜란드의 분쟁 때 그러했고, 1791년 브리티시컬럼비아 (British Columbia) 연안의 누트카(Nootka) 만에서 일어난 영국과 스페인 간의 충돌 때도 그러했다.

1793년 프랑스가 영국에 전쟁을 선포했을 때, 적어도 선박 수와 관련해 프랑스 함대는 축소되지 않은 상태였다. 하지만 해군 군수품 공급과 관련해서는 그렇게 원활하지 않았고 병력 수급 면에서는 훨씬 더 좋지 않았다. 물론 조선 자재인 목재를 많이 비축해 두었지만, 해군 병기창에도 혁명의 소요가 들이닥쳤다. 무엇보다 선원들 사이에 기강해이가 만연했고, 브레스트와 툴롱에서는 수많은 사고들이 발생했다. 1792년에 이미 영국 수상 피트는, 해군을 축소하면서 자신이 겪었던 혼란 상태에 프랑스 해군이 처해 있다고 판단했다. 실제로 그 해 말까지 프랑스군 장교의 3분의 2가 망명했고 수병들의 폭동으로 해군이 심각하게 약화되었다.

이전의 전쟁들 때와 같이 무역을 보호할 필요가 있었지만, 식량이 부족한 나라에 곡물을 공급하기 위해 앤틸리스로 가는 호송대와 미국에서 돌아오는 호송대가 모두 고려되어야 했다. 그래서 무역의 보호가 지금은 그 전보다 훨씬 더 중요해졌다. 실제로 대서양 교역은 1792년 말 또는 1793년 초 이래 축소되었으며, 오로지 중립국들의 지원 덕분에 그 무역이 유지되었다. 항구들은 해적 행위를 버리고 교역을 선택했다.

프랑스가 활용할 수 있는 현실적인 자원은, 1793년 왕당파들이 장악한 툴롱 함대가 일부 영국으로 망명하면서 줄어들었다. 이런 상황 하에서 1794년 '영광의 6월 1일'에 하우(Howe) 백작58은 웨상 섬 앞바다에서 처음으로 큰 승리를 거둘 수 있었다. 하지만 빌라레 드 주아외즈(Villaret de Joyeuse)59와 브레스트 함대는 유명한 방죄르(Vengeur) 호를 비롯한 7척의 함선을 잃으면서도 곡물과 밀가루를 싣고 미국에서 출발한 117척의 호송대를 프랑스의 항구로 귀환시킬 수 있었다. 이 과정에서 프랑스 군은 7,000명을 잃었는데, 이는 당시 프랑스 전체 수병 수의 10분의 1에 해당했다. 같은 해에 대서양 반대편에서는 프랑스가 마르티니크와 과들루프를 잃었다. 또한 영국인들은 3년 전 이미 격렬한 노예반란으로 경제에 격심한 타격을 입은 생도맹그 남쪽 연안에 자리를 잡았다.

공포정치 시기인 1794년에 산악파 장 봉 셍탕드레(Jean Bon Saint André)60의 주도로 이루어진 노력도 지속되지 않았다. 다음 해에는 브르타뉴 남쪽 연안에서 전투가 벌어졌고 프랑스 해군은 벨 (Belle) 섬과 그루아(Groix) 섬에서 함선 3척을 더 잃었다. 프랑스가 해상에서 최악의 패배를 겪었던 것은 집정정부(Directoire) 시기였다. 하지만 그 사이에 앤틸리스 제도와 인도양,

---

58 Richard Howe, 1st Earl Howe, 1726~1799년. 영국의 해군제독으로 오스트리아 왕위 계승전쟁부터 미국독립전쟁 시기까지 수많은 해전에 참여했으며, 영국 해군성 대신까지 맡았지만, 1793년 영국해협 함대의 지휘를 맡고 1794년 영광의 6월 1일 전투에서 22척의 함대를 이끌고 25척의 프랑스 호위함대를 패배시켰다.

59 Louis Thomas Villaret de Joyeuse, 1747~1812년. 프랑스 해군제독으로 프랑스혁명 시기 프랑스 해군을 이끌었다. 영광의 6월 1일 전투에서 패배했지만 호송 임무를 완수했고, 이후 나폴레옹의 신뢰를 받아 베네치아 총독이 되었다.

60 1749~1813년. 목사이며 프랑스 정치가이고 혁명가이다. 국민공회 의원으로 자코뱅이었고 공포정치에 참여했다. 특히 1793년에서 1794년까지 브레스트와 쉐르부르 항을 재정비하여 프랑스 해군의 재건에 힘썼다. 1798년에는 알지에와 스미르나 영사가 되었다가 3년 동안 오스만 투르크의 감옥에 있었다. 그 뒤 프랑스 지방의 지사도 지냈고, 나폴레옹에게 레종도뇌르를 받았다.

비스케이 만, 영국해협에서 해적 전술을 펼친 용맹스런 해군 병사들은 영국 상선대에 피해를 입히는 성과를 거두었다. 물론 영국은 호송대를 보호하거나 강습작전을 통해서 앙갚음을 하였다. 함선들이 상선으로 위장하고는 영국 해안을 따라 항해하다가 해적이 나타나면 습격하였다. 200척 내지 500척의 상선으로 구성된 호송대가 영국 함대 전체의 보호를 받으며 대서양을 횡단했다. 동인도회사와 허드슨 만 회사의 배들만이 이런 호송대를 조직하지 않고 항해했다. 로이즈 해상보험은 휘청거릴 정도로 보험비 상승을 겪었고, 영국인들은 중립국 선박을 이용했다. 1793년부터 1800년까지 영국은 다해서 거의 3,500척의 선박을 잃었다. 하지만 선주들에게는 비극적이었던 이런 손실이 상업에 가한 타격은 미약했다. 프랑스혁명과 나폴레옹 제국 시기에 영국의 대외무역은 전례 없는 활황을 맞이해서, 1796년에서 1800년 사이에 무역액이 7,820만 파운드에서 1억 1,400만 파운드로 치솟았으며, 1815년에는 1억 5,100만 파운드까지 증가했다.[66]

물론 해군에게도 전례가 없을 정도의 노력이 요구되었고, 해군의 지출이 1793년에서 1814년 사이에 10배나 늘어나 240만 파운드에서 2,280만 파운드로 증가했다. 하지만 넬슨(Nelson)에서 저비스(Jervis),[61] 하우, 콜링우드(Collingwood),[62] 키스(Keith)[63]에 이르는 "기라성 같은 인재들"이 영국 해군을 선도하고 있었기에 그런 지출은 전혀 낭비가 아니었다. 이런 사람들은 각자 자기 병사들을 영국해협의 안개와 대서양의 강풍을 이겨내는 데 필수적인 기술로 무장시키는 데 전념하였다. 아울러 그들은 다가오는 해전에서 적 해군을 파괴하는 데 필요한 기술을 다지는 데도 힘썼다.

---

61 John Jervis, 1st Earl of St Vincent, 1735~1823년. 영국 해군제독이자 의회 의원이기도 했다. 7년 전쟁부터 나폴레옹 전쟁에 이르기까지 바다에서 활약했으며 넬슨 제독의 후원자였다. 해군 개혁을 통해 함대의 효과적인 무장과 장교의 훈련에 힘썼다.

62 Cuthbert Collingwood, 1st Baron Collingwood, 1748~1810년. 나폴레옹 전쟁 시기 넬슨 제독과 함께 승리를 이끈 인물로 알려져 있으며, 트라팔가 해전에도 참전했다.

63 George Keith Elphinstone, 1st Viscount Keith GCB, 1746~1823년. 나폴레옹 전쟁 시기 지중해, 영국해협, 카리브 해에서 활약한 영국 제독으로 특히 무역의 보호에 힘썼다.

그렇지만 수병들은 대륙 봉쇄를 유지하기 위한 장기적인 순찰 항해와 호송대 호위를 위한 항해에서 오랜 시간 동안 갇힌 생활을 해야 했고, 이로 인해 완전히 녹초가 되었다. 이것은 수병들의 사기 저하의 원인 중 하나였다. 이런 사기 저하가 1797년 5월과 6월 스피트헤드(Spithead) 정박지와 템스 강 어귀에서 발생한 최악의 수병 폭동으로 이어졌다. 하지만 프랑스와 네덜란드, 스페인이 제휴하여 연합함대를 결성했기에, 영국은 이에 맞서 결정적인 승리를 거두어야 했다. 1797년 2월 오래전부터 "영국에게는 승리가 필요하다"고 말해왔던 저비스 제독에게 이런 승리를 거둘 수 있는 첫 번째 기회가 왔다. 스페인은 프랑스 함대와 합동 작전을 수행하기 위해 카르타헤나 함대를 대서양을 가로질러 카디스로 돌리고자 했다. 이 시도에 맞서 영국인들은 그들의 전술적 기량을 뽐낼 수 있었다. 넬슨의 훌륭한 지원을 받은 저비스는 경솔하게 두 그룹으로 쪼개진 27척의 스페인 함대에 맞서 겨우 15척의 함선으로 적의 대형을 무너뜨릴 수 있었다. 넬슨은, 130문의 포와 4층 갑판을 갖춘 세계에서 가장 큰 배인 라산티씨마트리니다드(La Santissima Trinidad) 호를 공격할 기회를 얻었다. 나중에 아부키르(Aboukir) 만과 트라팔가를 정복하게 될 이 뛰어난 제독은 친구 콜링우드의 뛰어난 후방지원을 받으며 혼자서 4척의 함선을 지휘했다. 하지만 스페인 군은 몇 달 뒤인 1797년 7월 아메리카에서 귀항하는 은 수송선단을 나포하기 위해 테네리페 섬에 상륙하려던 넬슨을 격렬한 전투 끝에 물리칠 수 있었다. 넬슨이 시도했던 이런 유형의 활동들이 영국과 스페인 간의 불화를 야기한 것이었다.

거의 1년 뒤 아부키르 만에서 프랑스 해군은 향후 오랫동안 봉쇄될 운명에 처해지게 되었다. 나폴레옹이 툴롱에서 몰타(Malta)까지 그리고 나아가 알렉산드리아로 가면서 넬슨의 순양함을 피할 수 있었던 것은 실로 행운이었지만, 1798년 7월 나폴레옹이 이집트 땅에 상륙한 후에는 그런 식으로 일이 전개되지 않았다. 넬슨은 14척의 배로 보기 드물게 대담한 공격을 시도하여, 프랑스 제독 브뤽스(Bruix)가 13척의 전함과 4척의 프리깃함으로 펼쳐놓은 대형을 격파해 버렸다. "형제애"로 뭉쳐 넬슨의 명령 하에 움직이던 함선의 선장들은 함포사격으로 프랑스 병사들의 기를 꺾으면서 프랑스 군을 작은 단위로 포위하는 작전을 놀랄 정도로 완벽하게 수행하였다.

브레스트 함대가 스페인의 도움을 받아 이집트 원정군을 구원하려고 마지막으로 시도했지만, 영국의 해상 제패는 이미 절대적이었다. 아미앵 조약으로 인한 일시적 휴전이 깨어진 후, 나폴레옹이 집정정부의 영국 침공 계획을 다시 들고 나서자 대서양 전역에 걸친 영국의 해상 제패가 재차 확인되었다. 1805년 초 나폴레옹은 불로뉴(Boulogne) 군영에 침공군을 결집하였다. 침공군을 실은 함대가 불로뉴에서 영국으로 건너가는 데 필요한 몇 시간을 벌기 위해, 해군은 영국해협에서 벗어나 대서양 전역으로 산개해야 했다. 1805년 3월 프랑스 제독 빌뇌브(Villeneuve)는 툴롱을 벗어나서 카디스에서 6척의 스페인 함선과 합류했다. 그리고 5월 중순 그는 앤틸리스 제도에 있었다. 넬슨은 2주 동안 그의 뒤를 따라다녔다. 영국 함대가 도착한 것을 전달받은 빌뇌브는 뱃머리를 돌려 유럽으로 돌아왔고, 영국 해군성은 브레스트와 페롤에 대한 봉쇄를 강화했다. 빌뇌브는 항구를 막고 있던 함대와 처음 전투를 벌여 패하고 도망쳐 카디스에 이르렀다. 이미 나폴레옹의 불로뉴 계획은 불가능하게 된 것이다. 그럼에도 황제에게서 전투의 압박을 받은 빌뇌브는 3만 명의 병사와 33척의 함선을 거느리고 트라팔가에서 2만 병의 병사와 27척의 함선을 지휘하던 넬슨과 충돌했다.[67] 프랑스는 참담하게 패배했다. 넬슨은 그 자신과 콜링우드의 지휘 하에 두 개의 전열을 펼쳐서 프랑스와 스페인 연합 함대를 격파하였다. 프랑스와 스페인 측은 18척의 배를 잃었고 2,500명이 사망했으며 7,000명이 포로가 되었다. 영국은 바다를 완전히 제패했다.[68] 리버풀과 런던은 거리와 광장 곳곳에 영국의 무역을 보호하느라 너무나 많은 일을 했던 바다의 영웅들의 이름을 붙였다. 던컨(Duncan)[64], 넬슨, 저비스, 콜링우드 같은 이들은 영국의 무역을 훌륭하게 지켜내었

---

64 Adam Duncan, 1st Viscount Duncan, 1731~1804년. 1797년 네덜란드 연안 하를렘 북쪽에서 네덜란드 함대를 격퇴하였다. 이 승리는 해군 역사에서 가장 중요한 것 중 하나로 평가되며, 네덜란드에 대한 영국 해군의 우위를 확정지었다.

던 것이다. 영국의 항구들에는 새로운 도크가 들어서거나(런던의 경우) 오래된 도크를 확장·정비하였고(리버풀의 경우), 영국의 배들은 저 멀리 인도와 오세아니아에서 '신세계'에 이르는 지구의 구석구석까지 번성하였다. 부두에 빽빽이 들어선 돛대들이 그 부두들을 전 지구적 교역의 교차로로 만들었으며, 그 위에 영국은 '팍스브리타니카(Pax Britannica)'를 세웠다.

7장 19세기의 대서양: 전통과 변화

§ 오래되었지만 끊임없이 변화하는 대서양횡단 무역

19세기 중반이 되기까지 대서양 무역에 중대한 변화가 전혀 없었다. 실로 이 해양 공간을 당시의 다른 해양 공간과 마찬가지로 전 지구적 교역이 뒤덮고 있었고, 그것은 이전 세기와 똑같은 성격을 갖고 있었다. 거래되는 상품도 이전 세기와 같았고, 무역의 움직임도 이전 세기와 같았으며, 그 바다를 항해하는 범선들도 기본적으로는 전혀 다르지 않았다. 변한 것은 운송되는 상품의 양이었는데, 이는 랭커셔의 직물업에 공급하기 위해 아메리카에서 운송되는 면화의 사례와 아울러 그런 무역 연계로 인해 북아메리카의 중요성이 증대한 것이 입증하는 바였다.[1]

반면에 19세기 후반에는 북아메리카와 아르헨티나, 우루과이만이 아니라 오스트레일리아와 뉴질랜드에서도 대량 원자재들의 대(對)유럽 수출량이 더욱 늘어났고, 특히 곡물(밀, 옥수수), 육류, 버터, 치즈, 생과일, 보존식품 같은 온대 기후에서 생산되는 식자재의 교역이 발전하면서 대규모 대외무역에 진짜 변화가 일어났다. 이런 상품의 전 지구적 시장이 생겨났고, 대서양, 특히 북대서양은 대륙 간 무역이 어느 곳보다 활발하게 이루어지는 무대가 되었다. 이 중 곡물 시장이 가장 중요했고, 그 외에도 점점 더 많은 양의 원자재들이 운반되었다. 금속과 비철 광석, 질산염, 휘발유, 고무, 기름 산출 식물, 석탄이 그런 원자재들이었다. 웨일즈에서 생산된 석탄이 배에 실려 아프리카나 아메리카의 석탄 적치장으로 수송되었고, 거기서 증기선의 원료로 공급되었다. 또 철도 자재와 같은 새로운 제조업 상품 화물들도 점차 등장하기 시작했다. 이렇게 만들어진 철도망을 통해 미국 서부나 캐나다에서 생산한 상품을 항구로 수송할 수 있었다. 이런 철도들은 또한 대양을 가로질러 온 수많은 이민자들도 이런 새로운 나라들의 '경계지역들'로 수송할 수 있었다.

따라서 바다와 인간의 관계에서 변화가 일어났다. 1840년대 말 이후 그리고 1850년대 동안 사람들은 종종 배고픔과 정치적 박해 때문에 고국에서 바다로 쫓겨났고, 미국 동부의 노동력 수요와 더불어 북아메리카와 남아메리카의 점점 멀어지는 경계지역에서 발생한 노동력 수요가 이들을 끌어당겼다. 이런 이민자들을 운반한 배는 점차 대서양횡단 정기수송항로의 일부가 되었고, 이런 정기수송항로는 1820년대부터 등장했지만 증기선 시대 동안 크게 개선되었다. 정기여객선은 정확한 날짜에 출항했으며 해운주식회사의 소유였다. 이 회사들은 수익성이 가장 높았던 인간 화물을 둘러싸고 격심한 경쟁을 벌였고, 사람들을 유럽에서 아메리카로 수송했을 뿐 아니라 귀항 시에는 밀과 여타 상품도 싣고 돌아왔다. 경쟁이 격렬해지면서 운임과 수송비용이 전반적으로 하락했다. 그러면서 독일계 해운회사와 그보다는 못하지만 프랑스계 해운회사도 대서양 교역을 둘러싸고 영국과 미국계 회사들과 경쟁을 벌여 자리를 잡는 데 성공했다.

또한 선원들의 충원방식과 선원이 선장 및 선주와 맺는 관계에도 변화가 있었다. 이전 범선 시대에는 유럽과 아메리카의 거의 모든 항구에서 선장과 선원 간의 관계가 항해 기간 동안만 지속되는 것이 특징이었다. 항해가 끝나면 선장을 제외한 전부가 해고된 것이다. 18세기 보르도에서는 앤틸리스 제도로의 항해 준비 과정에서 이와 같은 일시적 고용관계를 관례적으로 맺었으며, 극히 이질적인 선원들이 빈번하게 교체되었다.[2] 1837년에 뉴욕에서 리버풀로 갔다가 돌아오는 하이랜더(Highlander)라는 배에 소년 선원으로 승선한 허먼 멜빌은 뉴욕에 배가 도착하자마자 비참한 그의 동료들로부터 벗어났다. 모진 성격 때문에 경멸 받던 선장에 대한 "진심어린 반감"을 공유했던 그의 동료들은 자신들이 존경하지 않았던 "이전 영주와 주인"에게 집단적으로 안녕을 고하는 방식을 취했다. "이리저리 흔들리는 해초"처럼 선원들은 이리로 갔다 저리로 갔다 하였다.3)

단순한 일화임에도 이런 행동들은, 대체로 증기선과 정기해운이 도입되고서야 선원과 선사들 간에 맺어진 고용계약이 정규직 형태가 되었음을 보여준다. 대규모 해운회사들이 창설되면서 그 회사들의 경영진들은 직원의 안정성을 도모했고, 그때부터 이 회사들의 배들은 정기적으로 운항한다는 뜻으로 회사 깃발을 휘날리며 항해하였다. 물론 이 깃발은 그 회사의 야심을 보여주는 것이기도 했다.

동시에 이 새로운 대서양 시대는 세계에서 가장 큰 항구─런던─의 패권에 과감히 도전했던 항구들이 점차 힘을 늘려가 19세기 초부터 우위를 획득했음을 보여주었다. 18세기 말까지 여전히 경쟁상대가 없었던 런던에 리버풀이 도전해 왔고 교역량을 두고 경쟁을 벌였으며, 북대서양에서는 심지어 런던을 능가하기까지 했다. 이때는 또한 대서양 반대쪽의 뉴욕 같은 항구가 괄목할 만한 성장을 보여준 시기이기도 했다. 뉴욕과 리버풀은 서로를 보완하면서 놀랄 정도로 번성했다. 유럽에서는 함부르크가, 비록 적어도 자본에 관한 한 어느 정도 런던에 종속되었지만, 착실히 발전을 거듭했다. 반면에 보르도와 카디스, 심지어 암스테르담 같은 이전 세기의 거대 중심지들은 쇠퇴하였다.

§ 19세기 초 영국의 이점과 미국의 성공

1815년경 영국의 상업 패권

프랑스혁명과 나폴레옹 제국 시기의 전쟁들이 끝나면서, 영국의 해군 및 상업 패권은 이론의 여지가 없는 것처럼 보였다. 1814년에 영국은 선적용량 240만 톤에 해당하는 2만 1,000척의 상선을 소유했다.[4] 대양항해 선박만 보면, 1816년에 런던 항에는 6,198척의 선박이, 리버풀 항에는 2,946척의 선박이 속해 있었고, 선적용량으로는 각각 125만 톤과 64만 톤이었다.[5] 하지만 훨씬 전인 미국독립전쟁에서 프랑스혁명 때까지 영국의 무역은 갑작스레 활황을 맞았으며, 이는 영국에게 새로운 지위를 부여했다. 1785년에 영국 상선대에 속한 대양항해 선박은 약 1만 2,000척이었으며 선적용량은 120만 톤이었다. 즉, 당시 5,000척 이상의 대양항해 선박으로 구성되었고 선적용량이 72만 9,000톤이었던 프랑스 상선대에 비해 2배가 더 넘었던 것이다.[6] 프랑스혁명과 나폴레옹 제국 시기의 해전은 영국의 대외무역에 "광휘(光輝)"의 시대를 창출하였다. 비록 1802년 이후 그 성장이 느려졌지만 말이다.[7] 게다가 영국의 이런 성장은 전쟁이 가능케 한 식민지 무역의 지배가 아니라 면직물 수출이 거둔 눈부신 신장 덕분이었다. 실제로 영국은 식민지 무역에 대한 지배권을 중립국들에게, 특히 미국에게 넘겼다. 영국은 자신의 해군력 덕분에 분명 온갖 이국 산물 거래를 위한 세계 제일의 중계지가 되었지만, 그럼에도 영국은 유럽 시장을 폐쇄시켰던 대륙봉쇄의 녹록치 않은 결과에 마주쳤고 그 뒤 미국과의 대립을 무릅써야 했다. 이런 상황을 상쇄하기 위해, 영국은 자체의 독립을 추구하고 있던 스페인·포르투갈령 아메리카의 새로운 대서양 시장으로 눈을 돌려야 했다. 실제로 그곳에서 투기적인 매매가 횡행했지만, 일확천금의 꿈 같은 것은 전혀 실현되지 않았다.

유럽 시장들에서 물러난 이후 영국인들은 미국에서 최고의 고객들을 구했고, 1806~1807년에 미국은 영국 산 제조업 상품의 27 내지 28퍼센트를 가져가면서 독립 이후 영국의 무역에서 특권적인 위치를 차지하게 되었다.[8] 하지만 미국은 영국의 경쟁자이기도 했다.

미국의 중립이 가진 이점

심지어 1812년에도 해전에 참여하지 않았고 영국과의 전쟁도 30개월 정도 밖에 치르지 않은 미국은 프랑스의 해양력 쇠퇴로부터 이익을 얻었다. 미국의 중립은 꽤 길었던 전쟁 기간 동안 내내 미국에 보기 드문 이점을 보장해 주었다. 미국독립전쟁 이후인 1784년에 미국의 대(對)유럽 무역에 투입된 선박의 수는 약 1,220척이었고 선적용량은 20만 톤이었다.9) 카리브 해에서는 유럽 강대국들이 상업적 독점권을 포기하고 자유항들을 창출하면서 미국 선박들이 상당한 혜택을 보았다. 이런 유럽 강대국들의 움직임은 7년 전쟁 이후에 시작되었고 프랑스혁명 직전에 가속화되었다.10) 1789년 스페인 식민지들에서 노예무역이 외국인들에게 개방되었고, 1794년에는 영국과 미국 간의 제이 조약(Jay Treaty)을 통해 서인도의 항구들이 미국 배들에 개방되었다. 하지만 중립국 지위에 힘입어 미국이 무역을 상당히 확장시키면서 미국의 중립국 지위가 가진 가치가 커진 것은 무엇보다 1793년 이후 프랑스혁명 시기의 해상 전투 동안이었다. 앤틸리스 제도의 프랑스령 섬과 네덜란드령 섬들은 제조업 상품과 식량을 운반해 오고 식민지 상품을 수송하기 위해 중립국 선박들로 눈을 돌릴 수밖에 없었고, 거기서 미국 배들이 많은 수를 차지하게 되었다. 앤틸리스 제도와 스페인령 아메리카(중앙아메리카와 남아메리카) 식민지들에서 미국의 무역이 엄청나게 팽창하였다. 이 시장들이 1792년에서 1812년까지 미국 전체 수출량의 거의 3분의 1을 흡수하였다. 즉 총수출액 12억 3,400만 달러 중 3억 8,380만 달러를 이런 시장들에서 벌었다. 심지어 영국령 앤틸리스 제도에서도 미국 선박을 통해 식자재와 목재를 받아들이면서, 미국인들이 이익을 올렸다. 1803~1805년에 이들 식민지는 식량 수입의 3분의 2와 목재 수입의 거의 전부를 미국에서 들여왔다.11)

1793년 11월 6일의 추밀원 포고를 통해 런던은 해군에게 프랑스령 식민지와 교역하는 모든 중립국 선박들을 나포하도록 지시했다. 하지만 2달 뒤 영국은 중립국들의 저항에 굴복해서 프랑스와 그 식민지 간의 직접 무역만을 금지하였다. 이런 관용적인 태도는 1807년 11월 대륙봉쇄가 더욱 엄격하게 시행될 때까지 유지되었다. 그 이래 미국의 항구와 배를 거쳐 운반되는 식민지 화물들은 명목상으로는 중단되었다. 하지만 미국의 세관들은 화물을 하역하지 않았는데도 선장들에게 영국군에게 정선 명령을 받았을 때 보여줄 수 있도록 관세납부 확인서를 발부해 주었다. 1807년 앤틸리스 제도의 무역 중 40퍼센트를 미국 선박이 차지했고, 프랑스령 섬들이 미국인들에게 특권적인 시장을 제공해 주었다. 1793년에서 1797년 사이에는 앤틸리스 제도와 스페인령 아메리카로 보내는 미국 수출의 39 내지 44퍼센트를 이들 섬으로 보냈다.[12] 따라서 프랑스령 식민지에서 미국 상품의 연간 판매 가치가 거의 800만 달러에 이르렀던 것이다.

한편 스페인령 아메리카 역시 아주 매력적인 시장이라는 것이 드러났다. 1799년에 미국은 그곳에 900만 달러를 판매했다. 그곳 식민지들은 미국 배와 상품에 자유롭게 개방되어 있었기 때문이다. 비록 나중에 이런 조치가 철회되었지만, 식민지 당국의 공모와 묵인 하에 1800년과 1801년에도 미국과의 무역은 800만 달러 이상을 유지하였다. 1800년대의 첫 10년 동안 내내 이 시장은 대(對)카리브 해 미국 수출액의 적어도 40퍼센트를 차지했다. 1807년에 스페인령 아메리카는 미국으로부터 1,200만 달러 이상에 상당하는 상품을 수입했다. 영국인들은 나폴레옹이 지배하는 유럽이 영국 상품에 문을 닫았기에 가장 매력적인 시장으로 떠오른 곳을 미국이 갉아먹고 있는 것을 보면서 노골적으로 불만을 드러냈다.

미국의 무역양이 가장 크게 성장한 것은 대(對)쿠바 무역에서였다. 1792년에서 1817년까지 확장 중이던 설탕 경제에 새로운 노예들이 투입되면서 쿠바 식민지의 인구는 2배로 늘었다. 필라델피아의 예는 쿠바에 대한 미국의 이해관계를 가장 잘 드러낸다. 1798년에서 1809년까지 스페인령 아메리카에서 필라델피아 항으로 들어온 선박은 압도적으로 쿠바에서 온 것이었다. 이는 아래 표 7.1에서 볼 수 있다.

표 7.1 미국의 대(對)쿠바 무역, 1798~1809년 (단위: 척)

필라델피아 입항선박수	1798	1801	1807	1809
쿠바에서 온 수	58	98	138	91
스페인령 아메리카에서 온 수	75	137	200	184

식민지 독립전쟁의 시기에 미국인들은 서둘러 자신의 배들을 리오데라플라타(1806년에 46척)와 몬테비데오 및 부에노스아이레스(1830년 30척), 멕시코로 보냈다. 멕시코의 경우 1806년에 47척의 미국 배들이 베라크루스로 입항했다.

그 사이 전쟁으로 인해 카리브 해와 스페인령 아메리카에서 미국의 무역이 발전했고, 이는 식민지 도시들의 이해에 기여했다. 미국의 중립이 중계무역의 팽창을 가져왔는데, 이 중계무역은 미국의 금수조치로 1807년 말에 사실상 중단되었고 1815년에는 전쟁이 끝나면서 완전히 중단되었다. "짧은 기간 유지되던" 이런 무역은 아주 빠르게 그 가치를 증가시켜, 1792년에 180만 달러에서 1801년 4,700만 달러로, 그리고 1807년에는 6,000만 달러로 급증했다. 즉 1792년에 비해 32배나 증가한 것이다. 다른 한편 미국인들이 점점 더 많은 면화를 영국에 수출하게 되면서, 전쟁이 끝난 뒤에도 한층 더 성장할 수 있는 무역이 발전하였다. 대륙봉쇄 직전에 이미 미국은 영국 면직업의 단연코 주요한 원료 공급자였다. 연간 총 6,000만 파운드의 수요 중 미국이 2,703만 8,000파운드를 공급하여, 영국 전체 수요의 반에 약간 못 미치는 정도를 미국산 면화가 맡고 있었다.[13]

영국의 야심과 최초의 실망

유럽에서는 대륙봉쇄가 영국의 판매량을 줄이고 있었고 1808년 이후에는 미국도 자기 항구의 문을 닫아걸었지만, 포르투갈과 스페인의 아메리카 식민지 시장들은 영국인들이 필요로 하는 판로를 제공할 수 있는 것 같았다. 교전 당사국들은 미국의 중립 지위를 점차 존중하지 않게 되었고, 수많은 사건들로 미국과 영국이 대립하기도 했다. 영국 해군이 미국 상선에서 미국인 선원이나 영국 해군 탈영병을 체포하는 일도 다반사였다. 미국대통령 제퍼슨은 결국 1807년 12월 22일 통상금지령을 선포해 나폴레옹 제국만이 아니라 영국과의 무역도 거부하였다.1

1806년 이래 스페인에 맞선 식민지의 독립전쟁을 이용하려는 영국인들이 대규모로 부에노스아이레스를 향해 나섰다. 이 시기 영국의 제조업 상품 수출은 리오데라플라타 시장에 대한 정교한 투기 능력을 반영했다. 다른 외국 식민지들에 대한 수출과 함께 이런 제조업 상품 수출액은 1805년 16만 2,000파운드에서 1806년 31만 8,000파운드로 늘어났다.14) 2년 뒤에는 브라질에서 영국 상품의 판매량이 예상치 못한 수준으로 올라갔다. 영국은 국내 생산량의 약 10퍼센트를 브라질로 보냈고, 당시 아메리카의 스페인과 포르투갈 식민지들은 341만 6,000파운드에 상당하는 영국 제조업 상품을 수입했다.15)

하지만 영국은 얼마 가지 않아 실망하게 되었다. 이런 시장들이 흡수할 수 있는 역량보다 훨씬 더 많은 양의 상품을 보냈기 때문에 대단히 큰 손해를 보면서 판매가 이루어졌다. 몇몇 투기상들은 완전 헐값으로 구입한 질 나쁜 상품들을 꾸러미로 들고 갔고, 무역회사들은 팔다 남은 재고 상품들을 브라질이 아니라 북아메리카 시장에서 처리할 수 있을 것이라고 생각했다. 스케이트 신발이나 침대 데우는 다리미가 열대 기후에 맞을 리가 없었다. 이미 1809년 초에 리우데자네이루로 들어온 화물의 3분의 2가 팔리지 않은 채로 남았다. 무역상 앤토인 깁스(Antoine Gibs)는 브라질로 물건을 보내는 것이 "창문 밖으로 그냥 돈을 버리는 것"과 같다고 평했다.16)

상품을 면화와 교환하는 일도 종종 있었다. 아메리카에서 면화의 선적이 지연되어 면화의 수요가 상당했기 때문이다. 하지만 재고가 쌓였고, 1810년

---

1 1807년의 Embargo Act를 말한다.

영국에서 발생한 산업공황으로 인해 면화의 판매도 힘들어졌다. 1812년 초에 런던에는 브라질 산 면화 11만 꾸러미가 쌓여 있었고, 리버풀에는 미국산 면화 30만 꾸러미가 쌓여 있었다. 이것들은 모두 1811년에 들여온 것들이었다.[17] 영국의 대(對)미국 수출액은 1812년에 400만 파운드 이상으로 늘어났고, 유럽에 대한 수출도 개선되었다.

브라질과 리오데라플라타에서 영국인들이 실망을 겪었다고 해서, 영국이 전쟁이 끝난 이후 스페인령 아메리카에서 대규모 상업적·정치적 기획을 통해 성공을 이루고자 하는 희망을 버린 것은 아니었다. 이런 곳들은 독립을 획득했고 그래서 마침내 얼마간 안정된 상태를 갖게 되었다. 수출업자들은 라틴아메리카에서 '비공식' 제국을 통해 전통적인 식민지 체제에 대한 대안을 찾을 수 있으리라고 생각했다. 프랑스의 해군력이 완전히 제거됨으로서 '비공식' 제국을 세우기가 쉬워졌던 것이다. 하지만 그렇게 함으로써 영국은 미국과의 대립을 향해 나아가고 있었다.

라틴아메리카에서 벌어진 영국과 미국의 경쟁

1815년 이후 영국의 캐슬레이(Castlereagh)[2]와 캐닝은 새로운 상대, 특히 라틴아메리카와의 무역 자유화가 단순한 상업적 효과를 넘어서 영국의 영향력을 한층 심화시킬 것이라고 믿었다. 그곳에서 런던 금융가는 대규모 투자를 발전시킬 수 있을 것이고, 새로운 국가를 세우는 데 참여하는 영국인 고문들이 헌법과 관련해 조언할 수도 있을 터였다. 그들은 그렇게 하여 이 시장들에서 영국의 주된 경쟁자인 미국과 합의에 이를 수 있기를 기대했다.

---

2 Robert Stewart, 2nd Marquess of Londonderry, 1769~1822년. 영국의 정치가·외교관이다. 흔히 캐슬레이 경(Lord Castlereagh)으로 불리며, 외무상 재임(1812~1822년)시 나폴레옹의 프랑스에 맞서 대륙봉쇄를 성공적으로 이끌며 나폴레옹 전쟁을 승리로 이끌어 빈 체제 성립에 기여했다.

나폴레옹 전쟁 시기 동안 미국의 활황에 주된 원인이었던 중계무역이 종식되면서 미국인들은 유럽으로 향하는 대서양 횡단에 등을 돌리고 대신에 라틴아메리카 대륙에 관심을 두고 싶어 했다.

1820년대 초 스페인 식민지들이 독립을 이루는 데 성공하자, 캐닝은 런던과 워싱턴이 협정을 체결하여 그에 입각해 스페인이나 프랑스, 또는 그들과 함께 작동하는 신성동맹(Holy Alliance)[3]의 어떤 군사적 개입에도 맞서 새로운 국가들의 독립을 보장할 것을 미국 정부에 제안했다. 리버풀로 들어오는 미국 외교관을 환영하면서 영국의 외상은 이렇게 말했다.

> 공통의 언어, 공통의 상업 정신, 적절하게 통치되는 자유에 대한 공통의 존중이 우리 두 나라를 하나의 이해에 이를 수밖에 없게 할 것이다. 낡은 분쟁은 잊어버리고 엄마와 딸이 힘을 합쳐 세계를 대면할 것이다.[18]

이런 제안들에 대한 미국 쪽의 반응은 아주 차가웠다. 왜냐하면 런던이 이미 카리브 해에서 '팍스브리타니카'의 원칙을 내세우는 포함외교를 수행하면서, 이런 제안들을 내놨기 때문이었다. 영국 상인들은 카리브 해에서 반란으로 인해 발생한 무정부 상태로 고통을 겪었다. 1822년 12월 런던이 쿠바에 원정대를 보내자, 프랑스 외무상 비렐(Villèle)[4]은 "섬나라 무역상들"이 그들의 은신처에 있는 해적들에게 치안이 미치게 하여 이익을 보고자 하면서 새로운 역할을 하고 있다고 하였다.

이런 상황에 바로 직면했던 미국은 영국 해군의 압도적인 우위로 인해 대

---

3 1815년 나폴레옹의 패배 이후 러시아, 오스트리아, 프로이센 등 유럽의 군주제 국가들 사이에 맺어진 동맹으로 영국은 참여하지 않았다. 시작은 러시아 차르의 기독교적 이상에 입각해 있었기에 '신성'이란 수식어를 달았지만, 실제로는 프랑스혁명에서 비롯된 혁명사상의 확산을 차단하고 혁명 이전의 상황을 복원시키는 데 목적이 있었다. 1853~1856년의 크림전쟁 발발 때까지 유지되어, 어쨌든 19세기 전반 유럽대륙에 평화가 얼마간 유지되는 데 기여했다.

4 Jean-Baptiste de Villèle, 1773~1854년. Joseph de Villèle로 더 알려져 있다. 프랑스의 정치가로 부르봉 복고왕정 시기 수상을 지낸 극단적 왕당파(Ultraroyalistes)의 지도자.

처하기가 매우 힘들었다. 하지만 미국이 아메리카 대륙의 나머지 지역과 특권적인 관계를 맺고 있다는 것은 이미 거의 한 세대 동안 인정되어 왔다. 미국독립전쟁이 시작될 때 카리브 해의 거대 중계항인 신트외스타티우스에 주재하는 네덜란드 총독은 미국의 범선 앤드류도리아 호에서 휘날리는 성조기에 예포로 경의를 표했다.19) 1781년에 프랑스 외교관 베르젠(Vergennes) 백작5은 미국인들이 거대한 대륙 전체의 패자가 될 수 있는 해군력을 이루고 있다고 우려했다. 그러나 비록 미국 프리깃함들이 1812년 영국 해군에 중대한 손실을 가할 수 있었지만, 그렇다고 영국의 해군력에 도전한다고는 도저히 볼 수가 없었다.

한편 미국인들은 자신들의 야심을 실현하기 위해 애썼다. 1819년 그들은 플로리다 동부를 500만 달러를 주고 구입했고, 그 전에 그곳에서 프랑스 해적 장 라피트(Jean Lafitte)6 같은 해적들의 기지와 아울러 반(反)스페인 반란군의 기지까지 일소하였다. 같은 해 미국대통령 먼로(Monroe)7는 부에노스 아이레스로 함대를 파견해 리오데라플라타에서 미국 선박을 공격한 해적들을 추적했다. 베네수엘라에서는 볼리바르(Bolivar)8가 이 미국 원정대 때문에 미국인들에 대한 해적 활동을 포기할 수밖에 없었다. 스페인 식민지들의 불안으로 카리브 해에서 해적활동이 폭발적으로 증가했고, 이에 미국 무역상들이 강력한 입지를 구축했던 카리브 해의 교역활동이 보호될 필요가 있었다. 쿠바의 경우가 특히 그러했는데, 1820년에 그곳에 대한 미국의 수출은

---

5 Charles Gravier, comte de Vergennes, 1719~1787년. 프랑스 정치가와 외교관. 루이 16세의 외무대신으로 미국독립전쟁 동안 일했다.

6 1780년경~1823년경. 19세기 초 멕시코 만을 중심으로 활동한 프랑스인 해적으로 그의 출신과 활동에 대해선 많은 부분이 여전히 의문에 싸여있다.

7 James Monroe, 1758~1831년. 미국의 제5대 대통령. 제퍼슨 대통령 하에서 외교관을 지냈고 전대 메디슨 대통령 하에서 국무장관을 지내다 공화당 후보로 대통령에 당선되었다. 아메리카 대륙에 어떤 나라도 간섭하지 말 것을 제창한 1823년의 먼로 선언으로 유명하다.

8 Simón Bolívar, 1783~1830년. 베네수엘라의 군사 및 정치 지도자로서, 스페인령 라틴 아메리카에서 여러 나라들의 독립에 주도적인 역할을 했다.

스페인령 아메리카 전체에 대한 미국 수출량의 3분의 2 이상을 차지했기 때문이다. 미국 의회는 무역을 보호하기 위한 법률을 표결했으며, 3년 뒤 앤틸리스 제도에 2척의 프리깃함과 1척의 소형 호위함, 1척의 외돛 범선, 2척의 스쿠너 선으로 구성된 미국 함대가 자리를 잡았다. 이 함대는 서아프리카에서 멕시코 만에 이르는 해역에서 미국의 이해관계를 책임졌다. 하지만 먼로는 동시에 스페인에 맞선 반란을 지원했기에, 미국 해군은 해적 기지가 있는 쿠바와 푸에르토리코에서 스페인 군을 도울 수가 없었다.

1822년 말 캐닝이 카리브 해를 안정화시키려는 영국의 선도적 활동을 뒷받침하는 "제2의 등불"이 될 것을 미국에 제안하자, 미국대통령 먼로는 1823년 12월 2일 이렇게 대꾸하였다. 아메리카 대륙은 장래 닥칠 어떤 형태의 식민화도 피해야 한다. 아메리카가 유럽 문제에 연루되어선 안 된다. 미국 정부는 모든 유럽의 개입에 맞서 두 아메리카 대륙을 보호하는 데 전념할 뿐이다. 먼로 선언은 "미국 정치가 1세기 이상 동안 입각해 있던 반석(盤石)"이 되었다.[20]

즉각적으로 미국 해군은 무역 보호의 임무를 수행했다. 1823년 2월 1,500명 이상의 병사를 싣고 133문의 대포를 장착한 16척의 함선이 푸에르토리코와 히스파니올라, 쿠바 앞바다를 순항했다. 수많은 해적들이 소탕되었지만 황열병으로 많은 미군 병사들도 쓰러졌다. 몇 년 뒤인 1827년 마드리드가 라틴아메리카 여러 나라의 독립을 인정할 때까지 평화는 오지 않았다.

런던이 1807년에 내린 노예무역 폐지 결정을 시행하고자 했을 때, 미국은 아메리카 대륙 앞바다든 대서양 반대쪽이든 영국에게 바다를 순찰할 권리가 있다는 것을 인정할 생각이 전혀 없었다. 미국 노예무역상들은 이 무역에 일익을 맡았고, 영국은 해양 강대국들이 유럽의 깃발 아래 항해하는 노예무역상들을 색출하거나 체포할 수 있는 조약을 체결하도록 설득하거나 아니면 강제하고자 했다. 아프리카나 앤틸리스 제도 해역을 순항하는 미국 함선은 자기 나라 배를 저지할 수도 있었다. 그러나 미국 함선은 다른 나라 깃발을 내건 배에 대해서는 그런 행동을 하지는 않았고, 이런 조치들은 다소 제한적인 효과만 거두었다. 수많은 노예무역상들이 성조기를 휘날리고 다녔지만, 서아프리카 연안 앞바다에 성조기를 단 배가 한 척 이상 정박하는 일은 드물었다.

이룰 수 없는 일확천금의 꿈

먼로 선언의 단호한 의도에 직면한 캐닝의 대응은 이러했다. 1825년 2월 3일 영국 왕 조지 4세는 의회개회사에서, 그때까지 군주제의 원칙 하에서 스페인 식민지의 독립을 인정하는 데 반대했던 영국 왕이 기왕의 조약들을 통해 스페인으로부터의 분리를 완성한 것으로 보이는 아메리카 여러 나라들과 영국 간의 상업 협약들을 확인하는 조치를 취한다고 밝혔다. 1824년 12월 7일 외무상은 "스페인령 아메리카는 자유로우며, 우리는 영국에 관련되는 일들을 잘 해 나갈 것이다"라고 선언하였다.

결국 독립을 통해 안정을 찾은 라틴아메리카 시장들에 영국이 걸었던 희망은 곧바로 실망으로 바뀌었다. 1825년의 격렬한 위기는 아메리카 대륙의 새로 독립한 국가들의 미래에 잠시간 걸었던 희망이 터무니없는 것임을 드러냈다. 1825년 9월 시장의 공급과잉에 직면해 랭커셔 면직 무역이 무너졌고 그 해 말에는 런던 증권거래소가 패닉 상태에 빠졌다. 라틴아메리카에서 무분별하게 이루어진 계약이 영국이 겪고 있는 위기의 주요 원인 중 하나인 것으로 드러났다. 제조업의 생산과잉을 시장의 실제 역량에 대한 충분한 고려 없이 그곳으로 떠넘겼고, 은행들은 라틴아메리카의 신생국들에게 고액의 융자를 해주는 데 동의했다. 1822년과 1824년에 베어링(Barings) 은행이 컬럼비아와 아르헨티나에 300만 파운드 이상을 빌려주었고, 1825년 바클레이즈(Barclays) 은행은 멕시코에게 300만 파운드 이상을 빌려주었다. 브라질도 1825년에 로스차일드(Rothchild) 은행에게서 200만 파운드를 빌렸다. 페루와 멕시코에는 풍부한 광물을 캐기 위한 광업회사들이 여럿 설립되었는데,

1824년 2월에서 1825년 9월까지 29개 정도가 설립되었다.

　그러나 신생국들은 신용할 만하지 못했고, 광업회사들은 지속성이 없었으며, 수출품은 구입자를 구할 수가 없었다. 무역상들은 대서양을 가로질러 보낸 상품의 일부 대금을 은으로 받으면 운이 좋았다. 자본 보유자들이 그곳에서 동시에 은을 수출했던 것이다. 이런 나라들의 독립이 가져온 경제적·사회적 효과는 제한적이었으며, 그 나라들은 시장의 수요를 향상시키지도 부의 재분배를 유발하지도 내륙 수송을 개선하지도 못했다.

　그럼에도 위기가 일단 지나가자 이런 모든 나라에서 영국의 우위가 오랫동안 지속되었다는 것도 여전히 사실이다. 미국인들이 강력한 입지를 구축하고 있던 쿠바와 멕시코를 제외하고 말이다. 브라질의 사우바도르데바이아(Salvador de Bahia)와 리우데자네이루에서는 영국 무역상들이 1815년에만 해도 여전히 소수였지만, 10년 뒤에는 중요한 위치를 차지했다. 1828년 다시 영국의 수출에서 활황이 구체화되기 시작했고, 영국 산 상품이 런던에서보다 리우에서 더 싸게 팔렸다. "손수건, 온갖 색깔의 면직물, 실크, 모자, 신발, 스타킹, 이 모든 상품이 문과 창문을 화려한 장식으로 덮은 가게 앞에 걸려 있었다."

　영국인들은 19세기 중엽까지 브라질의 무역에서 가장 큰 비중을 차지하고 그것을 유지했다. 그들은 브라질로 들어오는 수입품의 반을 제공했고, 그들의 매출량은 제조업 상품 공급에서 수위를 차지하면서 주목할 만하게 개선되었다.[21] 그럼에도 사실 면직물을 제외하면 이런 상품들은 유한계층에서 구입했다. 테이블보, 자기, 유리그릇, 은 식기류가 대서양을 가로질렀고, 리우와 사우바도르, 헤시피의 부유한 집안마다 이런 제품들을 구비하였다. 이 3개의 거대 항구도시가 수입품의 대다수를 흡수했다. 브라질의 나머지 지역에서는 구매력이 아주 낮았고 운송수단 역시 열악했다. 이것은 이런 품목들이 현장 판매 상품인 이유를 설명해 준다. 이런 사정은 라틴아메리카 전역이 똑같았다고 할 수 있다.

　특히 나폴레옹 시대 동안 영국에 면화를 공급하는 데 상당한 기여를 했던 브라질은, 미국이 영국의 면화시장을 지배하면서 면화 판매를 중단했다. 브라질 산 설탕과 커피도 적어도 19세기 중엽까지 차단당했는데, 그때 영국 식민지들의 생산품은 제국의 혜택을 누리고 있었다. 이런 혜택은 커피의 경우 1851년까지 계속되었고, 설탕의 경우 1854년까지 계속되었다. 똑같은 이유로 이런 상품들을 프랑스에 파는 것도 이제는 불가능하였다. 독일이나 오스트리아, 미국 -비록 미국은 쿠바에 혜택을 주었지만- 같이 식민지가 없는 나라들이 분명 이런 상품을 얼마 정도 흡수할 수 있었고, 그에 따라 한자 도시들이 브라질과의 대서양 무역을 발전시켰다. 브라질에서 함부르크에 도착한 배의 수가 1815년 4척에서 1824년 137척으로 치솟았다.[22]

영국과 브라질 사이에는 이전 식민지 시기의 구조가 지속되었다. 영국은 상대적으로 많은 양을 팔고 적은 양을 구입했다. 그래서 브라질의 무역적자는 상당히 컸고 다각적 결제제도로 그것을 조절해야 했다. 그런 제도는 북아메리카 및 식민지가 없는 나라들과의 무역에서 남긴 이윤으로 가능했다. 이것은 사실상 '비공식' 제국이었고, 이에 대해 1854년 런던을 방문한 브라질 장관은 이렇게 쓰라린 마음을 표현했다. "두 나라 사이의 무역은 영국 자본으로, 영국 배에 실려, 영국 회사들에 의해 수행되고 있다. 자본에 대한 이자 이윤, 보험료, 수수료, 배당금, 이 모든 것이 영국인들의 주머니로 들어가고 있다."[23]

처음에는 서로 혹했지만 관계는 여전히 껄끄러웠고, 브라질은 -아르헨티나의 피혁과 마찬가지로- 시장에 제공할 만한 것이 여전히 있었다. 하지만 라틴아메리카의 다른 신생국들은 그럴 만한 것이 전혀 없었다. 단지 1840년 초에 페루 산 구아노(guano)[9]가 수출되었고, 볼리비아와 컬럼비아는 금과 은만 수출하였다. 여러 가지 심각한 장애들이 있었다. 심지어 대서양 연안을 따라가는 항해에도 범선의 시대에는 극히 높은 운송비용이 들었고, 희망

---

9 바닷새, 박쥐의 배설물, 폐사한 해초 등이 장기간 퇴적되어 화석화한 것으로서 비료로 쓰인다. 19세기 남미의 주요 수출품으로 특히 페루의 친차 섬이 유명했다.

봉을 돌아 항해해 태평양 연안에 이르는 것은 웬만한 사람은 엄두도 못 낼 만큼 비쌌다. 비용과 총 신용 액수가 실질 이윤보다 더 많이 요구되면서, 점점 더 부담이 늘었다. 그러는 사이에 1820년대 말 화물량은 하락했고, 항해는 여전히 비정기적인 채로 있었다. 항구의 가게는 몇 달 동안이나 심지어 몇 년 동안 화물 한 품목만 다룰 수도 있었고, 그래서 배가 기항지에 도착하는 날짜를 정확히 계산하는 것이 결정적으로 중요했다. 그렇지 않으면 배가 팔리지 않는 상품을 떠안을 위험이 있었다. 유럽에서 아메리카로 맞바람이 불면 배는 리버풀의 부두에서 여러 주 동안, 심지어 여러 달 동안 기다려야 할 수도 있었다. 겨울에 운송하는 직물 화물은 가을에 시장에 도착하게 예정되어 있었는데, 남쪽에 봄이 일찍 와 겨울 날씨가 사라지면 칠레의 발파라이소(Valparaiso)에서 하역할 수도 있었다.[24]

항해와 관련한 이와 같은 장애들은 북대서양의 유럽에서 미국으로 가는 항로에서도 마찬가지였다. 비록 미국 상품에 대한 유럽의 수요와 대서양 반대편의 소비의 괄목할 만한 성장으로 인해 이곳의 시장 관계는 전혀 달랐지만 말이다.

§ 뉴욕과 리버풀, 정기여객선의 새로운 대서양

18세기에 카디스에서 함부르크에 이르는 유럽 대서양 연안의 주요 중계 항들은 엄청난 번영을 누렸다. 런던은 긴 과정을 거치며 이미 영국 무역을 지배했고, 1800년에도 영국 대외무역의 3분의 2를 차지하면서 첫 번째 자리를 고수했다. 대서양 반대편에서는 미국 인구의 갑작스런 급증과 앤틸리스 제도의 활황에도 불구하고, 런던에 비견될 만한 항구의 성장이 전혀 없었다. 나폴레옹 시대의 전쟁 직후인 1815년에 프랑스와 스페인의 항구들은 장기적인 해양 충돌의 여파를 아주 심각하게 겪고 있었다. 스페인에서는 카디스든 바르셀로나든 이전 세기의 부유함을 다시 회복할 수 없었고, 프랑스에서는 낭트나 라로셸, 보르도가 모두 마찬가지였다. 전쟁이 끝나자, 분명 과거의 황금시대로 회귀하기를 원하는 바람이 존재했다. 그러나 프랑스가 대서양에서 얻는 부의 정수는 앤틸리스 제도에서 가장 큰 섬 생도맹그의 플랜테이션들이었는데, 이것은 1791년의 노예 반란으로 얼마간 파괴되었고 그 시장들은 해상 전투로 인해 동요하였다. 프랑스의 대서양 무역은 전쟁이 한창일 때도 여전히 생생한 기억으로 남아있던 상업제국을 재건하려는 노력을 하였고, 복고왕정 하에서는 훨씬 더 노력했다. 쿠바와 같은 새로운 설탕 생산지들을 경영하는 데서나 인도와의 교역에서 엄청난 부가 쌓였다. 그러나 그것들은 19세기의 새로운 거대 무역 거점들인 영국의 리버풀과 북아메리카의 뉴욕에서 창출된 부에 절대 견줄 수가 없었다. 이들은 논란의 여지없이 당시 교역의 지배적인 두 축이었다. 물론 우리는 프랑스의 르아브르나 독일의 함부르크를 여기에 더할 수도 있을 것이다. 그리고 런던은 아시아와 앤틸리스 제도에서의 무역만이 아니라 특히 금융적인 측면에서도 여전히 거대 메트로폴리스였다. 하지만 미국과 여타 대서양 나라들과의 관계라는 점에서 보면, 리버풀은 훨씬 더 큰 중요성을 가졌고 뉴욕은 아메리카에서의 무역을 지배하게 되었다.

면화가 시장을 주도한 시대

리버풀이 놀랄 만한 활황을 맞으리라는 징후는 프랑스혁명과 나폴레옹 제국 시기의 전쟁들 이전에 이미 등장하고 있었다. 1791년에 나온 상업용 인명록은 카리브 해 섬들에서의 무역과 사업에서 리버풀 항구가 거둔 성공에 이렇게 경의를 표했다. "여기서 상인들은 터키와 동인도를 제외한 전 세계에 걸쳐서 교역한다. 그러나 가장 이익이 남는 무역은 많은 이들에게 대규모 부를 이룰 수 있게 해준 기니와 앤틸리스 제도와의 무역이다."[25]

하지만 18세기 말 이후 랭커셔 면직공업의 놀랄 만한 발전이야말로 머지 강에 면한 이 항구의 활황에 비할 데 없는 기여를 하는 것으로 나타났다. 1815년 전쟁이 종식된 이후 리버풀은 번성하는 랭커셔 공업지대를 비롯한 인접 지역과 대서양 반대편 사이에 면화 공급과 여타 상품의 배출을 위한 매개체로서 본격적인 역할을 할 수 있었다.

미국에서는 처음에는 사우스캐롤라이나와 조지아에서, 뒤에는 앨라배마와 루이지애나에서 무명 섬유 세탁용 기계가 사용되어 생산이 훨씬 더 빨리 이루어질 수 있었다. 수공으로 하면 한 사람이 하루에 10파운드의 섬유를 세탁했던 것에 비하면, 한 사람이 단 하루 만에 30파운드의 섬유를 세탁할 수 있었다. 특히 휘트니 조면기[10]가 1794년 발명되어 1800년을 전후해 널리 이용되면서 그렇게 되었다. 이때 가로 1,000킬로미터, 세로 1,620킬로미터에 이르는 영역에서 면화를 재배했다. 리버풀은 영국으로 면화를 수입하는 핵심 항구가 되었다. 1833년 이곳에서 면화 84만 953꾸러미가 하역되었는데, 이에 비해 런던에서는 4만 350꾸러미, 글래스고에서는 4만 8,913꾸러미가 하역되었다. 따라서 리버풀은 영국 면직업 면화 수요의 90퍼센트 이상을 담당했던 것이다.[26] 리버풀 항은 남북전쟁 때까지 이런 역할을 유지했고, 그 사이에 미국도 여전히 면화의 제1공급자 역할을 지켰다. 남북전쟁 발발 직전에 영국은 매년 약 200만 꾸러미의 면화를 사용했고, 그 중 80 내지 90퍼센트가 리버풀로 수입되었다. 이런 수입량을 처리하기 위해 리버풀 항이 소유한 배가 점차 늘어났다. 1816년에 리버풀 항에 등록한 배는 총 선적용량 64만 톤에 2,946척이었던 반면, 런던 항에 등록한 배는 선적용량 125만 톤에 6,198척이었다. 하지만 19세기 중반 무렵 리버풀에 등록한 선박의 선적용량은 360만 톤을 넘었고 선박의 수도 9,338척을 넘었다. 당시 런던의 등록 선박 수는 1만 6,437척이었지만, 총 선적용량은 329만 톤이었다.[27]

---

10 미국의 발명가 일라이 휘트니(Eli Whitney, 1765~1825년)가 발명한 조면기. 면화의 씨를 빼거나 솜을 트는 기계.

1840년대 면화 무역이 발전하고, 그와 연동하여 미국으로의 제조업 상품 수출이 발전하고 있던 바로 그 시기에, 새로운 요소가 끼어들어 리버풀과 뉴욕 간의 해운에 강력한 영향을 주었다. 그것은 유럽인들의 대량 이민으로, 유럽이 "아메리카로 대거 쇄도하기"[28] 시작한 것이다. 이후 미국으로 흘러 드는 이민자의 파고가 계속 이어졌다. 아일랜드의 기근과 유럽 본토의 경제적 곤경, 연속되는 혁명들. 갈수록 더 많은 이들이 대서양을 건너게 된 이유에는 이런 것들이 있었다. 이런 흐름은 점점 더 커져서 19세기 말에는 걷잡을 수 없을 정도까지 되었고, 미국은 1880년에서 1914년까지 1,000만 명의 이민자를 받아들였다. 이때는 북유럽 출신자들과 아일랜드 가톨릭, 독일인과 스칸디나비아인들의 이민에 이어서 중앙유럽과 동유럽의 슬라브인들과 이탈리아인들이 들어왔다.

교차로로서의 뉴욕

제조업 상품만이 아니라 이민자들도 받아들이기에, 뉴욕은 특히 교차로로서 특출한 입지를 차지하고 있었다. 뉴욕 항은 너무나도 다양한 영역에 걸쳐 열려 있었다. 서쪽으로 5대호가 위치하는데, 1825년 이리(Erie) 운하[11]를 뚫은 이후 뉴욕에서 접근하기가 쉬워졌다. 남쪽으로는 연안 항해를 통해 캐롤라이나와 조지아의 여러 항구들, 나아가 플로리다와 멕시코 만으로 갈

---

11 미국 뉴욕 주에 위치한 운하이다. 이리 호에서 허드슨 강 상류까지 연결해, 뉴욕 항으로 흐르는 허드슨 강을 통해 오대호와 대서양 사이를 연결했다. 동부와 중서부의 운송을 단번에 해결한 가장 초창기의 교통혁명이다. 처음 제안된 것은 1699년이었지만, 1798년에야 나이아가라 운하 회사가 설립되어 건설 준비가 시작되었다. 1819년에 일부가 개통되었고, 전체 노선은 1825년 10월 26일에 개통되었다. 이리 운하는 동해안과 서쪽 내륙 간의 교통수단으로 마차보다 빠르고, 비용도 육로 운송보다 95퍼센트 저렴했다. 결과적으로 뉴욕 주 서부로의 인구 이동을 촉발하고, 서부 지역 개척의 길을 열었다.

수도 있었고, 또 앨라배마의 모빌(Mobile) 항과 뉴올리언스, 미시시피, 루이 지애나로 갈 수도 있었다. 사람들은 뉴욕에서 훨씬 더 남쪽으로 쿠바가 뛰어난 시장 역할을 하고 있던 카리브 해로 향할 수도 있었다. 북서쪽으로는 롱아일랜드 섬 건너편의 아주 안전한 롱아일랜드 해협(the Sound)으로부터 뉴잉글랜드 쪽으로 약 200킬로미터에 이르는 연안 항해가 가능하였다.

뉴욕은 사람만이 아니라 제조업 상품과 설비, 특히 경계를 서쪽으로 더 밀어붙여 사람들과 상품을 내지로 이동시키는 데 필수불가결한 철도용 자재도 받았다. 하지만 뉴욕 항은 또한 미국 산 면화 수출을 통한 부의 창출에서도 중요한 역할을 했다. 아메리카 대서양 연안과 리버풀 사이를 잇는 항해에 기초한 '면화 삼각무역'에서 뉴욕이 핵심적인 역할을 한 것이다.[29] 실제로 뉴욕으로 들어가는 배들은 종종 면화를 싣기 위해 훨씬 더 남쪽으로 향했고, 그것을 유럽으로 바로 실어 날았다. 이 때문에 뉴욕에서 유럽 대륙으로 출항하는 배의 수가 입항하는 배의 수보다 더 적었다. 그렇더라도 뉴올리언스, 모빌, 서배너(Savannah), 찰스턴에서 뉴욕으로 향하는 아주 중요한 연안항해 교역이 수행되었다. 이런 곳들에서 면화를 가져와 뉴욕 항에서 수출했고, 남부가 필요로 하는 밀과 밀가루 같은 식자재를 싣고 돌아갔다. 사실 면화경작지에서는 단일경작방식이 지배적이었고 식량은 북부나 북서부에서 들여와야 했다. 처음에는 신시내티와 오하이오 및 그 서부의 여러 시장에서 밀가루와 육류를 미시시피 강을 따라서 운반하였다. 하지만 1830년대 이후 이것들은 전량 이리 운하를 경유해 뉴욕을 거쳐 뉴올리언스로 운송되는 새로운 경로를 따랐다.[30] 이 무역은 뉴욕이 엄중하게 통제하였던 유럽 제조업 상품의 수입과 교환하여 수행되었다. 미국 서부와 남부에서 이런 상품의 판매는 뉴욕에 본사를 둔 대형 상업회사들이 수행했고, 이 회사들은 뉴욕의 은행과 선주들이 뒷받침했다. 상업회사들은 대리인을 파견해 면화를 구입하고, 플렌테이션 소유주들이 필요한 식량과 직물을 구입할 수 있도록 자금을 대부해 주었다. 뉴욕이 거둔 성공의 열쇠는 그 도시가 무역을 통해 특출한 자금력을 갖추고 그것을 남부의 신용 수요에 공급할 수 있었다는 점에 있었다. 이전에 앤틸리스 제도에서 그랬던 것처럼, 플랜테이션 소유주는 더 많은 땅과 노예를 구입할 수 있기를 바라면서 미래 작황의 최대 가치에 상응하여 적어도 1년의 신용을 약속할 가능성이 높았다.[31] 뉴욕은 이런 상황으로부터 점점 더 많은 이득을 올릴 수 있는 최고의 적지였다.

뉴욕의 상업적 지배 하에서 남부는 자신이 직항로로 유럽에 보내는 것보다 훨씬 적은 양의 상품을 유럽으로부터 받았다. 1822년에 사우스캐롤라이나, 조지아, 앨라배마, 루이지애나로부터의 수출은 거의 2,100만 달러로 증가했지만, 수입은 700만 달러 남짓이었다.[32] 여름이 시작될 무렵 뉴욕시장의 주요 활동 중 하나는 남부로부터 무역상들이 와서 다가오는 계절을 위해 자신의 비축량을 가득 채우는 것이었다. 그들은 당시 이미 활기찬 극장과 클럽을 갖추고 있어 아주 매력적이었던 뉴욕에서 미련 없이 몇 주를 보냈다. 그리고 종종 그들이 구입한 상품을 실은 배를 타고서 돌아갔다.

뉴욕 항과 리버풀 항의 단면들

19세기 전반 대서양 교역이 최고의 활황에 이르면서 이 두 항구는 지속적인 성장을 겪었다. 리버풀의 경우 1816~1818년에서 1843~1845년 사이에 선박의 입출항 수가 용적톤수로 보았을 때 3배 이상으로 뛰었다. 연간평균 입항용적톤수는 39만 73톤에서 121만 4,794톤으로 늘었고, 연간평균 출항용적톤수는 31만 7,476톤에서 130만 632톤으로 증가했다. 뉴욕의 경우, 1821~1823년에서 1843~1845년 시기의 성장이 리버풀보다는 못했지만 그래도 강력했다. 연간평균 출항용적톤수가 19만 5,600톤에서 48만 8,600톤으로 올랐고, 입항용적톤수는 21만 2,000톤에서 55만 5,000톤으로 증가했다. 1845년 이후 두 항구의 활황은 더욱 빨라졌다. 1850년에 리버풀의 경우 출항용적톤수가 148만 3,000톤을 넘어섰고, 뉴욕의 경우 1851~1854년 시기와 1858~1860년 시기 동안 연간평균 입항용적톤수가 163만 4,000톤과 185만 2,000톤으로 증가했다. 출항용적톤수는 129만 7,000톤과 153만 8,000톤이었다. 남북전쟁 직전에 뉴욕 항의 수송량은 1840년대 이래로 치면 3배로 늘었고 1820년대 초 이래로 치면 7배 내지 8배 증가했다.[33]

활황을 이렇게 통계적으로 재는 것은 두 항이 가진 특정한 성격들을 다소 모호하게 만든다. 그리고 그 성격들이 이 항구들의 역동적인 대서양 무역의 기초였기에, 이것들을 조명해 보는 것이 무엇보다 중요하다.

유럽의 항구들에 비해, 뉴욕은 런던이나 리버풀, 르아브르가 겪었던 것과 같은 조수간만의 차이로 인한 엄청난 너울이 일어나지 않는 막대한 이점을 누렸다. 따라서 값비싼 부선거(浮船渠)를 갖추어야 할 필요가 전혀 없었다. 뉴욕 항은 배들이 어떤 조수 상태에서도 댈 수 있도록 이스트리버(East River)와 허드슨 강의 양안에 수직 선창들을 건설하는 것으로 충분했다. 하지만 연안 자체는 허드슨 강 어귀 전역에 걸쳐 곳곳에 길게 모래들이 쌓여 있어 항에 접근하기가 아주 편치는 않았다. 북쪽으로는 롱아일랜드 해안선이 거의 160킬로미터에 걸쳐 뻗어 있었고, 한편으로 뉴저지의 모래 해변은 150킬로미터에 걸쳐 퍼져 있었다. 배들은 롱아일랜드를 거쳐 뉴펀들랜드 방향으로 멕시코 만류를 향해 내려와야 유럽행 항로에 오를 수 있었다. 뉴펀들랜드에는 겨울이면 안개와 빙산이 빈번해 상당한 위험이 도사리고 있었다. 뉴저지를 경유할 경우에는 카리브 해를 거치는 남쪽 항로를 탈 수 있었다.

맨해튼(Manhattan)에서 약 25킬로미터 떨어진 샌디훅(Sandy Hook)이 항구의 경계였다. 사구(砂丘)들이 샌디훅과 롱아일랜드에 걸쳐 있었고, 배들은 뉴욕 만으로 들어가거나 거기서 나오기 위해 항로안내인의 도움을 받아 게드니(Gedney) 해협을 통과해야 했다. 여길 지나면 브루클린과 스태튼(Staten) 섬 사이의 좁은 해협들이 로어베이(Lower Bay)와 어퍼베이(Upper Bay)를 나누고 있었다. 어퍼베이에서 배는 거버너즈(Governors) 섬을 지나 맨해튼을 거쳐 허드슨 강이나 노스리버와 이스트리버로 접근할 수 있었다. 그곳에는 작은 보트의 긴 행렬과 선창, 도크들이 항구의 열정적 삶을 창출하면서 펼쳐져 있었다.

1830년대 이후 증기예인선이 배가 떠날 때 도움을 주었고, 출항에 앞서 항로안내인이 배에 오르곤 했다. 어퍼베이에는 여러 척의 배들이 정박해 있다가 그 후 스태튼 섬의 푸른 해안을 따라가 뉴욕 항에서 바다로 나가는 좁은 해협으로 진입할 수 있었다. 여기서 배들은 항구가 자신에 대해 문을 닫고 있다는 인상을 받았고 거기가 항구의 경계를 이루고 있었다. 그 너머의 로어베이에는 광대한 대양이 펼쳐져 있었다. 그렇지만 배들은 해협을 완전히 지나야 대서양에 진입할 수 있었고, 로어베이에 이르면 돛을 활짝 펴고 바람을 잔뜩 채웠다. 그때가 되어서야 항로안내인은 예인선을 타고 돌아갔다. 정확히 1880년대 초까지 대양 항해의 범선과 증기선들은 만조를 기다리지 않고도 샌디훅에 드나들 수 있었다. 2,500톤급 범선이나 5,000톤급 증기선은 수심 7.30미터의 썰물 때도 드나들기에 충분했다. 반면에 1885~1890년이 되면 면화와 곡물, 육류를 잔뜩 실은 훨씬 더 크고 흘수선이 더 깊은 새로운 증기선이 드나들었는데, 이 증기선은 수심이 8.5미터가 되는 만조 때를 기다려야 했다.

항만 공간은 얼마 안 가 부족해져서 사용료가 올랐고, 항구의 주인들 소유였던 예인선 서비스를 이용하려면 부두에 뇌물을 제공해야 했다. 많은 범선들과 뒤에는 증기선들이 허드슨 만으로 몰려들었기 때문이다. 1824년에 제임스 페니모어 쿠퍼(James Fenimore Cooper)[12]는 이에 대한 생생한 묘사ㅡ여전히 초보적인 시설을 갖추고서 활발하게 가동 중인 항구ㅡ를 남겼다.

뉴욕 항에는 아직도 대규모 상설 접안시설의 건설이 이루어지지 않고 있다. 목재는 여전히 싸고, 자본 투자가 그렇게 많았음에도 노동은 너무 비싸다. 이 선창들은 모두 여전히 너무 단순하여, 말뚝을 박고 돌로 채운 데에 흙을 덮어 단단하게 다진 구조를 갖고 있다. 항구의 정면 길이는 7마일 정

---

12 1789~1851년. 미국의 소설가, 평론가. 식민지, 바다, 개척지를 배경으로 한 낭만주의 소설을 많이 남겼고 사회비평에서는 미국 사회의 현실을 비판하기도 했다. 우리에게는 『모히칸 족의 최후』로 가장 많이 알려져 있다.

도이고 … 포대와 우체국만을 석조 방파제가 만의 파도로부터 보호하고 있다. … 뉴욕의 부두들은 작은 도크들이 연속되어 있는 사이에 간간히 아주 큰 도크가 있는 모습이며, 이 도크들에는 30 내지 40척의 배들이 접안할 수 있고, 때로는 그보다 훨씬 작은 수의 배가 접안한 도크들도 있었다.[34]

여전히 가설 부두 같은 모습이었던 부두들은 겨우 30년 동안에 건설된 것들이었고 무질서하고 미완성 상태라는 인상을 주었다. 당밀과 석유, 차, 면화 같은 화물에서 나오는 오물이 1840년경 이스트리버의 약 60개 선창과 허드슨 강의 50개 선창 전체에 퍼져 있었다. 그러나 그렇다고 작업이 멈추지는 않았다. 1836년 봄 하루 만에 이스트리버에는 921척에 이르는 배가 접안했고 허드슨 강에는 320척이 접안했다. 사각 돛을 3개 단 범선, 쌍돛대 범선, 스쿠너 선, 외돛대 작은 배들이 수도 없이 많이 뉴욕 항으로 들어왔다. 왜냐하면 뉴욕 항의 항만 이용료가 아메리카의 대서양 연안 전체에서 가장 낮았고, 하역과 선적이 아주 빨리 이루어졌기 때문이었다. 1852년에 허드슨 강의 한 부두에서 이틀 반이면 뉴올리언스에서 오는 정기선에 실린 면화 1,700꾸러미를 하역하는 데 충분했다. 게다가 이렇게 하는 데 드는 비용은 5달러가 되지 않았다. 그에 비해 볼티모어에서는 그런 경우 50달러가 들었고 보스턴과 찰스턴, 모빌에서는 68달러가 들었다.[35]

리버풀에서는 적어도 항구에 들어올 때는 머시 강 하구를 통해 바로 항로를 확보할 수 있었다. 반대로 출항 시에는 번번이 서쪽에서 부는 맞바람이 출항을 지연시키거나 한동안 지그재그로 운항하도록 만들었고, 그 뒤에야 외양에 이를 수 있었다.

전통적인 범선으로 뉴욕 항에서 대서양을 횡단한 후에 이 항구에 접안하는 데는 평균 30일이 걸렸고, 아니면 대서양횡단 정기노선이 생긴 이후에는 20일이 채 안 걸렸다. 이렇게 리버풀에 도달하기 위해서는 아일랜드를 지난 후에 웨일즈의 홀리헤드(Holyhead) 섬과 앵글시(Anglesey) 섬을 돌아야 했다. 여기서는 그때까지 정기적으로 불던 서풍이 종종 중단되어 배는 지그재그로 운항해야 했다. 간신히 강력한 순풍을 만나 다시 배가 나아가기 시작하면 아일랜드 해에 이를 수 있고, 거기서 항로안내인 한 명이 작은 범선에 타고 대기하고 있다가 배에 올랐다. 그 후에 배는 리버풀을 향해 나아갔다. 배들은 머시 강 하구에 정박해 순풍과 함께 강 하구의 거대한 지류로 배를 몰고 갈 만조를 기다려야 했다. 몇 킬로미터를 간 후에 강이 좁아지면서 배는 리버풀 항에 닻을 내릴 수 있었다. 하지만 가장 중요한 것이 아직 남아 있었다. 배가 접안하게 될 도크에 도달하는 일이 남은 것이다. 정박지를 떠나면 항로안내인의 지도하에 예인선이 다른 배들을 헤치고 배를 끌어내었고, 그 뒤에야 배는 갑문으로 빠져나갈 수 있었다. 그 후 조류가 다시 배를 실어갔다. 이렇게 해서 배는, 18세기 이래 리버풀에 건설되었고 그 후 늘어난 도크들 중 하나에 접안할 수 있었다.

리버풀이 조류의 영향을 많이 받는 강 하구의 자연적 불편함을 개선할 시설을 건설함으로써 대서양 교역을 활용할 채비를 갖추게 되는 데는 오랜 기간이 걸렸고, 배들은 다른 여지없이 참고 기다릴 수밖에 없었다. 1710년에 배를 계류할 수 있는 폐쇄식 도크(closed dock)가 처음으로 건설되었다. 그리고 18세기 말이면 리버풀은 이미 완전한 도크 체계를 갖추었다. 그때 런던은 여전히 자체 도크 체계를 건설할지를 놓고 망설이고 있었다. 1771년 무렵 앤틸리스 제도와 아메리카 무역에 종사하는 선박을 받아들이기 위해, 17채의 창고를 갖춘 조지스도크(George's Dock)가 건설되었다. 1788년과 1789년에는 킹즈도크(King's Dock)와 퀸즈도크(Queen's Dock)가 문을 열었다. 허먼 멜빌은 리버풀의 도크들을 이집트의 피라미드나 중국의 만리장성에 비유하면서 그 기념비적 규모를 찬양했다. 1815년에 전쟁이 종식되면서, 부두로 활용되는 영역은 7헥타르에 이르렀다. 1821년 지금까지 가장 큰 도크인 프린스즈도크(Prince's Dock)가 건설되면서 여기에 4.5헥타르가 더해졌다. 크기가 15미터인 두 개의 갑문이 설치되었고, 건설비용은 65만 파운드가 들었다. 18세기의 도크 건설비용이 15만 파운드 남짓이었음에 비교하면 그 규모를 알 수 있다. 여기에 1832년에 브런즈윅도크(Brunswick Dock)가 더해졌고,

1834~1836년에는 워털루도크(Waterloo Dock), 트라팔가도크(Trafalgar Dock), 빅토리아도크(Victoria Dock)가 더 건설되었다. 1836년경 부두로 활용되는 면적은 37헥타르에 약간 못 미쳤다. 약 30년 뒤 증기선 시대가 정점에 이르렀을 때, 그 면적은 100헥타르를 넘었다.

리버풀의 도크들은 울타리로 도시에서 격리되어, 상인들에게 뉴욕 항이 제공할 수 없는 안전함을 보장했다. 접안한 배에 올라 절도를 하는 일이 너무나 횡행했기 때문에 떠날 때는 사람을 수색하는 일이 종종 있었다. 선창에는 하역한 화물을 보호하기 위한 철제 창고들이 줄지어 있었다.

이런 설비를 갖추려는 남다른 노력은 19세기 중반 경 머시 강 반대쪽 강둑에 있는 버컨헤드(Birkenhead)로 도크를 확장함으로써 완성되었다. 이곳은 1830년대 이후 리버풀과 랭커셔 및 미들랜드의 다른 지역을 연결하며 가설된 최초의 철도를 이용하였다. 1837년에는 그레이트정션(Great Junction) 철도회사가 리버풀을 맨체스터 및 버밍엄으로 연결하였다. 1850년을 전후해서는 런던앤노스웨스턴(London & North Western) 철도회사를 거치는 상품 수송이 이미 증가했고, 맨체스터와의 연결이 가진 중요도가 아주 명백해졌다. 리버풀에서 맨체스터로 보낸 상품의 연간 운송량은 약 12만 5,000톤이었고, 그 중 52퍼센트가 철도를 이용했으며, 이 중 3분의 2는 리버풀로 수입된 면화였다. 나머지는 버밍엄(2만 5,000톤)과 영국 중부공업지대(Black County) (3만 5,000톤), 쉐필드(Sheffield)(2만 9,000톤), 런던(2만 7,000톤)으로 보냈다.[36]

주변의 공업─직물업과 제련업─에 핵심적인 서비스를 제공한 항구인 리버풀도 이때를 전후하여 잉글랜드 북쪽으로 철도노선이 확장됨으로써 이익을 얻었다. 그 후 북유럽에서 온 이민자들이 헐(Hull)에서 하선하여 철도로 대서양 연안에 이르렀다.

이 모든 것은 리버풀이 19세기 중반에 그렇게 많은 대서양 항로들을 지배할 수 있었던 이유를 설명해 준다. 1850년에 미국은 제조업 상품 구매국 명단의 선두에 올라 리버풀을 거쳐 수출된 총 148만 3,000톤의 상품 중 85만 2,500톤, 즉 약 58퍼센트를 수입했다. 그 뒤를 18만 7,500톤을 수입한 캐나다가 이었고, 브라질과 아르헨티나는 7만 6,100톤을, 앤틸리스 제도는 7만 1,000톤을 수입했다. 다해서 '신세계'가 리버풀의 수출량 중 80퍼센트 이상을 소화했던 것이다.[37] 1857년에 리버풀은 영국 수출 무역의 45퍼센트 이상을 담당하면서 영국 제일의 수출항 자리를 차지했다. 그 뒤로 런던이 23퍼센트, 헐이 13퍼센트를 맡았다.

하지만 불리한 측면도 있었다. 유럽에 대해선 완전한 수출의 자유를 요구하곤 했던 미국이 1820년대부터 북동부의 신생 공업들을 보호하고자 했다. 유럽 산 상품의 수입관세를 꾸준히 증가시킨 것이다. 관세율로 보면, 1828년에 영국 산 모직물에 35퍼센트의 관세가 부과되었고, 1832년에는 50퍼센트가 부과되었다. 1842년 일부 상품들에는 가격에 따라 100퍼센트나 되는 높은 세금이 부과되었다. 미국보다 영국에서 더 싸게 기계와 제조업 상품을 구입해 왔던 미국 남부는 북부의 공업에 유리한 이런 과세에 반발했고, 이것이 북부와 남부가 가진 차이에서 가장 중요한 측면 중 하나였다. 이런 차이에서 야기된 긴장이 남북전쟁의 위기로 이어졌던 것이다.

이러한 과세 정책들은 무역회사들에게 막대한 피해를 야기할 수도 있었다. 예컨대, 1828년 5월 18일 리버풀을 떠난 프랭클린(Franklin) 호는 49일을 항해한 후인 7월 6일에야 뉴욕에 도착했는데, 이 배에 실은 고급 직물과 값싼 면직물에 총 7만 달러의 세금이 부과되었다. 또 다른 배인 사일러스리처드(Silas Richard) 호는 프랭클린 호보다 6일 뒤에 리버풀 항을 출발했는데도 운 좋게도 새로운 조세가 적용되기 전인 5월 27일에 뉴욕에 도착했다. 이 배의 항해는 겨우 42일밖에 걸리지 않았는데, 이 때문에 이 배는 새로운 높은 관세를 피할 수 있었던 것이다. 프랭클린 호의 화물은 뉴욕 시장에 내놓지 못하고 다른 시장으로 재수출되어야 했다.

게다가 리버풀은 최고급 상품의 경우 르아브르와 경쟁이 되지 않았다. 르아브르와 파리에서 온 가장 최신 유행의 이런 품목은 이미 사치품 열풍을 창출했는데, 극미세사와 극락조, 진주목걸이, '에르나니' 스카프, 고급 부츠, 고급 손수건, 작은 향수병 등이 그런 상품들이었다. 이것들은 대부분 남부의 항구들을 거쳐 뉴욕에서 재수출되었다. 새로운 대서양횡단 정기항로를 통해 이런 상품들이 창고를 빠르게 채울 수 있게 되었다.

　머시 강의 리버풀 항이 미국과 강력하게 연결된 상업 판매망을 갖고 있던 것도 유리하지만은 않았다. 이를 잘 보여주는 19세기 전반의 가장 특징적인 사례 중 하나는 리버풀의 퀘이커 교도 회사인 크로퍼벤슨 상업회사(Cropper, Benson and Company)였다. 이 회사는, 18세기에 요크셔에서 미국으로 이주하여 1818년에 뉴욕에서 리버풀에 이르는 최초의 정기 노선인 블랙볼 정기선회사(Black Ball Line)를 세운 예레미야 톰슨(Jeremiah Thompson)의 리버풀 대리상이었다. 크로퍼벤슨 상업회사가 가진 중요성은 1825년의 가격 폭락 이전에 이루어진 면화 투기 때 수행한 역할에서 입증된다. 회사는 블랙볼 정기선회사의 정기선들이 수행하는 해운을 관장했다. 1824년 말에 리버풀의 비축량이 정상 비축량보다 3분의 1 더 낮다는 것이 알려지면서, 마구잡이 투기가 행해졌다. 가격이 급등했다. 크로퍼벤슨 회사와 다른 몇몇 회사들은 면화를 최대치까지 비축했다. 뉴욕에서는 몇 주 뒤에야 그런 상황을 알게 되었고, 예레미야 톰슨은 뉴올리언스로 전령을 급파하여 그곳의 대리상들에게 가능한 한 많은 면화를 구입하도록 지시했다. 리버풀과 뉴욕, 뉴올리언스에서 면화 매입 경쟁이 벌어졌다. 리버풀에서는 가격 폭락이 1825년 4월에 시작되었다. 그때 다량의 브라질 산 면화가 도착하자 한 스코틀랜드 상인이 소량의 저가 면화를 시장에 내놓았다. 맨체스터는 가차 없이 면화 구입을 줄였고, 리버풀에서는 가격이 하락했다. 그 사이 투기꾼들이 남부에서 주문을 계속하면서 뉴욕에서는 가격이 여전히 높았다. 5월 뉴욕에 블랙볼 정기선회사 선박 플로리다(Florida) 호가 도착하면서 리버풀의 가격 하락이 알려졌고, 뉴욕의 가격도 빠르게 폭락하였다. 뉴올리언스에서는 여전히 이 사실을 알지 못했고, 톰슨의 대리상은 미시시피 강을 거슬러 올라가면서 가장 높은 가격에 훨씬 더 많은 면화를 구입했다. 여름 중반쯤 남부의 모든 항구에 공황이 알려졌고, 파산이 줄을 이었다. 리버풀에서는 영국의 보험회사들이 이런 거래들에 보증을 섰기 때문에 공황이 아주 심각했다. 톰슨이 가진 수많은 어음들은 크로퍼벤슨 회사에서 작성한 것이었고 뉴욕에서 아주 비싸게 할인되었다.

리버풀의 이런 회사들의 자본은 여전히 아주 낮았다. 그래서 크로퍼벤슨 회사의 가용 자본은 6만 파운드였고, 브라운즈(Browns) 회사의 가용자본은 12만 5,000파운드였다. 하지만 아주 역동적이었던 이런 무역상들은 맨체스터와 요크셔의 제조업자들을 이용하여 외국 상업망을 통제하고자 했다.[38] 19세기 후반에 이런 무역회사들은 리버풀 선주들의 전면에 나섰다. 이것은 샤랑트 증기선회사(Charente Steamship Company)를 세운 해리슨 형제(Harrison brothers)와 대양증기선회사(Ocean Steam Ship Company)를 세운 앨프리드 홀트(Alfred Holt)의 경우가 그러했다. 크로퍼벤슨 회사가 그러한 것처럼, 해리슨 형제도 미국에 앨프리드 르블랑(Alfred Le Blanc)이라는 훌륭한 대리상을 두고 있었다. 이 사람은 면화 생산지대와 곡물생산 주들을 담당했는데, 이런 곳에서 나는 산물은 이제 아주 중요한 수출품이었다. 이런 무역상들은 리버풀로 보내기 위해 뉴올리언스로 밀과 면화를 수송한 철도노선과 체결한 수지맞는 운임협정을 이용하여 구매를 했다. 래스본즈(Rathbones) 회사 같은 리버풀의 여타 회사들과 마찬가지로 해리슨 형제는 자신들의 거래를 다양화할 수 있었다. 그래서 해리슨 형제의 미국 대리상 르블랑은 미국 산 면화가 불황을 맞는 시기에 멕시코 산 과일로 바꾸어 거래를 했다. 해리슨 형제는 앤틸리스 제도와 연결된 뒤에는 브라질 산 면화를 취급하기도 했다.

이런 무역이 가진 계절적 측면으로 인해, 자기 소유 배들의 순환 과정을 가장 적절한 지역에 가장 맞는 배를 보낼 수 있도록 조직하여 운임 하락의 일반적 경향을 보충할 정도로 수지가 맞는 운임 수준을 확보하는 것이 최선이었다. 리버풀의 포사이트들(Forsytes)[13]이라고 부를 수 있는 사람들인, 래스본 가문이나 홀트 가문, 해리슨 가문은 상업적인 역할만이 아니라 문화적

---

13 리버풀의 거상 가문들을 부르는 호칭으로, 이들의 언행과 이들과 나누는 악수만으로도 커다란 신뢰를 얻었다고 한다.

인 역할도 수행했는데, 이들은 미국 산 밀과 면화, 브라질 산 면화, 아프리카 산 팜유, 중국 산 차를 수입하는 대신에 석탄, 소금, 맨체스터 산 제조업 상품의 수출에 집중하고자 노력함으로써 리버풀의 이익을 위해 특히 독일의 함부르크아메리카 정기선회사(Hamburg Amerika Line) 같은 외국과의 경쟁도 치열하게 벌여나갔다. 이를 위해 그들은 수중전신케이블의 설치로 한층 더 빠르게 전달되는 시장 소식을 활용하여 범선 및 증기선 함대에 최고의 화물을 준비할 수 있는 '현지' 대리상을 이용하였다.

대서양의 정기여객선

리버풀과 뉴욕은 정기여객선제도의 확립에서 어떤 다른 항구보다 이익을 보았다. 이 정기여객선들은 가장 빨리 대서양횡단을 완수하여 무역상들에게 시간을 엄수하는 서비스를 제공할 수 있었다. 값비싼 화물이나 배달원, 1·2등 선객은 사업의 불확실성을 줄여준 새로운 해운 노선의 첫 번째 고객들이었다.

19세기 중반 증기선 시대가 등장하기 전 30년 이상 동안은 거대 범선들이 사용되었다. 그 배들은 뉴욕에서 베라크루스로 그리고 뒤에는 뉴올리언스로 멕시코 만 항로를 따라, 그리고 뉴욕에서 리버풀로 북대서양 항로를 따라 정해진 날짜에 출항했다. 이것은 중요한 혁신이었다. 1818년 뉴욕과 리버풀 사이에 최초의 정기 노선인 블랙볼 정기선회사가 문을 열었다. 그때까지 용선계약자는 다소간 지체한 후에 충분히 화물이 찼다고 생각되었을 때 배를 출항시켰던 선주들, 즉 '불규칙 출항(occasionals)'에 의존해야 했다. 이런 관행이 완전히 사라진 것은 아니고, 리버풀이나 뉴욕에서 계속 볼 수 있었다. 이런 경우 배들은 화물을 기다리다가 제멋대로 정한 날짜에 출항했고, 목적지가 항상 리버풀이나 뉴욕인 이상 그들에게 좋다고 생각될 때 항해하였다. 르아브르나 함부르크, 런던 같은 다른 유럽 항구들과 미국의 대서양 연안 사이에도 비록 보다 산발적이었지만 똑같은 해운 서비스가 존재했다. 그리고 이런 항구들에도 비슷한 정기 노선들이 막 등장하고 있었다.

아메리카 연안 북대서양에서 대형 정기여객선의 해운 서비스는 뉴펀들랜드로부터 핼리팩스와 보스턴에 이르는 우편물 운송을 위해 등장하였다. 정기여객선이 유럽과 아메리카 사이를 횡단 항해하기 시작한 것도 이런 우편물 운송을 위해서였다. 이 배들은 가능한 빨리 횡단하여 속도에 대한 좋은 평판을 유지하기 위해서 많은 돛대를 갖추고 있었기 때문에 승무원들이 아주 고되게 일했다. 다른 배들이 서쪽에서 부는 순풍을 받고도 대서양 횡단에 30일이 걸렸음에 비해, 이 배들은 순풍을 받으면 뉴욕에서 리버풀까지 18일이 채 걸리지 않아 대서양 횡단을 완수할 수 있었다. 맞바람을 받게 되면 시간이 지체되었고, 유럽에서 아메리카까지 최소한 5주가 걸렸고 겨울에는 8주까지 걸릴 수도 있었다. 몇 년 간 바람을 맞으며 항해하면 선체는 손상을 입었고, 배는 낸터컷(Nantucket) 섬이나 뉴베드퍼드의 무역상들에게 팔렸다. 이들은 그 배들을 수리해서 포경선으로 활용했다.

대양 항해선들은 승객들의 편리를 위해 마호가니와 단풍나무로 된 특급 객실을 갖추었다. 이곳의 가구는 자단목 탁자에 은제 식기류로 마련되었고 거대한 선미 갑판 쪽에 위치하여 신사들―이 객실의 고객은 부유한 사업가와 영국 귀족들이었다―이 그곳에 나가 바람을 쐬었다. 아주 세련된 식사가 제공되었고, 승객들이 마시는 음료는 샴페인, 고급 와인, 코냑이었다. 최초의 정기여객선들이 등장했을 때, 선주들은 이를 광고하면서 배가 우수하다는 것과 빠르고 정기적인 횡단항해를 강조했고, 아울러 이 배들의 안락함도 강조했다. 예컨대 이런 식이었다. 배는 "구리를 입힌 최고의 자재들로 뉴욕에서 전적으로 건조되었으며, 최고의 선원과 노련한 지휘관들이 정기적인 항해와 신속한 상품 배달을 제공합니다."[39]

블랙볼 정기선회사의 배들이 ―리버풀에서 커리어(Curier) 호가, 그리고 뉴욕에서 제임스먼로(James Monroe) 호가― 처음 출범했을 때 회사는 광고를 통해 이 배들이 아주 우수하다는 것을 널리 알렸다. 1818년 1월 5일 뉴욕의 월스트리트(Wall Street) 발치에는 호기심에 찬 군중들이 광고로 이미 알려진 것만큼 대단한 출항이 이루어지는지를 보기 위해 모여들었다. 7개의 객실을 채운 승객들과 양은 작았지만 값비싼 화물들, 그리고 무엇보다 마지막 순간에 근처 커피하우스에서 선적한 우편 행낭들을 싣고서 제임스먼로호는 눈보라 속에서 정해진 시간에 계류장을 떠나 항구에서 멀어져 갔다. 제임스먼로 호는 뉴펀들랜드 앞바다를 거쳐 가야 했는데, 거기서는 안개로 인해 해안선을 구분하기 어려워 위치를 정확히 알기 위해 배는 측연선(測鉛線)을 이용해 가끔씩 수심을 쟀다. 이런 장애에도 횡단항해에는 25일밖에 걸리지 않았다. 1월 4일에 리버풀을 떠난 커리어 호는 49일이 걸려 뉴욕에 도착했다.

1822년 뉴욕에서 리버풀까지의 정기 노선으로 레드스타(Red Star) 정기선회사가 두 번째로 문을 열었다. 이 회사도 역시 1월에 미티어(Meteor) 호를 처음으로 출항시켰다. 당시 블랙홀 정기선회사는 4척의 배를 운행 중이었는데, 두 번째 정기선회사의 출범에 대응해 선박 수를 2배로 늘렸다. 세 번째 정기선회사인 블루스왈로우테일(Blue Swallowtail)은 같은 해 9월에 창설되었다. 1822년 말에는 한 달에 뉴욕에서 4번, 리버풀에서도 역시 4번 배들이 출항했다. 그리고 이들은 이미 엄청난 성공을 거두고 있었다. 1819년 뉴욕의 회사 르로이베이어드 회사(Leroy, Bayard and Company)가 르아브르로 가는 정기 노선을 열었다. 1820년대 말에는 뉴욕에서 출발하는 정기여객선의 수가 36척이 되면서 초기에 비해 9배나 늘어났다. 그리고 1845년에는 50척을 넘어섰다. 보스턴과 필라델피아에서도 유사한 시도들이 이루어졌다. 비록 이곳의 시도들은 뉴욕보다 훨씬 못했지만 말이다. 19세기 중반에 대서양 정기노선에 취항 중인 선박 중 가장 컸던 아마존(Amazon) 호는 길이가 약 71미터에 폭이 19미터였고 1,771톤의 선적용량을 갖고 있었다. 반면 1816년 뉴펀들랜드에서 출발한 최초의 정기여객선인 애미티(Amity) 호는 길이가 35미터에 폭은 10미터가 채 되지 않았고, 선적용량도 400톤이 안 되었다. 이런 배들의 크기도 1820년대 말로 가면서 점점 커져, 1830년 7월 혁명으로 쫓겨난 프랑스 왕 샤를(Charles) 10세가 영국으로 망명하며 르아브르에서 타고 간 찰스캐롤(Charles Carrol) 호는 길이가 40미터였고 선적용량은 411톤이었다.

증기선 시대

블랙홀 정기선회사의 정기여객선이 처음으로 출발한지 20년이 지난 1838년 4월 22일 뉴욕은 유럽에서부터 아메리카까지의 정기 노선에 처음으로 취항한 2척의 증기여객선을 맞이하였다.

> 시리우스(Sirius) 호가 도착했다는 소식이 화약연기처럼 시 전역에 퍼졌고 구경꾼들이 타고 온 작은 배로 강이 꽉 차 버릴 정도였다. 모두가 기뻐했고 얼굴에는 행복감이 넘쳐났다. … 이 모든 것이 펼쳐지는 사이에, 갑자기 커다란 검은 연기구름이 하늘로 퍼져나가는 모습이 거버너스 섬 너머로 시야에 들어왔다. 일이 아주 빨리 진행되었고, 3시간 만에 그 검은 구름이 왜 일어났는지가 명확하게 되었다. 그것은 증기선 그레이트웨스턴(Great Western) 호였다. 그 육중한 선체가 빠른 속도로 만을 가로질러 나아가고 있었다. 그 배는 시리우스 호 곁을 빠르고 우아하게 지나가며 서로 인사를 나눈 후에 이스트리버로 가서 정박하였다. 시리우스 호가 도착한 소식에 여론이 흥분했다면, 웅장한 그레이트웨스턴 호를 보고서는 기뻐서 어쩔 줄을 모를 정도가 되었다.[40]

시리우스 호는 4월 4일 코크(Cork)를 출발했고, 그레이트웨스턴 호는 4월 8일에 브리스틀을 떠났다. 즉 전자는 6.7노트 속도로 19일 동안 항해한 것이고, 후자는 8.7노트 속도로 14일 반을 항해한 것이다. 두 배는 각각 증기엔진을 연속적으로 사용해서 석탄 400톤을 연소시켰다. 보다 짧게 항해한 그레이트웨스턴 호는 연소할 석탄을 충분히 실었지만, 시리우스 호는 석탄이 모자라 갑판의 목조 구조물을 일부 뜯어 써야 했다.

사실 증기선 시대는 이보다 좀 더 일찍 시작되었다. 1819년 5월에 한 증기 겸용 범선이 18일 동안 80시간 증기를 사용하여 27일 만에 서배너에서 리버풀까지 항해한 것이다. 아일랜드 연안에서 세관 관리는 연기를 토해내는 굴뚝을 보고서 그 배에 불이 났다고 생각하고 서둘러 도움을 주고자 했다. 하지만 여러 해 동안 증기선은 아메리카 연안 대서양 주위의 연안 항해에서만 사용되었다. 1838년 4월의 대서양횡단 항해 성공 이후 그 해가 가기 전에 뉴욕에는 "증기선 열풍"이 불었다. 7월과 11월 리버풀에 4척의 증기선이 더 도착했다. 1840년 이후 증기선은 한 해에 6회 항해가 가능하게 되었고, 이는 범선에 비해 2배 더 많은 횟수였다. 2척의 증기선이면 한 달 동안 전통적인 노선의 정기우편 범선 6척이 제공하는 것에 맞먹는 서비스를 제공할 수 있었다.

1839년 커나드(Cunard) 정기선회사의 선박들이 처음으로 리버풀에서 핼리팩스를 거쳐 보스턴에 이르는 노선에 취항했고 그 후 1847년 리버풀에서 뉴욕에 이르는 노선에 취항했다. 이것은 증기선 시대의 새로운 단계를 뜻했다. 필라델피아 출신의 퀘이커 교도 아버지가 미국독립전쟁 후 피신한 노바스코샤의 핼리팩스에서 출생한 세이무얼 커나드(Samuel Cunard)[14]는 처음에 전통적인 정기여객선을 이용한 핼리팩스에서 리버풀에 이르는 우편서비스에 관심을 가졌다. 1838년 런던이 우편서비스에 대한 보조금 지급을 고려하자, 커나드는 매달 3회 리버풀과 보스턴 간의 증기선 노선에 대한 보조금을 얻을 수 있었다. 그는 안개와 빙산, 폭풍을 이겨내기 위해 안전을 제일 목적으로 삼으면서 뛰어난 승무원들을 고용하여 엄격한 규율 하에 두었다. 1847년 그의 아들 에드워드(Edward)가 뉴욕에 자리를 잡았고, 거기서 그는 앞서보다 2배 많은 우편 보조금을 얻었다. 그 뒤 세이무얼 커나드는 배의 수를 2배 늘려 2주마다 8척의 배가 보스턴에서 핼리팩스를 거쳐 리버풀까지 가는

---

14 1787~1865년. 캐나다의 해운업자로 1830년대에 증기선으로 여러 사업을 벌인 뒤, 대표적인 대서양횡단 정기선 회사인 커나드 정기선회사를 설립했다.

노선과 뉴욕에서 리버풀까지 가는 노선에 운항케 하였다.

 "커나드 정기여객선들을 바다에서 몰아내자!" 이 구호는 많은 미국인들의 꿈이었고, 그 중 가장 공격적인 것은 콜린스(Collins) 정기선회사의 배들이었다. 콜린스는 20년간에 걸쳐 베라크루스와 뉴올리언스로 가는 정기범선 노선을 운영했던 선주였다. 1847년 11월 그는 커나드 정기여객선들을 물리칠 수 있는 4척의 쾌속선을 건조하기 시작하면서 미국 우편국으로부터 대규모 보조금을 획득했다. 미국우편증기선회사(United States Mail Steamship Company)는 승객들에게 최고의 승무원과 안락함을 제공할 수 있었다. 그 회사의 첫 번째 증기선인 애틀랜틱(Atlantic) 호는 1848년과 1850년에 뉴욕에서 리버풀까지 항해를 시작했고, 또 다른 3척의 배인 패시픽(Pacific) 호와 아크틱(Arctic) 호, 발틱(Baltic) 호가 취항했다. 이 배들은 길이 35미터에 선적용량 약 2,800톤으로 커나드 정기여객선의 평균 선적용량보다 100톤 정도 더 나갔다. 이 새로운 회사가 가진 주된 장점은 속도에 있었다. 하지만 미국인들이 엄청난 재원을 쏟아 부었음에도 커나드 정기여객선은 우편 서비스에서 여전히 최고 자리를 지켰고, 1851년에 커나드 정기여객선이 수송한 우편 행낭은 콜린스 정기여객선보다 3배 더 많았다. 그렇지만 승객 운송의 경우 미국 정기여객선의 속도와 안락함을 많은 이들이 선호했다. 1852년의 처음 11개월 동안에 콜린스 정기여객선은 4,306명의 승객을 수송한 반면, 커나드 정기여객선은 2,969명을 수송했다.[41]

 과감하게 큰 위험을 무릅쓰고 배의 속도를 늘려가면서 아주 높은 운항 비용을 부담했던 콜린스 정기여객선은 1854년 9월 27일 심각한 좌절을 겪었다. 이때 소속 선박 아크틱 호가 뉴펀들랜드 앞바다의 짙은 안개 속에서 프랑스의 작은 증기선 베스타(Vesta) 호와 충돌했다. 배는 침몰했고 300명이 넘는 사람들이 사망했다. 그로부터 2년도 채 안 되어 리버풀에서 뉴욕으로 항해하던 패시픽 호가 안개 속에서 빙산에 부딪쳤고 승무원 전원과 화물 전부가 가라앉았다. 이런 배들의 비극적인 침몰은 콜린스 정기선회사에 극히 큰 타격을 가했는데, 1912년 4월 같은 뉴펀들랜드 앞바다에서 화이트스타 정기선회사(White Star Line)의 거대 선박인 타이타닉(Titanic) 호의 침몰을 미리 연상케 한다. 콜린스 정기여객선 중 가장 큰 애드리아틱(Adriatic) 호는 길이 116미터에 선적용량 4,114톤짜리였는데, 120만 달러, 즉 660만 금본위 프랑(gold frnac)을 들여 건조했다. 이 배는 겨우 2번 항해를 완수한 후에 1858년 매각되었다.[42]

자신의 선박 중 가장 좋은 2척을 잃으면서 미국인 선주 콜린스는 크게 타격을 입었고, 아크틱 호의 침몰 이후 건조되었던 애드리아틱 호는 아직 취항 준비가 완료되지 않은 상태였다. 그는 오래된 선박을 사용할 수밖에 없었고 의회로부터 보조금을 받는 기준이었던 한 달에 2회 대서양횡단 항해를 유지할 수가 없었다. 채권자들에게 돈을 갚기 위해 애틀랜틱 호와 발틱 호가 매각되었고, 애드리아틱 호도 마찬가지였다. 회사 경영 전체를 속도 경쟁을 유지하는 데 맞추는 것은 비용이 많이 드는 일임이 드러났다. 엔진을 지나치게 과용하였고 항해를 마치면 다음 항해 때까지 크게 수리를 해야 했다. 1850년과 1855년 사이에 커나드 정기선회사의 수입은 미국인 정기선회사들의 수입보다 50퍼센트 더 많았다(120만 2,885파운드 대 80만 1,420파운드).[43]

북대서양에서 벌어진 이런 경쟁을 통해 커나드의 명성은 더욱 높아졌다. 세이무얼 커나드의 동료인 찰스 맥카이버(Charles McIver)는 소속 선장들에게 자신의 회사가 어떻게 규율 잡힌 승무원과 정기 서비스에 기초해서 성공할 수 있었는지를 즐겨 강조하곤 했다. "우리는 당신들이 자신의 배와 관련된 모든 이들, 즉 사관과 일반 승무원들 사이에서 가장 엄격한 규율과 효율성에 대한 충성심을 유지하기를 기대하고 있다."

해안에 접근하는 일은 언제나 까다로운 작업이었고, 조정에 특별히 신경을 써야 했으며, 늘 측연선을 사용하여 배의 위치를 확인하는 것이 필수적이었다. 설령 이 때문에 속도가 줄어들더라도 말이다. 아울러 선장은 위험 요소 중 가장 우려했던 것, 즉 겨울과 봄에 노바스코샤와 뉴펀들랜드 연안에 자주 출몰하던 빙산을 피하는 일에 집중해야 했다.

횡단항해 기간은 콜린스 회사와 커나드 회사 간의 경쟁으로 인해 현저하게 줄어들었다. 1848년 커나드 회사 소속의 유로파(Europa) 호는 평균 12노트의 속도로 11일 3시간 만에 뉴욕에서 리버풀까지 횡단하였다. 3년 뒤 콜린스 회사 소속의 발틱 호는 같은 항로에서 평균 13노트로 항해하여 횡단 시간을 10일이 안 되게 줄임으로써 그보다 더 빠르다는 것을 보여주었다.

1880년을 전후하여 대서양횡단 항해에서 증기선이 범선에 대해 최종적인 승리를 거두면서, 커나드 회사가 이룬 도약이 다시 확인되었다. 1840년에 커나드 회사에는 배수량 8,200톤의 선박이 4척 있었지만, 40년 뒤 그 회사는 28척의 선박을 소유했고 그 배들의 배수량은 13만 7,000톤에 이르렀다. 하지만 커나드 회사는 가장 수지가 맞는 것으로 드러난 3등객실 승객인 이민자들의 수송을 전혀 독점하지 않았다. 북대서양의 여객수송에서 커나드 회사가 가진 비중은 1880년에 15퍼센트 정도에 불과했고, 이 수송에 배치된 선박은 평균 용적톤수가 3,000톤이 되지 않았으며 출력이 낮은 엔진을 장착했다. 1873년의 위기는 증가하는 경쟁에 직면하고 있던 회사의 상태를 보여주었다. 커나드 회사는 소속 정기여객선들의 선적용량을 늘리기 위해 애썼다. 1870년대 말에 취항한 보스니아(Bothnia) 호와 스키타이(Scythia) 호는 각각 배수량이 4,000톤을 넘었고 특급객실 승객 300명과 3등객실 승객 1,200명을 수송할 수 있었다.

처음 경쟁회사가 출현한 곳은 영국이었다. 거기서는 1850~1860년 시기에 인먼(Iman) 정기선회사, 화이트스타 정기선회사, 기욘(Guyon) 정기선회사라는 3개의 경쟁 회사들이 출범했다. 이들 중 기욘 회사는 몇 년 뒤 파산했지만, 다른 두 회사는 북대서양 해운을 둘러싼 격렬한 경쟁에 참여했다. 인먼 정기선회사의 창업자인 윌리엄 인먼(William Inman)은 1849년 런던·필라델피아 노선으로 시작했고, 거기서 당시 한창 진행 중이던 이민자 수송에서 큰 비중을 차지함으로써 부를 축적할 수 있었다. 이민 운동이 가진 금전적 이점을 인식한 그는, 경쟁자들이 위생이나 편안함을 고려치 않고 승객을 마구잡이로 쑤셔 넣는 전통적인 수송방식을 고수하는 동안 이민자들에게 침대와 가벼운 식사를 제공하는 더 나은 수송조건을 마련하였다.[44] 이렇게 얻은 이익에 기초해 그는 1857년에는 뉴욕 노선에 주 1회 취항할 수 있었고, 1869년에는 커나드 회사가 우려할 정도로 정기여객선들을 도입할 수 있었다. 이때 시티오브브뤼셀(City of Brussels) 호와 시티오브베를린(City of Berlin) 호를 들여왔고, 그 뒤를 이어 철제 프로펠러와 선체를 가진 증기엔진 장착 범선들인 시티오브로마(City of Rome) 호와 시티오브파리(City of Paris) 호를 마련하였다. 하지만 커나드 회사의 가장 심각한 경쟁자는 범선 소유주인 토머스 이즈메이(Thomas Ismay)였다. 그는 대양기선해운회사(Oceanic Steam Navigation Company)를 설립했는데, 이것은 1851년을 전후하여 오스트레일리아의 골드러시15 시기 동안 화이트스타 정기선회사를 인수하여 사세를 확장하였다. 벨파스트의 조선소에서 건조된 이 회사 최초의 대서양횡단 선박은 오세아닉(Oceanic) 호로, 1871년 5월 리버풀·뉴욕 항로 항해를 완수하였다. 이즈메이는 빠르게 발전을 추진했고, 다음 해에는 북대서양에서 6척의 선박을 운영하였다. 화이트스타 정기선회사—선주는 자신이 인수한 회사의 이름을 채택했다—는 비용을 많이 들여 혁신적으로 이룬 안락함으로 이름이 높았다. 선실들은 수도 설비가 되어 있었고 증기로 난방을 했다. 화려한 장식으로 치장한 대형 홀이 배의 폭 전체에 걸쳐 자리를 잡고 있어 좌현과 우현 모두로 열려 있었다.

화이트스타 정기선회사의 배들은 속도 면에서도 경쟁자들에게 도전하기 시작했다. 실제로 1869년 이후 커나드 회사는 속도보다는 안전을 선택하면서 대서양에서 가장 빠르다는 명성을 포기했다. 이런 정책은 1880년대 초까지 계속되었다. 1880년을 전후해 정기여객선의 속도가 15노트에 이르렀고,

---

15 1851년 오스트레일리아의 오늘날 빅토리아 주에서 금이 발견되었다는 소식으로 시작된 오스트레일리아의 금 열풍. 하지만 실제로는 그 이전에도 금이 계속 발견되어 왔지만 당시 식민지 당국이 감추고 있다가, 1848년 캘리포니아의 골드러시가 시작되면서 자체 인구가 자꾸 빠져나가자 이에 대응하기 위해, 주 정부가 금맥이 존재함을 밝힌 것이라고 한다.

그 후 1890년대 초에는 20노트에 이르렀다. 그때 화이트스타 회사는 튜트닉 (Tuetonic) 호와 마제스틱(Majestic) 호라는 새로운 배를 취항시켰다. 인먼 회사는 이에 대응하여 새로운 도시 시리즈의 배들을 글래스고에서 건조하여 취항시켰다. 커나드 회사는 이런 속도 경쟁에 새로운 배 2척을 역시 클라이드(Clyde) 만에서 건조하여 따라갈 수밖에 없었다. 길이 189미터에 배수량 1만 3,000톤이며 승객 2,000명을 싣고서 21~23노트의 속도로 항해하던 루시아나(Luciana) 호와 캄포니아(Camponia) 호를 통해 커나드 회사는 다시 대서양 횡단 항해에서 독보적인 지위를 획득했다. 이를 위해 회사는 1880년에 자본을 늘리면서 재조직되었고, 1885년 무렵에는 이미 기록을 세워 블루리본(Blue Ribbon)[16]을 획득했다. 에트루리아(Etruria) 호가 19세기 중반의 기록보다 4일 더 빠른 6일 2시간의 기록으로 대서양횡단에 성공한 것이다. 에트루리아 호는 보조 돛을 장착한 마지막 증기선이었다.

같은 시기 커나드 회사와 다른 영국계 회사들은 독일 쪽의 선주들로부터 제기되는 점점 더 격심해 지던 경쟁에 대처하면서 북대서양횡단 항해에 대한 자신의 지배를 유지하고자 애썼다. 19세기 중반 북대서양 노선에 함부르크와 브레멘 출신의 회사 2개가 등장했고 유럽과 아메리카 간의 연계에서 중요한 지위를 점했다. 1840년대 말까지 함부르크아메리카(Hambrug Amerika) 정기선회사의 범선들이 뉴욕으로 항해했다. 1865년 이후 이 회사는 증기선으로 전환했고 1858년에는 이를 따라 브레멘의 경쟁 회사 노르트도이쳐로이드(Norddeutscher Lloyd)가 증기선으로 전환했다. 1860년대부터 이 회사들의 배들은 북아메리카만이 아니라 라틴아메리카로 가는 유럽 이민자들의 수송에서도 중요한 역할을 하였다. 하지만 함부르크아메리카 정기선회사가 영국 회사들을 점차 위협하게 되는 것은 19세기 말 독일 황제의 지원을 받아

---

16 블루리본은 원래 질적으로 최고임을 표현하여 최고의 영예로운 상을 뜻했지만, 19세기 북대서양에서는 대서양횡단 속도경쟁에서 최고 속도를 낸 선박에 블루리본을 매달아 최고임을 보여주었다. 19세기 말 블루리본을 획득하기 위해 정기여객 증기선들이 벌인 속도 경쟁으로 유명하다.

알베르트 발린(Albert Ballin)이 주도하면서부터였다. 1896년 독일황제 빌헬름(Wilhelm) 2세는 "우리의 미래는 바다에 있다"고 선언했고, 발린은 이런 야심을 더욱 더 확장해서 자신의 회사에 "세계가 나의 활동무대이다"라는 방대한 지평을 제공했다. 그렇지만 독일의 야심을 처음으로 명확히 보여준 것은 1898년에 브레멘 회사였다. 용적톤수가 1만 4,000톤이 넘고 1,725명의 승객을 수송할 수 있었으며, 승무원이 480명이었던 카이저빌헬름데어그로스(Kaiser Wilhelm der Gross) 호는 바로크 양식의 화려한 객실을 갖췄을 뿐 아니라 속도에서도 탁월했다. 1898년 이 배는 9일이 채 안 되어 사우샘프턴과 셰르부르(Cherbourg)에 기항하면서 브레멘에서 뉴욕까지 항해하는 기록을 세웠다. 1900년에는 함부르크 회사가 도이치란트(Deutschland) 호를 진수했지만, 그때 알베르트 발린은 경영을 위험에 빠뜨릴 수 있는 속도 경쟁에 뛰어드는 것을 포기하고 가장 훌륭한 안락함을 장점으로 내세운 정기여객선을 갖추기로 하였다. 동시에 그는, 미국 철강업계의 거두인 피어폰트 모건(Pierpont Morgan)이 커나드 회사에 맞서 이 항로들을 다시 정복하고자 나서자 흔쾌히 미국 편을 들어주었다.

프랑스는 증기선 시대에 오랫동안 다소 위축되어 있었다. 대서양횡단 항로의 개막 초에 철도에 관해서도 말을 아꼈던 프랑스의 여론은 해양 운송에서 증기선 이용에 대해서는 훨씬 더 발언하지 않았다. 1840년에 처음으로 의회에서 3개의 증기선 노선 개설에 관해 논하면서, 라마르틴(Lamartine)[17]은 이렇게 말했다. "바람은 신께서 모든 돛에 공짜로 주고 있는데, 불은 바람에 비해 1,000배는 더 비싸다."[45] 이때 논의된 3개의 노선은 마르세유에서 보르도를 거쳐 앤틸리스 제도와 멕시코로 가는 노선과 생나제르(Saint-Nazaire)에서 리우데자네이루로 가는 노선, 르아브르에서 뉴욕으로 가는 노선이었다. 이런 의회의 태도에 르아브르와 다른 항구들의 무역상들이 분노했음에도,

---

17 Alponse de Lamartine, 1790~1869년. 프랑스의 작가, 시인, 정치가. 1848년 혁명 이후 제2공화국이 들어서는 데 중요한 역할을 했고, 삼색기를 프랑스 국기로 채택하는 데도 기여했다. 레바논과 중동에 특별한 관심을 가진 '오리엔탈리스트'이기도 했다.

프랑스 국가가 트란스아틀란티크 정기선회사(Compagnie Générale des Paquebots Transatlantiques)의 창설을 지원하는 데는 거의 7년이 더 걸렸다.

1847년 최초의 외륜 증기선 위니옹(Union) 호가 셰르부르를 떠나 뉴욕으로 향했다. 그럼에도 정기여객선 노선의 관리와 운영은 제대로 이루어지지 못했다. 만족스러울 정도로 완수된 것은 첫 번째 항해뿐이었다. 배들마다 석탄을 다 써버려서 돛을 이용해 횡단 항해를 완수했고, 심지어 뉴욕 항의 범선들보다 속도가 느렸다. 뉴욕에서는 영어를 이해하지 못하는 조타수들이 항로안내인의 지시를 따르지 않아 어설픈 사고가 발생하는 일이 비일비재했고, 이 때문에 프랑스인의 자존심에 상처를 주는 농담이 난무했다.

대서양횡단 노선에 프랑스가 진정으로 진입한 것은 1855년 2월 25일 페레르(Pereire) 형제[18]가 마리팀 해운회사(Compagnie Générale Maritime)를 창설하면서부터였다. 페레르 형제는 대양항해 범선들을 사들여 앤틸리스 제도와 캘리포니아로 가는 상업 노선에 처음으로 취항시켰고, 1860년 10월 20일 마리팀 해운회사는 우편 수송을 위한 트란스아틀란티크 회사로 바뀌었다. 당시 스코틀랜드의 그리녹(Greenock)에서는 워싱턴(Washington) 호, 라파예트(La Fayette) 호, 유럽(Europe) 호라는 3척의 선박이 건조 중이었다. 워싱턴 호는 1864년 6월 15일 르아브르에서 출항했고, 이때 호화로운 연회가 열려 출항을 축하했다. 길이 105미터에 돛을 장착한 외륜선이었던 이 정기우편선은 사치스럽고 화려하게 치장되었으며 여러 개의 객실들과 도서관 하나, 흡연실 하나, 10개의 욕실을 갖추고 있었다. 그리고 객실에는 화장실과 여성용 드레스 룸도 딸려 있었다. 배의 후미 돛대에는 '트란스아틀란티크'라는 글자와 붉은 지구를 새긴 흰색 깃발[19]이 처음으로 휘날렸다.[46] 같은 해 회사는

---

18 19세기 프랑스의 대표적인 금융업자들로 영국의 로스차일드 가문과 경쟁하였다. 에밀(1800~1875년)과 이삭(1806~1880년)은 무엇보다 크레디모빌리에(Crédit Mobilier) 은행을 세워 제2제국 시기의 각종 사업들에 투자하였다. 그 중에는 대서양횡단 정기선 사업과 도시 가스 공급 사업, 파리 교통환승 사업 등이 있었다.

19 이 회사의 로고이다. 흰색 바탕에 위의 좌측에 작은 붉은 색 지구를 그리고 그 옆에 Cie(Compagnie) Gle(Générale)라고 글자를 새겼으며 아래에 Transatlantique라고

생나제르에 페노외(Penhoët) 조선소를 세우면서 새로운 단계에 접어들었다. 이를 통해 회사는 급성장하게 되어 그곳에서 5척의 배가 건조되었다. 그리고 3척이 더 영국의 조선소에서 건조되었다. 미국에서 남북전쟁이 끝나면서 유리한 조건이 창출되었고, 회사는 1867년에 9,100명의 승객을 뉴욕으로 수송하면서 우편보조금에서도 이익을 보았다.

그렇지만 트란스아틀란티크 회사는 경쟁이 격화되면서 힘든 시기를 겪게 되었다. 1861년에 미국으로의 출항 횟수가 100회였는데 비해, 1872년에는 한 달에 39회, 즉 연간 468회 미국으로 출항했다. 르아브르에서만 뉴욕을 향해 연간 130회 출항했고, 그 중 104회는 외국계 회사 소속 선박의 출항이었다.[47] 우편 서비스의 책임을 전혀 갖지 않은 독일 회사들이 시장에서 우위에 섰다. 1867년 크레디 모빌리에(Crédit Mobilier)의 파산 이후 1868년 페레르 형제가 갈라선 것이 이 회사에 처음으로 가해진 타격이었다. 이후에 세 번의 재앙이 연속해서 닥쳤다. 1873년 11월 21일 빌뒤아브르(Ville du Havre) 호가 영국의 범선과 충돌해 226명이 목숨을 잃었다. 1874년 4월 10일에는 유럽 호가 엔진실과 선창에 18피트나 물이 차올라 바다에 가라앉았다. 그리고 마지막으로 1874년 4월 15일 아메리카(America) 호는 웨쌍 섬 서쪽 80마일 해상에서 좌초하여 승객들을 다른 배로 옮긴 뒤에 영국인들이 플리머스로 견인해 갔다. 이 마지막 사건은 승무원들이 혼란 상태에 빠져 승객들을 포기하려 했다는 맹렬한 비난을 불러일으켰다.

하지만 같은 해에 페레르 형제 중 한 명인 이싹(Isaac)이 귀환하여 새로운 성장을 이끌었고, 1880년 무렵에는 승객의 수가 2배로 늘고 화물량은 3배로 늘어났다. 이싹은 즉시 자신의 배가 운항하는 다른 항로들, 특히 중앙아메리카로 가는 항로를 강화했다. 거기서 르아브르와 보르도, 파나마의 콜론(Colón)을 잇는 노선과 마르세유와 콜론을 잇는 노선이 큰 성공을 거두었다. 마르세유·콜론 노선은 1886년 8월 7일 파나마 운하의 개통을 준비하던 페

대문자로 적어놓았다. 글자도 모두 붉은 색이다.

르디낭 드 레셉스(Ferdinand de Lesseps)가 열었고, 제노바, 나폴리, 카디스, 마데이라, 테네리페, 마르티니크, 베네수엘라, 컬럼비아를 연결하였다. 북대서양에 취항한 4척의 새로운 정기여객선, 브르타뉴(Bretagne) 호, 샹파뉴(Champagne) 호, 부르고뉴(Bourgogne) 호, 가스코뉴(Gascogne) 호는 다른 회사들과 경쟁을 벌일 만했다. 브르타뉴 호는 20노트에 가까운 속도를 내며 1888년에 커나드 회사의 에트루리아 호보다 더 나은 대서양횡단 기록을 올릴 수 있었다. 화려한 선상 생활과 풍성한 식사로 프랑스 정기 노선은 명성을 얻었다. 엄격히 말해서 그런 것들은 부유한 고객들에게 제공되는 것이었고, 1888년에 4척의 정기여객선에 승선한 1등객실 승객들은 5,528명이나 되었다. 반면 같은 해에 2등객실 승객은 1,881명이었고 3등객실 승객은 2만 3,124명이었다. 한편 이민자들이 주로 들어갔던 3등객실 일부는 해체되어 상품으로 채울 수도 있었다.[48]

1890년 강철 선체에 이중 프로펠러를 달고 21노트 이상의 속도를 낼 수 있는 새로운 정기여객선 투렌(Touraine) 호가 진수되었다. 그럼에도 트란스아틀란틱 회사는 1890년대 말과 20세기가 시작될 쯤에 독일의 거함(巨艦)들이나 커나드 회사의 쾌속선들이 거둔 성공에 비교해 다시 부진을 겪었다. 1890년에서 1914년까지 4척의 정기여객선들이 더 취항했다. 이들은 로렌(Lorraine) 호, 사부아(Savoie) 호, 프로방스(Provence) 호, 프랑스(France) 호로, 이미 추월당한 것으로 여겨진 속도 경쟁에서 특별한 성공을 거두리라고 기대되지는 않았다. 대신에 사람들은 그 배들이 용적톤수를 늘림으로써 안락함과 사치스러움에서 더 앞서기를 기대했다. 1912년 4월 20일 뉴욕을 향해 처녀 항해에 오른 프랑스 호는 커나드 회사의 모리타니아(Mauritania) 호로부터 블루리본을 빼앗아 올 생각이 전혀 없었다. 모리타니아 호는 독일의 도이치란트 호로부터 블루리본을 빼앗아 20년 동안 유지해 오고 있었다. 그런 욕심 대신에 프랑스 호는 유럽에서 아메리카로 23노트의 속도로 6일 동안 항해하면서 터빈 엔진을 사용함으로써 3등객실로 쓸 수 있는 더 많은 공간을 확보할 수 있었고 더 많은 승객을 실어 나르게 되었다. 배수량 2만 7,300

톤인 프랑스 호는 약 1,900명의 승객을 안락한 상태에서 혹은 심지어 사치스럽기까지 한 상태에서 수송할 수 있었고, 그래서 미국의 언론들은 그 배를 "떠다니는 파리"라고 불렀다.

콜린스 회사의 실패 이후 북대서양에서 처음에는 영국에 그리고 후에는 독일에 주도권을 넘겨주었던 미국인들은 남북전쟁 이후 1880년대에 다시 무대에 나서기 시작했다. 1881년 인먼 정기선회사가 어려움을 겪자 미국 자본이 기회를 얻어 그 회사를 인수하고 인먼앤인터내셔널(Inman and International) 정기선회사라는 이름을 붙였다. 그것은 다시 1893년에 아메리칸(American) 정기선회사가 되었고, 커나드 회사와 화이트스타 회사가 결합하여 미국인과 협상하게 만들 만큼 충분한 힘을 보유하였다. 그리고 이 회사는 유럽 최종 종착지로 영국의 항구가 아니라 안트베르펜을 선정했고 아울러 중간 기항지로 영국의 사우샘프턴을 택하였다.

엄청나게 부자인 미국인 은행가이자 기업가 모건의 개입은 영국인들로 하여금 최악의 상황을 걱정하게 하였다. 모건은 2,500만 달러로 1902년 스스로 화이트스타 정기선회사를 소유했고 북대서양의 이민자 수송을 둘러싼 운임 전쟁을 촉발시켰다. 미국과 나머지 아메리카 대륙으로의 새로운 유럽인 −라틴인과 슬라브인− 이주 물결의 수송이 걸린 일이었다. 1880년대 이래 화이트스타 회사와 커나드 회사 간에, 그리고 뒤에는 영국 회사들과 독일 회사들 간에 운임 경쟁이 벌어진 적이 있었다. 그러나 모건의 공세는 자신의 유일한 두 경쟁자들인 프랑스의 트란스아틀란티크 회사와 커나드 회사가 차지하던 몫을 완전히 없애버리는 것은 아니지만 급격하게 축소시키는 것을 목적으로 했다. 실제로 그는 자신의 그룹 인터내셔널머캔타일마린(International Mercantile Marine)이 독일 회사들과 동맹을 맺게 하였고, 이 동맹은 커나드 회사를 유럽권 지중해의 이민자 수송에서 몰아내는 것을 목적으로 하였다. 1904년 초 모건은 런던에서 뉴욕까지 여행하는 3등객실 승객들의 운임을 겨우 2파운드로 낮추었다. 당시 2파운드 10실링에서 3파운드 사이에 걸쳐 운임을 매겼던 커나드 회사는 요금을 다시 하락해야 했다. 그러나 모건은 이런 요금에도 타격을 가하기 위해 자신의 요금을 30실링으로 더욱 낮추었다.[49] 이런 수준에서는 손실이 불가피했다. 모든 것을 망치게 될, 특히 모건을 여전히 지지하고 있던 독일 회사들을 망치게 될 가격 폭락을 피하기 위해서 1904년 8월 프랑크푸르트(Frankfurt)에서 국제회의가 열렸다. 여기에는 커나드 회사와 유럽 대륙의 회사들이 모두 모였다. 바로 그 순간에 커나드 회사가 그때까지 독일 회사들이 지배했던 피우메(Fiume)에서 출발해 미국으로 가는 헝가리와 오스트리아 이민자의 수송에 참여하고자 하고 있었기 때문에, 타협에 이를 수 있었다. 커나드 회사는 피우메에서의 활동에 연간 26회의 출항만으로 엄격한 제한을 두는 데 동의했고, 그 댓가로 운임하락 경쟁이 종식되었다. 이때 피우메의 이민자 수송에서 커나드 회사가 차지한 몫은 유럽 회사들이 맡고 있던 것의 5.2퍼센트에 불과했다.

피우메에서 커나드 회사가 기술적 우위―커나드 회사는 북대서양횡단 기록을 세웠고 그 위신이 더욱 강화되었다―에 입각해서 계속해서 독일인들과 대립하는 일이 한 번 더 있은 뒤에, 1908년 1월 런던에서 열린 회의에서 커나드 회사는 경쟁자들과의 협상을 수용했다. 그에 따르면 이 영국 회사는 유럽과 아메리카 간의 수송량 중 13.7퍼센트를 맡았고 피우메에서 출발하는 헝가리 이민자 승객을 자유롭게 수송하게 되었다.[50] 회사들 간의 모든 가격 담합에 반대하는 반트러스트 입법을 내걸고 미국정부가 강하게 반대했음에도, 각 회사들은 북아메리카로의 이민자 수송에서 고정 할당량을 존중하는 데 동의했고, 이 협정은 제1차세계대전 직전까지 북대서양의 해운을 규정하게 되었다.

대서양횡단 회사들 사이에 발생한 긴장을 조정한 런던 협정과 같은 타협들은 최종 해결이 아니라 잠시간의 휴전일 가능성이 더 많았다. 1906년 영국의 한 위원회는 이렇게 밝혔다. "대양에서 벌어지는 사업에서 전쟁과 평화 사이의 중간 지대는 절대 없다." 또한 대서양 상에서 새로운 삶이 시작되고 있음을 보여주는 보다 심오한 현상들도 있었다. 그 중 무엇보다 첫째가는 것은 원래 우편 서비스를 위해 창출된 영국의 커나드 회사나 프랑스의 트란스아틀란티크 회사 같은 정기 노선이 '부정기 화물선(tramps)' – 선창이 찰 때마다 항해했던 정기선회사와는 무관한 전세 선박들 – 에 비해 지배적이게 되었다는 점이다. 뉴욕에서는 카리브 해나 중앙아메리카와 무역할 경우 간간히 볼 수 있었던 이런 부정기 화물선들은 17세기에 나타난 항해 전통을 유지하고 있었다. 이런 배들도 여전히 바다를 항해했지만 그들이 차지하는 비중은 줄어들었다. 1914년에 세계 교역량에서 이런 배가 차지하는 비중은 절반이 채 되지 못했다.[51]

19세기 전반에 명백하게 되었던 운임 하락 경향 역시 정기 노선의 일관성 있는 운행으로 한층 강화되었고 서로 모순되지 않음을 보여주었다. 정기 노선 운영자들 사이에 최소한의 규율과 '공정한 경쟁(fair play)'을 확립했던 해양 회의들은, 재원을 집중하는 거대 회사들에게 유리한 운임의 실질적 하락이 가져올 상황에 대해 해법을 내놓고자 하였다. 물론 진정으로 성공을 거두지는 못했지만 말이다. 그리하여 함부르크아메리카 정기선회사의 경우 1886년에 겨우 6척만을 가지고 있었는데, 1913년에는 48척의 정기여객선을 소유하게 되었다. 그 회사는 유럽의 항구들에서 자신들이 처리할 수 있는 화물들을 모았고, 북해와 발트 해에서 출발한 그 회사의 정기여객선들과 화물량은 독일 국가의 해운능력을 크게 향상시켰다.

이런 상업 경쟁은 격렬한 대립으로 이어졌고, 그 속에서 국가 간 대립이 점차 대두하였다. 거의 한 세기 동안 대서양에 자신의 규칙을 부과했던 영국인들은, 해양 무역에서 성공을 거두고자 하는 야심을 뒷받침하기 위해 해군력을 발전시키겠다는 빌헬름 2세의 포부에 충분히 대처하지 못했다. 그들은 20세기라는 새로운 대서양 시대에 진입하고 있었다. 1914년의 전쟁은 오랫동안 팍스브리타니카로 알려졌던 대서양 시대의 종언을 고했다. 이 대서양은 처음에는 영국에서 일어난, 그리고 뒤에는 대륙에서 일어난 산업 성장에 기초해서 아울러 '신세계'의 부에 대한 끊임없이 강력해진 착취에 기초해서 자신의 부를 이룩했다. 여전히 개발해야 할 미답의 대륙이 가진 호소력과 낡은 유럽에서 종종 부정되는 자유를 아메리카에서 찾고자 하는 희망이 유럽인들을 자극해 전대미문의 이민의 흐름을 이루며 대서양을 건너도록 만들었다.

§ 대양을 건너는 유럽인들: '신세계'로의 이민

1840년에서 1914년까지 거의 3,500만 명의 유럽인들이 세계의 다른 곳들을 향해 '구대륙'을 떠났다. 그들이 가장 많이 향한 곳은 '신세계'였다. 미국만 해도 독립 이후 1840년까지 이민자가 100만 명 남짓이었음에 반해, 1840년과 1890년 사이에 약 1,500만 명의 이민자를 받아들였다. 이런 전대미문의 이주 물결은 19세기 말에 다시 격화되었다. 1890년에서 제1차세계대전까지 1,400만 명이 넘는 유럽인들이 미국 땅에 발을 디뎠다. 이민의 파고가 정점에 이르렀을 때는 1900년대로, 이때 600만 명 이상이 이주했다.[52] 1815년에서 1914년까지 캐나다에는 주로 영국에서 온 400만 명이 넘는 이민자가 도착했고, 그 중 250만 명 이상이 1880년 이후에 들어왔다.[53] 사실 "수도꼭지가 두 개 달린 저수지"인 캐나다로 들어온 사람 중 많은 이들은 미국으로 가기 위해 단지 그곳을 경유했을 뿐이었다.

라틴아메리카로의 이민은 1850년 이전에는 보잘 것 없었고, 한참 뒤인 1870년에도 여전히 그 수가 적었다. 그러나 1871년에서 1914년까지의 반세기가 채 안 되는 시기 동안 이민자 수가 폭발적으로 늘어나 900만에서 1,000만 명을 헤아리게 되었다.[54] 1891년에서 1900년 사이에 브라질에만 100만명이 넘는 이민자가 들어왔다. 막 독립한 라틴아메리카 국가들의 인구가 적었기 때문에 미국에서보다 상대적으로 더 강력한 영향력을 행사한 이민은 그곳의 인구성장에 크게 기여하였다. 그래서 1800년에서 1914년 사이에 브라질의 인구는 320만 명에서 2,660만 명으로 늘어났고, 아르헨티나의 인구는 40만 명에서 760만 명으로 증가했다. 미국에서처럼 브라질 상파울루 주의 커피나 아르헨티나 팜파(Pampa)의 곡물 및 축산업 같은 개척을 통한 발전에 견인되어 이민이 더욱 더 중요하게 되었다. 하지만 유럽의 인구 압력과 경제 변동도 이민을 촉발하는 데 핵심적인 역할을 하였다.

예전의 이민과 새로운 이민

미국으로의 이민은 기원 면에서 예전의 이민과 새로운 이민 사이에 뚜렷이 상반되는 흐름을 가졌다. 전자의 흐름은 1890년까지의 이민 유입을 지배했고, 후자는 1914년까지의 유입에서 더 강하게 나타났다. 1880년대 동안 미국에 도착하는 이민자의 거의 3분의 2가 여전히 '예전의 이민'에 해당되었지만, 1890년대 말에는 전체의 40퍼센트에 미치지 못하게 되었다.[55] '예전의 이민'에서는 서유럽과 북유럽이 이민자의 대다수를 제공했는데, 처음에는 영국인들이 압도적이었다가 그 후 점차 독일인과 스칸디나비아인들로 대체되었다. '새로운 이민'에서는 남유럽과 동유럽에서 온 오스트리아·헝가리인들과 이탈리아인, 슬라브인들이 대다수를 차지했다.

출신 지역에서 구분되는 이런 두 흐름들은 또한 이민자에게 제공된 수용 방식과 아울러 그에 대한 이민자들의 대응 면에서도 달랐다. 전자의 경우 이민자들은 아주 호의적으로 수용되었다. 새로운 이민자들을 유인했던 요소들 중에는 개척해야 할 방대한 공간인 풍요로운 땅과 다양한 자연자원, 노동력 부족이 있었다. 그들을 받아들인 땅에서 그들은 그때까지 알지 못했던 자유를 발견하고서 만족해했다. 1845년과 1853년 사이에 경제적, 사회적, 정치적 위기들이 북서유럽과 중앙 유럽을 강타했고, 그 이후 그와 같은 상황이 반복해서 재생산되면서 많은 유럽인들이 자신의 고향을 떠나도록 만들었다. 유럽에서 전반적으로 고통을 겪은 이민자는 "심한 충격을 받고 자신의 과거를 저버리면서 다른 대륙의 새로운 환경 속에서 새로운 삶을 찾아 떠났다."[56] 이민자는 새로운 존엄성을 획득하면서 일정한 자존감을 갖게 되었다. 지그프리드(Siegfried)는 뉴올리언스의 한 무역상에게 양자로 선택되어 루이지애나에 정착한 웨일즈 사람 스탠리(Stanley)의 사례를 인용한다.

> 뉴올리언스에 도착한지 몇 주 후 나는 성격도 정신도 완전히 다른 사람이 되었다. 새로운 존엄의식이 나를 너무나도 고상하게 만들었고 일종의 황홀경에 빠지게 만들었다. 여기서는 가난과 미숙함 때문에 사람이 쪼그라드는 일이 전혀 없었다. 가난하고 미숙하다고 부자나 나이 든 사람에게 멸시받는 일이 없는 것이다. 한 아이가 인간이 될 수 있다는 것을 내게 보여 준 도시에 대해 내가 느낀 애정을 잠재우려면 몇 백 년이 걸릴 터였다.

분명 아주 운이 좋았던 스탠리는 그렇다고 미국이라는 '용광로'로 행복하게 흡수된 유일한 사람이 아니었다. 머시 강 협곡이나 클라이드 만이나 타인(Tyne) 강에서 온 수많은 영국인 수공업자와 그 가족들도 미국 땅 위에서 새로운 자존감을 찾을 수 있었다. 철강업계의 거물이었던 앤드류 카네기(Andrew Carnegie)의 성공 사례는 이를 잘 보여주고 있다. 스코틀랜드 출신의 수공 방직 장인인 카네기의 아버지는 영국의 산업혁명에 파괴적인 충격을 받았다.[57] 기계화의 진행으로 일자리를 잃게 된 그와 그의 가족은 1848년 5월 17일 부모님들이 이미 정착해 있던 피츠버그(Pittsburgh)로 가기 위해 배에 올랐다. 비록 카네기의 아버지는 다른 일로 전환하지 못했지만, 대서양을 건널 때 13살이었던 앤드류 카네기는 우선 한 달에 4달러 80센트를 받고 방적공장에서 실을 감는 일을 하면서, 부기를 익히고 전신기사가 될 수 있었다. 18살의 나이에 그는 한 달에 35달러를 받으며 펜실베이니아 철도회사에 들어갔고 24살에 이 회사의 중역이 되었다.

19세기 말 이민을 받아들이는 상황이 크게 바뀌었다. 사회적 신분 상승기회는 축소되었으며, 토지 가격은 점점 더 높아졌다. 이민자들은 더 이상 새로운 공간을 여는 개척자로서 환영받지 못했다. 개척해야 할 최후의 경계가 사라진 것이다. 1880년 이후 점점 비중이 늘어난 라틴 인과 슬라브 인의 이민은 영국, 독일, 스칸디나비아 출신의 농민과 수공업자들과는 전혀 다른 새

로운 사회 계층의 등장을 뜻했다. 인구과잉으로 내몰리고 더 나은 임금이라
는 유혹에 이끌려온 이 새로운 이민자들은 승객을 놓고 서로 경쟁하던 해운
회사들의 대리인들이 환상적인 이야기로 마구잡이로 모집해서 온 이들이었
다. 이들은 미국 동부 대도시들의 빈민 구역들로 밀려들어 민족 별로 집단
을 이루어 살았다. 그리고 이런 민족 별 집단 거주는 그들이 미국 사회에 완
전히 동화되는 것을, 전혀 불가능한 것은 아니지만 어렵게 만들었다. 미국
의 정신을 위협하는 외국인의 통합 문제가 점차 부각되었다.

　물론 그와 유사한 우려는 처음부터 나왔다. 이미 1840년에 필립 혼
(Philip Hone)[20]은 자신의 신문에 실은 글에서 이렇게 떠벌렸다.

　　유럽 전체가 바다를 건너오고 있다. … 고향에서 살 수 없는 사람들 모두
　　가. 그들을 어떻게 할 것인가? 그들로 인해 우리의 수입량이 늘어날 것이
　　고, 그들이 우리의 빵을 먹어 치울 것이며 우리의 거리를 가득 채울 것이다.
　　그들 중 20살이 된 누구도 혼자서 살아나갈 수가 없다.[58]

하지만 19세기 말 경제적으로 성숙해 지면서 미국은 자신의 국가 정체성을
더욱 의식하게 되었다. 그곳의 주민들은 유럽이 아메리카를 자신의 빈민과
떠돌이, 범죄자들을 떠넘기는 곳으로 점점 더 이용하고 있다고 믿었고, 이런
정서는 새로 이주한 사람들에게는 전혀 없는 것이었다. 이민을 통제하지 않
으면 미국의 미래가 위협받을 것 같았다. 대서양은 다시 건널 수 없는 장벽이
되어야 했다. 1924년에 결정된 이민할당 정책은 제1차세계대전 전에 이미
대략적인 틀이 잡혔고, 이런 조치를 시행해야 한다는 목소리가 상당히 일찍

20　1780~1851년. 독일계 이민자의 아들인 혼은 경매사업으로 부자가 되었고 당시 뉴
　　욕에서 가장 부유하고 세련된 인물 중 한 명으로 당대의 저명인사들과 교류하였
　　다. 1826~1827년에는 뉴욕 시장도 역임한 그는 1828년부터 죽을 때까지 쓴 일기를
　　남겼는데, 그 일기는 당시 뉴욕 사회를 상세하게 묘사하는 자료로 평가된다. 여기
　　에 이민에 대한 혐오감을 담긴 글을 많이 남겨, 이미 자리 잡은 이민 후손들이 새
　　로운 이민자들에게 가진 감정을 드러내고 있다.

부터 의회에서 제기되었다. 1882년 이민에 관련한 최초의 연방법이 통과되면서 범죄자에 대한 과세와 아울러 처벌 조치들도 확립되었다. 그 뒤 아나키스트나 매춘부, 일부다처주의자 같은 달갑지 않은 사람들을 막는 법안이 나왔지만 그때 의회에서 본안으로 토의되지는 않았다. 이민의 파고가 정점에 이른 시기에 나온 유일한 법은 이민자의 문자교육에 관련한 것이었다. 왜냐하면 남유럽과 동유럽에서 온 이민자의 3분의 1이 글을 몰랐기 때문이었다. 한참 뒤인 1917년에도 백악관은 이민자에게 독해 시험을 보게 하자는 의회의 결의안에 반대하였다. 1886년 뉴욕 항 입구에 바르톨디(Bartholdi)[21]가 세운 세계를 비추는 자유의 여신상이 구현하고 있는 미국의 전통은 그 나라를 '구세계'의 억압받는 이들을 위한 도피처로 만들었다.

이민의 원인

유럽을 떠나는 데는 유럽 대륙에 일반적이던 조건과 대서양 반대편에 존재하던 조건이 모두 작용하였다. 유럽인들은 자기 나라들을 떠나게 만드는 '밀어내는' 효과와 그들을 아메리카로 가게 만드는 '끌어당기는' 효과를 동시에 받고 있었다. 인구 압력은 분명 이민을 떠나도록 추동하는 가장 강력한 요소였고, 그것을 분명히 보여주는 사례는 아일랜드였다.

1781년에서 1841년까지 아일랜드의 인구는 400만 명에서 800만 명 이상으로 늘어났고, 이런 보기 드문 급성장의 근저에는 상대적인 번영기 동안 사망자 수에 비해 출생자 수가 크게 높았다는 사실이 놓여 있었다. 하지만 아일랜드 주민의 주 식재료인 감자의 흉작으로 아일랜드는 1845년에서 1848년까지 끔찍한 기근을 겪었다. 아일랜드를 떠나는 이민자의 수가 1843년에 2만

---

21 Frédéric Auguste Bartholdi, 1834~1904년. 프랑스의 조각가로 뉴욕 앞바다의 자유의 여신상을 제작한 것으로 유명하다.

명에서 1847년 10만 5,000명으로 급증하였고, 1851년에는 22만 명에 이르렀다. 1781년에서 1841년까지 60년 동안 영국과 북아메리카로 건너간 아일랜드인이 175만 명이었는데, 1847년에서 1855년까지 9년 동안 총 118만 7,000명이 대서양을 건넜다. 전자의 시기 60년 동안에는 연간 이주민 수가 2만 명이 채 안 되었는데, '기근의 시기' 동안에는 13만 명에 약간 못 미치는 수의 사람들이 매년 대서양을 건넌 것이다.

독일의 작센과 라인란트 지방에서도 처음에 급격한 인구 팽창이 일어난 뒤 기근이 닥쳐서 발생한 맬서스적 효과로 인해 내몰린 독일인들이 대양을 건널 수밖에 없었다. 1847년에서 1855년까지 91만 9,000명의 독일인들이 이민을 떠났고, 이는 매년 10만 명을 약간 넘는 이민자가 발생했음을 뜻한다. 뉴욕에 도착한 독일인의 수는 아일랜드 이민자 수보다 많았고, 1853년에서 1854년까지 17만 6,000명의 독일인이 뉴욕에 발을 디뎠다. 두 나라 모두에서 인구 압력 외에도 농업 경영 상에 발생한 변화도 중요한 영향을 미쳤다. 토지에 비해 노동력이 지나치게 풍부했으며, 토지 집중이 발생하면서 소농들이 밀려난 것이다.

미국에서는 한편으로 이민자들을 서부의 토지로 이동시킬 수 있는 새로운 수송 시설의 발전과 다른 한편으로 캘리포니아의 골드러시와 같은 아주 특정한 요소들이 이민자들을 끌어들이는 본질적인 요인들이었다. 1830년 이후 10년 만에 애팔래치아 산맥(the Appalachians)을 넘어서자, 이민자들은 서부로 들어서게 되었다. 알바니(Albany)에서 버펄로(Buffalo)까지 오하이호 운하가 1825년 이후 개통되었고, 뉴욕의 배후지가 크게 확장되었다. 그러나 그 결과는 점진적으로 나타났다. 운송 화물의 용적톤수는 1830년대에 4만 톤이 채 안 되었지만 1853년에는 약 26만 2,000톤으로 증가했다.[59] 철도의 확장은 또 다른 중요 요소로서 근본적인 역할을 하였다. 철도는 1830년대부터 확장을 시작했고, 1835년에 가설이 끝난 필라델피아·피츠버그 노선은 이리 운하의 수송 축과 경쟁할 정도가 되었다. 1840년에는 세계에서 가장 큰 철도망이 미국에 들어섰다. 하지만 철도가 정점에 이른 것은 나중의 일이었고, 아

래 표 7.2에서 보이듯이 1831년에서 1890년까지 건설된 철도의 길이 수치를
통해 철도가 어떻게 성장해 갔는지를 살펴볼 수 있다.

표 7.2 미국 철도의 성장, 1831~1890년[60]

1831~1840	1841~1850	1851~1860	1861~1870	1871~1880	1881~1890
2,795마일	6,203마일	21,605마일	22,096마일	40,345마일	73,929마일

철도의 발전(1869년 최초의 대륙횡단철도가 완성되었다는 것도 지적되어
야 한다)이 창출한 이런 수송 설비의 개선과 동시에 산업 분야에서는 이민
자들에게 일자리를 제공하는 기술적 혁신도 일어났다. 이 점에서는 특히 보
스턴의 사례가 부각된다. 아이작 메리트(Isaac Merritt)의 재봉틀을 1851년 싱
거(Singer)가 현대화했는데, 이것은 직물 제조과정을 혁신시켰고 노동비용을
극적으로 하락시켰다. 이 기계의 제조업으로 남자든 여자든 아동이든 몰려
들던 미숙련 아일랜드 노동력이 흡수되었고, 보스턴은 1860년대 초에 미국
에서 4번째로 큰 공업도시가 될 수 있었다.[61] 그 뒤 동부의 공업들은 이민자
들을 점점 더 많이 흡수하였고, 20세기 초인 1911~1912년 미시시피 동부와
오하이오 및 포토맥 강 북쪽에 사는 임금 노동자의 60퍼센트가 이민자 출신
이었다.[62]

사실 유럽인 노동력을 발전 중인 경제로 흡수할 수 있는 역학은 주로 영
국 자본의 대량 수출에 의해 창출되었다. 영국에서는 세금을 조금 내었던
부유한 지주계층이 자가 자본을 해외에 투자하고자 했다. 1851년 무렵 2억
2,500만 달러가 국가 연방기금과 도시들, 특히 철도에 투자되었다.

이 점에서 캘리포니아에서 금이 발견된 것이 특별한 사례를 제공한다.
1849년 대서양을 횡단한 수많은 배들에는 투기자들이 가득 타고 있었다. 이
들은 머릿속으로 새크라멘토(Sacramento)에서 그들을 기다리고 있는 믿을 수
없는 양의 부를 그리느라 여념이 없었다. 1848년 1월 24일 아메리칸(American)
강 협곡에서 제임스 마샬(James Marshall)은 존 서터(John Sutter)가 세우던 제

재소 건축을 감독하던 중 한 개울가에서 금을 발견하였다. 6주도 채 되지 않아 금 열풍이 사방으로 퍼져나갔고 마샬의 일꾼들은 그를 버리고 떠났다. 6월 15일 샌프란시스코(San Francisco)는 주민들이 시에라네바다 산맥으로 떠나 버려 유령도시가 되었고, 그 산맥에는 수많은 사람들이 금 덩어리나 강바닥의 사금을 찾으러 몰려들었다. 대서양 연안 지역에는 이 사실이 8월 19일에야 알려졌다. 그리고 12월 5일 미국대통령 제임스 포크(James Polk)가 특별 메시지를 통해 금 발견 사실을 확인하면서 진짜 골드러시가 시작되었다. 1849년에 8만 명이 넘는 사람들이 캘리포니아로 이주했는데, 그들 중 2만 5,000명은 파나마나 케이프혼(Cape Horn)을 거쳐서 도착했고, 나머지 사람들은 사막과 산악을 넘어서 제대로 길도 나지 않은 미국 대륙을 가로질렀다. 미국의 금 산출량은 1847년 2톤이 채 되지 않았는데, 1852년에는 127톤으로 증가했다.

라틴아메리카에서도 이주의 원인으로 유사한 요인을 찾을 수 있다. 미국의 경우처럼 라틴아메리카로의 인구 유입도 유럽 인구의 급성장이 원인 중 하나였다. 라틴아메리카의 변경 개척 역시 명확한 유인 요인이었다. 1870년대와 1890년대까지 브라질에서는 커피가 활황이었고 아르헨티나에서는 곡물이 활황이었다. 개척을 위해 새로운 땅에 도착하기 위해서, 또 거기서 나온 생산물을 운반하기 위해서 마찬가지로 철도가 핵심적인 뒷받침을 해야 했다. 브라질의 상파울루 주의 사례는 이를 명확하게 보여준다. 1867년 예수회의 요청으로 철도 노선이 산투스(Santos) 항에서 변경 지역을 향해 건설되었고 1872년에는 캄피나스(Campinas)에 이르렀다. 19세기 말에는 몇 명의 이탈리아 이민자들이 이런 운송 시설을 이용하게 되었고, 1910년에는 그 주 주민의 3분의 1이 이탈리아 이민자였다. 똑같은 현상이 아르헨티나에서도 발생했는데, 거기서는 1895년에 이탈리아인들이 전체 인구의 3분의 1을 차지했다. 철도회사들은 새로운 식민지 개척자들을 내지로 운송하면서 이민 중계 회사가 되었다.

라틴아메리카에서는 일종의 계절에 따른 이민이 발달했으며, 비록 그보다 명확하지 않은 형태로이지만 북아메리카에도 그런 이주가 존재했다. 이탈리아에서 아르헨티나로의 '제비(golondrinas)'형 이민이 이런 계절에 따른 이민에 속했다. 수확과 같은 계절별 노동 때문에 여전히 아주 인구가 희박한 나라들에서는 특별히 노동력의 증원이 필요했고, 이런 '철새' 이주의 원인이 되었다. 그래서 이탈리아에서 수확이 끝나면 농민들은 이탈리아를 떠나 아르헨티나 북부의 코르도바(Cordoba)와 산타페(Santa Fe)로 갔고, 거기서 그들은 밀을 수확했다. 또한 12월에서 4~5월까지는 그들은 옥수수 수확을 위해 보다 남쪽에 있는 부에노스아이레스의 배후지로 다시 옮겼다. 5월 말에 그들은 피에몬테로 돌아가 고향 땅에 씨를 뿌렸다. 이런 농업 이민은 두 가지 의미에서 대서양횡단을 대표했다.

이런 관행은 이번에는 미국에서도 발견할 수 있다. 베네치아의 석공들이 3월에 미국 땅에 들어와 10월에 다시 돌아간 것이다. 하지만 계절 노동의 경우 미국은 멕시코의 노동력을 더 많이 끌어들였고, 그래서 멕시코 농민들은 몬타나와 캘리포니아의 밀밭으로 옮겨갔다.[63]

북아메리카로의 이민은 유럽에서 대서양 반대편에서 가치 있는 일을 익히면 보다 쉽게 이루어질 수 있었다. 그래서 더블린이나 폴란드 출신의 유대인 재단사나 그런 나라들 출신의 시가 제작자는 런던의 이스트엔드(East End)에서 전문 기술을 익혔다. 일단 처음 한 번 이주하여 일을 하면 계속해서 다시 또 이주하여 일하게 되었다. 그와 같은 방식으로 이탈리아인들은 고향을 떠나 수에즈 운하를 판 후에 다시 파나마 운하에서 일하러 갔다.

대서양횡단 항해

이민자들의 편의라는 면에서 만족스런 정도는 아니었지만, 속도 면에서는 만족스러웠던 대양 항해 정기여객선의 증가가 아메리카 대륙에 대해 좋은 평가를 주는 데 핵심 요소 중 하나였다는 것은 의심할 여지가 없는 사실이다.

하지만 그런 정기여객선의 증가는 운임의 뚜렷한 하락을 수반하였고, 이 덕분에 유례없이 많은 수의 사람들이 고국을 떠날 수 있었다. 정기여객선들이 이미 대서양을 횡단하고 그 선주들이 최초의 이민 붐에서 이익을 얻었던 시기인 1852년에 『선데이 타임즈(Sunday Times)』에 실린 기사는 이를 잘 보여주었다. "다음 계절 동안에는 리버풀에서 뉴욕으로의 엄청난 대륙 간 횡단이 있을 것이라고 예상된다. 그 때문에 리버풀의 승선 요금이 하락했다."[64]

이민자들이 대다수인 3등선실 요금은 이미 상당히 하락했다. 1825년 리버풀에서 아메리카로 가는 승객의 운임은 20파운드였다. 1863년에는 증기선의 경우 이민자 1인당 4파운드 15실링만 내면 되었고, 범선의 경우에는 더 낮아서 1인당 3파운드만 내면 되었다. 운임 3파운드 수준은 19세기 중반 무렵에 이미 도달했던 것이다. 정기선회사들 간의 격심한 경쟁으로 인해 촉발된 운임 하락이 없었다면, 1847~1855년 시기의 아일랜드인과 독일인의 대규모 이민은 발생하지 않았을 것이다.

대양 횡단 항해는 비용이 많이 들지는 않았지만, 그래도 극히 두려운 일이었다. 19세기 말에도 커나드 회사의 한 임원은 여전히 3등선실 승객에게는 대서양횡단 항해가 이겨내야 할 호된 시련이라고 말하고 있다. 그럼에도 상황은 그 전보다 크게 개선되었다.

이민자들의 승선 항구

영국 제도에서는 이민자들의 대다수가 리버풀과 아울러 브리스틀, 런던, 글래스고에서 출발했고, 나중에는 외국계 회사들에게 편리한 항구였던 영국 남쪽 연안의 사우샘프턴에서도 출발했다. 19세기 초에 이용된 런던데리나 벨파스트, 코크 같은 아일랜드의 항구들은 1830년대 이래 리버풀로 대체되었고, 특히 뉴욕으로 향하는 아일랜드 이민자들이 그곳에 집중되었다. 1859년 인먼 정기선회사와 커나드 회사가 퀸즈타운(Queenstown) 항구[22]를 열었

---

22 현재 이름은 코브(Cobh)로, 아일랜드 남부에 위치하며 코크의 외항 기능을 했다.

고, 일부 아일랜드인들은 이곳에서 리버풀로 가는 배에 오를 수 있었다.

대서양횡단 항해에 대한 리버풀 항의 우위는 점차 명백해졌다. 1860년과 1914년 사이에 영국을 떠난 555만 명 중 475만 명이 리버풀에서 승선하였다. 이 머시 강 하구의 항구에는 영국인 이민자들이 집중되었지만, 실제로는 유럽 대륙으로부터의 이민 전체가 여기에 집중되었다. 왜냐하면 독일인과 스칸디나비아인들도 헐에서 하선하여 기차로 이곳으로 옮겨왔기 때문이다. 그래서 1887년에 미국을 향해 유럽을 떠난 전체 이민자 48만 2,829명 중에서 19만 9,441명이 리버풀에서 승선하였다. 이 중 6만 8,819명이 유럽 대륙 출신이었고, 6만 2,252명은 영국인이었으며, 6만 8,370명은 아일랜드인이었다. 즉 총 이민자의 42퍼센트가 유럽 대륙 출신이었던 것이다. 그 해에 리버풀에서는 영국인 이민자의 66퍼센트가 승선하였고 이민자의 총수는 9만 3,375명으로 늘어났다.

프랑스에서는 르아브르가 마르세유와 보르도, 낭트와의 경쟁에서 두각을 나타내면서 주요 이민자 승선 항구가 되었다. 르아브르는 철도의 개설을 통해 이민자들이 쉽게 집중되면서도 이익을 보았다. 바젤(Basle)과 스트라스부르(Strasbourg)로부터는 남부독일 사람들과 라인란트 주민들이 르아브르로 들어왔고, 이탈리아인들은 모다노(Modano)에서 들어왔다. 하지만 이탈리아인들은 마르세유로도 들어갔는데, 트란스아틀란티크 회사와 프레시네(Fraissinet) 회사의 정기여객선을 이용했다. 이렇게 마르세유로 들어간 사람들도 다시 철도로 르아브르로 이동했다. 이런 알프스횡단 이민자의 왕래는 19세기 말 지중해의 이민 급성장 시기 동안 이루어졌다. 1894년에서 1907년까지 350만 명이 넘는 이탈리아인들이 '신세계'로 향했으며, 그들 중 250만 명 이상이 1900년과 1907년 사이에 떠났다.[65] 서부 철도와 동부 철도, 그리고 파리 · 리옹 · 지중해 노선(PLM)이 상당한 요금 인하에 합의했고, 이는 자체 항구에서 이민자를 실어 나르고 있던 함부르크와 브레멘의 대서양횡단 정기노선의 운임 인하에 필적하였다. 르아브르의 승선 수용력은 이 항구에서 트란스아틀란티크 회사가 올린 실적에서 얼마간 볼 수 있지만, 커나드 회사와 다른 영국계 회사들, 그리고 독일계 정기선회사들도 노르망디의 이 항구에 들어갔다. 미국의 경제 위기와 프랑스 전역을 휩쓴 콜레라로 인해 승선자 수가 줄어들었던 시기인 1883년과 1884년에 트란스아틀란티크 회사는 3만 3,000명과 4만 6,000명의 이민자들을 승선시켰다. 이민의 파고가 정점에 달했던 1908년에는 트란스아틀란티크 회사가 르아브르에서 약 6만 명의 이민자를 승선시켰고, 그 이후 1913년까지 그 정도의 수의 이민자를 계속 승선시켰다. 이들 중 반이 이탈리아인이었다.[66]

마르세유는 르아브르에 이어 프랑스에서 두 번째로 이민자들이 많이 승선하는 항구였다. 이 항구가 가진 특징은 어떤 다른 항구보다도 이탈리아인 이민과 관계가 깊다는 점에 있었다. 마르세유에서 출발하면 배는 제노바와 나폴리에 기항했다. 그렇지 않으면 때로는 배가 이런 항구들에서 마르세유로 들어오기를 기다렸다. 1874년에 이민자를 수용할 수 있는 마르세유의 역량은 연간 1만 명 정도가 되었고, 승객을 모집하기 위해 마르세유 이민여행사가 설립되었다. 브라질과 아르헨티나, 우루과이 같은 남아메리카와의 연계를 이용하여 3개의 회사가 여객수송에 참여했다. 메사즈리마리팀(Messageries Maritimes) 회사가 1857년 남아메리카 우편물 수송권을 얻었고, 트란스포르마리팀 회사(Société Générale des Transports Maritimes)와 파브르 회사(Compagnie Fabre)가 1881년에 최초의 뉴욕 행 정기노선의 개통을 감행하고 이 항로에서의 격심한 경쟁으로 인해 초기에 어려움을 겪었다. 이 두 회사는 귀항 시에 곡물을 싣고 돌아올 수 있는 여객 및 화물 겸용 선을 이용함으로써 경영을 유지할 수 있었다. 그 후 뉴올리언스로 가는 두 번째 정기노선이 추가되었다. 하지만 20세기에 진입하는 1900년에 파브르 회사는 뉴욕 행 정기노선으로 이탈리아의 나폴리 항을 이용하면서 3주에 한 번씩 정기여객선을 출항시켰다. 같은 시기에 그 회사는 한 달에 한 번씩 제노바를 경유해 몬테비데오와 부에노스아이레스로 가는 노선에도 취항했다.[67]

18세기에 프랑스에서 앤틸리스 제도로 가는 배들의 주요 항구였던 보르도에서도 제2제국 이후에 이민이 발전하였다. 1865년에서 1920년까지 약 반세기 정도 동안 37만 8,000명 이상이 이민을 떠난 보르도는 르아브르와 마르세유의 뒤를 잇는 항구였다. 이 항구에서 승선한 이민자들은 북아메리카보다는 남아메리카로 향했다. 이민자 중 미국으로 간 사람은 4만 6,000명이었고, 26만 8,000명이 남아메리카로 향했다. 이들 중 20만 명이 모두 아르헨티나로 갔다.[68] 이 나라는 실제로 스페인인(11만 4,000명)과 이탈리아인(4만 6,560명)이 선호하던 목적지였고, 거기에 프랑스 이민자도 12만 3,000명이 더해졌다. 가장 강력한 이민의 파고는 1887~1890년에 이루어졌는데, 전체의 5분의 1인 7만 5,634명이 이 시기에 아르헨티나로 향했다. 1888년에 아르헨티나는 자유통행권을 부여했고 선불 티켓을 판매하기 시작했다. 이 시기 동안 프랑스 남부 철도도 운임을 낮추었다. 1886년에 남아프리카 행 선박 6척을 보유했던 가장 큰 메사즈리마리팀 회사는 아르헨티나의 라플라타(La Plata) 지역에서 산출되는 육류와 피혁, 곡물 같은 화물들을 귀항 시에 실을 수 있게 되었다. 그 배의 승객들은 인종적으로 뒤섞인 '새로운 이민'의 특징을 갖고 있었다. 1880년대에는 그리스인들이 이민에 올랐고, 1900년대의 대규모 쇄도 시기에는 터키인과 시리아인들(1904년에서 1906년까지의 3년 간 5,247명, 1908년에서 1914년까지는 6,100명)도 섞여 있었다.

그러는 사이에 1880년대 말의 급성장 이후 승선자 수의 상승 속도가 느려졌다. 왜냐하면 제노바에서 출발해 바르셀로나로 들어가는 배를 소유한 이탈리아와 독일계 회사들이 이탈리아인과 스페인인의 수송에서 점점 더 경쟁력을 갖게 되었기 때문이었다. 1885년 이후 이탈리아가 외국계 회사들에 의한 자국민의 이주 수송에 도전하기로 하면서, 제노바와 나폴리는 알프스 횡단 이민자들이 경유하는 주요 항구가 되었다. 오스트리아인과 헝가리인들의 이주가 증가하기 시작했던 20세기 초에는 이스트리아(Istria) 반도의 피우메가 크게 중요하게 되었다. 당시 커나드 회사는 대륙계 회사들에 손실을 가하면서 이곳의 이민자 수송에서 큰 비중을 차지하고자 애썼다. 1900년을 전후해서는 이탈리아계 회사들인 이탈리아나 해운회사(la Navigazione Generale Italiana), 이탈리아(Italia) 회사, 벨로체(Veloce) 회사, 로이드 이탈리아나(Lloyd

Italiana) 회사가 이민자 수송의 반에 약간 못 미치는 정도를 처리할 수 있었다. 그들과의 경쟁에서 이긴 커나드 회사는 1908년에 103척의 선박을 소유하며 용적톤수 14만 413톤을 처리했다.[69]

이탈리아인들은 1890년대와 1900년대에 급성장한 이민에 활발하게 참여했다. 1894년에서 1907년까지 351만 5,191명, 즉 연간 25만 1,000명의 이민자들이 이탈리아의 항구에서 출발했다. 이런 이민은 1900~1907년에 정점에 이르렀는데, 257만 5,776명이 이 시기에 이민을 떠났다.[70] 브라질 혼자서 1887년에서 1902년까지 약 69만 3,000명의 이탈리아 이민자를 받아들였다. 아르헨티나도 역시 이탈리아 이민자들의 주요 목적지였지만, 미국도 동부 지역 도시들 곳곳에 강력한 이탈리아인 공동체들이 들어서면서 이탈리아인들이 많이 찾는 곳이 되었다. 이런 공동체들은 자신들의 고향에 아메리카 땅에 대한 예찬을 퍼뜨렸다. 브라질이나 아르헨티나로 가는 선불 티켓의 시행이나 심지어 자유통행권의 시행, 그리고 일정 시기 동안 브라질이나 아르헨티나 정부가 대금을 지불하는 통행허가권의 시행이 이런 이민들을 촉진하였다. 정기선회사들은 1900년대에 이탈리아나 영국의 조선소에 새로운 정기여객선 건조를 발주하면서 자신의 선단을 새롭게 하였다. 이들 중 독일 자본의 지원을 받는 두 회사, 벨로체 회사와 이탈리아 회사가 두드러졌다. 이탈리아 회사는 함부르크아메리카 정기선회사에 직접 종속되었다. 이탈리아(Italia) 호, 베로나(Verona) 호, 타오르미나(Taormina) 호, 안코나(Ancona) 호 같은 이 회사들의 새로운 배들은 1908년에 진수되었는데, 비교적 편안한 상태에서 약 2,400명의 승객들을 수송할 수 있었다. 산투스와 부에노스아이레스로 가는 노선의 경우, 그리고 뉴욕으로 향하는 노선의 경우 더욱 더 제노바가 주된 승선 항구였고, 이곳에서 출발하는 회사들은 마르세유와 바르셀로나를 기항지로 이용하였다.

19세기 중반 이래 함부르크와 브레멘은 리버풀의 독일인과 스칸디나비아 이민자 수송에 도전하기 시작했다. 그러나 1880년대 이후 이런 독일계 회사들 중 가장 성공했던 함부르크아메리카 정기선회사와 노르트도이쳐로이드 회사는 자국 항과 특히 지중해 항구들에서 제2세대 이민자들을 수송할 수 있게 되었다. 제노바와 나폴리, 바르셀로나, 라코루냐, 빌바오, 비고에 자리를 잡았을 뿐 아니라 르아브르와 같은 프랑스 항구에도 진출했던 독일계 정기선회사들은 또한 '신세계'에 뛰어난 상업 네트워크를 갖추고 있었다. 그래서 미국에서만 함부르크아메리카 정기선회사는 여러 주에 걸쳐 3,200개의 대행사로 이루어진 네트워크를 마련할 수 있었다. 이런 대행사들은 이미 그곳에 정착한 이민자의 동향인이 미리 구입한 선불 티켓을 매각하는 일을 했다. 또한 독일계 정기선회사들은 승객 수송을 위해 독일과 프랑스의 철도회사들과 최선의 가격 협정을 맺기도 하였다.

레드스타 회사의 정기여객선이 출항했던 안트베르펜과 함께 함부르크와 브레멘은 이민자들이 출발하는 대표적인 북해 항구들이었다. 독일계의 두 회사들은 1등선실 승객들에게 최고의 안락함과 심지어 사치스러움까지 제공하고자 서로 경쟁했지만, 이민자들을 위한 승선 조건도 크게 개선하여 커나드 회사의 정기여객선들보다 더 나았다. 하지만 이민자들의 승선 요금은 가장 비쌌다. 독일의 성공은 상대적으로 많은 수의 3등선실 승객을 유치한 데 있었다. 이는 표 7.3에 제시된 북대서양을 횡단하여 아메리카로 간 함부르크아메리카 회사와 노르트도이쳐로이드 회사, 화이트스타 회사, 커나드 회사의 3등선실 승객 수들에서 확인할 수 있다.[71]

표 7.3 아메리카행 3등선실 승객의 비중, 1891년

정기선회사명	승객 수	전체의 %
함부르크아메리카	75,835	17.9
노르트도이쳐로이드	68,239	15.3
화이트스타	35,502	7.9
커나드	27,341	6.1

슬라브 이민자들과 오스트리아 이민자들이 독일의 항구로 대규모로 유입되어 독일계 회사들의 배를 가득 채우는 것은 다른 경쟁 회사들에게는 불가

능한 일이었다.

대서양에서 겪는 시련

1820년에서 1840년까지의 우편수송 정기범선에서 19세기 중반 최초의 증기선 항해까지 정기여객선들의 항해는 시간 엄수와 상대적으로 빠른 속도로 인해 상당수의 이민자들을 확보할 수 있었고, 이 이민자들은 항해 시간이 너무나 오래 걸렸고 모든 것이 불확실했던 '불규칙 출항' 선박의 선상에서 겪었던 것과는 전혀 다른 승선 조건을 견딜 만하다고 여겼다. 그럼에도 사실 자신의 가장 확실한 이익을 3등선실 승객, 즉 이민자들에게서 얻고 있던 대규모 회사들조차도 3등선실의 개선에 뚜렷하게 관심을 가지게 되는 것은 19세기 말의 일이었다. 경쟁이 심화되면서 요금이 하락했고, 안락하지는 않더라도 적어도 필수적인 안정과 일정한 편안함을 갖춘 항해가 이루어졌다. 그 과정에서 커나드 회사는 여러 해 동안 선실의 좁은 침상과 불편함 그리고 빈약한 식사로 유명했다. 반면에 콜린스 회사와 뒤의 인먼 회사, 기욘 회사는 곧바로 상당 정도의 편안함을 제공할 수 있었다.

물론 최악의 선상 경험은 이민이 막 시작되었을 때 이민자들이 겪은 것이었다. 언론에 실린 언급들은 분명 이에 대한 우려를 불식하고자 애썼다. 1818년 5월 『리버풀 머큐리(*Liverpool Mercury*)』지는 가장 열렬한 찬사를 담아서 뉴베드퍼드로 가는 티몰레온(Timoleon) 호의 출항을 보도하였다. 이 배는 "갑판들 사이에 높고 넓은 공간을 갖추어 3등선실 승객들에게 아주 적합하며, 1등선실도 아주 훌륭하다"는 식이었다.[72] 실제로는 이 배의 활용 가능한 공간은 가장 작은 축에 들었고, 대부분의 배들이 오랫동안 그런 상태였다. 흔히 2중갑판이었던 배들에서 이민자들은 상부 갑판과 하부 갑판 사이에 수용되었고, 상부 갑판 아래의 짐칸에는 보통 무거운 화물이 보관되었다. 비록 때로는 이 공간도 이민자 수용에 사용하기도 했지만 말이다. 대체로 갑판 사이의 간격은 1.82미터가 좀 안 되었고 따라서 키가 큰 사람도 바로 설 수는 있었다. 1880년경 마르세유의 트란스포르마리팀 회사의 임원 중 한 명이 마침내 이런 현실을 제대로 파악했고 회사가 대형 화물을 확보하기 위해 이민자들을 한군데 몰아넣고 있다는 것에 관심을 갖게 되었다. 그는 지체 없이 당국에 회사 배의 '보조 갑판들'에 규정상의 두 줄이 아니라 세 줄의 3등선실 승객용 침상을 설치하도록 허용해달라고 요청했다. "높이가 2.4미터 정도인 보조 갑판들을 이용하면 모든 이민자들에게 필요한 것보다 더 나은 공간을 충분히 제공할 수 있을 것이다. 그리고 우리는 배 한 척당 수송하는 이민자 수를 반 정도 늘릴 수 있을 것이다."73) 마찬가지로 마르세유에 소재한 파브르 회사도 이 부분에 관심을 가졌고, 배들을 최대 수용능력까지 채우고자 했다.

> 8개의 침상을 보충하는 것과 관련해, 이동 격벽을 약간 옮겨서 침상을 설치하는 것이 더 쉽다. … 해먹을 거는 것도 아주 쉬운 일이다. … 기둥 사이에 간단하게 나무로 빗장을 지르면, 해먹들 사이의 간격을 1피트로 유지하는 데 충분할 것이다.

비록 선주들이 압도적으로 몰두한 것이 3등선실 승객들을 한데 몰아넣어 가능한 한 자기 배에서 이익을 올리는 것이었지만, 그렇다고 이 때문에 항해 과정에서 도덕적 기준을 유지하려는 노력이 차단되지는 않았다. 마르세유 상업회의소는 이민자들을 성별로 분리시키는 것이 선상에서 성욕을 억제시킨다는 것을 인정했고 그리하여 "혼자서 여행하는 여성과 소녀들을 의무적으로 완전히 분리시켜야 한다"는 데 동의했다. 정기선회사들이 언제나 도덕에 관심을 두었던 것은 분명 아니다. 1888년에 보르도의 항만운영국장은 백인 노예무역에 참여했다는 이유로 메사즈리마리팀 회사의 증기선들에 대한 억류 절차를 밟아야 했다. 파렴치한 마음을 가진 사람들은 혼자서 결단하여 멀고 먼 항해에 나서는 많은 사람들이 처한 상황을 어떻게 이용할지를 잘 알고 있었다.74)

이민자들이 머물도록 제공된 공간이 좁아서도 불편했지만, 아울러 약한 조명으로 인해 갖게 되는 답답한 느낌도 불편함을 야기했다. 선실 내에는 몇 개의 승강구로만 빛이 들어왔고 램프가 몇 개 걸려있어 조명이 어두웠다. 정기선회사들의 선박에 앞서 운항된 배들에는 분명 현창이 있는 경우가 드물었기 때문이다. 하지만 정기선회사들의 선박에서는 3등선실을 좀 더 밝게 하고자 하는 노력이 이루어졌다. 허먼 멜빌은 1837년 첫 번째 범선 항해를 하면서 수화물과 사람을 마구 밀어 넣음으로써 3등선실이 일종의 죄수로 넘쳐나는 감옥처럼 되어버린 상황을 보았다. 하이랜더 호의 선원들은 갑판들에 어지러이 흩어진 수화물과 함께 500명의 승객을 받기 위해 3등선실을 완전히 깨끗이 청소하고, 화물은 짐칸에 집어넣었다. 그러나 5주 또는 사실상 6주씩이나 걸릴 수도 있었던 횡단 항해를 위해 물을 비축해 두어야 했다.

갑판에 실은 물통 외에 여러 줄의 대형 티어스들이 통들23을 배 중앙부의 3등선실에 실었다. 이 통들이 3등선실 전체에 길게 놓였고 그 때문에 3등선실은 마치 2개의 좁고 긴 방처럼 되었다. 거기에 티어스들이 통들을 3개씩 올려 배의 양측에 쌓아두다 보니 좁고 긴 2방처럼 된 선실이 다시 4개의 칸으로 나누어졌다. 이런 칸들은 곧 거친 판자로 차단되었고, 무엇보다 그것들은 하수구 같았다. 그래서 더욱 어둡고 숨이 막힐 듯했는데, 빛이 이물과 고물의 승강구들에서만 겨우 들어왔기 때문이다.75)

폭풍우가 치면 3등선실의 승강구를 닫아야 했고, 승객들은 열병과 전염병이 만연했던 악취가 풍기는 굴속에 갇힌 채로 있어야 했다. 사이사이에 끼워 넣은 여러 줄의 거친 침상들로 사람들이 움직일 공간도 별로 없었다.

배에 승선하는 이민자 수의 허용치를 줄이려는 조치가 영국과 미국에서 취해진 것은 아일랜드인과 독일인 이민이 처음으로 급성장한 이후의 일로, 영국의 경우 1854년에, 미국의 경우 1855년에 취해졌다. 영국의 법은 특히

---

23 티어스(tierce)는 예전에 사용된 액체 무게 단위로 1티어스는 약 35갤런에 해당했다.

리버풀에서 승선하는 이민자 한 명이 가져가야 할 식량의 최소량을 정하였다. 우편정기선에는 말 잘 듣는 흑인 승무원이 시중을 드는 1등선실 승객에게 좋은 식사를 제공하기 위해 가금류와 돼지, 매일 우유를 공급하는 소를 가두어둔 가축우리가 있었다. 당연히 3등선실의 비쩍 마른 이민자들은 이 중 어떤 것도 손댈 수가 없었다. 3등선실용 승선권으로는 빵과 절인 고기를 얻을 수 있을 뿐이었고 가장 상황이 나으면 선원용 건빵을 얻을 수 있었다. 선원용 건빵은 2년간 보존 가능했고 요리가 전혀 필요 없는 최고의 식량이었다. 이민자들에게 '주방'으로 주어진 곳은 실제로는 갑판 중앙의 승강구 중 하나에 가려져 있는 후미진 곳으로 화로가 하나밖에 없는 경우가 종종 있었고, 그렇게 많은 사람들이 이용하기에는 너무나도 작았다. 승객들은 순번을 정해서 배가 흔들리는 가운데 불을 붙여 요리를 해야 했다. 저마다 자기 차례라고 하면서 다툼이 빈번했고, 그래서 아일랜드 이민자들은 기본 음식이 물에 만 보릿가루 죽이어서 매번 불이 필요했기 때문에 어려움이 많았다. 날씨가 나쁘면 불붙이는 것이 너무 위험해서 사용할 수가 없었고, 갑판에서 불을 붙이는 것이 허용되지 않았기 때문에 그들은 날것으로 식사를 하거나 굶어야 했다.

서쪽에서 부는 맞바람을 만나 항해가 일반적으로 예상하던 5주나 6주를 넘어 길어지면, 개인이 준비한 식량이 고갈되었다. 물도 부족할 수 있었다. 어른 한 명당 하루 4리터의 물을 배급해 마시고 씻고 다른 데 사용하게 했다. 1855년의 법이 통과되기 전 런던에서 나온 의회 제출 백서(白書)가 이런 상황을 폭로하였다. 백서의 저자는 뉴욕으로 운항하는 정기여객선 중 하나인 워싱턴 호의 3등선실에 신분을 숨기고 탑승하여 횡단 항해를 하였다. 첫날 물 배급을 받기 위해 3등선실 승객 900명이 모였는데, 선원들은 그들에게 욕을 해댔고 심지어 일부는 주먹을 휘두르기까지 하였다. 그리고 그들 중 30명만이 물을 얻었다. 이틀 동안 식량이 배급되지 않았다. 굶주린 승객들이 선장에게 편지를 썼지만, 그것을 가지고 간 사람은 주 돛대에 묶여 매를 맞았다. 결국 다음날 예정된 식량의 반 정도가 배급되었다.[76]

승객들은 굶주림을 견뎌야 했을 뿐 아니라 더 나쁜 상황에도 종종 직면했다. 조난을 당하는 경우이다. 겨울과 봄에는 아일랜드 연안에 접근할 때나 롱아일랜드나 뉴저지 연안을 통해 뉴욕 앞바다에 접근할 때 짙은 안개로 인해 조타수가 때 맞춰 빙산을 보지 못하곤 했다. 대서양 한 가운데에서 근처에 도움을 줄 배 한 척 없이 격노하는 바다를 만나게 되면 범선은 돛을 완전히 펼치고서도 조난을 피할 수 없었다. 마지막으로 밤에는 뱃머리의 당직 파수꾼이 반쯤 잠이 들어 근처에서 배가 빠른 속도로 접근하는 것을 보지 못하는 경우도 있었다. 배가 측면으로 충돌하면 바로 배 바닥까지 갈라져 침몰했다.

이민자들이 탄 배가 침몰하면, 선원들이 공황 상태에 빠진 불운한 사람들에게 도움을 줄 정도로 인간적인 경우도 때때로 있었다. 하지만 마찬가지로 인간과 바다의 잔혹함이 드러날 때도 종종 있었다. 필라델피아로 가는 이민자들을 실은 윌리엄브라운(William Brown) 호가 그러했다. 그 배는 리버풀을 출항한지 5주 뒤 어느 날 밤 빙산과 충돌했고 침몰하기 시작했다.[77] 32명의 선원과 승객들이 갑판장 한 명과 함께 구명보트에 올랐다. 그러나 갑판장은 이들이 다 타기에는 배가 너무 작다고 생각했고 이민자 몇 명을 값싼 상품처럼 보트 밖으로 내던지기로 결정했다. 이런 범죄 행위를 이유로 그는 필라델피아에서 열린 연방법정에서 재판을 받았는데, 거기서 프랭크 카(Frank Carr)라는 이름의 한 아일랜드인은 비극적인 죽음을 이렇게 증언하였다.

나는 그 작은 보트를 떠나지 않을 셈이었고, 줄곧 부지런히 일했다. 아침까지 나는 보트 밖으로 물을 버리는 데 필요한 모든 일을 다 했을 것이다. 새벽녘까지 내 생명과 교환한 금화 5파운드가 여기 있다. 새벽이 될 때까지 신께서 우리를 돕지 않으신다면 우리는 추첨을 할 수밖에 없었다. 그리고 내가 뽑힌다면 남자답게 죽을 생각이었다. … 에드가(Edgar) 부인에게 몇 마디만 할 때까지 나를 배 밖으로 밀지 마시오. … 에드가 부인, 저를 위해 아무것도 할 수 없나요?

그 아일랜드인은 계속 진술했다. "그녀에게서 아무런 대답도 들을 수 없었는데, 그때 그들이 그녀를 바다로 던져버린 것이다."

　무엇보다도 1912년 4월 14~15일 밤 역시 빙산에 충돌한 후 난파한 유명한 타이타닉(Titanic) 호의 모습은 자비로운 도움의 손길에 대한 증언과 몰인정함에 대한 증언이 서로 상충하며 등장하는 패닉상태의 상황을 그대로 보여주었다. 배의 선창에서 화재가 나서 이를 진압하기 위해 가능한 빨리 뉴욕에 도착하려고 한 이 정기여객선은 속도를 최대한 올렸고 뱃머리의 관측 사관은 다가오는 빙산을 때맞춰 피할 수가 없었다. 승객 중 703명만이 구명보트로 피할 수 있었고, 1,500명이 넘는 희생자들이 배와 함께 3,000미터가 넘는 바다 밑바닥으로 끌려 내려갔다. 희생자 중 대다수가 3층선실 승객들이었으며, 실제로 도움을 거부당한 경우도 일부 있었던 것 같다. 그리고 심지어 1등선실 승객을 먼저 피난시키기 위해 3등선실로 통하는 승강구에 빗장을 질러 놓은 것으로 보인다.

　난파의 경우 이민자들이 가장 비싼 대가를 치른 것은 분명하다. 왜냐하면 그런 식으로 이민자들을 한데 몰아넣은 상황에서 패닉상태가 발생하면 그 결과는 언제나 거의 치명적이었기 때문이다. 1854년 인먼 회사의 시티오브글래스고(City of Glasgow) 호의 경우에도 마찬가지였다. 그 배가 난파하면서 460명이 목숨을 잃었는데, 그들은 주로 이민자들이었다. 또 같은 해에 르아브르에서 출항한 파우하탄(Powhatan) 호는 뉴저지 연안에서 난파했는데, 난파 지점이 승객들의 비명이 들릴 정도로 해변에서 가까웠고, 약 200명의 독일인 이민자들이 바다에 빠졌다. 다른 한편 적절한 안전 조치가 이루어진 경우도 때때로 있었다. 그런 경우는 블랙볼 회사의 몬테주마(Montezuma) 호의 난파인데, 그 배는 500명의 이민자를 싣고서 롱아일랜드에서 좌초되었다. 하지만 가까운 뉴욕에서 급하게 원조의 손길이 닿아 배의 승객들을 모두 구할 수 있었다.

아메리카에서의 이민자들

이민자 무리들은 그들이 탄 배가 뉴욕으로 들어가는 해협을 지나 스태튼 섬 해안을 따라 항해할 때 뉴욕을 보고서 그곳에서 그들을 모집하던 대행사들이 약속했던 뜨거운 환영이 벌어지기를 기대했을까? 아울러 그곳에서 '신세계'에 가급적 빨리 정착할 수 있는 수단을 얻기를 기대했을까?

스태튼 섬 연안에는 노란색 검역소 깃발이 휘날리고 있었다. 뉴욕 사람들 사이에는 이민자들 대다수가 가난하다는 점에 대한 우려와 아울러 전염병에 대한 공포가 퍼져 있었고, 이 때문에 승객들이 입항 허가를 받기 전에 머물게 될 검역소를 건설하게 되었다. 때로는 이민자들을 데려온 대행사들이 뉴저지에 그들을 상륙시켜 검역을 피할 방법을 찾기도 했다. 아마도 상당수의 선장들도 이렇게 한 것 같으며, 허먼 멜빌이 타고온 배의 선장 같은 경우도 항구에 들어서자 매트리스와 담요, 베개, 짚 매트를 모두 배 밖으로 던져버리고 배를 소독하였다. 이런 엄청난 청소 작업 후에 배를 위생적으로 보이게 만듦으로써 승객들은 검역소에 몇 주간 갇혀있는 것을 피할 수 있었다. 그럼에도 하이랜더 호는 승객 중 25명이 전염병으로 죽어서 그들을 배 밖으로 던져버리고 선상에 전염병이 돈다는 것을 신고해야 했다.

아일랜드의 기근으로 인한 이민의 급성장으로 보다 치밀한 검역 서비스의 시행이 필요하게 되었다. 스태튼 섬의 해양병원은 오로지 전염병만을 다루었고, 치료가 필요한 노약자나 비전염성 질환자는 워즈(Wards) 섬의 헬게이트(Hellgate)로 보냈다.

일단 검역의 장벽을 벗어나더라도 이민자들은 이스트리버나 허드슨 강의 선창 중 하나에 상륙하자마자 재앙에 직면하게 되었다. 그곳에는 그들을 이용하고자 하는 하숙집의 '호객꾼들'이 수도 없이 활개를 쳤고, 짐을 잃고 바가지요금을 뒤집어쓰고 빚이 늘다보면 때로는 이민자가 모든 것을 잃게 되는 수도 있었다. 아일랜드 이민자를 위한 아일랜드 섭리협회(Hibernian Province Society)와 같은 자선 조직들은 새로 온 이민자들에게 가능한 빨리 뉴욕을 떠나서 내지에서 일자리를 찾을 수 있는 수단을 확보해주고자 했다. 1855년 이후 배터리(Battery)의 캐슬가든 요새(Castle Garden Fort)가 이민자 수용에 할애되었고, 거기에 수용소가 세워져 이민자들을 호객꾼들과 그들의 갈취 행위로부터 보호해 주었다. 여기서는 이동에 드는 경비가 정상적으로 이민자들에게 제시되었고 짐도 지킬 수 있었다. 1892년 수용소는 엘리스(Ellis) 섬으로 이전되었다.

하지만 이러는 사이에 상황이 변하고 있었고, 완전히 엉망진창으로 전개되던 1840년대의 아일랜드인 및 독일인 이민과는 다른 양상을 띠게 되었다. 실제로 뉴욕과 여타 아메리카 대도시들의 민족 공동체들은 점차 힘을 강화하고 있었고, 새로운 이민자들을 맞이하기 위해 협력할 수 있었다. 사르디니아인과 피에몬테인, 리투아니아인, 보스니아인, 헝가리인, 시리아인, 슬로바키아인들의 친지들과 친구들이 선불 티켓을 구입하여 그들을 맞이했다. 이민자가 자신이 건너가고 있는 '신세계'에서 언어를 알지 못해 방향감각을 상실하는 일이 여전히 실재했다. 그러나 그보다 더 놀랄 만한 현실은 인척 및 친구 사이의 유대관계를 통해 이주가 준비된 것이다. 19세기 말 엘리스 섬에 도착하는 새로운 이민자 중 70퍼센트 이상이 친지나 친구와 만났다. 이 때문에 우리는 '이주 연쇄'라는 개념을 사용할 수 있다.[78]

해운회사들이 파는 티켓은 여정 전체에 해당되었다. 예컨대 핀란드인 이민자의 경우 핀란드에서 잉글랜드로 가서, 잉글랜드에서 아메리카의 항구로, 그리고 거기서 다시 최종 목적지로 향했다. 핀란드인 이민자들이 선호한 지역인 미네소타로 넘어가기로 정했다면, 그는 잘 정비된 시간과 공간을 기대할 수 있었다.

이미 정착한 이민자들이 보낸 편지가 이민 항해에 나서도록 만들 수도 있었다. 이런 이민자들은 자신들이 제공하는 세부적인 대체로 낙관적인 정보를 통해 이주 연쇄가 실현되게 만들었던 것이다. 그런 편지의 전형적인 경우는 미국에 대한 전반적인 정보와 미국의 음식 및 높은 임금에 대한 정보를 담고 있었으며, 한편으로 동시에 일자리가 많지 않고 개척자 캠프 생활이 힘들다는 불만을 담고 있을 수도 있었다.

> 안녕, 동생아. 난 네게 여기에 죽을 때까지 살러 오라고 권하고 싶어. 이 봐, 우리 아버지의 나라를 떠나 이곳으로 와. … 네가 농장을 만들고 싶으면 내가 도와줄게. 약속해. … 미네아폴리스라고 불리는 도시로 가는 기차표를 사. 그럼 내가 널 만나러 갈게.79)

이 편지에서 이미 미네소타에 정착한 이민자는 어떻게든 애써서 이민이 성공할 것이라고 장담하고 있다. 하지만 오하이오에서 온 다른 이민자의 편지는 이민에 대해 훨씬 더 정확하게 표현하고 있다. "여기로 오려면, 먼저 내게 편지를 보내. 그리고 뉴욕에 도착하면 거기서 내게 전보를 쳐줘. 네가 길을 잃거나 하진 않겠지만 내가 너를 만나러 수용소로 갈게."

선불 티켓으로 이민 경비를 지급한 사람들과 그들에 이어 정착한 이민자들 사이에는 친지 및 친구 사이의 유대관계에 대한 엄청난 신뢰가 있었다. 그리고 이것은 분명 19세기 말과 20세기 초의 가장 큰 이민의 파고가 거둔 성공에 기여했을 것이다. 나이 많은 형이나 친지들이 성공하면서 젊은 사람들에게 본보기 역할을 했고, 그들에게 고향 땅을 떠나면서 반드시 겪게 되는 박탈감의 시기에 필요한 희망을 제공했다.

구대륙으로부터 '신세계'로의 이런 이례적인 이주 운동을 통해 대서양은 더 나은 미래에 대한 최고의 근거를 유럽과 아메리카에 제공했다. 하지만 전쟁과 그 이전에 발생한 위기들이 가져온 대서양의 단절은 대양의 삶 전체를 크게 바꾸어 버렸다.

8장 20세기의 대서양

19세기에 영국의 해양 및 상업 패권 하에서 대서양은 이전 여러 세기와 마찬가지로 여전히 유럽인들의 팽창이 지배하는 곳이었다. '신세계'와 '구세계' 사이에는 엄격한 보완관계가 존재해서, 원래 '구세계'는 제조업 상품과 자본, 그것을 다루는 데 필요한 사람을 제공하면서 한편으로 자체 발전에 필수불가결한 원료들을 받았다. 제1차세계대전 직전에 이런 교환체계는 바뀌어 미국이 사들이는 것보다 더 많은 것을 팔고 있었다. 이런 일은 일찍부터 나타났고 1890년의 맥킨리(McKinley) 관세1를 통해 강화된 보호주의적 전통 때문에 가능했다. 그러나 그것은 유럽이 미국에 투자한 자본에 대한 이자를 미국이 지불하기 위해서는 수출 이윤을 이용할 수밖에 없음을 미국인들이 알게 되었기 때문이기도 했다.1) 유럽으로 곡물과 육류, 광물, 석유를 수송하는 대륙 간 무역의 발전은 하나의 글로벌 시장을 창출했고, 그 시장 내에서 라틴아메리카도 유럽과 북아메리카에 물자를 공급하는 역할을 하였다. 대부분의 경우에 교환의 축들은 대서양 서부에서 동부로 가는 위도선을 따라 형성되었다.

---

1 매킨리 관세법은 미국 상원 의원 윌리엄 맥킨리가 입안하여 1890년 10월 1일 발효시킨 미국 의회의 법이다. 수입품에 대한 평균 관세를 거의 50퍼센트로 인상했으며, 외국과의 경쟁에서 자국의 산업을 보호하기 위해 만들어진 법이었다. 공화당이 전략적으로 지원한 보호 무역은 많은 정치인들과 민주당에 의해 맹렬한 비난을 받았다. 이후 이 법은 1894년에 관세율을 낮춘 윌슨 고먼 관세법으로 대체되었다. 본서의 영어판과 프랑스어판은 모두 매킨리 관세의 입법시기를 1897년으로 적고 있는데, 이는 1890년의 오기인 듯하다.

제1차세계대전은 이런 상황을 완전히 바꾸어버렸다. 인구와 경제 면에서 전쟁으로 큰 상처를 입어 쇠퇴하기 시작한 유럽을 대신해 젊은 미국이 막강한 힘을 갖게 되었다. 그 전쟁으로 인해 또한 '팍스브리타니카'의 기초도 의문시되기 시작했다. 미국은 1921년의 워싱턴 군축회의(Washington Conference)에서 영국의 해군력 우위에 도전할 수 있을 정도로 해군을 향상시켰다. 미국은 1917년 세인트토마스 섬을 점령하고 그 섬에 앤틸리스 제도의 지브롤터와 같은 역할을 부여하게 되면서 카리브 해를 직접 통제하였고, 파나마 운하를 관할하게 되면서 대서양과 태평양 모두에서 이중적인 해양 전략을 구사할 수 있었다.

그럼에도 유럽은 20세기 전반의 약 25년 정도 동안은 대서양에서 일정한 우위를 유지할 수 있었다. 즉 적어도 라틴아메리카와 아프리카 남부의 대서양 연안지역에서는 그러했다. 그런 곳들에서 유럽은 여전히 원료를 얻었고 식민지의 수입에서 이익을 거두었으며, 유럽인들을 그런 곳들로 파견하였다. 하지만 그때까지 가장 번성했던 북대서양 무역은 미국이 가지고 온 새로운 불균형 상태로 인해 심각한 위협을 받게 되었다. 전쟁 동안 중립을 유지해 이익을 얻고 자신의 경제를 개선하기까지 한 미국은 에너지원이나 동력을 얻기 위해 자신의 무역을 아시아, 아프리카, 라틴아메리카로 확장하면서도 유럽에서의 상품 수입을 크게 늘리지는 않았다. 다른 한편 1918년 이후 유럽의 전후 복구가 진행되면서 수출은 크게 늘어났고, 미국은 점차 유럽의 가장 큰 채권국이 되었다. 비록 유럽이 오랫동안 그 채무를 갚을 수가 없었지만 말이다.

미국 경제는 완숙에 이르렀고 강력한 지위를 차지하게 되었다. 미국은 이제 자본과 상품, 사람을 얻기 위해 옛 본토와 다른 유럽 나라들로 눈을 돌릴 필요가 없었다. 미국인들은 고립주의의 유혹에 굴복했고, 대양을 닫아 이민의 유입을 막아버렸다. 미국인들이 볼 때, 30년간에 걸쳐 이민자들이 보여준 성격을 고려하면 이민이 미국의 정체성에 위협이 되는 것 같았다. 안으로 움츠러들고 그리하여 미국 정신의 진정한 뿌리를 드러내면서, 미국의 주민들을 지나친 음주와 마약으로부터 보호하는 일이 급선무였다. 이 결과로

1920년대와 1930년대 초에 걸쳐 악명 높은 금주법이 시행된 것이다. 이제 대서양은 갈라졌고 더 이상 통일되지 않았다. 대서양횡단 정기선회사들은 그때까지 이민자가 대다수였던 승객수의 급격한 하락을 겪었다. 그들은 자신의 선박 운항을 미국인과 유럽인 모두를 대상으로 한 카리브 해나 북반구 지역의 관광과 크루즈 쪽으로 재설정해서야 겨우 버텨나갈 수 있었다. 1930년을 전후해서는 라틴아메리카로의 이민조차도 축소되기 시작했다.

여기에 1929년의 글로벌 위기가 미친 영향도 더해야 한다. 이 글로벌 위기는 전 세계의 통화 흐름을 심각하게 위축시켰다. 따라서 제2차세계대전을 앞에 둔 대서양은 위기에 처해 있었고, 1933~1934년 이후 해운수송량이 약간 회복되었지만 대서양이 겪고 있던 손실은 전혀 개선되지 않았다. 유럽은 산산 조각나 버렸고 오랫동안 지녀왔던 대서양을 지배하겠다는 희망도 완전히 상실하였다. 영국인들은 자신의 해양 야망을 포기할 수밖에 없었고, '팍스아메리카나(Pax Americana)'가 대양을 지배하게 되었다. 게다가 미국은 인도양과 태평양에 대한 이해관계를 통해 대양이 가진 전략적 역할을 인식하였다. 무역의 전체 방향은, 미국이 라틴아메리카와 아프리카에서 자신의 가장 큰 에너지원을 찾고자 하면서 자오선을 따라 다시 재설정되어야 했다.

그렇지만 1960년대 이후 새로운 대서양이 등장했다. 적어도 부활한 '구유럽'이 통제하는 거대한 무역의 흐름에 관한 한 그러했다. 방추형의 해운 흐름이 대양을 가로질렀고, 다시 한 번 아프리카와 남아메리카, 중앙아메리카를 북대서양과 연결시키면서 유럽이나 미국으로 이어졌다. 동시에 주역들이 바뀌었다. 제2차 세계대전 이전에 여전히 상당히 수가 많았고 그 이후에도 수가 많았던 부정기 화물선을 대신해, 이제는 아메리카와 유럽 사이의 북대서양 교역에서 제조업 상품의 운송을 주목적으로 한 특화된 컨테이너선이나 대형 광물 및 석유 운반선들이 대서양을 항해하였다. 편의치적선(便宜置籍船)[2]이 더 나은 재정적 이윤을 산출하기에 국적선을 누르고 그 비중을

---

2 세금이나 운영비가 적게 드는 다른 나라의 배로 등록하고 그 나라의 국기를 달고 다니는 배.

크게 늘렸다. 컨테이너 전용 항구와 석유운반선 전용 항구—프랑스의 경우 르아브르의 앙티페르(Antifer)와 보르도의 르베르동(Le Verdon), 그리고 네덜란드의 경우 로테르담—가, 영국의 리버풀과 같은 다른 항구들이 어려운 처지에 빠진 사이에 무역량을 유지하거나 심지어 증가시키기까지 하였다.

여객수송은 1970년대 제트여객기의 등장으로 완전히 사라졌다. 정기여객선들에게 남겨진 것은 크루즈 여행을 통해 변덕이 심하고 예상이 불가능한 관광객을 승선시키는 것뿐이었다. 그러는 사이에 20세기의 대서양에서는 관광이 새로운 단계에 들어섰다. 카리브 해와 대서양 연안 유럽의 드넓은 해변들에 힘입어서였다. 이런 곳들에서 새삼스레 발견한 친밀함 때문에 많은 이들이 대양에 끌리고 있다.

§ 1914년에서 1939년까지 대서양의 변모

제1차세계대전 직전의 '팍스브리타니카'에 대한 위협

'팍스브리타니카'는 대서양에 대한 영국의 해양 패권에 의존했고, 19세기 말에도 이 패권은 여전히 도전받지 않고 있었다. 실제로 이 해양강국은 1914년에 총톤수 271만 4,000톤에 이르는 해군력의 이동을 뒷받침하기 위해 마련된 강력한 해군기지 망을 갖추고 있었다. 이 시기 영국의 이런 해군력은 당시 역시 강력한 함대를 갖추었던 독일 해군의 총톤수 130만 5,000톤과 미국 해군의 총톤수 98만 5,000톤을 합친 것보다도 꽤 큰 규모였다. 캐나다의 핼리팩스에서 남대서양의 포클랜드(Falkland) 제도까지 14군데에 이르는 대서양 해군기지들을 통해 영국은 북대서양과 카리브 해, 라틴아메리카, 아프리카의 가장 유용한 상업 항로들을 통제할 수 있었다. 카리브 해에만, 영국은 트리니다드와 세인트루시아, 안티과, 자메이카에 기지를 두었다. 적도 남쪽 대서양 중앙부에는 어센션 섬과 세인트헬레나 섬에도 중요한 해군기지를 설치했다. 어센션 섬에는 유럽에서 남아프리카와 남아메리카로 이어지는 주요 해저전신 케이블들이 통과했다. 물론 이 케이블들은 영국의 소유였다. 아프리카 서부 연안에는 감비아와 시에라리온에 기지가 있었는데, 1898년 라구스에도 해군기지가 추가로 설치되었다. 미국의 대서양 연안에서 1,000킬로미터 떨어진 버뮤다 제도의 해군기지는 가장 북쪽에 있던 핼리팩스의 기지와 카리브 해의 기지들 사이에 거의 중간에 놓여 있었다. 즉각적인 개입 태세를 갖춘 약 39척의 전함이 대서양에 취역하여 해군기지들에 배치되었다고 한다. 태평양에 있던 영국의 10개 해군기지에는 43척의 전함이 대기 중이었다. 인도양에도 같은 수의 해군기지가 있었는데, 이곳에는 10여 척의 전함만이 배치되었다.[2] 새로운 해군기지를 건설하려는 노력이 대서양보다 더 많은 성과를 거둔 곳은 태평양이었다. 오스트레일리아의 경우 알바니(Albany)와 케이프요크(Cape York)에 2개의 해군기지가 있었고, 북중국의 웨이하이웨이(威海衛)와 태평양의 피지(Fiji)에 기지가 건설되었다.

이런 해군기지 망에 중첩되어 증기선에 필수적인 원료를 제공하는 아주 긴밀하게 연결된 석탄보급기지 망이 존재했다. 이 기지들 중 10개 정도가 남아메리카의 대서양 연안에 위치했고, 같은 수의 기지가 아프리카의 대서양 연안에 설치되었다.

이런 강력한 자원은 사실 18세기 이래 이어받은 것이었다. 그때부터 영국은 최상의 해상 물류를 자체 공급할 수 있었다. 영국 해군이 그 위력에 합당한 질을 유지할 수 있었던 것은 이 때문이었다. 그렇지만 폴 케네디(Paul Kennedy)가 말했듯이, 영국은 프랑스를 패배시킨 이래 존재하지 않았던 적을 "미리 상정하고 그보다 앞서 나감"으로써 우위를 유지했다. 그런데 이것은 1900년에는 더 이상 사실이 아니었고, 1914년에는 더욱 더 사실이 아니었다. 모든 강대국들이 건함(建艦) 경쟁에 뛰어들었고, 특히 독일 함대의 급성장이 두드러졌다. 1880년에 독일 해군 선박의 총톤수는 8만 8,000톤에 불과했다. 그러나 1900년에는 수많은 전함을 건조함으로써 총톤수가 이미 30만 톤에 이르게 되었고, 제1차세계대전이 시작될 무렵에는 130만 톤을 넘어섰다.[3]

빌헬름 2세가 가진 함대의 총톤수는 1900년 이래 4배 이상 늘어난 것이다. 함대의 성장률에서 이에 근접할 수 있었던 나라는 미국과 일본뿐이었다. 이 두 나라의 함대 총톤수는 1900년 이래 각각 3배로 늘어났다.[4] 그에 반해 1900년에 총톤수 49만 9,000톤의 함대를 보유했던 프랑스는 1914년이 되어서도 90만 톤을 넘지 못해 당시 규모 면에서 영국, 독일, 미국에 이어 4위에 그치고 있었다.

그렇지만 무엇보다도 그때까지 영국의 직접 통제 하에 있었던 해역에서 강대국들이 새로운 야심을 드러내기 시작했다. 대서양에서 가장 주목할 만한 사례는 남아메리카로 이어지는 카리브 해였다. 카리브 해에서는 미국이 자신의 상업 활동에 필요한 안전을 확보하면서 '팍스아메리카나'의 치세를 열고자 하였다. 하지만 카리브 해에서 미국은 오랫동안 신중한 정책을 펼쳐 왔다. 특히 쿠바나 푸에르토리코, 도미니카 공화국과 관련하여 그런 정책에는 미국 남부 주들의 일부 사람들이 내건 병합주의적 목적이 담겨 있었고, 이런 팽창주의적 계획은 나아가 태평양의 하와이를 겨냥했다. 사실 카리브 해에서 미국으로 와서 뉴올리언스에서 뉴욕으로 이어지는 이전의 운송로가 철도와 운하를 연결하는 미국 내 연계망의 발달로 쇠퇴한 만큼, 멕시코 만에서 항해의 안전을 확보한다는 주된 동기는 희미해지고 있었다.

그렇더라도 멕시코 만을 미국의 일개 호수로 만드는 것은 미국의 지속적인 야심 중 하나였고, 이런 야심은 대서양과 태평양을 연결하여 미국의 함대 전개에 결정적인 역할을 하던 파나마 지협 권역에 대해 미국 정치가들이 다시 관심을 갖게 되면서 강화되었다.[5] 미국의 계획에 반대할 가능성이 있는 나라는 두 나라였다. 파나마에 바로 이웃한 온두라스를 차지하고 있던 영국은 파나마 지협에 대한 지배력을 얼마간 유지하고 싶어 했다. 그리고 쿠바와 푸에르토리코에 식민지를 가지고 있던 스페인은 멕시코 만의 입구를 지배하였다.

1898년의 아주 짧은 전쟁3에서 스페인에 대해 미국이 승리를 거둔 것은 미국의 카리브 해를 건설하는 첫 단추였다. 이로써 어떤 강대국에든 해양력이 필수불가결하다는 마한(Mahan) 제독의 유명한 주장이 뚜렷하게 확인되었다. 미국이 이룬 해군 발전으로 가능하게 된 강력한 행동을 지지한 대통령 시어도어 루즈벨트(Theodore Roosevelt)는 한 사건 -아바나 항구에서 미국 전함 메인(Maine) 호가 폭발한 사건4- 을 이용하여 대서양과 태평양에서, 즉 쿠바와 필리핀에서 스페인에 도전할 수 있었다. 쿠바의 산티아고 앞바다에서 스페인 함대가 파괴되고 푸에르토리코가 공격당하자, 스페인인은 곧바로 강화를 제의했다. 미국은 푸에르토리코를 얻었는데, 이것은 대서양에서 카리브 해로 진입하는 통로를 통제하는 푸에르토리코의 입지 때문에 결정적으로 중요한 병합이었다. 쿠바는 스페인 지배로부터 벗어났고, 1901년에는 사실상 미국의 보호 하에 들어갔다. 미국에게 쿠바 섬의 질서를 유지하고 독립을 유지하기 위해 개입할 권리가 부여된 것이다.

2년 뒤 루즈벨트의 '카우보이 외교정책(cowboy deplomacy)'5은 미국이 대서양에서 태평양까지 운하를 파기를 원했던 파나마 지협에 대한 지배권을 획득하기도 했다. 영국은 1896년에 베네수엘라와 영국령 기아나 간의 국경 분쟁이 미국의 중재로 해결되면서(미국대통령 클리브랜드[Cleveland]는 미국이 사실상 대륙의 주권자라고 과감하게 충고했다) 이미 한번 좌절을 겪었다.6) 1901년 보어(Boer) 전쟁6이 한창 진행 중일 때 영국은 파나마 지협을

---

3 1898년의 미국 · 스페인 전쟁은 4월 25일 시작하여 8월 12일에 끝나 4개월 정도밖에 걸리지 않았다.
4 미국 · 스페인 전쟁의 직접적 계기가 된 사건으로 1898년 소요사태에 처했던 쿠바에서 자국민을 보호한다는 이유로 아바나에 파견되어 있던 미 전함 메인 호가 침몰한 사건이다. 이 사건으로 미 해군 266명이 사망했고, 미국은 이 침몰이 스페인군의 기뢰에 의한 것이라 결론짓고 스페인과의 전쟁에 돌입했다. 하지만 이 전함의 침몰 원인은 아직도 사고 때문인지, 스페인군의 기뢰 때문인지, 아니면 미국이 구실을 만들기 위해 유도한 것인지 논란이 계속되고 있다.
5 국제문제의 해결을 과도한 위험감수, 무력과시를 통한 위협 등으로 해결하려는 외교정책을 비판적으로 표현한 용어로, 지나치게 단순한 이분법적 세계관에서 나온 것으로 보고 있다. 1902년 시오도어 루즈벨트 대통령의 외교정책에 대해 미국 언론들이 비판적으로 평가하면서 처음으로 사용했다.
6 1899~1902년 남아프리카에서 네덜란드계 보어인들이 세운 트란스발 공화국 및 오

관통해서 들어설 미래의 운하에 대한 권리를 포기하고 미국에게 운하를 완성해서 소유하도록 허용해야 했다. 1903년 루즈벨트는 컬럼비아에게 운하를 파는 데 포함되는 16킬로미터의 영역을 넘겨주도록 강제할 수 있었다. 이 영역의 획득은 미국의 대서양·태평양 연결에 핵심적인 이 지구에서 미국 해군력의 중심축이 되었다.

그러는 사이에 카리브 해 남쪽의 베네수엘라에서는 '신세계'에 대한 유럽의 개입을 허용하지 않으려는 미국의 결단이, 1900~1901년 그곳에서 영향력을 증가시키려 한 독일의 시도로 인해 중단되었다. 마한의 해군력 이론에 크게 영향 받은 독일 황제는 자기 나라의 해군 전략에 위험도 개념을 도입하였다. 루즈벨트는 빌헬름 2세를 미치광이에 사기꾼이라고 불렀지만, 그럼에도 스페인과 컬럼비아에게 사용한 강경책인 '무력' 행사를 포기해야 했다. 독일은 베네수엘라의 부채를 변제받고 싶어 했고, 헤이그국제중재재판소(Court of The Hague)의 중재를 요청하였다. 하지만 베네수엘라의 대통령 카스트로(Castro)는 이를 거부하였다. 독일과 영국은 1902년 12월 베네수엘라 항구들에 대한 해군 봉쇄를 조직하였다. 이런 위협에도 루즈벨트는 독일을 내버려 두었다. 그는 독일이 다시 또 도미니카 공화국에 대해서 부채 청산을 요구했을 때는 보다 더 단호한 태도를 취했고 미국의 개입권을 다시 행사하였다. 루즈벨트는 미국이 개입할 도덕적 권한을 가지고 있다고 밝히면서 도미니카의 관세에 대한 미국의 통제를 천명하였다.

이런 여러 사건들은 20세기 초 대서양에서 새로운 긴장이 성장하고 있었음을 드러낸다. 아프리카의 대서양 연안에서는 1911년의 아가디르(Agadir) 사건7과 함께 모로코에서 독일과 프랑스가 충돌하였다. 독일의 야심에 각을

렌지 자유국과 영국의 전쟁으로 남아프리카에서 영국 식민지를 확고히 하였다. 1880~1881년의 전쟁을 1차 보어전쟁이라 하고, 이 전쟁을 2차 보어전쟁이라고도 한다.

7 1911년 7월 독일이 프랑스의 모로코 파병에 대항하여 모로코 서남부의 항구 아가디르에 포함을 파견한데서 발생한 모로코의 이권을 둘러싼 위기. 11월에 화해했지만 그 결과 영국과 프랑스는 독일에 대항해 결속을 강화하게 되었다.

세우며 영국은 프랑스 및 일본과 힘을 합쳤고 소위 위대한 고립 정책을 포기하였다. 미국은 시어도어 루즈벨트 대통령과 태프트 대통령 하에서는 먼로 선언에 입각해 아메리카 대륙에 대한 방어를 유지하면서도 한편으로 독일의 도전에 대응하려고 했다. 하지만 1913년 제1차 세계대전 직전에 윌슨 대통령 하에서 미국은 유럽과 관련해 중립노선을 다시 취하게 되었다. 1914년 8월 4일 윌슨은 유럽에 전쟁이 나도 "우리는 아무것도 할 게 없다"고 선언했다.[7]

제1차 세계대전과 대서양의 해전

한 세기 이상 동안[8] 유럽은 단 한 차례의 중요한 해전도 경험하지 않았다. 20세기 초부터 동맹국 수뇌부들은 건함 경쟁을 통해 자신들이 승리를 확보할 수 있는 강력한 도구를 갖게 되었다는 착각에 빠졌다. 공해상에서 순양함과 어뢰정을 동반한 전함의 전개는 속도와 화력 면에서도 크게 발전했는데, 이것은 적군을 파괴함으로써 바다에 대한 지배권을 가져다 줄 해전에서 최고의 역량을 발휘할 터였다.

실제로 해전이 발발하자, 이런 구상은 완전히 헛된 것이 되었는데, 왜냐하면 동맹국들의 전함들이 계속 항구의 안전한 정박지에 묶여 있었기 때문이다. 예외가 있다면 영국 연안에 대한 몇 차례의 습격이 있었고, 그 뒤 1915년의 도거뱅크(Dogger Bank) 사건[9]과 같은 제한적인 교전 행위들이 있었다. 유일한 해전은 1916년 5월 31일 유틀란트 반도에서 독일 대양함대와 영국 본토함대 사이에 벌어졌다. 이 해전은 독일 대양함대의 우수함을 보여주었

---

8 나폴레옹 전쟁 이후 제1차 세계대전까지를 말한다.
9 도거뱅크는 브리튼 섬 동쪽 북해 상에 있는 광대한 모래퇴이다. 1915년 1월 24일 이곳에서 영국을 강습하기 위해 항해하던 독일 함대와 이에 대한 정보를 미리 안 영국 함대가 충돌했는데, 독일이 전함 1척을 잃고 퇴각하였다.

지만, 승패를 결정할 정도는 아니었다. 영국 해군은 우월한 총톤수를 이용해 스캐퍼플로(Scapa Flow)에서 하리치(Harwich)에 걸쳐 운용된 봉쇄를 유지할 수 있었다. 전술 전개에 필수적인 해외 석탄 보급기지가 없었던 독일 해군은 대서양 항로의 전 해역에 걸쳐서 독일 선박에 가해지는 활동들에 대처할 수가 없었다.

그럼에도 대서양에서 전투 행위가 발생하게 되었는데, 그 전투는 연합군 상선에 대한 독일 잠수함의 공격으로 나타났다. 유럽에 물자를 공급하는 주요 교역 당사자인 미국은 1914년 윌슨 대통령이 선언한 미국의 중립에 대한 존중을 확고히 하고자 했다. 하지만 양쪽 교전 당사자 모두가 이런 중립을 인정하지 않으려는 의도를 드러내었다. 1914년 11월 영국은 독일에 대한 해상 봉쇄를 효과적으로 유지하기 위해 북해 전체를 교전지역으로 선언하였다. 독일 근처의 중립 지역으로 가던 수많은 미국 선박들이 영국 해군에게 나포되었다. 동맹국들의 대(對)미국 무역은 곧 마비되었다. 1914년에 그 무역은 1억 6,900만 달러에 이르렀는데, 1916년에는 100만 달러에 불과하게 되었다.8) 독일에 이웃한 중립국들 -덴마크, 네덜란드, 노르웨이, 스웨덴- 은 미국과의 무역을 늘렸는데, 그 규모가 1914년에 1억 8,700만 달러에서 1916년에 2억 7,900만 달러로 증가하였다. 하지만 이것은 독일과 미국 간 무역의 붕괴를 부분적으로만 상쇄했을 뿐이었다.

대서양 상의 교전으로 이어지게 된 결정은 1915년 2월 4일 독일이 취한 것인데, 그것은 영국 제도 주위의 모든 해역을 교전지역으로 정하였다. 이 지역으로 들어서는 영국과 연합국 선박은 독일 잠수함이 침몰시킬 수 있게 된 것이다. 윌슨 대통령은 즉각 항의하였다. 그는 잠수함이 연합국 선박을 공격하기 전에 그 배를 정선시키고 밀수품을 탐색한 후 승객과 선원들의 안전부터 확보해야 한다고 주장했다. 그렇지만 1914년 무렵의 잠수함은 여전히 극히 취약한 상태여서, 무장상선으로부터 포격을 당하고 싶지 않다면 경고 없이 즉시 상선을 침몰시켜야 했다.

1915년 3월 25일 일어난 한 사건에 처음으로 미국인의 생명이 연루되었다. 영국의 우편정기선 팔라바(Fallaba) 호가 침몰했는데, 그 희생자 중 미국 시민이 한 명 있던 것이다. 하지만 정말로 큰 사건은 1915년 5월 7일 아일랜드 남쪽 연안 앞바다에서 일어났다. 거기서 루시타니아(Lusitania) 호가 공격받아 침몰했는데, 전체 희생자 1,198명 중 128명이 미국인이었다. 몇 분 사이에 배가 침몰하면서 여성과 아이들 같은 무고한 희생자들이 발생한 이 비극적인 사건으로 대서양 반대쪽에서 분노가 폭발하였다. 뉴욕의 한 저널리스트는 이렇게 썼다. "루시타니아 호를 침몰시킨 어뢰는 인류의 여론 속에 독일도 침몰시켰다."[9] 미국은 독일과의 외교관계를 단절하겠다고 위협했고, 독일은 무제한 잠수함작전을 중단함으로써 윌슨의 요구에 굴복하였다.

하지만 베르됭에서 독일이 패배하고 유틀란트 해전에서 승패가 명확히 갈리지 않은 이후, 1917년 1월 잠수함이 전면적으로 다시 등장했다. 공해상에서 57척의 유보트(U-boats)를 활용하여 루덴도르프(Ludendorf)[10]는 영국을 6개월 내에 휴전 테이블로 끌어내고자 했다. 이 6개월이 다 되어갈 무렵, 이런 잠수함전 재개 결정의 결과로 4척의 미국 선박이 침몰한 후 미국은 1917년 4월 4일 참전을 결정하였다. 유보트는 파드칼레 앞바다의 통행을 막으려는 봉쇄망을 과감하게 돌파하거나 영국 제도를 돌아 길게 우회하였다. 이에 대한 가장 효과적인 대응은 전함의 보호를 받는 수송 선단을 조직하는 것이었는데, 1917년 봄과 초여름 시기에 연합국의 손실이 크게 늘어났기 때문이었다. 1917년 5월 영국의 식량 비축량은 3주분 밖에 되지 않았는데, 매달 54만 톤에서 88만 톤 사이의 식량이 바다에 가라앉았던 것이다.

독일 잠수함 공격이 성공을 거두었지만, 영국 해군은 즉시 자체 순양함을 본토함대로부터 빼내어 호위함으로 이용하였다. 수상 로이드 조지(Lloyd George)는 순양함들에게 미국과의 협력에 필요한 호위 조치를 수행토록 지시했다. 미국은 발명가 에디슨(Edison)에게 보고서를 내도록 주문했는데, 그 보고서는 연합국 측의 결함을 부각시켰다. 1914년에서 1917년까지 영국의

10 Erich Ludendorf, 1865~1937년. 독일의 장군. 1916년부터 독일군 총사령관으로 종전 때까지 독일군을 이끌었다.

배들은 평화 시에 취하는 것과 같은 항로를 유지했다. 에디슨은 항로를 바꾸도록 조언했고, 선박에 전쟁 전 이미 일부 정기여객선에 설치했던 무선 수신기를 장착하도록 권하였다. 그래서 타이타닉 호가 난파했을 때, 도움의 손길이 빠르게 도착할 수 있었던 것이다. 무선 수신기는 또한 잠수함의 위치를 신속하게 알려주는 것도 가능하게 하였다.

1917년 5월 미국 구축함들이 처음으로 핼리팩스를 출발해 아일랜드까지 수송 선단을 호위했다. 아일랜드의 퀸즈타운에서 영국 해군이 호위를 이어 맡았다.

연합군이 최대의 효율성을 확보했던 것은 유럽원정 미군의 무기와 병사를 수송하는 데 필요한 수송 선단을 조직하면서였다. 전쟁 초에 약 104척의 독일 상선과 정기여객선들이 미국의 항구들에 억류되었다. 정기여객선들은 군대의 수송에 복무했다. 1만 4,000명의 병사를 실은 최초의 수송 선단이 1917년 6월 14일 버지니아의 햄프턴로즈(Hampton Roads)를 출발했다. 속도에 따라 4개의 그룹으로 나누어진 선박들은 6월 26일과 7월 1일 사이에 생나제르에 안전하게 도착했다. 한 장교는 이렇게 밝혔다. "우리는 말 한 마리 외에는 잃은 게 없다. 그 말도 노새였다."[10] 1917년 말과 1918년 초까지 매달 1만 5,000명의 병사가 대서양을 건넜고, 1918년 7월에는 하루에 1만 명씩 대양을 건넜다. 수송 선단은 버지니아(햄프턴로즈)와 뉴욕에서 출발했고, 노바스코샤의 핼리팩스와 시드니(Sydney)에서도 출발했다. 수송 선단은 20척 내지 25척의 선박으로 구성되었고 호위함으로서 한 두 척의 구축함과 소해정들의 보호를 받았다. 전체 바다는 4개의 지대로, 즉 북대서양, 앤틸리스 제도와 멕시코 만, 남대서양, 지중해로 편제되었다. 그 사이 교역량의 대부분은 여전히 계속해서 수송 선단에 속하지 않았다.

물론 유보트는 대서양 서부에서 작전을 시도하여 이에 대응했다. 1918년 여름 동안 6척의 잠수함이 대서양 서부에서 10만 톤의 화물을 가라앉혔다. 그러나 잠수함들은 기지로부터 너무 멀리 떨어져 있었고, 멕시코 만으로 내려가기에는 연료가 부족해서 해터러스(Hatteras) 곶 남쪽에서는 작전을 기대할 수가 없었다. 게다가 버뮤다 제도의 영국 해군기지는 여전히 이겨내기 어려운 장애물이었다. 1918년 1월 유보트 함대의 수는 144척으로 늘었다. 손실이 있었음에도 유보트의 수는 133척이었던 1917년 1월 이래 늘어난 것이다. 63척이 침몰하였고, 12척은 실종되었다. 전체 전쟁 기간 동안 독일은 총 373척의 잠수함을 건조했고 적어도 178척을 잃었다. 연합군이 유보트의 북대서양 출항을 막기 위해 스코틀랜드와 노르웨이 사이의 북해에 설치한 기뢰 저지선은 겨우 4척의 잠수함을 파괴하여 효과가 의심스러웠다. 유보트는 주로 영국 제도 주위의 교전지역과 아조레스 제도 동쪽의 대서양 바다에서 작전을 벌였다.

비록 전쟁으로 인해 연합국의 해상 무역이 영향을 받았지만, 그럼에도 그것이 교역량의 약화를 초래하지는 않았다. 반대로 선주와 국가 간에 맺어진 공급 계약 덕분에 전쟁은 생각지 못한 이익을 올릴 기회였다. 공급과 수요 사이에 막대한 불균형이 창출되었던 것이다. 1917~1918년에 해운 화물은 1913년보다 10배 내지 12배 더 높은 수준으로 늘어났다. 석탄선 한 척이 3번만 항해하면 구입가격을 회수할 수 있었다.[11] 일부 항구들의 경우에 이것은 무역량의 현저한 개선을 이룰 수 있는 기회를 제공했다. 그래서 프랑스의 경우 르아브르가 적의 공격에 지나치게 노출되었던 반면에, 보르도는 활발한 항만 활동을 보여주었다.[12] 이곳에서는 무역량이 뚜렷하게 개선되었다. 1914년 가을에 하락했던 보르도의 무역량은 1915년에 다시 회복되기 시작했고, 1916년 이후에는 괄목할 정도로 증가했다. 1913년에 보르도에서 처리한 화물량은 600만 톤 남짓이었는데, 1916년에 보르도의 해운 화물톤수는 800만 톤에 이르렀다. 보르도 항은 줄곧 수입해 왔던 전통적인 상품들—럼주, 설탕, 모직물, 구리, 식물성 기름 산출 식물들—을 여전히 받아들였다. 그러나 전쟁 기간 동안에는 새로운 화물들도 하역되었다. 아르헨티나와 캐나다에서 들여오는 석유와 냉장 육류, 말, 그리고 기계류와 여러 가지 원료들이 그런 새로운 화물들이었다. 보르도는 봉쇄로 인해 상품 흐름에 방해를 받던 스위스 같은 중립국들에 물자를 공급했다.

게다가 1917년 7월 미국인들은 프랑스에 생나제르에 이어 두 번째로 기지를 건설하기로 했는데, 그 위치가 보르도 근교의 바생스(Bassens)였다. 1년도 채 안 되어 항만 기계설비와 철도를 갖춘 '뉴바생스(New Bassens)'가 가동에 들어갔다. 생나제르와 함께 이 항구는 17개월 동안 200만 명 이상의 미군이 상륙하는 데 큰 공헌을 했다.

　연합군의 바다에 대한 통제는, 베르됭 전투 시에 대규모 영국군의 투입을 가능케 하면서 동맹국들에 대한 봉쇄를 확고히 하는 데 결정적인 자산임을 입증하게 되었다. 그리고 미국의 개입은 해양 봉쇄를 강화하면서, 아울러 승리로 이어지는 새로운 물질적 수단도 제공하였다. 언뜻 보아 대서양 양안의 협력은 흠 잡을 데가 없었다. 하지만 실제로는 전후의 위기들로 인해 대서양의 무역과 심적 태도에 심각한 변화가 일어나게 되었다.

전간기(戰間期)에 진행된 위기 속의 대서양

　1914년에 이르기까지 대서양은 경제면에서는 교역망을 통해, 인간적 면에서는 미국 땅을 엄청난 유럽 이민에 개방함으로써 서유럽과 미국을 연결해 왔다. 그리고 정치적인 면에서는 '신세계'의 이해관계에 훨씬 더 우선권을 부여하고자 한 미국이 세계 구상에 대한 영국의 지도력과 간접적으로는 유럽의 지도력을 존중했기 때문에 서유럽과 미국이 연결되었다.

고립주의와 새로운 강대국 미국

　윌슨 대통령의 과감한 추진 하에 서구 연합국에 소중한 원조를 제공한 미국이 휴전 직후 왜 평화조약의 체결에 신중하다고 할 수준을 넘어설 정도의 태도를 취했고 결국 그 조약에 서명하지 않았는지를 이해하기 위해서는, 미국 정치의 아주 확고부동한 지향성을 상기해야 할 것이다. 이는 미국의 초대 대통령 워싱턴이 그의 재임 기간이 끝날 때쯤 밝힌 바 있다.

유럽은 자신에게 핵심적으로 중요한 이해관계의 체계를 지니고 있지만, 우리는 그것을 알지 못하거나 적어도 그다지 관심을 갖지 않고 있다. 논란 과 빈번한 분쟁이 이어지고 있지만, 우리에게는 그런 논란과 분쟁의 원인이 낯설다. 우리 스스로 '구대륙'의 음모들에, 경쟁들에, 야망들에, 이해관계의 충돌들에, 파벌들에, 변덕스러움에 연루되게 놔둠으로써 우리의 평화와 우 리의 번영을 위태롭게 할 이유가 있는가?13)

대서양은 2개의 다른 세계로 나누어졌다. 그렇지만 제1차세계대전 직후에 미국은 더 이상 완전한 불간섭 정책을 유지할 수 없었다. 미국의 정책은 마 땅히 세계적이어야 했다. 왜냐하면 역사상 처음으로 세계의 안정과 관련한 핵심적인 결정들이 대서양 반대편에서 내려지게 되었기 때문이다. 구 유럽 은 전쟁 기간 전체에 걸쳐 축적된 인간적, 물질적 피해(약 800만 명이 죽었 고, 대략 1,500만 명이 부상을 입었다) 속에서 자신의 야심을 강변할 역량을 상실하였다.

영국의 패권에 의거하는 이전의 세력균형이 무너진 1921년 워싱턴 군축 회의가 열릴 때쯤 런던의 신문 『타임스(*The Times*)』에서 파견한 한 저널리 스트는 새로운 강대국 미국의 진정한 역량을 이렇게 인식하였다.

거의 중간 과정 없이 그들[미국]은 단순한 무역 강국의 지위에서 세계의 금융을 통제하는 강대국의 지배적 지위로 성장했다. 그리고 이제 그들은 이 런 변화가 어느 정도로 세계 전체와 그들의 관계에 반영되어야 하는지를 깨 닫고 있다.14)

나아가 이 저널리스트는 미국이 이런 현실에 대한 새로운 통제 수단들, 즉 강력한 함대와 상선대, 그리고 기지들과 교통수단들을 가져야 함을 명확히 했다.

하딩(Harding) 대통령의 국무장관인 찰스 에번스 휴즈(Charles Evans Hughes)가 워싱턴 군축회의에서 채택한 입장은 건함 경쟁의 재현을 방지하게 될 전반적인 군축을 지지했다. 그러나 동시에 그 입장은 미국에 유리한 것이었다. 미국의 함대와 영국의 함대는 동등한 수준으로 정해졌는데, 이는 1914년에는 상상도 못할 일이었다. 미국과 영국의 함대들은 축소되고 새로운 전함과 순양함의 건조를 10년 동안 중지하기로 결정되었다. 그리고 이미 건조되었거나 건조 중인 약 200만 톤의 선박을 파괴함으로써 3대 해군 강국 -미국, 일본, 영국- 의 힘을 "깎아내리기"로 결정되었다. 영국의 한 참관인은 이렇게 말했다. "5분 만에 국무장관 휴즈 씨는 몇 세기 동안 세계의 모든 제독들이 가라앉힌 배들보다 더 많은 배들을 가라앉혀 버렸다!"15) 실제로 미국과 영국은 둘 다 자신의 함대를 총톤수 52만 5,000톤으로 축소시켰고, 일본은 31만 5,000톤으로 축소시켰다. 프랑스와 이탈리아도 자신의 함대들을 17만 5,000톤으로 축소시켰다. 사실 잠수함과 소형 선박들은 이런 조치에 포함되지 않았다.

이런 조치가 영국의 해군 우위 원칙에 타격을 가했기 때문에 영국 해군은 격렬하게 항의하였다. 아돌프 히틀러(Adolf Hitler)는 『나의 투쟁(*Mein Kampf*)』에서 워싱턴 군축회의가 그때 이후 '영국이 파도를 지배한다'는 슬로건을 '미국의 바다 위에서(On the seas of the Union)'라는 슬로건으로 바꾸었다고 썼다.16) 캐나다와 남아프리카가 영국 해군과 미국 해군 간의 차이를 줄이도록 군축회의에 압력을 가했다는 것도 강조되어야 한다. 대영제국의 결속력이 작동하지 않았던 것이다. 영국에게는 사실 선택의 폭이 그다지 없었다. 실업자가 200만 명에 달했던 영국의 경제사정이 아주 심각했고, 전쟁 직후 시기의 활황도 종식되었기 때문이다. 이전의 패권적 지위를 회복하겠다는 어떤 꿈도 꿀 수가 없었다. 달리 행동하는 것은 영국의 재정적 파탄으로 이어질 터였고, 반면에 미국은 전쟁을 수행하기 위해 빌려간 차관을 갚도록 유럽을 압박하고 있었다. 따라서 영국은 워싱턴 군축회의의 요구에 굴복했고 또한 미국이 태평양의 상황과 관련해 우려를 표했던 일본과의 동맹도 포기해야 했다. 미국이 외교정책 부문에서 점점 더 태평양 쪽에 신경을 쓰게 되었기 때문이다. 영국의 군함 건조는 급격하게 축소되었다. 1914년에 영국은 111척의 전함을 진수했는데, 1924년에 겨우 25척만을 건조했다.[17] 이런 급격한 하락은 오랫동안 해군의 상황에 부담으로 작용했고, 제2차세계대전 직전의 재무장을 더욱 더 어렵게 만들었다.

몇 년 뒤 1932~1933년에 해군이 앤틸리스 제도와 북아메리카, 남아메리카, 희망봉, 인도양, 중국을 관할하는 함대들을 창설하여 '팍스브리타니카'를 회복하고자 하는 구상을 제출했는데, 제출되자마자 그 구상을 실현하기가 극히 어렵다는 것이 곧바로 판명되었다. 영국은 남아메리카에서 함대를 철수시켰고 다른 곳의 함대를 축소시켰다. 그들은 "영국 깃발을 휘날리는 데" 만족해야 했다.[18] 1933년 이후 히틀러의 위협 때문에 재무장 노력이 필요하게 되었지만 재정 상황은 여전히 아주 어려웠고, 그러면서도 영국의 해군 예산은 1933년의 5,300만 파운드에서 1937년의 1억 파운드 이상으로 증가했다.

대규모 대서양 이민의 종식

국제적인 새로운 강대국이 되면서 미국은 유럽으로부터 자신을 폐쇄하는 정책을 마음대로 실행하게 되었다. 그것은 경제적 폐쇄로서, 일본 및 독일과의 경쟁에서 제기되는 위협 하에서 자신의 농업과 중화학 공업을 보호하려는 목적으로 관세를 올리는 정책이었다. 하지만 이런 경제적 민족주의에 필연적으로 따르는 것은 인간적 민족주의였다. 자기 나라의 생산을 보호하기 위해 경쟁국들에 맞서 국경에 세운 장벽들은, 또한 점점 더 동화시키기 어려운 것으로 드러난 외국인 이민자들로 대변되는 위협에 맞선 것이기도 했다. 어려운 사회적 상황—뉴욕의 실업자는 약 25만 명이었고, 모두 외국인이었다. 뉴잉글랜드의 직물 공업지대에는 15만 명의 실업자가 있었고, 디트로이트(Detroit)에는 7만 5,000명의 실업자가 있었다[19]—에서 노동조합들은 이민자들이 미국인의 일자리를 빼앗고 있고 낮은 임금 정책을 뒷받침하고 있다고 주장했다. 오랫동안 이민자들의 유입에서 이익을 올렸던 사업주들은 이제 이민자들이 유럽에서 혁명 사상을 들여오지 않을까 우려했다.

위와 같은 사정들에서 제기된 압력들은 의회가 1921년 여름 처음으로 이민의 규모를 1910년에 미국에 거주하는 각 민족 구성원 수의 3퍼센트로 제한하는 입법을 통과시키는 데 충분했다. 이런 입법으로 처음으로 할당제가 시작되었으며, 3년 뒤인 1924년에는 이민제한법(National Origins Act)에서 훨씬 더 엄격한 할당 제한이 채택되었다. 그때 이후 1890년에 미국에 거주하는 각 민족 구성원 수의 겨우 2퍼센트에 해당하는 수만이 미국으로의 입국을 허용 받을 수 있었다. 1890년 시점에는 남유럽과 동유럽 사람들의 수가 적었고, 반면 북서유럽 출신의 사람들—영국인, 독일인, 스칸디나비아인—이 대체로 퍼져 있었다. 할당제의 결과는 즉각적이었다. 1921년에 이민자의 총수는 이미 35만 7,000명 이하로 하락했다. 이는 1914년 이전에 연간 평균 86만 명을 넘었고, 1913년에는 입국자 수가 120만 명까지 증가했던 것과 비교된다. 1890년의 인구조사에 기초하여 1921년의 이민을 계산하고 거기에서 한계치를 2퍼센트로 낮추면, 이민자 수는 갑자기 훨씬 더 떨어지게 되었다. 그 수가 16만 3,000명으로 줄어든 것이다. 북유럽과 영국, 스칸디나비아 국가들, 그리고 중앙유럽의 독일인에게만 부분적으로 할애되었다. 최초의 할당이 부과된 1921년 6월 30일에 끝난 입법 시기에는 이민자의 수가 여전히 높아 80만 명 정도 되었다. 그 후 이민자수는 1921~1922년에는 3분의 2 이상 하락했고 1924~1925년에는 거의 5분의 4 정도가 줄어들었다.

이렇게 크게 축소되는 속에서 이민은 비교적 큰 흐름을 유지했던 유일한 곳인 북서유럽의 나라들에게 주로 유리했다. 비록 1924년에 할당된 수치를 넘어서까지 이민의 규모가 커지지는 않았지만 말이다. 1929년 7월 1일의 계산으로는 이민자가 연간 약 1만 5,000명이었고, 세계적 경제위기 역시 이민에 영향을 주어 1930~1931년에는 이민자가 7만 명 남짓으로 축소되었다.

아시아로부터의 이민이 완전히 중단되고 유럽인의 이민이 급격하게 줄어들면서, 미국은 1925~1929년의 경제적 재건 시기 동안 필요한 노동력을 아메리카 대륙 자체로부터, 특히 멕시코로부터 얻었다.

1세기 이상에 걸쳐 북유럽에서 미국으로 진행된 장기적인 대규모 대서양 이주의 흐름은 최종적으로 중단되었다. 다른 한편 중앙아메리카나 남아메리카 쪽을 향한 유럽의 이민은 한참 뒤인 1930년까지도 꽤 높은 수준을 유지했다. 비록 수적인 면에서는 하락했지만 말이다. 그래서 아르헨티나의 경우 1929년에 이민자 수는 19만 2,000명을 기록했다. 이는 1913년의 30만 명 이상과 비교하면 크게 줄어든 수치이다. 브라질의 이민자 수는 1934년 할당법이 시행될 때까지 대략 10만 명이라는 합당한 수준을 유지했다. 캐나다는 높은 비율의 영국 이민자들을 수용했는데, 하지만 이는 제1차세계대전 이전의 상황과 비교하면 이야기가 달라진다. 1913년에 캐나다가 맞이한 이민자의 수는 30만 명이었는데, 1929년에는 14만 명이었다.[20]

무엇보다 북대서양에서 전개된 유럽에서 미국으로의 대서양 이민에 대한 미국의 정책은 해양 수송량의 재조정을 수반하였고, 이는 일부 회사들의 사정을 어렵게 만들었다.

커나드 회사는 1919년에 이민이 다시 회복되면서 큰 희망을 품고서 자신의 이민자 승선 항구를 리버풀에서 대형 선박을 이용할 수 있던 사우샘프턴으로 이전했다. 따라서 커나드 회사는 이런 미국의 정책에 크게 타격을 받았다. 커나드 회사의 3등선실 승객―이민자―의 수는 1921년 4만 9,305명에서 1922년 3만 4,763명으로 하락했다. 그러면서도 이 회사는 할당제에 크게 구애받지 않던 영국 이민자에게 여전히 기댈 수 있었지만, 이탈리아 이민자들은 수송할 수 없었다. 왜냐하면 이탈리아 정부가 자신의 상선대를 강화하기 위해 국적선을 이민자 운송 목적으로 배당했기 때문이다. 전쟁 이전에는 42만 명이 넘는 이탈리아인들이 알프스를 횡단하여 이주했던 반면, 1921년의 할당 규모가 허용한 이탈리아인 이민자 수는 4만 2,000명 정도에 불과했다. 게다가 이탈리아는 자국 이민자들을 국적선에 태운다는 원칙을 1923년 12월 제네바 회의의 의사일정에 올리는 데 열중했다. 이탈리아는 아메리카 이민에 대한 독점권을 자신의 선단에 맡겼다. 앞서 50년 이상에 걸쳐 '프랑스 정기노선'을 유명하게 만들었던 트란스아틀란티크 회사도, 이민자 수의 하락이 회사의 재정 안정성에 손상을 가하면서 심각한 타격을 입었다. 1921~1922년에 트란스아틀란티크 회사의 정기여객선들은, 그 전 한 해의 수송 이민자 수 5만 5,000명에 한참 못 미치는 겨우 2만 명의 이민자를 수송했다. 독일의 함부르크와 브레멘의 경우, 그곳 소재 정기선회사들이 전쟁 배상금 규정에 따라 정기여객선 몇 척을 압류당하면서 약화되었고, 이런 항구들도 출항자 수의 하락을 겪었다. 함부르크에서는 출항자 수가 1913년에 약 43만 3,000명까지 늘었으나 1922년에는 그 수가 7만 4,000명에 불과했다.[21] 1924년에 새로 정한 할당 수치가 독일에 유리했지만 그럼에도 그 해의 이민자 수는 위의 수치를 넘어서지 못하였다.

절대 어길 수 없는 이런 할당 수의 제한에서 벗어나지 않기 위해서 정기여객선은 매월 1일 자정에 뉴욕에 도착했고, 지중해 사람과 슬라브인 이민자들은 수가 적었기에 처음 한 번 항해로 단번에 해결되었다. 유럽에서의 출항은 적절한 도착 날짜 및 시간에 맞추어 이루어졌다. 배들은 미국 영해 경계에 닻을 내렸다가 매달 1일이 돌아오자마자 가까이 접근했다. 승객들에게 상륙을 거절당하는 절망적 상황이 닥치는 것을 피하기 위해, 정기선회사들은 정기여객선의 출항을 조직적으로 관리하고자 했다. 할당제가 가장 파국적인 결과를 낳은 유고슬라비아, 체코슬로바키아, 폴란드, 루마니아를 대상으로 대형 회사들이 결집한 대서양 협의체는 등록소를 설치했다. 등록소는 뉴욕으로부터 등록 가능한 여유 수를 전신으로 연락받고 그때에야 티켓을 발부했다. 도착했을 때 추방당하는 일을 피하기 위해 각국 주재 미국 영사관은 이런 이민자들에게 비자를 발부했다. 비자가 없는 외국인을 운송하는 회사들은 벌금을 내야 했다.

이런 상황에서 모든 정기선회사들에는 3등선실 승객용 침상이 남아돌게 되었고, 관광객 등급을 확장하는 것으로 여객수송 전반을 재편할 수밖에 없었다. 이런 쪽에서 회사들에게 주어진 가능성은 상당히 컸다. 왜냐하면 미국과 아메리카 대륙 전체에서 중간계급 승객들이 사업과 오락 목적으로 유럽으로 갔기 때문이다. 그 결과 비어있던 3등선실이 관광객용으로 개조되었고 그 후 정기여객선들은 관광객 등급 승객 운반용으로 장비를 갖추었다. 게다가 미국에 정착한 외국인들이 잠시 미국을 떠나 귀환할 수도 있었는데, 이런 것들은 새로운 이민자 할당 수에 반영되지 않았다. 정기선회사들은 이들의 수송에도 큰 기대를 걸기 시작했다. 1928년 브레멘의 노르트도이쳐로이드 회사의 회장은 이렇게 썼다.

> 농부 스미스 씨는 고향에 머물고 있는 자기 형제들이 어떻게 지내는지 보고 싶어 한다. 그리고 지리 선생인 마이어 씨는 미국으로 가서 자기 경험을 살려 학생들을 가르치고 싶어 한다.[22]

이런 외국인 승객들을 아주 적절한 가격 수준으로 관광객용 선실에 채우는 것이 가능했다. 운임은 뉴욕에서 유럽으로 가는 데 105달러 내지 125달러가 들었다. 이런 새로운 환경 하에서 프랑스 정기노선은 1927년에 진수한 정기여객선 일드프랑스(Ile de France) 호를 이용해 편안함을 훨씬 선호하는 승객들을 운송할 수 있었다. 이 새로운 배 덕분에 프랑스의 정기선회사가 뉴욕으로 운송하는 승객의 수가 1928년에 7만 5,000명으로 늘어났고 1930년에는 8만 명에 이르렀다. 그 해에 트란스아틀란티크 회사는 새로운 정기여객선 샹플랭(Champlain) 호를 취역시켰는데, 그 배는 관광객 등급 승객만 받았다.

미국인 승객들은 싼 가격에 승선할 수 있었고, 특히 '금주법' 시기에는 맥주와 같은 주류와 특히 고급 와인, 샴페인을 풍부하게 제공받았다. 새로이 금주법 정책이 시행되면서, 고결한 미국은 자신의 국경을 닫을 새로운 이유를 찾았고, 이에 따라 밀수가 엄청나게 급증하게 되었다.

금주법과 대서양의 밀무역

1920년대와 1930년대 초에 미국은 금주법을 시행해 고립주의 경향을 한층 강화했다. 전쟁 전부터 특히 미국 서부와 중부에서는 이미 금주운동 단체들이 상당한 영향을 발휘하여 "술을 마시지 않는" 미국이 원칙으로 되고 있었다. 1912년 7개 주가 주 경계 내에서 주류를 금지하는 금주 조치를 이미 채택하였다.[23] 2년 뒤 미국 전역에 걸쳐 주류를 금지하는 헌법 수정안이 제출되었지만, 의회에서 통과에 필요한 의석수 3분의 2의 지지를 얻지는 못했다. 1914년 전쟁이 시작될 무렵에는 이미 36개 주가 주류 소비를 금지하거나 제한하고 있었다. 전쟁 동안에는 유럽에 파견된 군대 내에서 술의 위험성이 입증되었다. 1917년 자신의 이익을 지키는 데 열중하던 보르도의 무역상 한 명이 시 상업회의소를 설득해 프랑스 정부에 특혜 가격으로 와인 통을 영국군 임시 막사로 운반할 수 있게 해달라고 제안하게 했다. '영국군 병사들(Tommy)'이 전쟁을 수행하는 중 보르도의 포도주를 발견했고, 보르도의 격언대로, 와인 소비가 알콜 중독에 맞서 싸우는 가장 좋은 방법이었다![24] 전우인 영국군과 마찬가지로 미군도 분명 "포도주 잔"을 요청할 생각을 갖고 있었다.

도덕을 다시 세워야 했다. 1919년 1월 헌법수정 18조가 채택되었고, 1920년 1월 17일에는 미국의 48개 주 중 46개 주가 그것을 비준하면서 금주법이 시행에 들어갔다. 그 법은 모든 형태의 주류 판매와 소비를 금지했다. 인정된 유일한 주류는 알콜도수 0.5퍼센트가 안 되는 것들이었다.

밀무역과 밀주 생산이 증가하였고, '주류밀매업자들(bootleggers)'이 도처에서 활보하였다. 이들의 이름은 옛날 백인 밀매업자들이 부츠 위쪽에 술을 숨기고 가 아메리카 원주민들에게 팔았던 불법 거래를 떠올리게 했다.[25] 대량의 육상 밀수가 멕시코 및 캐나다 국경 지역에서 행해졌지만, 바다를 통해서도 다량의 럼주와 브랜디, 와인들을 들여와 아메리카 연안지역에서 비밀리에 하역했다. 대서양에는 언제나 불법 무역이 있었다. 18세기에는 북아메리카 사람들이 불법 무역을 통해 카리브 해와 스페인령 섬과 아메리카 식민지들에서 상당한 부를 쌓았다. 이로 인해 프랑스와 스페인 왕실이 손실을 보았다. 하지만 이번에 무역업자들에게 주어진 일확천금의 꿈은 미국 법을 위반해야 얻을 수 있는 것이었다.

술에 대한 미국인들의 갈증을 충족시키기 위해, 온갖 종류의 교묘한 잔꾀가 창궐하였다. 자그마한 배부터 가장 빠른 쾌속정까지 보트란 보트는 죄다 밀수에 동원되었다. 크기가 작은 배들은 딱 한 번 항해하여 화물을 싣고 사람이 거의 살지 않은 작은 만에 도착할 수 있었다. 오늘날의 마약 밀수처럼, 30노트 이상의 속도를 낼 수 있는 고속의 쾌속정을 밀매업자들이 가장 선호했는데, 그것은 연안경비대 선박의 속도가 14 내지 15노트로 제한되었기 때문이다. 밀매업자들은 다양한 밀수 방식을 이용했는데, 이를 위해선 가장 끔찍한 일도 개의치 않았다. 그래서 납관에 넣어 본국으로 송환되는 시체의 수가 놀랄 정도로 많아졌다. 세관 관리들이 고인(故人)을 존중하여 관 뚜껑을 열지 않을 것이기 때문이다. 이런 방법으로 마르티니크에서 생산된 럼주가 푸에르토리코를 경유해서 미국으로 들어올 수 있었다.

주요 공급 기지는 캐나다 연안의 생피에르미클롱(Saint-Pierre et Miquelon)과 바하마 제도, 버뮤다 제도, 쿠바에 있었다. 보르도 산 코냑이 안트베르펜을 거쳐 생피에르 섬으로 운반되었다. 거기서 중개상들은 코냑을 브론프만(Bronfman) 회사 같은 캐나다의 주요 고객 화물과 함께 두었다. 생피에르 섬에서 주류밀매업자들과 거래했던 가장 중요한 중개상은 샤르티에(Chartier) 회사였다. 이 회사는 1930년에 럼주 6,000상자와 리큐어 3,300상자를 팔 수 있었다. 밀무역 덕분에 프랑스 식민지들이 갑자기 부를 누리게 되었다.

20세기 초에 경제가 불황을 겪고 있던 바하마 제도의 영국 식민지도 금주법 덕분에 일정한 번영을 누렸다. 미국의 대규모 밀수 중심지 중 하나였던 플로리다 연안에 가까운 나소(Nassau)는 뛰어난 항구였다. 1920년부터 주류밀매업자들이 잉글랜드와 스코틀랜드로 몰려왔으며, 거기서 그들은 바로 가게를 내고 위스키를 통으로 거래하였다. 밀매업자들은 '합법적' 사업을 벌여 문서상으로는 생피에르미클롱으로 가는 배에 물건을 실었다. 그러나 그 배들은 실제로는 미국 연안으로 향했다. 나소는 사람들이 흥에 겨워 춤을 추고 거액의 포커 판을 벌이는 북적거리는 도시로 변했다. 호텔들이 우후죽순처럼 들어섰고, 1929년에는 팬암(Pan-Am) 항공사가 마이애미에서 나소까지 항공노선을 개설했다. 이 항공노선을 이용하는 승객들은 오로지 마시고 노는 것만을 목적으로 했다. 바하마의 경제는 관광으로 방향을 돌렸고, 이후 바하마 경제의 가장 큰 재원이 되었다.

쿠바는 금주법으로 가장 많은 혜택을 본 곳이었다. 이곳도 플로리다와 가깝다는 것 때문에 밀수업자들에게 이상적인 기지로 보였다. 부유한 애주가들이 미국에서 가장 쉽게 술을 구할 수 있던 주였던 플로리다로 와서 정착했다. 무엇보다도 헤밍웨이(Hemingway)가 1928년에 키웨스트(Key West)로 와서 술집을 드나들며 쿠바 산 럼주를 마셨다. 나소보다 아바나가 도박하기에 훨씬 좋은 장소였고, 그곳에서는 매춘과 술이 언제나 따라다녔다. 팬암항공은 뉴욕에서 아바나로 가는 노선을 열어 미국인들이 그곳으로 가 쿠바 산 럼주를 맛볼 수 있게 하였다. 다른 한편 푸에르토리코와 미국이 1917년에 덴마크로부터 구입한 버진 제도에서는 금주법이 엄격하게 시행되었고 사람들은 몰래 술을 마셔야 했다.

19세기 후반에 이미 이탈리아에서 강력한 힘을 가졌던 나폴리의 카모라(Camorra) 조직과 시칠리아의 마피아(Mafia) 조직은 제1차세계대전 이전에 미국으로의 대규모 이탈리아 이민 물결을 이용하여 대서양 반대편에 자리를 잡았다. 얼마 안 가 시칠리아의 '패밀리들'이 아메리카 대륙에서 번영을 누렸다. 범죄와 각종 불법 행위로 자신들의 제국을 이미 확고하게 강화시킨 그들은 주류를 금지하는 미국의 정책 속에서 새로운 부를 쌓을 기회를 찾았다.

마피아는 금주법을 이용해 주류를 불법으로 거래했고, 이런 거래를 통해 수많은 갱들이 주류 제조 및 판매에 열광적으로 뛰어들면서 광범위하게 범죄가 늘어났다. 시카고에서는 알카포네(Al Capone)가 먼저 맥주 거래로 지하 제국을 건설하고 뒤에는 슬롯머신으로 확장했으며, 이렇게 해서 얻는 연간 수입이 약 6,000만 달러에 이를 정도가 되었다. 그의 부하는 700명 내지 1,000명에 이르렀고, 1920년에서 1927년까지 시카고에서 벌어진 갱 전쟁으로 250명이 넘는 사람들이 죽었다. 금주법이 폐지되기 직전인 1932년까지 금주법으로 인해 경찰 5,000명과 민간인 2,000명이 사망했다고 추정되며, 사망한 민간인은 대다수가 갱이었다.

그런데 특히 미국 남부와 서부의 농촌지역에서 감리교도들과 침례교도들은 금주를 신앙의 기초로 삼았지만, 동부의 도시들은 무엇보다 가톨릭들 사이에서는 금주법에 아주 적대적이었다. 술과의 싸움은, 제대로 훈련도 받지 못한 단속 요원들을 겨우 1,000명 정도 밖에 고용하지 못할 만큼 예산이 부족했기에 가망이 없어 보였다. 거의 1만 8,000마일에 이르는 해안선을 감시하면서 "목욕물만큼의 술"을 들이키는 개인 주택들을 관리하는 일은 사실상 불가능했고, 그런 현실을 바로 보기 시작했다. 1930년에 캘리포니아는 알콜 도수 3.2퍼센트의 주류를 허용했다. 금주 단체들이 저항했음에도 1933년 헌법수정 18조의 정지가 결정되었다. 1939년에 여전히 금주 조치를 시행하는 주는 단 3곳 -캔자스, 미시시피, 오클라호마- 뿐이었다.

대서양횡단 정기여객선에 미친 금주법의 영향은 뉴욕에 입항할 때 느낄 수 있었다. 특히 프랑스 정기노선의 선박들에서는 선원들이 매일 일정량의 와인을 배급받았다. 미국 영해에 체류할 동안에는 꼭 필요한 술들이 봉인되었고, 매일 아침 세관 관리의 입회하에 술 저장고를 열어 선원들의 하루치 배급량만을 빼내었다. 그렇지만 르아브르는 밀수의 온상이었고, 술병 상자들을 구명정과 화물창고, 복도의 칸막이벽에 숨겼다. 미국 세관은 배가 뉴욕 항에 들어오면 강압적인 수색을 벌였고, 만약 술이 발견되면 책임자인 선장에게 벌금이 부과되었다. 트란스아틀란티크 회사의 경우 미국으로 가는 항해에서만 승객용 주류를 싣고 귀항 시에는 '술이 없다'면 승객의 심각한 감소를 야기하게 될 것이라고 생각했으며, 그래서 그렇게 할 생각을 포기했다.

세계 경제위기 직전의 대서양횡단 정기노선

1920년대 말에는 심지어 북대서양에서도 정기선회사들이 뚜렷하게 회복세를 맞고 있었다. 관광객 등급 승객 운송이 그들에게 상당한 소득원이 되었기 때문이다. 정기선회사들은 또한 새로운 정기노선을 개설함으로써 창의력을 입증할 수 있었다. 이와 관련해 흥미로운 예가 트랜스아틀란틱 회사이다. 그 회사는 처음에는 여객 및 화물 겸용 선을 사용하여, 나중에는 평균톤수 1만 5,000톤 정도의 정기여객선으로 보르도·비고·핼리팩스·뉴욕 노선을 개설할 수 있었다. 연합해운 회사(Chargeurs Réunis)도 예로 들 수 있다. 그 회사는 남대서양 자회사를 통해 보르도에서 리우 및 라플라타에 이르는 노선을 소생시켰고, 보다 중요한 것으로는, 보르도에서 아프리카 항로를 따라 세네갈 연안과 기니 만, 그리고 저 멀리 콩고 강 하구까지 이어지는 '제국' 노선을 개설하였다. 이것은 보르도에 커다란 성공을 가져다주게 되었다.[26] 메사즈리마리팀 회사도 보르도를 파나마 운하를 통해 타히티와 누벨칼레도니(Nouvelle-Calédonie)로 향하는 노선의 기항지로 삼았다. 1924년에 보르도에서 출발한 승객의 수는 약 4만 명이었는데, 그 중 1만 명은 남아메리카로 갔으며, 역시 1만 명이 아프리카 서부 연안으로 향했고, 2만 3,000명 이상은 모로코로 갔다. 르아브르에서도 트랜스아틀란틱 회사는 중앙아메리카와 앤틸리스 제도로 가는 항로에서 유리한 성과를 얻었고, 파나마 운하를 경유해 아메리카의 태평양 연안에 취역하는 여객증기선 노선을 개설하였다. 파나마 운하가 창출한 새로운 활동을 과장 없이 말하면, 약 80개의 유럽 정기노선이 그곳을 통과했다.

앤틸리스 제도로 가는 항로와 아프리카 항로, 태평양 항로에서 얻는 수입이 이민의 제한으로 축소된 뉴욕 항로에서의 수입을 상쇄했다. 한편으로 북대서양에서는 1등선실 승객 수송 양이 늘어나고 있는 것에 기대를 걸 수 있었다. 그래서 트랜스아틀란틱 회사의 정기여객선에는 밴터빌트 가(Vanderbilts)[11]나 록펠러 가(Rockefellers)의 은행가나 거대 기업가 같은 사람들이 승선한 모습을 볼 수도 있었다. 뿐만 아니라 늘어나는 승객 속에서는

11 19세기 미국의 부자 가문으로 네덜란드계이다. 코널리우스 밴더필트 때부터 해운과 철도에 대한 투자를 통해 미국 최고의 부자 반열에 올랐다. 20세기 중반까지 그 명성을 유지했다.

영화나 패션계, 스포츠계의 세계적 명사들도 볼 수 있었다. 명사들의 평판과 명성이 대서양 양편으로 퍼졌고, 모리스 슈발리에(Maurice Chevalier),[12] 찰리 채플린(Charlie Chaplin), 마를렌 디트리히(Marlene Dietrich)[13] 같은 이들도 프랑스 정기노선의 최고급 정기여객선인 일드프랑스 호의 손님이었다. 미국의 상원의원이 승객들 사이에 섞여 있는 일도 드물지 않았다. 그래서 1929년 국무장관 캘로그(Kellog)는 일드프랑스 호를 타고 뉴욕에서 르아브르로 대서양을 건넜다. 이런 명사 승객들은 금으로 치장한 붉은 칠을 한 대형 응접실과 테라스가 있는 카페를 이용할 수 있었다. 회사의 고객들을 맞이하기 위해 호사스러운 고급 요리가 준비되어 있었다. 푸아그라, 꿩고기, 송로 요리, 등 여러 가지 프랑스 대표 요리들이 메뉴를 장식하고 있었고, 최고급 와인 리스트가 메뉴의 질을 높이고 있었다.

대형 정기선회사들 간에는 여전히 격렬한 경쟁이 벌어지고 있었다. 프랜시스 하이드(Francis Hyde)는 1924년과 1929년 사이에 정기여객선 시장에서 각 회사가 차지하던 비중을 추정하였다.[27] 당시 앵글로색슨인들에게 유리하게 부여된 할당 수치가 커나드 회사에 이익이 되었기 때문에 커나드 회사가 가장 큰 이점을 가졌던 것 같다. 그 회사는 북대서양 여객수송량의 20퍼센트를 차지했다. 영국계 회사로서는 유일한 경쟁자였고 1931년에 커나드 회사가 사들인 화이트스타 회사는 7퍼센트를 점하였고, 프랑스 정기선회사도 그 정도를 점하였다. 독일계 함부르크아메리카 회사와 노르트도이쳐로이드 회사는 1928년에 정기여객선 브레멘 호와 유로파 호를 취역시킴으로써 선단을 회복하기 시작했다. 이런 활동을 통해 독일계 회사들은 여객수송량의 약 11퍼센트를 차지하면서 주목할 만한 위치를 되찾을 수 있었다.

커나드 회사는 1921년에서 1929년까지 매년 3만 명 이상을 수송하면서 1등선실 승객 수송에서 차지한 수위 자리를 유지하기 위해 엄청나게 노력했

---

12 1888~1972년. 프랑스의 배우이자, 가수, 연예인. 미국의 브로드웨이에서도 활동했다.
13 1901~1992년. 독일 태생의 배우, 가수, 연예인. 독일에서 크게 성공한 후 1920년대에 미국 할리우드에 진출했고, 할리우드에서 성공한 최초의 독일인 배우였다.

다. 그러나 그 회사는 또한 관광객 등급 승객 수송을 발전시키기 위한 방안을 강구했고, 1930년에는 이 부문에서도 약 4만 2,000명의 승객을 수송했다.

정기여객선 일드프랑스 호의 예는 프랑스 정기선회사가 비슷한 노력을 했음을 보여준다. 1927년에 취역한 호화 정기여객선인 이 배로 인해 이 항로에서 수송되는 1등선실 승객의 수가 증가했던 것이다. 1926년에 그 수는 1만 9,000명이었는데, 1927년에 2만 4,000명, 1928년에 3만 명으로 늘어났다.

무역 위기와 힘겨운 회복, 1930~1939년

1925에서 1928년까지 쿨리지(Coolidge) 대통령의 재임 시기 동안 미국은 최고의 번영을 누렸고, 이런 번영으로 유럽과 미국 사이의 관계가 새로운 형태를 취할 수 있는 것처럼 보였다. 엄격한 금주법이 미국을 휩쓸고 있었지만, 유럽은 금주운동 단체의 철저한 권위에 지배당하는 나라라는 모습과는 다른 미국의 모습을 알아가고 있었다. 실제로 상당부분이 밀무역과 주류 밀매업자들의 거래에 근거했던 1920년대의 부정이득으로 새로운 생활방식이 꽃필 수 있었고, 이는 대서양을 가로지르게 되었다. 도시 사회는 의복과 성생활의 터부에서 벗어났다. 맥주와 칵테일을 마시며 금주법에 저항하는 젊은이들 사이에 패션이 퍼졌고, 재즈(Jazz)와 찰스턴 춤(the Charleston)[14]을 통해 미국은 삶의 기쁨으로 충만한 나라라는 이미지를 갖게 되었다. 새로운 국민적 영웅은 루돌프 발렌티노(Rudolph Valentino)나 더글러스 페어뱅크스(Douglas Fairbanks)[15] 같은 배우들이었고, 또한 용감하게 최초의 대서양횡단 논스톱 비행을 완수한 비행사 찰스 린드버그(Charles Lindberg) 같은 대단한 용기를 보여준 인물들이었다. 린드버그는 1927년 5월 27일 자신의 비행기

---

14 1920년대에 미국에서 유행한 춤.

15 루돌프 발렌티노(1895~1926년)는 미국으로 귀화한 이탈리아계 배우로 1920년대의 섹스 심벌이었고 31세에 급사하면서 초기 '팝 아이콘'이 되었다. 더글러스 페어뱅크스(1883~1939년)는 유성영화 초기의 미국 배우이자 영화제작자이다.

스피리트오브세인트루이스(Spirit of Saint Louis) 호를 타고 33시간 반 만에 뉴욕과 파리를 연결하였다. 그 해의 최고 인기인이었던 그는 유럽에서 영웅으로 환대받았고, 그를 기념하여 '린디(the Lindy)'라는 춤16이 유행하였다.

찰스 린드버그가 대서양횡단 비행을 한지 2년이 좀 더 지나서, 1929년 10월 24일 뉴욕의 월스트리트(Wall Street)에서 '검은 화요일(Black Tuesday)'이 일어났다. 주식시장에는 갑자기 팔자는 주문이 물밀 듯이 밀려들었고, 주식 가격은 재앙 수준으로 폭락하였다. 제1차세계대전 후의 뚜렷한 하락세에도 사업의 활황으로 이익을 보고 있던 대서양 해운업의 경우에도 엄청난 타격을 받았다. 거의 반세기 동안 면화와 커피, 목재 같은 대량 상품 전체를 대상으로 한 선도시장들의 섬세한 작동기제는, 막대한 통화 흐름을 내포한 선진적이지만 통제하기 힘든 금융 조직을 전제로 하였다. 1930년에 원료 가격이 반으로 떨어지면서 해운업의 수입이 큰 타격을 받았고, 그와 동시에 화물 운임이 폭락하였다.

부정기 화물선들과 벌인 경쟁으로 화물 운임이 하락하여, 1930년에는 몇 달 사이에 멕시코 만에서 면화 100파운드 당 61센트의 운임이 31센트로 떨어졌다. 북대서양에서도 여객 수송이 새로이 위기를 맞이했다. 이런 상황에서 대형 정기선회사들의 운명이 위태로워졌다. 커나드 회사의 손익계산을 보면, 1931년에 53만 3,000파운드의 손해를 보았고, 1932년에는 92만 7,000파운드가 적자였다. 프랑스의 트란스아틀란티크 회사의 경우 상황이 훨씬 더 어려웠다. 1930년에 3,000만 프랑의 적자를 보았고 1931년에는 2억 3,600만 프랑의 적자를 보았다. 1931년 6월 정부가 개입해서야 회사가 청산을 면할 수 있었다. 수입은 1930년의 10억 프랑에서 1931년에는 겨우 3억 8,300만 프랑으로 떨어졌다. 트란스아틀란티크 회사는 보유 선박 98척 중 52척을 정리해야 했다.

1933년에는 세계 전역에 1,400만 톤이 넘는 화물이 수송되지 않은 채로 있

16 1930년대 초에 유행한 거칠게 추는 지르박 춤의 한 종류.

음에도, 전 세계의 화물 수준이 1913년 화물량의 3분의 2에 미치지 못할 정도로 떨어졌다. 북대서양이 역시 최악의 타격을 받았고, 이곳에서 운항하는 정기선회사 전체의 승객 수는 1930년에는 그래도 미국에서 유럽으로 가는 경우 100만 명을 넘었는데, 1934년 위기가 최고 절정에 달했을 때는 46만 명에 불과하여 반 이상이 줄어들었다. 점점 더 엄격해지는 보호주의 장벽으로 인해 무역이 막혔다. 미국에서는 덩케르크와 르아브르, 보르도를 뉴욕, 필라델피아, 보스턴과 연결하는 화물 노선이 운항할 때마다 큰 적자를 보았다. 이런 화물을 두고 미국 선박들은 불공정한 방식으로 경쟁을 벌여, 프랑스 항구로부터 화물을 가장 많이 운반했다. 게다가 유럽의 수출과 마찬가지로 대량 상품 교역―석탄, 곡물, 미가공 직물―도 침체되었다. 석유 교역만이 1936~1937년을 전후하여 회복 비슷한 모습을 보여주기 시작했는데, 석유 수송항로들은 서유럽으로 수렴되어 있었다. 이런 이유로 1937년의 석유 거래량(4억 9,000만 톤)이 1929년의 양(4억 7,000만 톤)보다 많았다.[28]

그런데 무역의 하락세가 전면적으로 확산된 것은 아니었다. 미국, 영국, 프랑스의 상선대들은 이로부터 영향 받은 방식이 달랐다. 다른 한편, 독일과 일본, 노르웨이의 상선 수는 1929년에서 1939년까지 오히려 증가하였다. 이들에게 얼마간 유리했던 요소는 스칸디나비아인들의 이윤에 대한 열망과 독일 및 일본의 전략적 원료 수입이었다. 반면에 프랑스 상선대는 침체 상태에 빠져서 총톤수가 1929년의 350만 톤에서 그 이후 300만 톤도 되지 못할 정도로 감소하였다. 프랑스에 불리한 요소 중에는 프랑스 항구로의 귀항 시 화물량이 부족했다는 점과, 사회적 비용이 극히 높았다는 점, 그리고 상선대 규모가 지나치게 크다는 점이 있었다. 이런 요소를 안고 불황에 맞서 벌이는 싸움에 공적 자금이 투입되어야 했다.

그러는 사이에 북대서양에서는 새로운 선박을 취역시켰던 트란스아틀란티크 회사의 노력으로 인해 하락세가 일정 정도 가려졌다. 먼저 샹플랭 호가 취역했는데, 이 배는 551명의 선원이 승선하여 이런 유형의 배에서는 특출한 20노트의 속도로 1,000명 이상의 승객을 수송할 수 있는 1등선실 승객

전용 정기여객선이었다. 이 정기여객선은 뉴욕으로 가는 여름 항로와 별개로 겨울에는 상당한 수요가 있었던 뉴욕에서 앤틸리스 제도나 지중해로 가는 크루즈 선으로 이용되었다. 하지만 항상 격심했던 경쟁—특히 독일의 유로파 호 및 브레멘 호, 이탈리아의 렉스(Rex) 호 및 콘테디사볼라(Conte di Savola) 호와 경쟁이 심했다—에 직면해, 프랑스 정기선회사는 위기가 절정에 달한 1930년대 초부터 생나제르에서 속도를 더 낼 수 있는 대형 정기여객선의 건조를 개시함으로써 이런 외국 회사의 도전에 대처하고자 했다. 1935년 5월 29일 노르망디(Normandie) 호가 처녀항해에 올랐다. 길이 313.75미터에 폭 36.4미터였던 이 배는 당시 단연 세계에서 가장 큰 정기여객선이었다. 시험 항해에서 그 배는 아슬아슬하게 31노트의 속도를 내었다. 2,000명의 승객과 1,350명의 사관 및 선원들의 안전을 확보하기 위해 엄격한 예방 조치가 취해졌다. 객실에는 절연 및 방수 처리가 되었고, 전자파 빙산탐지기가 설치되었다. 그 배의 시설들은 화려함과 호사스러움을 자랑했다. 1등 선실 승객을 위한 사치스러운 응접실과 식당은 약 180미터에 걸쳐 뻗어 있었고, 400석 좌석을 갖춘 극장과 실내 풀장, 도박실, 스포츠 홀을 갖추었다. 그리고 갖가지 조명을 밝힌 무도장이 딸린 '그릴 룸'도 있었다. 이 모든 것들이 대서양횡단 항해를 진정으로 즐기게 해 줄 터였다.

트랜스아틀란티크의 깃발을 휘날리며 뉴욕에 도착하자, 이 정기여객선은 길이가 몇 미터나 되는 하늘색 삼각기를 내걸었다. 속도 면에서 새로운 기록을 세웠음을 알리기 위해서였다. 실제로 노르망디 호는 4일 3시간 14분 만에 29.94노트의 속도로 대서양횡단을 완수하면서 이탈리아의 렉스 호가 세운 기록을 깼다. 블루리본이 프랑스에게 돌아간 것이다. 뉴욕은 열광적으로 이 배를 맞이해 주었다.

우리가 자유의 여신상을 지나자마자, 엄청난 합창소리가 울려 퍼지며 모든 배들이 쉭쉭거리거나 호루라기를 불거나 칙칙 소리를 내기 시작했고, 온갖 고함과 함성과 환호가 들려왔다. 노르망디 호는 끊임없이 엄청난 뱃고동을 울려 이에 화답하여 소리를 내었다. 이런 소란을 정리한 것은 엄청난 교향곡인데, 그 중심 곡인 라마르세예즈(La Marseillaise)가 한 비행기의 확성기에서 반복해서 울려 퍼졌다. … 맨해튼의 송신탑들이 우리를 맞이하러 몰려오는 듯 했다. 매 고비마다 수천 명의 머리와 손들이 물결치고 소리를 질렀다. 항구에서 보이는 뉴욕의 유일한 장소인 배터리 광장에는 떼 지어 모인 시커먼 인간 집단들 밖에 보이지 않았다.29)

『파리 평론(Revue de Paris)』에 실린 필립 수포(Philippe Soupault)의 위 글은, 고층건물 위에서 행사를 축하하던 뉴욕인들의 열광을 일어난 그대로 아주 잘 전해주었다.

하지만 커나드 회사도 손 놓고 있지는 않았다. 그 회사는 이미 5년 전에 노르망디 호와 경쟁할 자신의 가장 큰 정기여객선 퀸메리(Queen Mary) 호의 건조를 주문해 놓고 있었다. 이 배는 1936년 5월 뉴욕을 향해 처녀항해에 올랐다. 영국인들은 자신의 배를 프랑스의 경쟁 선박만큼 놀라울 정도는 아니었지만 일정 정도는 사치스럽게 만들고 싶어 했다. 그리고 이런 사치스러움을 대단한 안락함과 결합시켜 퀸메리 호에 우월한 힘을 부여하고자 했다. 그래서 영국인들은 처음으로 트란스아틀란티크로부터 블루리본을 뺏을 수 있었다. 프랑스 정기여객선은 1937년에 31.20노트를 달성해 블루리본을 다시 가져갔지만, 다음 해에 다시 빼앗겼다. 그때 퀸메리 호가 31.69노트의 속도로 대서양횡단을 완수했기 때문이다.

이 두 정기여객선 덕분에 그것을 소유한 회사들의 관광객 등급 승객 수송 비중은 크게 증가했다. 트란스아틀란티크 회사는 1935년에서 1937년까지 승객 수가 1만 9,000명에서 3만 1,000명으로 늘어났고, 커나드 회사는 같은 기간에 4만 8,000명에서 6만 2,000명으로 늘어났던 것이다. 영국 회사의 우위가 아주 명확했지만, 1931년에 그 회사가 화이트스타 회사와 합병되었음이 지적되어야 한다.

유로파 호와 브레멘 호를 가진 독일도, 위의 경우들보다는 작았지만 관광객 등급 수송량을 증가시켜 4만 명에서 4만 7,000명으로 늘어났다. 이 관광객 등급 승객 수송에서 각 회사가 차지하는 비중은 커나드 회사가 28.9퍼센트, 트란스아틀란티크 회사가 14.4퍼센트, 독일계 회사들이 22퍼센트였다. 1935년 5월에서 10월 말까지 노르망디 호 혼자서 9회의 왕복항해(18회의 횡단항해)를 완수하였고 1만 7,872명의 승객을 운송했다. 노르망디 호의 성공으로 프랑스 정기선회사의 다른 정기여객선인 일드프랑스 호와 파리 호, 샹플랭 호에도 손님들이 모여들었다. 1936년에 노르망디 호는 15회의 항해에서 2만 7,252명을 수송했고, 1937년에는 회사의 다른 3개의 정기여객선이 수송한 숫자와 맞먹는 수를 수송했다. 즉 3만 7,500명의 승객이 탑승했고 그 중 1만 4,400명은 1등선실 승객이었다. 이 정기여객선 덕분에 트란스아틀란티크 회사는 북대서양의 1등선실 승객 수송량의 21퍼센트를 차지했다. 1937년의 파리 만국박람회는 여객수송을 회복시키는 데 큰 역할을 했고, 같은 해 그 프랑스 회사는 8만 7,000명의 승객을 수송하여 북대서양을 건넌 전체 승객 수의 약 13퍼센트를 차지했다.

제2차세계대전 직전에 가장 빠르고 사치스러운 정기여객선들이 거둔 명백한 성공을 통해, 이런 정기여객선들은 뉴욕 항로의 여객수송량의 가장 중요한 몫을 소화할 수 있었다. 그리고 그 중 4분의 1을 단 4척의 선박이 수송하였다. 바로 노르망디 호와 퀸메리 호, 유로파 호, 브레멘 호였다.

비록 정기여객선들이 만족스러운 영업 이익을 산출했지만, 그렇다고 해서 그 배들을 건조하면서 얻은 막대한 대출이 야기한 아주 큰 재정 부담을 덜 수는 없었다. 이와 관련하여 노르망디 호의 예만 보아도 그 부담이 아주 컸음을 알 수 있다. 이 재정 부담의 총액은 취항 첫 해 동안에 약 9,600만 프랑으로 늘어났다. 정부가 이 부담을 책임지는 데 동의해야 했지만, 회사는 영업이익을 자신을 위해 확보해 두었다. 다른 나라에서도 유사한 해결책이 채택되었다. 여기에는 사용하지 않는 선박을 매각하고 손실을 낳는 항해노선을 포기함으로써 비용을 줄이려는 회사 측의 노력이 수반되었다.

그러므로 제2차세계대전 직전의 상황은 여전히 어려웠다. 경제위기로 인한 무역의 하락세와 그 결과들은 대서양 경제에 부담이 되었고, 일부 보호 받는 부문만이 이를 피할 수 있었다. 정기여객선의 경우 이런 부문들은 크루즈 항로와 뉴욕 항로, 석유 운송과 앤틸리스 제도로 가는 바나나 노선이었다. 또한 대서양 세계는 뉴욕, 런던, 르아브르, 안트베르펜, 로테르담, 함부르크 같은 "바다의 메트로폴리스들"로 분할 된 이전 세기의 유산을 유지하고 있었다. 이런 거대 항구들에 힘입어 서유럽과 미국 동부 연안은 1938년에도 여전히 대양의 삶을 유지하는 두 개의 축이었다. 그리고 이들의 영향력은 수에즈 운하와 파나마 운하의 개통으로 인해 대서양이라는 틀을 넘어서 확장되고 있었다. 이러한 구조에 항구라는 면에서보다 교역량 면에서 또다른 일정한 수정이 나타나는 것을 보려면, 제1차 세계대전보다 구 유럽의 삶에 훨씬 더 큰 영향을 주었던 제2차 세계대전을 거쳐야 했다. 이것은 훨씬 더 강력한 미국의 영향력 하에서, 그리고 동시에 전후 재건으로부터 등장한 새로운 유럽의 영향력 하에서 현실화하였다.

§ 제2차 세계대전과 새로운 대서양시대

대서양과 제2차 세계대전

제2차 세계대전 직전에는 워싱턴 군축회의에서 결정된 해군 군비축소가 완전히 무시되었다. 1938년에 독일 해군제독 에리히 레더(Erich Raeder)는 10년 내에 영국 함대와 맞먹는 수준을 이룬다는 전망 하에 순양함과 구축함, 전함으로 이루어진 함대를 발전시키도록 히틀러를 설득했다. 실제로 1939년에 해군제독 카를 되니츠(Karl Dönitz)가 운용 가능한 잠수함의 수는 겨우 57 척뿐이었지만, 레더의 제트 플랜(Z-Plan)에 따르면 1948년이 되면 독일 해군의 잠수함은 250척이 될 터였다.

영국 쪽에서는 캐나다와 남아프리카, 심지어 아일랜드조차도 제국을 뒷받침하는 것을 꺼려하면서 제국 방어가 약화되었다. 영국 해군의 예산 비중은 영국 공군에 자금이 집중되면서 줄어들었다. 1938년에는 겨우 1억 2,720만 파운드가 해군에 할당되었고, 그에 비해 공군에는 1억 3,380만 파운드가 할당되었다. 5년 전만 해도 해군(5,530만 파운드)이 공군(1,670만 파운드)에 비해 3배 더 많은 예산을 얻었는데 말이다.[30] 1931년 만주사변을 통한 일본 제국주의의 위협으로 극동에 관심을 더 기울일 필요성이 입증되었고, 그곳의 싱가포르 기지에 더 많은 자금이 투입되었다. 그렇지만 1939년 직전 런던은 이탈리아 파시즘의 지중해 지배에 맞서기 위해 극동 전선을 얼마간 포기하게 되었다. 실제로 1939년 8월 영국과 프랑스가 독일에 대해 선전포고를 했을 때 연합국의 대서양 작전계획은 1914년의 그것과 유사했다. 연합국은 독일군 함대의 출항을 막기 위해 독일 항구를 봉쇄하고 연합국 군수보급로에 필수불가결한 북대서양 수송선단의 방어를 조직해야 했다. 수면에서 운용하는 함선 면에서 절대적으로 우위에 있었기에 첫 번째 목적은 최신의 우수한 프랑스 함대의 지원을 받아 실현될 수 있었다. 그러나 두 번째 목적은 실현과는 훨씬 거리가 멀었다. 영국에는 수송선단을 효과적으로 보호하는 데 필요한 호위대로 활용할 자원이 부족했고, 영국 공군이 하늘에서 우위에 있지도 않았기 때문이다. 공군 전력 면에서 보면 연합국 쪽에 3,400대 정도의 항공기가 있었기에 수치상으로는 독일의 항공기 3,600대에 맞먹을 수 있었다. 그러나 항공기의 무기와 속도 면에서 연합국의 항공기는 대부분 독일 항공기에 상대가 안 되었다.

북해의 항구들로부터, 뒤에는 브레스트에서 출항할 수 있었던 소형 장갑함인 독일 '강습선(raiders)'의 대담성으로 인해, 봉쇄 자체는 그다지 효과가 없었다. 무엇보다 1940년 늦봄에 덴마크와 노르웨이에서 연합군의 작전이 실패한 후 독일군이 이 두 나라의 항구들을 점령하면서 특히 그러했다. 이제 북해는 1914~1918년에 그랬던 것처럼 영국 본토함대가 치밀하게 통제하는 '그물'이 아니었다. 그리고 되니츠가 지휘하는 독일 잠수함은 오슬로에서

비스케이 만의 프랑스 항구까지 해군기지가 확장되면서 이를 이용해 대서양으로 나가 수송선단을 공격할 수 있었다.

1940년 프랑스가 패배한 후 미국의 자원에 대한 의존이 영국에게는 점차 아킬레스건이 되었고, 그리하여 소위 '대서양전투(Battle of the Atlantic)'가 전쟁의 승패를 좌우하게 되었다. 하지만 그럼에도 이 '대서양전투'는 철저하게 불리한 조건 하에서 전개되었다. 개전 초에는 미국이 연합국에 필요한 물자를 지원하더라도 확실한 참전은 전혀 약속하지 않았기 때문에 더욱 더 불리한 상태였다.

1935~1937년에 미국 의회는 교전국이 될 가능성이 있는 나라에 미국이 전쟁물자를 제공하지 않을 것을 규정한 중립법을 통과시켰다. 이를 통해 미국은 라틴아메리카와의 관계를 개선할 수 있었다. 프랭클린 루즈벨트(Franklin Roosevelt) 대통령은 '선린 이웃' 정책을 내세워 20세기 초에 미국인들이 내세운 개입권을 포기하였고, 결국 긍정적인 결과를 얻어냈다. 1936년 부에노스아이레스에서 열린 미주회의(Inter-American Conference)에서 루즈벨트는 열렬한 환대를 받았고, 미국 대통령이 유럽의 어떤 침략에도 반대한다는 정책 원칙을 인정받을 수 있었다. 이 원칙은 1938년 캐나다로도 확장되었다. '신세계'의 다른 국가들과의 관계를 확고히 한 미국은 극동에서의 상황 전개와 관련해서는 그렇지 못했다. 극동에서는 일본의 해군 확충과 중국 위기가 미국의 이해관계를 직접 위협하는 지경에 이르고 있었다. 결국 미국은, 마치 여전히 강력한 지지자들이 존재한 고립주의 전통 때문에 그런 것처럼, 당연한 듯이 대서양과 유럽에는 개입하지 않게 되었다.

전쟁이 시작되었을 때 루즈벨트 대통령은 여전히 이런 정책에 충실한 듯이 보였고, 대서양과 멕시코 만에 해당하는 서반구에 중립지대가 설정되어야 하고 이 중립지대에는 교전국 선박이 진입할 수 없다고 결정했다. 사실 대통령은 자신의 결정이 영국에 유리하다고 해석했다. 왜냐하면 이 중립지대의 존중을 책임지는 미 해군 함대의 "중립지대 순찰"이, 대서양 서부에서 영국 해군이 독일 선박의 운항을 정확히 탐지하여 그들을 공격하는 데 틀림

없이 도움이 될 것이었기 때문이다. 게다가 독일이 침략국임이 밝혀졌다. 1939년 8월 독일의 소형 장갑함 그라프쉬페(Graf Spee) 호와 도이췰란트 호가 대서양 남부를 향해 출발했고, 그라프쉬페 호는 9월 초에 바이아 앞바다에서 영국 화물선을 침몰시켰다. 그 후 몬테비데오로 도망친 그 배는 거기서 격침되었지만, 도이췰란트 호는 결국 독일로 귀환할 수 있었다.

1940년 여름이 끝날 무렵 독일이 프랑스에 대해 승리를 거둔 이후에는 위험이 더 커지는 것 같았다. 실제로 독일, 이탈리아, 일본 간의 삼국동맹으로 맺어진 추축국은 9월에 전쟁의 확장을 시도할 수 있었다. 이미 1년 이상 동안 벌어지고 있던 대서양전투에서는 상당한 수의 영국 선박이 매일 침몰하였고, 영국은 물자와 군수를 공급해 주던 미국과의 사활이 걸린 연계가 끊어지지 않을까 우려했다. 같은 시기에 루즈벨트는 군 수뇌부에게 미군의 현황에 대한 평가를 보고하게 했다. 그 보고에 따르면, 모든 것이 부족했다. 공군에는 비행기가 200대 밖에 없었고, 무장도 충분치 않았으며, 육군의 수는 6만 명이 채 되지 않았다. 얼마간 위력을 갖춘 군대는 해군뿐이었다. 중립을 지켜야 하지만, 그래도 영국의 절박한 원조 요구에 응해야 할지를 정해야 했다.

확실히 대통령 선거 기간 동안 모호한 태도를 취했던 루즈벨트는, 실제로는 10월 말 영국 특사를 통해 영국이 지원에 목말라 있음을 완전히 파악했다. 그는 여론의 지지를 기다렸고 11월의 재선에서 이를 확인했다. 그리고 영국에 대한 원조 절차에 착수했다. 1940년 12월 8일자로 영국수상 윈스턴 처칠(Winston Churchill)이 보낸 아주 노련하지만 적절하게 솔직한 편지는 영국에게 필요한 것이 무엇인지와 그것을 갖추는 데 필요한 재원이 얼마인지를 대통령에게 그대로 제시했다.[31] 미국에게는 독일의 무제한 잠수함작전을 방해할 만한 역량이 있었다. 처칠이 보기에, 대서양전투에서 승리할 수 있는 유일한 방법은 영국으로 물자를 수송하는 미국 상선을 미국 함선이 보호하게 하는 것이었다. 처칠은 1942년 봄까지 7,000대의 전투기와 300만 톤의 물자 수송을 요청하였다. 그는 이에 대한 비용 지불과 관련해 미국의 이해관계와 영국의 생존에 적합한 해결책을 찾는 것을 루즈벨트에게 맡겼다. 요구한 것들을 감당하기 위해서는 최소 27억 달러가 필요한 것으로 추산되었다. 미국에 사실상 가용 자산이 없었던 영국은 이 돈을 지급할 수 없었다.

여전히 고립주의를 지지하며 영국을 돕는 데 부정적인 사람들이 결집한 '미국우선주의(America First Movement)' 위원회는 비용 지불과 관련해 어떠한 양보도 거부하였다. 유명한 비행사 찰스 린드버그도 이 위원회에 참여했고, 1941년 4월 24일자 『뉴욕타임스(New York Times)』에 실은 글에서 미국이 유럽에서의 전쟁에서 승리할 준비가 되어 있지 않으며 미국의 독자적 운명에 충실함으로써 미국의 생명과 문명을 수호해야 한다고 하였다.[32] 물론 이 위원회는 어떤 종류의 동맹 구상에도 반대했다.

루즈벨트는 1940년 11월 29일 라디오로 중계된 '노변대담'에서 하나의 해결책을 내놓았다. 세계의 민주주의는 반드시 지켜야 하며, 미국은 "민주주의의 조병창(arsenal)"이라는 것이다. 그것은 무기와 함선과 대포를 공급함으로써 이루어질 터였다. 1941년 1월 30일 아돌프 히틀러는 매우 호전적인 연설에서 독일 해군이 영국으로 물자를 수송하는 선박은 국적에 상관없이 격침시킬 것이라고 밝혔다. 이 연설은 대서양 반대편에 분노의 물결을 일으켰다. 여론의 지지를 얻어 1941년 3월 8일 무기대여법(Lend-Lease Act)이 상원에서 통과되었다. 그것은 제1차세계대전 이후의 부채 미변제를 염두에 두고서 이루어진 교전국에 대한 대부를 금지하는 모든 법령의 철회를 뜻했다. 그렇더라도 미국은 돈이 아니라 물건을 빌려주는 식으로 달러 표시를 없앴다. 무기대여법에 기초해, 루즈벨트 대통령은 70억 달러를 쓸 수 있는 권한을 부여받았고, 이 금액은 1914년에서 1918년까지 제공된 대부금을 전부 합친 액수 정도가 되었다. 다른 경우와 마찬가지로, 무기대여법에 따른 해상 운송도 대서양을 건너가야 했고, 미국은 유보트의 공격으로부터 항로를 안전하게 지키기 위해 할 수 있는 일은 무엇이든 해야 했다. 1941년 봄 유보트는 한 달에 약 50만 톤의 화물선들을 파괴하고 있었다. 하지만 고립주의자들이 의회에서 여전히 힘을 갖고 있었기 때문에 루즈벨트는 영국으로 가는 항로 전체에 걸쳐 수송선단을 호위하려고 하지는 않았다. 그는 대신에 저 멀리 대서양 동부 깊숙이 거의 아이슬란드까지 중립지대를 확장하는 방책을 썼다.

이렇게 확장된 중립지대를 통제하기 위해 미국 해군의 자원이 강화되었다. 태평양 함대의 전함들이 대서양으로 옮겨왔지만, 거기에는 그들을 위한 기지가 전혀 없었다. 한때 미국은 아조레스 제도에 기지를 세울 생각을 했다. 그러나 포르투갈은 어느 누구에게도 그곳을 내놓을 생각이 없었고, 미국의 계획은 중단되었다. 영국의 다카르(Dakar) 원정과 그에 이어 메르스엘케비르(Mers-el-Kebir)에서 영국 해군이 알제리의 프랑스 함대에 자행한 끔찍한 '캐터펄트 작전(Operation Catapult)'−이런 점령 작전은 1801년 넬슨이 지휘하는 영국군이 코펜하겐에서 덴마크 함대에 대해 수행한 작전과 비교할 수 있다−은 이런 항구들을 독일군에게 넘겨줘선 안 된다는 두려움 때문에 발생했다. 1940년 7월과 9월에 수행된 이런 작전들이 대서양 동부에서 연합군이 이용할 수 있는 기지의 수를 늘리지는 않았다. 미국은 1941년 4월 9일 런던으로 망명한 덴마크 정부의 동의를 얻어 아이슬란드에 기지를 세우기로 했다. 그렇게 하여 중립지대는 대서양을 넘어서 멀리 아조레스 제도와 아이슬란드, 그린란드까지 확장될 수 있었다. 그것은 수송선단의 보호를 개선하는 데 절대적으로 필요하게 되었다. 무기대여법의 표결 직전인 1941년 2월 독일 중순양함 히퍼(Hipper) 호가 아조레스 제도 동쪽에서 수송선단에 속한 배 7척을 침몰시키고 브레스트로 귀환하였다. 얼마 뒤 이 함선은 뉴펀들랜드에서 500마일 떨어진 그랜드뱅크스에서 16척의 선박을 파괴하고 여러 수송선단을 해체시켜 버렸다.

아이슬란드에는 독일 유보트와 해상 강습선의 위치를 정확히 파악하기 위해 항공기들이 배치되었다. 그럼에도 1941년 4월 독일의 대규모 잠수함 공격이 개시되었다. 수송선단을 공격하기 위해 그린란드 남부에 숨어있던 잠수함의 공격은 유럽으로 가는 항로를 차단할 수 있었다. 영국의 손실은 걷잡을 수가 없었고, 영국 구축함이 나포한 유보트 110호에서 독일 해군의 암호를 해독한 후에야 회복할 수 있었다. 6월 1일에서 9월 1일까지 전쟁이 발발한 뒤 처음으로 헬리팩스에서 리버풀로 가는 수송선단의 방어가 완벽하게 이루어졌고, 단 한 척의 배도 잃지 않았다. 그리고 9월 16일에 독일 잠수함과 미국 구축함이 충돌한 이후 그 해 가을에는 미국 대서양 함대가 보다 직접적으로 화물선 호위에 나서게 되었다.

대(對)소련 전선에 몰두하던 히틀러가 꺼려했음에도, 독일 제독 되니츠는 9월 14일에 캐나다와 미국 영해 상의 상선대에 대한 공격 시도를 결정하였다. 다시 또 엄청난 피해가 발생했고, 독일 잠수함들은 주저 없이 상선을 보호하는 미국 구축함들을 공격하였다(7월에는 뉴펀들랜드에 미 해군 기지가 세워졌다). 1941년 가을 독일군이 발트 해 국가들을 점령하면서, 소련의 발트 해 항구들이 봉쇄되었다. 1916년에도 이미 이용했던 연합국 수송선단에게 허용된 북대서양을 경유하는 유일한 항로가 무르만스크(Murmansk)의 콜라(Kola) 항에서 끝났다. 레닌그라드(Leningrad)가 1941년 9월 10일 봉쇄되었고 러시아에게 제공되는 어떤 원조도 차단하려는 독일의 노력이 배가되었다. 1931년 10월 15일 일단의 유보트들이 북대서양에서 한 수송선단을 공격했는데, 이 사례는 잠수함 작전이 제기하는 심각한 위험을 명백히 보여준다. 저녁 8시 10분 어둠 속에서 수송선단의 가운데에 있던 노르웨이 선박이 갑자기 유보트 558호로부터 어뢰 공격을 받아 폭발하고 침몰했다. 한 시간 뒤 이 잠수함은 수송선단의 중심부로 조용히 숨어 들어가, 부상하면서 2척의 상선을 더 격침시켰다. 5, 6척의 유보트들이 수송선단에 공격을 가하기 시작했고, 자정께에는 노르웨이의 탱커 선이 어뢰에 맞아 격침되었다. 이 탱커 선이 폭발하면서 그 불빛이 수송선단 전체를 밝혔고 모든 선박의 위치가 그대로 드러났다. 호위 중이던 미국 구축함도 바로 공격을 받았다.[33]

이 구축함은 대서양전투에 참여해 처음으로 공격받은 미국 함선이었다. 10월 31일 또 다른 미국 구축함이 어뢰 공격을 받아 116명이 사망했다. 이런 상황에도 중립주의 당파는 여전히 강력한 힘을 발휘했고, 루즈벨트는 대서양에서의 작전 구상이나 태평양에서의 일본을 공격하는 방어 구상을 실행해 옮길 수가 없었다. 1941년 12월 7일 진주만(Peral Harbor)에 대한 일본의 기습 공격으로 미국 태평양함대의 일부가 파괴되자, 이런 작전 구상들을 모두 전면화 시킬 수 있게 되었다.

추축국에 맞선 전쟁에 미국이 직접 참전했음에도, 1942년에 연합국은 대서양에서 여전히 약 800만 톤의 선박이 침몰하는 큰 손실을 겪고 있었다. 1943년에도 유보트는 언제나 10척에서 40척에 이르는 잠수함 함대를 구성해 기습 공격을 가하는 전술을 사용해 적군에게 강력한 타격을 가하고 있었다. 한참 뒤인 1943년 여름까지도 뉴펀들랜드와 아이슬란드, 북아일랜드에서 발진하는 비행기들은 대서양 항로 전체를 공중에서 보호할 수 없었고, 여전히 600마일의 빈틈이 있었다. 이 빈틈을 잠수함들이 이용한 것이다. 몇 달 뒤에는 24시간 공중 호위가 시행되었고, 우수한 레이더를 장착한 호위 비행기가 유보트를 압도했다. 그렇지만 1943년 2월에서 3월 사이에 4번에 걸쳐 연속적으로 항해한 수송선단은 191척의 상선 중 38척이 침몰하는 피해를 입었고, 이때 격침된 잠수함은 3척에 불과했다.

하지만 압도적으로 우세한 공군을 앞세우고 아프리카 연안의 다카르와 프리타운(Freetown)을 기항지로 이용하면서 연합군이 북아프리카에 상륙하고 이어서 이탈리아에 상륙했다. 이로써 전황이 연합군에게 유리해졌고, 대서양전투를 통해 독일이 유리한 전황을 확보할 가능성이 사라졌다. 노르망디 상륙작전을 펼치며 연합군이 1만 1,000대의 항공기와 350척의 함선, 4,100척의 상선을 활용할 수 있었던 것은 대서양에서 얻은 승리 덕분이었다.

하지만 승리를 얻는 데 든 대가는 너무 컸다. 영국만 해도 1,100만 톤이 넘는 상선들이 침몰했고, 이는 1939년 현재 영국 상선대 규모의 60퍼센트에 해당했다. 연합국 전체의 손실은 2,100만 톤을 넘었다.[34] 전쟁으로 인해 전쟁 직전에 바다를 떠다니던 선박 2척 중 1척이 사라진 것이다. 이런 손실을 메우기 위해 미국의 강력한 산업은 모든 노력을 다했다. 전쟁 동안 미국은 3,800만 톤이 넘는 5,171척의 선박을 진수했다. 그 중 유명한 2,500척의 리버티 선(Liberty Ships)은 연합국 수송대의 근간을 이루었다. 대서양전투에서 영국이 거둔 승리는 너무나 많은 희생을 치르고서 얻은 것이었으며, 실제로 영국은 이미 제1차세계대전 때에 아주 약화되었던 해양력을 지탱할 수 있는 어떤 가능성도 최종적으로 상실했다.

대서양의 재건

전쟁 동안 점점 더 강해졌던 영국의 미국에 대한 의존성은 전후 시기에는 서유럽 전체로 확대되었다. 전후 서유럽이 처한 정치적 제약과 경제적 필요성 때문에 더욱 더 그러했다. 스탈린주의 소련의 점증하는 야심에 직면하여, 이에 위협을 느낀 서유럽은 대서양 건너편의 동맹국으로 눈을 돌릴 수밖에 없었다. 1948년의 브뤼셀 조약에 서명한 국가들은 1949년에 냉전의 맥락 속에서 북대서양조약기구(North Atlantic Treaty Organization)를 설립하였다.[35] 이를 통해 캐나다와 미국은 프랑스와 영국을 비롯한 유럽 10개국을 지원할 수 있게 되었다.

미국의 지원은 유럽의 재건에 필수불가결한 것으로 드러났고, 다시 한 번 대서양이 '구대륙'과 '신세계' 사이에서 핵심적인 연결고리 역할을 수행하였다. 유럽 국가들은 자신들에게 부족한 원료와 제조업 상품을 수입하기 위해 상선대가 필요했지만, 대부분 전쟁 중에 파괴되었다. 그래서 이들은 미국으로부터 필요한 선박을 제공받았다. 그래서 프랑스의 경우 1946년 5월 26일 프랑스와 미국 간에 맺어진 블룸-번즈(Blum-Byrnes) 합의[17]를 통해 약 75척 정도의 리버티 선을 할당받았는데, 화물을 다 채울 경우 그 총톤수는 76만 톤에 이르렀다. 그 중 21척을 트랜스아틀란티크 정기선회사 혼자서 받았고, 이 회사는 이미 용선계약을 통해 11척을 이용하고 있었다. 리버티 선의 총 하중 1만 톤은 대양횡단 항해에서 수익을 올리기에 충분하였다. 속도가 10

---

17 미국 국무장관 제임스 F. 번즈와 프랑스 정부 대표 레옹 블룸 사이에 맺은 협약.

노트로 느렸고 부주의로 인한 사고와 다소 건조과정을 서둘렀기 때문에 발생한 사고들이 있었지만, 이 리버티 선은 유럽에 석탄과 곡물, 모직 및 면직물을 공급하는 데 최적의 수단임을 보여주었다.

그러는 사이에 유럽계 회사들은 자신의 선단을 재건하는 데 몰두하였다. 하지만 급속한 인플레이션이 모든 나라에 퍼져 재건을 힘들게 했고, 그런 상황에서 선박 건조 비용이 상승했다.

커나드 회사와 트란스아틀란티크 회사

영국계 회사 커나드는 4척의 화물 정기여객선을 구입하고 용선계약을 맺었기 때문에 1948년에 270만 톤의 화물을 수송하면서 전쟁 전 시기에 비견될 만한 해양 수송량 수준을 회복할 수 있었다. 동시에 커나드 회사는 냉장창고를 갖춘 쾌속 화물선 3척의 건조 계획을 추진하고 있었다. 이 배들은 1950년에 취역하였다.[36] 1960년대 초에 이런 화물 운송으로 얻는 수입이 680만 파운드에 이르렀고(1961년), 1965년에는 1,200만 파운드를 넘어섰다.[37] 그 시기 이러한 수입액은 여객수송에서 확보하는 수익의 반을 넘었다.

트란스아틀란티크 회사는 리버티 선 덕분에 1948년에 1939년 수준의 선적 톤수를 회복했고, 계속해서 새로운 선박들을 건조하여 진수시켰다. 그 중 5척은 멕시코 및 앤틸리스 제도 항로에 취역했다. 이 항로에서 이 회사의 배들은 1950년에 전쟁 전의 해운 총톤수의 반 정도에 해당하는 톤수를 다시 회복할 수 있었다.[38]

하지만 두 회사는 무엇보다 자신들이 명성을 날렸던 북대서양에서 정기선 항로를 회복하고자 노력했다. 이 부문의 상황은 극히 어려웠다. 1938년에 11개 국가에 속한 88척의 정기여객선들이 북대서양을 항해하고 있었지만, 1946년에는 그 수가 불과 13척밖에 되지 않았다.

전쟁 동안 커나드 회사는 연합군을 작전 지역으로 수송하는 데 크게 공헌했다. 북대서양에서만 퀸메리 호와 퀸엘리자베스(Queen Elizabeth) 호가 유럽으로 운송한 군인의 수는 100만 명이 넘었다. 1939년에 커나드 회사는 434만 4,689톤의 용적톤수를 가진 18척의 정기여객선을 운항하고 있었다. 1945년 5월에 이 회사의 정기여객선은 9척이었고 용적톤수는 34만 5,921톤이었다.39) 자신이 보유한 최고급 선박들인 퀸메리 호와 퀸엘리자베스 호, 모리타니아 호, 브리타닉(Britannic) 호를 다시 복구하기 위해, 회사는 760만 파운드 이상을 투자해야 했다. 1948년에 회사는 총톤수 3만 4,000톤의 카로니아(Caronia) 호를 취역시켰다. 그러나 미국 손님들이 요구한 편의시설이 부족하여, 특히 에어컨 시설이 없어서 그 배는 이용하기 힘든 것으로 드러났다. 1950년대 동안 커나드 회사는 새로운 전략을 채택했는데, 그것은 성수기-봄과 여름-에 가능한 많은 선박을 뉴욕 항로에 취역시키고 겨울 동안에는 일정 수의 선박을 크루즈 선으로 전환한다는 것이었다.

하지만 1960년 이후 북대서양 항로는 성수기에도 항공 운송과 점점 더 심한 경쟁을 벌여야 했다. 1957년에는 여객수송에서 하늘과 바다가 가진 비중이 여전히 비슷했다. 104만 1,000명이 하늘을 이용했고, 103만 7,000명이 바다를 이용한 것이다. 10년 뒤 대양 수송을 이용한 승객 수는 불과 50만 4,000명에 지나지 않았고, 그것이 전체에서 차지하는 비중은 7.5퍼센트에 불과하게 되었다. 이에 비해 항공 수송을 이용한 승객 수는 617만 7,000명이었다.40) 커나드 회사는 항공 회사와 벌인 이런 경쟁이 얼마나 중요한지를 잘 알고 있었고, 1959~1962년에는 항공 운송에도 투자하였다. 초기 단계에서 커나드 회사는 해양 운송과 항공 운송이 서로 보완적이라고 여전히 믿으면서, 1959년 10월 이글에어웨이즈(Eagle Airways) 회사를 인수하였다. 이 회사는 런던에서 바하마 제도의 나소로 가는 항공 노선에 취역하였다. 그 후 커나드 회사는 북대서양 항공 노선 전체에 걸쳐 취역하기 위해 영국해외항공회사(BOAC) 및 여타 대서양횡단 항공회사들과 과감한 협상을 벌였다.41) 커나드 회사는 새로운 항공기인 보잉(Boeing) 707과 드하빌랜드(De Havilland) 회사의 코미트(Comet) 4를 이용하여 이글에어웨이즈가 뉴욕까지 취역할 수 있기를 바랐다. 그렇지만 1961년 6월 21일 이글에어웨이즈가 이 항공노선에 대한 허가를 얻자, BOAC가 그 노선에서 철수했다. 이 일로 인해 BOAC와의 협상이 깨졌다. 그러나 그럼에도 이러한 협상들은 해상 운송과 항공 운송이 서로 보완적이게 될 것임을 미리 내다보았기 때문에 아주 독창적인 것이었다. 승객들은 비용 상에 큰 이점이 있기에 해외여행에 나서면서는 바다를 이용하고 귀환 시에는 하늘을 이용할 것이라고 생각되었던 것이다.

런던에서 나소로 가는 항공 노선의 취역은 나소에서 뉴욕으로 가는 노선과 함께 마이애미로까지 확장되었고, 얼마간 성공을 거두었다. 1962년 커나드 회사는 BOAC의 주식을 획득하는 데 성공했고, 이런 제휴가 가져 온 성과는 나중에 1966년이 되어서도 여전히 상당히 컸다. 이 시점에서 제트 여객기의 도입에 대규모 투자가 필요하게 되면서, 커나드 회사는 항공회사에서 완전히 발을 빼고 자본 전체를 해양 운송의 전통적 역할을 발전시키는 데 투여하기로 결정했다. 그리고 실제로 다음 해에 커나드 회사는 퀸엘리자베스 2세 호를 진수시켰는데, 이 배의 진수는 커나드 회사의 선단을 혁신하고 트란스아틀란티크 회사의 프랑스 2호와 경쟁하기 위해서 이루어졌다.

트란스아틀란티크 회사도 전후에 자신의 정기선 선단을 재건할 수 있었지만, 북대서양을 둘러싼 경쟁도 더 격화되고 있었다. 르아브르에서 뉴욕으로 가는 노선에는 정기여객선 드그라스(de Grasse) 호와 일드프랑스 호, 리베르테(Liberté) 호(이전의 유로파 호)가 1947년과 1949년 사이에 하나씩 취역했다. 1950년 봄 회사는 일드프랑스 호와 리베르테 호로 주 1회의 횡단항해 서비스를 확립하였다. 1951년 2척의 정기여객선을 앤틸리스 제도로 가는 노선에 취역시켰고, 같은 해에 마로크(Maroc) 호가 보르도와 카사블랑카(Casablanca)를 연결했다. 승객 수는 확실히 증가세를 보였다. 1947년 르아브르에서 승선 등록한 6만 3,500명의 승객 중, 트란스아틀란티크 회사가 수송한 사람 수는 드그라스 호에 승선한 1만 300명에 불과했다. 당시 커나드 회사의 선박 3척과 미국 선박 4척이 그 항구에 기항했기 때문이다. 1951년에는 트란스아틀란티크 회사는 7만 9,200명의 여객수송량을 올려 커나드 회사에 이어 둘째가는 정기선회사가 되면서, 꽤 비중 있는 위치를 다시 점하게 되었다.

트란스아틀란티크 회사는 경쟁자인 커나드 회사가 한 것처럼 항공 운송에 참여할 수가 없었다. 하지만 전쟁 전인 1937년 7월 이 회사는 랑드(Landes) 도의 비스카로스(Biscarrosse) 호수에서 뉴욕까지 수상비행기 라테코에르(Latécoère) 호를 이용해 상업적 횡단 비행을 완수한 최초의 회사였다. 그 후 대서양횡단 프랑스 항공(Air France Transatlantique)이라는 이름의 회사가 설립되었지만, 1945년 6월 국영기업인 에어프랑스(Air France)가 창설되었다. 이런 과정에서 트란스아틀란티크 회사는 축소된 역할밖에 하지 못했다. 그리하여 이 회사는 자체 항공 사업을 벌여나가겠다는 희망을 완전히 접게 되었다.

대서양횡단 정기여객선의 마지막

대형 호화 쾌속 여객선인 프랑스 2호와 퀸엘리자베스 2세 호의 활약으로 트란스아틀란티크 회사와 커나드 회사는 1960년대에 대서양 여객수송이 훨씬 더 늘어날 것이라고 기대해도 될 것 같았다. 하지만 실제로는 항공사와의 경쟁이 이미 이런 기대를 헛된 것으로 만들고 있었다.

트란스아틀란티크 회사가 새로운 정기여객선의 건조를 먼저 완료했다. 1957년부터 페노외에서 건조된 프랑스 2호는 1960년에 진수되었고 2년 뒤에 취역하였다. 크기 면에서 노르망디 호와 비슷한 ─6만 5,000톤의 배수량에 길이 315미터─ 프랑스 2호는 그 배보다 높은 35노트의 속도와 그 배보다 낮은 연료 소비량을 보이며 2,033명의 승객을 운송할 수 있었다. 이 배에 탄 승객들은 2개의 등급으로 구분되었는데, 1등선실 승객은 500명이었다. 요동방지 장치와 에어컨 장착, 1등선실용 전화기, 등 이런 모든 것들이 승객의 편리를 위해 설치되었다. 노르망디 호보다는 검소하지만 그래도 화려한 장식에는 피카소(Picasso), 라울 뒤피(Raoul Dufy), 앙드레 스공작(André Segonzac), 장 카르주(Jean Carzou) 같은 예술가들의 사인이 새겨져 있었다. 그러나 분위기는 보다 부드러웠고, 800석의 극장과 3개의 수영장을 갖추어 문화와 스포츠가 결합되어 있는 모습을 연출했다.

5년 뒤 1967년 9월 20일에 커나드 회사는 퀸엘리자베스 2세 호를 진수시켰다. 1964년부터 계획된 그 배는 크기가 좀 작았는데 -길이 239미터-, 이런 크기 때문에 파나마 운하의 갑문을 지날 수 있었고 필요시 크루즈 선으로 전환할 수도 있었다. 에어컨 시설을 갖추고 쇼핑가와 4개의 수영장, 사우나 및 터키탕이 설치되어 영국식 안락함을 승객들에게 제공하는 데 손색이 없었다. 당시 커나드 회사는 정기여객선과 크루즈 선을 결합한 운영에 큰 기대를 걸고 있었다. 그 회사의 정기여객선들은 태양을 찾아나서는 손님들을 위한 관광업에도 종사할 터였다. 이 배들은 여름에 수요가 컸던 북대서양 횡단항해에 종사하다가 겨울에는 바하마 제도의 나소나 지중해로 가는 크루즈 선으로 취역하게 되어 있었다.

이런 성공을 거둔 후 두 회사들에게는 힘든 상황이 거듭되었다. 1967년과 1968년에 퀸메리 호와 퀸엘리자베스 호가 북대서양 노선에서 퇴역하였고, 퀸메리 호는 캘리포니아 롱비치(Long Beach) 시에 매각되었으며, 퀸엘리자베스 호는 홍콩에서 해상 대학으로 개조되었다. 1969년 커나드 회사는 퀸엘리자베스 2세 호를 비롯해 3척 남짓의 선박을 보유하였다.

뉴욕을 유럽으로 가는 관문으로 만들었던 북대서양 여객수송은 증가하는 항공 노선과의 경쟁에 직면하여 사실상 사라졌다. 제트여객기가 정기여객선들을 사라지게 만든 것이다. 1973년에 항공기는 1,400만 명이 넘는 승객을 수송했지만, 해상 수송의 승객은 10만 명이 채 되지 않았다. 이 승객 수는 전체 여객수송의 1퍼센트에 불과한 것이었다.

역시 항공기와의 경쟁이 벌어지고 있던 대서양 남부에서는 일정 수의 화물 및 여객 수송 겸용 선박들이 여전히 승객과 화물을 수송했는데, 수송되는 화물은 주로 냉장보관 상품과 곡물, 양모, 피혁과 같은 벌크 화물이었다. 1970년대 초에도 제노바에서 부에노스아이레스까지 가는 2척의 정기여객선을 가진 영국계 블루스타(Blue Star) 정기선회사와 이탈리아 회사, 그리고 미국에서 남아메리카로 가는 항로에 취역한 미국계 회사들은 여전히 얼마간의 여객수송을 수행할 수 있었다.

북대서양에서는 상황이 훨씬 더 악화되었다. 거기서는 1970년대 초부터 모든 회사들에서 정기여객선의 퇴역이 가속화되었다. 사우샘프턴에서 뉴욕으로 가는 정기여객선인 유나이티드스테이츠(United States) 호가 1972년에 퇴역했고, 북대서양 여객 수송에서 미국의 국적선이 사라졌다. 이때는 이 노선에 그리스 국적선(피레아스[Piraeus]와 뉴욕을 연결하는)과 노르웨이 국적선(오슬로와 뉴욕을 연결하는), 스웨덴 국적선(코펜하겐과 뉴욕을 연결하는)이 아직 남아 있었다. 1974년 가을 프랑스 2호가 퇴역했다. 커나드 회사는 퀸엘리자베스 2세 호가 재정적으로 큰 손실을 주고 있었지만 그래도 그 배를 유지하고자 했다. 그 배는 1980년에도 여전히 사우샘프턴과 뉴욕 사이를 23회 항해하였다. 하지만 크루즈만이 이익을 남기게 되었고, 거의 1세기 동안 정기여객선이 차지했던 "주역(sacred monsters)"[18]의 자리를 크루즈가 대신하게 되었다.

당시 대서양의 변화는 승객 수송에만 한정된 것이 전혀 아니었다. 컨테이너선과 그 외 새로운 수송방식의 등장으로 대서양은 다른 대양과 마찬가지로 혁명을 겪고 있었다.

20세기 말 대서양의 변모

북대서양에서 승객 수송이 갑작스런 항공 수송의 팽창으로 거의 사라지

---

18 sacred monsters는 프랑스어로 monstres sacrés로 19세기 프랑스에서 무대의 대스타들을 가리키기 위해 처음으로 사용된 용어이다. 이것은 청중과 미디어의 각광을 받아 스타덤에 오른 현대적 대스타의 탄생을 뜻했다. 직역하면 "명배우"나 "대스타"라고 해야 하나, 여기서는 정기여객선이 북대서양 여객수송에서 가지는 비중을 뜻하기에 "주역"으로 옮겼다.

다시피 했지만, 상업적 화물 수송은 1973년의 석유 위기 이전 1960년대 전 지구적인 대규모 해양 무역의 활황에 대응해 성장하였고, 석유위기가 끝나자 1970년대 말 이후 정점에 이를 때까지 계속해서 팽창하였다.

1956년 7월 26일 이집트 대통령 나세르(Nasser)가 수에즈 운하의 국유화 조치를 취한지 몇 달 후 영국과 프랑스는 운하의 북쪽에 대한 군사 점령을 감행했고, 미국이 개입하여 이 점령을 중단시켰다. 이런 군사 작전 중에 차단되었던 운하는 6개월 동안 계속해서 국제무역의 출입금지구역이 되었다. 1967년에는 이집트와 이스라엘 사이에 6일 전쟁(Six Day War)이 발발하여 수에즈 항로가 얼마나 취약한지를 새삼 입증했고, 수많은 대형 유조선들이 항로의 제약에서 벗어나기 시작했다(수에즈 운하가 1967년에서 1975년까지 폐쇄되었다). 1973년의 큰 위기를 겪고 1973년 10월 5일 이집트가 이스라엘을 공격한 이후, 1975년 6월 5일 수에즈 운하가 다시 문을 열었지만 상황이 그 이전으로 완전히 회복되기는 쉽지 않았다. 정치적 불안 상태가 제거되지 않아서 보험료가 극히 높았고, 운하 통행료도 비쌌다. 그리고 오랫동안 방치되어 운하의 수심도 그리 깊지 않았다. 이 모든 것들이 결합하여 국제 화물 수송이 다른 항로로 방향을 틀게 만들었다. 수에즈 위기와 평균톤수 유조선에 대한 운하의 폐쇄 이후 알려지게 된 초대형 유조선의 등장은 대서양에 유리했는데, 20만 톤 이상을 운반하는 초대형 선박이 다닐 수 있는 화물 수송 항로를 제공할 수 있었기 때문이었다. 극히 대량의 화물을 운반했기 때문에, 이런 선박들은 희망봉을 돌아 서유럽과 미국에 도착하는 우회 비용을 쉽게 감당할 수 있었다. 사실 대형 화물 교역은 수에즈 위기 이전에 시작되었다. 1960년대부터 일본이 자신의 무역에 이런 초대형 선박을 사용하면서 더 이상 수에즈 운하의 제약에 종속되지 않았던 것이다. 중동과 일본 사이의 먼 거리도 보다 큰 선박으로 화물을 수송하는 것을 더 합리적이게 만들었다.

1967년의 6일 전쟁 이후 유럽 최초의 초대형 유조선에 대한 주문이 발주되었고, 1972년에는 대서양 연안의 생나제르 조선소가 2척의 초대형 유조선 건조 주문을 받았다.

대형 국제석유회사나 오나시스(Onassis)와 니아르코스(Niarchos) 같은 독자적인 선주들이 마련한 이런 초대형 선박들로 탄화수소를 운반함으로써 막대한 비용 절감이 가능하게 되었다. 게다가 이런 그리스 선주들의 배들은 여전히 라이베리아 국적선 깃발을 달고 항해했기에 비용을 더욱 더 절감하였다. 흘수가 29미터에 이르는 이런 초대형 선박에 맞추어 르아브르의 앙티페르와 같은 전용 항구들이 건설되어야 했다.

석유는 현재의 대규모 해양 화물 수송의 기원을 이룬다. 원유의 양은 약 14억톤에 이른다. 대서양 상에는 세 가지 대규모 원유 수송의 흐름이 존재한다. 첫째는 페르시아 만에서 희망봉을 돌아 유럽(1억 7,600만 톤)과 미국 동부 연안(7,600만 톤)으로 향한다.[42] 두 번째는 중앙아프리카와 서아프리카를 유럽(4,100만 톤) 및 미국 동부 연안(4,400만 톤)과 연결한다. 세 번째는 베네수엘라와 멕시코를 출발해 카리브 해를 경유하는 것인데, 베네수엘라는 미국으로 1억 100만 톤을 보내고 3,000만 톤을 유럽으로 보내며, 멕시코는 1,200만 톤을 유럽으로, 1,200만 톤을 브라질로 보낸다.

석유 다음으로 대량인 벌크 상품들도 용적톤수가 아주 높은 선박으로 운송한다. 대서양에서 운반되는 벌크 상품과 관련하여, 운반되는 상품의 양과 배의 크기 면에서 유조선에 버금가는 지위를 차지하는 것은 광석전용운반선이다. 철광석과 보크사이트는 그것들을 운반하는 데 관련된 화물 수송 흐름의 중요성을 보여준다. 대서양의 경계에 있는 3개의 대규모 생산지대에는 수송기지들이 설치되어 있다. 1억 1,500만 톤을 수출하는 브라질은 비토리아(Vitória) 전용 항구에서 시작되는 첫 번째 흐름을 추동하고 있다. 그 전용 항구에서는 12만 톤의 광석전용운반선들이 시간당 8,000톤까지 실을 수 있고 15시간이 채 되지 않아 선적을 끝마친다. 브라질은 세계 광석 수출량의 3분의 1을 차지하고 있다. 아프리카의 여러 생산국들 -앙골라, 가봉, 기니, 라이베리아, 모리타니- 은 이 화물 수송에서 점점 더 많은 비중을 맡고 있다. 아프리카에서의 선적에는 해안선의 성격 때문에 일정한 제약이 따른다. 집중 방파제 체계가 모래톱까지 뻗어 있다. 엄청난 파도가 모래톱을 넘어서까지 몰아쳐서 오랫동안 아프리카 연안 항해에 장애가 되었기 때문이다. 2개의 계선주(繫船柱)를 설치한 선창을 만들고 선적 기계를 갖춘 플랫폼을 설치해 거기에 창고도 마련해 두었다. 그리고 항구와 광산을 연결하는 철도가 가설되어 있다. 대형 제철업체들에게 종속되어 있는 광산회사들은 그들로부터 이런 시설에 드는 비용을 공급받는다. 세 번째 대규모 생산지대는 북아메리카의 래브라도와 뉴펀들랜드이다. 이런 주요 화물 수송 흐름들이 대서양을 가로질러 유럽과 미국으로 향한다.

보크사이트와 알루미늄은 카리브 해와 아프리카, 그리고 오스트레일리아의 생산자들 간에 이루어지는 복잡한 상호의존성을 보여준다. 카리브 해에서는 자메이카와 가이아나가 단연 압도적인 생산국들이다. 이들이 세계 수출량의 40퍼센트를 점하고 있으며, 그 뒤를 아프리카의 기니와 가나가 이으며 25퍼센트를 차지하고 있다. 오스트레일리아는 보크사이트보다 알루미늄을 더 많이 수출하는데, 대서양으로 이어지는 가장 긴 광석 수송 흐름의 출발지이다. 이 흐름은 오스트레일리아에서 시작해 인도양을 횡단한 후 희망봉을 돌아 멀리 서유럽을 향해 대서양을 올라간다. 아프리카는 주로 유럽으로 수출하며, 가이아나와 자메이카는 미국과 캐나다로 주로 수출한다.

광석의 대량 수송만이 아니라 목재와 곡물 같은 다른 대량 화물 수송도 화물 수송량의 팽창을 보여주며, 이에 수반하여 마찬가지로 수송 선박의 톤수도 크게 늘어났다. 그러나 제조업 상품의 수송이 대서양 상에 진정한 혁명이 일어났음을 보여주었고, 이는 20세기 대서양의 항구와 선박들에게 새로운 모습을 가져다주었다.

컨테이너선의 등장으로 화물 수송에는 완전한 변혁이 일어났다. 컨테이너선은 해상 운송을 괴롭혔던 가장 까다로운 문제 중 하나를 해결해 주었다. 그것은 항구 내에서 선박의 관리 및 고정 비용을 피하면서 다양한 상품을 선적하고 하역하는 문제였다. 컨테이너선은 신속한 배송 서비스를 가능하게 했고, 항만 작업의 속도가 놀랄 정도로 빨라졌다. 컨테이너선의 하역 작업은 통상적인 화물선의 하역작업보다 6배나 더 빨랐던 것이다.

컨테이너의 혁신적인 도입은 1950년대 초 미국 뉴욕에서 멕시코 만으로 가는 항로를 대상으로 시작되었다. 1960~1962년 해운회사 시랜드(Sealand)는 뉴욕과 카리브 해(푸에르토리코) 사이의 여러 항로들에서 대규모 화물 수송에 착수했다. 북대서양에 컨테이너선이 등장한 것은 1960년대 초였고, 화물선은 부차적인 노선으로 물러나기 시작했다. 미국 해운회사와 유럽 해운회사들 사이에 이 새로운 화물 수송에 대한 통제력을 확보하기 위한 경쟁이 대서양에서 벌어졌다. 당시 3개의 대형 미국 회사들이 유럽 회사들과 경쟁을 벌였고, 유럽 회사들은 보다 효과적으로 저항하기 위해 힘을 모았다. 1967년 커나드 회사와 트란스아틀란티크 회사, 홀란드아메리카(Holland Amerika) 회사, 스벤스카아메리카(Svenska America) 회사가 합쳐서 애틀랜틱 컨테이너(Atlantic Container)를 설립했다. 1968년에는 벨기에인, 영국인, 독일인들이 모여 다트컨테이너(Dart Container) 정기선회사를 설립했고, 덴마크인들은 영국의 블루스타 회사와 결합하여 스칸타르 컨소시엄(Scantar consortium)을 창설했다. 1972년 이 모든 것들이 하나로 결집하여 애틀랜틱 컨소시엄(Atlantic consortium)을 등장시켰고, 유럽인들은 대서양 화물 수송의 상당한 비중을 차지할 수 있게 되었다.

컨테이너화의 발전은 다양한 상품이 규칙적이고 풍부하게 유통되는 높은 생활수준을 가진 나라들 사이의 무역에서 그 정점에 이르렀다. 이는 소비재 상품을 그보다 적게 소비했고 상품 유통이 계절적인 성격을 가졌던 개발도상국에게는 불리한 것이었다. 그러는 사이에 일부 미국과 유럽의 해운회사들은 이런 나라들을 그들의 순환로에 포함시키고자 노력했다. 아프리카테이너(Africatainer) 회사의 사례를 들어보자. 그 회사는 프랑스의 연합해운 회사와 파브르 회사를 매입하여 합쳐서 기니에서 마타디(Matadi)에 이르는 9개의 항구에 취역시키고, 그 중 아비장(Abidjan)에서 화물을 합치거나 분배하였다. 아프리카테이너 회사는 지금도 지역 항구들에 의존하면서, 컨테이너 화물의 도착과 출발은 아비장에 집적시키고 거기서 적은 양의 화물을 지역 항구들로 옮겨 전통적인 화물과 교환하고 있다.

이런 화물 수송의 특징은 컨테이너 물류의 대부분이 북아메리카 —미국과 캐나다— 동부 연안과 서유럽을 연결하면서 대서양 북부 지대로 집중되는 양상을 야기했다. 뉴욕에는 가장 큰 컨테이너 전용 항구가 있으며, 이곳의 컨테이너 적재공간은 1975년에 약 375헥타르로 확장되었다. 이곳에서는 다른 컨테이너 전용 항구와 마찬가지로 대형 갠트리 크레인들(gantry cranes)[19]이 40톤 내지 50톤이나 나가는 컨테이너들을 옮기고 있는 모습을 볼 수 있다. 서유럽에서는 스웨덴의 예테보리(Göteborg), 독일의 함부르크와 브레머하펜(Bremerhaven), 네덜란드와 벨기에의 로테르담과 특히 안트베르펜, 마지막으로 자체 대서양 항만을 갖춘 르아브르가 모두 대규모 컨테이너 전용항구를 보유하고 있다. 비스케이 만의 보르도와 같은 항구는 이런 컨테이너 수송에서 하락세를 면치 못하던 무역을 부활시킬 가능성을 찾았고, 지롱드 강어귀의 르베르동에 전용 항구를 설치하였다. 영국에서는 런던에는 충분한 컨테이너 적재공간이 부족하여 런던 항과 연계된 전용 항구를 서퍽(Suffolk)에 마련하였다.

최근 30노트까지 속도를 내는 컨테이너선들이 2,000개 내지 2,500개의 컨테이너를 싣고서 북대서양 화물 수송 역사상 가장 대규모의 해운 활동을 전개해 왔다. 대서양의 나머지에서는 미국과 남아메리카 및 남아프리카를 연결하는 컨테이너선과 유럽과 서아프리카 및 남아메리카를 연결하는 컨테이너선이 항해 빈도와 선적용량 면에서 북대서양보다 못하다는 것이 확실하다.

하지만 컨테이너 화물 운송의 도입이 항구에 야기한 심각한 문제들을 간과해선 안 된다. 공업지대로 바로 연결되는 고도로 분화된 석유 운송과 광물 운송이 흔히 항만 내 일자리 창출에 이롭지는 않았지만, 그것을 방해하지는 않았다. 반면에 컨테이너화의 진전은 부두노동자들의 전통적인 일거리를 위협한다. 실제로 컨테이너화의 목적은 단일하고 고된 장시간 항만 작업에 대한 의존을 제한하여 몇 가지 세분화된 작업으로 대체하는 것이다.

---

19 갠트리 크레인은 컨테이너 하역 및 선적용으로 특별히 설계된 암벽용 고가운송 크레인이다. 컨테이너 전용항구에서는 어디서나 볼 수 있는 상징적인 항만설비이다.

그 결과 아주 초기부터 노동조합 내에서는 노동력 감축에 대한 우려가 있었고, 실제로 노동력은 상당히 감축되었다. 미국 동부 연안에서는 일자리가 1952년의 5만 1,000개에서 1972년 1만 5,000개로 줄어들었고, 영국에서는 1961년과 1973년 사이에 7만 개에서 3만 2,000개로 줄어들었다. 프랑스의 경우에도 항만 내 일자리가 1968년의 1만 5,000개에서 1973년 1만 3,000개로 줄어들었다.[43]

이런 화물 수송에 이용되는 선박들에는 막대한 생산 및 유지 비용이 들어가기에 생산에 엄격한 규제가 필요한데, 이런 식의 대량 화물 수송은 선원들의 생활에도 큰 변화를 가져왔다. 범선 시대나 19세기 증기선 시대 선원들의 경험에 비한다면, 업무의 자동화로 개선된 선원들의 생활이 분명 훨씬 낫다고 생각할 수도 있을 것이다. 증기선에서 기관실 근무와 석탄관리는 극히 힘든 일이었고, 범선에서 어떤 날씨에도 삭구를 다루어야 했던 장루담당은 누구라도 피하고 싶어 한 일이었다. 하지만 선박의 순환 속도를 가속화하고자 하면서 항구에서 보내는 시간을 최대한으로 제한하게 되었고, 승선 시간이 너무 길었던 선원들이 종종 사고를 치곤했던 기항을 폐지했다. 선주들은 사회적 제약에서 벗어나고 과세 특혜를 이용하기 위해, 다른 나라 배로 등록하고 발전도상국 출신의 선원들을 채용하고 있다.

석유와 광석, 컨테이너 화물 운송 규모의 분포가 유럽과 미국에 중심을 두고 있다는 사실은 19세기로부터 물려받은 전통을 지속하면서 대서양에 "2개의 축"이 존재한다고 믿게 할 수도 있었다. 하지만 실제로는 그것은 전혀 사실이 아니다. 그 이유는 두 가지이다.

한편으로 전 지구적 발전의 주요 축들은 유럽과 아메리카라는 2개의 거대지대로 축소될 수 없다. 그 두 지대 외에도 당연히 일본과 동남아시아가 존재한다. 그리고 아메리카는 유럽보다는 태평양 쪽에 더 많은 기대를 걸고 있다. 오랫동안 아메리카가 누구보다 자신의 동반자라 여긴 것은 '구대륙'이었지만, 이미 1980~1982년에 아메리카의 태평양횡단 무역은 북대서양이 갖고 있던 수준에 근접하였다. 이 시기 전에 아시아의 대(對)아메리카 수출은 서유럽의 수출을 능가하였다. 그럼에도 당시 서유럽은 '신세계'에서 생산되는 상품을 대부분 흡수하는 시장을 유지하였다. 그러나 1983년에는 미국의 전 지구적인 무역에서 아시아가 차지하는 비중이 미국의 전통적인 무역 상대였던 유럽의 비중을 추월하였다.

다른 한편으로, 유럽과 마찬가지로 아메리카도 '방추형' 화물 수송을 발전시키기는 데 이르렀고, 대부분의 무역이 자오선을 따라(즉, 남북 방향으로) 이루어지고 나머지는 그와 교차하여 이루어져 왔다. 따라서 미국은 석유, 철, 보크사이트 같은 전략 상품을 카리브 해와 브라질에 의존하고 여러 가지 상품을 팔 목적으로 이런 곳들과의 관계를 발전시켜 왔다. 제국 항로들을 물려받은 유럽은 서아프리카와 중앙아프리카와의 관계를 발전시켜 왔고, 이런 곳들에서 유럽의 산업에 결정적으로 중요한 석유와 광물을 찾고자 했다. 북아메리카는 이런 항로들에 교차하면서 앙골라와 서아프리카 쪽으로도 관심을 두었다. 마치 유럽이 브라질과 관계를 맺고자 한 것처럼 말이다. 따라서 대서양에는 '여러 개의 축'이 있으며, 그럼에도 그것은 금융 및 무역과 관련해 미국과 유럽이 짝을 이루어 내리는 결정들에 의해 여전히 추동되고 있다고 할 수 있을 것이다.

화물 수송 흐름을 통해 추적할 수 있는 축들 위에서 선박들은 여러 해운 항로들로 모여드는 데, 모인 선박의 대열 길이가 50마일에 이를 수도 있다. 배를 아무렇게나 대양으로 내보내는 것이 아닌 것이다. 이런 축들 중 단연 가장 중요한 것은 '트랙(track)' 항로, 즉 뉴욕과 유럽을 잇는 항로이다. 이것은 영국 해협 입구에서 뉴펀들랜드 남쪽을 지나 미국 동부 연안에 이른다. 1960년대에 이 '트랙' 항로를 통해 운반된 화물량은 세계 해양수송량의 61퍼센트를 차지했고,[44] 전 세계 국적선의 61퍼센트가 이 항로가 지나는 대양의 경계 내에서 항해했다. 그 이후 이 항로의 화물 수송량은 감소하여 현재는 세계 해양수송량의 40퍼센트를 차지하고 있다.

이 항로가 위와 같이 특출했던 것은 세계에서 가장 강력한 3대 경제 권역 중 2곳 사이에 맺어진 관계가 이 항로를 통해 유지된다는 사실로 설명할 수 있다. 이 2곳은 동쪽의 소위 '북유럽 레인지(Northern Range)'20와 서쪽의 메가로폴리스 지대를 말한다. 전자는 막대한 경제적 잠재력을 제공하는 배후지를 지닌 엘베 강과 센 강 사이의 북서유럽 대서양 연안 지대를 가리키며, 후자는 뉴욕을 가운데 두고 보스턴에서 버지니아의 햄프턴로즈에 이르는 미국 동부의 대서양 연안지대를 가리킨다.

무역의 흐름에 일어난 변화는 대서양의 수산 자원 이용에서도 볼 수 있다. 사실 일부 해역에서는 어업이 쇠퇴하고 있었다. 1970년대 말 뉴펀들랜드에서 그런 것처럼, 가용 수산자원양이 줄어들었다. 그 이전 오랜 기간에 걸쳐 프랑스와 스페인의 급속냉동시설을 갖춘 저인망 어선들과 거기에 러시아와 폴란드와 같은 동구권 국가에서 온 저인망 어선 선단이 수산 자원을 남획해 버린 것이다. 캐나다는 이에 대응하여 외국 어선들을 그 해역에서 200해리 밖으로(여기에는 12해리의 영해와 104해리의 배타적 경제수역이 포함된다) 쫓아내었다. 이 중 마지막 추방 조치가 1988년에 있었는데, 그때까지 프랑스 선박들이 자신들의 역사적 권리를 주장하며 그곳에 머물고 있었다. 북동대서양의 그린란드와 스피츠베르겐 섬에서도 노르웨이와 아이슬란드, 독일, 프랑스의 대규모 어업 활동으로 남획이 일어났다. 유럽공동체(European Community)21는 200해리의 배타적 수역을 부과하여 필수 수산자원을 보존하려고 애썼다. 그럼에도 덴마크인들이 에스비에르(Esbjerg)에서 어분가루를 제조하기 위해 어로 활동을 수행했고, 이 때문에 다른 나라들이 덴마크를 크게 비난했다. 수산자원을 관리하고자 하는 원칙들이 작용하는 대서양의 마지막 해역은 대서양 남부의 파타고니아(Patagonia)에서 포클랜드 제도에 이르는 곳이다. 이 제도에서는 영국인들이 스페인인과 아르헨티나

---

20 Range nord-européen: 1960년대부터 발전된 개념으로, 르아브르에서 함부르크까지 유럽 대서양 및 북해 연안에 줄지어 있는 일련의 해항도시들이 가진 경제적 가치를 표현하고 있다. 이런 해항도시들은 운하와 도로, 철도를 통해 유럽 대륙 깊숙한 곳까지 연결되어 경제적 순환의 중심이자 가치 창출의 핵으로 기능하고 있으며, 막대한 해운 화물을 처리하고 있다.

21 1994년부터 명칭을 현재의 European Union으로 바꾸었다.

인들에게 어로허가권을 팔았고, 제도 주위 200해리 내를 어로금지 지역으로 설정하였다. 파타고니아에서는 아르헨티나인들이 영국인들의 예를 따랐고, 1980년 말에 거리낌 없이 사격을 가하여 러시아 저인망어선들을 몰아내었다. 그래서 일부 해역에서 어업활동이 실제로 줄어들었고 러시아 선박들도 철수했다. 그러나 전반적으로 보면 미래를 위해 가장 적합한 수준으로 세계 수산 자원을 보존하기 위해 취해진 어떤 조치도, 국가들 사이에 실질적인 합의가 이루어지지 않는 한 제대로 된 긍정적인 결과를 낳을 수 없을 것이다.

대서양의 삶에 위의 것들만큼이나 극적인 변화를 가져온 것은 미사일 발사능력을 갖춘 핵잠수함의 등장으로 인한 해군 전략의 완전한 수정이었다. 1958년 미국은 폴라리스(Polaris) 잠수함 계획을 가동하였다. 핵추진을 통해 장시간 심해에 잠수하는 것이 가능하게 되었고 1958년 7월 세계 최초의 핵잠수함 미 해군 노틸러스(Nautilus) 호는 북극점을 잠수 횡단하였다. 1960년대 초 무렵 소련 해군은 자체의 핵잠수함을 처음으로 갖게 되었고, 그 후 1970년대 동안 그 역량을 크게 증가시켰다. 그리고 1980년대 말까지 소련은 장거리 미사일을 보유한 델타(Delta) 호와 타이푼(Typhoon) 호로 북극해에 대한 수중 순찰을 유지하였다. 하지만 이것들은 미국의 공격형 핵잠수함에 비하면 빈약한 생존 가능성만을 가진 것으로 여겨졌다.

다른 나라 -프랑스와 영국- 의 핵잠수함 전력을 고려하지 않더라도, 미국과 소련이 갖춘 전력의 규모가 얼마나 인상적인지를 주목해야 할 것이다. 비록 지난 몇 년 간에 걸쳐 소련에서 발생한 지정학적 격변이 분명 핵전력의 실질적 전개 역량을 줄이는 데 기여했지만 말이다. 1990년 소련은 북대서양에서만 116척의 잠수함을 갖고 있었고, 발트 해에는 39척, 북해에는 21척, 태평양에는 105척을 보유하고 있었다.[45] 같은 시기 미국은 총 132척의 잠수함 함대를 보유하고 있었다. 이런 상황에 직면하여 대양에서 해군력의 사용을 제한하려는 시도가 이루어졌다. 그리하여 대서양 남부와 남태평양, 남극해를 핵무기가 전개될 수 없는 지역으로 정하였다. 그러나 이런 핵잠수함들에 적재한 무기들은 이런 결정을 쓸모없게 만드는 듯이 보인다.

대서양이 겪은 최근의 변화들을 묘사하려면, 대서양이 어떻게 여전히 지구상에서 가장 강력한 무역 축들을 해운 활동에 제공하면서 동시에 급속하게 성장하고 있는 레저 산업의 자산이 되었는지를 반드시 설명해야할 것이다.

정기여객선 운항의 쇠퇴가 명백해진 1965년 이후 정기선회사들은 정기여객선과 크루즈 선이라는 이중적 서비스를 이미 예측하고 있었다. 1970년대 동안 영국과 스칸디나비아, 이탈리아의 해운회사들은 크루즈 전용선박의 건조를 주문하거나 이전의 정기여객선을 개조하였다. 가장 유명한 사례는 노르웨이의 클로스터(Kloster) 회사로, 프랑스 호를 노르웨이(Norway) 호로 개조하여 마이애미에서 출발하는 카리브 해 크루즈 노선을 가동시켰다. 실제로 겨울에는 태양을 쫓아 수많은 관광객들이 앤틸리스 제도로 모여들지만, 봄과 가을에는 크루즈 선들이 지중해로 향하고 대서양상의 아조레스 제도나 마데이라 제도, 카나리아 제도로 향한다. 여름에는 손님들이 노르웨이의 스피츠베르겐으로 모여들어 백야 속에서 북구의 변화무쌍한 경치를 즐긴다.

크루즈 산업의 발전은 마이애미를 그 중심지로 만들어, 세계 크루즈 선의 3분의 1이 그곳에 기항하며 100만 명이 넘는 승객(1978년의 수치)을 실어 나른다. 뉴욕은 그 다음으로 30만 명의 승객들이 들른다.

크루즈를 선호하는 관광객의 수는 20세기 말이 되면 훨씬 더 증가할 것이라고 예상할 수 있다. 아마도 미국에서 1,000만 명 정도가 될 것이며, 유럽에서도 100만 명 이상이 될 것이다. 떠다니는 궁전들이 가진 이름—'바다의 지배자(Sovereign of the Seas)' 호, '바다의 광휘(Splendour of the Seas)' 호—은 이 새로운 형태의 해상 호텔로 스며들고 있는 바다와 대서양의 새로운 신화 시대를 알리고 있다.

이렇게 꿈같은 며칠 정도를 배에서 보내는 휴가객들이 바다에 친밀감을 가질 수 있을까? 그 답을 확인하는 것은 무의미한 일일 것이다. 버진 제도 곳곳에 숨어 있는 작은 만들은 수많은 관광객들이 쏟아내는 소음으로 몸살을 앓고 있다. 버진 제도를 발견한 이들은 어디가고, 그곳의 해변을 떼 지어 몰려다니는 도시인들이 차지하고 있으며, 이들은 종종 해변의 고적함보다는 자유지역의 도시에서 쇼핑을 하고 카지노를 즐기는 것을 더 좋아한다. 이렇게 멀리 떨어진 해변에서도, 유럽과 아메리카의 대서양 연안에서 볼 수 있는 대중 관광사업의 현장을 볼 수 있는 것이다.

그럼에도 해상 유람을 통해서도 바다의 비밀을 발견할 수 있다. 단순한 카누에서 소형 범선에 이르는 작은 선박을 타든 실제로 사람이 생활할 수 있는 요트를 타든, 바다로 나가는 항해 여행은 실재 뱃사람들이 바다와 관계하던 방식을 알 수 있게 해준다. 비록 아직은 지중해에서 더 많은 사람들이 즐기지만, 대서양에서도 요트나 보트 여행객들이 바하마제도에서 트리니다드에 이르는 열대 해상 여행을 즐기고 있고, 아울러 페니키아인들이 활동했던 지중해권 대서양에서는 카나리아 제도나 마데이라 제도에 이르는 해상 여행을 즐기고 있다. 영국의 트랜셋(Transat) 요트 경기나 여러 장거리 요트 경기들에서 이 대담한 뱃사람들은 단동선(單胴船)이나 쌍동선(雙胴船)을 몰고서 항해 기록을 깨러 달려든다. 긴 밤을 뜬 눈으로 새우면서 이 고독한 뱃사람들은 항해학과 예측력을 결합하여 바다에서의 사고를 예방하며 나아간다. 이들은 이렇게 르아브르에서 카르타헤나까지를 또는 플리머스에서 뉴포트까지를 기록 시간 내에 항해해 간다. 1992년 6월 열린 영국의 트랜셋 요트 경기에서는 이브 파를리에(Yves Parlier)가 길이 19미터도 되지 않는 단동선을 타고 2,800마일에 이르는 횡단항해를 14일 16시간 1분 30초 만에 완주하였다.

따라서 20세기 말에 대서양은 스포츠를 즐기거나 휴가를 즐기고자 하는 사람들에게 열려 있는 넓은 바다의 매력을 여전히 간직하고 있다. 그럼에도 이곳이 대륙을 연결하려는 인간의 노력이 가장 격렬하게 벌어지던 역사적 장소라는 것이 이전보다 오늘날 훨씬 더 많이 알려져 있는가? 유럽과 아메리카의 여러 나라들에서 바다로 몰려가는 것은 여름 몇 달 동안 점차 뚜렷하게 느끼는 일상생활의 무료함에 대한 반응일 것이다. 하지만 "해변으로 가는 것"이, 유럽인이나 미국인들이 인류의 거대한 질문 중 하나였던 바다를 이해하는 것으로, 자신에게 접하고 있는 대륙들에게 그 특성의 대부분을 제공해 주었던 바다를 이해하는 것으로 이어질 수 있을지는 확실치 않아 보인다.

9장 결 론

먹구름이 심연을 덮고 있고, 하느님의 영은 물 위에 떠 있느니라.

(창세기 1장 1절)[1]

파괴의 위협만을 간직한 무한한 대양이라는 고대에 널리 퍼진 인식은, 중세 기독교 하에서 아랍인들의 상상으로부터 여러 요소를 가져오면서 이 심연의 한가운데에 구원의 섬인 극락도가 있다는 믿음으로 대체되었다. 대양을 뜻했던 '죽은 자의 땅(Land of the Dead)'을 뒤덮은 먹구름 속에 있는 '축복받은 자들의 섬들(Isles of the Blessed)'은 진정한 천국에 오르기 전 반드시 머무는 곳이었다. 이 상상의 세계 속에서 끊임없이 나타나는, 고통도 없고 노동도 없는 편안함 삶을 살기 위해 과감히 '끊임없는 어둠의 바다'를 건너는 사람이라면 누구에게든지 이 섬들이 제공하는 놀라운 '기적(mirabilia)'이라는 모습을 통해 고대의 기억이 되살아난다.

발견의 시대와 그 이후 여러 세기에 걸쳐 유럽과 '신세계'에서 일어난 대서양의 번영을 거치며 현실이 전설을 걷어내고 대서양의 해안가를 따라 바다가 전해주는 부라는 전혀 다른 의식을 제공했다하더라도, 고대의 신화는

---

1 저자의 인용 의도를 명확히 하기 위해, 성경의 한국어판 해석을 가져오지 않고 이 책 영어판에 실린 원문을 직역하였다.

지속되었고 새로운 신화가 창조되었다. 그것들 역시 대서양 역사의 일부를 이루고 있다.

스페인인과 아메리카 원주민들이 기독교적 우애 속에서 살아가는 '신세계'의 '뉴예루살렘(New Jerusalem)'이라는 스페인인들의 꿈ー분명 돈키호테(Don Quixote)의 꿈을 미리 보여주는 유토피아ー은 정복이 시작되면서 가차없이 산산조각 났다.[1] 콜럼버스의 유산이 아주 느리게 서구의 정서 속으로 통합되었고, 그래서 사아군(Sahagún)의 『뉴스페인의 역사(*General History of New Spain*)』[2]와 같은 스페인인들의 개척적인 저작들이 한참 뒤에야 간행되었다는 것도 강조되어야 한다. 유럽인들의 마음은 오로지 물건으로만 향했던 것이다. 비록 많은 유럽의 시민들이, 이베리아인들이 실현할 수 없었던 영원한 꿈으로 남아있는 유토피아에 대한 관심을 언제나 지니고 있었지만 말이다.

토속 신앙의 전설과 기독교 전설에서 물려받은 섬에 대한 신화는 가장 끈질기게 이어져 온 것이며 여러 세대에 걸쳐 자라난 것이다. 셰익스피어(Shakespeare)는 『템페스트(*Tempest*)』에서 버뮤다 제도 근처의 한 섬을 배경으로 정한다. 이 섬에서는, 뛰어난 인간에게 피난처를 제공하는 것을 자랑스러워하는 '신세계'의 순결한 사람들에게 자연이 모든 것을 제공한다. 몽테뉴(Montaigne)가 『수상록(*Essais*)』에서 그린 '신세계(Terre Neuves)'가 영국의 극작가에게 영감을 주었을까? 그곳은 "가장 진실되고 유용하며 자연스러운

---

2 이 책의 정확한 명칭은 『뉴스페인의 사정에 대한 역사(*General History of the Things of New Spain*)』이다. 저자의 이름은 베르나르디노 데 사아군(Bernardino de Sahagún; 1499~1590년)으로 스페인의 작은 도시 사아군에서 태어난 프란체스코파 수도사이다. 1529년에 뉴스페인으로 전도활동을 떠났고, 그곳에서 사망했다. 그 사이에 그는 1576년 이 책을 수기로 썼고, 다시 원주민들에 대한 인터뷰를 통해 1585년 내용을 수정하였다. 이 책의 원본은 12권 2,400페이지에 이르며 2,500개의 삽화를 담고 있다. 이 책이 담고 있는 당시 아메리카 원주민들에 대한 정확한 정보들 때문에 그를 "최초의 인류학자"라고 부르기까지 한다. 하지만 손으로 쓰인 이 책의 현존 사본 중 가장 유명한 것은 피렌체 사본인데, 20세기 말에야 다시 발견되어 2002년에 영어판으로 발간되었다.

미덕"을 품고 있다. "… 이곳의 사람들은 여전히 원래의 순박함에 아주 가깝다."[2] 이 섬의 꿈을 넘어서 휴머니스트들을 끌어당긴 것은 미덕의 지배였다. 종교개혁 시기에 종교적 분열로 갈가리 찢어진 불안에 싸인 유럽에게 몽테뉴는 근원적인 순결함의 시야를 가져다주었다. 대서양 건너에 있는 구원의 땅은 1620년 영국 식민지의 개척자들을 맞이하였다. 청교도들이 '그리스도의 도시'를 세우고, 아울러 미덕을 보존하여 정의롭고 평등한 법을 가져오게 될 공동체를 세우기 위해 온 것이다. 반세기 뒤 퀘이커 교도들은 그들의 식민지 내에 근본적으로 다른 사회를 감히 세우고자 했다. 분명 그것은 뉴잉글랜드의 청교도 식민지들보다 훨씬 더 나을 수도 있었다. 매사추세츠 식민지들이 아메리카 원주민들을 영혼이 없는 미천한 야만인으로 보고 학살하고 있었지만, 퀘이커 교도들은 정직과 관용을 믿으면서 무기에 의존하기를 거부하였다.

18세기에 '신세계'에서는 미덕이 여전히 칭송되었지만, 그것은 자유에 대한 의지를 뒷받침했다. 미국독립전쟁 직후인 1783년 1월 1일 대서양 양쪽 세계 모두의 영웅이었던 라파예트(La Fayette)는 이렇게 썼다. "자유는 결코 다시는 안식처를 잃지 않을 것이다."[3] 식민지의 주들이 유럽의 음모를 물리치기 위해 결집할 수 있었고, 그 이후 땅과 미덕과 자유를 맹렬하게 지켰다. 토머스 제퍼슨은 자신의 조국이 언제나 위기에 처해있는 유럽에 대해 스스로를 지킬 수 있는 '아르카디아(Arcadia)'로 남기를 바랐다.

대서양이 이전보다 더 분열되고 다시 결합했던 19세기에 상황이 일변한 것은 사실이다. 유럽에서 미국으로 오는 이민이 갑자기 팽창했고, 대서양 반대편의 산업세계의 부담은 점점 더 커지게 되었다. 이때 대부분의 미국인들에게 '구유럽'은 진정한 자유의 땅인 것처럼 보였다. 자신들의 뿌리를 돌려 달라고 유럽에 요청하기 위해 반대 방향으로 대서양을 건넌 이런 미국 작가들의 이미지는, 1784년 6월 18일 미국 의회에서 존경의 예를 받기 위해 아울러 미국의 건설자들의 미덕을 인정하기 위해 위기에 처한 프랑스에서 바다를 건넜던 라파예트의 모습과 완전히 상반된다. 그래서 헨리 제임스(Henry James)

는 1876년 런던으로 갔다. "그는 도발적으로 성조기를 흔들지 않았고, 자기 나라가 세계 최고이며 미국인들이 유럽 전체를 자기 주머니에 넣을 수 있을 것이라고 확신했다."4)

그리고 헨리 밀러(Henry Miller)는 『남회귀선(*Tropic of Capricorn*)』에서 미국 문명이 배타적으로 되어 더 이상 차이를 인정하지 않는다고 비난한다. "혹시 당신이 다른 것을, 당신이 미국에 있지 않고 미국의 미국인이 아니기를 꿈꾼다면, 당신은 아프리카의 호텐토트(Hottentot) 족이거나 칼무크(Kalmuck) 족이거나, 아니면 침팬지겠죠. 당신이 '다르게' 생각하는 바로 그 순간, 당신은 더 이상 미국인이 아니게 됩니다."5)

미국 작가 싱클레어 루이스(Sinclair Lewis)는 『배빗(Babbitt)』에서 집단적 망상에 자기 생을 낭비하는 한 미국인 프티부르주아의 조용한 절망을 묘사한다. 물론 이것은 분명 과장된 것이며, 1922년 『배빗』이 출간되었을 때 유럽은 재즈나 찰스턴 춤으로 대표되는 미국의 문화를 뜨겁게 받아들이고 있었다. 제2차세계대전 이후 미국의 방식은 심지어 유럽인들의 일상생활에까지도 스며들었고, 대서양은 이전 어느 때보다 더 통일되어 있는 것처럼 보였다. 물론 대서양은 이제 과거만큼 세상을 지배하고 있지는 않다. 20세기 말 미국(과 유럽)은 점점 더 아시아에 기대를 걸고 있으며, 그곳에서는 보다 젊은 경제 강국들 –동아시아의 '타이거 경제들(tiger-economies)'3 – 이 점점 더 서구를 놀라게 하고 있다. 하지만 대서양의 유산은 어떤 한 문화가 아니라 오로지 경제적 부에 기초한다.

20세기 말 가장 큰 번영의 시대에 대서양 사람들이 자신의 영혼을 새로이 부활시킬 수 있으리라는 희망 속에서 매혹적인 꿈들이 다시 나타나고 있다.

---

3 대만, 싱가포르, 한국 같은 아시아의 급속히 발전하는 국가의 경제를 가리키는 말이다. 폴 뷔텔은 여기서 "동남아시아의 타이거 경제들('tiger economies of south-east Asia")"이라고 표현하는데, 이는 오류인 듯하다. '타이거 경제'는 동남아시아를 비롯한 동아시아의 신흥 경제강국들을 가리키기 위해 사용된 만큼 "동아시아"로 옮겼다.

민중은 바다의 소금과
세상 구석구석에서 몰아치는
바람의 힘을 알고 있다.
민중은 세상을, 안식을 얻는 무덤이자
희망의 요람으로 여긴다.

(칼 샌드버그[Carl Sandburg], 1936)[4]

---

4 Carl Sandberg, 1878~1967년. 미국의 역사가이자 시인, 소설가이다. 스웨덴계로 어
  린 시절부터 고된 노동을 하고 자라 저널리스트가 된 이후 시를 써서 퓰리처 상을
  2번 받았고, 1939년에 나온 링컨 전기로 세 번째 퓰리처 상을 받았다. 미국 산업사
  회의 거친 측면을 드러내는 시를 많이 썼지만, 섬세한 감수성과 유연성을 갖고 있
  었다고 한다. 인용한 시는 그의 시 중 아주 잘 알려진 『민중이여, 옳습니다(The
  People, Yes)』에 나오는 구절인데, 원래 시와 이 책 영어판에 인용된 구절이 다르
  다. 아마도 영어판으로 옮기면서 프랑스어판에서 뷔텔이 프랑스어로 옮겨놓은 것
  을 그대로 다시 영역한 듯하다. 따라서 샌드버그의 원래 시 구절에 따라 수정하여
  번역하였다.

원문 주석

서 론

1) Homer, *The Odyssey* Bk V, p. 410.

2) Christian Buchet, "Des routes maritimes Europe-Antilles et de leurs incidences sur la rivalité franco-britannique", *Histoire, Economie, Société* 4, 1994, p. 576.

3) Herman Melville, *Moby Dick*, London: Dent, 1961, p. 9.

1장 유럽인의 '지리적 팽창' 이전 대서양의 전설과 실재

1) Seneca, *Medea* I, pp. 374-379.

2) Homer, *The Odyssey* Bk V, p. 51.

3) Alexandre Bessmertny, *L'Atlantide, exposé des hypothèses relative à l'énigme de l'Atlantide*, Paris: Payot, 1949, p. 235.

4) Ibid., p. 249.

5) 브르타뉴 전설은 Wolfgang Geiger, "De la navigation des moines de l'abbaye de Saint-Mathieu au voyage de Cristoph Columb: le recherche du paradis terrestre à l'ouest", in *Dans le Sillage de Columb: l'Europe du Ponant et la découverte du Nouveau Monde, 1450-1630*, Rennes: Presses Universitaires de Rennes, 1995, pp. 297-314에서 인용했다. 천상의 예루살렘에 대한 언급은 요한계시록, 21장 11절과 21절에서 찾을 수 있다.

6) Michel Mollat, *L'Europe et la mer*, Paris: Seuil, 1993, p. 64.

7) *Encyclopedia Britannica*, II, p. 698.

8) Virgil, *The Aeneid* Bk XI, pp. 623-628.

9) Alexandre Bessmertny, op. cit., p. 256.

10) Jean Favier, *Les grands découvertes d'Alexandre à Magellan*, Paris: Fayard, 1991, p. 53.

11) Christophe Picard, *Récits merveilleux et réalités d'une navigation en océan Atlantique chez les auteurs musulmans*, p. 3.

12) Pierre Rouillard, *Les Grecs et la péninsule ibérique du Ville au IVe siècle avant JC*, Paris: De Boccard, 1991.

13) 에스겔서 27장 12절.

14) Pliny the Elder, *Natural History*, vi, p. 36. André Jodin, *Les établissements du roi Juba II aux Iles Purouraires*, Mogador, 1967에서 재인용.

15) 제롬 카르코피노(Jérôme Carcopino)는 체르네가 모가도르보다 훨씬 더 남쪽 케이프주비(Cape Juby)를 지나 리오데우로(Rio de Oro) 만에 위치하는 섬이라고 확인한다[이들 지역은 서아프리카 대서양 연안에 위치하며 카나리아 제도보다 아래에 있다－옮긴이 주]. 앙드레 조댕은 이 말에 동요하는 듯한데, 모가도르는 퍼플 섬이나 체르네 섬이란 이름을 번갈아 가졌을 수도 있다고 한다. 카르코피노의 해석은 한노에게서 확신을 얻는 사람들에게 더 큰 시야를 제공한다.

16) André Jodin, *Mogador, Comptoir phénicien du Maroc atlantique*, Tangiers, 1963.

17) Jérôme Carcopino, *Le Maroc Antique*, Paris: Gallimard, 1943, p. 33.

18) Jérôme Carcopino, op. cit., p. 154.

19) Herodotus, *The Histories* IV, 196f. Jérôme Carcopino, op. cit., p. 108에서 재인용.

20) Jérôme Carcopino, op. cit., p. 161.

21) Raoul Lonis, "Les conditions de la navigation sur la côte atlantique de l'Afrique dans l'Antiquité, le problème du retour", in *Afrique noire et mode méditerranéen dans l'Antiquité*, Dakar: Nouvelles Editions Africaines, 1978, p. 147.

22) Lucretius, *On the Nautre of the Universe* Bk IV, 946ff. Seneca, *Medea*, 318-320. Virgil, *The Aeneid* Bk V, pp. 830-832.

23) 페니키아 화폐를 처음 발견한 것은 18세기였다. 필자는 친절하게도 이 문제에 관심을 가져준 즈느비에브 부숑(Geneviève Bouchon) 부인에게 감사드리고 싶다.

24) Pierre Rouillard, op. cit., p. 237.

25) Pindar, *Nemean Odes*, iv, 69; iii, 21; Aristophanes, *The Frogs*, p. 475.

26) Jean Favier, op. cit., p. 67.

27) Pierre Rouillard, op. cit., pp. 68-69.

28) Charles R. Whitehaker, *Les frontières de l'empire romain*, Paris: Les Belles Lettres, 1989, pp. 54-57.

29) Roland Delamaire, "La région Manche-Mer du Nord dans l'espace politique et économique romain", in *Revue du Nord*, 1, 1986, pp. 153~161.

30) Pliny the Elder, *Natural History*, ix, p. 60.

31) Pierre Chaunu, *L'expansion européenne du XIIIe siècle au XVe siècle*, Paris: PUF, 1969, p. 111.

32) Cristophe Picard, "L'éventualité de relations maritimes musulmans dans l'océan

atlantique, IXe-XIIIe siècles", *115e Congrès national des sociétés savantes*, Avignon, 1990, pp. 409-416.

33) Ibid., p. 409.

34) Ibid., p. 413.

35) Ibid., p. 416.

36) G.J. Marcus, *The Conquest of the North Atlantic*, Suffolk: Boydell Press, 1980, pp. 9~10.

37) Ibid., p. 25.

38) 성 콜럼바(540-610년)는 아일랜드에서 태어난 뱅고어(Bangor)의 성직자이다. 그는 590년에 골(Gaul)로 가 룩쇠이유(Luxeuil)에 수도원을 세웠다.

39) G.J. Marcus, op. cit., p. 26.

40) Ibid., p. 27.

41) 곡스타트(Gokstad)는 오제베르그(Obseberg)와 함께 바이킹 선이 발견된 장소이다. 오슬로 근처 서쪽 피요르드 해안에 있다.

42) Paul Adam, "Problèmes de navigation dans l'Atlantique Nord"m in Regis Boyer (ed.), *L'Age Viking, les Vikings et leur civilisation, problèmes actuels*, Paris: Payot, 1978, pp. 49-60.

43) Johannes Brondsted, *The Vikings*, London: Penguin, 1965, p. 139.

44) Régis Boyer, *Les sagas islandaises*, Paris: Payot, 1978, p. 20.

45) G.J. Marcus, op. cit., p. 64.

46) Ibid., p. 60.

47) G.J. Marcus, op. cit., p. 75에서 재인용.

48) G.J. Marcus, op. cit., p. 76.

49) Paul Adam, op. cit., pp. 55-57.

50) Ibid., p. 54.

51) G.J. Marcus, op. cit., pp. 106, 116.

52) Ibid., p. 89.

53) Ibid., p. 92.

54) Ibid., p. 80.

55) Ibid., p. 90.

2장 새로운 대서양: 15세기에서 16세기 초까지

1) Michel Mollat, *L'Europe et la mer*, Paris: Seuil, 1993, p. 90.

2) 익명의 18세기 사람의 증언으로, Michel Mollat, op. cit., p. 117에서 재인용.

3) Pierre Chaunu, *Colomb ou la logique de l'imprévisible* (Paris: François Bourin, 1993)
은 브르타뉴와 바스크의 연안 항해자들과 어부들을 모두 "대양과 대륙의 가장
자리에 위치한 물고기가 풍부한 청녹색 연해의 땜장이 같은 사람(bricoleur)"으로
완벽하게 묘사하고 있다. ['bricoleur'는 문제가 생기면 자기 주변의 재료로 '뭔
가를 만들어' 대충 수선하는 사람을 가리킨다. 그 말은 인류학자 클로드 레비
스트로스가 자신이 제시한 구조주의적 방법론을 설명하기 위해 사용한 이래
이론적으로 크게 통용되어 왔다.]

4) Michel Mollat, op. cit., p. 93.

5) Charles Higounet, *Histoire de Bordeaux*, Toulouse: Privat, 1980, p. 139.

6) Michel Mollat, op. cit., p. 97.

7) Jean Favier, *Les grandes découvertes d'Alexandre à Magellan*, Paris: Fayard, 1991,
p. 441.

8) Pierre Chaunu, op. cit., p. 24.

9) Jean Favier, op. cit., p. 321..

10) 1장 참조.

11) Jean Favier, op. cit., pp. 446-447.

12) Ibid., p. 453.

13) Alain Huetz de Lemps, *Le vin de Madère*, Grenoble: Glénat, 1989, p. 25.

14) Jean Meyer, *Histoire du sucre*, Paris: Desjonquères, 1989, p. 69.

15) Charles Verlinden, "Les débuts de la production et de l'eportation du sucre à Madère,
quel rôle jouèrent les Italiens?", in *Studi in memoria di Luigi dal Pane*, Bologna,
1982, p. 305. 베르랭뎅은 1 '아로바(arroba)'를 14.06킬로그램으로 추정한다. 그래
서 400칸타르는 1,650아로바, 즉 2만 3,200킬로그램에 해당한다.

16) Ibid., p. 303.

17) Ibid., p. 302.

18) Ibid., p. 310.

19) Jean Meyer, op. cit., p. 53에서 재인용.

20) Jean Favier, op. cit., p. 483.

21) Michel Mollat, op. cit., p. 120.

22) Fernand Braudel, *Civilisation matérielle et capitalisme*, Paris: Colin, 1967, p. 310. Trans.
Miriam Kochan, *Capitalism and Material Life, 1400-1800*, New York: Harper and
Row, 1973.

23) Michel Mollat, op. cit., p. 81.

24) Ibid., p. 130.

25) Randles, *De la terre plate au globe terrestre, une mutation épistémologique rapide*,

1480-1520, Paris: Colin, 1980, p. 25.

26) Ibid., p. 44.

27) Pierre D'Ailly, *Image du Monde*, Jean Favier, op. cit., p. 279에서 재인용.

28) Pierre Chaunu, op. cit., pp. 24와 130.

29) *The Great Atlas of Explorations*, London: Universalis, 1991, p. 60.

30) Jean Favier, op. cit., p. 454.

31) *Great Atlas*, op. cit., p. 79.

32) Michel Verge-Francheschi, *Henri le navigateur, un découvreur au XVe siècle*, Paris: Editions du Félin, 1994, p. 247.

33) Ibid., p. 249.

34) Ibid., p. 304.

35) Ibid., p. 314.

36) *Great Atlas*, op. cit., p. 79.

37) Philip D. Curtin, *The Rise and Fall of the Plantation Complex: Essays in Atlantic History*, Cambridge: Cambridge University Press, 1990, pp. 37과 43.

38) 아프리카 서부 해안의 계절풍은 여름 동안 기니 만에서 남서쪽에서 불어오는데, 이는 황금해안의 상토메와 여타 항구에서 출발한 배들의 귀항 길에 큰 장애가 되었다.

39) Carmen Bernand and Serge Gruzinscki, *Histoire du nouveau monde II: Les Méttissags*, Paris: Fayard, 1993, p. 14.

40) *Great Atlas*, op. cit., p. 80.

41) Ibid., p. 65.

42) Jean Favier, op. cit., p. 495.

43) *Great Atlas*, op. cit., p. 63.

44) Michel Mollat, op. cit., p. 152. 또한 Charles Verlinden, "L'engagement maritime et la participation économique des Flamands dans l'exploration et la colonisation ibériques pendant la seconde moitié du XVe siècle", in Jean-Pierre Sanchez (ed.), *Dans le Sillage de Colomb, l'Europe du Ponant et la découverte du Nouveau Monde, 1450-1650*, Rennes: Presses Universitaires de Rennes, 1995, pp. 228~229도 참조. 베르랭뎅(Verlinden)은 반 올멘 이전에도 여러 항해가 있었다고 보는데, 이것은 '일곱 도시'가 큰 섬 하나인지, 제도인지, 아니면 대륙인지를 둘러싼 인식의 문제를 제기한다.

45) Bartolomé Bennassar, *1492, un monde nouveau?*, Paris: Perrin, 1991, p. 211.

46) Pierre Chaunu, op. cit., p. 128.

47) Jean Favier, op. cit., pp. 490~491.

48) Bartolomé Bennassar, op. cit., p. 213에서 재인용.

49) *Great Atlas*, op. cit., p. 67.

50) Jean Favier, op. cit., pp. 482~483.

51) Bartolomé Bennassar, op. cit., p. 197.

52) Klaus A. Vogel, *Les découvertes maritimes et les numanistes allemands.*

53) 브란트와 뮌처의 문헌은 Klaus A. Vogel, op. cit.에서 재인용.

54) Bartolomé Bennassar, op. cit., p. 235.

55) Bartolomé Bennassar, op. cit., p. 237에서 재인용.

56) Jean Favier, op. cit., p. 506.

57) Bartolomé Bennassar, op. cit., p. 194.

58) Ibid., p. 202.

59) *Great Atlas*, op. cit., p. 83.

60) Frédéric Mauro, *Le Brésil du XVe à la fin du XVIIIe siècle*, Paris: Sedes, 1977, pp. 31~32.

61) Ibid., p. 19.

62) *Great Atlas*, op. cit., p. 85.

63) Jean Favier, op. cit., pp. 573~574.

64) D.B. Quinn, *England and the Discovery of America, 1481-1620*, London: George Allen and Unwin, 1974, p. 53.

65) Ibid.

66) Ibid., p. 86.

67) Ibid., p. 6.

68) Charles Verlinden, op. cit., p. 227.

69) *Great Atlas*, op. cit., p. 95.

70) Ibid., p. 92.

3장 대서양과 이베리아인들: 16세기에서 17세기까지

1) Bartholomé Bennassar, *1492, un monde nouveau?*, Paris: Perrin, 1981, pp. 221~222.

2) John H. Elliot, "The seizure of overseas territories by the European powers", in Hans Pöhl (ed.), *The European Discovery of the World and its Economic Effects on Preindustrial Society, 1500-1800*, Stuttgart: Franz Steiner Verlag, 1990, pp. 47~48.

3) Francisco Lopez de Gomara, *Histoire générale des Indes*, Elliot, op. cit., p. 48에서 재인용.

4) Pierre Chaunu, *Séville et l'Amérique, XVI-XVIIe siècles*, Paris: Flammarion, 1977, p.

149.

5) Ibid., p. 205.

6) Ibid., p. 92.

7) Antonio Garcia Baquero Gonzales, *Cadix y el Atlantice, 1717-1778. El comercio colonial bajo el monopolio gaditano*, Seville, 1976.

8) Alain Huetz de Lemps, *Le climat des Canaries*, Paris: Sedes, 1969, p. 20.

9) Ibid., p. 89.

10) Pierre Chaunu, op. cit., p. 176.

11) Ibid., pp. 166~167.

12) Ibid., p. 172.

13) Ibid., p. 173.

14) Ibid., p. 183.

15) Ibid., p. 99.

16) Ibid., pp. 342~345.

17) Samuel Champlain, *Voyages to the Antilles and Mexico in 1599-1602*, A. Wilmere (ed.), London: Hakylut Society, 1869.

18) Thomas Gage, *Nouvelle Relation contenant les voyages de Thomas Gage dans la Nouvelle Espagne*, Paris and Geneva: Ressources, 1979.

19) Pierre Chaunu, op. cit., p. 333.

20) Ibid.

21) Bernard Lavalle, "Séville et le siècle d'or du commerce américain (1503-1610)", in B. Lavalle (ed.), *Séville, vingt siècles d'histoire*, Bordeaux: Maison des Pays Ibériques, 1992, p. 5.

22) Ibid., p. 97.

23) Pierre Chaunu, *L'Amérique et les Amériques de la Préhistoire à nos jours*, Paris: Armand Colin, 1964, pp. 90~91.

24) Michel Morineau, *Histoire économique et sociale du monde*, t. 2: *le hésitations de la croissance, 1580-1730*, Paris: Armand Colin, 1978, p. 84.

25) Pierre Jeannin, *Les marchands au XVIe siècle*, Paris: Seuil, p. 28.

26) 페소는 중량 27.5그램의 은으로 주조한 화폐이다.

27) Renalt Pieper, "The volume of African and American export of precious metals and its effects in Europe, 1500-1800", in Hans Pöhl, op. cit., pp. 97~117.

28) François Crouzet, *La Grande Inflation, La monnaie en France de Louis XVI à Napolén*, Paris: Fayard, 1993, p. 23.

29) Pierre Jeannin, op. cit., p. 28에서 재인용.

30) Fernand Braudel, *Civilisation matérielle et capitalisme*, Paris: Armand Colin, 1967, p. 353; *Capitalism and Material Life, 1400-1800*, trans. Miriam Kochan, New York: Harper and Row, 1973, p. 310.

31) Jean-Pierre Moreau, *Les Petites Antilles de Christoph Colomb à Richelieu*, Paris: Karthala, 1992, p. 44.

32) Kenneth R. Andrews, *Trade, Plunder and Settlement: Maritime Enterprise and the Genesis of the British Empire, 1480-1630*, Cambridge: Cambridge University Press, 1984, pp. 61~62.

33) Ibid., pp. 116~117.

34) Jacques Bottin, "La rédistribution des produits américains par les réseaux marchands rouennais, 1550-1620", in *Dans le Sillage de Colomb, l'Europe du Ponant et la découverte du Nouveau Monde, 1450-1650*, Rennes: Presses Universitaires de Rennes, 1995, p. 28.

35) Paul Butel, *Les Caraïbes au temps des flibustiers, XVIe-XVIIe siècles*, Paris: Aubier, 1982, p. 43.

36) Ibid., p. 53.

37) Kenneth R. Andrews, op. cit., p. 133.

38) Jonathan I. Israel, *Dutch Primacy in World Trade, 1585-1740*, Oxford: Clarendon, 1989, p. 31.

39) Ibid., pp. 56~57.

40) Ibid., p. 60.

41) Ibid., p. 62.

4장 대서양과 해양국가의 성장: 17세기

1) Jonathan Israel, *Dutch Primacy in World Trade, 1585-1740*, Oxford: Clarendon, 1989, p. 24.

2) 이스라엘(Israel)은 암스테르담의 부가 북유럽으로 대규모 종자를 운송한 것에서 비롯되었다고 보는 페르낭 브로델의 지중해 중심적인 시각을 비판함으로써 아주 확고한 기초 위에서 자신의 주장을 제기한다.

3) Jonathan Israel, *Dutch Primacy*, op. cit., p. 55. 베네치아는 125만 두카 이상을 송금하였고, 프랑스는 80만 두카를 송금했으며, 잉글랜드는 30만 두카를 송금했다. 그에 비해 네덜란드는 15만 두카를 송금했다.

4) Ibid., p. 93, 표 4.6.

5) 1620년대에 나온 네덜란드의 무역과 항해에 관한 이 회고의 글귀는, Ibid., p. 91에서 재인용.

6) Pierre Jeannin, "Les comptes du Sund comme source pour la construction d'indices généraux de l'activité économique en Europe (XVIe-XVIIIe siècle)", *Revue Historique*, 1964, p. 72.

7) Murdo J. MacLeod, *Spanish Central America, a Socioeconomic History 1520-1720*, Berkeley: California University Press, 1973, p. 83. 1606년에서 1620년까지 매년 24만 파운드의 인디고가 세비야로 들어왔다.

8) P.C. Emmer, "The Dutch and the making of the second Atlantic system", in Barbara Solow (ed.), *Slavery and the Rise of the Atlantic System*, Cambridge: Cambridge University Press, 1991, p. 82.

9) Pierre Chaunu, *Sévile et l'Atlantique*, Paris: 1955~1956, VIII. 2, pp. 1519~1521.

10) Michel Morineau, *Incroyables gazettes et fabuleux métaux, les retours des trésors américains d'après les gazettes hollandaises, XVIe-XVIIIe siècles*, Paris, 1985.

11) Jonathan Israel, *Dutch Primacy*, op. cit., p. 125.

12) Jaap R. Bruijn, *The Dutch Navy of the Seventeenth and Eighteenth Centuries*, Augusta SC: University of South Carolina Press, 1993, p. 26.

13) Ibid., p. 28.

14) Jonathan Israel, *Dutch Primacy*, op. cit., p. 162.

15) Ibid., p. 169.

16) Frédéric Mauro, *Le Portugal et l'Atlantique au XVII siècle*, Paris: Sevpen, 1960, pp. 237~238.

17) Jonathan Israel, *European Jewry in the Age of Mercantilism, 1550-1750*, Oxford: Oxford University Press, 1989, p. 51.

18) P.C. Emmer, op. cit., p. 78.

19) Ralph Davis, *The Rise of the English Shipping Industry in the 17th and 18th Centuries*, Newton Abbott: David & Charles, 1962, p. 12. 데이비스는 영국 해군과 해적들이 나포한 전체 선박 수를 제시한다. 그것은 1652~1654년의 제1차 영국·네덜란드 전쟁 때 1,000 내지 1,700척, 1658~1660년의 영국·스페인 전쟁 때 400척, 1664~1667년의 제2차 영국·네덜란드 전쟁 때 522척, 1672~1674년의 제3차 영국·네덜란드 전쟁 때 500척이다. 그 외에 1689~1697년의 영국·프랑스 전쟁 때도 1,279척의 선박이 나포되었다(Ibid., p. 51).

20) Ibid., p. 15.

21) Ibid., pp. 18과 298-299. 런던에서 북아메리카 식민지로 향한 선박의 수는 43척에서 114척으로 늘어났다.

22) Paul Butel, *Les Caraïbes au temps des Filbustiers, XVIe-XVIIe siècle*, Paris: Aubier, 1982, p. 75.

23) Richard Sheridan, *Sugar and Slavery, an Economic History of the British West Indies, 1623-1775*, Aylesbury: Ginn & Co., 1974, p. 272.

24) Ibid., p. 44.

25) Ibid., p. 47.

26) Ibid., p. 50.

27) Ibid., p. 97.

28) Ibid., pp. 397-398.

29) Henry Rosavaere, *Markets and Merchants of the Late Seventeenth Century, the Marescoe-David Letters, 1668-1680*, Oxford: Oxford University Press, 1987.

30) Ibid., p. 51.

31) K.G. Davis, *The North Atlantic World in the Seventeenth Century*, Minneapolis: University of Minnesota Press, 1977, p. 32.

32) Ralph Davis, op. cit., p. 280. 런던이 가진 지위는 런던과 다른 곳들 사이에 운항한 선박 수들에서도 가늠할 수 있다(Ibid., p. 201).

	입항	출항
지중해	118척	79척
북아메리카	110척	114척
이베리아 반도	247척	182척
(그 중 카나리아 제도	24척	−)
북유럽	412척	165척
서유럽	820척	496척
(그 중 아일랜드	41척	68척)
합계	1,973척	1,285척

33) Ibid., p. 298. 1686년에 앤틸리스 제도에서 잉글랜드에 도착한 선박의 총수는 275척이었고, 잉글랜드를 떠나 앤틸리스 제도로 향한 선박의 총수는 219척이었다.

34) Paul Butel, *Les Caraïbes*, op. cit., p. 206.

35) 자메이카에서 설탕 제조의 비약적 성장(1680년에 5,000톤이 넘는 설탕을 생산)으로, 1683년에 1만 8,000톤의 설탕을 생산했던 영국령 앤틸리스는 1700년에는 2만 4,000톤을 생산하면서 17세기 말 첫째가는 설탕 생산지가 되었다. 이때 프랑스령 앤틸리스는 9,400톤 이상을 생산했고, 브라질은 약 2만 1,000톤을 생산했다.

36) Jacques Bernard, in Charles Higounet (ed.), *Histoire de Bordeaux*, t. IV, Bordeaux, 1966, p. 135.

37) Josette Pontet, "Bayonne et l'Océan au XVIe siècle", in P. Masson and M. Verge-Francheschi (eds.), *La France et la Mer au Siècle des Grandes Découvertes*, Paris: Tallandier, 1993, p. 133.

38) Laurier Turgeon and Evelyne Picot-Bermond, "Echange d'objets et conquête de l'autre en Nouvelle France au XVIe siècle", in *Découvertes et explorateurs*, Paris: L'Harmattant, 1994, p. 269.

39) Laurier Turgeon, "Vers une chronologie des occupations basques du Saint Laurent du XVIe à XVIIIe siècle", *Recherches amérindiennes au Québec*, XXIV, 1994, p. 3.

40) Evelyne Picot-Bermond, "Mirage ou réalité économique, les armements pour les Indes à Bordeaux dans la deuxième moitié du XVIe siècle", *Bulletin du Centre d'histoire des Espaces Atlantiques*, 5, 1990, p. 128.

41) Jean-Pierre Moreau, *Les Petites Antilles de Chritoph Colomb à Richelieu*, Paris: Karthala, 1992, p. 95.

42) Paul Butel, "Richelieu fonde les bases d'une politique maritime nationale", *Mer*, Spetember-October 8, 1983, p. 15.

43) Jean-Pierre Moreau, *Les Petites Antilles*, op. cit., p. 193.

44) Michel Verge Franceschi, *Abraham Dusquene, Huguenot et Marin du Roi Soleil*, Paris: France-Empire, 1992, p. 83.

45) Guy Saupin, "Les marchands nantais et l'ouverture de la route antillaise, 1639-1650", in Jean Pierre Sanchez (ed.), *Dans le sillage de Colomb*, Rennes: Presses Universitaires de Rennes, 1995, pp. 173~175.

46) Jean Meyer, "Nantes au XVIe siècle", in *La France et la Mer au Siècle des Grandes Découvertes*, Paris: Tallandier, 1993, p. 112.

47) 1629년에 디에프에서 파운드당 10리브르(파운드)에 팔린 세인트크리스토퍼 산 담배는 1635년에도 1리브르 5수 정도밖에 오르지 않았다. 게다가 1639년 말이 되면 담배는 겨우 4수에 팔렸다.

48) Paul Butel, *Histoire des Antilles*, Toulouse: Privat, 1980, p. 89.

49) Jean Meyer, "Fouguet, Colbert et l'état de la Marine en 1661", in *La France et la Mer*, op. cit., p. 22.

50) Paul Butel, *Histoire des Antilles*, op. cit., p. 95.

51) Paul Butel, *Les Caraïbes*, op. cit., p. 199.

52) Ibid., p. 202.

53) Ibid., p. 197.

54) Jean Meyer, *Histoire du sucre*, Paris: Desjonquères, 1989, p. 112.

55) 이런 수치는, Ibid., pp. 125~126에서 얻었다.

56) Henry Rosevaere, op. cit., p. 69.

57) Ibid., p. 539.

58) Ibid., p. 69.

5장 대서양 식민지의 황금기: 18세기

1) Jacob M. Price, "What did the Merchants Do? Reflections on British Overseas Trade, 1660-1790", *The Journal of Economic History* XLIX, 2, 1989, p. 270.

2) Jean-Pierre Poussou, "Inerties et Révolutions, 1730-1840", in Pierre Léon (ed.), *Histoire économique et sociale du Monde*, vol. 3, Paris: Colin, 1978, p. 147.

3) Jordan Goodman, "*Excitanita*, or how Enlightenment Europe took to soft drugs", in Jordan Goodman, Paul E. Lovejoy and Andrew Sherralt (eds.), *Consuming Habits: Drugs in History and Anthropology*, London: Routledge, 1995, p. 126.

4) Paul Butel, *Histoire du Thé*, Paris: Desjonquères, 1989, p. 46.

5) Ibid., p. 50.

6) Ibid., p. 58.

7) Jean Meyer, *Histoire du Sucre*, Paris: Esjonquères, 1989, p. 188. 사실 이탈리아 요리는 이런 재료의 사용을 오스만 제국으로부터 물려받았다.

8) Goodman, "*Excitanita*", op. cit., p. 136.

9) Paul Butel, *Histoire du Thé*, op. cit., p. 77.

10) Ibid., p. 56.

11) Richard B. Sheridan, *Sugar and Slavery: an Economic History of the British West Indies, 1623-1775*, Aylesbury: Ginn, 1974, p. 35.

12) Seymour Drescher, *Econocide: British Slavery in the Eve of Abolition*, Pittsburgh: University of Pittsburgh Press, 1977, p. 127.

13) Richard B. Sheridan, op. cit., p. 28.

14) Ibid., p. 31.

15) Louis M. Cullen, *An Economic History of Ireland since 1660*, London: Bastsford, 1972, p. 92.

16) Jordan Goodman, *Tabacco in History: the Cultures of Dependence*, London: Routledge, 1993, p. 59.

17) Jordan Goodman, "*Excitanita*", op. cit., p. 136.

18) Jordan Goodman, *Tabacco in History*, op. cit., p. 62.

19) Jacob M. Price, "Tobacco use and tobacco taxation: a battle of interests in Early Modern Europe", in *Cosuming Habits*, op. cit., p. 166.

20) Jordan Goodman, *Tabacco in History*, op. cit., p. 74.

21) François Crouzet, *De la supériorité de l'Angleterre sur la France*, Paris: Perrin, 1985, p. 142.

22) Jacob M. Price, *Capital and Credit in British Overseas Trade. The View from the Chesapeake, 1700-1776*, Cambridge, MA: Harvard University Press, 1980, pp. 112~113.

23) Jacob M. Price, "Tobacco use", op. cit., p. 172.

24) Ibid., p. 173.

25) 이 문제에 대한 전반적인 설명은, Jacob M. Price, *France and the Chesapeake: A*

History of the French Tobacco Monopoly, 1674-1791, and its Relationship to the British and American Tobacco Trades, 2 vols, Ann Arbor, MI: University of Michigan Press, 1973 참조.

26) Paul Butel, "Le grand commerce marine", in Pierre Léon (ed.), *Histoire économique*, op. cit., pp. 68~69.

27) Jacob M. Price, "What did the Merchants Do?", op. cit., p. 274.

28) John J. McCusker, *Rum and the American Revolution: the Rum Trade and the Balance of Payments of the Thirteen Continental Colonies*, New York and London: Garland, 1989, vol. 1, p. 149.

29) Ibid., p. 158.

30) Kenneth Morgan, *Bristol and the Atlantic Trade in the Eighteenth Century*, Cambridge: Cambridge University Press, 1993, p. 209.

31) Seymour Drescher, op. cit., p. 44.

32) Jacob M. Price, "What did the Merchants Do?", op. cit., p. 274.

33) Ibid., p. 275.

34) John J. McCusker and Russell M. Menard, *The Economy of British America, 1607-1789*, Chapell Hill, NC and London: North Carolina University Press, 1985, p. 286.

35) John J. McCusker, *Rum and the American Revolution*, op. cit., p. 319.

36) Ibid., p. 428.

37) Ibid., p. 476.

38) Ibid., p. 496.

39) Ibid.

40) Paul Butel, "Le grand commerce maritime", op. cit., p. 86.

41) François Crouzet, op. cit., p. 106에서 재인용.

42) Ibid., p. 107에서 재인용.

43) Paul Butel, "Le grand commerce maritime", op. cit., p. 70.

44) Pierre Deyon, "La concurrence internationale des manufactures lainières", *Annales ESC*, 1972, p. 29.

45) Charles Frostin, "Les Pontchartrain et la pénétration commerciale en Amérique espagnole(1690-1715)", *Revue Historique*, April-June 1971, p. 326.

46) François Crouzet, "Angleterre et France au XVIIIe siècle, essai d'analyse comparée de leurs croissance économique", *Annales ESC*, March-April 1966, p. 261.

47) 프랑수아 크루제의 표현이다. Ibid., p. 263.

48) Moreau de Saint-Méry, *Description de la partie française de Saint Domingue*, eds. by Blanche Maurel and Etienne Taillemite, Paris, 1951, p. 321.

49) Paul Butel, "Le modèle urbain à Saint Domingue au XVIIIe siècle: l'investissement

immobilier dans les villes de Saint Domingue", in Paul Butel and Louis M. Cullen (eds.), *Cities and Merchants: French and Irish Perspectives on Urban Development, 1500-1900*, Dublin, 1986, p. 161. 당시 보르도 항에서 노동자 한 사람의 연간 수입은 200 내지 250파운드였다. 1995년의 가치로 환산하면 4,000 내지 5,000프랑이었다.

50) Paul Butel, "Traditions and changes in the French Atlantic trade between 1780 and 1830 in the Age of European maritime expansion", *Renaissance and Modern Studies*, XXX, 1986, p. 132.

51) Seymour Drescher, op. cit., pp. 49-50.

52) Page, *Traité d'économie politique et du commerce*, Paris, An IX; Paul Butel, "Traditions and changes", op. cit., p. 125에서 재인용.

53) 플뢰리오(Fleuriau) 플랜테이션의 관리인이 쓴 1787년 8월 14일자의 편지; Jacques de Cauna, *Au temps des Isles à sucre. Histoire d'une plantation de Saint Domingue au XVIIIe siècle*, Paris: Karthala, 1987, p. 130에서 재인용.

54) 바베이도스에 대해서는, Hilary Beckles, *A History of Barbados: from Amerindian Settlement to Nation State*, Cambridge: Cambridge University Press, 1990, pp. 72-73 참조. 과들루프에 대해서는, Paul Butel, *Les négociants bordelais, l'Europe et les Iles au XVIIIe siècle*, Paris: Aubier, 1974, p. 222 참조.

55) Justin Girod de Chantrans, *Voyage d'un Suisse dans différantes colonies d'Amérique*, Paris: Tallandier, 1980, p. 209.

56) Ibid., p. 194.

57) Seymour Drescher, op. cit., p. 44.

58) Jacque de Cauna, op. cit., p. 196.

59) Gabriel Debien and Pierre Pluchon, "L'habitation Fevret de Saint Mesmin (1774-1790)", *Bulletin du Centre d'histoire des Espaces Atlantiques* 3, p. 185.

60) 마르세유의 루(Roux) 회사에서 보낸 1785년 1월 26일자의 편지. Charles Carrière, *Négociants marseillais au XVIIIe siècle*, t. 1, Aix-Marseille, 1973, p. 334, 주석 112 참조.

61) 자신의 책 *Cargaisons Indiennes*에서 제시한 루이 데르미니의 분석은 Ibid., p. 334 에 인용되어 있다.

62) Paul Butel, *Les négociants bordelais*, op. cit., p. 255.

63) Ibid., p. 274. 낭트의 8명의 대선주에 대해선, Jacob M. Price, "Credit in the slave plantation economies", in Barbara A. Solow (ed.), *Slavery and the Rise of the Atlantic System*, Cambridge: Cambridge University Press, 1991, p. 335 참조.

64) 이런 결제방식에 대한 완전한 분석은 Jacob M. Price, ibid., pp. 334-335 참조.

65) David Richardson, "Slavery, trade and economic growth in eighteenth century New England", in Barbara A. Solow (ed.), *Slavery*, op. cit., p. 261, 주석 73.

66) Charles Frostin, *Les révoltes blanches à Saint-Domingue au XVIIIe siècle*, Paris:

L'Ecole, 1970, pp. 374-375.

67) 1786년 1월 5일자의 서한, in ibid., p. 407.

68) Paul Butel, "Traditions and changes", op. cit., p. 126.

69) John J. Coatsworth, "American trade with European colonies in the Caribbean and South America, 1790-1812", *William and Mary Quarterly* 2, 1967, p. 246.

70) Paul Butel, "Traditions and changes", op. cit., p. 129.

71) Paul Butel, *Les négociants bordelais*, op. cit., p. 276.

72) Ibid., p. 275.

6장 대서양의 사람과 강대국들: 17·18세기

1) Christopher J. French, "Crowded with traders and a great commerce: London's domination of English overseas trade, 1700-1775", *London Journal* 17-1, 1992, p. 27.

2) 저자불명, *An Essay on the Increase and Decline of Trade in London and the Outports*, London, 1749에 나오는 구절. Christopher French, ibid.에서 재인용.

3) John J. McCusker and C. Gravesteijn, *The Beginnings of Commercial and Financial Journalism*, Amsterdam: Rodopi, 1991, pp. 292-326.

4) Marc de Bombelles, *Journal de voyade en Grande-Bretagne et en Irlande, 1784*, London: The Voltaire Foudation at the Taylor Institute, 1989. 1790년에 런던 항의 선박출입수는 연간 1만 2,000척을 넘어섰다.

5) 상업회의소장 피에르 드클로(Pierre Desclaux, Sr.)의 보고, Paul Butel, *Histoire de la Chambre de Commerce et d'industrie de Bordeaux*, Bordeaux: Chambre de Commerce, 1988, p. 130에서 재인용.

6) Bernard Lavalle, *L'Amérique espagnole de Colomb à Bolivar*, Paris: Belin, 1993, p. 142.

7) J.N. Biraben, "Le peuplement du Canada français", *Annales de Démogaphie Historique*, 1966, p. 112.

8) John J. McCusker and Russell Menard, *The Economy of British America, 1607-1789*, Chapel Hill, NC: University of North Carolina Press, 1988, p. 212.

9) Biraben, op. cit., p. 116.

10) Jean Berenger, Yves Durand and Jean Meyer, *Pionniers et Colons en Amérique du Nord*, Paris: Colin, 1975, p. 232. 1751년과 1760의 유럽의 출생률은 각각 1,000명당 61명과 1,000명당 40명이었다. 하지만 유아사망률은 1,000명당 33명으로 여전히 높았다.

11) McCusker and Menard, op. cit., pp. 223-224.

12) Paul Butel, *Histoire des Antilles*, Toulouse: Privat, 1982, p. 73.

13) Jean Meyer, *Les Européens et les Autres*, Paris: Colin, 1975, pp. 137과 152.

14) François Crouzet in Charles Higonet (ed.), *Histoire de Bordeaux*, Bordeaux: Fédération Hitorique du Sud-Ouest, 1968, vol. 5, p. 218.

15) R.J. Dickson, *Ulster Emigration to Colonial America*, London: Routledge, 1966, pp. 66-67.

16) McCusker and Menard, op. cit., p. 212에서 재인용.

17) Jean Meyer, *Les Européens*, op. cit., p. 155에서 재인용.

18) R.J. Dickson, op. cit., pp. 108~109.

19) Ibid., p. 109, "치안판사에게 제출한 보고(report to the Justice of the Peace)".

20) Ibid., p. 119.

21) Ibid., pp. 123~124.

22) Peter H. Wood, *Black Majority: Negroes in Colonial South Carolina from 1670 through the Stono Rebellion*, New York: Norton, 1976.

23) Ibid., p. 150.

24) Paul Butel, "L'essor de l'économie de la plantation à Saint Domingue dans la deuxième moitié du XVIIIe siècle", in Martine Acerra, Jean-Pierre Poussou and Michel Verge-Francheschi (eds.), *Etat, Marine et Société, Mélanges Meyer*, Paris: Sorbonne, 1996, p. 96.

25) Pierre Pluchon, *Histoire de la Colonisation Fraçaise*, Paris: Fayard, 1991, vol. 1, p. 402.

26) Jacques Cauna, *Au temps des Isles à sucre, Histoire d'une plantation de Saint Domingue*, Paris: Karthala, 1987, p. 194.

27) Pierre Pluchon, op. cit., p. 422. 이렇게 드는 비용이 어느 정도였는지를 보여주는 것으로, 그 비용이 1788년에 보르도 항에서 활동한 노동자가 받은 1년 총 임금의 10배 정도 되었다는 것은 잘 알려져 있다.

28) Richard B. Sheridan, *Sugar and Slavery: An Economic History of British West Indies, 1623-1775*, Aylesbury, Ginn, 1974, p. 256.

29) Pierre Pluchon, op. cit., p. 422.

30) Frédéric Mauro, *Le Brésil du XVe à la fin du XVIIIe siècle*, Paris: SEDES, 1977, p. 176.

31) Joseph C. Miller, "Legal Portuguese Slaving from Angola", *Revue française d'histoire d'outre-mer*, 1975, p. 135.

32) 쿠바에 대해서는, Herbert S. Klein, "The Cuban Slave Trade in a period of transition, 1790-1843", *Revue française d'histoire d'outre-mer*, 1975, p. 61 참조. 카르타헤나에 대해선, Dominique Morales, *L'esclavage en Colombie*, Master's Dissertation, Université de Bordeaux 3, 1980 참조.

33) Kenneth Morgan, *Bristol and the Atlantic Trade in the Eighteenth Century*, Cambridge: Cambridge University Press, 1993, p. 133.

34) Daniel P. Mannix, *Black Cargoes: A History of the Atlantic Slave Trade*, Harmondsworth: Penguin, 1976, pp. 70-71.

35) Eric Saugera, *Bordeaux port négrier, XVIIe-XIXe siècle*, Paris: Karthala, 1995, p. 201.

36) Kenneth Morgan, op. cit., p. 135.

37) Ibid.

38) Ibid., pp. 137~138.

39) Daniel P. Mannix, op. cit., p. 72.

40) Kenneth Morgan, op. cit., p. 149. 리버풀의 노예무역상들은 환어음을 정리하여 비용을 줄였다.

41) Roger Anstey, "The volume of the North American slave carrying trade from Africa, 1761~1810", *Revue française d'histoire d'outre-mer*, 1975, p. 49.

42) Ibid., p. 51.

43) Paul Kennedy, *The Rise and Fall of British Naval Mastery*, New York: Charls Scribner's Sons, 1965, p. 4.

44) François Crouzet, *De la supériorité de l'Angleterre sur la France*, Paris: Perrin, 1985, p. 11.

45) Jean Meyer, *Les Européens*, op. cit., p. 221.

46) N.A.M. Rodger, "La mobilisation navale au XVIIIe siècle", in Martine Acerra, Jean-Pierre Poussou and Michel Verge-Francherchi (eds.), op. cit., pp. 365-374.

47) Ibid., p. 369.

48) Ibid. 로제(Roger)는 루이 16세의 해군대신 라 뤼제른(La Luzerne)의 회고록을 인용하였다.

49) Jean Meyer, "Les problèmes de personnel de la marine de guerre française aux XVII et XVIIIe siècles. Les Hommes et la mer dans l'Europe du Nord-Ouest, de l'antiquité à nos jours", *Revue de Nord*, 1986, p. 111.

50) Ibid., p. 123.

51) Christian Buchet, "La Royal Navy et les levées d'hommes aux Antilles (1689-1763)", *Histoire, Economie et Société* 4, 1990, pp. 521-543.

52) Paul Butel, *L'économie française au XVIIIe siècle*, Paris: SEDES, 1993, p. 245.

53) Jaap R. Bruijn, *The Dutch Navy of the Seventeenth and Eighteenth Centuries*, Greenville: University of South Calrolina Press, 1993, p. 148.

54) Jean Meyer, *Mariens et Révolution*, Rennes: Ouest France, 1988, p. 59.

55) Christian Buchet, "Essai de comparaison du système de ravitaillement français et

anglais dans l'espace caraibe au XVIIIe siècle", *Actes du colloque de Bordeaux: La Guerre dans la Caraibe, XVIIIe-XIe siècles*, 1996.

56) Christian Buchet, "La logistique française en *matériel* naval dans l'espace Caraibe (1672-1763)", *Service Historique de la Marine*, 1993, p. 67.

57) Paul Kennedy, op. cit., pp. 81-82.

58) Etienne Taillemite, "Guerre et commerce maritime au XVIIIe siècle", *Bulletin du Centre d'histoire des Espaces Atlantiques* 7, 1995, p. 199.

59) Paul Butel, "Le transport maritime à Bordeaux au XVIIIe siècle", *Cahiers d'histoire* XXXIX, 1989, p. 259.

60) Ibid., p. 260.

61) Etienne Taillemite, op. cit., pp. 200-201.

62) Ibid., p. 201.

63) Paul Kennedy, op. cit., p. 108.

64) Philippe Loupes, "L'état défensif des colonies espagnoles vers 1761-1762", *Actes de colloque de Bordeaux*, op. cit.

65) Jean Meyer, *Marines et Révolution*, op. cit., p. 57.

66) Paul Kennedy, op. cit., pp. 144~145.

67) Jean Meyer, *Marines et Révolution*, op. cit., p. 259.

68) 트라팔가 해전 이후 영국에는 128척의 무장 함선이 있었고, 그에 더해 비무장 선박과 건조 중인 선박의 수는 88척이었다. 당시 프랑스의 무장함선 수는 20척 이었다. 따라서 영국의 우월함은 압도적인 것이었다. 프랑스혁명 전쟁이 시작 될 무렵인 1792년에는 이 둘 사이의 간격이 그렇게 크지 않았다. 영국은 문서 상으로 볼 때 거의 160척의 함선을 활용할 수 있었지만 이 중 많은 배들이 취 역할 수 없는 것들이었다. 당시 프랑스는 80척의 함선을 운용할 수 있었다.

7장 19세기의 대서양: 전통과 변화

1) François Crouzet, "Remarques sur la formation d'une économie mondiale", *Histoire, Economie et Société*, 4, 1986, p. 615.

2) Paul Butel, *Les négociants bordelais, l'Europe et les Iles au XVIIIe siècle*, Paris: Aubier, 1973, p. 219.

3) Herman Melville, *Redburn, or, Her First Cruise*, Paris: Gallimard, 1980, pp. 460-462.

4) François Crouzet, *De la supériorité de l'Angleterre sur la France*, Paris: Perrin, 1985, p. 301.

5) Stanley Chapman, *Merchant Enterprise in Britain from the Industrial Revolution to*

World War I, Cambridge: Cambridge University Press, 1992, p. 84.

6) François Crouzet, *De la supériorité*, op. cit., p. 300.

7) François Crouzet, *L'Economie britannique et le blocus continental*, Paris: Economica, 1987, pp. xii-xiii.

8) Ibid., pp. xv와 885. 1806년에 영국의 제조업 상품 수출은 총 2,500만 파운드로 증가했다. 그 중 미국으로의 수출액은 686만 파운드를 차지했다. 1807년에 제조업 상품 수출은 총 2,740만 파운드로 늘어났는데, 그 중 미국으로의 수출액은 774만 3,000파운드였다.

9) John J. Coatsworth, "American trade with European colonies in the Caribbean and South America", *William and Mary Quarterly*, vol. 24, no. 2, 1967, p. 243.

10) 위 5장의 소절인 "미국인의 침입" 참조.

11) François Crouzet, *De la supériorité*, op. cit., p. 303.

12) John J. Coatsworth, op. cit., p.250.

13) François Crouzet, *L'Economie britannique*, op. cit., p. 58. 이 수치는 1803~1805년의 연간 평균 수입량이다.

14) Ibid., p. 885.

15) François Crouzet, "Angleterre-Brésil, 1697~1850, un siècle et demi des échanges commerciaux", *Histoire, Economie et Société*, 1990, pp. 300-301.

16) Ibid., p 302.

17) Stanley Chapman, op. cit., p. 83.

18) Elie Halévy, *Histoire du peuple anglaise au XIXe siècle*, Paris: Hachette, 1913, p. 167.

19) Robert W. Love, *A History of the US Navy, 1775-1841*, Harrisburg, PA: University of Pennsylvania Press, 1982, pp. 21과 37.

20) Ibid., p. 139.

21) François Crouzet, "Angleterre-Brésil", op. cit., p. 305.

22) Ibid., p. 307.

23) Ibid., p. 308.

24) D.C.M. Platt, *Latin America and British Trade, 1806-1914*, Lodnon: Adam and Cahrles Black, 1972, p. 56.

25) *Universal British Directory 1791*, Stanley Chapman, *Merchant Enterprise*, op. cit., p. 82에서 재인용.

26) Ibid., p. 83.

27) Ibid., p. 84.

28) André Siegfried, *Tableau des Etats-Unis*, Paris: Colin, 1958, p. 25.

29) Robert Greenhalgh Albion, *The Rise of New York Port, 1815-1860*, Newton Abbot:

David & Charles, 1972, pp. 95~121.

30) Ibid., p. 119.

31) Ibid., p. 112.

32) Ibid., p. 117.

33) Francis E. Hyde, *Liverpool and the Mersey*, New Abbot: David & Charles, 1971; Robert Albion, op. cit. 참조.

34) Rober Albion, op. cit., p. 220.

35) Ibid., p. 222.

36) Francis E. Hyde, *Liverpool and the Mersey*, op. cit., p. 91.

37) Ibid., p. 48.

38) Stanley Chapman, op. cit., p. 89.

39) Robert Albion, op. cit., p. 52.

40) 뉴욕의 한 신문에 실린 기사를 Ibid., p. 319에서 재인용.

41) Francis E. Hyde, *Cunard and the North Atlantic, 1840-1973*, Newton Abott: David & Charles, 1976, p. 38.

42) 타이타닉 호의 배수량은 6만 톤이었고 길이는 271미터였다.

43) Ibid., p. 52.

44) Daniel Hillion, *L'Atlantique à toute vapeur*, Rennes: Ouest France, 1993, p. 44.

45) Ibid., p. 52.

46) Ibid., p. 56.

47) Marthe Barbance, *Histoire de la Compagnie Générale Transatlantique*, Paris: Compagnie Générale Transatlantique, 1955, pp. 85-86.

48) Ibid., p. 128.

49) Francis E. Hyde, *Cunard and the North Atlantic*, p. 110. 이런 가격들은 약 40년 전인 1863년에 매겨진 가격과 비교할 수 있다. 당시 커나드 회사는 증기선의 경우 4파운드 15실링을, 범선의 경우 겨우 2파운드 17실링을 받았다.

50) Ibid., p. 114.

51) François Caron, in Pierre Léon, *Histoire économique et sociale du monde*, vol. 4, Paris: Colin, 1972, p. 171.

52) 이상의 수치는 모두 Thomas Brinley, *Migration and Economic Growth: a Study of Great Britain and the Atlantic Economy*, Cambridge: Cambridge University Press, 1954에서 가져왔다.

53) A.N. Porter (ed.), *Atlas of British Overseas Expansion*, London: Routledge, 1991, p. 85.

54) Gilbert Garrier, in Pierre Léon, *Histoire économique*, op. cit., p. 27.

55) Thomas Brinley, op. cit., p. 308, 표 117.

56) André Siegfried, *Tableau*, op. cit., p. 40

57) Jean Haffer, in Pierre Léon, *Histoire économique*, op. cit., p. 225.

58) Rober Albion, op. cit., p. 349.

59) Ibid., p. 254.

60) Thomas Brinley, op. cit., pp. 25-26에 제시된 연도별 수치에 의거하였다.

61) Ibid., p. 166.

62) Ibid., p. 170.

63) 이런 계절별 이동에 대해서는, Rudolph Vicoli (ed.), *A Century of European Migration*, Chicago: University of Illinois Press, 1991, pp. 25-26 참조.

64) Thomas Brinley, op. cit., p. 96.

65) Ludovico de Courten, *La Marina Mercantile Italiana nella Politica di Espansione, 1860-1914*, Bulzoni, 1987, p. 173.

66) Marthe Barbance, op. cit., p. 160.

67) Paul Bois, *Armements marseillais, compagnies de navigation et navires à vapeur, 1831-1988*, Histoire du commerce et de l;industrie de Marseille, XIXe-XXe siè, Marseilles, 1988, pp. 219-220.

68) Philippe Roudie, "Bordeaux port d'émigration lointaine (1865-1918", *Revue historique de Bordeaux*, XXX, 1984, pp. 137~188.

69) Ludovico de Courten, op. cit., p. 186.

70) Ibid., p. 173.

71) Francis E. Hyde, *Cunard and the North Atlantic*, p. 100.

72) Robert Albion, op. cit., p. 339.

73) Paul Bois, op. cit., p. 73.

74) Philippe Roudie, op. cit., p. 164.

75) Herman Melville, op. cit., p. 360.

76) Robert Albion, op. cit., p. 343.

77) Ibid., p. 345.

78) Dirck Hoerder, "International labour market and community building by migrant workers", in Roudolph Vicoli (ed.), *A Century of European Migration*, op. cit., p. 97.

79) Reino Vero, "Migration traditions from Finland to North America", in Rudolph Vicoli (ed.), *A Century of European Migration*, op. cit., p. 128.

8장 20세기의 대서양

1) 미국의 산업 및 업종들에 대한 유럽의 투자는 1914년에 약 700만 달러에 이르렀다. Paul Kennedy, *The Rise and Fall of the Great Powers*, New York: Vintage, 1989, p. 245 참조.

2) 1898년 이후의 영국 해군기지에 대한 수치는 A.N. Porter (ed.), *Atlas of British Overseas Expansion*, London: Routledge, 1991, p. 123에서 얻었다.

3) Paul Kennedy, op. cit., p. 203.

4) 일본은 1900년에 18만 7,000톤에서 1914년 70만 톤으로 늘어났다. 미국은 1900년에 38만 3,000톤에서 1914년에 98만 5,000톤으로 늘어났다.

5) 1898년의 미국·스페인 전쟁 동안 태평양 쪽에 있던 미국 순양함 오레곤 (Oregon) 호가 케이프혼을 우회하여 대서양에 도착하는 데는 3달이 걸렸다.

6) Robert W. Love, *A History of the US Navy, 1775-1941*, Harrisburg, 1992, pp. 380-381.

7) Ibid., p. 468.

8) J.B. Duroselle, *La politique extérieur des Eats-Unis 1*, Paris: CDU, 1955, p. 55.

9) Ibid.

10) Robert W. Love, op. cit., p. 499.

11) Philippe Masson, *Marins et Océans*, Paris: Imprimerie Nationale, 1982, p. 209.

12) Georges Dupeux, in Paul Butel (ed.), *Histoire de la Chambre de Commerce de Bordeaux*, Bordeaux: Chambre de Commerce, 1988, pp. 228-231.

13) André Siegfried, *Tableau des Etats-Unis*, Paris: Colin, 1958, p. 324에서 재인용.

14) Ibid., p. 327.

15) Richard N. Current, Harry William and Frank Freidel, *American History: a Survey*, New York: Alfred A. Knopf, 1975, vol. 2, p. 644.

16) Paul Kennedy, *The Rise and Fall of British Naval Mastery*, New York: Charles Scribners' Sons, 1965. p. 275.

17) Ibid., p. 287.

18) Ibid., p. 279.

19) Marthe Barbance, *Histoire de la Compagnie Générale Transatlantique*, Paris: Compagnie Générale Transatlantique, 1955, p. 235.

20) Philippe Masson, op. cit., p. 213.

21) Ibid.

22) Ibid., p. 217.

23) 나의 동료이자 친구인 알랭 외트 드 랑(Alain Heutz de Lemps) 교수는 드종케르 (Desjonquères) 출판사에서 곧 나올 자신의 책 『럼주의 역사(*History of Rum*)』의

미간행 원고를 내가 읽게 해 주었다. 그에게 정말 감사드린다. 금주법에 대한 나의 설명은 이 원고에 크게 빚지고 있다.

24) Georges Dupeux, in Paul Butel (ed.), *Histoire*, op. cit., p. 229.

25) '불법(bootleg)'이란 말은 높은 부츠의 윗부분을 가리킨다.

26) Georges Dupeux, in Paul Butel (ed.), *Histoire*, op. cit., p. 236.

27) Francis E. Hyde, *Cunard and the North Atlantic, 1840-1973*, London: Macmillan, 1975, pp. 234-235.

28) Philippe Masson, op. cit., p. 221.

29) Ibid., p. 205에서 재인용.

30) Paul Kennedy, op. cit., p. 286.

31) J.B. Duroselle, op. cit., pp. 118~125.

32) Richard N. Current, Harry William and Frank Freidel, op. cit., p. 702.

33) Robert W. Love, op. cit., p. 651.

34) 영국이 입은 손실에 대해서는 Paul Kennedy, op. cit., p. 317 참조. 연합국 전체의 손실에 대해서는 Philippe Masson, op. cit., p. 257 참조.

35) Yves Lacoste (ed.), *Dictionnaire de Géopolitique*, Paris: Flammarion, 1993, p. 117.

36) Francis E. Hyde, op. cit., p. 284.

37) Ibid., p. 311.

38) Marthe Barbance, op. cit., p. 314.

39) Francis E. Hyde, op. cit., p. 267.

40) Philippe Masson, op. cit., p. 281.

41) Francis E. Hyde, op. cit., p. 297.

42) André Vigarie, *Echanges et transports internationaux*, Paris: Sirey, 1991, p. 74에서 1988년에 해당하는 통계수치를 얻었다.

43) André Vigarie, *Ports de commerce et vie littorale*, Paris: Hachette, 1979, p. 455.

44) André Vigarie, *Echanges*, op. cit., p. 210.

45) Captain Richard Sharpe, RN (ed.), *Jane's Fighting Ships, 1990~1991*, Coulsdon, 1990, p. 579.

9장 결 론

1) G.V. Scammell, *Ships, Oceans and Empires*, London: Varorium, 1995, p. 411.

2) Michel de Montaigne, *Essays* 1.31, Harmondsworth: Penguin, 1985, p. 109.

3) Etienne Taillemite, *La Fayette*, Paris: Fayard, 1989, p. 103.

4) Léon Edel, *Henry James, une vie*, Paris: Seuil, 1990, p. 253.

5) Henry Miller, *Tropic of Capricorn*, London, Panther, 1966, p. 52.

참고문헌

Adam, Paul (1976), "Problèmes de navigation dans l'Atlantique nord", in Régis Boyer (ed.), *L'Age Viking. les Vikings et leur civilisation, problèmes actuels*, Paris: Mouton.

Albion, Robert G. (1972), *The Rise of New York Port 1815-1860*, Newton Abbott: David & Charles Ltd.

Andrews, Kenneth (1984), *Trade, Plunder and Settlement: Maritime Enterprises and the Genesis of the British Empire 1480-1630*, Cambridge: Cambridge University Press.

Barbamce, Marthe (1955), *Histoire de la Compagnie Générale Transatlantique*, Paris: Compagnie Générale Transatlantique.

Bennassar, Bartolomé (1991), *1492, un monde nouveau?*, Paris: Perrin.

Bernard, Antoinette (ed.) (1991), *Le Grand Atlas des Explorations*, Encyclopaedia Universalis, London: Harper & Collins.

Bessmertny, Alexandre (1949), *L'Atlantide, exposé des hypothèses relative à l'origine de l'Atlantide*, Paris: Payot.

Brinley, Thomas (1954), *Migration and Economic Growth: a Study of Great Britain and the Atlantic Economy*, Cambridge: Cambridge University Press.

Bruijn, Jaap R. (1993), *The Dutch Navy of the Seventeenth and Eighteenth Centuries*, Columbia, SC: University of South Carolina Press.

_____ (1982), *Les Caraïbes au temps des flibustiers, XVIe-XVIIe siècle*, Paris: Aubier-Montaigne.

Buchet, Christian (1994), "DEs routes maritimes Europe-Antilles et de leur incidence sur la rivalité franco-britannique", *Histoire, Economie, Société*, 4.

Butel, Paul (1974), *Les négociants bordelais, l'Europe et les Iles au XVIIIe siècle*, Paris: Aubier-Montaigne.

Carcopino, Jérôme (1943), *Le Maroc antique*, Paris: Gallimard.

Carrière, Charles (1973), *Négociants marseillais au XVIIIe siècle*, Marseilles: Institut Historique de Provence.

Cauna, Jacques de (1987), *Au temps des Isles à sucre, histoire d'une plantation de Saint-Domingue au XVIIIe siècle*, Paris: Karthala.

Chapman, Stanley (1992), *Merchant Enterprise in Britain from the Industrial Revolution to World War I*, Cambridge: Cambridge University Press.

Chaunu, Pierre (1977), *Séville et l'Amérique, XVIe-XVIIe siècle*, Pais: Flammarion.

_____ (1993), *Colomb ou la logique de l'imprévisible*, Paris: François Bourin.

Coatsworth, John J. (1967), "American Trade with European Colonies in the Caribbean and South America 1790-1812", *William and Mary Quarterly*, 2.

Courten, Ludovico de (1987), *La Marina mercantile italiana nelle Politica di Expansione*, Milan: Bulzoni.

Crouzet, François (1966), "Angleterre et France au XVIIIe siècle, essai d'analyse comparée de deux croissance économiues", *Annales ESC*, March-April.

_____ (1985), *De la supériorité de l'Angleterre sur la France, l'économie et l'imaginaire, XVIIe-XXe siècle*, Paris: Perrin.

_____ (1986), "Remarques sur la formation d'une économie mondiale", *Histoire, Economie et Société*, 4.

_____ (1987), *L'économie britannique et le blocus continental*, Paris: Economica.

_____ (1990), "Angleterre-Brésil, 1670-1850, un siècle et demi d'échanges commerciaux", *Histoire, Economie, Société*.

Cullen, Louis M. (1972), *An Economic History of Ireland since 1660*, London: Batsford.

Curtin, Philip D. (1990), *The Rise and Fall of the Plantation Complex: Essays in Atlantic History*, Baltimore: Johns Hopkins.

Davies, K.G. (1977), *The North-Atlantic World in the Seventeenth Century*, Minneapolis: Minnesota University Press.

Davis, Ralph (1962), *The Rise of the English Shipping Industry in the 17th and 18th Centuries*, Newton Abbott: David & Charles Ltd.

_____ (1973), *The Rise of the Atlantic Economies*, London: Widenfeld & Nicolson.

Dickson, R. (1966), *Ulster Emigration to Colonial America*, London: Routledge.

Drescher, Seymour (1977), *Econocide: British Slavery in the Era of Abolition*, Pittsburgh: University of Pittsburgh Press.

Favier, Jean (1991), *Les grandes découvertes d'Alexandre à Magellan*, Paris: Fayard.

French, Christopher (1992), "Crowded with traders and a great commerce, London's domination of English overseas trade 1770-1775", *London Journal*, 17.1.

Goodman, Jordan (1993), *Tobacco in History, the Culture of Dependence*, London: Routledge.

Halévy, Elie (1913), *Histoire du peuple anglais au XIXe siècle*, Paris: Hachette.

Hillion, Daniel (1993), *L'Atlantique à toute vapeur*, Rennes: Ouest-France.

Hyde, Francis E. (1971), *Liverpool and the Mersey*, Newton Abbot: David & Charles Ltd.

——————— (1976), *Cunard and the North Atlantic, 1840-1973*, Newton Abbot: David & Charles Ltd.

Israel, Jonathan (1989), *Dutch Primacy in World Trade 1585-1740*, Oxford: Clarendon.

Kennedy, Paul (1965), *The Rise and Fall of British Naval Mastery*, New York: Charles Scribners' Sons.

——————— (1989), *The Rise and Fall of the Great Powers*, New York: Vintage.

Léon, Pierre (ed.), (1968-1972), *Histoire économique et sociale du monde*, 4 vols., Paris: Colin.

Love, Robert W. (1992), *A History of the US Navy 1775-1841*, Harrisburg: University of Ohio Press.

McCusker, John (1989), *Rum and te American Revolution, the Rum Trade and the Balance of Payments of the Thirteen Continental Colonies*, New York and London: Garland Publishers.

——————— and Russel Menard (1985), *The Economy of British America 1607-1789*, Chappel Hill, NC: University of North Carolina Press.

MacLeod, Murdo (1973), *Spanish Central America, a Socio-Economic History, 1520-1720*, Berkeley, CA: California University Press.

Marcus, G.J. (1980), *The Conquest of the North Atlantic*, Woodbridge, Suffolk: Boydell & Brewer.

Masson, Philippe (1982), *Marins et Océans*, Paris: Imprimerie Nationale.

Mauro, Frédéric (1977), *Le Brésil du XVe à la fin du XVIIIe siècle*, Paris: Sedes.

Meyer, Jean (1975), *Les Européens et les autres*, Paris: Colin.

——————— (1989), *Histoire du sucre*, Paris: Desjonquères.

Mollat, Michel (1993), *L'Europe et la mer*, Paris: Seuil.

Morgan, Kenneth (1993), *Bristol and the Atlantic Trade in the Eighteenth Century*, Cambridge: Cambridge University Press.

Platt, D.C.M. (1972), *Latin America and British Trade 1806-1914*, London: Adam and Charles Black.

Pluchon, Pierre (1991), *Histoire de la colonisation française*, Paris: Fayard.

Price, Jacob M. (1980), *Capital and Credit in British Overseas Trade. The View form the Chesapeake, 1700-1776*, Cambridge, MA: Harvard University Press.

——————— (1989), "What did the merchants do? Reflections on British overseas trade 1700-1776", *The Journal of Economic History*, June.

Saugera, Eric (1995), *Bordeaux, port négrier, XVIIe-XIXe siècle*, Paris: Karthala.

Sheridan, Richard (1974), *Sugar and Slavery, an Economic History of the British West Indies 1623-1775*, Aylesbury: Ginn.

Solow, Barbara (1991), *Slavery and the Rise of the Atlantic System*, Cambridge: Cambridge University Press.

Verge-Francheschi, Michel (1994), *Henri le navigateur, un découveur au XVe siècle*, Paris: Ed. du Félin.

Vigarie, André (1979), *Ports de commerce et vie littorale*, Paris: Hachette.

_____ (1991), *Echanges et transports internationaux*, Paris: Sirey.

옮긴이 후기

이 책은 영국의 라우틀리지(Routledge) 출판사에서 기획 출간한 〈Seas in History〉 총서 중 프랑스의 저명한 대서양 역사가인 폴 뷔텔(Paul Butel)의 *Atlantic* (1999)을 번역한 것이다. 번역은 기본적으로 옮긴이가 속한 연구소가 라우틀리지 출판사와 맺은 총서 전체 번역 출간 기획에 맞추어 위의 영어판에 입각해 이루어졌지만, 원래 이 영어판이 1997년에 나온 프랑스어판, *Histoire de l'Atlantique: De l'Antiquité à nos jours* (Paris: Perrin)에 기초한 것이기에, 정확한 내용 이해를 위해 프랑스어판도 함께 참조하면서 번역하였다. 영어판과 프랑스어판은 목차와 제목은 같지만, 편제에 있어서 약간 차이가 있으며(프랑스어판에 삽입된 여러 도판들이 영어판에서는 생략되었다) 내용에서도 완전히 동일하지는 않다. 폴 뷔텔은 프랑스어권 독자를 위해 저술한 프랑스어판을 영어판으로 다시 간행하면서 영어권 독자에 맞춰 내용을 크게 수정했으며, 따라서 프랑스어판의 많은 내용이 영어판에서는 삭제되었거나 프랑스어판에 없는 내용이 영어권 독자들의 관심사에 따라 영어판에 추가되어 있다. 옮긴이는 기본적으로 영어판에 입각해 번역했기에 한국어판의 내용은 프랑스어판과는 많은 부분에서 차이가 있으며 영어판을 번역한 것으로 이해하기를 바란다.

이 책의 번역은, 앞서 언급했듯이 옮긴이가 속한 한국해양대학교 국제해양문제연구소 '해항도시문화교섭연구단'이 기획한 총서번역 작업의 일환으로 이루어진 것이다. 본 연구단이 수행하는 해항도시 문화교섭 연구는 해항도시 연구에서 출발하여 해항도시가 하나의 결절점으로 기능하는 해역의 작동 메커니즘에 주목하면서 해역이 역사적 분석 단위로 상정될 가능성을 꾸준히 탐색해 왔다. 여기서 해역을 어떻게 보고 설정할 것인가는 또 다른 문제가 되겠지만, 우리가 사는 지구의 4분의 3이 바다이며 그 바다가 크게 대양으로 이루어져있다는 얼마간은 상식적인 전제를 상기하면 대양은 무엇보다 역사적 분석단위로서 해역 상정의 출발점이 될 수 있을 것이다. 그런 의미에서 본 연구단은 세계의 주요 대양에 대한 총괄적 이해를 제시함으로써, 학술적 견지에서만이 아니라 대중적 수준에서도 한국에서의 해양 이해에 기여하면서 나아가 '방법론적 해항도시'의 광역적 필드로서 구체적 해역 상정을 위한 기초적 인식을 얻고자 하였다. 이런 생각 하에서 이루어진 본 연구단의 총서번역 기획 속에서 이미 『태평양』이 2016년에 번역 출간되었고, 이참에 이 책과 함께 『발트해와 북해』의 출간도 진행되고 있다.

위에서 언급한 다른 책들과 마찬가지로, 이 책의 번역도 그렇게 쉽지는 않았다. 무엇보다 대양 연구서들이 다들 가지고 있는 특성일 것이라고 생각되지만, 너무나 많은 지명과 인명들이 등장하고 있다. 지역별로 발음조차 생소한 다양한 언어로 표현된 지명과 인명들 때문에 호흡을 가다듬으며 번역의 즐거움을 느끼며 번역하는 것이 거의 불가능했다. 게다가 책의 내용들이 자리하는 맥락들이 대개 이런 지명과 인명을 전제로 하고 있음에야 그런 번거로운 지명과 인명을 얼마간 무시할 수도 없었다. 일일이 지명과 인명을 찾아보고 그 지리적 위치와 역사적 의미를 이해해야만 내용을 명확히 알 수가 있었다. 하긴 지구의 거의 4분의 1에 해당하는 영역을 대상으로 2,000년이 훨씬 넘는 시간 범위에 걸쳐 기술하는 마당에 어쩌면 뷔텔이 취한 이런 쓰기 전략이 최선일지도 모른다는 생각도 든다. 그러함에도 그것을 단순히 읽는 것이 아니라 우리말로 옮기는 정말 녹록치 않은 일을 하다 보니, 시간만 자꾸 지체되었다는 느낌도 없지 않다. 어쨌든 책을 읽는 독자들에게도 이는 마찬가지일 듯하여, 지명에 대한 역주가 반드시 필요한데, 너무나 많은 지명에 배보다 배꼽이 더 커질 듯해서 본문의 뒤에 지명일람을 따로 제시하였다. 참고하기 바란다.

책의 내용은 그야말로 방대하다. 대서양이라는 바다만이 아니라 그와 맞대고 있는 양쪽 대륙들의 사정까지도 포괄하면서 쓰여 있기에, 이 책의 내용을 방대하다고 표현할 수밖에 없다. 그리고 무엇보다 뷔텔은 단순히 바다가 아니라 그 바다와 맺은 인간의 관계에 초점을 두고 기술하고 있는데, 그긴 시간 범위 속에서 변화해 간 바다와 인간의 관계를 한 순간의 놓침도 없이 추적해 내고 있다. 이 책 속에서 우리는 적어도 대서양이라는 대양이 인간과 관계했던 과정을 온전히 들여다 볼 수 있으며, 그래서 왜 대서양이 인간에게 중요할 수 있는지를 파악할 수 있다. 이 때문에 옮긴이는 이 책이 단순히 대서양이라는 지리 단위의 역사가 아니라 대서양이라는 대양과 인간의 관계의 역사라는 점을 말하기 위해, 한국어판의 제목에 '바다와 인간의 역사'라는 부제를 달았다.

책의 내용이 방대하고 많은 정보를 담고 있지만, 옮기는 과정에서 몇 가지 비판적인 생각도 들었다. 그 중 가장 중요하다고 생각되는 한 가지만 말하면, 책의 내용이 상당히 유럽 중심적이라는 점이다. 대서양은 인간과 무관하게 지금으로부터 9,400만 년 전에 지구상에 나타났고, 그때부터 오늘날의 지리 단위로서 아메리카와 유럽, 아프리카가 대서양에 접해 존재했다. 그리고 그곳들에서는 수많은 사람들이 대서양과 관계를 맺으며 살아왔다. 하지만 책의 내용은 유럽인들이 대서양을 인식한 시점부터 시작하고 그들의 인식이 변해가는 추이를 기본적인 얼개로 삼아 진행된다. '대항해 시대'라고 칭송되는 16세기 이래 유럽인들의 대양 진출에 대해서도 오로지 그들이 대서양에서 벌인 활동만 이야기 되며, 대서양 양안의 많은 다른 이들이 무엇을 했는지는 이야기되고 있지 않다. 마치 아무 일도 없었다는 듯이 말이다. 물론 역사라는 것이 기술되려면 근거가 있어야 하고 그 근거가 없는 한 아무것도 적을 수 없음은 분명하다. 대서양 양안의 많은 비유럽인들이 대서양 먼 바다에서든 해안과 근접한 연안에서든 무엇인가를 했다는 근거가 저자에게 확실하게 주어지지 않는 한, 대서양의 역사를 쓰며 그들을 포함시키기는 쉽지 않았을 것이다. 그럼에도 그들이 아무것도 하지 않았다고 상정할 이유는 전혀 없다. 마치 대서양이란 유럽인만이 관계 맺은 바다인 것처럼 쓰인 책의 내용은, 어쩌면 이 '대서양의 역사'가 완전한 것과는 거리가 먼 아주 일부분의 역사에 지나지 않음을 그대로 보여준다고 생각된다. 현재 크게 진전되고 있는 아프리카의 역사와 아메리카 원주민들의 역사에서 대서양과 관련된 좀 더 많은 사실관계를 도출해 낸다면 더욱 완전한 '대서양의 역사'에 다가갈 수 있지 않을까 기대해 본다. 옮긴이의 이런 인상은 필시 뷔텔도 동의할 부분이라 생각한다. 뷔텔이 이미 사망했기에 확인할 수는 없지만, 아마도 뷔텔도 지금 이 시점에서 자신의 책이 한국이라는 유럽에서 아주 멀리 떨어진 나라의 언어로 번역된다는 소식을 들으면 비슷한 소감의 서문을 써서 주지 않았을까 하는 것이다.

번역 기간이 짧지는 않았다. 그럼에도 앞서 말했듯이 몇 가지 장애로 많이 지체되고 힘도 들었다. 약속된 시간을 넘겼음에도 참을성 있게 기다려 준 연구소 동료 분들과 출판사 관계자 분들께 감사드린다. 무엇보다 총서의 기획 출판을 제안하고 이 책의 번역을 믿고 맡겨주신 소장님께 감사를 드린다.

번역을 마치면서 두 가지 아쉬운 맘이 든다. 하나는 지명 번역이 아무래도 만족스럽지 못하다는 점이다. 무수히 많이 나오는 지명들을 일일이 확인하여 가급적 외국어표기법에 맞추어 옮기고자 했지만, 특히 북유럽과 아이슬란드 및 그린란드의 지명은 확인 자체가 힘든 경우가 많았다. 여러 가지를 참조해서 우리말로 옮기고자 했지만 시간의 촉박함 등으로 인해 아쉬움이 많이 남게 되고 말았다. 후에라도 좀 더 확실한 표기를 찾아내어 수정할 기회에 수정토록 하겠다. 두 번째는 역주의 문제이다. 옮긴이는 이 책과 같은 방대하면서도 복잡한 내용을 가진 책의 번역에는 역주가 반드시 필요하다고 생각한다. 요즘 많이 번역되는 사상이나 사회과학 학술서의 경우 읽는 것 자체가 공부이며 그 개념적 천착과 이해가 학문적 대상이 되기에 역주가 오히려 방해가 될 수도 있다고 보인다. 하지만 이 책과 같이 학문적 성과들을 광범위하게 담으면서도 얼마간은 대중의 시각을 고려하는 책이라면, 얼마간 독서의 속도에 해가 되더라도 역주를 통해 정확한 이해를 도모하는 것이 옳은 것 같다. 그러함에도 이 책에서는 특히 20세기 부분에서 역주가 많이 축소되어 있다. 이렇게 된 데는 물론 시간의 촉박함도 있었지만, 현대의 여러 사정에 대해선 독자들이 참고할 거리들이 많을 것도 고려하였다. 하지만 여하튼 책의 마지막 부분에서 충분한 역주를 제공하지 못한 것은 옮긴이로서의 역할에 충실하지 못한 듯해서 계속 아쉬움으로 남는다. 역시 다음에 보완한 기회를 기대해 본다.

이런 아쉬운 점들만이 아니라 실제 번역과정에서도 많은 오류들이 있었을 것이라고 생각된다. 프랑스어판을 참조하면서까지 내용들을 제대로 담아내려고 노력했지만, 물리적인 면에서도 방대한 이 책 속에 오류가 없을 리가 없다. 이는 전적으로 옮긴이의 잘못이며, 독자들의 많은 지적과 질정을 바란다.

마지막으로 앞서도 얘기했듯이, 번역 과정이 쉽지는 않았고 그에 따라 가족들에게도 뜻지 않은 피해가 가기도 했다. 무심히 받아주고 이해해준 가족들에게 감사한 마음을 전한다.

2017년 뜨거운 여름을 기다리며
현재열

지명 일람*

가데스(Gades): 스페인 남쪽 지브롤터 해협에 붙어있는 서유럽에서 가장 오래된 항 구도시인 카디스(Cádiz)의 라틴어 이름.

갈리시아(Galicia): 스페인 북서부 끝에 있는 대서양 연안 지방. 포르투갈의 북쪽에 위치한다. 이슬람의 이베리아 침공 시에도 기독교를 유지했으며 11세기에는 카스 티야에서 분리하여 독립적인 왕국이 되었다.

감비아(Gambia): 감비아는 아프리카 서부 감비아 강을 따라 분포하는 지역으로 노예 무역이 번성하면서 포르투갈이 처음으로 이와 관련해 무역거점을 설치한 곳이다. 18세기에 영국 식민지가 되었으며 1965년 감비아 공화국으로 독립했다. 아프리카 에서 가장 작은 국가이다.

강쥬(Ganges): 프랑스 남부 에로 도의 소도시로 루이 14세 때부터 실크스타킹 제조 업으로 유명했고, 현재도 스타킹 제조가 주 산업이다.

거버너스(Governors) 섬: 뉴욕의 어퍼베이에 위치한 섬으로 1794년부터 1966년까지 군사 기지로 사용되었으며 현재는 관광지로 이용되고 있다.

게랑드(Guérande): 프랑스 서부 브르타뉴 지방 남쪽에 위치한 작은 도시로 루아르아 틀란티크 도에 속하며 낭트에서는 서쪽으로 80킬로미터 떨어진 곳에 위치한다. 이곳은 '백색지대'와 '흑색지대'로 나누어 부르고 있는데, 전자는 소금을 산출하는 습지이며, 후자는 토탄지대이다. 중세의 성벽을 가장 완벽하게 보존하고 있는 곳

---

* 고대에서 20세기까지 대서양의 전체 역사를 총괄하는 이 책에는 이루 헤아릴 수 없 이 많은 지명들이 나오고 있다. 그런 지명에 일일이 역주를 달다보면, 배보다 배꼽 이 더 커지게 될 지도 모를 일이었다. 그래서 여기에 지명 일람을 두고 본문에 나 오는 중요 지명들에 대한 설명을 모아놓았다. 사실 대서양 양안의 수많은 사실관 계를 다루고 있는 이 책을 제대로 이해하려면 거론되는 지명의 지리학적 이해가 필수적인 경우가 많다. 그래서 우리에게 너무 잘 알려져 있어 굳이 설명이 필요 없 는 곳들(뉴욕, 런던, 파리, 암스테르담 같은 곳)을 제외하고 해양과 관련되면서 본 문 이해에 필요하다고 생각되는 지명에 대한 설명을 여기 모았다.

중 하나로도 유명하다.

게투리아(Getullia): 아프리카 북서쪽 사하라 사막의 경계를 이루는 아틀라스 산맥 남쪽의 사막지역을 가리켜 고대 로마인들이 부르던 명칭.

골웨이(Galway): 아일랜드 서쪽 대서양에 면한 항구도시로, 아일랜드 제3의 도시이다.

과나바라(Guanabara) 만: 브라질 동남부 연안에 위치한 큰 만으로, 그 서쪽 해안에 리우데자네이루와 두키지카시아스, 동쪽 해안에 니테로이와 상곤살루 같은 도시가 있다.

과달레테(Guadalete) 강: 스페인 남쪽을 흐르는 강으로 카디스를 거쳐 바다로 들어간다.

과들루프(Guadeloupe) 섬: 소앤틸리스 제도에 있는 섬으로 마르티니크 섬과 함께 프랑스의 해외 도를 구성하고 있다. 콜럼버스가 처음 발견했고 스페인인들이 먼저 정착했지만, 마르티니크 섬과 함께 1635년에 프랑스령이 되었다. 하지만 18세기에는 영국이 잠시 차지했고 18세기 말에 다시 프랑스가 탈환했지만, 프랑스혁명 시기에 본토의 유색인종에게 평등권을 부여하는 법령에 반발해 독립을 선언하기도 했다. 그 후 진압되어 지금까지 프랑스령을 유지하고 있다.

그라블린(Gravelines): 프랑스 북부 노르 도의 대서양에 면한 작은 항구도시. 중세 때까지 중요 항구였던 생토메르가 토사의 퇴적으로 항구 기능을 상실한 후 12세기에 운하를 건설하여 새로운 항구를 만들었다. 플랑드르에 속했던 이곳은 스페인의 영토였기에 근대 초기와 근대에 걸쳐 프랑스와 스페인 사이에 분쟁이 되풀이되었다. 1588년 스페인 무적함대는 이곳 앞바다에 정박했다가 영국군의 화공 공격을 받았다.

그란카나리아(Gran Canaria) 섬: 카나리아 제도의 중앙에 위치한 섬으로 카나리아 제도의 섬 중 두 번째로 많은 사람이 살고 있으며, 크기로는 세 번째로 큰 섬이다.

그랑드베(Grande Baye): 세인트로렌스 만에서 깊숙이 들어가 세인트로렌스 강과 합류하는 사그네 강을 거슬러 올라간 곳에 위치했던 작은 마을이다. 현재는 캐나다 퀘벡 주의 사그네 시에 포함되어 있다.

그레나다(Grenada): 카리브 해 남동쪽 세인트빈센트 섬 남쪽에 위치한 섬으로 1649년 프랑스인들이 식민화를 시작하여 인디고와 사탕수수 경작을 수행했고, 수도는 천연항인 포르루아얄이었다. 1763년 7년 전쟁의 결과로 영국에게 할양되었다. 미국독립전쟁 중이었던 1779년 프랑스가 다시 차지했지만 1783년 영국에게로 다시 넘어갔다. 19세기 중반 육두구가 도입되었고, 이후 현재까지 육두구와 메이스의 세계적인 산지이다. 1974년 독립해 본섬과 나머지 6개의 작은 섬들로 그레나다 영연방 입헌군주제 국가를 이루었지만, 1979년 쿠데타로 사회주의 정권이 들어섰고 이에 대해 1983년 미군이 침공하여 원래 정체를 회복시켰다.

그루아(Groix) 섬: 프랑스 북서부 부르타뉴의 모르비앙 도에 있는 섬.

그리녹(Greenock): 스코틀랜드 중앙부 글래스고에 인접해 있는 대서양 연안의 항구 도시. 클라이드 만의 남쪽 편에 위치한다. 어항으로 발전했으나 근대에 증기선이 드나들면서 세관이 설치되고 중요 증기선 기항지가 되었다.

글래스고(Glasgow): 스코틀랜드 중앙부 서쪽에 위치한 해항도시로, 클라이드 강 하류에 위치하는데 바다를 직접 면하고 있지는 않다. 12세기 말에 정기시가 들어설 정도로 그 지역의 교역에서 중요한 역할을 했고, 영국에서 가장 큰 해항으로 성장했다. 18세기에는 스코틀랜드 계몽주의의 중심지였으며, 특히 그때부터 대서양횡단 무역의 주요 허브 중 하나로 기능했다. 19세기 산업혁명을 통해서는, 화학, 섬유, 기계, 조선, 해양공학의 세계적 중심지가 되었다. 19세기 말에는 "대영제국의 제2의 도시"라고 불리기도 했다.

기니(Guinea): 아프리카 서쪽 끝 대서양 연안에 위치한 나라. 시에라리온과 라이베리아 위에 있다.

나소(Nassau, Bahamas): 서인도제도 바하마 연방의 수도로 1670년 영국인들이 찰스타운(Charles Town)으로 건설하였다. 카리브 해의 대표적인 휴양지이다.

낭트(Nantes): 프랑스 서부 브르타뉴 지방의 남쪽 루아르 강 하류에 위치한 항구도시로, 대서양 연안에서 50킬로미터 정도 거슬러 올라와 위치하고 있다. 프랑스에서 6번째로 큰 도시이며 루아르아틀란티크 도에 속한다. 선사시대부터 항구 역할을 했고 5세기 무렵엔 프랑크 족의 중심도시였고 15세기에는 브르타뉴 공국의 중심지였다. 1532년 프랑수아 1세 때 프랑스로 통합되었고, 이후 프랑스의 식민지 교역과 노예무역의 중심지 역할을 했다. 프랑스 종교전쟁을 종결짓는 낭트칙령을 발표한 곳으로도 알려져 있다. 현재는 파리, 리옹, 마르세유와 함께 '세계도시(World City)'에 속한다.

네비스(Nevis) 섬: 소앤틸리스 제도의 북쪽 끝에 위치한 섬으로 리워드 제도에 속한다. 1493년 콜럼버스가 처음 발견한 이후 스페인이 지배권을 주장했지만, 북아메리카로 가는 영국과 네덜란드 선박이 줄곧 들리는 기항지였다. 1628년 처음으로 영국인들이 정착했고 1670년부터 공식적으로 영국의 식민지가 되었다. 이후 18세기 중반까지 이 섬은 대서양 노예무역의 중심지였고 질 좋은 설탕 생산지로도 유명해졌다. 또한 이곳은 미국 독립의 지도자인 알렉산더 헤밀턴의 출생지이며, 영국의 넬슨 제독이 젊은 시절 잠시 근무하기도 했다.

놈브레데디오스(Nombre de Dios): 파나마의 대서양 연안에 위치한 항구도시로, 1510년 스페인 식민지로 건설되었다. 파나마 지협에 건설된 최초의 유럽인 정착지 중 하나였다. 도시 이름은 "신의 이름"이란 뜻이다.

뉴베드퍼드: 미국 매사추세츠 주 남부에 있는 항구 도시이다. 19세기에 포경업의 중요 근거지 중 하나였고, 19세기 말에는 대규모 이민을 받아들였다. 이는 이곳에

섬유업과 여타 제조업이 발달했기 때문이었다.

뉴포트(Newport): 미국 로드아일랜드의 아퀴드넥 섬에 위치한 항구도시. 1639년 건설되어 로드아일랜드에서 가장 큰 식민지로 성장했고 17세기 말과 18세기 초에는 해적의 근거지 역할도 했다. 또한 식민지 시대 뉴잉글랜드 노예무역의 중심지였고, 20세기에 들어서는 현재까지 미국 해군의 중요 기항지이며, 미국 대통령의 휴가지이기도 하다.

뉴햄프셔(New Hampshire): 캐나다의 퀘벡과 국경을 접하고 있고 남쪽으로 매사추세츠 주와 접하고 있는 미국 대서양 연안의 주. 19세기까지 농업이 주산업이었으나 19세기 중반부터 공업지대로 변모하여 거기에 필요한 노동력으로 대량의 이민을 받아들였다.

니제르(Niger) 강: 서아프리카에 있는 아프리카에서 세 번째로 긴 강이며 기니 남동부 지역에서 발원하여 기니 만에서 대서양으로 흘러든다.

다운스(the Downs): 잉글랜드 켄트 주 동쪽 앞바다에 위치한 정박지로 북해의 남쪽 해역에 속한다. 이곳에 면한 영국의 항구도시 딜(Deal)은 어항이자 해군도시였다. 1539년 네덜란드의 공격에 밀린 스페인 함대가 중립지역인 이곳으로 피신했지만 네덜란드의 가차 없는 공격으로 패배하였다.

단치히(Danzig): 발트 해에 면한 항구도시로 현재 폴란드의 그단스크이다. 모트라우 강 하구에 위치하여 중세 때부터 북유럽 무역의 중심 해항으로서 한자동맹의 일원이기도 했다. 복잡한 정치 관계로 인해 독일령도 되었다가 자유시도 되었다가 결국 폴란드령이 되었다. 현재는 그디니아, 소포트와 통합하여 폴란드의 주요 공업도시로 번성하고 있다.

대암초지대(Great Reef): Great Banks라고 부른다. 뉴펀들랜드 동남쪽에 펼쳐져 있는 거대한 대륙붕지대로 풍부한 어장으로 유명하다.

덩케르크(Dunkerque): 프랑스 북부 벨기에 국경에 접해있고 북해에 면한 항구도시이다. 작은 어촌에서 10세기 후반 도시로 발전했으며 중세 때는 플랑드르 교역의 중심지이자 군사적 요충이었다. 네덜란드 독립전쟁 기간 동안 스페인의 지배 하에서 해적 기지로 활용되었고, 17세기 중반에 프랑스 영토로 확정되었지만, 18세기까지도 종종 해적들의 기지로 이용되었다. 제2차세계대전 때 독일군에 포위당한 영국군과 프랑스군의 탈출 장소로도 유명하다.

데메라라(Demerara): 남아메리카 북쪽 연안 기아나의 한 지역으로, 현재는 가이아나에 속한다. 데메라라 강 하류 지역에 해당하며, 그 중심도시는 조지타운이다. 1815년까지 네덜란드 식민지였고, 1838년에서 1966년까지 영국령 기아나라고 불렀다. 한때 사탕수수 플랜테이션이 발달해 이곳에서 나는 갈색 설탕을 본 따 황갈색 설탕을 '데메라라'라고 부른다.

데번(Devon): 브리튼 섬 남서쪽 북으로 브리스틀 해협에 접하고 남쪽으로 영국 해협에 접해 있는 주. 서쪽에 콘월 주가 있다. 플리머스와 토베이가 위치하고 있고, 주 수도는 엑서터이다.

데제르타스(Desertas) 제도: 마데이라 제도 인근에 위치한 군도로 무인도이다. 마데이라 제도와 카나리아 제도 사이, 모로코 앞바다에 위치한다.

델프트(Delft): 네덜란드 자이트홀란드 주의 도시. 13세기 도시로 발전하였고 네덜란드 독립 때는 오라녜 가문의 빌렘이 거주하여 사실상의 수도이기도 했다. 델프트 도기로 유명하다.

도루(Douro) 강: 이베리아 반도의 주요 강으로 스페인 북부를 거쳐 포르투갈의 포르투를 통해 대서양으로 빠져나간다. 포르투갈의 입장에서 보면 대서양 연안 최북단에 미뉴 강이 있고 그 아래에 도루 강이 있다.

도미니카(Dominca) 섬: 카리브 해의 윈즈워드 제도에서 가장 북쪽에 속하는 섬으로, 콜럼버스가 처음 발견했지만 18세기 중반부터 영국령이었다. 1930년대와 1970년대에 자치를 얻어 1978년 마침내 독립했다. 한국에서는 히스파니올라 섬의 도미니카 공화국과 구분하여 도미니카 연방이라 부른다.

도피네(Dauphiné): 프랑스 남동부 내지의 지방 이름으로, 앙시앵 레짐 시기 하나의 주였다.

디에프(Dieppe): 프랑스 북부 노르망디 지방의 항구도시로, 아르크 강 하구에 영국 해협을 면하고 있다. 11세기경에는 작은 어촌이었으나 백년전쟁 시기 중요 전장이었고, 16·17세기에는 주요 탐험 항해의 출발지가 되었다. 전략적으로 중요시되어 전시에 주요 공격 목표가 되었고, 특히 1942년 연합군의 실패한 디에프 공격작전의 무대가 되었다. 현재는 프랑스의 대표적인 대서양 연안 휴양지 중 하나이다.

라고메라(Gomera) 섬: 카나리아 제도의 서쪽 편에 위치한 섬으로 카나리아 제도의 주섬 7개 중 두 번째로 작은 섬이다.

라구스(Lagos): 포르투갈 남부 끝 대서양 연안에 위치한 항구도시. 포르투갈의 대양 팽창의 중심으로 항해왕자 엔히크의 궁과 조선소가 있었으며, 한때 대서양 노예무역의 중심지였다.

라로쉘(La Rochelle): 프랑스 서남부 비스케이 만에 위치한 항구도시이다. 11세기에 세워져 12세기에 대서양 연안의 주요 항구가 되었으며, 백년전쟁 동안에는 영국의 점령 하에 있기도 했다. 무엇보다 16세기에서 18세기까지 대서양 무역에 참여하여 크게 번성했으며, 프랑스 노예무역의 중심지 중 하나였다.

라바트(Rabat): 모로코의 수도로서 대서양 연안에 위치하며, 원래 이슬람의 이베리아 침략의 교두보 역할을 하도록 설립되었다.

라우그(La Hougue): 정식 이름은 Saint-Vaast-la-Hougue이며, 프랑스 북서부 노르망디

의 망쉬 도에 위치한 작은 항구이다. 중세 시기 포경업의 중심지였고 지정학적 중요성으로 수많은 해전의 무대가 되었다.

라이프치히(Leipzig): 독일 작센 주의 중심도시. 유럽 내륙을 가로지르는 두 무역로 (Via imperii와 Via regia)가 교차하는 곳에 위치하여 중세 때부터 중부 유럽의 중심 무역도시였다.

라코루냐(La Coruña): 스페인 서북부 갈리시아 지방에서 비고에 이어 두 번째로 큰 도시로, 라코루냐 주의 주도이다. 대서양 상의 큰 만 어귀에 위치한 곳에 세워진 항구로 근대 초기 갈리시아 왕국의 수도이기도 했다.

라플라타(La Plata) 강: 아르헨티나, 파라과이, 우루과이에 걸쳐 흐르는 여러 강들이 부에노스아이레스 인근에서 합류하여 라플라타 강을 형성한다. 스페인의 아메리카 진출 이후 '신대륙' 산물, 특히 은의 주요 배출구 역할을 하였다.

란사로테(Lanzarote) 섬: 카나리아 제도에서 가장 동쪽에 있는 섬이다. 아프리카 연안에서 125킬로미터 정도 이베리아 반도에서 1,000킬로미터 정도 떨어져 있다.

랑그독(Languedoc): 프랑스 남부 지중해에 접하고 있는 지방으로, 앙시앵 레짐 시기에 주였다. 랑그독 주의 수도는 툴루즈였다.

래브라도(Labrador): 캐나다 뉴펀들랜드 북쪽의 대서양 연안 지역.

램베이(Lambay) 섬: 아일랜드 동쪽 영국 본토에 가까이 위치한 아일랜드해의 섬이다.

랭커셔(Lancashire): 잉글랜드 북서부 지방의 주로 서쪽으로 아일랜드 해와 접해있다. 리버풀, 맨체스터 같은 도시들이 속해 있으며, 영국 산업혁명 기간 동안에는 면직물 공업의 중심지였다.

런던데리(Londonderry): 원래 이름은 Derry인데, 영국의 영향으로 법적으로는 런던데리라 한다. 북아일랜드에서 두 번째로 큰 도시이며 포일 강 연안에 위치하여 하항도시 역할을 해왔다. 17세기 아일랜드 최초의 계획도시로 건설되었고, 18세기와 19세기에는 아일랜드인의 아메리카 이민의 주요 출발지 역할을 했다.

레사브르돌론(Les Sables d'Olonne): 프랑스 서부 대서양에 면한 항구도시. 방데 도에 속하며 북쪽으로 100킬로미터 정도 떨어진 곳에 낭트가 있다. 13세기에 건설된 이래 해양 무역의 중심지 역할을 했고, 17세기에는 대구어업의 기지였다. 현재는 주로 관광에 의존하고 있다.

레이던(Leiden): 네덜란드 자이트홀란드 주의 도시. 로마 시대의 성채가 그 기원이며, 중세 시대에는 군사적 요충지로 역할 했다. 16세기에서 17세기까지 직물공업의 중심지로 가장 번성했으며, 네덜란드 독립전쟁에서는 레이던 공방전으로 스페인의 공격을 물리쳤다. 17세기 말부터 직물업이 쇠퇴하면서 경제적으로 중요도가 줄어들었다.

레이캬비크(Reykjavik): 현재 아이슬란드의 수도로 가장 큰 도시(인구 12만)이다. 아이슬란드의 남서쪽 해안가에 위치한 항구도시이다.

레카이(Les Cayes): 아이티의 남서쪽 돌출 지역에 남쪽 해안에 위치한 항구도시. 이 지역엔 16세기 초 스페인인들이 잠시 들어온 이후 유럽인들이 들어오지 않았는데, 1720년대에 프랑스인들이 들어와 이 도시를 세웠다. 18세기에 사탕과 커피, 목재 등의 수출항으로 번성했다. 이곳은 현재 아이티의 정치적 소요로부터 얼마간 떨어진 곳에 위치하여 아이티에서 가장 중요한 항구 중 하나로 역할하고 있다. 커피와 설탕을 주로 수출하고 특히 베티버 향료풀의 세계 최대 수출항이다.

로드아일랜드(Rhode Island): 미국 북동부 뉴잉글랜드 지역에 있는 주로 미국 50개 주 중 가장 작다. 미국독립 시의 13개 식민지 중 하나이며, 전체 영역의 14퍼센트가 크고 작은 만으로 구성되어 있어 '대양주(Ocean State)'라고도 불린다. 바다로 뉴욕 주와 경계를 이루고 있다.

로슈포르(Rochefort): 프랑스 남서부 샤랑트마리팀 도의 대서양 연안 항구도시이다. 비스케이 만의 중앙부에 위치하고 있으며, 18세기부터 중요한 프랑스의 대서양 연안 항구도시였지만, 한편으로 바다에서 접근하기가 쉬워 해적의 습격을 자주 받았다. 원래 신교도가 장악한 라로셸을 견제할 목적으로 만들어진 군사용 도시여서 근대 시기 내내 해군기지로 활용되었다.

론(Rhône) 강: 스위스 로잔 호수에서 발원하여 프랑스 동남부를 거쳐 아를르(Arles) 근처에서 지중해로 들어가는 강. 지중해와 유럽 내지를 연결하는 중요 운송로로 이용되었으며 바지선을 타고 유럽 내지로 들어가는 데 3주 정도 걸렸다.

롱아일랜드 해협(the Sound): 뉴욕 브롱크스의 동쪽 해안과 롱아일랜드 섬의 북쪽 해안 사이에 걸치는 해협이다. 길이가 117킬로미터에 걸쳐 있고 해협을 따라 코네티컷과 뉴욕 주의 수많은 도시와 800만 명 이상의 사람들이 살아가고 있다.

롱아일랜드(Long Island) 섬: 미국 북동쪽 뉴욕 앞바다에 있는 큰 섬으로 섬의 서쪽 편은 뉴욕의 브루클린과 퀸즈 구역에 포함된다. 동쪽에는 서퍽이 있다.

루아르(Loire) 분지: 루아르 강은 프랑스에서 가장 긴 강으로 비스케이 만으로 흘러든다. 그 과정에서 긴 협곡지대와 광대한 분지를 형성하고 있는데, 이 분지는 풍부한 곡창지대이다.

루안다(Luanda): 서아프리카 대서양 연안 기니 만을 지나 그 아래쪽에 위치한 항구도시로 서아프리카에서 가장 중요한 항구 중 하나이다. 현재는 앙골라의 수도이다. 1576년 포르투갈인들이 건설한 이래 1975년 앙골라 독립 때까지 포르투갈 지배 하에 있었고, 처음부터 1836년까지 대서양 노예무역의 중심지였다. 다만 1640~1648년 시기에는 네덜란드가 일시 점령하여 이 항구를 포르트아르덴부르흐라고 불렀다.

루프턴(Lofoten) 제도: 노르웨이 최북단 북극해에 면해 있는 제도.

뤼베크(Lübeck): 독일 북부 슐레스비히홀슈타인 주에 있는, 발트 해에 면한 항구 도시. 중세에는 한자 동맹의 중심지이기도 했다. 1937년까지는 자유시 지위를 유지했지만 히틀러에 의해 독일에 흡수되었다.

르아브르(Le Havre): 프랑스 북서부 노르망디 지방의 대서양에 면한 항구도시. 센느마리팀 도에 속하며 센 강 하구의 오른쪽에 위치한다(왼쪽에 옹플뢰르가 있다). 원래 항구 역할을 하던 아르플뢰르가 퇴적으로 인해 기능을 상실하자 1517년 프랑수아 1세에 의해 센 강의 방어 요새이자 파리의 외항(外港)으로서 세워졌다. 17·18세기부터 대서양 무역과 이주의 중심 항구 역할을 했다. 오늘날에도 마르세유에 이어 프랑스에서 두 번째로 큰 항구로서 프랑스 경제에서 차지하는 비중이 높다.

르크루아지크(Le Croisic): 프랑스 서부의 작은 항구도시로 루아르아틀란티크 도에 속하며 낭트에 가까이 위치한다.

르피(Le Puy): 프랑스 남부 내지 오트루아르 도에 속한 코뮌인 르피앙블레(Le Puy-en-Velay)의 앙시앵 레짐 시기 명칭이다.

리가(Riga): 현재 라트비아의 수도로 발트 해 동쪽에 있는 리가 만 깊숙한 곳에 위치하고 있다. 바이킹의 교역 중심으로서 발달하여 1201년에 도시가 건설되었으며 한자동맹의 일원이었다. 2014년 유럽문화수도이기도 하다.

리머릭(Limerick): 아일랜드 서쪽 대서양에 면한 항구도시로, 예로부터 공업과 상업의 중심지이다.

리버풀(Liverpool): 잉글랜드 북서부 아일랜드 해로 흘러드는 머지 강 하구에 위치한 해항도시. 1207년 '성곽도시(borough)'로서 시로 설립되었으며, 원래는 랭커셔 주에 속했지만 19세기 말 독립시가 되었다. 원래 잉글랜드 북서부 연안의 중심 항구는 체스터(Chester)였는데, 퇴적으로 인해 항구 기능을 상실하자 리버풀 항이 성장하기 시작했다. 하지만 17세기까지도 크게 성장하지 못했고, 최초의 노예무역선이 출항한 것이 1699년이며, 1715년에 최초의 습선거(濕船渠)가 설치되었다. 리버풀의 본격적인 성장은 19세기 산업혁명을 통해서였으며, 공업지대 맨체스터와의 관계에 크게 힘입었다. 20세기 초까지 주요 대서양횡단 정기여객선들의 출항지 역할을 했다. 2007년 시 설립 800주년을 맞아 유럽문화도시로 선정되었다.

리스(Leith): 에든버러 북쪽에 위치한 구역으로 바다와 면하고 있어 에든버러의 외항 구실을 해왔다. 현재도 연간 150만 톤의 화물을 처리하는 스코틀랜드의 주요 항구이다.

리오하차(Rio Hacha): 컬럼비아 북부 카리브 해 연안 란체이라 강 하구에 위치한 도시. 강수량이 부족한 사막 같은 곳이었지만, 1535년 도시가 건설되었고, 식민지 시기에 풍부한 진주 산지로서 중요한 항구가 되었다. 오늘날에는 컬럼비아의 중심 항구로서, 가브리엘 마르케스의 소설들에 여러 번 등장할 정도로 다문화의 중심지가 되어 있다.

리오데우로(Rio de Ouro): 아프리카 서북부 서사하라의 남쪽 부분에 해당하는 스페인령 지역으로 '황금의 강'이란 뜻이다. 지금은 강이 없는데, 이전에는 동서를 가로지르는 강이 있었던 것으로 여겨진다. 황금이 전혀 나지 않음에도 무슨 이유에선지 포르투갈인들이 이렇게 부른 뒤 지금은 스페인령에 속해 리오데오로(Rio de Oro)라고 부른다.

리워드(Leewards) 제도: 카리브 해 동쪽 소앤틸리스 제도의 북쪽에 원을 그리며 이어져 있는 제도로, 푸에르토리코 동쪽에서 시작해 남쪽으로 도미니카에 이른다. 콜럼버스의 두 번째 항해 때 유럽인들과 처음 접촉했으며, 1671년부터 19세기까지 영국의 식민지가 되었다.

린디스판(Lindisfarne): 잉글랜드 북동쪽 끝 해안가의 주인 노섬벌랜드 북쪽 앞바다에 있는 섬으로 홀리아일랜드(Holy Island)라고도 불린다. 하루에 두 번 썰물이 되면 둑길을 통해 육지와 연결된다.

릴(Lille): 프랑스의 북동쪽 벨기에의 국경에 인접해 있는 도시로, 중세 때는 플랑드르에 속했으며 네덜란드 독립전쟁 시기 가톨릭 도시로서 스페인령 네덜란드에 속했다. 1668년 엑스라샤펠 조약으로 프랑스 영토가 되었다. 19세기에는 면직공업 지대로 알려졌으며, 지금도 프랑스의 주요한 제조업 도시이다.

마라뇬 강(Rio Marañon): 아마존 강의 수원에 해당하는 강으로 페루의 리마 북동쪽 160킬로미터 지점에서 발원한다.

마라카이보(Maracaibo): 베네수엘라 북서부, 마라카이보 호수와 베네수엘라 만을 연결하는 해협의 서쪽 해안에 위치한다. 카라카스에 이어 베네수엘라에서 두 번째로 큰 도시. 1499년 유럽인이 처음 도착했지만, 1529년에서 1574년까지 몇 차례 도시 건설을 되풀이했다. 17세기에는 영국 및 네덜란드 해적의 공격을 자주 받았다.

마라케시(Marrakesh): 모로코의 주요 도시로 신석기 시대부터 사람들이 거주한 것으로 알려져 있지만 실제 도시가 세워진 것은 1062년이다.

마르가리타(Margarita) 섬: 남아메리카 북쪽 베네수엘라의 동북쪽 연안 앞바다에 위치한 섬으로 베네수엘라에서 가장 큰 섬이다. 아순시온을 비롯해 여러 도시들이 있으며, 카리브 해의 주요 관광지이다. 1498년 콜럼버스가 유럽인으로는 처음으로 상륙했으며, 이후 해적의 빈번한 공격을 받아 요새를 많이 건설했다. 17세기 말까지 여러 차례 해적들의 공격과 점령이 이어졌다. 1814년 잠시 독립한 적도 있지만, 1816년부터 베네수엘라의 일부가 되었다.

마르티니크(Martinique) 섬: 카리브 해 동쪽 소앤틸리스 제도에 있는 섬으로 프랑스의 유일한 해외 도이다. 콜럼버스가 처음 발견하고 상륙했지만, 1635년부터 프랑스령이었다.

마타디(Matadi): 콩코의 대서양 연안 항구도시로, 콩고 강 하구에서 좀 들어가 좌안에 위치하고 있다. 1879년 미국의 탐험가 헨리 모건 스탠리가 콩고 강에서 차지하는 전략적 위치를 고려하여 세웠다고 한다.

마탄사스(Matanzas) 만: 쿠바 섬 북쪽 연안에 위치한 만으로 같은 이름의 항구도시가 자리하고 있다. 아바나에서 동쪽으로 90킬로미터 정도 떨어져 있다.

말라가(Malaga): 스페인 최남단에 있는 지중해에 면한 지역.

매사추세츠(Massachusetts) 만: 미국 북동부 대서양 연안에 면한 넓은 만이다. 1620년 최초의 청교도 식민지 거류민들인 필그림 파더즈가 도착한 플리머스(Plymouth)와 보스턴(Boston)이 위치해 있다. 17세기 영국의 북아메리카 식민지를 대표하는 매사추세츠 만 식민지가 건설된 곳이기도 하다. 이 식민지의 중심이 보스턴과 세일럼이었다. 매사추세츠 만 식민지가 오늘날 매사추세츠 주가 되었다.

맨(Man) 섬: 브리튼 섬과 아일랜드 사이의 아일랜드 해에 위치하고 있는 섬으로, 영국 왕실령이다. 즉 영국의 영토가 아니라 영국 왕실의 개인 소유령으로 자치를 유지하고 있다. 법적 지위와 입지적인 유리함 때문에 근대 시기 밀무역이 이루어지는 주요 통로였다.

메르스엘케비르(Mers-el-Kebir): 알제리 북서쪽 지중해 상의 항구도시이다. 12세기부터 해군기지로 활용되었고, 15세기에는 해적의 근거지였다. 16세기부터 18세기까지 스페인이 장악하고 있었고, 1830년에는 프랑스군이 점령하였다. 1940년 영국 함대가 이곳에 주둔하던 프랑스 해군 함대를 공격한 사건으로 유명하다. 1,200명 이상을 죽음에 이르게 한 이 공격은 이 함대가 독일에게 넘어가는 것을 사전에 막기 위한 것이었다.

메인(Maine): 현재 미국 동부 연안의 북쪽 끝에 있는 주이다. 1604년에 최초로 프랑스인들이 정착했으며, 1607년부터 영국인들이 들어왔다. 1620년대부터 영국인들의 거류지가 확대되어 갔으며, 1740년대에 영국 영토로 확정되었다. 1820년까지 매사추세츠에 속했으나, 그때 독자적인 주로 독립했다.

모가도르(Mogador) 섬: 모로코 대서양 연안의 항구도시 에사우이라(Essaouira) 앞바다에 펼쳐진 퍼퓨래르(Purpulaire) 군도의 주 섬이다. 길이가 3킬로미터, 폭은 1.5킬로미터로 기원전 5세기에 카르타고인 한노가 처음 발견해 무역거점을 세웠다고 한다.

모르비앙(Morbihan) 만: 프랑스 브르타뉴 지방 남쪽 대서양 연안에 천혜의 항구를 이루고 있는 만으로, 대서양에 면해 모르비앙 도가 위치한다. 여기에는 반(Vannes)과 로리앙(Lorient) 같은 중요 항구가 위치하며 조선업과 제련업이 발달했다.

모빌(Mobile): 미국 남부 앨라배마 주에 있는 유일한 해항 도시. 1702년 프랑스령 루이지애나의 수도로서 시작된 모빌은 그 이해 프랑스인과 아메리카 원주민 간의 교역 중심으로 기능했고, 지금도 미국에서 12번째로 큰 항구이다. 제2차세계대전 동안 조선소가 발달하여 도시 인구가 크게 늘었고, 소위 '리버티' 선을 건조하는 18개 미국 도시 중 하나였다.

몬테비데오(Montevideo): 우루과이의 수도이자 최대 무역항으로 라플라타 강이 바다와 만나는 곳에 위치한다. 부에노스아이레스는 몬테비데오에서 라플라타 강으로 좀 더 들어간 곳에 맞은편 강변에 있다. 1776년 스페인이 아르헨티나 연안과 대서양 남부를 관리하기 위해 해군기지를 만들면서 건설되었고, 19세기 우루과이가 독립하며 수도가 되었다. 19세기 초부터 1세기 동안 영국의 영향을 강하게 받았다.

몬트세라트(Montserrat) 섬: 카리브 해 리워드 제도의 섬으로 현재도 영국령이다. 1493년 콜럼버스가 발견하였고, 1642년 아일랜드인들이 들어와 영국령 식민지가 시작되었다. 17세기에 사탕수수 플랜테이션이 개시되면서 18세기까지 대규모 노예제가 시행되었다. 1995년 화산 폭발로 피해를 입은 적이 있으며, 현재는 관광업이 주 경제원이다.

미노르카(Minorca): 동지중해의 발레아레스 제도 상의 섬. 스페인령이다. 사르디니아의 옆에 있다.

미뉴(Migno) 강: 이베리아 반도의 주요 강으로 스페인에서 발원하여 스페인과 포르투갈 간의 국경을 이루며 대서양으로 빠져나간다. 포르투갈 입장에서 보면 미뉴 강은 대서양 연안 최북단에 있다.

미델부르흐(Middelburg): 네덜란드 남서부 제일란트의 중심 항구도시. 8세기 말 또는 9세기 초에 바이킹의 습격에 대비해 요새로 건설되었다. 중세 때는 잉글랜드와 플랑드르 간의 무역 중계지로 중요해졌으며, 네덜란드 독립전쟁 때는 오랫동안 스페인의 점령 하에 있었다. 17세기에는 암스테르담과 함께 네덜란드 동인도회사의 가장 중요한 근거지가 되었고, 노예무역의 중심지이기도 했다.

미들랜즈(Midlands): 잉글랜드 중부지방. 북잉글랜드, 남잉글랜드와 함께 잉글랜드의 3개 문화구역을 구성하고 있으며 웨스트미들랜즈와 이스트미들랜즈로 나누어진다. 버밍엄, 코번트리, 체스터필드, 더비, 노팅엄 같은 주요 도시들이 위치해 있다.

바라코아(Baracoa): 쿠바 동부 연안에 위치한 해안 도시로 1511년 스페인의 초대 쿠바 총독 디에고 벨라스케스 데 케야르에 의해 건설되었다. 쿠바에서 가장 오래된 스페인인 거주지역이자 쿠바의 첫 수도였기 때문에 "첫 번째 도시(Ciudad Primada)"라는 별칭으로 부르기도 한다.

바르바리(Barbary) 지방: 16세기에서 19세기까지 유럽인들이 북아프리카의 베르베르인들이 살던 지역을 부르던 호칭. 특히 북아프리카의 중서부, 모로코, 알제리, 튀니지, 리비아의 해안지역을 가리킨다. 이 일대는 대항해 시대의 대표적인 해적 소굴이었다.

바르삭(Barsac): 프랑스 남서부 지롱드 도에 있는 소도시로 가론 강 좌안에 위치한다. 와인 생산지로 유명하다.

바베이도스(Barbados): 카리브 해의 남동쪽 끝에 위치한 섬으로 소앤틸리스 제도의 남쪽 끝에 속한다. 15세기 스페인인들이 처음 발견하여 스페인령을 선언했지만, 1625년 영국인들이 섬에 들어오고 1627년 최초의 영구 거류민들이 자리를 잡으면서 영국 식민지가 되었다. 담배나 목화, 인디고 등을 재배하다가 1640년 네덜란드령 브라질에서 사탕수수를 들여오면서 세계 최대의 사탕수수 산지 중 하나가 되었다. 그리하여 1700년 무렵 1만 5,000명의 백인에 비해 5만 명의 흑인노예가 있을 정도로 노예제에 의존했다. 1966년 영연방의 일원으로서 독립했다.

바생스(Bassens): 프랑스 남서부 지롱드 도의 도시로, 가론 강 하구에서 깊숙이 들어와 우안에 위치한다. 바로 옆에 보르도가 있으며 현재 도시권역으로는 보르도에 속한다. 제1차세계대전 시기 미군이 이곳에 신항을 건설하여 미군의 유럽 수송에 활용하였다.

바스(Bath): 잉글랜드의 서머싯 주에 있는 유명한 온천 도시. 로마 시대인 서기 60년에 건설된 목욕탕이 있으며 18세기에 온천도시로 유명해졌다.

바이아(Bahia): 브라질 북동부 대서양 연안에 위치한 주이다. 중심도시는 사우바도르이며, 16세기에서 18세기 사탕수수 경작의 중심지로 수많은 흑인노예들이 수입되었다. 네덜란드 서인도회사가 바이아를 정복하려 시도했지만 실패했고 이에 따라 네덜란드령 브라질은 페르남부쿠로 한정되었다. 현재는 제조업의 중심지역이다.

바하마 해협: Old Bahamas Channel이라 하며 쿠바 섬과 바하마 제도 사이의 해협을 말한다. 이를 통해 북아메리카의 플로리다로 바로 연결된다.

발랑시엔(Valenciennes): 프랑스 북부 노르 도의 소도시로 독일 국경 가까이에 있다. 역사적으로 레이스 제조업으로 유명하다.

발렌시아(Valencia): 스페인 남동쪽의 지중해에 면한 지역.

발파라이소(Valparaiso): 칠레 태평양 연안의 항구도시로, 칠레에서 두 번째로 큰 도시이다. 남태평양에서 가장 중요한 해항 중 하나이다. 19세기 초 스페인에 의해 항구가 건설되었고 1818년 칠레 독립 이후 칠레 해군의 근거지가 되었다. 19세기를 거치며 영국, 독일, 프랑스, 스위스, 이탈리아에서 이민이 들어왔다. 19세기 후반부터 마젤란 해협을 통해 대서양과 태평양을 연결해 항해하는 선박들의 중요 기항지로서 지정학적 중요성을 가졌다. 발파라이소의 역사적 중심 구역은 유네스코 세계문화유산으로 등록되어 있다.

밤부크(Bambouk): 전통적으로 세네갈 동부와 말리 서부를 포괄하여 부르는 명칭. 12

세기부터 19세기까지 금 채광의 중심지로 유명했으며 현재도 말리 영토 쪽에서는 금이 나고 있다.

배터리(Battery): 맨해턴 섬 남쪽 끝 뉴욕 항을 마주보고 있는 지역을 부르는 호칭으로 과거 이곳에 포대가 자리하고 있었다. 이곳에 세워진 요새 Castle Garden(Castle Clinton)에는 19세기 중반 이민의 물결이 들이닥치며 검역 절차를 밟기 위한 임시 수용소가 들어서 있었다. 지금은 전역이 공원지구이다.

버뮤다(Bermuda) 제도: 미국 본토에서 약 600마일 떨어져 자리한 북대서양의 제도로 7개의 주섬들과 150개에 달하는 작은 섬들로 이루어져 있다. 가장 중심 섬인 버뮤다 섬은 1503년 스페인인이 발견했지만, 1621년 이후 영국의 식민지가 되었다. 현재도 영국령이다.

버밍엄(Birmingham): 잉글랜드 중부 웨스트미들랜드 주의 도시로 런던, 맨체스터와 함께 잉글랜드 3대도시라고 불린다. 18세기 말 계몽주의와 산업혁명에서 두드러진 역할을 했고 "세계에서 첫째가는 제조업 도시"라는 평판을 들었다. 영국의 중요한 산업도시로서의 면모는 20세기 후반까지 이어졌다. 이곳에서 이루어진 가장 중요한 발명은 증기엔진의 발명이었다.

버진 제도(Virgin Isles): 리워드 제도의 가장 북쪽에 위치한 섬들로 160여 개의 화산섬과 암초로 구성되어 있다. 현재는 영국령 버진아일랜드와 미국령 버진아일랜드로 나뉘어 있다.

버컨헤드(Birkenhead): 잉글랜드의 머지 강 하구 리버풀의 반대편에 위치한 항구 도시이다. 19세기 산업혁명의 결과로 도시가 되었고, 조선업과 해항으로 유명하다. 20세기 말 컨테이너화의 진전으로 항구 기능이 크게 쇠퇴하였다.

베라크루스(Vera Cruz): 1519년 에르난 코르테스가 아즈텍 문명을 정복하기 위해 도착하면서 건설한 도시로 그때 "베라크루스(진정한 십자가)"라는 이름을 얻었다. 이후 베라크루스는 멕시코에서 가장 오래되고 가장 크고 역사적으로 가장 중요한 항구가 되었다.

베르겐(Bergen): 노르웨이 남서부의 항구도시로 중세 스칸디나비아의 상업 중심지였다.

베르비세(Berbice): 가이아나의 베르비세 강을 따라 분포하는 지역으로, 1627년에서 1815년까지 네덜란드의 식민지였고 그 이후 영국에게 할양되어 1831년 영국령 기아나의 일부가 되었고 1966년 가이아나가 독립하면서 그 일부가 되었다.

베욘(Bayonne): 프랑스 남서쪽 가장 아래에 위치한 항구도시로, 바스크 지방의 상업 중심지이다.

벨(Belle) 섬: 캐나다 뉴펀들랜드의 아발롱 반도 앞바다에 위치한 섬. 19세기에 철광석 산지로 각광을 받았고, 이 때문에 제2차세계대전 중에는 유보트의 직접 공격을 받았다.

벨파스트(Belfast): 벨파스트는 영국의 도시로, 북아일랜드의 수도이다. 북아일랜드에서 가장 큰 도시로 아일랜드 섬에서는 더블린 다음으로 크다. 17세기에 브리튼 섬에서 온 이주자들이 정착하여 도시가 건설되었다. 18-19세기에는 아일랜드 섬의 상공업 중심지로 발전하였다. 특히 아일랜드 아마포 공업의 핵이었으며, 담배가공, 밧줄 제조 및 조선업으로도 유명했다. 한때 세계에서 가장 큰 조선소였던 할랜드앤드볼프(Harland and Wolff) 조선소에서 타이타닉 호를 건조했다. 20세기 후반에 이르기까지 국제적인 산업 중심지로서의 입지를 세웠다. 하지만 1960년대 말부터 20세기 말까지 북아일랜드 분쟁의 중심지이기도 했다.

보고타(Bogota): 현재 컬럼비아 중앙부에 위치한 도시로 컬럼비아의 수도이다. 1538년 스페인 정복자들에 의해 '신그라나다 왕국(Nuevo Reino de Granada)'의 수도로 건설되었다. 나중에 '누에바그라나다 부왕령'에 통합되었다.

보르도(Bordeaux): 프랑스 남서부 지롱드 도에 위치한 항구도시이다. 항구도시이지만 실제로는 대서양에 면해 있지 않고 가론 강 하구에 깊숙이 들어와 위치한다.

보르부라타(Borburata): 베네수엘라 카라보보 주의 카리브 해안에서 약간 들어가 위치한 작은 마을. 1548년 스페인인들이 식민화를 통해 세운 이후, 카리브 해에서 하루 정도면 도착할 수 있는 거리라서 16세기와 17세기에 걸쳐 끊임없는 해적의 공격에 시달려 결국 한동안 사람이 살지 않게 될 정도였다. 현재는 베네수엘라의 석유 및 가스 산업 시설이 자리하고 있다.

보스턴(Boston): 잉글랜드 북동쪽 링컨셔에 있는 항구도시. 11세기부터 중요 항구로 성장했으며 13세기 초에는 한자무역의 거점이 되었다. 미국의 보스턴과 혼동하지 말아야 한다.

보자도르 곶(Cape Bojador): 서사하라 북부 해안가에 위치한 곶이자 인근에 위치한 도시의 이름이다. 1434년 포르투갈의 항해가 질 에아네스가 보자도르 곶을 처음으로 통과했는데, 당시까지 이곳은 유럽인들의 아프리카 연안 남하의 한계점으로 인식되었다.

볼루빌리스(Volubilis): 고대 모리타니아 왕국의 수도. 기원전 3세기경에 세워졌고 유바 2세와 그의 아들 프톨레마이오스 통치 시기에 로마 풍의 도시로 발전했다. 서기 44년 모리타니아가 로마에 병합된 이후 더욱 팽창하여 둘레 성벽 길이만 2.6킬로미터에 달하고 인구는 2만 명 규모로 성장했다. 11세기까지 도시를 유지했지만 그때 이후 버려졌고 19세기 후반에야 다시 발굴되어 현재 유네스코 세계문화유산으로 선정되어 있다.

부르고스(Burgos): 스페인 북부에 있는 도시로 카스티야 지방의 중심 도시이다. 과거 카스티야 왕국의 수도이기도 했다. 초기 레콘키스타의 근거지였고 세계문화유산인 부르고스 대성당이 있다.

부르뇌프(Bourgneuf) 만: 프랑스 서쪽 루아르아틀란티크 도와 방데 도의 경계에 있는 대서양 연안의 만.

부리티카(Buritica): 컬럼비아 북서부 안티오키아에 있는 도시로 중심지인 메데인에서 북쪽으로 127킬로미터 떨어져 있다. 한때 금이 나왔지만 지금은 주로 커피와 옥수수를 생산하고 있다. 도시가 건설된 것은 1614년의 일이다.

브레머하펜(Bremerhaven): 독일 브레멘 주의 도시로 베저 강 하구에 위치한다. 브레멘과는 60킬로미터 정도 떨어져 있고, 오래 전부터 사람들이 거주하여 사실상 브레멘에 속했지만 도시는 1827년에 세워졌다. 처음부터 무역항으로 기능했고 독일 항구 중 가장 중요한 항구에 속한다. 현재 유럽에서 4번째로 큰 컨테이너 처리 항구가 위치하며, 처리 물동량 면에서 유럽에서 로테르담 다음의 위치를 차지한다.

브레스트(Brest): 프랑스 서부 부르타뉴 반도 서쪽 끝에 위치한 항구도시로 피니스테르 도에 속한다. 프랑스의 중요한 대서양 연안 항구이며 툴롱과 함께 프랑스 최대의 군항이다. 프랑스 해군사관학교가 위치해 있다.

브레이다피오르뒤르(Breidhafjörd): 아이슬란드 서부에 위치한 피오르드로, 폭 50km, 길이 125km 정도의 얕고 넓은 바다이다.

브뤼헤(Bruges): 벨기에의 대서양 연안 가까이 있는 도시. 중세 시기에는 북유럽과 영국, 지중해를 연결하는 서유럽의 대표적인 항구도시였지만, 15세기 이래 토사의 퇴적으로 쇠퇴하여 1500년을 전후하여 항구 기능이 완전히 정지되었다. 현재는 중세의 모습을 간직한 관광도시로 명성이 높다.

브리스틀(Bristol): 잉글랜드 서남부의 에이번 강 하구에 위치한 항구도시이다. 하구에서 13킬로미터의 지점에 있으며 남서부의 문화, 고용과 교육의 중심지로 도시의 번영은 초기부터 바다와 연관이 깊었다. 무역항인 브리스틀 항이 도심에 위치했지만 지금은 서쪽으로 이전하였다.

브리스틀(Bristol, Rhode Isle): 미국의 로드아일랜드 주에 위치한 수심이 깊은 해항. 영국의 항구도시 브리스틀의 이름을 땄다. 이 도시의 주민에는 아조레스 출신의 포르투갈계와 이탈리아계가 많다.

브리지타운(Bridgetown): 바베이도스 섬 서남쪽에 위치한 항구도시로, 바베이도스의 수도이자 가장 큰 도시이다. 현재의 도시는 1628년 영국인 거류지로 처음 건설되었으며, '역사구역'은 세계문화유산으로 등록되어 있다.

블랙카운티(Black County; 영국중부공업지대): 잉글랜드 중부 버밍엄 서쪽 웨스트 미들랜드의 지역 명으로 흔히 더들리, 샌드월, 월솔, 울버햄턴 등을 포괄한다. 이곳은 영국 산업혁명 기간 동안 영국에서 가장 공업화된 지역 중 하나가 되었다. 블랙카운티라는 이름은 1840년대부터 불리기 시작했다. 주로 석탄 광업에 기초해서 공업화를 이룬 지역이었지만 20세기 후반 석탄업이 쇠퇴하면서 중공업 중심의 이

지역 경제가 쇠퇴하였다.

비고(Vigo) 만: 스페인 북서부 대서양 연안 갈리시아 지방에 있는 만으로 중요한 해항도시인 비고가 위치한다. 1702년 스페인 왕위계승전쟁 초기에 영국·네덜란드 연합 함대와 프랑스 함대 사이에 비고 만 해전이 벌어진 곳이며, 나폴레옹 시기 프랑스에 정복되지 않은 곳으로 남았다.

비니크(Binic): 프랑스 북서부 브르타뉴 지방의 작은 항구로 코트다르모르 도에 속한다. 중세 때는 인구가 극히 적었지만, 그래도 정기시가 열릴 정도로 중요했다. 19세기까지 프랑스에서 가장 중요한 어항으로, 매년 150척 이상의 어선이 뉴펀들랜드로 나갈 정도였다. 특히 대구 어업과 관련해 프랑스에서 가장 중요한 항구였다. 20세기에 들어 뉴펀들랜드와 아이슬란드의 대구 어장이 쇠퇴하면서 같이 쇠퇴하였다.

비스카야(Biscay): 스페인어로는 Vizcaya. 스페인 북부 바스크 지역의 서북부에 위치한 지역으로 비스케이 만과 접하고 있다. 중심도시는 빌바오이며, 19세기에는 급속한 공업화를 이루어 스페인에서 경제적으로 가장 중요한 곳이 되기도 했다. 스페인 내전 시기 공중 폭격으로 많은 시민이 희생당한 게르니카가 위치한 곳이기도 하다.

비스케이(Biscay) 만: 유럽의 대서양 연안 브레스트 남쪽의 프랑스 서부 해안과 스페인의 북부 해안으로 둘러싸인 만으로 프랑스어로는 가스코뉴 만(Golfe de Gascogne)이라고 불린다.

비치헤드(Beach Head) 곶: 영국해협의 잉글랜드 연안 이스트서섹스(East Sussex)에 있는 흰색 절벽으로 이루어진 곳이다. 이곳은 항해하기가 힘든 곳이라 바로 앞에 등대가 세워져 있다. 한편 세계에서 가장 자살을 많이 하는 장소이기도 하다.

사그레스(Sagres): 유럽대륙의 남서쪽 가장 끝에 위치한 작은 항구로 포르투갈의 남 아그레브 지방에 속한다. 항해왕자 엔히크의 영지에 속하며 그가 세운 항해학교가 있었다고 한다.

사바(Saba) 섬: 카리브 해에 있는 작은 섬으로 네덜란드령 휴화산 섬이다. 1632년 난파한 영국인들이 처음으로 상륙했고, 1630년대 말 인접한 신트외스타시우스 섬에서 네덜란드인들이 이주해 거주하기 시작했다. 19세기까지 소유권이 영국과 프랑스, 네덜란드 사이에 계속 이동했고, 1816년 이후 네덜란드령으로 확정되었다. 17, 18세기에는 사탕수수 플랜테이션이 발달했고, 한편으로 섬의 여성들이 생산하던 사바 레이스 직물로 유명했다. 동시에 섬의 지형 때문에 밀무역과 해적의 온상이기도 했다.

사우샘프턴(Southampton): 잉글랜드 남쪽 영국 해협에 면한 항구도시로 런던 및 포츠머스와 가까이 위치하여 중요한 항구로 기능했다.

사카테카스(Zacatecas): 멕시코 중앙부에 위치한 도시로 사카테카스 주의 수도이다. 도시는 스페인의 은광 개발로 시작되었지만, 그 이전부터 이 지역에 은과 광물이 풍부하다고 원주민들 사이에 알려져 있었다. 여기서 생산되는 은 때문에 도시는 '누에바에스파냐' 부왕령에서 가장 중요한 도시로 성장했고, 멕시코 독립혁명 동안에는 중요한 전투가 치러졌다. 현재 식민지 시기에 건설된 도시 부분은 세계문화유산으로 등재되어 있다.

사피(Safi): 모로코 서부 대서양 연안에 위치한 도시로, 고대부터 중요한 어항이었고, 1488년부터 1541년까지 포르투갈이 지배했다. 1541년부터 18세기 말까지 모로코에서 가장 크고 안전한 항구로서 수많은 유럽 상인들의 상관이 들어서 있었다. 18세기 말 인근의 모가도르에 근대 해항도시가 건설되면서 쇠퇴하였다.

산세바스티안(San Sebastian): 스페인 북부 바스크 지방의 대서양 연안에 위치한 항구도시로 비스케이 만의 남쪽에 해당한다. 바스크 어로는 도노스티아라고도 한다. 아름다운 라콘차 만을 안고 있어 관광지로 유명하다.

산타크루스데테네리페(Santa Cruz de Tenerife): 카나리아 제도의 테네리페 섬에 있는 항구도시로 카나리아 제도의 수도이기도 하다.

산탄데르(Santander): 스페인 북부 대서양 연안의 항구도시로 칸타브리아 지방의 중심 도시이다. 로마시대부터 항구로서 중요한 역할을 했고, 중세 말에는 카스티야의 항구로서, 나중에는 대서양 교역상의 중요 항구로서 기능했다.

산토도밍고(Santo Domingo): 현재 도미니카 공화국의 수도. 1496년 크리스토퍼 콜럼버스의 동생인 바르톨로뮤 콜럼버스에 의해 건설되었다. 스페인 식민지 시절 히스파니올라 섬의 수도로 기능했다.

산토아고스티뉴(Santo Agostinho) 곶: 브라질 페르남부쿠 주 헤시피 시에서 남쪽으로 35킬로미터 떨어져 있는 곳으로 빈센테 핀손이 도착한 곳으로 여겨지고 있다. 핀손은 이곳을 '위로의 곶(Cabo de Consolación)'이라고 불렀다.

산투스(Santos) 항: 브라질 상파울루의 산투스 시에 위치한 항구. 19세기 활열병의 유행으로 죽음의 항구로 여겨졌지만, 지금은 브라질의 주도적인 항구로서 벌크, 컨테이너선, 일반 화물을 처리하는 대규모 하역 터미널을 갖추고 있다. 19세기 말과 20세기 초에는 수많은 이민자들이 브라질로 들어오는 입구 역할을 했다.

산티아고데쿠바(Santiago de Cuba): 쿠바 섬 남동쪽 해안에 위치한 항구도시로 쿠바에서 두 번째로 큰 도시이다. 역사적으로 카리브 해의 중요한 해항으로 기능해 왔다. 1515년 건설되었고, 1522-1589년에는 쿠바의 스페인 식민지의 수도였다. 1791년 아이티 혁명 시에는 아이티에서 많은 프랑스인과 영국인들이 유입되었다.

산후안데우루아(San Juan de Ulúa) 섬: 베라크루스 항 앞바다에 위치한 섬으로, 베라크루스 항을 마주보고 같은 이름을 가진 스페인의 요새가 건설되어 있다. 요새는

1565년에 건설되어 이후 몇 차례 확장되었다. 해적의 습격을 막는 데 효과적이었고 1821년 멕시코 독립 후에도 한 동안 스페인군이 주재하고 있었다.

살라망카(Salamanca): 스페인 북서부에 위치한 도시로 1218년에 설립된 살라망카 대학으로 유명하다.

살레(Salé) 항: 북아프리카 모로코 북서쪽 편에 있는 항구도시. 페니키아인들에 의해 정착촌이 건설되었고, 도시가 이루어진 것은 1030년경이다. 17세기에는 베르베르 해적들의 천국이었으며 한때 독립 공화국을 이루기도 하였다.

사우바도르데바이아(Salvodor de Bahia): 브라질 동북부 바이아 주의 주도로 상파울루와 리우데자네이루에 이어 브라질 제3의 대도시이며, 대서양에 면한 항구도시이다. 1549년 포르투갈 식민지의 수도로 건설되었고 사탕수수 수출과 노예무역으로 크게 번성하였다. 그러나 골드러시와 커피 재배로 경제 중심이 브라질 남부로 이동하자 크게 쇠퇴했다가, 20세기 들어 다시 번영을 되찾았다.

살바젱스(Salvagens) 제도: 포르투갈령 마데이라 제도 인근에 위치한 군도로 무인도이다. 마데이라 제도에서 약 280킬로미터, 카나리아 제도에서 165킬로미터 정도 떨어진 곳에 위치한다.

상로케(São Roque) 곶: 브라질 북동쪽 끝에 위치한 곶. 아메리카 대륙에서 대서양으로 가장 많이 돌출된 곳이다.

상루이스데마라냥(São Luís de Maranhãon): 브라질 북부 대서양 연안 마라냥 주의 중심도시이자 항구도시이다. 여러 강들이 대서양으로 흘러드는 강어귀에 있는 상루이스 섬에 위치하며, 프랑스인들이 건설한 브라질의 유일한 도시이다. 1615년 포르투갈에게 넘어갔으며, 1641-1645년에는 네덜란드가 잠시 지배하였다. 중요한 항구를 두 개 가지고 있으며 철광석의 수출항구로서 금속 제련업이 발달하기도 했다. 식민지 시기의 많은 유적을 보존하고 있어 세계문화유산으로 등재되어 있다.

상비상티 곶(Cabo de São Vicente): 포르투갈 남서쪽 가장 끝에 대서양으로 돌출해 있는 곶으로 알가르브 지방에 있다. 중세부터 근대에 이르기까지 많은 해전들이 이 근처에서 벌어졌고, 세비야로 가는 입구에 해당하여 17세기에는 해적의 출몰지로 유명했다.

상조르게다미나(São Jorge da Miña) 요새: 오늘날 가나의 엘미나에 있는 요새로 1482년 포르투갈인들이 처음 세웠다. 기니 만에 세워진 최초의 무역거점이었고, 사하라 이남에 존재하는 가장 오래된 유럽인의 건축물이다. 뒤에는 대서양 노예무역의 가장 중요한 기항지 중 하나가 되었다. 17세기에는 네덜란드가 지배했으며 1872년 영국령으로 편입되었다.

상투메(São Tomé): 서아프리카 기니 만에 있는 섬. 현재는 독립국으로 상투메 프린시페라고 불린다. 상투메는 성 토마스의 포르투갈 식 발음이다. 1471년 포르투갈이 처음 발견했고 1483년부터 노예와 유형수를 이주시켜 서인도제도보다 먼저 사탕수수 플랜테이션 농업을 시작했다.

상프란시스쿠(São Francisco) 강: 브라질의 동북부 지방을 흐르는 강이다. 길이 2,830킬로미터이고 유역면적 6만 41,000제곱킬로미터이다. 아마존 강과 함께 브라질 동북부의 중요한 강이다. 처음 발견한 이는 1501년 아메리고 베스푸치로 알려져 있다.

새크라멘토(Sacramento): 미국 캘리포니아 주의 주도로 새크라멘토 강과 아메리칸 강의 합류 지점에 있다. 캘리포니아의 골드러시 때 유통 및 상업, 농업의 중심지로 성장했다.

샌디훅(Sandy Hook): 코네티컷 주 뉴타운의 작은 마을. 19세기 중반 공업화를 거치며 크게 성장하였다. 2012년 샌디훅 초등학교 총격사건이 발생한 곳이다.

생나제르(Saint-Nazaire): 프랑스 서부 루아르 강 하구에 위치한 항구 도시로 루아르아틀란티크 도에 속한다. 낭트의 외항으로 입지상의 이점 때문에 전통적으로 어업과 조선업이 발달했다. 제2차세계대전 때는 나치의 해군기지가 있어 폭격으로 타격을 입었지만, 여전히 프랑스 조선업의 중심지이다.

생말로(Saint Malo): 프랑스 북서부 브르타뉴 지방의 항구도시로 영국 해협을 면하고 있다. 깊은 만에 자리 잡은 성곽도시로 16세기에는 해적과 사략선의 근거지로 악명이 높았고 16세기 말 한때 독립을 선언하기도 했다. 과거 성곽도시의 모습을 그래도 간직하고 있어 현재는 브르타뉴 지방에서 가장 유명한 관광지이다.

생장드뤼즈(Saint Jean de Luz): 프랑스 대서양 연안 최남단 스페인과의 국경에 인접해 있는 항구도시로, 피레네아틀란티크 도에 속한다. 비스케이 만 깊숙한 곳에 위치한 이점으로 오래 전부터 어업기지로 발달했으며, 16세기 이래로는 바스크 해적의 근거지로 유명했다. 그에 힘입어 이 도시의 역사에서 최전성기는 17세기였다고 한다. 현재는 바스크 지방에서 가장 좋은 해수욕장으로 알려져 있다.

생테티엔(Saint-Etienne): 프랑스 중동부 리옹에서 남서쪽으로 50킬로미터 떨어진 곳에 위치한 도시로 루아르 도의 수도이다. 16세기부터 무기제조업의 중심이었지만, 17세기 이래로는 리본과 장신구 제조업으로 유명해졌다. 루아르 광산지대에 위치해 광업도 발달했으며, 최근에는 자전거 제조업의 중심지이다. 역사적으로 프랑스의 대표적인 공업도시 중 하나이다.

생통쥬(Saintonge): 프랑스 중서부 대서양 연안의 지방 명칭이다. 프랑스혁명 이전 프랑스에서는 지방제도로서 '주(province)'를 사용했는데, 이 지방의 주 명칭이다. 오늘날의 샤랑트마리팀 도와 샤랑트 도 전체, 그리고 되세브르 도 일부가 이에 해당한다.

생폴드레옹(Saint Pol de Léon): 프랑스 북서부 브르타뉴 지방의 대서양에 면한 항구도시로, 피니스테르 도에 속한다. 로마시대부터 군사요충지였고 15세기부터 종교 중심지가 되었다. 19세기에는 인근에서 생산된 채소의 집산지이기도 했다.

생피에르(Saint Pierre): 마르티니크 섬의 서쪽해안에서 약간 북쪽에 위치한 항구도시로, 1635년 블랭 데스남뷔크가 건설했다. 1902년 화산폭발로 피해를 입기 전까지, 마르티니크에서 경제적·문화적으로 가장 중요한 도시였고, '카리브 해의 파리'라고 불리었다.

생피에르미클롱(Saint-Pierre et Miquelon): 생피에르미클롱은 캐나다의 뉴펀들랜드 섬 남쪽의 여러 섬으로 이루어진 프랑스의 해외 집합체이다. 그 중 큰 섬으로 생피에르 섬과 미클롱 섬이 있다. 프랑스의 옛 식민지인 누벨프랑스 중 남아있는 유일한 곳이다. 수도는 생피에르 섬이다.

샤랑트(Charente): 프랑스 남서부 누벨아키텐 지역의 도이다. 이곳에는 샤랑트 강이 흐르고 있고 이 강변에 샤랑트에서 가장 중요하고 큰 항구도시인 앙굴렘과 코냑이 위치해 있다.

서배너(Savannah): 미국 조지아 주에 있는 도시로 대서양에 면하고 있는 해항도시이다. 1733년 서베너 강 연안에 세워진 서배너는 미국에서 가장 오래된 도시 중 하나이며 오늘날 공업 중심지이자 중요한 해항도시이다.

서퍽(Suffolk): 영국 잉글랜드 동남쪽에 있는 주로 북해와 면하고 있고 런던과 가깝다. 영국에서 가장 큰 컨테이너 항인 펠릭스토우(Felixstowe)가 위치하고 있다.

세네갈(Senegal) 분지: 서아프리카에서 대서양으로 흘러드는 긴 강인 세네갈 강을 따라 세네갈, 모리타니, 말리, 기니에 걸쳐 퍼져 있는 대분지 지역.

세벤(Cévennes): 프랑스 남부 지중해에 면한 9개 도를 포괄하는 산악지대의 명칭이다.

세비야(Seville): 세비야는 스페인 남부 안달루시아 지방에서 가장 큰 도시이자 그 지방의 수도이다. 대서양에 면한 항구를 지닌 세비야는 콜럼버스의 항해 이후 스페인 제국의 경제적 중심이 되어, 대서양 무역을 독점하고 '무역청'(Casa de Contratación)이 자리하였다.

세우타(Ceuta): 아프리카 모로코 북부 지브롤터 해협에 위치한 항구도시. 지중해와 대서양의 경계지역. 1415년에 포르투갈의 영토가 되었다가 1668년부터 스페인의 영토이다.

세인트로렌스(Saint Lawrence) 강: 북아메리카의 오대호와 대서양을 잇는 강으로 미국과 캐나다의 국경선을 따라 흐른다.

세인트루시아(Saint Lucia) 섬: 카리브 해 소앤틸리스 제도의 섬으로 1660년대에 프랑스인들이 처음 정착했고, 이후 영국과 프랑스 사이에 지배권을 둘러싸고 크고 작은 다툼을 벌였다. 7년 전쟁의 결과 프랑스인들이 지배하게 된 1765년 사탕수수 플랜테이션이 섬에 도입되었다. 그 후에도 여러 번 지배권의 교체가 이어지다

1814년 나폴레옹 전쟁의 결과로 최종적으로 영국령으로 확정되었다. 1979년 독립하였고, 지금은 세계적인 바나나 생산지로 유명하다.

세인트마틴(Saint Martin) 섬: 카리브 해 북동쪽 푸에르토리코 동쪽 편에 있는 섬이다. 현재 북쪽 반은 프랑스령이며 남쪽 반은 네덜란드령이다. 1493년 콜럼버스가 발견했으며 1620년대 처음으로 네덜란드인들이 섬에서 소금 염전을 발견했다. 1648년 네덜란드와 프랑스가 섬을 분할하기로 합의했으며, 18세기에는 노예노동에 기반한 대규모 사탕수수 플랜테이션이 발달했다. 현재는 주로 관광에 의지하고 있다.

세인트빈센트(Saint Vincent) 섬: 카리브 해 윈즈워드 제도의 남쪽에 위치한 섬으로 18세기에 영국과 프랑스의 오랜 분쟁대상이 되었다. 18세기까지는 유럽인들의 침략에 맞서 원주민과 도망노예들이 차지하고 있었다. 1719년 프랑스가 식민화하여 커피, 담배, 설탕 등의 플랜테이션을 도입했고, 1763년 7년 전쟁의 결과로 영국에게 할양되었다. 그 뒤 1779년 다시 프랑스가 섬의 지배권을 탈환했으나 1783년 최종적으로 영국의 지배로 넘어갔다. 1979년 독립하여 남쪽의 작은 섬들과 함께 세인트빈센트그레나딘 입헌군주제 국가를 이루고 있다.

세인트크로이(Saint-Croix) 섬: 카리브 해 미국령 버진아일랜드 제도의 섬이다. 17세기 전반에 여러 국가들이 정착을 시도했지만, 1651년에서 1664년까지는 프랑스의 식민지가 되었다. 그 후 1733년 덴마크 서인도회사가 구입하여 덴마크령이 되었다. 거의 200년 동안 덴마크령이었던 섬은 1916년 미국에게 매각되었다.

세인트크리스토퍼(Saint Christopher) 섬: Saint Kitts 섬이라고도 한다. 리워드 제도에 속하며 네비스 섬과 인접해 있어 현재 하나의 주(county)를 구성하고 있다. 1493년 콜럼버스가 발견했으며, 1538년 프랑스 위그노들이 잠시 정착한 적이 있다. 1623년 최초의 영국 식민지가 건설되었고, 1625년 프랑스인들도 식민지를 세웠다. 잠시 스페인군에게 쫓겨나기도 했지만 17세기와 18세기 내내 영국과 프랑스 사이에 지배를 두고 각축을 벌이다가 1783년 영국령으로 확정되었다. 17세기 사탕수수 플랜테이션을 시작하면서 대규모 노예제가 시행되었고, 1834년 폐지되었다. 2005년까지 이 섬의 경제는 주로 설탕 생산에 의존했지만, 그 이래 제당업을 폐지하였다.

세인트토머스(Saint Thomas) 섬: 카리브 해 미국령 버진아일랜드 제도에 있는 섬으로, 1657년부터 20세기 초까지 네덜란드령이었다. 17세기부터 사탕수수 플랜테이션이 주요 산업이었으나 19세기 노예제 폐지로 인해 쇠퇴하였으며, 1917년 미국이 군사적 전략상의 입지를 고려하여 네덜란드로부터 구입하였다.

세일럼(Salem): 미국 매사추세츠 주의 항구도시로 뉴잉글랜드 역사의 출발점에 있으며 아메리카 청교도의 역사에서 가장 중요한 해항이다. 미국 독립 후에는 '동인도', 즉 아시아와의 교역에서 중요한 역할을 했다. 한편으로 이곳은 마녀가 출몰한 지역으로 대중적으로 알려져 있고, 그와 관련한 여러 재판들이 전해져 온다.

세투발(Setúbal): 포르투갈 중앙부 사두 강 하구의 북쪽 면에 위치한 항구도시. 천혜의 항구로서 포르투갈에서 가장 중요한 어업 기지이며, 주변에 해변이 발달하여 관광지로도 유명하다.

센트고트하르트(Saint Gothard; Szentgotthárd): 헝가리 서쪽 끝에 위치한 도시로 라바 강에 면해있다. 1664년 오스만투르크 군의 진격을 막은 센트고트하르트 전투가 발발한 곳이다.

셰틀랜드(Shetland): 스코틀랜드 북동쪽에 있는 약 100개의 섬으로 이루어진 제도. 북위 60도 정도에 해당한다.

숄레(Cholet): 프랑스 서부 멘에루아르 도의 소도시로 예로부터 리넨과 같은 고급 직물 생산지로 알려졌다. 특히 리넨 손수건으로 유명하다.

수리남(Surinam): 남아메리카의 북동부 대서양 연안에 자리한 국가로, 서쪽에 프랑스령 기아나와, 남쪽에 브라질과 국경을 접하고 있다. 16세기부터 유럽인들이 방문했으나, 17세기에 들어 영국인과 네덜란드인들이 플랜테이션을 발달시켰다. 1667년부터 네덜란드령으로 확립되었으며, 1863년에 노예제가 폐지되었다. 1975년 독립하였다.

수스(Sous) 지역: 모로코 남부 아틀라스 산맥으로 사하라 사막과 분리되는 사바나 지역.

쉐르부르(Cherbourg): 정식 명칭은 쉐르부르옥트빌(Cherbourg-Octeville)로, 프랑스 북서부 망쉬 도의 코탕탱 반도의 북쪽 끝에 위치한 항구도시이다. 원래 별개였으나 2000년 쉐르부르가 옥트빌을 흡수하여 현재의 명칭이 되었다. 전략적 입지로 영국과 프랑스의 다툼이 빈번했으며, "왕국의 열쇠"라 불렸다. 루이 16세와 나폴레옹 시기에 제1급 군항이 되었으며 프랑스 해군의 조병창이 자리하였다. 지정학적 입지 때문에 상업항으로서 발달하지는 못했지만 조선업 중심지였으며, 농촌 지역의 두드러진 노동계급 도시였다.

쉐필드(Sheffield): 영국 잉글랜드 중앙부의 사우스요크셔 주에 있는 도시. 19세기에 철강업으로 국제적인 명성을 얻었지만 1970년대와 1980년대에 쇠퇴하였고, 지금은 광범위한 도시재개발을 통해 발전을 꾀하고 있다.

슈테틴(Stettin): 폴란드 북서부 독일 국경 가까이 발트 해에 면해 있는 항구도시로, 폴란드어로는 슈체친(Szczecin)이다. 폴란드에서는 그단스크에 이은 제2의 항구도시로 기계공업 등이 발달해 있다. 역사적으로는 17세기 이래 프로이센의 영향권 하에 있었고 1945년까지 독일령으로 슈테틴이라 불렸다.

스당(Sedan): 프랑스 북부 아르덴 도의 코뮌으로 벨기에와의 국경지대에 있다. 1871년 프랑스·프로이센 전쟁에서 나폴레옹 3세가 항복한 곳으로 유명하다.

스미르나(Smyrna): 아나톨리아의 에게 해 연안에 위치한 도시로 현재는 터키의 이즈

미르이다. 지정학적으로 중요한 자리를 잡고 있어 고대부터 이 지역의 중심도시였다.

스카보로(Scarborough): 토바고 섬 남쪽 해안에 위치한 항구도시로 토바고 섬에서 가장 크며 경제·문화의 중심지이자 행정 중심지로 기능한다. 프랑스 통치시기에는 포르루이라고 불렸다.

스캐퍼플로(Scapa Flow): 스코틀랜드 북쪽 오크니 제도에 있는 내해로 오래전부터 선박들의 안전한 피난처 역할을 했다. 여러 세기에 걸쳐 무역, 항해, 전쟁에서 중요한 역할을 했고, 1차·2차 세계대전 때는 영국 해군의 기지로 이용되었다.

스타방에르(Stavanger) 지역: 노르웨이 남서쪽에 있는 스타방에르 반도를 중심으로 한 지역.

스태튼(Staten) 섬: 뉴욕 시의 남쪽 끝에 있는 섬으로 로어베이에서 어퍼베이로 들어가는 입구였으며, 지금은 뉴욕 시의 일부를 이루고 있다.

스피츠베르겐(Spitsbergen) 섬: 노르웨이 북서쪽 스칸디나비아와 그린란드 사이의 중간쯤에 북극해에 인접하여 위치한 스발바르 제도에서 가장 큰 섬이다. 1596년 발견되었으며, 17·18세기에는 고래 사냥의 기지였고 19세기에는 석탄 광산이 발달했다. 1920년 노르웨이령으로 국제적으로 인정되면서 영구중립지대이자 자유경제지대로 선언되었다. 스발바르 제도에서 사람이 살 수 있는 세 섬 중 하나이다.

스헬더(the Schelde) 강: 프랑스 북부, 벨기에 서부, 네덜란드 남서부를 거쳐 대서양으로 흘러드는 강으로 옛날부터 전략적 요충지이자 상업 교통로로 중요한 역할을 해왔다.

신트외스타티우스(St. Eustatius) 섬: 카리브 해의 네덜란드령 섬으로 리워드 제도의 북부에 속한다. 1493년 콜럼버스가 처음 발견했고, 1636년부터 네덜란드의 식민지가 되었다. 담배와 설탕 생산지였고, 입지상의 유리함으로 인해 18세기에는 무관세 자유항으로서 중계항이자 밀무역의 중심지로 발전하였다. 네덜란드령 앤틸리스가 해체될 때 주민투표를 통해 네덜란드령으로 남았다.

아가디르(Agadir): 모로코 남부 수스 지방의 대서양 연안 항구도시.

아나후악(Anahuac) 고원: 고도 2,000미터 이상의 멕시코 중심 고원지대. 아즈텍 제국을 비롯한 여러 문명이 고대부터 존재했던 멕시코 협곡의 남쪽 중앙부에 해당하며, 현재 멕시코 영토의 4분의 3이 해당된다고도 한다. 멕시코의 수도인 멕시코시티 역시 여기에 위치한다.

아바나(Havana): 쿠바 섬 북쪽 연안에 위치하며 쿠바의 수도이다. 1515년 건설된 아바나는 스페인의 대륙 정복의 근거지였고 대서양 교역의 중요 기항지였다. 1592년 스페인 왕 펠리페 2세가 아바나라는 명칭을 도시에 부여했다. 현재 아바나에서 식민지 시기의 아바나는 '구 아바나(La Habana Vieja)'라고 불리며 유네스코 세계문화유산으로 등재되어 있다.

아부키르(Aboukir) 만: 이집트 지중해 연안 알렉산드리아 근처의 아부키르와 나일 강 하구의 로제타 사이에 위치한 만이다. 이곳에서 1799년 넬슨 제독이 프랑스 나폴레옹 해군을 물리친 아부키르 만 해전이 벌어졌다.

아비장(Abidjan): 아프리카 서부 아이보리코스트의 대서양 연안 항구도시. 아이보리코스트의 경제 중심지이고 아프리카의 프랑스어권 도시 중 가장 많은 인구가 산다. 1933년 당시 프랑스 식민지로서 부두가 건설되었고 이후 독립하면서 수도가되었다. 1951년 브리디 운하가 뚫리면서 중요한 해항으로 자리 잡았다.

아빌라 바위(rock of Abylla): 아초 산(Monte Hacho)이라고도 불린다. 북아프리카 연안의 스페인령인 세우타(Ceuta) 시에 있는 낮은 산으로 헤라클레스의 기둥 중 남쪽에 있는 것이라고 한다. 한편 모로코의 모세 산(Jebel Mussa)이 헤라클레스의 기둥 중 하나라는 주장도 있다.

아일랜드 해(the Irish Sea) 및 세인트 조지 해협(St. George's Channel): 아일랜드 해는 아일랜드 섬과 브리튼 섬 사이의 바다를 말하며, 이 아일랜드 해 남쪽으로 대서양과 접하는 해협을 세인트 조지 해협이라 한다.

아카풀코(Acapulco): 멕시코 남쪽 태평양 연안에 위치한 항구도시로 수도 멕시코시티에서 남서쪽으로 약 380킬로미터 떨어져 있다. 이 지역에는 스페인 지배 이전부터 아메리카 원주민들이 거주하였고, 1520년대부터 스페인인들이 지배하였다. 1530년대 초에 정복자 코르테스가 도시와 항구를 건설했고, 1565년부터 개시된마닐라-아카풀코 갤리언 무역의 출발지가 되었다. 오늘날에는 세계적인 휴양지로서 무수한 관광객이 몰려드는 곳이다.

아크라(Accra): 서아프리카 가나 공화국의 수도. 대서양 연안 항구로서 15세기부터포르투갈인과의 교역을 통해 발전하였다. 19세기 이래 영국의 식민지였으나 1957년 가나가 독립하면서 그 수도가 되었다.

아키텐(Aquitaine) 지방: 프랑스 남서부의 지명으로 로마 시기 아키타니아에서 유래한명칭이다. 기엔(Guyenne) 지방과 거의 일치하며 현재는 프랑스 행정 레종(region)의 명칭이다.

안티과(Antigua) 섬: 카리브 해 리워드 제도의 주섬 중 하나. 1493년 크리스토퍼 콜럼버스가 유럽인으로는 처음 발을 디뎠고 '안티과'라는 이름을 부여했다. 1632년 영국인들이 정착촌을 건설한 뒤, 그 이래 줄곧 영국령으로서 영국인들의 "카리브 해로 들어가는 관문" 역할을 했다. 17세기에 사탕수수 플랜테이션이 들어오면서 대규모 노예제가 시행되었다가 1834년 노예해방이 이루어졌다. 1981년에 영연방의일원으로 독립하였다.

안티오키아(Antioquia): 현재 컬럼비아 북서부에 위치한 내륙지역으로, 현재는 한 주를 이루고 있다. 1500년에 스페인인들이 처음 이 지역에 나타났지만, 본격적인 정복 활동은 1537년 이후에 수행되었다. 고지대를 이루고 있어 농업에 적합하지 않아 주로 금과 술, 커피 교역에 의존했다. 이곳의 중심지인 메데인은 컬럼비아 제2의 도시로 금 산지이자 커피 재배 중심지이고 컬럼비아 최대의 공업도시이다.

알가르브(Algarve): 포르투갈의 최남단 지역으로 항해왕자 엔히크가 이곳의 사그르스 곶에 항해학교를 세운 것으로 알려져 있으며, 지금은 유명한 관광지이다.

알레포(Aleppo): 시리아 북부의 중심도시. 지중해와 유프라테스 강 지역을 잇는 요충지로서 고대 이래 줄곧 동서 실크로드 교역의 중심지였다. 1869년 수에즈 운하가 개통되면서, 육상 교역로에서 차지하던 지위가 쇠퇴하기 시작했다.

알리칸테(Alicante): 스페인 남부 발렌시아 지방의 지중해에 면한 항구도시로 기원전 1,000년경 페니키아인 무역상들이 이 지역에서 활동할 정도로 고대부터 지중해 무역에 중요한 역할을 하였다.

알마덴(Almaden): 스페인 남부 내륙 깊은 곳에 위치한 소도시로, 알마덴이란 도시명은 '광산'을 뜻하는 아랍어에서 유래했다고 한다. 알마덴에는 세계에서 가장 큰 액상 수은 광맥이 있어, 지난 2,000년 동안 약 25만 톤의 수은을 생산했다.

알메리아(Almeria): 스페인 남부 지중해 연안의 항구도시.

알무네카르(Almunecar): 스페인 남부 안달루시아의 지중해 연안 항구도시. 페니키아인의 식민도시로 건설되어 로마 시기에 크게 번성한 것으로 알려져 있다.

암스테르담(Amsterdam): 네덜란드 서쪽 암스텔 강 하구에 위치한 항구도시로 네덜란드의 수도이며 에이설 호를 통해 북해와 면해 있다. 원래 자그만 어촌이었는데 12세기경 도시로 건설되었고, 중세 때는 한자동맹의 일원으로 번성하였다. 네덜란드 독립 이후 17세기 네덜란드의 황금기에 가장 번성하여 세계경제의 중심으로서 기능했다. 그러나 18, 19세기 영국 및 프랑스와의 경쟁에 밀려 쇠퇴했고, 19세기 말에 라인 강과 직접 연결되는 운하가 건설되면서 경제를 회복하기 시작했다. 현재는 세계 금융의 중심지이기도 하며 북유럽의 중심 항구로서도 기능하고 있다.

앙골라(Angola): 아프리카 남쪽 대서양 연안에 위치한 지역으로, 유럽인들이 오기 전에 반투족이 자리하여 콩고 왕국과 같은 많은 정치 단위들을 형성하였다. 그 후 1484년 포르투갈인들이 처음으로 발을 디뎠고, 이후 포르투갈의 식민지 상태로 있다가 1975년 공화국으로 독립했지만 끊임없는 내전에 시달리고 있다. 16세기부터 19세기 초까지 포르투갈 노예무역의 주요 공급원이었다.

야과나(Yaguana): 오늘날 아이티 서쪽에 있는 항구도시 레오간(Léogâne)의 옛 이름이다. 스페인인들이 오기 전에 독립적인 왕국이었고 1503년에 스페인인들에게 정복당했다. 1697년 라이스바이크 조약으로 히스파니올라 섬의 3분의 1에 대한 권리를 프랑스가 확보하면서 이 도시도 프랑스령이 되었다. 아이티 독립혁명 때는 프랑스인들이 이곳에서 마지막까지 저항하여 대화재가 나기도 했다.

어센션(Ascension) 섬: 대서양 남부의 적도 근처에 위치한 화산섬으로, 아프리카 해안으로부터 약 1,600킬로미터, 남아메리카로부터 약 2,250킬로미터 정도 떨어져 있다. 1501년 포르투갈인들이 처음 발견했지만 가치가 없어 방치되다가, 19세기부터 군사적 가치가 인정되어 영국령이 되었다.

얼스터(Ulster): 북아일랜드의 주로 알랜드 섬의 전통적인 네 지방 중 하나이다. 벨파스트, 런던베리와 같은 북아일랜드의 중심도시들이 소재하며, 가장 큰 도시는 벨파스트이다.

에그 모르트(Aigues-Mortes): 프랑스 남부 가르 도의 지중해에 면한 작은 항구도시로 가르 도 수도인 님므에서 남서쪽으로 33킬로미터 떨어져 있다. 중세 때부터 중요한 지중해 항구도시였으며, 1893년 이탈리아인 염전노동자들의 학살사건이 벌어진 곳이다. 중세 시대 성벽이 그대로 보존되어 있는 도시로 유명하다.

에든버러(Edinburgh): 스코틀랜드의 수도로, 스코틀랜드 동남쪽 포스 강 하구의 남쪽편에 위치하고 있다. 1437년 스코틀랜드의 수도가 되었으며, 이후 스코틀랜드의 문화, 정치, 교육, 관광의 중심지 역할을 하고 있다. 18세기 스코틀랜드를 유럽의 상업, 지식, 산업, 문학, 교육의 중심지로 만든 스코틀랜드 계몽주의가 시작된 곳으로 역사적 의미를 갖고 있다. 20세기에 들어서는 금융업이 발전하여 현재도 금융 중심지이기도 하다.

에스비에르(Esbjerg): 덴마크 서남부 유틀란드 반도의 서쪽 해안에 위치한 해항도시. 19세기 말 항구도시로 건설되었으며 잉글랜드 하리치에서 페리가 왕복하고 있다. 석유, 가스, 컨테이너 화물을 처리하는 덴마크의 대표적 해항이 되었다.

에트나(Etna) 산: 시칠리아 동부의 성층화산으로 유럽에서 가장 높은 활화산(해발 3,329미터). 기원전 396년의 분화를 카르타고인들이 목격하여 기록하였다.

엑서터(Exeter): 영국 잉글랜드 남서부 데번 주의 도시로, 영국해협으로 흘러드는 엑스 강 하구 깊숙한 곳에 위치하며 로마시대부터 역사를 가지고 있다. 중세 때는 종교 중심지였으며, 19세기에는 양모 교역의 중심지였다. 남서쪽에 플리머스가 위치하고 북동쪽에는 브리스틀이 위치한다.

엘미나(El Mina): 아프리카 서부 가나 남쪽의 대서양 연안에 위치한 도시. 1482년 포르투갈이 이곳에 요새를 건설했으며 1637년 네덜란드 동인도 회사가 이곳을 식민지로 삼으면서 노예무역의 거점이 되었다. 1872년 영국의 식민지가 되었고 1957년 가나가 독립하면서 가나의 도시로 남게 된다.

엘베(Elbe) 강: 중앙유럽을 관통하여 북해로 흘러드는 유럽의 큰 강으로, 독일 및 중앙유럽의 역사에서 중요한 역할을 했다. 19세기부터 멀리 체코의 프라하까지 항해가 가능하게 되었고, 동시에 인접 지역으로 다양한 운하를 뚫어 북해 및 발트 해와 독일 및 중앙유럽의 공업지대를 서로 연결하는 역할을 해왔다. 함부르크는 엘베 강 하구에서 깊숙이 거슬러 올라와 엘베 강과 알스터 강, 빌레 강이 합류하는 지점에 위치한다.

예테보리(Göteborg): 스웨덴 서쪽 대서양 연안의 해항도시. 스웨덴에서 두 번째로 큰 도시이며 스칸디나비아에서 가장 큰 항구도시이다.

오리노코(Orinoco) 강: 남아메리카 북쪽에 광대한 영역에 걸쳐 흐르는 긴 강으로 주위에 거대한 분지(오리노코 분지)와 하구에 대규모 델타 지대를 형성하고 있다. 오늘날 베네수엘라와 컬럼비아가 이 영역에 해당하며 강이 대서양으로 흘러들어 남아메리카 내지와 해안을 연결하는 중요 운송로 역할을 한다. 1498년 콜럼버스가 세 번째 항해에서 처음으로 강 하구를 탐험하였다.

오스텐더(Ostende): 벨기에 서쪽 대서양 연안에 위치한 항구도시로, 벨기에에서 가장 큰 항구이다. 북해에 면해 있어 중세 때부터 어업과 상업이 발달했다. 18세기에는 벨기에 지역이 합스부르크 제국의 일부가 되면서, 칼 5세에 의해 아프리카 및 극동과의 무역에 대한 독점권을 부여받았다. 오스트리아의 동인도회사인 '오스텐더 무역회사'가 이때 설립되었다. 오랫동안 영국해협의 연결 통로로서 2013년까지 도버와 연결되는 정기연락선이 운행되었다.

오크니(Orkney) 제도: 스코틀랜드 북쪽 끝에 있는 제도.

옹플뢰르(Honfleur): 프랑스 북서부 세느 강 하구의 남쪽 편에 위치한 항구도시로, 11세기 초에 최초의 기록이 보일 정도로 오래되고 아름다운 항구를 갖고 있다. 12세기에 이미 잉글랜드와 루앙을 연결하는 무역로의 중계지로 기능했으며, 백년전쟁 동안에는 전략 요충지로서 중요시되었다. 백년전쟁 말부터 18세기 말까지 해상 무역의 거점이었고, 16·17세기에 수행한 프랑스의 주요 탐험 항해의 출발지였다. 나폴레옹 시기 영국의 대륙봉쇄 정책으로 쇠퇴하기 시작했으며, 이후 회복하지 못했지만 지금도 여전히 항구로 기능하고 있다. 옹플뢰르 항구는 오래되고 아름다운 항구로 유명하여 귀스타브 쿠르베와 클로드 모네 같은 유명한 화가들이 그 모습을 그렸다. 옹플뢰르의 맞은편에는 프랑스의 대표적 항구도시 르아브르가 위치한다.

요크(York): 잉글랜드 북부 노스요크셔 주에 위치한 도시로, 2,000년이나 존속하면서 '요크셔'라는 명칭의 기원이 되었다. 서기 71년 로마에 의해 도시가 만들어졌으며 이후 노섬브리아 왕국과 요르빅 왕국의 수도이기도 했다. 중세 때는 모직물 교역의 중심지였고, 근대에는 철도망의 중심 허브이자 과자제조업의 중심지였다.

요크셔(Yorkshire): 이전에는 요크 주로 알려졌던 잉글랜드 북부의 주이며 영국에서 가장 큰 주이기도 했다. 현재는 여러 개의 주로 행정상으로는 나누어졌지만, 여전히 전체적으로 요크셔라고 불리기도 한다. 동쪽으로 북해와 면해 있어 노르만의 침입 루트로 이용되기도 했다. 16세기에는 모직공업이 발달했고 산업혁명기에는 철강, 석탄, 직물업이 발달했다.

우앙카벨리카(Huancavelica): 페루 남서부에 위치한 광산 도시로 수도 리마에서 3,000 킬로미터 정도 떨어져 있다. 1572년 페루 부왕령이 설치되면서 수도 역할로서 도시가 만들어졌고, 해발 3,660미터에 위치한다. 이곳에서 수은이 발견된 것은 도시 설치 이전인 1566년 무렵이었고 라틴아메리카에서 수은이 가장 풍부한 곳으로 알려졌다. 한때 "왕국에서 가장 큰 보물"이라고 불릴 만큼 중시되었지만, 지금은 페루에서 가장 가난한 도시 중 하나이다.

우엘바(Huelva): 스페인 남부 안달루시아 지방의 카디스 만에 면해 있는 항구도시. 기원전 3000년경부터 사람이 거주했으며 이곳이 타르테수스일 수도 있다고 여겨지고 있다.

웨상(Ushant) 섬: 영국 해협 남서쪽 끝에 있는 섬으로 프랑스 브르타뉴 지방 가장 서쪽 앞바다에 있다. 행정상으로는 피니스테르 도에 속한다. 영국 해협의 서쪽 입구에 해당하며 이런 지정학적 이유 때문에 근대 초기 프랑스와 영국의 해전의 무대였고, 1차·2차세계대전에서도 전략적으로 중요한 지점으로 여겨졌다.

웨스트컨트리(West Country): 잉글랜드 남서부의 대서양에 면해 돌출해 있는 지역으로, 콘월, 데번, 서머싯, 브리스틀 같은 주들이 포함된다.

윈드워드(Windward) 제도: 히스파니올라 섬에서 서쪽으로 원을 그리며 카리브 해의 서쪽 경계선을 이루며 베네수엘라 연안까지 이어지는 섬들 중 아래 쪽에 해당하는 섬들의 제도이다. 도미니카 섬과 마르티니크 섬이 모두 여기에 속한다.

유카탄 해협(Yucatan Channel): 멕시코와 쿠바 섬 사이의 해협으로 카리브 해의 유카탄 해분과 멕시코 만을 연결하고 있다.

유카탄(Yucatan) 반도: 멕시코 남동부에 있는 중앙아메리카의 반도로 멕시코 만과 카리브 해를 나눈다. 멕시코의 유카탄 주·킨타나로오 주·캄페체 주, 벨리즈의 북부, 과테말라의 북부에 해당한다. 옛 마야 문명이 발달했던 곳으로 그 후예인 마야인과 메스티소가 이 지역 인구의 대다수를 차지한다.

이스트리버(East River): 이스트리버는 뉴욕 시를 관통하면서 어퍼베이와 롱아일랜드 해협을 잇는 물길이다. 명칭에 river라고 되어 있으나, 강이 아니라 바닷물길이다. 이를 통해 퀸스와 브루클린이 포함되는 롱아일랜드와 맨해튼, 브롱크스를 나눈다.

이스트엔드(East End): 잉글랜드 런던의 시티를 둘러싼 중세 성벽 동쪽과 템스 강 북쪽 지역을 가리키지만, 공식적인 경계는 존재하지 않는다. 웨스트엔드에서 보면 변두리에 해당한다. 전통적으로 빈민 지구에다 수공업 지대였다. 도크와 항만 관련 업종도 번성해서 도제관계를 통해 전문적인 기술을 배울 수 있는 곳이기도 했다.

잉글리시하버(English Harbour): 안티과 섬의 최남단에 위치한 천혜의 항구이자 정착지. 18세기 동안 영국 해군이 해군 기지를 운용했고, 넬슨 제독이 한때 주둔했고 조선소가 있었다.

저지 지방(Low Countries): 오늘날의 벨기에와 네덜란드를 비롯해 라인강과 뫼즈 강 등 대서양으로 흘러드는 여러 강 하구의 낮은 삼각주 지역으로 이루어진 서유럽 대서양 연안 지역을 통칭하는 용어이다.

제일란트(Zeeland): 네덜란드 남서부 가장 아래에 바다를 면해 위치한 주로, 수많은 섬과 반도로 구성되어 있다. 로마 시대부터 북해로 나아가는 중요한 기항지 역할을 했으며, 네덜란드 독립전쟁에서는 유트레히트 동맹에 가담한 북부 7개 주 중 하나가 되었다. 미델부르흐가 중심 도시이며, 해수면보다 낮고 홍수가 빈발하여, 지금은 주로 경제를 관광에 의존하고 있다.

찰스턴(Charleston): 미국 남부 사우스캐롤라이나의 항구도시로 1670년에 건설되었고, 17세기 말에는 북아메리카에서 다섯 번째로 큰 도시가 될 정도로 번성하였다. 현재 찰스턴 항에는 미국 동부 연안에서 네 번째로 큰 컨테이너 항만이 자리하고 있다.

찰스포트(Charlesfort): 현재 미국 사우스캐롤라이나의 페리스 섬에는 찰스포트 산타 엘레나 유적지(Charlesfort-Santa Elena site)가 있다. 이곳이 1562년 프랑스 위그노들이 세운 찰스포트 거류지이다. 찰스포트는 다음 해에 보급이 끊기고 아메리카 원주민과의 충돌 등으로 거의 대부분의 위그노가 프랑스로 돌아간 후 쿠바의 스페인군이 들어가 파괴했다. 그리고 1566년 스페인군이 다시 들어와 산타엘레나를 세웠고, 이곳은 스페인령 플로리다의 첫 번째 수도가 되었다.

채텀(Chatham): 잉글랜드 켄트 주의 항구도시. 메드웨이 강 어귀에 위치한다. 오랫동안 작은 어촌이었지만 16세기에 런던과 유럽 대륙 사이의 전략적 입지로 인정받아 해군기지가 되었으며, 1568년 엘리자베스 1세는 이곳에 왕립 조선소를 세웠다. 이후 18세기와 19세기에는 방어 요새들이 건설되었고 19세기 말까지 조선업과 선박수리업의 중심지가 되었다. 1984년 채텀 조선소는 문을 닫았고, 그 뒤로 조선소 터를 보존하여 유명한 관광지가 되었다.

체사피크(Chesapeake): 미국 버지니아의 동부 대서양 연안 체서피크 만 일대를 지칭하며, 영국인들이 세운 최초의 식민지 중 하나인 체서피크 식민지가 위치했다. 이 중 제임스타운은 1607년 영국인들이 세운 최초의 영구 거류지였는데, 현재는 국립 식민지 역사공원이 조성되어 있다. 근처에는 1966년 노포크 카운티를 중심으로 체서피크 시가 세워졌다.

치바오(Cibao): 현재 히스파니올라 섬에 있는 도미니카 공화국의 북쪽 지역에 해당한다. 1494년 콜럼버스가 이 지역에서 금광을 발견하여 한동안 금을 생산했다.

치비타베키아(Civitavecchia): 이탈리아 중부, 로마 서북쪽 티레니아 해 기슭에 있는 항구도시로, 로마 시대부터 항구였으며 시멘트 제조·조선업 등이 발달하였다.

카라카스(Caracas): 베네수엘라 북쪽 카리브 해에 면한 도시로 베네수엘라의 수도이다. 1567년 도시가 건설된 이래 줄곧 스페인의 영토였지만, 17세기 동안 영국 및 네덜란드의 지배를 받은 적이 있었다. 1811년 베네수엘라의 독립을 선언한 곳이며, 이후 1821년까지 독립전쟁이 계속되었다. 20세기에는 베네수엘라가 산유국이 되면서 카라카스의 경제적 중요성이 높아졌다.

카르타헤나(Cartagena): 현재 컬럼비아의 북쪽 카리브 해 연안에 위치한 항구도시. 유럽인이 도래하기 전부터 이 지역에는 원주민들이 자리 잡고 있었고, 1533년에 스페인인들에 의해 도시가 건설되었다. 1717년 남아메리카 북쪽에 '누에바그라나다' 부왕령이 설치되면서 그 중심지가 되었다. 그곳에 남아있는 식민지 시기 성벽과 도시 유물이 유네스코 세계문화유산으로 등재되어 있다.

카메룬(Cameroon) 산: 서아프리카 기니 만 카메룬에 있는 아프리카에서 가장 큰 활화산 중 하나. 해발 4,040미터. 기원전 5세기경 한노가 처음으로 이 화산의 활동을 기록한 것으로 알려져 있다.

카보베르데(Cape Verde) 군도: 아프리카 서쪽 대서양에 있는 군도로 바르라벤토 제도와 소타벤토 제도로 구성되어 있다. 현재는 공화국이다.

카자망스(Casamance): 서아프리카 세네갈 남부의 지역으로 감비아 강과 기니바사우 사이에 위치한다.

카프아이시앵(Cap Haïtien): 현재 아이티 북부 연안에 있는 도시로, 라이스바이크 조약 이후 왕명에 의해 1711년에 건설되었다. 원래 이름은 카프프랑세(Cap Français)였는데, 아이티가 독립하면서 현재 이름을 갖게 되었다.

칸타브리아(Cantabria): 스페인 북부 바스크 지방과 경계를 맞대고 있는 대서양 연안 지역으로 지금은 자치주이다. 고대부터 중요 항구였던 산탄데르가 자치주 수도이며 이 지역의 중심 도시이다.

칸타브리아(Cantabria): 스페인 북부의 대서양 연안 주. 중세 이래 유럽의 대서양 연안 활동의 주요 근거지였으며 스페인의 '레콘키스타'에도 적극적으로 참여했다. 카디스와 같은 스페인 남부의 주요 항구도시 주민 중에는 이곳에서 이주한 사람들의 후예가 많다고 한다.

칼페 산(Mount Calpe): 지브롤터의 바위(Rock of Gibraltar)를 가리킨다. 이베리아 반도의 서남쪽 끝으로 헤라클레스의 기둥 중 하나로 여겨진다. 영국 왕실령이며 스페인과 접하고 있다.

캄페체(Campeche) 만: 멕시코 만의 남쪽 편 굴곡진 부분을 가리킨다. 이곳에 멕시코 만에 위치한 멕시코에서 가장 중요한 항구도시인 베라크루스가 위치한다.

캄피나스(Campinas): 브라질 남부 상파울루 주의 도시로 상파울루 서북쪽 100킬로미터 지점의 해발 700미터 고지대에 위치한다. 18세기 후반 건설되었고 19세기에 커피 집산지로 발전하였다. 상파울루와 철도 및 도로로 연결된 공업도시이다.

케이프브레턴(Cape Breton) 섬: 북아메리카 대서양 연안에 위치한 섬으로 캐나다의 노바스코샤 주에 속한다. 뉴펀들랜드의 서남쪽에 있다.

케이프블랑(Cape Blanc): 서아프리카 대서양 연안 모리타니에서 바다로 돌출해 있는 작은 반도. 아랍어로 라스노우아디부(Ras Nouadhibou)라고도 한다.

케이프주비(Cape Juby): 모로코 남부 서사하라와의 경계 지대에 있는 곶. 그 서쪽 편 앞바다에 카나리아 제도가 있다.

케이프혼(Cape Horn): 남아메리카 대륙 최남단에 위치한 곶으로 칠레에 속한다. 파나마 운하 개통 이전 대서양과 태평양을 잇는 주요 통로였지만, 자연 환경 때문에 항해하기 매우 힘든 곳이었다.

코드 곶(Cape Cod): 미국 매사추세츠 주 남동부에 있는 큰 곶으로, 곶(Cape)라 하지만 크기로 보아 사실상 반도이다. 이곳 북쪽 끝에 있는 레이스 곶 부근에 1620년 메이플라워 호를 타고 온 청교도들이 상륙한 것으로 유명하다.

코르부(Corvo) 섬: 아조레스 제도에서 가장 작고 가장 북쪽에 있는 섬이다. 13세기에 포르투갈인들이 발견한 것으로 알려져 있다.

코크(Cork): 아일랜드 남쪽 대서양으로 흘러드는 리 강 하구에 깊숙이 들어와 위치한 항구도시. 아일랜드 남부 정치 경제의 중심이자 중요한 국제항이다.

콘월(Cornwall): 브리튼 섬의 남서쪽 끝 쪽에 돌출되어 있는 반도이다. 웨일스 및 브르타뉴와 함께 고대 켈트인들의 본거지였으며 아연광으로 유명했다. 이곳에서 아연 무역을 했던 이들이 페니키아인이라고 하지만, 그에 대한 반론도 많다.

콜론(Colón, Panama): 파나마 중부에 카리브 해에 면한 해항이다. 파나마 운하의 대서양 쪽 입구 가까이에 위치한다. 1850년 파나마 철도의 대서양 종착지로 미국인들이 건설했고, 전통적으로 파나마 제2의 도시로 여겨진다. 주변에 미 해군 기지가 있었다.

콩고(Congo) 강: 중앙아프리카를 휘감고 돌아 서쪽으로 나오는 강으로 아마존 강에 이어 세계에서 두 번째로 긴 강이고 수심은 세계에서 가장 깊어 아프리카 물류 이동의 중심 축 역할을 한다.

쿠마나(Cumaná): 베네수엘라 북동부 카리브 해 연안 만나레스 강 하구에 위치한 항구도시. 유럽인들이 아메리카 본토에 세운 최초의 거류지 중 하나로 1515년에 건설되었다.

퀴라소(Curaçao) 섬: 카리브 해 남쪽 베네수엘라 북쪽 연안에 있는 섬으로 소앤틸리스 제도에 속한다. 15세기 중반 스페인인들이 처음 발견했지만 1634년 이후 네덜란드령이 되었다. 이후 네덜란드의 노예무역 근거지 역할을 했고, 2010년 네덜란드령 앤틸리스가 해체될 때 주민들의 의사에 따라 네덜란드령으로 남았고 현재 자치를 시행하고 있다.

크산티(Xanthi): 그리스 북동부 지역의 중심도시로, 다양한 시대의 여러 건축물들이 혼재된 도시로 유명하다. 특히 봄 축제는 많은 관광객을 끌어들일 정도로 도시를 대표한다. 18세기에는 담배 무역으로 이름을 떨치기도 했다.

클라이드(Clyde) 만: 스코틀랜드 남서부 대서양 쪽으로 위치한 만으로 수많은 섬들과 해협들이 복잡한 수로를 구성하고 있다. 이곳으로 클라이드 강이 흘러들며 그 안쪽에 글래스고가 위치한다. 영국의 조선업과 무역에 중요한 역할을 한 곳이다.

키브롱(Quibron) 만: 브르타뉴 남쪽 연안의 만으로 모르비앙 도에 속한다. 1759년에 벌어진 키브롱 만 해전을 비롯해 수많은 해전이 벌어진 장소이다.

키웨스트(Key West): 미국 플로리다 해협에 위치한 플로리다키스 제도의 남쪽 끝에 있는 섬으로 같은 이름의 항구가 있다. 미 해군 기지가 위치하며 동시에 크루즈선의 중요 기항지이기도 하다.

킹스린(King's Lynn): 잉글랜드 동부 노포크 주 위시 만에 있는 중세의 주요 항구도시로, 중세 시기 잉글랜드의 가장 중요한 항구였으며 14세기 한자무역의 거점이었다.

타두싹(Tadoussac): 캐나다 서부 퀘벡 주의 세인트로렌스 강과 사그네 강이 합류하는 지점에 있는 마을로 1600년에 프랑스인들이 세운 최초의 무역거점이며 17세기 동안 내내 프랑스의 무역거점이었다. 캐나다에서 가장 오래된 유럽인 거류지이며, 거류지가 세워지기 훨씬 전부터 바스크인들이 이 부근에서 고래잡이를 했다고 한다.

타라고나(Tarragona): 스페인 북동부 카탈루냐 지방의 지중해에 면한 항구도시이다. 페니키아인들이 건설한 것으로 추정되며 로마시기에도 중요한 지중해 항구였다. 12세기부터 아라곤 왕국에 속했으며 1516년 스페인 제국에 통합되었다.

타호(Tagus) 강: 이베리아 반도를 대표하는 가장 넓은 강으로 스페인에서 시작하여 스페인과 포르투갈의 국경을 거쳐 리스본을 통해 대서양으로 빠져나간다. 라틴어로는 Tagus(타구스)라 표기하며 스페인어로는 Tajo(타호), 포르투갈어로는 Tejo(테주)로 표기한다.

테네리페(Tenerife) 섬: 카나리아 제도의 중앙부에 있는 제도에서 가장 큰 섬이다. 섬의 중심 도시인 산타크루스데네리페는 카나리아 제도의 중심지이다. 오늘날 인구 면에서 스페인에서 사람이 가장 많이 사는 섬이며, 휴양지로 유명해 매년 500만명 이상의 관광객이 찾는다.

테르세이라(Terceira) 섬: 북대서양 중앙부에 있는 아조레스 제도의 큰 섬으로 현재는 포르투갈령이다. 과거 섬의 수도였던 앙그라두에로이즈무는 역사적으로 중요한 기항지였고, 현재 유네스코 세계문화유산으로 지정되어 있다.

토르톨라(Tortola) 섬: 카리브 해 영국령 버진아일랜드에서 가장 크고 인구가 많은 섬으로, 처음에는 해적의 근거지였다. 16세기에 영국인들이 식민지를 건설하여 사탕수수 플랜테이션을 발달시켰다. 이후 19세기까지 설탕 생산이 주요 경제활동이었다. 19세기에는 노예제가 폐지되면서, 당시 대서양을 건너던 노예운반선을 나포하면 이 섬에다가 데려다가 자유민으로 풀어 인구가 늘어났다고 한다.

토르투가(Tortuga) 섬: 히스파니올라 섬의 북서쪽 연안, 즉 아이티의 북쪽 해안가에 위치한 섬. 17세기 동안 해적의 가장 유명한 근거지이자 중심지였다. 특히 1630년대에서 1670년대까지 해적활동이 가장 활발했다. 프랑스어로는 Île de la Tortue라고 한다.

토바고(Tobago) 섬: 트리니다드 섬의 북동쪽, 그레나다 섬의 남동쪽에 위치하는 카리브 해의 섬으로, 콜럼버스 이후 유럽인들이 지배권을 둘러싸고 오랫동안 다투었으며, 1814년에 최종적으로 영국령이 되었다. 영국이 지배했던 1672-1674년 시기에 처음 설탕, 면화, 인디고 플랜테이션이 도입되었고, 18세기 후반 다량의 설탕과 면화를 수출하여 번성했지만, 1847년 격심한 허리케인의 피해를 입어 플랜테이션 농지가 침수되면서 경제적으로 쇠락했다. 이후 트리니다드 섬에 귀속되었고, 현재는 트리니다드토바고 공화국의 일부이다.

토베이(Torbay): 영국 데번 주의 영국 해협에 면한 항구도시로 엑서터와 플리머스 사이의 중간 쯤에 위치한다. 원래 어업과 농업에 기초했지만 19세기 초 휴양지로 발전했으며 나폴레옹 전쟁 동안에는 영국 해군이 토베이 만에 정박하였다.

툴롱(Toulon): 프랑스 남동부 지중해 연안의 항구도시이다. 바르 도의 수도이며 루이 14세 시대 이후 프랑스의 주요 군항으로 유지되었다.

트리니다드(Trinidad) 섬: 남아메리카 북쪽 베네수엘라에서 북동쪽 연안에 위치한 섬으로 카리브 해의 소앤틸리스 제도에 속하며 트리니다드토바고 공화국의 일부를 이루고 있다.

트리스탄다쿠나(Tristan da Cunha) 섬: 대서양 남부의 섬으로 남위 37도, 서경 12도에 위치해 있고, 아프리카 대륙의 케이프타운에서 2,805킬로미터 떨어져 있으며, 남아메리카의 리우데자네이루에서 3,353킬로미터 떨어져 있다. 1506년 포르투갈인이 처음 발견했지만, 17세기에 영국인들이 처음 상륙했고 19세기에는 영국령으로 선포되었다.

티레(Tyre): 베이루트에서 남쪽으로 80킬로미터 떨어진 곳에 위치한 레바논 남부의 도시로 고대 페니키아의 해항도시로 유명하다. 현재도 레바논에서 네 번째로 큰 항구도시이다. 영어식 표기로는 수르(Sour)라고 부르기도 한다.

파나마시티(Panama City): 본문에는 자주 '파나마'로 표기되어 있다. 현재 파나마 공화국의 수도이며 파나마 지협의 태평양 연안에 자리하고 있다. 1519년에 페루의 잉카제국 정복 원정의 출발지로 건설된 원래의 도시는 현재 파나마시티에서 북동쪽으로 8킬로미터 떨어진 곳에 위치했다. 이후 16·17세기 스페인으로 향하는 귀금속의 통과지점으로 남아메리카 역사에서 가장 중요한 교역로 중 하나에 위치했다. 1671년 영국 해적의 습격으로 파괴되었으며, 1673년 현재 위치에 도시가 복구되었다. 현재 파나마 운하의 태평양쪽 관문에 해당한다.

파드칼레(Pas-de-Calais): 프랑스 북쪽의 도(département)로 영국해협의 프랑스 쪽에 해당한다.

팔마스(Palmas) 곶: 아프리카 대서양 연안 오늘날의 라이베리아의 남동쪽 끝 코트디부아르와의 경계선에 위치한 작은 곶. 아프리카 대륙 북반부의 남서쪽 가장 구석에 해당한다. 지리적으로 기니 만의 서쪽 경계로 여겨진다.

팔플로나(Pamplona): 스페인 북부 피레네 산맥에 인접한 도시로 중세 나바르 왕국의 수도이기도 하다. 군사적 요충지였기에 강고한 성벽으로 유명했던 이 도시는 헤밍웨이의 소설 『태양은 다시 떠오른다』에 나오는 산페르민 축제가 열리는 곳으로 세계적으로 알려졌다.

펄(Pearl) 제도: 파나마 지협의 태평양 쪽에 위치한 파나마 만 가운데에 있는 200개 이상의 섬들로 이루어진 제도.

페달라(Fedala): 모로코의 서쪽 해안에 위치한 항구도시로 현재는 모하메디아(Mohammédia)라고 한다.

페로 제도(Faeroes): 북대서양 아이슬란드와 브리튼 섬, 노르웨이 사이에 위치한 제도로, 현재는 덴마크령이다.

페캉(Fécamp): 프랑스 북부 노르망디 지방의 세느마리팀 도의 항구도시. 로마 시대의 도로가 통과하는 교통 요충지였고, 10세기부터 줄곧 중요한 어항이었다.

포르드프랑스(Fort de France): 마르티니크 섬의 서쪽 연안 거대한 포르드프랑스 만 북쪽 입구에 위치한 항구도시로 프랑스 마르티니크 도의 수도이다. 17세기 마르티니크 식민화 과정에서 건설된 포르루아얄이 원래의 이름이며, 프랑스 혁명 이후 포르드프랑스로 불리게 되었다. 행정 중심지였음에도 마르티니크의 가장 중요한 도시였던 생피에르에게 가려져 있다가 1902년 생피에르가 화산 폭발로 파괴되면서 경제적으로 가장 중요한 도시가 되었다.

포르토벨로(Porto Bello): 파나마 지협의 북쪽 편에 위치한 수심이 깊은 천연항으로서 18세기 중반까지 은 수출의 중심항이었다. 1739-1748년에 영국과 스페인 사이에 벌어진 젠킨스의 귀 전쟁 동안 파괴되었다. 19세기에 잠시 경제가 부흥한 적이 있지만, 그 후 쇠퇴하여 지금은 인구 5,000명이 되지 않는 조그만 항구로 남았다. 잔존하는 스페인의 요새 터들이 유네스코 세계문화유산으로 등재되어 있다.

포르토프랭스(Port-au-Prince): 아이티 서부 고나브 만에 위치한 천연 항구도시로, 아이티의 수도이다. 이 지역은 콜럼버스의 도착 이래 스페인의 식민지였지만 16세기 내내 영국과 프랑스의 공격에 시달렸다. 17세기 들어 스페인이 방어를 포기하면서 한 동안 해적들의 근거지가 되었고, 1749년에 프랑스령으로 통합되어 '포르토프랑스'로 명명되었다. 1770년에는 카프프랑세를 대신해 생도맹그의 수도가 되었으며, 1804년 독립한 아이티의 수도가 되었다. 2010년 대지진으로 23만 명이 사망하는 큰 피해를 입었다.

포르투(Proto): 포르투갈 북부의 항구도시로 포르투갈 제2의 도시. 도시 이름은 '항구'라는 뜻으로 대서양으로 흘러 들어가는 도루 강 하구 언덕에 펼쳐져 있다. 포르투갈 건국의 기원이 된 도시이자 대항해 시대에는 해양 무역의 거점이 된 도시이며, 세계적으로 유명한 포트와인의 생산지이기도 하다.

포르투산투(Porto Santo) 섬: 포르투갈령 마데이라 제도의 섬 중 하나로, 마데이라 섬에서 북동쪽으로 43킬로미터 정도 떨어진 곳에 위치하며 마데이라 제도의 최북단, 최동단에 위치한 섬이다.

포앵타피트르(Ponte à Pitre): 과들루프에서 가장 큰 도시로 과들루프 섬을 구성하는 두 부분(바스테르와 그랑드테르)을 잇는 가운데 좁은 지역의 남쪽 해안가에 위치한 항구도시. 과들루프 섬의 통치를 위해 프랑스 식민 당국이 이곳에 도시를 건설하고자 여러 차례 시도한 후 1764년 왕의 칙령에 따라 계획적으로 건설되었다. 도시는 여러 차례의 지진과 허리케인, 전염병의 습격을 받았지만 뛰어난 항구를 지니고 있어 현재도 과들루프의 경제적 중심으로 역할하고 있다.

포앵트드생마티외(Pointe de Saint-Mathieu): 프랑스 브르타뉴 지방에 있는 대서양으로 가장 돌출된 곳 중 하나. 지금은 폐허가 되었지만, 13세기까지 군주들로부터 각종 특권을 누렸던 수도원이 있었다.

포츠머스(Portsmouth): 잉글랜드 남부 햄프셔 주의 항구도시로 주로 포트시 섬에 위치하고 있다. 세계에서 가장 오래된 건선거가 있으며, 팍스브리타니카의 절정기에는 "세계에서 가장 큰 군항"이었다.

포토시(Potosí): 현재 볼리비아 남부 내륙 깊숙이 안데스 산맥의 해발 4,000미터의 고지대에 위치하며, 스페인 식민지 시기 막대한 은 생산지로 유명하다.

포트로열(Port Royal): 자메이카 동남쪽 현재 수도인 킹스턴 근처에 위치했던 항구로 지금은 작은 마을만 남아 있다. 1518년 스페인인들이 건설했던 포트로열은 1655년 자메이카가 영국령이 되면서 영국에게 넘어갔다. 카리브 해 항로에 유리하고 지형적으로 천혜의 조건을 갖고 있어 17세기 후반 카리브 해 해운과 무역의 중심지 역할을 했으며 카리브 해에서 가장 큰 도시였다. 안전한 항구로 인해 해적들의 서식지로도 활용되었으며, 영국은 5개의 요새를 지어 항구를 방어했다. 1692년의 대지진으로 도시의 3분의 2가 바다에 잠겼으며, 그 후에도 몇 차례의 허리케인으로 피해를 입어, 모든 기능을 킹스턴 항으로 옮기게 되었다.

푸에르테벤투라(Fuerteventura) 섬: 카나리아 제도에서 두 번째로 큰 섬으로 현재는 스페인에 속한다. 유네스코에서 생물권 보전지구로 지정되어 있다.

푸에르토리코의 산후안(San Juan): 푸에르토리코는 카리브 해 북동쪽에 위치한 섬으로 콜럼버스가 두 번째 항해 때 상륙했다. 1520년대에 스페인의 식민화가 본격적으로 시작되었으며, 현재는 미국령이다. 이곳의 수도가 산후안이다. 1521년 스페인인들이 건설했으며 이들이 아메리카에 두 번째로 건설한 수도이다.

푸에르토산훌리안(Puerto San Julián): 아르헨티나 남부 파타고니아 지방의 천연항구. 범선시대 마젤란 해협으로 가는 중요 기항지였다.

푸에르토플라타(Puerto Plata): 도미니카 공화국의 북쪽에 위치한 항구도시로 도미니카의 가장 중요한 무역거점 중 하나이다. 16세기 초에는 카리브 해의 중요 해항도시로 기능했지만 16세기 중반부터 빈번한 해적의 공격으로 쇠퇴하기 시작했다. 하지만 17세기까지도 대서양 노예무역의 카리브 해 기착지로 중요시되었다.

푸에블라(Puebla): 현재 멕시코의 푸에블라 주에 위치하며 그 주의 수도이다. 스페인 식민시기에 멕시코에 건설된 가장 중요한 5개 도시 중 하나이며, 멕시코 중앙부에 위치하여 멕시코시티와 베라크루스를 연결하는 주요 교통로였다. 1513년에 계획도시로 건설되었고, 그 역사와 아름다운 건축물들로 세계문화유산에 등재되었다.

프로비덴시아(Providencia) 섬: 카리브 해의 동쪽 중앙아메리카 가까이에 위치한 섬. 니카라과 연안과 마주보고 있으며, 현재는 컬럼비아의 영토이다. 1621년 영국의 청교도 식민지가 세워졌으며, 1641년에는 스페인이 잠시 점령한 적도 있다. 17세기의 영국 해적 헨리 모건의 근거지로 유명하다.

프리슬란트(Friesland): 네덜란드 북서부에 위치한 주로 북해에 면해 있다. 프리슬란트는 좀 더 넓은 의미에서는 북해의 남동부 구석의 연안에 살았던 프리스인의 영역을 말하며, 오늘날 프리슬란트 주를 포함한 네덜란드의 상당 부분과 독일 북부의 일부 지역들을 포함하는 북해 연안지역이 해당된다.

플로르스(Flores) 섬: 플로르스 섬은 포르투갈령 아조레스 제도의 북서쪽 끝에 있는 섬이며 거기서 더 북쪽으로 가면 아조레스 섬에서 가장 작은 코르부 섬이 있다. 플로르스 섬은 유럽인의 시각에서 유럽 대륙의 가장 서쪽 끝으로 여겨진다.

플로리다 해협(Florida Straits): 북아메리카 남동부, 플로리다 반도와 쿠바 섬 사이의 해협. 멕시코 만과 대서양을 연결하고 있다.

플리머스(Plymouth): 잉글랜드 서남부에 위치한 항구도시. 대표적인 군항이자 잉글랜드가 대서양으로 진출하는 전초기지였다.

피니스테르 곶(Cabo Finisterre): 스페인 북부 갈리시아 지방의 서쪽 해안가에 돌출되어 있는 암석으로 이루어진 작은 반도이다. 로마 시대에는 이곳을 세상의 끝이라 여겼으며, '피니스테르'라는 이름은 '세상의 끝'이라는 라틴어에서 왔다.

피우메(Fiume): 크로아티아어로는 리예카(Rijeka)라고 한다. 아드리아 해 깊숙한 곳에 위치한 크로아티아 최대의 무역항이자 세 번째로 큰 도시. 아드리아 해와 내륙을 연결하는 항구로서의 중요한 입지 때문에 이탈리아, 헝가리, 크로아티아가 지배권을 놓고 다투었으며, 동구의 다양한 인종들이 섞여 살고 있다. 1920년 잠시 피우메 자유국으로 독립을 이룬 적이 있으나 1924년 이탈리아가 점령하며 해체되고 말았다. 현재 경제는 조선업과 해운에 크게 의지하고 있다. 아드리아 해의 중요한 반도인 이스트리아 반도와 접하고 있기도 하다.

하를렘(Haarlem): 네덜란드 노르트홀란드 주의 수도. 해수면보다 높은 지형으로 중세 이전부터 사람이 살았으며 1245년 도시로 인정되었다. 중세 때부터 직물업과 조선업, 맥주양조업으로 번성하였고, 네덜란드 독립전쟁 때는 1572년 두 달 간의 공성전으로 유명하다. 1577년 스페인군이 떠난 이후로 플랑드르와 프랑스로부터 이주를 적극 받아들이고 직물업과 맥주양조업, 화훼산업을 육성하여 줄곧 번성하였다.

하리치(Harwich): 잉글랜드 에식스 주의 북해에 면한 항구도시. 테임스 강과 험버 강 사이에 있는 안전한 정박지로서 오랜 기간 해양적 중요성을 가졌다. 1652년 왕립 해군 조선소가 세워지기도 했고, 필요할 때마다 군항으로서 기능하였다.

핼리팩스(Halifax): 캐나다 노바스코샤 주의 주도로 도시 중심에 핼리팩스 항이 있다. 17세기 영국 식민지의 요새로 건설되었고, 캐나다 대서양 연안의 중심 항 중 하나이기도 하지만 대서양에 면한 군사전략적 중요성 때문에 1,2차 세계대전까지 해군기지로 활용되었다.

햄프턴로즈(Hampton Roads): 미국 버지니아 동남부에 위치한 해역의 이름이자 그 주변의 광역도시권을 부르는 이름이다. 이곳은 대규모 군사시설, 부동항, 조선소, 석탄적재항 등으로 지역 경제를 이끌고 있으며, 세계에서 가장 큰 천연항 중 하나이다. 체서피크 만으로 흘러드는 여러 강들이 이곳에서 모인다.

허드슨 해협(Hudson Strait): 캐나다 북동쪽에 위치한 거대한 만인 허드슨 만을 대서양과 연결하는 해협이다. 배핀 섬과 퀘벡 주 사이의 바다를 말한다.

헐(Hull): 정식 명칭은 Kingston upon Hull로 잉글랜드 요크셔 주의 항구도시이다. 헐 강과 험버 강이 합류하는 지점에 위치한다. 영국혁명 초기 주요 전투가 벌어진 곳이었고, 19세기 후반과 20세기 초 북유럽인들의 아메리카 이민 과정에서 중요한 역할을 했다. 그들은 이곳을 통해 리버풀로 이동했던 것이다.

헤레스데라프로테라(Jerez de la Frontera): 스페인 안달루시아 지방의 도시. 카디스 옆에 위치한다.

헤브리디스 제도(Hebrides): 스코틀랜드 북서쪽 대서양에 산재하는 500개의 섬으로 이루어진 제도이다.

헤시피(Recife): 브라질 동북부 페르남부쿠 주의 주도. 브라질의 베네치아로 불리는 아름다운 항구도시로서 브라질 동북부의 중심지로 일찍부터 발전하였다.

헬게이트(Hellgate): 뉴욕 이스트리버 북쪽에 있는 좁은 해협으로 해난 사고가 자주 일어났던 곳이다.

호르달란(Hordaland): 노르웨이 남서부 연안 지역으로 현재는 주이다.

호른(Hoorn): 네덜란드 노르트홀란드 주의 항구도시로, 암스테르담에서 북쪽으로 35 킬로미터 떨어져 있으며 에이셜 호를 면하고 있다. 716년에 세워진 직후부터 중요한 항구도시로 기능했으며, 네덜란드의 황금기 동안 네덜란드 동인도회사의 근거지 중 하나였으며 번성하는 무역 중심지였다. 아메리카 대륙 최남단의 호른 곶은 이 도시의 이름을 딴 것이며, 바타비아(오늘날의 자카르타)를 세운 얀 피테르존 쿤은 호른 출신이다.

호카다뤼르(Haukadalur): 아이슬란드 남쪽에 있는 협곡.

홀란드(Holland): 네덜란드 중서부의 지역으로 예전에는 하나의 주였지만, 지금은 두 개의 주로 나누어져 있다. 10세기에서 16세기까지 신성로마제국의 가장 변방에 있는 백작령이었지만, 17세기부터 네덜란드의 여러 주들을 주도하는 경제적 · 정치적 중심으로 성장했다. 이 지역에는 네덜란드에서 가장 큰 세 도시, 암스테르담, 로테르담, 헤이그가 자리하고 있다.

화이트헤븐(Whitehaven): 잉글랜드 북서쪽 캄브리아 해안에 있는 항구도시. 로마 시기 요새로 역사가 시작되며 18 · 19세기에는 담배와 석탄 무역으로 번성하였다.

황금 해안(Gold Coast): 서아프리카 기니 만 연안 지역을 유럽인들은 막대한 부를 산출한다 하여 '황금 해안'이라 불렀다. 그 출발점이 포르투갈이 알미나에 세운 요새이며, 무엇보다 노예무역으로 유명했다. 19세기부터 영국령이 되었고 이곳이 독립하여 현재의 가나 공화국이 되었다.

흐로닝언(Groningen): 네덜란드 북부 흐로닝언 주의 중심 도시이고 북부 네덜란드에서 가장 큰 도시이다. 11세기 이전부터 존재한 것으로 여겨지며 내륙의 중요 상공업 도시로 중세 말에는 한자동맹에 속했다. 지금도 네덜란드 북부의 상공업 중심 도시이다.

히스파니올라(Hispaniola) 섬: 에스파뇰라(Espaniola)라고도 한다. 서인도 제도에서 두 번째로 큰 섬으로 쿠바 섬 동쪽에 있다. 크리스토퍼 콜럼버스가 1492년 12월 상륙한 섬이며, 1493년에 있었던 2차 항해에서 들러 스페인의 첫 식민지를 건설한 곳이다. 섬의 서쪽 1/3은 아이티이고, 동쪽 2/3는 도미니카 공화국이다.

히오스(Chios) 섬: 그리스의 섬 가운데 다섯 번째로 큰 섬으로 에게 해에 자리 잡고 있으며, 소아시아 해안과는 불과 7킬로미터 떨어져 있다. 이 섬은 강력한 상인 선적 공동체와 고유의 유향수지 및 중세 마을들로 유명하다. 이곳에 있는 17세기의 수도원인 네아 모니는 유네스코 세계문화유산으로 등재되었다.

인명 찾아보기